U0689658

啓功叢稿

陳垣題

題跋卷

中華書局

與陳垣先生合影

《唐人寫〈金剛般若波羅蜜經〉殘卷跋》手迹

題范式碑　一九六三

泛觀漢碑書法，碑各一風，各隨書人之意。逮至漢魏之際，漸有定式。波磔斬截，如用褊筆劃成，有造作之氣。孔羡碑已開其先，范式曹真以至晉代碑碣之作漢隸體者，無不如此。蓋漢碑書勢是當時通行之體，漢末漸有圓便之真書，漢隸遂成舊體。非有定式，不足昭其典重。譬之填詞，在五代兩宋，只是口頭歌曲。長短隨人，字句無妨增減。及舊譜既不流行，詞調遂同鐵案。有其當然，無其所以然矣。世人常病唐人學漢隸之敝，不知魏晉之漢隸亦有其敝也。時人用時法，操縱在己，故得左右逢源；後人效前法，體貌因人，易致接模脫墼。於是定型出而流弊見矣。顧又豈獨書法然哉！

《題范式碑》手迹

《蒼松》

前　言

重輯《啓功叢稿》，以篇幅漲多，一册所不能容，乃分爲兩册，已見“論文卷”前言。此册所收，率爲題跋及談藝札記之篇。昔宋之《蘇黄題跋》多輯兩公手書遺跡，雜書紀事亦在其中，並不盡屬“書後”、“題跋”也。今敢援是例，兼收題識專文及談藝之作，總以“題跋”顔之。不揣蕪雜之嫌，幸讀者諒而教之！一九九九年新春，啓功識。

目　録

夫子循循然善誘人

——陳垣先生誕生百年紀念

陳垣先生是近百年的一位學者,這是人所共知的。他在史學上的貢獻,更是國内國外久有定評的。我既没有能力一一叙述,事實上他的著作具在,也不待這裏多加介紹。現在當先生降誕百年,又是先生逝世第十年之際,我以親受業者心喪之餘,回憶一些當年受到的教導,謹追述一些側面,對於今天教育工作者來説,仍會有所啓發的。

我是一個中學生,同時從一位蘇州的老學者戴姜福先生讀書,學習“經史辭章”範圍的東西,作古典詩文的基本訓練。因爲生活困難,等不得逐步升學,一九三三年由我祖父輩的老世交傅增湘先生拿着我的作業去介紹給陳垣先生,當然意在給我找一點謀生的機會。傅老先生回來告訴我説:“援庵説你寫作俱佳。他的印象不錯,可以去見他。無論能否得到工作安排,你總要勤向陳先生請教。學到作學問的門徑,這比得到一個職業還重要,一生受用不盡的。”我謹記着這個囑咐,去見陳先生。初見他眉棱眼角肅穆威嚴,未免有些害怕。但他開口説:“我的叔父陳簡墀和你祖父是同年翰林,我們還是世交呢!”其實陳先生早就參加資産階級革命,對於封建的科舉關係焉能那樣講求?但從我聽了這句話,我和先生之間,像先拆了一堵生疏的牆壁。此後隨着漫長的歲月,每次見面,都給我换去舊思想,灌注新營養。在今天如果説予小子對文化教育事業有一滴貢獻,那就是這位老園丁辛勤灌溉時的汗珠。

一　怎樣教書

我見了陳老師之後不久,老師推薦我在輔仁大學附屬中學教一班"國文"。在交派我工作時,詳細問我教過學生没有,多大年齡的,教什麽,怎麽教。我把教過家館的情形述説了,老師在點點頭之後,説了幾條"注意事項"。過了兩年,有人認爲我不够中學教員的資格,把我解聘。老師後便派我在大學教一年級的"國文"。老師一貫的教學理論,多少年從來未間斷地對我提醒。今天回想,記憶猶新,現在綜合寫在這裏。老師説:

一、教一班中學生與在私塾屋裏教幾個小孩不同,一個人站在講臺上要有一個樣子。人臉是對立的,但感情不可對立。

二、萬不可有偏愛、偏惡,萬不許譏誚學生。

三、以鼓勵誇獎爲主。不好的學生,包括淘氣的或成績不好的,都要盡力找他們一小點好處,加以誇獎。

四、不要發脾氣。你發一次,即使有效,以後再有更壞的事件發生,又怎麽發更大的脾氣?萬一發了脾氣之後無效,又怎麽下場?你還年輕,但在講臺上即是師表,要取得學生的佩服。

五、教一課書要把這一課的各方面都預備到,設想學生會問什麽。陳老師還多次説過,自己研究幾個月的一項結果,有時並不够一堂時間講的。

六、批改作文,不要多改,多改了不如你替他作一篇。改多了他們也不看。要改重要的關鍵處。

七、要有教課日記。自己和學生有某些優缺點,都記下來,包括作文中的問題,記下以備比較。

八、發作文時,要舉例講解。缺點盡力在堂下個别談;缺點改好了,有所進步的,盡力在堂上表揚。

九、要疏通課堂空氣,你總在臺上坐着,學生總在臺下聽着,成了套子。學生打呵欠,或者在抄别人的作業,或看小説,你講的多麽用力也是白費。不但作文課要在學生坐位行間走走。講課時,寫了板書之後,也可下臺看看。既回頭看看自己板書的效果如何,也看看學生會記不會記。有不會寫的或寫錯了的字,在他們坐位上給他們指點,對於被指點的人,會有較深的印象,旁邊的人也會感覺興趣,不怕來問了。

這些"上課須知",老師不止一次地向我反覆説明,唯恐聽不明,記不住。

老師又在樓道掛了許多玻璃框子,裏邊隨時裝入一些各班學生的優秀作業。要求有頂批,有總批,有加圈的地方,有加點的地方,都是爲了標誌出優點所在。這固然是爲了學生觀摩的大檢閲、大比賽,後來我纔明白也是教師教學效果、批改水平的大檢閲。

我知道老師並没搞過什麽教學法、教育心理學,但他這些原則和方法,實在符合許多教育理論,這是從多年的實踐經驗中辛勤總結得出來的。

二　對後學的誘導

陳老師對後學因材施教,在課堂上對學生用種種方法提高他們的學習興趣，在堂下對後學無論是否自己教過的人，也都抱有一團熱情去加以誘導。當然也有正面出題目、指範圍、定期限、提要求的時候，但這是一般師長、前輩所常有的、共有的，不待詳談。這裏要談的是陳老師一些自身表率和“談言微中”的誘導情況。

陳老師對各班“國文”課一向不但是親自過問，每年總還自己教一班課。各班的課本是統一的，選哪些作品，哪篇是爲何而選，哪篇中講什麽要點，通過這篇要使學生受到哪方面的教育，都經過仔細考慮，並向任課的人加以説明。學年末全校的一年級“國文”課總是“會考”，由陳老師自己出題，統一評定分數。現在我纔明白，這不但是學生的會考，也是教師們的會考。

我們這些教“國文”的教員，當然絶大多數是陳老師的學生或後輩，他經常要我們去見他。如果時間隔久了不去，他遇到就問：“你忙什麽呢？怎麽好久沒見？”見面後並不考察讀什麽書，寫什麽文等等，總是在閒談中抓住一兩小問題進行指點，指點的往往是因小見大。我們每見老師總有新鮮的收獲，或發現自己的不足。

我很不用功，看書少，筆懶，發現不了問題，老師在談話中遇到某些問題，也並不盡關史學方面的，總是細緻地指出，這個問題可以從什麽角度去研究探索，有什麽題目可作，但不硬出題目，而是引導人發生興趣。有時評論一篇作品或評論某一種書，説它有什麽好處，但還有什麽不足處，常説：“我們今天來作，會比它要好。”説到這裏就止住。好處在哪裏，不足處在哪裏，怎樣作就比它好？如果我們不問，並不往下説。我就錯過了許多次往下請教的機會。因爲絶大多數是我没讀過的書，或者没有興趣的問題。假如聽了之後隨時請教，或回去趕緊補讀，下次接着上次的問題尾巴再請教,豈不收獲更多? 當然我也不是没有繼續請教過,最可悔恨的是請教過的比放過去的少的多!

陳老師的客廳、書房以及住室内,總掛些名人字畫,最多的是清代學者的字,有時也掛些古代學者字跡的搨片。客廳案頭或沙發前的桌上,總有些字畫卷册或書籍,這常是賓主談話的資料,也是對後學的教材。他曾用三十元買了一開章學誠的手札,在三十年代買清代學者手札墨跡,這是很高價錢了。但章學誠的字,寫得非常拙劣,老師把它掛在那裏,既備一家學者的筆跡,又常當作劣書的例子來警告我們。我們去了,老師常指着某件字畫問:“這個人你知道嗎?”如果知道,並且還説得出一些有關的問題,老師必大爲高興,連帶地引出關於這位學者和他的學問、著述種種評價和介紹。如果不知道,則又指引一點頭緒後就不往下多説,例如説:“他是一個史學家。”就完了。我們因自愧没趣,或者想知道個究竟,只好去查有關這個人的資料。明白了一些,下次再向老師表現一番,老師必很高興。但又常在我的棱縫中再點一下,如果還知道,必大笑點頭,我也像考了個滿分,感覺自傲。如果詞窮了,也必再告訴一點頭緒,容回去再查。

老師最喜歡收學者的草稿,細細尋繹他們的修改過程。客廳桌上常擺着這類東西。當見我們看得發生興趣時,便提出問題説:“你説他爲什麽改那個字?”

老師常把自己研究的問題向我們説,什麽問題,怎麽研究起的。在我們的疑問中,如果有老師還没有想到的,必高興地肯定我們的提問,然後再進一步地發揮給我們聽。老師常説,一篇論文或專著,作完了不要忙着發表。好比剛蒸出的饅頭,須要把熱氣放完了,才能去吃。蒸的透不透,熟不熟,才能知道。還常説,作品要給三類人看：一是水平高於自己的人，二是和自己平行的人，三是不如自己的人。因爲這可以從不同角度得到反映，以便修改。所以老師的著作稿，我們也常以第三類讀者的關係，而得到先睹。我們提出的意見或問題，當然並非全無啓發性的，但也有些是很可笑的。一次稿中引了兩句詩，一位先生看了，誤以爲是長短二句散文，説稿上的斷句有誤。老師因而告訴我們要注意學詩，不可鬧笑柄。但又鄭重囑咐我們，不要向那位先生説，並説將由自己勸他學詩。我們同從老師受業的人很多，但許多並非同校、同班，以下只好借用"同門"這個舊詞。那麽那位先生也可稱爲"同門"的。

老師常常駁斥我們説"不是"，"不對"，聽着不免掃興。但這種駁斥都是有代價的，當駁斥之後，必然使我們知道什麽是"是"的，什麽是"對"的。後來我們又常恐怕聽不到這樣的駁斥。

三　對中華民族歷史文化的一片丹誠

歷史證明，中國幾千年來各地方的各民族從矛盾到交融，最後團結成爲一體，構成了偉大的中華民族和它的燦爛文化。陳老師曾從一部分歷史時期來論證這個問題，即是他精心而且得意的著作之一《元西域人華化考》。

在抗戰時期，老師身處淪陷區中，和革命抗敵的後方完全隔絶，手無寸鐵的老學者，發奮以教導學生爲職志。環境日漸惡劣，生活日漸艱難，老師和幾位志同道合的老先生著書、教書越發勤奮。學校經費不足，《輔仁學誌》將要停刊，幾位老先生相約在

《學誌》上發表文章,不收稿費。這時期他們發表的文章比收稿費時還要多。老師曾語重心長地説:"從來敵人消滅一個民族,必從消滅它的民族歷史文化着手。中華民族文化不被消滅,也是抗敵根本措施之一。"

輔仁大學是天主教的西洋教會所辦的,當然是有傳教的目的。陳老師的家庭是有基督教信仰的,他在二十年代做教育部次長時,因爲在孔廟行禮跡近拜偶像,對"祀孔"典禮,曾"辭不預也"。但他對教會,則不言而喻是願"自立"的。二十年代有些基督教會也曾經提出過"自立自養",並曾進行過募捐。當時天主教會則未曾提過這個口號,這又豈是一位老學者所能獨力實現的呢? 於是老師不放過任何機會,大力向神甫們宣傳中華民族文化,曾爲他們講佛教在中國所以能傳播的原因。看當時的記録,並未談佛教的思想,而是列舉中華民族的文化藝術對佛教存在有什麼好處,可供天主教借鑑。吴歷,號漁山,是清初時一位深通文學的大畫家,他是第一個國産神甫,老師對他一再撰文表彰。又在舊恭王府花園建立"司鐸書院",專對年輕的中國神甫進行歷史文化基本知識的教育。這個花園中有幾棵西府海棠,從前每年花時舊主人必宴客賦詩,老師這時也在這裏宴客賦詩,以"司鐸書院海棠"爲題,自己也作了許多首。還讓那些年輕神甫參加觀光,意在造成中國司鐸團體的名聲。

這種種往事,有人不盡理解,以爲陳老師"爲人謀"了。若干年後,想起老師常常口誦《論語》中兩句:"施於有政,是亦爲政。"纔懂得他的"苦心孤詣"! 還記得老師有一次和一位華籍大主教拍案爭辯,成爲全校震動的一個事情。辯的是什麼,一直没有人知道。現在明白,辯的是什麼,也就不問可知了。

一次我拿一卷友人收藏找我題跋的納蘭成德手札卷,去給老師看。説起成德的漢文化修養之高。我説:“您作《元西域人華化考》舉了若干人,如果我作‘清東域人華化考’,成容若應該列在前茅。”老師指着我的題跋説:“後邊是啓元伯。”相對大笑。中華民族的歷史文化是民族的生命和靈魂,更是各兄弟民族團結融合的重要紐帶,也是陳老師學術思想中的一個重要組成部分,甚至可以説是個中心。

四　竭澤而漁地搜集材料

老師研究某一個問題,特别是作歷史考證,最重視佔有材料。所謂佔有材料,並不是指專門挖掘什麽新奇的材料,更不是主張找人所未見的什麽珍秘材料,而是説要瞭解這一問題各個方面有關的材料。盡量搜集,加以考查。在人所共見的平凡書中,發現問題,提出見解。自己常説,在準備材料階段,要“竭澤而漁”,意思即是要不漏掉每一條材料。至於用幾條,怎麽用,那是第二步的事。

問題來了,材料到哪裏找?這是我最苦惱的事。而老師常常指出範圍,上哪方面去查。我曾向老師問起:“您能知道哪裏有哪方面的材料,好比能知道某處陸地下面有伏流,刨開三尺,居然跳出魚來,這是怎麽回事?”後來逐漸知道老師有深廣的知識面,不管多麽大部頭的書,他總要逐一過目。好比對於地理、地質、水道、動物等等調查檔案都曾過目的人,哪裏有伏流,哪裏有魚,總會掌握綫索的。

他曾藏有三部佛教的《大藏經》和一部道教的《道藏經》,曾説笑話:"唐三藏不稀奇,我有四藏。" 這些 "大塊文章" 老師都曾閲覽過嗎? 我腦中時常泛出這種疑問。一次老師在古物陳列所發現了一部嘉興地方刻的《大藏經》,立刻知道裏邊有哪些種是别處没有的,並且有什麼用處。即帶着人去抄出許多本,摘録若干條。怎麼比較而知哪些種是别處没有的呢? 當然熟悉目録是首要的,但僅僅查目録,怎能知道哪些有什麼用處呢? 我這纔 "考證" 出老師藏的 "四藏" 並不是陳列品,而是都曾一一過目,心中有數的。

老師自己曾説年輕時看清代的《十朝聖訓》、《朱批諭旨》、《上諭内閣》等書,把各書按條剪開,分類歸併。稱它爲《柱下備忘録》。整理出的問題,即是已發表的《寧遠堂叢録》。可惜只發表了幾條,僅是全份分類材料的幾百分之一。又曾説年輕時爲應科舉考試,把許多八股文的書全都拆開,逐篇看去,分出優劣等級,重新分册裝訂,以備精讀或略讀。後來還能背誦許多八股文的名篇給我們聽。這種幹法,有誰肯幹! 又有幾人能作得到?

解放前,老師對於馬列主義的書還未曾接觸過。解放初,纔找到大量的小册子,即不捨晝夜地看。眼睛不好,册上的字又很小,用放大鏡照着一册册看。那時已是七十歲的老人了,結果累得大病一場,醫生制止看書,這纔暫停下來。

老師還極注意工具書,二十年代時《叢書子目索引》一類的書還没出版,老師帶了一班學生,編了一套各種叢書的索引,這些册清稿,一直在自己書案旁邊書架上,後來雖有出版的,自己還是習慣查這份稿本。

另外還有其他書籍,本身並非工具書,但由於善於利用,而收到工具書的效果。例如一次有人拿來一副王引之寫的對聯,是集唐人詩句。一句知道作者,一句不知道。老師走到藏書的房間,不久出來,説了作者是誰。大家都很驚奇地問怎麽知道的,原來有一種小本子的書,叫《詩句題解彙編》,是把唐宋著名詩人的名作每句按韻分編,查者按某句末字所屬的韻部去查即知。科舉考試除了考八股文外,還考"試帖詩"。這種詩絶大多數是以一句古代詩爲題,應考者要知道這句的作者和全詩的内容,然後纔好著筆,這種小册子即是當時的"夾帶",也就是今天所謂"小抄"的。現在試帖詩没有人再作了,而這種"小抄"到了陳老師手中,卻成了查古人詩句的索引。這不過是一個例,其餘不難類推。

胸中先有魚類分佈的地圖,同時爛繩破布又都可拿來作網,何患不能竭澤而漁呢?

五　一指的批評和一字的考證

老師在談話時,時常風趣地用手向人一指。這無言的一指,有時是肯定的,有時是否定的。使被指者自己領會,得出結論。一位"同門"滿臉連鬢鬍鬚,又常懶得刮,老師曾明白告訴他,不刮屬於不禮貌。並且上課也要整齊嚴肅,"不修邊幅"去上課,給學生的印象不好,但這位"同門"還常常忘了刮。當忘刮鬍子見到老師時,老師總是看看他的臉,用手一指,他便跼蹐不安。有一次我們一同去見老師,快到門前了,忽然發覺没有刮鬍子,便跑到附近一位"同門"的家中借刀具來刮。附近的這位"同門"的父親,也是我們的一位師長,看見後説:"你真成了子貢。"大家以爲是説他算大師的門徒。這位老先生又説:"入馬廄而修容!"這個故事是這樣:子貢去到一個貴人家,因爲容貌不整潔,被守門人攔住,不許入門。子貢臨時鑽進門外的馬棚"修容"。大家聽了後一句無不大笑。這次這位"同門"纔免於一指。

一次作司鐸書院海棠詩,我用了"西府"一詞,另一位"同門"説:"恭王府當時稱西府呀?"老師笑着用手一指,然後説:"西府海棠啊!"這位"同門"説:"我想遠了。"又談到當時的美術系主任溥伒先生,他在清代的封爵是"貝子"。我説:"他是孛堇",老師點點頭。這位"同門"又説:"什麽孛堇?"老師不禁一愣,"哎"了一聲,用手一指,没再説什麽。我趕緊接着説:"就是貝子,《金史》作孛堇。"這位"同門"研究史學,偶然忘了金源官職。老師這無言的一指,不啻開了一次"必讀書目"。

老師讀書,從來不放過一個字,作歷史考證,有時一個很大的問題,都從一個字上突破、解決。以下舉三個例。

北京圖書館影印一册于敏中的信札,都是從熱河行宫寄給在北京的陸錫熊的。陸錫熊那時正在編輯《四庫全書》,于的信札是指示編書問題的。全册各信札絶大部分只寫日子,既少有月份、更没有年份。裏邊一札偶然記了大雨,老師即從它所在地區和下雨的情况勾稽得知是某年某月,因而解決了這批信札大部分寫寄的時間,而爲《四庫全書》編輯經過和進程得到許多旁證資料。這是從一個"雨"字解決的。

又在考順治是否真曾出家的問題時,在蔣良騏編的《東華録》中看到順治卒後若干日内,稱靈柩爲"梓宫",從某日以後稱靈柩爲"寶宫",再印證其他資料,證明"梓宫"是指木製的棺材,"寶宫"是指"寶瓶",即是骨灰罎。於是證明順治是用火葬的。清代

《實録》屢經删削修改，蔣良騏在乾隆時所摘録的底本，還是没太删削的本子，還存留“竇宫”的字樣。《實録》是官修的書，可見早期並没諱言火葬。這是從一個“竇”字解决的。

又當撰寫紀念吴漁山的文章時，搜集了許多吴氏的書畫影印本。老師對於畫法的鑑定，未曾作專門研究，時常叫我去看。我雖曾學畫，但那時鑑定能力還很幼稚，老師依然是垂詢參考的。一次看到一册，畫的水平不壞，題，“仿李營邱”，老師直截了當地告訴我説：“這册是假的！”我趕緊問什麽原因，老師詳談：孔子的名字，歷代都不避諱，到了清代雍正四年，纔下令避諱“丘”字，凡寫“丘”字時，都加“邑”旁作“邱”，在這年以前，並没有把“孔丘”“營丘”寫成“孔邱”、“營邱”的。吴漁山卒於雍正以前，怎能預先避諱？我真奇怪，老師對歷史事件連年份都記得這樣清，提出這樣快！在這問題上，當然和作《史諱舉例》曾下的功夫有關，更重要的是親手剪裁分類編訂過那部《柱下備忘録》。所以清代史事，不難如數家珍，唾手而得。僞畫的馬腳，立刻揭露。這是從一個“邱”字解决的。

這類情況還多，憑此三例，也可以概見其餘。

六　嚴格的文風和精密的邏輯

陳老師對於文風的要求，一向是極端嚴格的。字句的精簡，邏輯的周密，從來一絲不苟。舊文風，散文多半是學“桐城派”，兼學些半駢半散的“公牘文”。遇到陳老師，卻常被問得一無是處。怎樣問？例如用些漂亮的語調，古奥的詞藻時，老師總問：“這些怎麼講?”那些語調和詞藻當然不易明確翻成現在語言,答不出時,老師便説:“那你爲什麼用它?”一次我用了“舊年”二字,是從唐人詩“江春入舊年”套用來的。老師問:“舊年指什麼?是舊曆年,是去年,還是以往哪年?”我不能具體説,就被改了。老師説:“桐城派作文章如果肯定一個人,必要否定一個人來作陪襯。語氣總要摇曳多姿,其實裹邊有許多没用的話。”三十年代流行一種論文題目,像“某某作家及其作品”,老師見到我輩如果寫出這類題目,必要把那個“其”字删去,寧可使念着不太順嘴,也絶不容許多費一個字。陳老師的母親去世,老師發訃聞,一般成例,孤哀子名下都寫“泣血稽顙”,老師認爲“血”字並不誠實,就把它去掉。在舊社會的“服制”上,什麼“服”的親屬,名下寫什麼字樣。“泣稽顙”是比兒子較疏的親屬名下所用的,但老師寧可不合世俗舊服制的習慣用語,也不肯向人撒謊,説自己泣了血。

唐代劉知幾作的《史通》,裹邊有一篇《點煩》,是舉出前代文中囉嗦的例子,把他所認爲應删去的字用“點”標在旁邊。流傳的《史通》刻本,字旁的點都被刻板者省略,後世讀者便無法看出劉知幾要删去哪些字。劉氏的原則是删去没用的字,而語義毫無損傷、改變。並且只往下删,絶不增加任何一字。這種精神,是陳老師最爲贊成的。屢次把這《點煩》篇中的例文印出來,讓學生自己學着去删。結果常把有用的字删去,而留下的卻是廢字廢話。老師的秘書都怕起草文件,常常爲了一兩字的推敲,能經歷許多時間。

老師常説,人能在没有什麼理由,没有什麼具體事跡,也就是没有什麼内容的條件下,作出一篇駢體文,但不能作出一篇散文。老師六十歲壽辰時,老師的幾位老朋友領頭送一堂壽屏,内容是要全面叙述老師在學術上的成就和貢獻,但用什麽文體呢?如果用散文,萬一遇到措詞不恰當,不周延,不確切,掛在那裏徒然使陳老師看着彆扭,豈不反爲不美?於是公推高步瀛先生用駢體文作壽序,請余嘉錫先生用隸書來寫。陳老師得到這份貴重壽禮,極其滿意。自己把它影印成一小册,送給朋友,認爲這纔不是空洞堆砌的駢文。還告訴我們,只有高先生那樣富的學問和那樣高的手筆,纔能寫出那樣的駢文,不是初學的人所能"摇筆即來"的。纔知老師並不是單純反對駢體文,而是反對那種空洞無物的。

老師對於行文,最不喜"見下文"。説,先後次序,不可顛倒。前邊没有説明,令讀者等待看後邊,那麽前邊説的話根據何在?又很不喜在自己文中加注釋。説,正文原來就是説明問題的,爲什麽不在正文中即把問題説清楚?既有正文,再補以注釋,就説明正文没説全或没説清。除了特定的規格、特定的條件必須用小注的形式外,應該鍛煉,在正文中就把應説的都説清。所以老師的著作中除《元典章校補》是隨着《元典章》的體例有小注,《元秘史譯音用字考》在木板刻成後又發現應加的内容,不得已刓改板面,出現一段雙行小字外,一般文中連加括弧的插話都不肯用,更不用説那些"注一""注二"的小注。但看那些一字一板的考據文章中,並没有使人覺得缺什麽該交代的材料出處,因爲已都消化在正文中了。另外,也不喜用删節號。認爲引文不會抄全篇,當然都是删節的。不銜接的引文,應該分開引用。引詩如果僅三句有用,那不成聯的單句必然另引,絶不使它成爲瘸腿詩。

用比喻來説老師的考證文風,既像古代"老吏斷獄"的爰書,又像現代科學發明的報告。

七 詩情和書趣

陳老師的考證文章,精密嚴格,世所習見。許多人有時發生錯覺,以爲這位史學家不解詩賦。這裏先舉一聯來看:"百年史學推甌北,萬首詩篇愛劍南",這是老師帶有"自況"性質的"宣言",即以本聯的對偶工巧,平仄和諧,已足看出是一位老行家。其實不難理解,曾經應過科舉考試的人,這些基本訓練,不可能不深厚的。曾詳細教導我關於駢文中"仄頂仄,平頂平"等等韻律的規格,我作的那本《詩文聲律論稿》中的論點,誰知道許多是這位莊嚴謹飭的史學考據家所傳授的呢?

抗戰前他曾説過,自己六十歲後,將卸去行政職務,用一段較長時間,補遊未到過的名山大川,豐富一下詩料,多積累一些作品,使詩集和文集分量相稱。不料戰争突起,都成了虚願。

現在存留的詩稿有多少,我不知道,一時也無從尋找。最近只遇到《司鐸書院海棠》詩的手稿殘本絶句七首,摘録二首,以見一斑:

十年樹木成詩讖,勸學深心仰萬松。
今日海棠花獨早,料因桃李與争穠。

自注:萬松野人著《勸學罪言》,爲今日司鐸書院之先聲。"十年樹木"楹帖,今存書院。

功按:萬松野人爲英華先生的别號。先生字斂之,姓赫舍里氏,滿族人,創“輔仁社”,即是輔仁大學的前身。陳垣先生每談到他時,總稱他爲“英老師”。

西堂曾作竹枝吟,玫瑰花開瑪竇林。
幸有海棠能嗣響,會當擊木震仁音。

自注:尤西堂《外國竹枝詞》:“阜成門外玫瑰發,杯酒還澆利泰西。”“擊木震仁惠之音”,見《景教碑》。

功按:利瑪竇,明人以“泰西”作地望稱之,又或稱之爲“利子”。《景教碑》即唐代《景教流行中國碑》,今在西安碑林。

又在一九六七年時,空氣正緊張之際,我偷着去看老師,老師口誦他最近給一位朋友題什麽圖的詩共兩首。我没有時間抄録,匆匆辭出,只記得老師手捋鬍鬚念:“老夫也是農家子,書屋於今號勵耘。”抑揚的聲調,至今如在。

清末學術界有一種風氣,即經學講《公羊》,書法學北碑。陳老師平生不講經學,但偶然談到經學問題時,還不免流露公羊學的觀點;對於書法,則非常反對學北碑。理由是刀刃所刻的效果與毛筆所寫的效果不同,勉强用毛錐去模擬刀刃的效果,必致矯揉造作,毫不自然。我有些首《論書絶句》,其中二首云:“題記龍門字勢雄,就中尤屬《始平公》。學書别有觀碑法,透過刀鋒看筆鋒。”“少談漢魏怕徒勞,簡牘摩挲未幾遭。豈獨甘卑愛唐宋,半生師筆不師刀。”曾謬蒙朋友稱賞,其實這只是陳老師藝術思想的韻語化罷了。

還有兩件事可以看到老師對於書法的態度:有一位退位的大總統,好臨《淳化閣帖》,筆法學包世臣。有人拿着他的字來問寫得如何,老師答説寫得好。問好在何處,回答是“連棗木紋都寫出來了”。宋代刻《淳化閣帖》是用棗木板子,後世屢經翻刻,越發失真。可見老師不是對北碑有什麽偏惡,對學翻板的《閣帖》,也同樣不贊成的。另一事是解放前故宫博物院影印古代書畫,常由一位院長題籤,寫得字體歪斜,看着不太美觀。陳老師是博物院的理事,一次院中的工作人員拿來印本徵求意見,老師説:“你們的書籤貼的好。”問好在何處,回答是:“一揭便掉。”原來老師所存的故宫影印本上所貼的書籤,都被揭掉了。

八　無價的獎金和寶貴的墨跡

輔仁大學有一位教授,在抗戰勝利後出任北平市的某一局長,從輔仁的教師中找他的幫手,想讓我去管一個科室。我去向陳老師請教,老師問:“你母親願意不願意?”我説:“我母親自己不懂得,教我請示老師。”又問:“你自己覺得怎樣?”我説:“我‘少無宦情’。”老師哈哈大笑説:“既然你無宦情,我可以告訴你:學校送給你的是聘書,你是教師,是賓客;衙門發給你的是委任狀,你是屬員,是官吏。”我明白了,立刻告辭回來,用花箋紙寫了一封信,表示感謝那位教授對我的重視,又婉言辭謝了他的委派。拿着這封信去請老師過目。老師看了没有别的話,只説:“值三十元。”這“三十元”到了我的耳朵裏,就不是銀元,而是金元了。

一九六三年,我有一篇發表過的舊論文,由於讀者反映較好,修改補充後,將由出版單位作專書出版,去請陳老師題籤。老師非常高興,問我:“你曾有專書出版過嗎?”我説:“這是第一本。”又問了這册的一些方面後,忽然問我:“你今年多大歲數了?”我説:“五十一歲。”老師即歷數戴東原只五十四,全謝山五十歲,然後説:“你好好努力啊!”我突然聽到這幾句上言不搭下語而又比擬不恰的話,立刻懵住了,稍微一想,幾乎掉下泪來。老人這時竟像一個小孩,看到自己澆過水的一棵小草,結了籽粒,便喊人來看,説要結桃李了。現在又過了十七年,我學無寸進,辜負了老師誇張性的鼓勵。

陳老師對於作文史教育工作的後學,要求常常既廣且嚴。他常説作文史工作必須懂詩文,懂金石,否則怎能廣泛運用各方面的史料。又説作一個學者必須能懂民族文化的各個方面;作一個教育工作者,常識更須廣博。還常説,字寫不好,學問再大,也不免減色。一個教師板書寫得難看,學生先看不起。

老師寫信都用花箋紙,一筆似米芾又似董其昌的小行書,永遠那麼勻稱,絶不潦草。看來每下筆時,都隄防着人家收藏裝裱。藏書上的眉批和學生作業上的批語字跡是一樣的。黑板上的字,也是那樣。板書每行四五字,絶不寫到黑板下框處,怕後邊坐的學生看不見。寫哪些字,好像都曾計劃過的,但我卻不敢問:“您的板書還打草稿嗎?”後來無意中談到“備課”問題,老師説:“備課不但要準備教什麼,還要思考怎樣教。哪些話寫黑板,哪些話不用寫。易懂的寫了是浪費,不易懂的不寫則學生不明白。”啊!原來黑板寫什麼,怎樣寫,老師確是都經過考慮的。

老師在名人字畫上寫題跋,看去瀟灑自然,毫不矜持費力,原來也一一精打細算,行款位置,都要恰當合適。給人寫扇面,好寫自己作的小條筆記,我就求寫過兩次,都寫的小考證。寫到最後,不多不少,加上年月款識,印章,真是天衣無縫。後來得知是先數好扇骨的行格,再算好文詞的字數,哪行長,哪行短。看去一氣呵成，誰知曾費如此匠心呢？

我在一九六四、一九六五年間，起草了一本小册子，帶着稿子去請老師題籤。這時老師已經病了，禁不得勞累。見我這一疊稿子，非看不可。但我知道他老人家如看完那幾萬字，身體必然支持不住，只好託詞説還須修改，改後再拿來，先只留下書名。我心裹知道老師以後恐連這樣書籤也不易多寫了，但又難於先給自己訂出題目，請老師預寫。於是想出“啓功叢稿”四字，準備將來作爲“大題”，分别用在各篇名下。就説還有一本雜文，也求題籤。老師這時已不太能多談話，我就到旁的房間去坐。不多時間，秘書同志舉着一疊墨筆寫的小書籤來了，我真喜出望外，怎能這樣快呢？原來老師凡見到學生有一點點“成績”，都是異常興奮的。最痛心的是這個小册，從那年起，整整修改了十年，纔得出版，而他老人家已不及見了！

現在我把回憶老師教導的千百分之一寫出來，如果能對今後的教育工作者有所幫助，也算我報了師恩的千百分之一！我現在也將近七十歲了，記憶力鋭減，但“學問門徑”、“受用無窮”、“不對”、“不是”、“教師”、“官吏”、“三十元”、“五十歲”種種聲音，卻永遠鮮明地在我的耳邊。

老師逝世時，是一九七一年，那時還禍害横行，縱有千言萬語，誰又敢見諸文字？當時私撰了一副輓聯，曾向朋友述説，都勸我不要寫出。現在補寫在這裹，以當“回向”吧！

依函丈卅九年，信有師生同父子；

刊習作二三册，痛餘文字答陶甄！

一九八〇年六月十六日

記齊白石先生軼事

齊白石先生的名望,可以說是舉世週知的,不但中國人都熟悉,在世界各國中,也不是陌生人。他的篆刻、繪畫、書法、詩句,都各有特點,用不着在這裏多加重複叙述。現在要寫的,只是我個人接觸到的幾件軼事,也就是老先生生活中的幾個側面,從這裏可以看到他的生活、風趣,對於從旁印證他的性格和藝術的特點,大概也不是没有點滴的幫助吧!

我有一位遠房的叔祖,是個封建官僚,曾買了一批松柏木材,就開起棺材舖來。齊先生有一口"壽材",是他從家鄉帶到北京來的,擺在跨車胡同住宅正房西間窗户外的廊子上,棺上蓋着些防雨的油布,來的客人常認爲是個長案子或大箱子之類的東西。一天老先生與客人談起棺材問題,說道"我這一個……"如何如何,便領着客人到廊子上揭開油布來看,我才吃驚地知道了那是一口棺材。這時他已經委托我的這位叔祖另做好木料的新壽材,尚未做成,這舊的也還没有换掉。後來新的做成,也没放在廊上,廊上擺着的還是那個舊的。客人對於此事,有種種不同的評論,有人認爲老先生好奇,有人認爲是一種引人注意的"噱頭",有人認爲是"達觀"的表現。後來我到過了湖南的農村,才知道這本是先生家鄉的習慣,人家有老人,預製壽材,有的做出板來,有的做成棺材,往往放在户外窗下,並没什麼稀奇。那時我以一個生長在北京城的青年,自然不會不"少見多怪"了。

我的認識齊先生，即是由我這位叔祖的介紹，當時我年齡只有十七八歲。我自幼喜愛畫畫，這時已向賈羲民先生學畫，並由賈先生介紹向吴鏡汀先生請教。對於齊先生的畫，只聽説是好，至於怎麽好，應該怎麽學，則是茫然無所知的。我那個叔祖因爲看見齊先生的畫大量賣錢，就以爲只要畫齊先生那樣的畫便能賣錢，他卻没想，他自己做的棺材能賣錢，是因爲它是木頭做的，如果是紙糊的即使樣式絲毫不差，也不會有人買去做秘器。即使是用澄心堂、金粟山紙糊的也没什麽好看，如果用金銀鑄造，也没人抬得動啊！

齊先生大於我整整五十歲，對我很優待，大約老年人没有不喜愛孩子的。我有一段較長時間没去看他，他向胡佩衡先生説："那個小孩怎麽好久不來了？"我現在的年齡已經超過了齊先生初次接見我時的年齡，回顧我在藝術上無論應得多少分，從齊先生學了没有，即由於先生這一句殷勤的垂問，也使我永遠不能不稱他老先生是我的一位老師！

齊先生早年刻苦學習的事，大家已經傳述很多，在這裏我想談兩件重要的文物，也就是齊先生刻苦用功的兩件"物證"：一件是用油竹紙描的《芥子園畫譜》，一件是用油竹紙描的《二金蝶堂印譜》。那本畫譜，没畫上顔色，可見當時根據的底本並不是套版設色的善本。即那一種多次重翻的印本，先生描寫的也一絲不苟，連那些枯筆破鋒，都不"走樣"。這本，可惜當時已殘缺不全。尤其令人驚嘆的是那本趙之謙的印譜，我那時雖没見過許多印譜，但常看蘸印泥打印出來的印章，它們與用筆描成的有顯著的差異，而宋元人用的墨印，卻完全没有見過。當我打開先生手描的那本印譜時，驚奇地、脱口而出地問了一句話："怎麽？還有黑色印泥呀?”及至我得知是用筆描成的,再仔細去看,仍然看不出筆描的痕跡。慚愧呵!我少年時學習的條件不算不苦,但我竟自有兩部《芥子園畫譜》,一部是巢勛重摹的石印本,一部是翻刻的木板本,我從來没有從頭至尾臨倣過一次。今天齊先生的藝術創作,保存在國内外各個博物館中,而我在中年青年時也曾有些繪畫作品,即使現在偶然有所存留,將來也必然與我的骨頭同歸腐朽。諸位青年朋友啊,這個客觀的真理,無情的事例,是多麽值得深思熟慮的啊!這裏我也要附帶説明,藝術的成就,絶不是單靠照貓畫虎地描摹,我也不是在這裏提倡描摹,我只是要説明齊老先生在青年時得到參考書的困難,偶然借到了,又是如何仔細地複製下來,以備隨時翻閱借鑑,在艱難的條件下是如何刻苦用功的。他那種看去横塗竪抹的筆畫,又是怎樣走過精雕細琢的道路的。我也不是説這種精神只有齊先生在清代末年才有,即如在浩劫中,我們學校裏有不少同學偷偷地借到幾本參考書,没日没夜地抄成小册後,還訂成硬皮包脊的精裝小册,這豈能不説是那些罪人們滅絶民族文化罪惡企圖意外的相反後果呢!

齊先生送給過我一册影印手寫的《借山吟館詩草》,有樊樊山先生題籤,還有樊氏手寫的序。册中齊先生抄詩的字體扁扁的,點畫肥肥的,和有正書局影印的金冬心自書詩稿的字跡風格完全一樣。那時王壬秋先生已逝,齊先生正和樊山先生往來,詩草也是樊山選定的。齊先生説:“我的畫,樊山説像金冬心,還勸我也學冬心的字,這册即是我學冬心字體所寫的。”其實先生學金冬心還不止抄詩稿的字體,金有許多别號,齊先生也曾一一倣效。金號“三百硯田富翁”,齊號“三百石印富翁”,金號“心出家庵粥飯僧”,齊號“心出家庵僧”,亦步亦趨,極見“相如慕藺”之意。但微欠考慮的是:田多爲富,印多爲貴,兼官多的人,當然俸禄多,但自古官僚們卻都諱言因官致富,大概是怕有貪污的嫌疑。如果稱"三百石印貴人",豈不更爲恰當。又粥飯僧是寺院中的服務人員,熬粥做飯,在和尚中地位是最爲卑下的。去了"粥飯"二字,地位立刻提高了。老先生自稱木匠,而不甘作粥飯僧,似尚未達一間。金冬心又有"稽留山民"的别號,齊先生則有"杏子塢老民"之號,就無從知是模擬還是另起的了。金冬心别號中最怪的是"蘇伐羅吉蘇伐羅",因冬心又名"金吉金","蘇伐羅"是外來語"金"的音譯,把兩個譯音字夾着一個漢字"吉"字來用,竟使得齊老先生束手無策。膽大如斗的齊先生,還没敢用"齊懷特斯動"("懷特斯動"是英語"白石"二字音譯)。我還記得,當年我雙手捧過先生面賜的那本《借山吟館詩草》後,又聽先生講了如何學金冬心的畫和字,我就問了一句:"先生的詩也必學金冬心了。"先生説:"金冬心的詩並不好,他的詞好。"我當時只有一小套石印的《金冬心集》,裏邊没有詞,我忙向先生請教到哪裏去找冬心的詞。先生回答説:"他是博學鴻詞啊!"

齊先生對於寫字,是不主張臨帖的。他説字就那麽寫去,愛怎麽寫就怎麽寫。他又説碑帖裏只有李邕的《雲麾李思訓碑》最好。他家裏掛着一副宋代陳摶寫的對聯搨本:"開張天岸馬,奇逸人中龍。摶(下有"圖南"印章)。"這聯的字體是北魏《石門銘》的樣子,這十個字也見於《石門銘》裏。但是擴大臨寫的,遠看去,很似康南海寫的。老先生每每對人誇奬這副對聯寫的怎麽好,還説自己學過多次總是學不好,以説明這聯上字的水平之高。我還看見過齊先生中年時用篆書寫的一副聯:"老樹著花偏有態,春蠶食葉例抽絲。"筆畫圓潤飽滿,轉折處交代分明,一個個字,都像老先生中年時刻的印章,又很像吴讓之刻的印章,也像吴昌碩中年學吴讓之的印章。又曾見到他四十多歲時畫的山水,題字完全是何子貞様。我才知道老先生曾用過什麼功夫。他教人愛怎麼寫就怎麼寫的理論,是他老先生自己晚年想要融化從前所學的,也可以説是想擺脱從前所學的,是他内心對自己的希望。當他對學生説出時,漏掉了前半。好比一個人消化不佳時,服用藥物,幫助消化。但吃的並不甚多,甚至還没吃飽的人,隨便服用强烈的助消化劑,是會發生營養不良症的。

有一次我向老先生請教刻印的問題,先生到後邊屋中拿出一塊壽山石章,印面已經磨平,放在畫案上。又從案面下面的一層支架上掏出一本翻得很舊的《六書通》,查了一個“遲”字,然後拿起墨筆在印面上寫起反的印文來,是“齊良遲”三個字。寫成了,對着案上立着的一面小鏡子照了一下,鏡中的字都是正的,用筆修改了幾處,即持刀刻起來。一邊刻一邊向我説:“人家刻印,用刀這麼一來,還那麼一來,我只用刀這麼一來。”講説時,用刀在空中比劃。即是每一筆畫,只用刀在筆畫的一側刻下去,刀刃隨着筆畫的軌道走去就完了。刻成後的筆畫,一側是光光溜溜的,另一側是剥剥落落的。即是所謂的“單刀法”。所説的“還那麼一來”,是指每筆畫下刀的對面一邊也刻上一刀。這方印刻完了,又在鏡中照了一下,修改幾處,然後才蘸印泥打出來看,這時已不再作修改了。然後刻“邊款”,是“長兒求寶”,下落自己的别號。我自幼聽説過:刻印熟練的人,常把印面用墨塗滿,就用刀在黑面上刻字,如同用筆寫字一般。這個説法,流行很廣,我卻没有親眼見過。我在未見齊先生刻印前,我想像中必應是幼年聽到的那類刻法,又見齊先生所刻的那種大刀闊斧的作風,更使我預料將會看到那種“鐵筆”在黑色石面上寫字的奇跡。誰知看到了,結果卻完全兩樣,他那種小心的態度,反而使我失望,遺憾没有看到那樣鐵筆寫字的把戲。這是我青年時的幼稚想法,如今漸漸老了,才懂得:精心用意地做事,尚且未必都能成功;而鹵莽滅裂地做事,則絶對没有能够成功的。這又豈但刻印一藝是如此呢?

齊先生畫的特點,人所共見,親見過先生作畫的,就不如只見到先生作品的那麽多了。一次我看到先生正在作畫,畫一個漁翁,手提竹籃,肩荷釣竿,身披蓑衣,頭戴箬笠,赤着脚,站在那裏,原是先生常畫的一幅稿本。那天先生鋪開紙,拿起炭條,向紙上仔細端詳。然後一一畫去。我當時的感想正和初見先生刻印時一樣,驚訝的是先生畫筆那樣毫無拘束,造形又那麽不求形似,滿以爲臨紙都是信手一揮,没想到起草時,卻是如此精心!當用炭條畫到膝下小腿到脚趾部分時,只見畫了一條長勾短股的九十度的綫條,又和這條綫平行着另畫一個勾股。這時忽然抬頭問我:“你知道什麽是大家,什麽是名家嗎?”我當時只曾在《桐陰論畫》上見到秦祖永評論明清畫家時分過這兩類,但不知怎麽講,以什麽爲標準。既然説不出具體答案來,只好回答:“不知道。”先生説:“大家畫,畫脚,不畫踝骨,就這麽一來,名家就要畫出骨形了。”説罷,然後在這兩道平行的勾股綫勾的一端畫上四個小短筆,果然是五個脚趾的一隻脚。我從這時以後,大約二十多年,才從八股文的選本上見到大家名家的分類,見到八股選本上的眉批和夾批,才了然《桐陰論畫》中不但分大家名家是從八股選本中來的,即眉批夾批也是從那裏學來的。齊先生雖然生在晚清,但没聽説學做過八股,那麽無疑也是看了《桐陰論畫》的。

一次談到畫山水,我請教學哪一家好,還問老先生自己學哪一家。老先生説:“山水只有大滌子(即石濤)畫的好。”我請教好在哪裏?老先生説:“大滌子畫的樹最直,我畫不到他那樣。”我聽著有些不明白,就問:“一點都没有彎曲處嗎?”先生肯定地回答説:“一點都没有的。”我又問當今還有誰畫的好?先生説:“有一個瑞光和尚,一個吴熙曾(吴鏡汀先生名熙曾),這兩個人我最怕。瑞光畫的樹比我畫的直,吴熙曾學大滌子的畫我買過一張。”後來我問起吴先生,先生説確有一張畫,是倣石濤的,在展覽會上爲齊先生買去。從這裏可見齊先生如何認爲“後生可畏”而加以鼓勵的。但我自那時以後,很長時間,看到石濤的畫,無論在人家壁上的,還是在印本畫册上的,我都懷疑是假的。旁人問我的理由,我即提出“樹不直”。

齊先生最佩服吴昌碩先生,一次屋内牆上用圖釘釘着一張吴昌碩的小幅,畫的是紫藤花。齊先生跨車胡同住宅的正房南邊有一道屏風門,門外是一個小院,院中有一架紫藤,那時正在開花。先生指着牆上的畫説:“你看,哪裏是他畫的像葡萄藤(先生稱紫藤爲葡萄藤,大約是先生家鄉的話),分明是葡萄藤像它呀!”姑且不管葡萄藤與畫誰像誰,但可見到齊先生對吴昌碩是如何的推重的。我們問起齊先生是否見過吴昌碩,齊先生説兩次到上海,都没有見着。齊先生曾把石濤的“老夫也在皮毛類”一句詩刻成印章,還加跋説明,是吴昌碩有一次説當時學他自己的一些皮毛就能成名。當然吴所説的並不會是專指齊先生,而齊先生也未必因此便多疑是指自己,我們可以理解,大約也和鄭板橋刻“青藤門下牛馬走”印是同一自謙和服善吧!

齊先生在出處上是正義凛然的,抗日戰爭後,僞政權的“國立藝專”送給他聘書,請他繼續當藝專的教授,他老先生即在信封上寫了五個字“齊白石死了”,原封退回。又一次僞警察挨户要出人,要出錢,説是爲了什麽事。他和齊先生表白他没教齊家出人出錢,因此便提出要齊先生一幅畫,先生大怒,對家裏人説:“找我的拐杖來,我去打他。”那人聽到,也就跑了。

齊先生有時也有些舊文人自造“佳話”的興趣。從前北京每到冬天有菜商推着手推獨輪車,賣大白菜,用户選購,作過冬的儲存菜,每一車菜最多值不到十元錢。一次菜車走過先生家門,先生向賣菜人説明自己的畫能值多少錢,自己願意給他畫一幅白菜,换他一車白菜。不料這個“賣菜傭”並没有“六朝煙水氣”,也不懂一幅畫確可以抵一車菜而有餘,他竟自説:“這個老頭兒真没道理,要拿他的假白菜换我的真白菜。”如果這次交易成功,於是“畫换白菜”,“畫代鈔票”等等佳話,即可不脛而走。没想到這方面的佳話並未留成,而賣菜商這兩句煞風景的話,卻被人傳爲談資。從語言上看,這話真堪入《世説新語》;從哲理上看,畫是假白菜,也足發人深思。明代收藏《清明上河圖》的人如果參透這個道理,也就不致有那場禍患。可惜的是這次佳話,没能屬於齊先生,卻無意中爲賣菜人所享有了。

記我的幾位恩師

我在十歲以前,受家塾的教育,看到祖父案邊牆上掛着一大幅山水,是先叔祖畫的,又常見祖父拿過我的手頭小扇,畫上竹石花卉,幾筆而成,感覺非常奇妙。從此就有"作一個畫家"的願望。十五歲時經一位長親帶領,拜賈羲民先生爲師學畫。賈先生一家都是老塾師,賈先生也做過北洋政府時期的部曹小官,但博通書史,對於書畫鑑賞也極有素養。論作畫的技術,雖不甚精,但見解卻具有非常的卓識。常帶着我去故宫博物院看陳列的古書畫,有時和些朋友隨看隨加評論,我懂得一些鑑定知識,實受賈老師的啓迪教誨。

我想進一步多學些畫法技巧,先生看出我的意向,就把我介紹給吴鏡汀先生。吴先生那時專學王石谷,賈先生則一向反對王石谷畫法的那樣瑣碎刻露的風格,而二位先生的交誼卻非常融洽。吴先生教畫法,極爲耐心,如果我們求教的人畫了一幅有進步的作品,先生總是喜形於色地説:"這回是真塌下心去畫出的啊!"先生教人,絶不籠統空談,而是專門把極關重要的竅門提出,使學生不但聽了頓悟,而且一定行之有效。先生如説到某家某派的畫法,隨手表演一下,無不確切地表現出那一家、那一派的特點。我自悔恨的是先生盛年時精力過人,所畫長卷巨幛,勝境不窮,但我只臨習一鱗半爪,是由於不能勤懇;其次後來迫於工作的性質不同,教書要求"專業思想",無力兼顧學畫,青年時所學的,也成了半途而廢。

我在高中讀書時,由於基礎不好,許多功課常不及格,因而厭倦學校所學,恰好一家老世交介紹我從戴綏之先生攻讀經、史、文學,我大感興趣,這中間的原因,是多方面的,這裏不及詳細解剖,只説我遇到戴先生,真可説頓開茅塞。那時我在十八歲左右,先生説:“你已這麽大年紀,不易再從頭誦讀基本的經書了,只好用這個途徑。”什麽辦法呢? 即拿没標點的木版古書,先從唐宋古文讀起,自己點句。每天留的作業,厚厚的一叠,燈下點讀,理解上既吃力,分量上又沉重。我又常想:“這些句没經老師講授,我怎能懂呢?”老師看我的點句,順文念去,點錯的地方才加以解釋,這樣“追趕”式地讀了一部《古文辭類纂》,又讀《文選》,返回來讀《五經》。至今對當時那種似懂非懂的味道,還有深刻的印象。但從此懂得幾項道理:不懂的向哪裏查;加讀一遍有深一步的理解;先跑過幾條街道,再逐門去認店舖,也就是先瞭解概貌,再逐步求細節。此後又買了一部《二十二子》,選讀了《老子》、《列子》、《莊子》、《韓非子》、《吕覽》、《淮南子》等,老師最不喜《墨子》,只讓我看《備城門》諸篇,實在難懂,也就罷了。老師喜《説文》、地理、音韻諸學,給我們選常用字若干,逐字講它在“六書”中的性質和原理,真使我如獲至寶。但至今還只有常識階段的知識,並未深入研究。先生的地理、音韻之學,我根本没提出請教。先生諄諄囑咐要常翻《四庫簡明目録》,又教我們用《歷代帝王年表》作綱領,來瞭解古代歷史的概貌,再逐事件去看《資治通鑑》。這粗略的回憶,可以得知戴老師是如何教一個青年掌握這方面知識的有效辦法。先生還出題令學作文,常教我們在行文上要先能“連”。聽老師講解連的道理,用現在的話説,就是要求語言的邏輯性;其次要求我們懂得“搭架子”,聽講它的道理,也就是要文章有主題有層次。旁及作詩填詞,只要拿出習作,老師無不給予修改。

回憶自我二十二歲到中學教書以來直到今日,中間也賣過畫(那只是“副業”),主要都在教古典文學,從一個字到一首詩、一篇文,哪個又不是從戴老師栽培的土壤中生出的幼芽呢?我這小小的一間房屋基礎,又哪一筐土不是經過戴老師用夯夯過的呢?

最後一位恩師是陳援菴先生,自從見到陳先生,對知識的面,才懂得有那麼寬,學問的流派、門逕,有那麼多,初次看到學術界的“世面”是那麼廣。恩師對我的愛護,也就是許多老學者大都具有的一種高度的熱情和期望,是多麼至深且厚!陳老師千古了,許多細節中可見大節處,這裏不及詳寫。也有只有老師知,我心知,而文字形容難盡的,我這拙筆又怎能表達出來呢?我作過一篇《夫子循循然善誘人》,寫過陳老師的幾點側面,和我的仰止之私。這裏的篇幅,也容不下再作重述了。

一九八六年四月廿九日

文徵明原名和他寫的《落花詩》

明代吴門文學巨匠宗師，多半身兼詩書畫三絶之藝，即仕宦顯赫的王鏊、吴寬之流，雖未見丹青遺筆，至少也是詩書兼擅的。三絶的大家，首推沈周，其次是文壁、唐寅。沈氏布衣終身，文氏僅官待詔，唐氏中了個解元還遭到斥革。但他們的名聲遠播，五百年來可以説是“婦孺皆知”。唐氏又經小説點染，名頭之大，甚至超過沈、文，更不用説什麽王宰相、吴尚書了。

這些位文藝大師，絶非是只憑書畫而得虚名的，即以書畫論，他們也從來没有靠貶低别人而竊登藝術寶座，更没有自稱大師而忝居領袖高名。他們的真跡固然與日月同光，即在當時就有若干人僞作他們的書畫。明代人記載屢次提到他們遇到這類情况，不但不加辯駁，甚至還成全貧窮朋友，寧肯在拿來的僞品上當面題字，使窮朋友多賣幾個錢，而有錢的人買了真題假畫，也損失不到多麽巨大。而窮苦小名家得幾吊錢，卻可以維持一時的生活。所以明代記載這類事跡的文章，並不同於揭發沈、文諸公什麽隱私，而是當作美德來稱讚的。

這些位三絶大家，首推沈周。沈氏的詩筆敏捷，接近唐代的白居易。常常信筆一揮，趣味極其深厚而且自然。有一次他作了十首《落花詩》，不久即有許多人和作。沈氏接着又作十首，再有人和，他再作十首。據已知的和者，有文壁、徐禎卿、吕㦂、唐寅，而沈周自己竟作了三十首。這些詩除曾見沈、唐自寫本外，文氏以小楷抄録本流傳最多,文氏寫本,不僅寫了他自己的和作,還常連帶寫了沈、徐、吕氏的詩。遺憾的是我所見各件文氏小楷寫本卷子,多數是僞品,只有一卷真跡,還被不學的人妄加筆劃和僞印,但究竟無礙它主體真實的價值。

這卷文氏小楷書《落花詩》真跡,是香港大鑑賞家劉均量先生(作籌)虚白齋中的藏品,劉先生早年受教於黄賓虹先生,不但自己擅畫山水,而鑑别古書畫,尤具特識。每遇流傳名跡,常常看到深處、微處,絶不輕信著録。學識又博,經驗又多,所以一些僞品是瞞不過他的眼睛的。我最佩服而且喜歡聽他的議論,遇到他指示僞品的僞在何處,常常使人拍案叫絶！他藏的這卷《落花詩》,不但楷法精工,而且署名無訛,可稱是我平生所見文氏所寫這一組詩的許多卷中唯一可證可信的一卷真品。理由如下:

文氏名壁(從土),字徵明。兄名奎、弟名室,都用星宿名。約在四十歲後,以字行,又取字徵仲。不知什麽時候有人誤傳文徵明原名璧(從玉),還加了一個故事,説因爲宋末偉人文天祥抗敵被執,不屈而死,其子名璧(從玉),出仕元朝。文徵明耻與同名,才以字行。按文徵明二十多歲時,即以文章得名,受到老輩重視,並與同時名流文人訂交,不應直到四十多歲才知道那個仕於元朝的文璧。即使果真知道的不早,但也會懂得土做的牆壁和玉做的拱璧不是同樣的東西。可以説是避所不必避,改所不必改。於是出現了許多玉璧名款的文氏書畫。又有人説兩種寫法名款的作品都是真跡,豈非咄咄怪事！清代同治時吴縣葉廷琯撰《鷗陂漁話》卷一有一條題爲《文衡山舊名》,詳細考證文氏弟兄之名是星宿名的字,是土壁而非玉璧。此書流行版本很多,並不稀見。

清光緒時蘇州顧文彬把所藏的法書刻成《過雲樓帖》,第八册中節刻了文氏小楷所寫《落花詩》。原卷計有沈氏詩三十首，文氏與徐禎卿、吕憲各十首，共六十首。顧氏刻時刻了沈、文詩各十首和文氏一跋，見顧氏附刻的自書短跋。這二十首詩和一跋中，文氏自書名字處，都是從玉的璧。奇怪的是顧氏與葉氏同是蘇州人（顧元和、葉吴縣）時代又極接近，似乎未見葉氏的書，或是不承認葉氏的説法，或者他就是"二者都真"論的創始人。

劉氏虚白齋藏的這卷，次序是：沈周十首、文璧十首、徐禎卿十首、沈周十首、吕憲十首、沈周十首、文璧一跋。其中文氏署名處凡五見，沈詩首唱十首後，文氏和答十首，題下署名文辟，那個土字中間一竪寫得微短，遂給"玉璧説"者留下了空子，在土字上邊擠着添了一小横，總算符合"玉璧説"了，誰知此人性子太急，見了土字就加小横，卻没料到，文氏跋中還有四個璧字，那些土字都寫得緊靠上邊的口字，竟自無處下手去添那一小横，只成一玉四土，即投票選舉，也不能不承認土字勝利了。不知何故，文氏未鈐印章，於是"玉璧説"者又得機會，加蓋了"文璧（從玉）印"和"衡山"兩方假印。"文璧印"從玉自然不真，"衡山"印和真印校對也不相符。這兩處蛇足，究竟無損於真跡。

文徵明自己精楷所録的這卷師友詩篇，何以末尾不蓋印章，這有兩種可能：一是寫成後還未蓋印就被别人拿走了；二是自己感覺有不足處，再爲重寫，這卷暫置一旁，所以未蓋印章。我作第二個推測的理由是，文徵明學畫於沈周、學文於吴寬、學書於李應禎，每談到這三位老師時，總是説"我家沈先生、我家吴先生、我家李先生"（見何良俊《四友齋叢説》）。這卷中徐禎卿、吕憲的詩題中都稱"石田先生"，而文氏自己的十首詩題卻只題"和答石田落花十首"，分明是寫漏了"先生"二字。又最後一首詩第三句"感舊最聞前度(客)”,寫漏了“客”字,補寫在最末句之下。文氏真跡中添注漏字、誤字處極少,可見他下筆時的謹嚴。任何人録寫詩文,不可能絶無錯字漏字時,所以没有的,只是不把有錯漏字的拿出來而已。這類事如在其他文人手下,本算不了什麽問題,而在平生拘謹又極尊師的文徵明先生來説,便應算是一件大事。所以寫完了一卷,不忍棄去,又不願算它是“正本”,便不蓋印章。竊謂如此猜測,情理應該不遠,不但虚白齋主人可能點頭,即文氏有知,也會嘉獎我能深體他尊師的夙志!

惲南田的書髓文心

——記惲南田贈王石谷雜書册

江南從來是人文會粹之鄉，書畫藝術歷史上，更出現過不少的傑出名家。即明清兩代特別著名的書畫家，絶大多數生於江浙。書畫名作，三百年來，當然以乾隆内府所收爲最富，但自鴉片戰争以後，陸續散失遷徙，解放後各博物館大力收集，才逐漸得到妥善的保存和系統的整理。全國博物館雖不少，論收存最富的，不過三四個單位，而江南名跡，無疑以上海博物館徵集起來，最具優越條件。

我個人到上海博物館參觀，包括參加鑑定工作，已有若干次，在館裏獲見的書畫珍品，從晉唐到明清，真可説是"目不暇接"。如果從頭記述，即千百張紙，也未必能够記全。現在爲了建館三十五週年的慶典，特把我今年年初在館中所見的一件絶妙之品，略加闡述。對館中藏品説，清初名家這一小册，幾乎要算長江的尾閭；對惲南田（壽平）的藝術説，我的闡述只是管中的豹斑，勉爲寫出，以求館内館外的專家和讀者指教。

惲南田雜書一册，共十七開，道光間人跋一開。計七言、五言古詩各一首，七言絶句題王石谷（翬）畫四首，又贈石谷六首，散語八段，"記秋山圖始末"一篇。其中紀年二處，一爲庚戌，南田三十八歲；一爲壬子，南田四十歲。各條散語，亦多記與石谷談論之事，記秋山圖，更是聽了石谷述説那件往事而加以記載的。詩和幾條散語都特別提出與石谷的交誼，以及對石谷畫的讚揚。論書畫的見解,更是異常透徹。最後記元代黄子久所畫秋山圖事,借一幅畫的流傳鑑定故事,發抒自己滄桑之感,措語無不平易曉暢,而一唱三嘆,足使讀者爲之迴腸盪氣。這一册的書法,當然是南田的精品,只要打開册頁,便可有目共見,而他的文章議論,就非詳讀細玩,是不易進一步剖析的。

南田的書法風格,大約可分三類:常見所作没骨花卉,彩翠絢爛,題字亦必作極其妍媚之體,用筆結字在褚登善、趙子昂之間,但絶没有絲毫忸怩之態,大大方方,卻無不都麗。另一類是書札中常見的字體,取辦於倉猝之間,無意求工,卻有自然流動的風致。至於他最經意的字跡,則是一種接近黄山谷(庭堅)、倪雲林(瓚)風格的,字的中心緊密、四外伸張,如吴帶當風,在莊重之中,有瀟灑之致。所見只有在他得意的山水畫題跋中和一些比較鄭重的文章上,纔用這類字體。現在這一册即是用這種風格寫出的。不見這册,不知南田書法的真造詣。

從前常聽到有人指着南田自題没骨花卉那一體説這是“畫家字”,也就是説南田的字只是畫面的附庸,不配算“書家”的字,變相説他缺少書家的專門修養。我覺得此類評論很不公道,並未全面了解南田的書法,因此作過一首小詩説:

頭面頂禮南田翁,“畫家字”説殊不公。
千金寶刀十五女,極妍盡利將無同。

古樂府有一首是:“千金買寶刀,懸著中梁柱,一日三摩挲,劇於十五女。”寶刀與美女的特點,是妍和利,豈不正是南田的書格嗎?妍而且利的書風,在這册雜書中,是看得最清楚的。

南田的畫，每構一圖，每落一筆，都是經過匠心思考的，這在畫面上處處可見。而題畫之語，也無不極意經營。我見過幾葉他的手稿，都是題畫的底稿，即使是四字標題，一二行年月名款，都經過起草，常常調整更换它的位置，這種稿本，聽説在江南有數册之多，可見南田這種一絲不苟的精神是一貫的。其實這册中無論是詩，是散語，是長篇的文章，都是在這個精神指導下寫的。不但寫哪首、寫哪段經過精心選擇，寫時的謹慎，寫前的打磨，也是隨處可見的，而南田“文心”之妙，又爲書畫所掩，表而出之，實是後學無可旁貸的職責。

南田與石谷交誼敦篤，無論在此册中，或在其它題跋中都隨處可見。但少見石谷在文學上有所表現。大約石谷的文學修養，相當有限，所以在他畫中很少有富於風味的題語。石谷也有幾個大畫卷後有長篇論畫的題跋，總是整整齊齊的一大段，不能不令人懷疑是有人替他起草的。南田在此册中也明白地提到：

> 昔人云：不讀萬卷，不行萬里，不可作畫。故大年（趙令穰）有朝陵之譏，東村（周臣）遂不得賢於子畏（唐寅），而吾石谷子則不必然而畫已登峰矣。

好一個“不必然”，當面贈貽的話，恭維是常情，而這裏竟自作如此不客氣的客氣話，石谷的文學修養，也就不問可知。那麽石谷的那些長題，説不定就有南田捉刀的。

對書畫的議論，鞭辟入裏，玲瓏剔透，也是南田所最擅場的，散語中論董香光（其昌）書法一段最爲精到。董字風格，確實很難譬喻，他這風格的形成和利弊，也很難探索和評論，南田借與孫承公（我還没查出他的名字）的談論，把董字講得近情近理。他説："文敏（董的謚）秀絶故弱，秀不掩弱，限於資地，故上石輒不得佳。孫子（承公）謂其不足在是，其高超亦在是。何也？昔人往往以己所不足處求進，伏習既久，研鍊益貫，必至偏重，所謂矯枉者過其正也，書家習氣皆於此生。"所論這種道理，也適合於各類藝術，甚至許多事物。但能説得如此恰當深入的，卻還少見。他又説："氣習者，即用力之過，不能適補其本分之不足，而轉增其氣力之有餘，而涵養未至，陶鑄琢磨之功不足以勝之。是以藝成習亦隨之，或至純任習氣而無書者。"這種情況，不待遠求，即以董氏同時的人如張二水的棱角，稍後傅青主的糾繞，豈不正是很好的例證？最後説："唯文敏用力之久，如瘠者飲藥，令舉體充悦光澤，而不爲騰溢，故寧恒見不足，勿使有餘。其自許漸老漸熟，乃造平淡，此真千古名言，亦一生甘苦之至言，可與知者道也。"這雖是論董書，實際上也是南田"夫子自道也"。

這册中，南田自己的改筆，隨處俱有，從所改的字句，可以見到他字斟句酌的匠心，添注塗改本是作家執筆起草時必不可免的。昔人從某些名家改稿中獲得詩文作法道理的事，在文獻記載中非常之多，都是極有價值的。這一册共十四段（一組詩算一段）。有修改字句的九段，有空字未填的一段。其中"記秋山圖始末"一段改動最多，甚至有在已改處再改的。

現在略舉最具匠心的幾段爲例：

余爲石谷題畫詩幾數十首，將悉芟率爾酬應之作，擇其意得者，另書一卷，爲山人拊掌之資。

改筆把“意得”二字改爲“小有致”三字。按“意得”是意“有所得”,與“得意”不同,已較謙虚,又改爲“小有致”,更十分客氣了。又在論董書一段中“是以書成習氣亦成”句,改爲“是以藝成習亦隨之”。“書”改爲“藝”,範圍轉寬了,“習氣亦成”改爲“習亦隨之”,不但化僵硬爲柔和,而且體現了安雅的風度。又提到董書“故恒見不足,勿使有餘”,“勿使”是出於主動,則“不足”並非本有不足,已很明白,而改筆又添一“寧”字,於是“不足”完全由於主動,與“勿使”相應,就絲毫無可誤會了。

有一條論寫生花卉的習氣更空了二字的地方:

> 寫生家日研弄脂粉,搴花探蕊,致有□□習氣,豈若董巨長皴大點,墨雨淋漓,吞吐造化之爲快乎?劍門樵客(王石谷的别號)以此傲南田,宜也。

這分明是一段抑己揚人的客氣話,寫生家的“習氣”是什麽,抑重了,太屈心,抑輕了,又與下文揚處不相應,從起草至送到石谷手中,不知經過多少時間,還是一塊空白紙,“富於千篇,窮於一字”,雖南田亦不能免。也許是像昔人對天承認罪過所説的“兩日科頭,一朝露坐”那種“自我檢討”吧?

至於“記秋山圖始末”一篇,更是洋洋灑灑的一篇大文,也是南田慘淡經營的一篇傑作。它的本事是這樣:王煙客(時敏)早年聽董香光談論元代黄子久(公望)有一幅秋山圖,如何如何精美。煙客經過京口,在藏者張氏家見到此圖,感覺果然神妙,要求收買,藏家不同意,後來再去,藏者不見面了,煙客告訴王石谷,石谷告訴王長安(永寧),王長安是吴三桂的女婿,住在蘇州拙政園,從張氏後人手中買到張家全部收藏的金石書畫,其中就有秋山圖。及至石谷見到原畫,並不像煙客所形容的那麽好,又請煙客和王玄照(鑑)看,也都不覺滿意,王長安懷疑了,石谷與玄照設法假意讚賞,才算了事。

兹從其改筆順序舉幾處例證,説明南田臨文的匠心,也可看出他的苦心。談到煙客首次拜訪藏家,是拿着董香光的介紹信,及至再去,主人不見,説:

因知向所殷勤,在推宗伯(董的官)之餘也。

煙客在當時爲江南大族文人的重望,他的兒孫也在清朝通籍,做了大官。面子是不能有所損傷的。改爲:

奉嘗(奉常,王煙客的官,改寫"常"爲"嘗",南田避明諱)徘徊淹久而去。

這不僅無損煙客的威望,在文情上既顯得令人惆悵,又增加名畫的可想而難見的神秘性。又記:

須臾傳王奉嘗來,先呼石谷與語。

在"來"字下,加"奉嘗舟中"四字。顯得煙客的身份,尚未下船,先與石谷相問,自與入門後私語有别。但不知當日蘇州街道

如何,在今日船是無從到拙政園門的。既在船中呼語,則石谷遠迎,更見煙客之尊,石谷之敬。最後王玄照來:

> 又頃王玄照郡伯亦至,石谷亟先諭意郡伯,郡伯諾,乃入。大呼秋山圖來,披指靈妙,讚嘆纚纚不絶口,戲謂王氏非厚福不能得奇寶。

改筆抹去"石谷亟先"至"乃入"十三字,而在"謂"上加一"戲"字。所抹十三字,確實累贅,於文中爲敗筆,抹去誠然應該,但如何交代王玄照並没有認假爲真,也正是個難事。用一"戲"字,則省卻若干事前的交代。這種稿本,最有益於學寫作的人,可惜像南田這等水平的文章草稿,得之不易!

記王長安得了黄子久的次品畫竟然不悟時,説他"至死不悟"。用墨塗去"死"字,改寫"今"字,我想這或是嫌"死"字太硬,或是因這時王長安尚未死。按王應奎《柳南隨筆》卷六記:

> 康熙乙巳,吴逆三桂遣人持數千金至吴收古書畫器物。

按王長安名永寧,是吴三桂的女婿,在蘇州買古物,無疑即包括這次收購的。乙巳爲康熙四年,撤藩在康熙十二年。阮葵生《茶餘客話》卷八記吴門拙政園爲平西王婿王永寧所有,又説:

> 滇黔逆作,王永寧懼而先死。

這册雜書中兩處紀年,後一處是壬子,即康熙十一年,這時吴三桂還没叛,王永寧還没死,那麽改爲"今"字,只是修詞之需了。册中改筆都用圈圍或旁點辦法表示删除,只有此二處用墨塗抹,我先從影印本上看字迹的大概形狀,推測應是某字,這次從原跡上看,塗的墨並不濃,底字清楚可見,推測固然未誤,又似南田有意給人留出謎底。

原稿記:"奉嘗亦閲滄桑且五六十年",改筆點去"六"字,又改"五"爲"三"。按明亡在甲申:下距乙巳爲二十二年。至壬子爲二十九年,那麽"且五六十年",實是南田誤算到他起稿的時候了。"始末"中記煙客二次訪張氏,張氏不再見他是"出使南還道京口"。煙客最後一次以尚寶卿出使福建,在天啓七年,他三十六歲。那麽初次到京口看畫時,年齡比三十六歲還要小。到乙巳在吴門重看秋山圖時,已七十六歲,相隔四十多年,感覺當然不會相同,而眼力增進,也是合理的事。文中説煙客在舟中先問石谷説:

> 王氏已得秋山乎?石谷詫曰未也,奉嘗曰贋耶?曰"是真一峰(黄子久别號)物"。曰得矣,何詫爲?曰昔者先生所説,歷歷不忘,今否否,烏覩所謂秋山哉!

改筆把"真"改爲"亦","物"改爲"也",語意偏輕,幾似説它是僞物,加上最末説:"王郎(石谷)爲予述此,且訂異日同訪秋山真本。"那麽"真一峰物",至此已成僞物,好似名圖真會"幻化"了。

總之,煙客三十餘歲時,先入董香光的吹噓言詞,看到畫後又買不到手,愈想慕愈覺其好,本是人所常有的極平常心理,而經南田這篇文章一寫,反使人覺得撲朔迷離,成了疑案。但南田寫此文,本不同於今天寫"書畫鑑定意見書",而是用傳奇筆法,借名畫故事,以寓滄桑之感而已。論文章,是名作佳篇;論鑑定,是疑陣冤案。這册最可貴處,是修改的綫索分明,加之書法的精良,確實堪稱雙絶。

我心目中的鄭板橋

《書法叢刊》要出一輯鄭板橋的專號,編輯同志約我寫一篇談鄭板橋的文章。不言而喻,《書法叢刊》裏的文章,當然是要談鄭板橋的書法。但我的腔子裏所裝的鄭板橋先生,卻是一大堆敬佩、喜愛、驚嘆、淒涼的情感。一個盛滿各種調料的大水桶,鑽一個小孔,水就不管人的要求,酸甜苦辣一齊往外流了。

我在十幾歲時,剛剛懂得在書攤上買書,看見一小套影印的《鄭板橋集》,底本是寫刻的木板本,作者手寫的部分,筆致生動,有如手跡,還有一些印章,也很像鈐印上的,在我當時的眼光中,竟自是一套名家的字帖和印譜。回來細念,詩,不懂的不少;詞,不懂句讀,自然不懂的最多。讀到《道情》,就覺得像作者親口唱給我聽似的,不論内容是什麽,憑空就像有一種感情,從作者口中傳入我的心中,十幾歲的孩子,没經歷過社會上的機謀變詐,但在祖父去世後,孤兒寡母的淒涼生活,也有許多體會。雖與《道情》所唱,並不密合,不知什麽緣故,曲中的感情,竟自和我的幼小心靈融爲一體。及至讀到《家書》,真有幾次偷偷地掉下淚來。我在祖父病中,家塾已經解散,只在鄰巷親戚的家塾中附學,祖父去世後,更只有在另一家家塾中附學。我深嚐附學學生的滋味。《家書》中所寫家塾主人對附學生童的體貼,例如看到生童没錢買川連紙做做字本,要買了在"無意中"給他們。這"無意中"三字,有多麽精深巨大的意義啊!我稍稍長大些,又看了許多筆記書中所談先生關心民間疾苦的事，和作縣令時的許多政績，但他最後還是爲擅自放賑，被罷免了官職。前些年，有一位同志談起鄭板橋和曹雪芹，他都用四個字概括他們的人格和作品，就是“人道主義”，在當時哪裏敢公開地説，更無論涉及板橋的清官問題了。

及至我念書多些了，拿起《板橋集》再念，仍然是那麼新鮮有味。有人問我："你那樣愛讀這個集子，它的好處在哪裏？"我的回答是“我懂得”，這時的懂得，就不只是斷句和典故的問題了。對這位不值得多談的朋友，這三個字也就够了，他若有腦子，就自己想去吧！又有朋友評論板橋的詩詞，多説“未免俗氣”，我也用“我懂得”三字説明我的看法。

板橋的書法，我幼年時在一位叔祖房中見一付墨搨小對聯，問叔祖“好在哪裏”？得到的解説有些聽不懂，只有一句至今記得是“只是俗些”。大約板橋的字，在正統的書家眼裏，這個“俗”字的批評，當然免除不了，由於正統書家評論的影響，在社會上非書家的人，自然也會“道聽途説”。於是板橋書法與那個“俗”字便牢不可分了。

平心而論，板橋的中年精楷，筆力堅卓，章法聯貫，在毫不喫力之中，自然地、輕鬆地收到清新而嚴肅的效果。拿來和當時張照以下諸名家相比，不但毫無遜色，還讓觀者看到處處是出自碑帖的，但誰也指不出哪筆是出於哪種碑帖。乾隆時的書家，世稱“成劉翁鐵”，成王的刀斬斧齊，不像寫楷書，而像筆筆向觀者“示威”；劉墉的疲憊驕蹇，專摹翻板閣帖，像患風癱的病人，至少需要兩人攙扶走路，如一撒手，便會癱坐在地上。翁方綱專摹翻板《化度寺碑》，他把真唐石本鑑定爲宋翻本，把宋翻本認爲纔是真唐石。這還不算，他有論書法的有名詩句説“渾樸常居用筆先”，真不知筆没落紙,怎樣已經事先就渾樸了呢?所以翁的楷書,每一筆都不見毫鋒,渾頭渾腦,直接看去,都像用臘紙描摹的宋翻《化度寺碑》,如以這些位書家爲標準,板橋當然不及格了。

板橋的行書,處處像是信手拈來的,而筆力流暢中處處有法度,特别是純聯綿的大草書,有點畫,見使轉,在他的各體中最見極深、極高的造詣,可惜這種字體的作品流傳不多。特别值得一提的是他批縣民的訴狀時,無論是處理什麽問題,甚至有時發怒駁斥上訴人時,寫的批字,也毫不含糊潦草,真可見這位縣太爺負責到底的精神。史載乾隆有一次問劉墉對某一事的意見,劉墉答以“也好”二字,受到皇帝的申斥,設想這位慣説也好的“協辦大學士”(相當今天的副總理),若當知縣,他的批語會這樣去寫嗎?

我曾作過一些《論書絶句》,曾説:“刻舟求劍翁北平,我所不解劉諸城。”又説:“坦白胸襟品最高,神寒骨重墨蕭寥。朱文印小人千古,二十年前舊板橋。”任何人對任何事物的評論,都不可能毫無主觀的愛憎在内。但客觀情況究竟擺在那裏,所評的恰當與否,儘管對半開、四六開、三七開、二八開、一九開,究竟還有評論者的正確部分在。我的《論書絶句》被一位老朋友看到,寫信説我的議論“可以驚四筵而不可以適獨坐”,話很委婉,實際是説我有些嘩衆取寵,也就是説板橋的書法不宜壓過翁劉,我當然敬領教言。今天又提出來,只是述説有過那麽幾句拙詩罷了!

板橋的名聲,到了今天已經跨出國界。隨着中國的歷代書畫藝術受到世界各國藝術家和研究者的重視,一位某代的書畫家,甚至某家一件名作,都會有人拿來作爲專題加以研究,寫出論文,傳播於世界,板橋先生和他的作品當然也在其中。我曾在拙作《論書絶句》中讚頌板橋先生的那首詩後,寫過一段小注,這是我對板橋先生的認識和衷心的感受。現在不避讀者賜以“炒冷飯”之譏，再次抄在下邊，敬請讀者評量印可：

二百數十年來，人無論男女，年無論老幼，地無論南北，今更推而廣之，國無論東西，而不知鄭板橋先生之名者，未之有也。先生之書，結體精嚴，筆力凝重，而運用出之自然，點畫不取矯飾，平視其並時名家，蓋未見骨重神寒如先生者焉。

當其休官賣畫，以遊戲筆墨博鹺賈之黄金時，於是雜以篆隸，甚至諧稱爲六分半書，正其嬉笑玩世之所爲，世人或欲考其餘三分半書落於何處，此甘爲古人侮弄而不自知者，寧不深堪憫笑乎?

先生之名高，或謂以書畫，或謂以詩文，或謂以循績，吾竊以爲俱是而俱非也。蓋其人秉剛正之性，而出以柔遜之行，胸中無不可言之事，筆下無不易解之辭，此其所以獨絶今古者。

先生嘗取劉賓客詩句刻爲小印，文曰：“二十年前舊板橋”。覺韓信之賞淮陰少年，李廣之誅灞陵醉尉，甚至項羽之喻衣錦晝行，俱有不及鈐此小印時之躁釋矜平者也。

板橋先生達觀通脱，人所共知，自己在詩集之前有一段小敘云：“板橋詩文，最不喜求人作敘。求之王公大人，既以借光爲可恥；求之湖海名流，必至含譏帶訕，遭其荼毒而無可如何，總不如不敘爲得也。”多麽自重自愛！但還免不了有些投贈之作。但觀集中所投贈的人，所稱讚的話，都是有真值得他稱讚的地方。絶没有泛泛應酬的詩篇。即如他對袁子才，更是真摯地愛其才華，見於當時的一些記録。出於衷心的佩服，自然不免有所稱讚，也就才有投贈的詩篇。但詩集末尾，只存兩句："室藏美婦鄰誇艷，君有奇才我不貧。"這又是什麼緣故？袁氏《隨園詩話》（卷九）有一條云："興化鄭板橋作宰山東，與余從未識面。有誤傳余死者，板橋大哭，以足蹋地，余聞而感焉。……板橋深於時文，工畫，詩非所長。佳句云：'月來滿地水，雲起一天山。'……"佳句舉了三聯，卻説詩非所長，這矛盾又增加了我的好奇心。一九六三年在成都四川省博物館見到一件板橋寫的堂幅，是七律一首，云：

> 晨星斷雁幾文人，錯落江河湖海濱。抹去春秋自花實，逼來霜雪更枯筠。女稱絶色鄰誇艷，君有奇才我不貧。不買明珠買明鏡，愛他光怪是先秦。（款稱："奉贈簡齋老先生，板橋弟鄭燮。"）

按："女稱絶色"原是比喻，襯托"君有奇才"的。但那時候人家的閨閣中人是不許可品頭論足的。"女稱絶色"，確易被人誤解是説對方的女兒。再看此詩，也確有許多詞不達意處，大約正是孔子所説"有所好樂則不得其正"的。"詩非所長"的評語大概即指這類作品，而不是指"月來滿地水"那些佳句。可能作者也有所察覺，所以集中只收兩句，上句還是改作的。當時妾媵可以贈給朋友，誇上幾句，是與誇"女公子"有所不同的。科舉時代，入翰林的人，無論年齡大小，都被稱老先生，以年齡論，鄭比袁還大著二十二歲，這在今日也須解釋一下的。

還有一事，也是袁子才誤傳的。《隨園詩話》卷六有一條云：

“鄭板橋愛徐青藤詩，嘗刻一印云‘徐青藤門下走狗’”，又云：“童二樹亦重青滕，題青藤小像云：‘尚有一燈傳鄭燮，甘心走狗列門牆’。”其後有幾家的筆記都沿襲了這個説法。今天我們看到了若干板橋書畫上的印章，只有“青藤門下牛馬走”一印。“牛馬走”是司馬遷自己的謙稱，他既承襲父親的職業，作了太史令，仍自謙説只是太史衙門中的一名走卒，板橋自稱是徐青藤門下的走卒，是活用典故，童鈺詩句，因爲這個七言句中，實在無法嵌入“牛馬走”三字。而袁氏即據此詩句，説板橋刻了這樣詞句的印章，可説是未達一間。對於以上二事，我個人的看法是：板橋一向自愛，但這次由於愛才心切，主動地對“文學權威”、翰林出身的袁子才作了詞不達意的一首詩，落得了“詩非所長”，又被自負博學的袁子才誤解“牛馬走”爲“走狗”，這就不能不説板橋也有咎由自取之處了。袁子才的詩文，我們不能不欽佩，他的處世方法，也不能説“門檻不精”。他對兩江總督尹繼善，極盡巴結之能事，但尹氏詩中自注説“子才非請不到”，兩相比較，鄭公就不免天真多於世故了。

一九九三年七月十七日

溥心畬先生南渡前的藝術生涯

一　心畬先生的家世,和我家的關係

心畬先生諱溥儒,初字仲衡,後改字心畬,是清代恭忠親王奕訢之孫。王有二子,長子載澂;次子載瀅,都封貝勒。載澂先卒,無子。恭親王卒時,以載瀅的嫡出長子溥偉繼嗣載澂爲承重孫,襲王爵(恭王生前曾被賜"世襲罔替"親王爵)。心畬先生行二,和三弟溥僡,字叔明,俱側室項夫人所生。民國後,嗣王溥偉奉母居青島,又居大連。心畬先生與三弟奉母居北京西郊。原府第爲嗣王典給西洋教會,心畬先生與教會涉訟,歸還後半花園部分,即遷入定居,直至抗戰後遷出移居。

瀅貝勒號清素主人,夫人是敬懿太妃的胞妹(益齡字菊農,姓赫舍里氏之女),是我先祖母的胞姊。我幼年時先祖母已逝世,但兩家還有往來。我幼時還見有從大連帶來的禮物,有些日本製做的小巧玩具,到現在還有保存著的。曾見清素主人與徐花農(琪)和先祖有唱和的詩,惜早已失落。清素在民國以前逝世,也未見有詩文集傳下來。

嗣王溥偉既東渡居大連,恭忠親王(世俗常稱老恭王)遺留的古書畫都在北京,與心畬先生本來具有的天賦相契合,至成了這一代的"三絕"宗師,不能不說是具有殊勝的因緣。

先祖逝世時,我剛滿十週歲,先父在九年前先卒。孤兒寡母,與一位未嫁的胞姑共度艱難的歲月。這時平常較熟悉的老親戚已多冷淡不相往來,何況遠在海濱的遠親! 心畬先生一支原來就没有往來,我當然更求教無從了。

二 我受教於心畬先生的緣起

我在二十歲左右,漸漸露些頭角。一次在敬懿太妃的喪事上遇到心畬先生,蒙得欣然獎譽,令我有時間到園中去。這時也見到了溥雪齋先生(忻),也令我可以常到家中去。但我自幼即得知一些位“親貴”的脾氣,不易“伺候”,寧可淡些遠些。後來屢在其他場合見到,催問我何以不去,此後才逐漸登堂請教。有人知道我家也屬於清代貴族,何以卻説這兩位先生是“親貴”呢? 因爲我的八世祖是清高宗乾隆的胞弟,封和親王,諱弘晝,傳到我的高祖即被分出府來。我的曾祖由教家館、應科舉、做翰林官、做學政,還做過順天鄉試、禮部會試的考官、殿試的讀卷官等等。我先祖也是一樣的什麽舉人、進士、翰林、主考、學政等等過了一生。用今天的話説即是寒士出身的知識分子,所以族雖貴而非親。在一般“親貴”的眼中,不過是“旗下人”而已。但這兩位,雖被常人視爲“親貴”,究竟是學者、是藝術家,日久證明他們既與别人不同,對我就更加青睞了。

由於居住較近,到雪齋先生家去的時候較多些。雖然也常到萃錦園中,登寒玉堂,專誠向心畬先生請教,而雪齋先生家有松風草堂,常常招集些位畫家聚集談藝作畫,儼然成爲一個小型“畫會”。心畬先生當然也是成員之一,也是我獲得向雪、心二位宗老和別位名家請教的一項機會。

松風草堂的集會,據我所知,最初只有溥心畬、關季笙、關稚雲、葉仰曦、溥毅齋(僩,雪老的五弟)幾位。後來我漸成長,和溥堯仙(佺,雪老的六弟,少我一歲)繼續參加,最後祁井西常來,聚會也快停止了。

松風草堂的集會,心畬先生來時並不經常,但先生每來,氣氛必更加熱鬧。除了合作畫外,什麽彈古琴、彈三絃、看古字畫、圍坐聊天,無拘無束,這時我獲益也最多。因爲登堂請益,必是有問題、有答案,有請教、有指導,總是鄭重其事。還不如這類場合中,所見所聞,常有出乎意料之外的東西。我所存在的問題,也許無意中獲得理解;我自以爲没問題的事物,也許竟自發現另外的解釋。現在回憶起來,今天除我之外,自溥雪老至祁井西先生俱已成了古人,臨紙記録,何勝悽黯!

我從心畬先生受教的另一種場合是每年萃錦園中許多棵西府海棠開花的時候,先生必以兄弟二人的名義邀請當時的若干文人來園中賞花賦詩。被約請的有清代的遺老,有老輩文人,也有當時有名氣的(舊)文人。海棠種在園中西院一座大廳的前面,廳上廊子很寬,院中花下和廊上設些桌椅,來賓隨意入座。廊中桌上有簽名的素紙長卷,有一大器皿中裝著許多小紙捲,簽名人隨手拈取一個,打開看,裏邊只寫一個字,是分韻作詩的韻字。從來未見主人彙印分韻作詩的集子,大約不一定作的居多。我在那時是後生小子,得參預盛會已足榮幸了,也每次隨著拈一個鬮,回家苦思冥想,雖不能每次都能作得什麽成品,但這一次一次的鍛鍊,還是受益很多的。

再一種受教的場合,是先生常約幾位要好的朋友小酌,餐館多是什刹海北岸的會賢堂。最常約請的是陳仁先、章一山、沈羹梅諸老先生,我是敬陪末座的小學生。也不敢隨便發言。但席間飯後,聽諸老娓娓而談,特別是沈羹梅先生,那種安詳周密的雅談,辛亥前和辛亥後的掌故,不但有益於見聞知識,即細聽那一段段的掌故,有頭有尾,有分析有評論,就是一篇篇的好文章。可恨當時不會記録,現在回想,如果有録音機録下來,都是珍貴的史料檔案。這中間插入别位的評論,更是起畫龍點睛的作用。心畬先生的一位新朋友,是李釋堪先生,在寒玉堂中常常遇見。我和李先生的長子幼年同學,對這位老伯也就更熟悉些。他和心畬先生常拿一些當時名家的詩文來共同評論,有時也拿起我帶去的習作加以指導。他們看後,常常指出哪句是先有的,哪句是後湊的,哪處好,哪處壞。這在今天我也會同樣去看學生的作品,但當時我卻覺得是很可驚奇的事了。

“舉一隅”可以“三隅反”,我從先生那裏直接或間接受益的,真可説數不清的。《禮記》云:“獨學而無友,則孤陋而寡聞。”里語也説:“投師不如訪友。”原因是師是正面的教,友是多方面的啓發。師的友,既有從高向下垂教的尊嚴一面,又有從旁輔導的輕鬆一面。師的友自然學問修養總比自己同等學力的小朋友豐富高尚的多多,我從這種場合中所受的教益,自是不言可喻的!

總起來説我和心畬先生的關係,論宗族,他是溥字輩的,是我曾祖輩的遠房長輩;論親戚,他相當是我的表叔;論文學藝術,是我一位深承教誨的恩師。若講最實際的關係,還是這末一條應該是最恰當的。

三　心畬先生的文學修養

先生幼年的啓蒙老師和讀書的經歷,我全無所知。但知道先生早年曾在西郊戒臺寺讀書,至今戒臺寺中還有許多處留有先生的題字。

何以在晚清時候,先生以貴介公子的身份,不在府中家塾讀書,卻遠到西郊一個廟裏去讀書,豈不與古代寒士寄居寺廟讀書一樣嗎？説來不能不遠溯到恭忠親王。這位老王爺好佛,常遊西山或西郊諸寺廟,當然是“大檀越”(施主)了。有一有趣的事,一次戒臺寺傳戒,老王爺當然是“功德主”。和尚便施展“苦肉計”來嚇老施主。有稍犯戒律的一個和尚,戒師勒令他頭頂方磚,跪在地上受罰,老王爺代爲説情,不許！這還輕些。一次在齋堂午齋,一個和尚手持鉢盂放到案上時,立時破裂。戒師便聲稱戒律規定,要“與鉢俱亡”,須將此僧立即打死。老王爺爲之勸説,堅決不予寬免。老王爺怒責,僧人越發要嚴格執行,最後老王爺不得不下臺,拂袖而去,只好飭令宛平縣知縣處理。告誡知縣説:“如此人被打死,惟你是問！”其實這場鬧劇就是演給老王爺看的。有一句諺語:“在京的和尚出外的官”,足以深刻地説明他們的勢力問題。當然和尚再兇,也兇不過“現管”的縣官,王爺走了,戲也演完了。只從這類事看,恭忠親王與戒臺寺的關係之深,可以想見。那麽心畬先生兄弟在寺中讀書,不過是一個遠些的書房,也就不難理解了。

心畬先生幼年啓蒙師是誰,我不知道,但知道對他們兄弟(儒、僡二先生)文學書法方面影響最深的是一位湖南和尚永光法師(字海印)。這位法師大概是出於王闓運之門的,專作六朝體的詩,寫一筆相當灑脱的和尚風格的字。心畬先生保存著一部這位法師的詩集手稿,在“七七”事變前夕,他們兄弟二位曾拿著商量如何選訂和打磨潤色,不久就把選訂本交琉璃廠文楷齋木版刻成一册,請楊雪橋先生題籤,標題是《碧湖集》。我曾得到紅印本一册,今已可惜失落了。心畬先生曾有早年手寫石印的《西山集》一册,詩格即如永光,書法略似明朝的王寵,而有疏散的姿態,其實即是永光風格的略爲規矩而已。後來看見先生在南方手寫的《寒玉堂詩集》,裏邊還有一個保存著《西山集》的小題,但内容已與舊本不同了。先生曾告訴我説有一本《瀛海塤篪》詩集,是先生與三弟同遊日本時的詩稿,但我始終没有見着。可惜的是大約先生的詩詞集稿本,可能大部分已經遺失。有許多我還能背誦的,在新印的詩集中已不存在了。下面即舉幾首爲例:

《落葉》四首:

昔日千門萬户開,愁聞落葉下金臺;寒生易水荆卿去,秋滿江南庾信哀。西苑花飛春已盡,上林樹冷雁空來;平明奉帚人頭白,五柞宫前夢碧苔。

微霜昨夜薊門過,玉樹飄零恨若何;楚客離騷吟木葉,越人清怨寄江波。不須摇落愁風雨,誰實摧傷假斧柯;衰謝蘭成應作賦,暮年喪亂入悲歌。

蕭蕭影下長門殿,湛湛秋生太液池;宋玉招魂猶故國,袁安流涕此何時;洞房環佩傷心曲,落葉哀蟬入夢思;莫遣情人怨遥夜,玉階明月照空枝。

葉下亭皋蕙草殘,登樓極目起長歎;薊門霜落青山遠,榆塞秋高白露寒。當日西陲徵萬馬,早時南内散千官;少陵野老憂君國,奔問寧知行路難。

這是先生一次用小行草寫在一片手掌大的高麗箋上的,拿給我看,我捧持諷誦,先生即賜予我了。歸家珍重地夾在一本保存的師友手札粘册中。這些年幾經翻騰,不知在哪個箱中了,但詩句還有深刻的記憶。現在居然默寫全了,可見青年時腦子的好用。"時過而後學,則勤苦而難成",真覺得有"老大徒傷悲"之感!先生還曾在扇面上給我用小行草寫過許多首《天津雜詩》,現在也不見於南方所印的詩集中,我總疑是舊稿因顛沛遺失,未必是自己删去的。

先生對於後學青年,一向非常關心,諄諄囑咐好好念書。我向先生問書畫方法和道理,先生總是指導怎樣作詩,常常説畫不用多學,詩作好了,畫自然會好。我曾産生過罪過的想法,以爲先生作畫每每拿筆那麽一塗,並沒講求過什麽皴、什麽點。教我作好詩,可能是一種搪塞手段。後來我那位學畫的啓蒙老師賈羲民先生也這樣教導我,他們兩位並沒有商量過啊,這才扭轉了我對心畬先生教導的誤解。到今天六十年來,又重拾畫筆畫些小景,不知怎麽回事,畫完了,詩也有了。還常蒙觀者謬奬,説我那些小詩比畫好些,使我自懺當年對先生教導的半信半疑。

有一次在聽到先生鼓勵作詩後,曾問該讀哪些家的作品,先生很具體地指示:有一種合印的王維、孟浩然、韋應物、柳宗元四家合集,應該好好地讀。我即找來細看:王維的詩曾讀過,也愛讀的;孟浩然實在無味;柳宗元也不對胃口;只有韋應物使我有清新的感覺,有些作品似比王維還高。這當然只是那時的幼稚感覺,但六十年後的今天,印象還沒怎麽大變,也足見我學無寸進了!

又一次自己畫了一個小扇面,是一個淡遠的景色。即模倣先生的詩格題了一首五言律詩,拿著去給先生看。没想到先生看了好久,忽然問我:"這是你作的嗎?"我忍著笑回答說:"是我作的"。先生又看,又問,還是懷疑的語氣。我不由得笑著反問:"像您作的吧!"先生也大笑著加以勉勵。這首詩是:

八月江南岸,平林欲著黄。清波凝暮靄,鳴籟入虚堂。捲幔吟秋色,題書寄雁行。一丘猶可卧,摇落漫神傷。

這次雖承誇奬,但究竟是出於孩子淘氣的倣作,後來也繼續倣不出來了。

先生最不喜宋人黄庭堅、陳師道一派的詩,有一次向我談起陳師傅(寶琛)的詩,説:"他們竟自學陳後山(師道)。"言下表現出非常奇怪似的開口大笑。我那時由於不懂陳後山,當然也不喜歡陳後山,也就隨著大笑。後來聽溥雪齋先生談起陳師傅對心畬先生詩的評論,説:"儒二爺儘作那空唐詩"是指只摹倣唐人腔調和常用的詞藻,没有什麽自己獨具的情感和真實的經歷有得的生活體會,所以説"空唐詩"。這個詞後來誤傳爲"充唐詩",是不確的。

爲什麽先生特别喜愛唐詩,這和早年的家教薰習是有關係的。恭忠親王喜作詩,有《樂道堂集》。另有一部《萃錦吟》,全是集唐人詩句的作品。見者都驚訝怎能集出那麽些首?清代人有些集句詩集,像《飣餖吟》、《香屑集》之類的,究竟不是多見的。至於《萃錦吟》體裁博大,又出前者之外,所以相當值得驚詫。近幾十年前,哈佛燕京學會編印了一部《杜詩引得》,逐字編碼,非常精密。有人用來集杜句成詩,即借重這部工具。後來我在故宫圖書館見到一部《唐詩韻彙》是以句爲單位,按韻排開,集起來,比用《引得》整齊方便,我才恍然這位老王爺在上書房讀書時必然用過這種工具書。而心畬先生偏愛唐詩,未必與此毫無關係。先生對於詩,唐音之外,也還愛"文選體",這大約是受永光法師的影響吧!

四 心畬先生的書藝

心畬先生的書法功力,平心而論,比他畫法功力要深得多。曾見清代趙之謙與朋友書信中評論當時印人的造詣,有"天幾人幾"之説,即是説某一家的成就是天才幾分、人力幾分。如果借用這種評論方法來談心畬先生的書畫,我覺得似乎可以説,畫的成就天分多,書的成就人力多。

他的楷書我初見時覺得像學明人王寵,後見到先生家裏掛的一副永光法師寫的長聯,是行書,具有和尚書風的特色。先師陳援庵先生常説:和尚袍袖寬博,寫字時右手提起筆來,左手還要去攏起右手袍袖,所以寫出的字,絶無扶牆摸壁的死點畫,而多具有疏散的風格。和尚又無須應科舉考試,不用練習那種規規矩矩的小楷。如果寫出自成格局的字,必然常常具有出人意表的藝術效果。我受到這樣的教導後,就留意看和尚寫的字。一次在嘉興寺門外見到黄紙上寫"啓建道場"四個大斗方,分貼在大門兩旁。又一次在崇效寺門外看見一副長聯,也是爲辦道場而題的,都有疏散而近於唐人的風格。問起寺中人,寫者並非什麽"方外有名書家”,只是普通較有文化的和尚。從此愈發服膺陳老師的議論,再看心畬先生的行書,也愈近“僧派”了。

我看到永光法師的字,極想拍照一個影片,但那一聯特别長,當時攝影的條件也並不容易,因而竟自没能留下影片。後來又見許多永光老年的字跡,與當年的風采很不相同了。總的來説,心畬先生早年的行楷書法,受永光的影響是相當可觀的。

有人問:從前人讀書習字,都從臨摹碑帖入手,特别楷書幾乎没有不臨唐碑的,難道心畬先生就没臨過唐碑嗎? 我的回答是:從前學寫字的人,無不先臨楷書的唐碑,是爲了應考試的基本功夫。但不能寫什麽都用那種死板的楷體,必須有流動的筆路,才能成行書的風格。例如用歐體的結構佈下基礎,再用趙體的筆劃姿態和靈活的風味去把已有結構加活,即叫做“歐底趙面”(其他某底某面,可以類推)。據我個人極大膽地推論心畬先生早年的書法途徑,無論臨過什麽唐人楷書的碑版,及至提筆揮毫,主要的運筆辦法,還是從永光來的,或者可説“碑底僧面”。

據我所知,心畬先生不是從來没臨過唐碑,早年臨過柳公權的《玄秘塔碑》,後來臨過裴休的《圭峰碑》,從得力處看,大概在《圭峰碑》上所用功夫最多。有時刀斬斧齊的筆畫,内緊外鬆的結字,都是《圭峰碑》的特點。接近五十多歲時,寫的字特别像成親王(永瑆)的精楷樣子,也見到先生不惜重資購買成王的晚年楷書。當時我曾以爲是從柳、裴發展出來,才接近成王,喜好成王。不對,顛倒了。我們旗下人寫字,可以説没有不從成王入手,甚至以成王爲最高標準的,心畬先生豈能例外! 現在我明白,先生中年以後特别喜好成王,正是反本還原的現象,或者是想用嚴格的楷法收斂早年那種疏散的永光體,也未可知。

先生家藏的古法書,真堪敵過《石渠寶笈》。最大的名頭,當然要推陸機的《平復帖》,其次是唐摹王羲之《遊目帖》,再次是《顏真卿告身》,再次是懷素的《苦筍帖》。宋人字有米芾五札、吴説遊絲書等。先生曾親手雙鈎《苦筍帖》許多本,還把鈎本令刻工上石。至於先生自己得力處,除《苦筍帖》外,則是《墨妙軒帖》所刻的《孫過庭草書千字文》,這也是先生常談到的。其實這卷《千文》是北宋末南宋初的一位書家王昇的字跡。王昇還有一本《千文》,刻入《嶽雪樓帖》和《南雪齋帖》,與這卷的筆法風格完全一致。這卷中被人割去尾款,在《千文》末尾半行空處添上"過庭"二字,不料卻還留有"王昇印章"白文一印。王昇還有行書手札,與草書《千文》的筆法也足以印證。論其筆法,圓潤流暢,確極妍妙,很像米臨王羲之帖,但畢竟不是孫過庭的手跡。後來先生得到延光室(出版社)的攝影本《書譜》,臨了許多次。有一天告訴我説:"孫過庭《書譜》有章草筆法。"我想《書譜》中並無任何字有章草的筆勢,先生這種看法從何而來呢?後來瞭然,《書譜》的字,個個獨立,没有聯綿之處。比起王昇的《千文》,確實古樸的多。先生因其毫無聯綿之處的古樸風格,便覺近於章草,是完全可以理解的。米芾説唐人《月儀帖》"不能高古",是"時代壓之",那麽王昇之比孫過庭,當然也是受時代所壓了。最可惜的是先生平時臨帖極勤,寫本極多,到現在竟自煙消雲散,平時連一本也不易見了,思之令人心痛。

先生藏米芾書札五件,合裝爲一卷,清代周於禮刻入《聽雨樓帖》的。五帖中被人買走了三帖,還賸下《春和》、《臘白》二帖,先生時常臨寫。還常臨其他米帖,也常臨趙孟頫帖。先生臨米帖幾乎可以亂真,臨趙帖也極得神韻,只是常比趙的筆力挺拔許多,容易被人看出區別。古董商人常把先生臨米的墨跡,染上舊色,裱成古法書的手卷形式,當作米字真跡去賣。去年我在廣州一位朋友家見到一卷,這位朋友是個老畫家,看出染色做舊色的問題,費錢雖不多,但是疑團始終不解:既非真跡,卻又不是雙鈎廓填。既是直接放手寫成,今天又有誰有這等本領,下筆便能這樣自然痛快地"亂真"呢?偶然拿給我看,我説穿了這種情況,這位朋友大爲高興,重新裝裱,令我題了跋尾。

先生有一段時間愛寫小楷,把好寫的宣紙托上背紙,接裱成長卷,請紙店的工人畫上小方格,好像一大捲聯接的稿紙,只是每個小方格都比稿紙的小格大些。常見先生用這樣小格紙捲抄寫古文。庾信的《哀江南賦》不知寫了幾遍。常對我説:"我最愛這篇賦。"誠然,先生的文筆也正學這類風格。曾見先生撰寫的《靈光集序》手稿,文章冠冕堂皇,多用典故,也即是庾信一派的手法。可惜的是這些古文章小楷寫本,今天一篇也見不着,先生的文稿也没見到印本。

項太夫人逝世時,正當抗戰之際,不能到祖塋安葬,只得停靈在地安門外鴉兒胡同廣化寺,髹漆棺木。在硃紅底色上,先生用泥金在整個棺柩上寫小楷佛經,極盡輝煌偉麗的奇觀,可惜没有留下照片。又先生在守孝時曾用注射針撤出自己身上的血液,和上紫紅顔料,或畫佛像、或寫佛經,當時施給哪些廟中已不可知,現在廣化寺内是否還有藏本,也不得而知了。後來項太夫人的靈柩髹漆完畢,即厝埋在寺内院中,先生也還寓在寺中方丈室内。我當時見到室内不但懸掛有先生的書畫,即隔扇上的空心處(每扇上普通有兩塊),也都有先生的字跡,臨王、臨米、臨趙的居多,現在聽説也不存在了。

先生好用小筆寫字,自己請筆工定製一種細管純狼毫筆,比通用的小楷筆可能還要尖些細些。管上刻"吟詩秋葉黄"五個字,一批即製了許多支。曾見從一個大匣中取出一支來用,也不知曾製過幾批。先生不但寫小字用這種筆,即寫約二寸大的字,也喜用這種筆。

先生膂力很强,兄弟二位幼年都曾從武師李子濂先生習太極拳,子濂先生是大師李瑞東先生的子或侄(記不清了),瑞東先生是硬功一派太極拳的大師,不知由於什麽得有"鼻子李"的綽號。心畬、叔明兩先生到中年時還能穿過板凳底下往來打拳,足見腰腿可以下到極低的程度。溥雪齋先生好彈琴,有時也彈彈三絃。一次在雪老家中(松風草堂的聚會中),我正在裏間屋中作畫,賓主幾位在外間屋中各作些事,有的人彈三絃。忽然聽到三絃的聲音特别響亮了,我起坐伸頭一看,原來是心畬先生彈的。這雖是極小的一件事,卻足以説明先生的腕力之强。大家都知道寫字作畫都是以筆爲主要工具,用筆當然不是要用大力、死力,但腕力强的人,行筆時,不致疲軟,寫出、畫出的筆劃,自然會堅挺的多。心畬先生的畫凡見筆劃綫條處,無不堅剛有力,實與他的腕力有極大關係。

先生執筆,無名指常蜷向掌心,這在一般寫字的方法上是不適宜的。關於用筆的格言,有"指實掌虚"之説,如果無名指蜷向掌心,掌便不够虚了。但這只是一般的道理,在腕力真强的人,寫字用筆的動力,是以腕爲樞紐,所以掌即不够虚也無關緊要了。先生寫字到興高采烈時,末筆寫完,筆已離開紙面,手中執筆,還在空中抖動,旁觀者喝彩,先生常抬頭張口,向人"哈"地一聲,也自驚奇地一笑,好似向旁觀者説:"你們覺得驚奇吧!"

五　心畬先生的畫藝

心畬先生的名氣，大家談起時，至少畫藝方面要居最大、最先的位置，彷彿他平生致力的學術必以繪畫方面爲最多。其實據我所瞭解，卻恰恰相反。他的畫名之高，固然由於他的畫法確實高明，畫品風格確實與衆不同，社會上的公認也是很公平的。但是若從功力上説，他的繪畫造詣，實在是天資所成，或者説天資遠在功力之上，甚至竟可以説：先生對畫藝並没用過多少苦功。有目共見的，先生得力於一卷無款宋人山水，從用筆至設色，幾乎追魂奪魄，比原卷甚或高出一籌，但我從來没見過他通卷臨過一次。

話又説回來，任何學術、藝術，無論古今中外，哪位有成就的人，都不可能是憑空就會了的，不學就能了的，或寫出畫出他没見過的東西的。只是有人"聞（或見）一以知十"，有的人"聞（或見）一以知二"（《論語》）罷了。前邊説心畬先生在繪畫上天資過於功力，這是二者比較而言的，並非眼中一無所見，手下一無所試便能畫出"古不乖時、今不同弊"（《書譜》）的佳作來。心畬先生家藏古畫和古法書一樣有許多極其名貴之品，據我所知所見，古畫首推唐韓幹畫馬的《照夜白圖》（古摹本）；其次是北宋易元吉的《聚猿圖》，在山石枯樹的背景中，有許多猴子跳躍遊戲。卷並不高，也不太長，而景物深邃，猴子千姿百態，後有錢舜舉題。世傳易元吉畫猿猴真跡也有幾件，但絶對没有像這卷精美的。心畬先生也常畫猴，都是受這卷的啓發，但也没見他仔細臨過這一卷。再次就要屬那卷無款宋人《山水》卷，用筆靈奇，稍微有一些所謂"北宗"的習氣，所以有人曾懷疑它出於金源或元明的高手。先不管它是哪朝人的手筆，以畫法論，絶對是南宋一派，但又不是馬遠、夏珪等人的路子,更不同於明代吴偉、張路的風格。淡青緑設色,色調也不同於北宋的成法。先生家中堂屋裏迎面大方桌的兩旁掛著兩個扁長四面絹心的宫燈,每面絹上都是先生自己畫的山水。東邊四塊是節臨的夏珪《溪山清遠圖》,那時這卷剛有縮小的影印本,原畫是墨筆的,先生以意加以淡色,竟似宋人原本就有設色的感覺;西邊四塊是節臨那個無款山水卷,我每次登堂,都必在兩個宫燈之下仰頭玩味,不忍離去。後來見到先生的畫品多了,無論什麽景物,設色的基本調子,總有接近這卷之處。可見先生的畫法,並非毫無古法的影響,只是絶不同於"尋行數墨"、"按模脱墼"的死學而已。禪家比喻天才領悟時説:"從門入者,不是家珍",所以社會上無論南方北方,學先生畫法的畫家不知多少,當然有從先生的階梯走上更高更廣的境界的;也有專心模擬乃至倣造以充先生真跡的。但那些倣造品很難"絲絲入扣",因爲有定法的,容易模擬,無定法的,不易琢磨。像先生那種腕力千鈞,遊行自在的作品,真好似和倣造的人開玩笑捉迷藏,使他們無法找着。

我每次拿自己的繪畫習作向先生請教時,先生總是不大注意看,隨便過目之後,即問:"你作詩了没有?"這問不倒我,我摸着了這個規律,凡拿畫去時,必兼拿詩稿,一問立即呈上。有時索興題在畫上,使得先生無法分開來看。我又有時問些關於繪畫的問題,抽象些的問畫境標準,具體些的問怎麽去畫。而先生常常是所答非所問,總是説"要空靈",有一次竟自發出一句奇怪的話,説"高皇子孫的筆墨没有不空靈的",我聽了幾乎要笑出來。"高皇子孫"與"筆墨空靈"有什麽相干呢?但可理解,先生的筆墨確實不折不扣的空靈,這是他老先生自我評價,也是願把自己的造詣傳給後學,但自己是怎樣得到或達到空靈的境界,卻無法説出,也無從説起。爲了鼓勵我，竟自鱉出那句莫名其妙而又天真有趣的話來，是毫不可怪的！

由於知道了先生的畫法主要得力於那卷無款山水，總想何時能够臨摹把玩，以爲能得探索這卷的奥秘，便能瞭解先生的畫諳。雖然久存渴望，但不敢啓齒借臨。因知這卷是先生夙所寶愛，又知它極貴重，恐無能得借出之理。真湊巧，一次我在舊書舖中見到一部《雲林一家集》，署名是清素主人選訂，是選本唐詩，都屬清微淡遠一派的。精鈔本數册，合裝一函，書舖不知清素是誰，訂價較廉，我就買來，呈給先生，先生大爲驚喜，説這稿久已遺失，正苦於尋找不著。問我價錢，我當然表示是誠心奉上。先生一再自言自語地説："怎樣酬謝你呢？"我即表示可否賜借那卷山水畫一臨，先生欣然拿出，我真不減於獲得奇寶。抱持而歸，連夜用透明紙鈎摹位置，不到一月間臨了兩卷。後來用絹臨的一本比較精彩，已呈給了陳援庵師，自己還留有用紙臨的一本。我的臨本可以説連山頭小樹、苔痕細點，都極忠實地不差位置，回頭再看先生節臨的幾段，遠遠不及我鈎摹的那麽準確，但先生的臨本古雅超脱，可以大膽地肯定説竟比原件提高若干度（没有恰當的計算單位，只好説"度"）。再看我的臨本，"尋枝數葉"，確實無誤，甚至如果把它與原卷叠起來映光看去，敢於保證一絲不差，但總的藝術效果呢？不過是"死貓瞪眼"而已！因此放在箱底至今已經六十年，從來未再一觀，更不用説拿給朋友來看了。今天可以自慰的，只是還有慚愧之心吧！

先生家藏明清人畫還有很多，如陳道復的《設色花卉》卷，周之冕的《墨筆百花圖》卷，沈士充設色分段《山水》卷、設色《桃源圖》卷雙璧。最可惜的是一卷趙文度絹本《山水》，竟被做成"貼落”,糊在東窗上邊横楣上。還有一小卷設色米派山水,有許多名頭不顯的明代人題。號稱米友仁,實是明人畫。《桃源圖》不知何故發現於地安門外一個小古玩舖,爲我的一位老世翁所得,我又獲得像臨無款宋人山水卷那樣仔細鈎摹了兩次,現在有一卷尚存箱底,也已近六十年没有再看過。我學畫的根底工夫,可以説是從臨摹這兩卷開始,心畬先生對於繪畫方法,雖較少具體指導,但我所受益的,仍與先生藏品有關,不能不説是勝緣了。

先生作畫,有一毛病,無可諱言:即是懶於自己構圖起稿。常常令學生把影印的古畫用另紙放大,是用比例尺還是用幻燈投影,我不知道。先生早年好用日本絹,絹質透明,罩在稿上,用自己的筆法去鈎寫輪廓。我記得有一幅羅聘的《上元夜飲圖》,先生的臨本,筆力挺拔,氣韻古雅,兩者相比,絶像羅臨溥本。諸如此類,不啻點鐵成金,而世上常流傳先生同一稿本的幾件作品,就給作僞者留下魚目混珠的機會。後來有時應酬筆墨太多太忙時,自己鈎勒出主要的筆道,如山石輪廓、樹木枝榦、房屋框架,以及重要的苔點等等,令學生們去加染顔色或增些石皴樹葉。我曾見過這類半成品,上邊已有先生親自署款蓋章。有人持來請我鑑定,我即爲之題跋,並勸藏者不必請人補全,因爲這正足以見到先生用筆的主次、先後,比補全的作品還有價值。我們知道元代黄子久的《富春山居圖》有作者自跋,説明這卷是尚未畫完的作品。因爲求者怕别人奪去,請他先題上是誰所有,然後陸續再補。又屢見明代董其昌有許多册頁中常有未完成的幾開。恐怕也是出於這類情況。心畬先生有一件流傳的故事,談者常當作笑柄,其實就是這種普通情理,被人誇張。故事是有一次求畫人問先生,所求的那件畫成了没有?先生手指另一房屋説:“問他們畫得了没有?”這句話如果孤立地聽起來,好像先生家中即有許多代筆僞作,要知道先生的書畫,只説那種挺拔力量和特殊的風格,已是没有任何人能够完全相似的。所謂“問他們畫成”的,只是加工補綴的部分,更不可能先生的每件作品都出於“他們”之手。“俗語不實,流爲丹青”,這件訛傳,即是一例。

先生畫山石樹木,從來没有像《芥子園畫譜》裏所講的那麽些樣子的皴法、點法和一些相傳的各派成法。有時鈎出輪廓,隨筆横著竪著任筆抹去,又都恰到好處,獨具風格。但這種天真揮灑的性格,卻不宜於畫在近代所製的一些既生又厚的宣紙上,由於這項條件的不適宜,又出過一次由誤會造成的佳話。一次有人託畫店代請先生畫一大幅中堂,送去的是一幅新生宣紙。先生照例是“滿不在乎”地放手去畫,甚至是去抹,結果筆到三分處,墨水浸淫,卻擴展到了五六分,不問可知,與先生的平常作品的面目自然大不相同。當然那位拿出生宣紙的假行家是不會願意接受的。這件生紙作品,反倒成了畫店的奇貨。由於它的藝術效果特殊,竟被賞鑑家出重價買去了。

我從幼年看到先祖拿起我手中小扇,隨便畫些花卉樹石,我便發生奇妙之感,懵懂的童心曾想,我大了如能做一個畫家該多好啊!十幾歲時拜賈羲民先生爲師學畫,賈先生又把我介紹給吴鏡汀先生去學,但我的資質魯鈍,進步很慢,現在回憶,實在也由於受到《芥子園》一類成法束縛,每每下筆之前總是先想什麽皴什麽點,稍聽老師説過什麽家什麽派,又加上家派問題的困擾。大約在距今六十年的那個癸酉年,一次在寒玉堂中大開了眼界,雖没能如佛家道家所説一舉超生,但總算解開了層層束縛,得了較大的自在。

那次盛會是張大千先生來到心畬先生家中作客,兩位大師見面並無多少談話,心畬先生打開一個箱子,裏邊都是自己的作品,請張先生選取。記得大千先生拿了一張没有佈景的駱駝,心畬先生當時題寫上款,還寫了什麼題語我不記得了。一張大書案,二位各坐一邊,旁邊放著許多張單幅的册頁紙。只見二位各取一張,隨手畫去。真有趣,二位同樣好似不加思索地運筆如飛。一張紙上或畫一樹一石、或畫一花一鳥,互相把這種半成品擲向對方,對方有時立即補全,有時又再畫一部分又擲回給對方。大約不到三個多小時,就畫了幾十張。這中間還給我們這幾個侍立在旁的青年畫幾個扇面。我得到大千先生畫的一個黄山景物的扇面,當時心畬先生即在背後寫了一首五言律詩,保存多少年,可惜已失於一旦了。那些已完成或半完成的册頁,二位分手時各分一半,隨後補完或題款。這是我平生受到最大最奇的一次教導,使我茅塞頓開。可惜數十年來,畫筆抛荒,更無論藝有寸進了。追念前塵,恍如隔世。唉!不必恍然,已實隔世了!

先生的畫作與社會見面,是很偶然的。並非迫於資用不足之時,生活需用所迫,因爲那時生活還很豐裕的。約在距今六十多年前,北京有一位溥老先生,名勛,字堯臣,喜好結交一些書畫家,先由自己愛好收集,後來每到夏季便邀集一些書畫家各出些扇面作品,舉行展覽。各書畫家也樂於參加,互相觀摩,也含競賽作用,售出也得善價。這個展覽會標題爲“揚仁雅集”,取《世説新語》中談扇子“奉揚仁風”的典故。心畬先生是這位老先生的遠支族弟,一次被邀拿出十幾件自己畫成收著自玩的扇面參展,本是“湊熱鬧”的。没想到展出之後立即受觀衆的驚訝,特别是易於相輕的“同道”畫家,也不禁詫爲一種新風格、新面目。但新中有古,流中有源。可以說得到内外行同聲喝彩。雖然標價奇昂,似是每件二十元銀元,但没有幾天,竟自被買走絶大部分。這個結果是先生自己也没料到的。再後幾年,先生有所需用,才把所存作品大小各種卷軸拿出開了一次個人畫展。也是幾乎售空,從此先生累積的自珍精品,就非常稀見了。

六 餘論

評論文學藝術,必須看到當時的背景,更須要看作者自己的環境和經歷。人的性格雖然基於先天,而環境經歷影響他的性格,也不能輕易忽視。我對於心畬先生的文學藝術以及個人性格,至今雖然過數十年了,但每一閉目回憶,一位完整的、特立獨出的天才文學藝術家即鮮明生動地出現在眼前。先生爲親王之孫、貝勒之子,成長在文學教育氣氛很正統、很濃郁的家庭環境中。青年時家族失去特殊的優越勢力,但所餘的社會影響和遺産還相當豐富,這包括文學藝術的傳統教育和文物收藏,都培育了這位先天本富、多才多藝的貴介公子。不沾日僞的邊,當然首先是學問氣節所關,也不是没有附帶的因素。許多清末老一代或中一代的親貴有權力矛盾的,對"慈禧太后"常是懷有深惡的,先生對那位"宣統皇帝"又是貌恭而腹誹的,大連還有嫡兄嗣王。自己在北京又可安然地、富裕地做自己的"清代遺民"的文學藝術家,又何樂而不爲呢!

文學藝術的陶冶,常須有社會生活的磨練,纔能對人情世態有深入的體會。而先生卻無須辛苦探求,也無從得到這種磨鍊,所以作詩隨手即來的是那些"六朝體"和"空唐詩"。寫自然境界的,能學王、韋,不能學陶。在文章方面喜學六朝人,尤其愛庾信的《哀江南賦》,自己用小楷寫了不知幾遍。但《哀江南賦》除起首四句有具體的"戊辰之年、建亥之月,大盜移國,金陵瓦解"之外,全用典故堆砌,與《史記》、《漢書》以來唐宋八家的那些豐富曲折的深厚筆法,截然不同。我懷疑先生的文風與永光和尚似乎也不無關係。但我確知先生所讀古書,極其綜博。藏園老人傅沅叔先生有時寄居頤和園中校勘古書,一次遇到一個有關《三國志》的典故出處,就近和同時寄居頤和園中的心畬先生談起,心畬先生立即説出見某人傳中,使藏園老人深爲驚歎,以爲心畬先生不但學有根柢,而且記憶過人。又一次看見先生閲讀古文,一看作者,竟是權德輿,又足見先生不但閲讀唐文,而且涉及一般少人讀的作家。那麽何以偏作那些被人譏誚爲"説門面話"的文章呢,不難理解,没有那種磨鍊,可説是個人早年的幸福,但又怎能要求他作出深摯情感的文章、具有委婉曲折的筆法!不止詩文,即常用以表達身世的别號,刻成印章的像"舊王孫"、"西山逸士"、"咸陽布衣"等,都是比較明顯而不隱僻的,大約是屬於同樣原因。

還有一事值得表出的:以有錢、有地位、有名望年輕時代的心畬先生,一般看來,在風月場中,必有不少活動,其實並不如此。先生有妾媵,不能説"生平不二色",但從來不搞花天酒地的事。晚年寧可受制於箧室,也不肯"出之",不能不算是一位"不三色"的"義夫"!

先生以書畫享大名,其實在書上確實用過很大功夫,在畫上則是從天資、膽量和腕力得來的居最大的比重。總之,如論先生的一生,説是詩人,是文人,是書人,是畫人,都不能完全無所偏重或罣漏,只有"才人"二字,庶幾可算比較概括吧!

玩物而不喪志

"玩物喪志"這句話,見於所謂僞古文《尚書》,好似"玩物"和"喪志"是有必然因果關係的。近代番禺葉遐庵先生有一方收藏印章,印文是"玩物而不喪志"。表面似乎很淺,易被理解爲只是聲明自己的玩物能够不至喪志,其實這句印文很有深意,正是説明玩物的行動,並不應一律與喪志聯在一起,更不見得每一個玩物者都必然喪志。

我的一位摯友王世襄先生,是一位最不喪志的玩物大家。大家二字,並非專指他名頭高大,實爲説明他的玩物是既有廣度,又有深度。先説廣度:他深通中國古典文學,能古文,能駢文,能作詩,能填詞。外文通幾國的我不懂,但見他不待思索地率意聊天,説的是英語。他寫一手歐體字,還深藏若虚地畫一筆山水花卉。喜養鳥、養鷹、養獵犬、能打獵;喜養鴿,收集鴿哨;養蟋蟀等蟲,收集養蟲的葫蘆。玩葫蘆器,就自己種葫蘆,雕模具。製成的葫蘆器,上有自己的别號,曾流傳出去,被人誤認爲古代製品,印入圖録,定爲乾隆時物。

再説深度:他對藝術理論有深刻的理解和透徹的研究。把中國古代繪畫理論條分縷析,使得一向説得似乎玄妙莫測而且又千頭萬緒的古代論畫著作,搜集爬梳,既使紛繁納入條理,又使深奥變爲顯豁。讀起來,那些抽象的比擬,都可以瞭如指掌了。

王先生於一切工藝品不但都有深摯的愛好,而且都要加以進一步的瞭解。不辭勞苦地親自解剖。所謂解剖,不僅指拆開看看,而是從原料、規格、流派、地區、藝人的傳授等等,無一不要弄得清清楚楚。爲弄清楚,常常謙虛地、虔誠地拜訪民間老工藝家求教。因此,一些曉市、茶館,黎明時民間藝人已經光臨,他也絶不遲到,交下了若干行業中有若干項專長絶技的良師益友。“相忘江湖”,使得那些位專家對這位青年,誰也不管他是什麼家世、學歷、工作,更不用説有什麼學問著述,而成了知己。舉一個有趣的小例:他愛自己炒菜,每天到菜市排隊。有一位老庖師和他談起話來説:“幹咱們這一行……”,就這樣把他真當成“同行”。因此也可以見他的衣著、語言、對人的態度,和這位老師傅是如何地水乳,使這位老人不疑他不是“同行”。

王先生有三位舅父,一位是畫家,兩位是竹刻家。那位畫家門生衆多,是一位宗師,那兩位竹刻家除留下刻竹作品外,只有些筆記材料,交給他整理。他於是從頭講起,把刻竹藝術的各個方面周詳地叙述,並闡發親身聞見於舅氏的刻竹心得,出版了那册《刻竹小言》,完善了也是首創了刻竹藝術的全史。

他愛收集明清木器家具,家裏院子大、房屋多,家具也就易於陳設欣賞。忽然全家憑空被壓縮到一小間屋中去住,一住住了十年。十年後才一間一間地慢慢鬆開。家具也由一旦全部被人英雄般地搬走,到神仙般地搬回,家具和房屋的矛盾是不難想像的。就是這樣的搬走搬回,還不止一次。那麼家具的主人又是如何把這宗體積大、數量多的木器收進一間、半間的“寶葫蘆”中呢?毫不神奇,主人深通家具製造之法,會拆卸,也會攢回,他就拆開捆起,疊高存放。因爲怕再有英雄神仙搬來搬去,就没日没夜地寫出有關明式家具的專書,得到海内外讀者的劇烈喝彩。

最近又掏出塵封土積中的葫蘆器,其中有的是他自己種出來的。製造器皿的過程是從畫式樣、旋模具起,經過裝套在嫩小葫蘆上,到收獲時打開模子,選取成功之品,再加工鑲口裝蓋以至髹漆葫蘆器裏子等。可以斷言,這比親口咀嚼“粒粒辛苦”的“盤中餐”,滋味之美,必有過之而無不及! 現在和那些木器家具一樣,免於再積入塵土,趕緊寫出這部《説葫蘆》專書,使工藝美術史上又平添出一部重要的科學論著。我們優先獲得閲讀的人,得以分嚐盤中辛苦種出的一粒禾,其幸福欣慰之感,並不減於種禾的主人。

寫到這裏,不能不再談王先生深入研究的一項大工藝,他全面地、深入地研究漆工的全部技術。不止如上説到的漆葫蘆器裏子。大家都知道,木器家具與漆工是密不可分的。王先生爲了真正地、内行地、歷史地瞭解漆工技術,我確知他曾向多少民間老漆工求教。衆所周知,民間工藝家,除非是自己可信的門徒是絶不輕易傳授秘訣的。也不必問王先生是否屈膝下拜過那些身懷絶技的老師傅。但我敢斷言,他所獻出的誠敬精神,定比有形的屈膝下拜高多少倍,絶不是向身懷絶藝的人頤指氣使地命令説“你們給我掏出來”所能獲得的。我聽説過漆工中最難最高的技術是漆古琴和修古琴,我又知王先生最愛古琴,那麽他研究漆工藝術是由古琴到木器,還是由木器到古琴,也不必詢問了。他注解過唯一的一部講漆工的書《髹飾録》。我們知道,注藝術書注詞句易,注技術難。王先生這部《髹飾録解説》不但開闢了藝術書注解的先河,同時也是許多古書注解所不能及的。如果有人懷疑我這話,我便要問他,《詩經》的詩怎麽唱?《儀禮》的儀節什麽樣?周鼎商彝在案上哪裏放? 古人所睡是多長多寬的炕? 而《髹飾録》的注解者卻可以盎然自得地傲視鄭康成。這一段話似乎節外生枝,與葫蘆器無關。但我要鄭重地敬告讀者:王世襄先生所著的哪怕是薄薄的一本小册,内容講的哪怕是區區一種小玩具,他所傾注的心血精力,都不減於對《髹飾録》的注解。

舊時社會上的“世家”中,無論爲官的、有錢的、讀書的,有所玩好,都講“雅玩”。“雅”字不僅是藝術的觀念,也是擺出身份的標準。“玩”字只表示是居高臨下的欣賞,不表示研究。其實不研究的欣賞,没有不是“假行家”。而“假行家”又“上大癮”的,就没有不喪志的。怎樣喪志,不外乎巧取豪奪,自欺欺人,從喪志淪爲喪德。而王世襄先生的“玩物”,不是“玩物”而是“研物”;他不但不曾“喪志”而是“立志”。他向古今典籍、前輩耆獻、民間藝師取得的和自己幾十年辛苦實踐相印證,寫出了這些部已出版、未出版、將出版的書。可以斷言,這一本本、一頁頁、一行行、一字字,無一不是中華民族文化的注腳,並不止《説葫蘆》這一本!

鑑定書畫二三例

一

書畫有僞作,自古已然,不勝枚舉。梁武帝辨别不清王羲之的字,令陶弘景鑑定,大約可算專家鑑定文物的最早故實了。以後唐代的褚遂良等,宋代的米芾父子,元代的柯九思,明代的董其昌,清代的安岐,直到現代已故的張珩先生,都具有豐富的經驗和敏鋭的眼光。

既稱爲鑑定,當然須在眼見實物的條件下,才能作出判斷,而事實卻有許多有趣的例外。我曾聽老輩説過康有爲一件事:有人拿一卷字畫請康題字,康即寫"未開卷即知爲真跡",見者無不大笑。原來求題的人完全是"附庸風雅",康又不便明説它是僞作,便用這種開玩笑的辦法來應付藏者,也就是用"心照不宣"的辦法來暗示識者。這種用X光式的肉眼來鑑定書畫,恐怕要算文物界的奇聞吧?

相反的,未開卷即知爲僞跡的,或者説未開卷即發現問題的,也不乏其例。假如有人拿來四條、八條顏真卿寫的大屏,那還用打開看嗎?

我曾從著録書上、法帖上看到兩件古法書的問題,一件是米芾的《寶章待訪録》,一件是張即之寫的《汪氏報本庵記》。這兩件的破綻,都是從一個"某"字上露出來的。

二

先要談談“某”字的意義和它的用法。

“某”是不知道一個人姓名、身份等,或不知一件事物的名稱、性質等,找一個代稱字,在古代也有用符號“△”的。陸游《老學庵筆記》卷六説:“今人書某爲△,皆以爲從俗簡便,其實古某字也。《穀梁·桓二年》:‘蔡侯、鄭伯會於鄧。’范寧注曰:‘鄧△地。’陸德明《釋文》曰:‘不知其國,故云△地,本又作某。’”按:自廣義來説,凡字都是符號;自狹義來説,“△”在六書裏,無所歸屬,即説它是“從俗簡便”,實在也没什麽不可的。況且從校勘的邏輯上講,陸放翁的話也有所不足。同一種書,有兩個版本,甲本此字作A,乙本此字作B。A之與B不同,可能是同一字的異體,也可能是另一字。用法相同的字,未必便算是同一字。但可見唐代以前,這“△”符號,已經流行使用了。

今天見到的唐代虞世南書《汝南公主墓誌》草稿中,即把暫時不確知的年月寫成“△年△月”以待填補。這卷草稿雖是後人鈎摹的,但保存着原來的樣式。

又有寫作“△乙”符號的,有人認爲即是“某乙”的簡寫,其實只是“△”號的略繁寫法,如果是“某乙”,那怎麽從來没見有將“某甲”寫作“△甲”的呢?代稱字用符號“△”,問題並不大,而“某”字卻在後世發生了一些糾葛。

《論語》中“某在斯、某在斯”,是第一人對第二人稱第三人的説法。古籍中凡第一身自稱作“某”的,都是旁人記述這個人的話。因爲古代人常自稱己名,没有自用“某”字自作代稱的。我們從古代人的書札或撰寫的碑銘墓誌的搨本中,都隨處可以見到。例如蘇軾自己稱“軾”,朱熹自己稱“熹”。

古代子孫口頭、筆下都要避上輩的諱,雖有“臨文不諱”的説法見於禮經明文,但後世習俗,越避越廣,編上輩文集的人,常常把上輩自己書名處,也用“某”字代替。我們如拿文集的書本和其中同一文的碑銘石刻或書札墨跡比觀,即不難看到改字的證據。

不知什麼時候開始,有人自己稱“某”。我們有時聽到二人談話,當自指本人時,常説:“我張某人”、“我李某人”,他們確實不是要自諱其名,而是習而不察,成爲慣例。

清代詩人王士禛,總不能算不學了吧?但他給林佶有幾封書札,是林氏爲他寫《漁洋精華録》時,商量書寫格式的,有一札囑咐林氏在一處添上他的名字,原札這樣寫:“錢牧翁先生見贈古詩,題下添注賤名二字。”此下便寫出他要求添注的寫法是:“古詩一首贈王貽上”一行大字,又在這一行的右下邊注兩個小字“士○”。如果只看録文的書籍,必然要認爲是刻書人避雍正的諱,畫上一個圈。誰知即是王士禛自諱其名呢!刑部尚書大官對門生屬吏的派頭,在這小小一圈中已躍然紙上了。所以宋代田登作郡守,新春放燈三日,所出的告示中不許寫“燈”字,去掉“燈”字右半,只寫“放火三日”。與此真可謂無獨有偶。

三

宋代米芾好隨手記録所見古代法書名畫,記名畫的書,題爲《畫史》,記法書的書,題爲《書史》。

《書史》之外,還有一部記法書的書,叫作《寶章待訪録》。這部書早已有刻本。明代末葉一個收藏鑑定家張丑,收到一卷《寶章待訪録》的墨跡,他相信是米芾的真跡,因而自號“米庵”。這卷墨跡的全文,他全抄録下來,附在他所編著的《清河書畫舫》一書之中。這卷墨跡一直傳到二十世紀二十年代初期,還在收藏鑑賞家景賢手中。景氏死後,已不知去向。

這卷墨跡,我没見到過,但從張丑抄録的文詞看,可以斷定是一件僞作。理由是,其中凡米芾提到自己處,都不作“芾”,而作“某”。

我們今天看到許多米芾的真跡,凡自稱名處,全都作“黻”或“芾”,他記録所見書畫的零條札記,流傳的有墨跡也有石刻,石刻如《英光堂帖》、《群玉堂帖》等等,都没有自己稱名作“某”字的。可知這卷墨跡必是出自米氏子孫手所抄。北京圖書館藏米芾之孫米憲所輯《寶晉山林集拾遺》宋刻原本,有寫刻米憲自書的序,字體十分肖似他的祖父,比米友仁還像得多,那麽安知不是米憲這樣手筆所抄的?如果出自米憲諸人,也可算“買王得羊”,“不失所望”了。誰知卷尾還有一行,是:“元祐丙寅八月九日米芾元章譔”,這便壞了,姑先不論元祐丙寅年時他署名用“黻”或用“芾”,即從卷中自避其名,而卷尾忽署名與字這點上看,也是自相矛盾的。

現在還留有一綫希望,如果這末行名款與卷中全文不是一手所寫,而屬後添,那麽全卷正文或出自米氏子孫所録,不失爲宋人手跡,本無真僞之可言;如果末行名款與正文是一手所寫,那便是照着刻本倣效米芾字體,抄録而成,可算徹底僞物了。好事的富人收藏僞物,本是合情合理的,但張丑、景賢,一向被認爲是有眼力的鑑賞家,也竟自如此上當受騙,豈非咄咄怪事乎?

四

又南宋張即之書《汪氏報本庵記》，載在《石渠寶笈》，刻在《墨妙軒帖》，原跡曾經延光室攝影發售，解放後又影印在《遼寧博物館藏法書》中。全卷書法，結體用筆，轉折頓挫，與張氏其他真跡無不相符，但文中遇到撰文者自稱名處，都作“某”。這當然不能是張即之自己撰著的文章了。在一九七三年以前，張氏一家墓誌還没發掘出來時，張氏與汪氏有無親戚關係，還不知道，無法從文中所述親戚關係來作考察。看到末尾，署名處作“即之記”三字。記是記載，是撰著文章的用詞，與抄、録、書、寫的意義不同，那麼難道南宋人已有自稱爲“某”像“我張某人”的情况了嗎？這個疑團曾和故友張珩先生談起。張先生一次到遼寧鑑定書畫，回來告訴我，説“即之記”三字是挖嵌在那裏的。可能全卷不止這一篇，或者文後還有跋語，作僞者把這三個字從旁處移來，嵌在這裏，便成了張即之撰文自稱爲“某”了。究竟文章是誰作的呢？友人徐邦達先生在樓鑰的《攻媿集》中找到了，那麼這個“某”字原來是樓氏子孫代替“鑰”字用的。這一件似真而假，又似假而真的張即之墨跡公案，到此真像才算完全大白了。

五

還有古畫名款問題。在那十年中“徵集”到的各地文物，曾在北京故宫博物院中展出。有一幅宋人畫的雪景山水，山頭密林叢鬱,確是范寬畫法。三拼絹幅,更不是宋以後畫所有的。宋人畫多半無款,這也是文物鑑賞方面的常識。但這幅畫中一棵大樹榦上不知何時何人寫上“臣范寬製”四個字,便成畫蛇添足了。

按宋人郭若虚《圖畫見聞誌》中説得非常明白,范寬名中正,字中(仲)立。性温厚,所以當時人稱他爲“范寬”。可見寬是他的一個諢號。正如舞臺上的包拯,都化裝黑臉,小説中便有“包黑”的諢號。有農村説書人講包拯故事,説到他見皇帝時,自稱“臣包黑見駕”,這事早已傳爲笑談。有人問我那張范寬畫是真是假,我回答是真正宋代范派的畫。問者又不滿足於“范派”二字,以爲分明有款,怎麽還有籠統講的餘地? 我回答是,如不提到款字,只看作品的風格,我倒可以承認它是范寬,如以款字爲根據,那便與“臣包黑見駕”同一邏輯了。

所以在攝影印刷技術没有發達之前,古書畫全憑文字記載,稱爲“著録”。見於著名收藏鑑賞家著録的作品,有時聲價十倍。其實著録中也不知誤收多少僞作品、或冤屈了多少好作品。

例如前邊所談的《寶章待訪録》,如果看到原件,印證末行款字是否後人妄加,它可能不失爲一件宋代米氏後人傳録之本;《汪氏報本庵記》如果僅憑《石渠寶笈》和《墨妙軒帖》,它便成了僞作;宋人雪景山水,如果有詳細著録像《江村銷夏録》的體例,也只能録下“臣范寬製”四個款字,倘若原畫沉埋,那不但成了一樁古畫“冤案”,而且還成了“包黑”之外的又一笑柄。

從這裏得到三條經驗:古代書畫不是一個“真”字或一個“假”字所能概括;“著録”書也在可憑不可憑之間;古書畫的鑑定,有許多問題是在書畫本身以外的。

書畫鑑定三議

一　書畫鑑定有一定的“模糊度”

古代名人書畫有真僞問題,因之就有價值和價錢問題。我每遇到有人拿舊字畫來找我看的時候,首先提出的問題,不是想知道它的優劣美惡,而常是先問真僞,再問值多少錢。又在一般鑑定工作中,無論是公家的還是私人的,又有許多“世故人情”攙在其間。如果查查私人收藏著録,無論是歷代哪個大收藏鑑定名家,從孫承澤、高士奇的書以至《石渠寶笈》,其中的漏洞破綻,已然不一而足;即是解放後人民的文物單位所有鑑定記録中,難道都没有矛盾、混亂、武斷、模糊的問題嗎?這方面的工作,我個人大多參加過,所以有可得而知的。但“求同存異”、“多聞闕疑”,本是科學態度,是一切工作所不可免,並且是應該允許的。只是在今天,一切寶貴文物都是人民的公共財富,人民就都應知道所謂鑑定的方法。鑑定工作都有一定的“模糊度”,而這方面的工作者、研究者、學習者、典守者,都宜心中有數,就是説,知道有這個“度”,才是真正向人民負責。

鑑定方法,在近代確實有很大的進步。因爲攝影印刷的進展,提供了鑑定的比較資料;科學攝影可以照出昏暗不清的部分,使被掩蓋的款識重新顯現,等等。研究者又在鑑定方法上更加細密,比起前代“鑑賞家”那套玄虚的理論、“望氣”的辦法,無疑進了幾大步。但個人的愛好,師友的傳習,地方的風尚,古代某種理論的影響,外國某種理論的比附,都是不可完全避免的。因之任何一位現今的鑑定家,如果要説没有絲毫的局限性,是不可能的。如説"我獨無",這句話恐怕就是不够科學的。記得清代梁章鉅《制藝叢話》曾記一個考官出題爲《蓋有之矣》(見《論語》),考生作八股破題是:"凡人莫不有蓋",考官見了大怒,批曰"我獨無"。往下看起講是:"凡自言無蓋者,其蓋必大",考官趕緊又將前邊批語塗去。往下再看是:"凡自言有蓋者,其蓋必多。"這是清代科舉考試中的實事,足見"我獨無"三字是不宜隨便説的!

有人會問:怎麽才更科學,或説還有什麽更好的科學方法?我個人覺得首先是辯證法的深入掌握,然後才可以更多地泯除成見,虚心地尊重科學。其次是電腦的發展,必然可以用到書畫鑑定方法的研究上。例如用筆的壓力,行筆習慣的側重方向,字的行距,畫的構圖以及印章的校對等等,如果通過電腦來比較,自比肉眼和人腦要準確得多。已知的還有用電腦測視種種圖象的技術,更可使模糊的圖象復原近真,這比前些年用紅外綫攝影又前進了一大步。再加上材料的湊集排比,可以看出其一家書畫風格的形成過程,從筆力特點印證作者體力的强弱,以及他年壽的長短。至於紙絹的年代,我相信,將來必會有比"碳十四"測定年限更精密的辦法,測出幾百年中間的時間差異。人的經驗又可與科學工具相輔相成。不妨説,人的經驗是軟件,或説軟件是據人的經驗制定的,而工具是硬件,若干不同的軟件方案所得的結論,再經比較,那結論一定會更科學。從這個角度説,"肉眼一觀"、"人腦一想",是否"萬無一失",自是不言可喻的!

二　鑑定不只是“真僞”的判别

從古流傳下來的書畫,有許多情況,不只是“真”、“僞”兩端所能概括的。如把真僞二字套到歷代一切書畫作品上,也是與情理不符合,邏輯不周延的。

譬如我們拿一張張三的照片説是李四,這是誤指、誤認;如説是張三,對了。再問是真張三嗎,答説是的。這個“真”字、“是”字,就有問題了。照片是一張紙,真張三是個肉體,紙片怎能算真肉體?那麽不怕廢話,應該説是張三的真影、張三的真像等等才算合理。書畫的“真”“僞”者,也有若干成因,據此時想到的略舉幾例。

一、古法書複製品:古代稱爲“摹本”:在没有攝影技術時,一件好法書,由後人用較透明的油紙、蠟紙罩在原跡上鈎摹,摹法忠實,連紙上的破損痕跡都一一描出。這是古代的複製法,又稱爲“嚮搨”,並非有意冒充。後世有人得到摹本,稱它爲原跡,摹者並不負責的。

二、古畫的摹本:宋人記載常見有摹搨名畫的事,但它不像法書那樣把破損之處用細綫勾出,因而辨認是不容易的。在今天如果遇到兩件相同的宋畫,其中必有一件是摹本,或者兩件都是摹本。即使已知其中一件是摹本,那件也出宋人之手,也應以宋畫的條件對待它。

三、無款的古畫,妄加名款:何以没有款?原因可能很多,既然不存在了,誰也無法妄加推測。但常見有人追問:“這到底是誰畫的?”這個没有理由的問題,本不值得一答。古畫卻常因此造成冤案:所謂“好事者”或“有錢無眼”的地主老財們,没名的畫他便不要,於是謀利的畫商,就給畫上亂加名款。及至加了名款後,别人看見款字和畫法不相應,便"鑑定"它是一件假畫。這種張冠李戴的畫,如把一個"假"字簡單地派到它頭上,是不合邏輯的。

四、拼配:真畫、真字配假跋,或假畫、假字配真跋。有注重書畫本身的人,商人即把真本假跋的賣給他;有注重題跋的人,商人即把僞本真跋的賣給他。還有挖掉小名頭的本款,改題大名頭的假款,如此等等。從故友張珩先生遺著《怎樣鑑定書畫》一書問世之後,陸續有好幾位朋友撰寫這方面的專著,各列例證,這裏不必詳舉了。

五、直接作僞:徹頭徹尾的硬造,就更不必説了。

六、代筆:這是最麻煩的問題,這種作品往往是半真半假的混合物。寫字找人代筆,有的是完全不管代筆人風格是否相似,只有那個人的姓名就够了。最可笑的是舊時代官僚死了,門前豎立"銘旌",中間寫死者的官銜和姓名,旁邊寫另一個大官僚的官銜和姓名,下寫"頓首拜題",看那字跡,則是扁而齊的木刻字體,這是那個大官僚不會寫的,就是他的代筆人什麽文案秘書之類的人,也不會寫,只有刻字工人才專能寫它。這可算代筆的第一類。還有代筆人專門學習那位官僚或名家的風格,寫出來,旁人是不易辨認的;且印章真確,作品實出那官僚或名家之家,甚至還有當時得者的題跋。這可算代筆的第二類,在鑑定結論上,已難處理。

至於畫的代筆,比字的代筆更複雜。一件作品從頭至尾都出代筆人,也還罷了;竟有本人畫一部分,别人補一部分的。我曾見董其昌畫的半成品,而未經補全的幾開册頁,各開都是半成品。我還曾看到過溥心畬先生在紙絹上畫樹木枝幹、房屋間架、山石輪廓後即加款蓋印的半成品，不待別人給補全就被人拿去了。可見（至少這兩家）名人畫跡中有兩層重叠的混合物。還有原紙霉爛了多處，重裱補紙之後，裱工“全補”（裱工專門術語，即是用顔色染上殘缺部分的紙地，使之一色，再倣着畫者的筆墨，補足畫上缺損的部分）。補缺處時，有時也牽連改動未損部分，以使筆法統一。這實際也是一種重叠的混合物。這可算代筆的第三類，在鑑定結論上更難處理。即以前邊所舉幾例來看，“真僞”二字很難概括書畫的一切問題，還有鑑定者的見聞、學問，各有不同，某甲熟悉某家某派，某乙就可能熟悉另一家一派。

還有人隨着年齡的不同，經歷的變化，眼光也會有所差異。例如惲南田記王煙客早年見到黄子久《秋山圖》以爲“駭心洞目”，乃至晚年再見，便覺索然無味，但那件畫“是真一峰也”。如果煙客早年作鑑定記録，一定把它列入特級品，晚年作記録，恐要列入參考品了吧！我二十多歲時在秦仲文先生家看見一幅黄谷原絹本設色山水，覺得是精彩絶倫，回家去心摹手追，真有望塵莫及之嘆。後在四十餘歲時又在秦先生家談到這幅畫，秦先生説：“你現在看就不同了。”及至展觀，我的失望神情又使秦先生不覺大笑。這和《秋山圖》的事正是同一道理，屬於年齡與眼力同步提高的例子。

另有一位老前輩，從前在鑑定家中間公推爲泰山北斗，晚年收一幅清代人的畫。在元代，有一個和這清人同名的畫家，有人便在這幅清人畫上僞造一段明代人的題，説是元代那個畫家的作品。不但入藏，還把它影印出來。我和王暢安先生曾寫文章提到它是清人所畫而非元人的製作。這位老先生大怒。還有幾位好友，在中年收過許多好書畫，及至漸老，卻把真品賣去，買了許多僞品。不難理解,只是年衰眼力亦退而已。

我聽到劉盼遂先生談過,王静安先生對學生所提出研究的結果或考證的問題時,常用不同的三個字爲答:一是“弗曉得”,一是“弗的確”,一是“不見得”。王先生的學術水平,比我們這些所謂“鑑定家”們(筆者也不例外)的鑑定水平(學術種類不同。這裏專指質量水平),恐怕誰也無法説低吧?我現在幾乎可以説:凡有時肯説或敢説自己有“不清楚”、“没懂得”、“待研究”的人,必定是一位真正的偉大鑑定家。

三 鑑定中有“世故人情”

鑑定工作,本應是“鐵面無私”的,從種種角度“偵破”,按極公正的情理“宣判”。但它究竟不同於自然科學,“一加二是三”,“氫二氧一是水”,即使趙政、項羽出來,也無法推翻。而鑑定工作,則常有許許多多社會阻力,使得結論不正確、不公平。不正不公的,固然有時限於鑑者的認識,這裏所指的是“屈心”作出的一些結論。因此我初步得出了八條:一皇威、二挾貴、三挾長、四護短、五尊賢、六遠害、七忘形、八容衆。前七項是造成不正不公的原因,後一種是工作者應自我警惕保持的態度。

一、皇威。是指古代皇帝所喜好、所肯定的東西,誰也不敢否定。乾隆得了一卷做得很不像樣的黄子久《富春山居圖》,作了許多詩、題了若干次。後來得到真本,不好轉還了,便命梁詩正在真本上題説它是僞本。這種瞪着眼睛説謊話的事,在歷代最高權力的集中者皇帝口中,本不稀奇;但在真僞是非問題上,卻是冤案。

康熙時陳邦彦學董其昌的字最逼真,康熙也最喜愛董字。一次康熙把各省官員"進呈"的許多董字拿出命陳邦彦看,問他這裏邊有哪些件是他倣寫的,陳邦彦看了之後説他自己也分不出了,康熙大笑(見《庸閒齋筆記》)。自己臨寫過的乃至自己造的僞品,焉能自己都看不出。無疑,如果指出,那"進呈"人的"禮品價值"就會降低,陳和他也會結了冤家。説自己也看不出,又顯得自己書法"亂真"。這個答案,一舉兩得,但這能算公平正確的嗎?

二、挾貴。貴人有權有勢有錢,誰也不便甚至不敢説"掃興"的話,這種常情,不待詳説。最有趣的一次,是筆者從前在一個官僚家中看畫,他首先掛出一條既僞且劣的龔賢名款的畫,他説:"這一幅你們隨便説假,我不心疼,因爲我買的最便宜(價最低)。"大家一笑,也就心照不宣。下邊再看多少件,都一律説是真品了。

三、挾長。前邊談到的那位前輩,誤信僞題,把清人畫認爲元人畫。王暢安先生和我惹他生氣,他把我們叫去訓斥,然後説:"你們還淘氣不淘氣了?"這是管教小孩的用語,也足見這位老先生和我們的關係。我們回答:"不淘氣了。"老人一笑,這畫也就是元人的了。

四、護短。一件書畫,一人看爲假,旁人説他真,還不要緊,至少表現説假者眼光高、要求嚴。如一人説真,旁人説假,則顯得説真者眼力弱、水平低,常致大吵一番。如屬真理所在的大問題,或有真憑實據的寶貝,即争一番,甚至像卞和抱玉刖足,也算值得,否則誰又願惹閑氣呢?

五、尊賢。有一件舊倣褚遂良體寫的大字《陰符經》,有一位我們尊敬的老前輩從書法藝術上特别喜愛它。有人指出書藝雖高但未必果然出於褚手。老先生反問:"你説是誰寫的呢?誰能寫到這個樣子呢？”這個問題答不出，這件的書寫權便判歸了褚遂良。

六、遠害。舊社會常有富貴人買古書畫，但不知真僞，商人借此賣給他假物，假物賣真價當然可賺大錢。買者請人鑑定，商人如果串通常給他鑑定的人，把假説真，這是騙局一類，可以不談。難在公正的鑑定家，如果指出是僞物，買者“退貨”，常常引鑑者的判斷爲證，這便與那個商人結了仇。曾有流氓掮客，聲稱找鑑者尋釁，所以多數鑑定者省得麻煩，便敷衍了事。從商人方面講，舊社會的商人如買了假貨，會遭到經理的責備甚至解僱；一般通情達理的顧客，也不隨便閑評商店中的藏品。這種情況相通於文物單位，如果某個單位“掌眼”的是個集體，評論起來，顧忌不多；如果只有少數鑑家，極易傷及威信和尊嚴，弄成不愉快。

七、忘形。筆者一次在朋友家聚集看畫，見到一件佳品，一時忘形地攘臂而呼：“真的！”還和旁人强辯一番。有人便寫給我一首打油詩説：“獨立揚新令，真假一言定。不同意見人，打成反革命。”我才凛然自省，向人道歉，認識到應該如何尊重群衆！

八、容衆。一次外地收到一册宋人書札，拿到北京故宫囑爲鑑定。唐蘭先生、徐邦達先生、劉九庵先生，還有幾位年輕同志看了，意見不完全一致，共同研究，極爲和諧。爲了集思廣益，把我找去。我提出些備參考的意見，他們幾位以爲理由可取，就定爲真跡，請外地單位收購。最後唐先生説：“你這一言，定則定矣。”不由得觸到我那次目無群衆的舊事，急忙加以説明，是大家的共同意見，並非是我“一言堂”。我説：“先生漏了一句：‘定則定矣’之上還有‘我輩數人’呢。”這兩句原是陸法言《切韻序》中的話，唐先生是極熟悉的，於是仰面大笑，我也如釋重負。顔魯公説：

"齊桓公九合諸侯,一匡天下,葵丘之會,微有振矜,叛者九國。故曰行百里者半九十里,言晚節末路之難也。"這話何等沉痛,我輩可不戒哉!

以上諸例,都是有根有據的真人真事。倣章學誠《古文十弊》的例子,略述如此。堅持真理是社會主義的新道德;牽就世故是舊社會的殘餘意識。今天在還有貫徹新道德的餘地的情況下,注意講求,深入貫徹,仍是建設精神文明的一個重要環節,也是值得今天作鑑定工作的同志們共勉的!

《書法叢刊》"秦漢簡帛晉唐文書專輯"引言

漢字形體,當然最初僅只是生活中使用的符號,用它的人又不斷地在使用中把它美化。爲了使用的方便,於是它又不斷地被簡化。奇妙的是,在簡化過程中,即伴隨著美化加工,並不是管美化的不管簡化,管簡化的不管美化。這恐怕是古代寫字人之所以被稱爲書法藝術家的重要緣故之一吧!

近代在資産階級革命以後,有些"言必稱希臘"的人,大概因爲希臘没有漢字書法藝術,便不承認中國書法有藝術性質;而擁護書法藝術的人,又常擡出"書畫同源"這塊牌子作"護法"。借着"畫"這位"書"的伯祖或叔祖的名義,使它沾一點藝術的邊,結果並没有説服"假希臘人"。這當然是已往的事了。

解放後,古代許多藝術品種的創作奇跡,陸續重被發現;古代書法藝術的奇跡,也不例外的一再震驚人們耳目。漢字的歷史長河,從遠而近,幾乎可以貫串不斷。龍山文化中,一些器物上的標誌符號,應是現在可以見到的漢字胚胎;到了甲骨上的刻字,已不希奇。我們已一再看到殷商的手寫字跡。銅器上鑄字之外,見到戰國簡册,秦獄吏寫法律條文所用的隸書墨跡等等,都是嶄新的發現,是歷史文化遺跡中從未經見的東西。這些字跡,都是在使用的條件下附有美化的加工。或問:怎知道?答曰:好看!

漢字形體發展這條長河,我想把它劃成三大段:第一段姑且稱之爲篆類。小篆以上,筆劃基本上以綫條爲主,筆劃軌道基本上以圓轉爲主；第二段可稱隸類。點劃的姿態增多，軌道基本上以方折爲主；第三段可稱真類。點劃姿態隨著軌道方向而變化，簡便靈活，沿用的時間最長久。直至今天，木版書、鉛字模，以至簡化漢字，萬變不離，仍在真類之中。隸真兩類路綫旁，又各有一段平行的副綫，譬如交通運輸，它可補充主綫的不足，宣洩主綫的擁擠，它即是草書。

在今天，篆和隸都已成爲歷史上的遺跡，在應用上，它們只成爲古典形式的美術字，與無論繁簡的真書字體不能並駕了。但從繼承的關係上看，隸比篆離我們近的多，即在辨認上，也比篆書容易的多。所以今天研究書法史和在書寫創作上借鑑比較，對隸書都比對篆書關係密切的多。

隸書的遺跡，前人只有從漢代石刻上來摩挲鑑賞，縱然風雨剥蝕賸下的畸零點劃，也都曾吸引金石家的辨析考訂、書法家的評判臨摹。在宋代也曾出土過一些漢簡，像《邵氏聞見後録》所記的章和年號木簡，《東觀餘論》、《雲麓漫抄》所記的永初二年木簡，都没留下真實的影子。叢帖中雖曾見過展轉翻摹的一二簡文，但已經是放大臨寫的筆跡，可以説面目全非了。自從清末以來，大量漢代簡牘墨跡陸續出土，人們對隸書的真實血肉面目，認識上立刻增加了若干倍。同時攝影印刷的技術日益進步，原簡上暗淡模糊的字跡，也能看得清清楚楚。甚至像定縣出土的一竹簏漢簡，在沉埋中早已化成黑炭，但經過特殊的攝影技術，又都能筆劃分明。這又怎能不説是我們生在今天的空前“眼福”呢！

從竹木簡册上，包括帛書等的隸類字跡來看，約略可分兩大部分，或可稱兩大流別：漢初的字體，以馬王堆出土的爲代表，從它們的字跡印證，完全不難看出那些字絶不是楚筆寫得出的，而是具有筆根勁的毛刷才能寫出的。居延簡中也有不少尖鋒呈露的秀麗字跡,那必是筆尖未秃時的作品了。

我們常讀古代論書法的文章,往往是獨立地論筆法,以及指、腕等等工夫,而不從工具和字跡的關係上去考察。這也難怪,從記載上還很少看到唐宋人詳談到漢代的墨跡,又怎能要求他們看過漢筆呢? 唐人亂派漢碑爲蔡邕所書,宋人歐、趙、洪氏諸家著録的也只是漢碑的搨本。我們今天隨時可以看到幾萬支簡册,若干卷帛書,還不够自豪的嗎?

文物機關這些年來,約請了許多位專家學者,整理編訂歷年出土的古代簡册、帛書,各成專書,公之於世。但那多是注重在學術内容方面,不是從書法藝術方面着想的。古文獻研究室和文物出版社現在從各項簡册、帛書等等裏邊精選有代表性的字跡,不管文詞内容,只求書法風格的豐富多彩。分量少而質量精,可供書法愛好者的借鑑、書法史研究者的參考。將來經過讀者的品評,還可以陸續出版續集、三集,乃至多集。曹丕説過:"文章者,經國之大業,不朽之盛事。"這本古簡册法書墨跡的出版,雖不便提到"經國大業"那麼高,但也總稱得起是一件"不朽盛事"吧!

漢《華山碑》之書人

漢碑少有書者姓名，西嶽華山廟碑後云：

> 京兆尹勑監都水掾霸陵杜遷市石，遣書佐新豐郭香察書，刻者穎川邯鄲公脩、蘇張工、郭君遷。

於是聚訟紛紜，從兹以起。約而言之，蓋有六類。

第一類，承認是姓“郭”名“香察”之人所書者：如明郭宗昌及其友人跋此碑華陰本後，每稱“新豐郭香察書西嶽華山廟碑”，甚至直稱之爲“香察碑”。

第二類，認爲碑是蔡邕所書，郭香爲審察他人之書者：唐徐浩《古跡記》稱此碑爲蔡邕所書。既以爲蔡書，則碑上明標“郭香察書”字樣，遂無處安頓。故必須擠掉郭香察之書碑權，始可以樹立蔡邕書碑之名。宋洪适《隸釋》曾舉三點以論其非郭香察書，而爲蔡書，一爲“豐”字形體，二爲東漢無二名，三爲漢碑無書人名。其無二名説，最爲諸家所沿襲。洪氏云：“東漢循王莽禁，無雙名，郭香察書者，察涖他人之書。”此説附和者最多，不詳舉，而再提旁證起捧場之作用者爲翁方綱。翁跋此碑長垣本云：“漢碑惟郙閣頌有書者姓名耳。是碑察字，猶鐘鼎篆文某官某省之省也。”明趙崡《石墨鐫華》云：“市石、察書爲二事，則洪公言，亦似有據。”

第三類，對第二類説法持懷疑態度者：宋犖題長垣本詩云：

"郭香察書義莫辨，徐洪考究終茫然。"同本吴士玉題詩云："古碑謂不署姓名，或云中郎亦罕據。"同本成親王題詩云："察書市石無了期，小儒舌敝決以臆。"同本鐵保題詩亦云："郭香察書辨者多，臆説紛紜互嘲侮。"雖不主其説，但亦未提出正面論證。

第四類，對第二類説法再申反對理由者：郭宗昌跋華陰本駁東漢二名之説云："碑建於延熹，而謂以莽制，東京無二名，察書者，監書也。夫莽，漢賊也……安有世祖正位二百年尚尊莽制不衰邪？"下文又舉莽孫本名"會宗"，改爲"宗"，複名"會宗"之事，謂"是當莽世亦自有二名也。況即往牒一按，二名不可勝紀，則瞽説無據，益可笑也。"蓋郭宗昌爲確信碑爲郭香察所書者。

第五類，論證不足，進退失據，終以"不可曉"之説了之者：趙崡既爲洪适尋出注腳矣，又覺蔡邕與郭香察發生矛盾。《石墨鐫華》同條又云："但書雖遒勁，殊不類中郎。郭香何人，乃蒞中郎書耶？且市石、察書、刻者皆著其名，而獨無中郎名，何也？徐浩生唐盛時，去漢近，其人又深於字學，不應謬妄至此，皆不可曉。"捨近求遠，自取糾纏，只得以"不可曉"三字了之。

第六類，傅會史傳人名以圓其説者：長垣本馮景跋，以洪适"察書"之説爲是，且附和東漢無二名之説，但自於史書中見東漢二名者，皆漢宗姓，如廣陵侯元壽，廣川王常保，清河王延平，齊王無忌之屬。又其他劉姓如劉騊駼、劉能卿、劉俠卿、劉文河等。並謂若庶姓，則十而九爲單名。又云："或曰：必其時實有郭香其人，明見漢史，迺可信耳。予初睹郭香姓名甚熟，恍惚如曾寓目者，因窮旬日之力，遍讐《後漢書》，得之《律曆志》。靈帝熹平四年，五官郎中馮光等言，曆元不正，太史治曆郎中郭香、劉固，意造妄説云云。此非即察書其人耶？以靈帝熹平四年，上距桓帝延熹八年，第十年耳。十年之間,由書佐遷郎中,仕宦常理,詎不可信耶?”

所謂東漢無二名之説,殊屬無稽,郭宗昌所舉之外,其例尚多,亦非如馮景所指限於漢室宗姓也。宋人張淏《雲谷雜記》補編卷二,“後漢亦有二字名”條:“當莽時故有明禁,暨光武即位以來,士大夫相循襲,複名者極少,但不可謂無也。蘇不韋,字公先,有傳附於《蘇章傳》後;孔僖二子,曰長彦、秀彦;又有劉騊駼,嘗與劉珍校定東觀書;謝承《漢書》有雲中丘季智,名靈舉;《郭泰傳》有張孝仲、范時祖、召公子、許偉康、司馬子威。此數人者,出於芻牧置郵屠沽卒伍,決非以字行者,其爲名無可疑。如此之類,見於書傳中,今可考也。”又明沈德符《萬曆野獲編》卷十,“詞林單名”條:“後漢人無複名,向以爲王莽禁之,然而無據,況有馬日磾諸人,則仍複名也。”

近代歐陽輔《集古求真》卷三於洪氏所持三項理由(一、豐字之寫法,二、東漢無二名,三、漢碑無書者名),一一駁斥。其於二名問題,先引王世貞所舉如:鄧廣德、梁不疑、成翊世、鄧萬世、王延壽,又舉鄭小同、蘇不韋、謝夷吾。又舉漢碑中鼂漢彊字産伯、嚴子修字仲容,金恭□字子肅。又舉本碑内證,有邯鄲公脩、郭君遷等。又列舉漢碑有書碑人諸例。且更舉察書説之反證云:“請問漢碑尚别有署察書者乎?”其説至辨。

綜觀以上諸説,所以使“小儒舌敝”者,其故有二:

一、蔡中郎名頭高大,天下碑版之名皆歸之。蔡撰碑文多巨作,集中累見,遂因撰碑,訛及書碑。又熹平中鴻都門立石經碑,董其事者,蔡邕之外,尚有馬日磾、堂谿典等,殘石中可考見者,不下二十五人。自《後漢書·蔡邕傳》專以書石之功歸蔡,於是蔡邕遂成爲書碑專家,近人馬叔平先生(衡)撰《漢石經集存》,提出駁議,謂石經碑石既多,製作時間又短,不可能爲蔡一手所書,其言極爲近理。徐浩雖生於唐,而考古詎盡精密?不信碑石,而信徐説,正如韓非所記鄭人市履,"寧信度,無自信也"(《外儲説》左上)。

二、郭香察失去書碑權,半由被蔡邕所擠,半由其職銜過卑。論貴誅心,實以輕其爲書佐耳。蓋自唐宋以來,伐石諛墓,撰文書丹,必以達官顯宦。遂覺區區書佐,豈可書碑!不知書佐下僚,不乏英俊,如《范滂傳》中,書佐朱零,不肯誣證范滂,節義炳然,固無忝於中郎。其以無二名之説輕輕抹煞郭香察之名者,其意深,其術巧。至於趙崡,遂有"郭香何人,乃蒞中郎書"之語,郭氏至此,於僅存之察書權亦幾乎又被擠去,其故胥由官卑職小,而洪氏之心,亦正在於是也。

明乎此,乃知唐代待詔、令史所書告身,俱化爲徐浩、顔真卿;經生、書手所書釋道經,俱化爲褚遂良、鍾紹京,其故一也。

吾讀此碑諸跋,最不能忍笑者,厥爲馮景一篇。苦搜范書,居然得一姓郭名香之人,此尚不足奇。所妙者,其人居然官爲郎中,竟使寒微之書佐,前程遠大,有官可陞,於是得以保留察書之資格。所惜其時趙崡已死,不及見此中郎郎中,衣冠赫赫,聚於一碑之下也!

此碑所見印本六種,一、長垣本,二、華陰本,三、四明本(以上三本端氏影印),四、小玲瓏館本(東莞容氏影印),五、歐陽輔藏本(歐陽氏影印),六、章葉藏本(涵芬樓影印)。其未經影印流傳者,尚不知多少也。

記漢《劉熊碑》兼論蔡邕書碑説

一

古代石刻和它們的搨本,究竟有哪些價值? 據我粗淺的認識,主要的約有以下三個方面:石碑造形、雕琢、刻字方面的工藝美術的資料和借鑑價值;文詞内容方面的歷史、語言、文學的資料價值;文字、書法方面的文字史、書法史、書法藝術的資料和借鑑價值。當然不見得每件古代石刻都同時具備這些條件,它們或者有此無彼,或者此多彼少,但至少要具有其中一項的價值,才會流傳被人重視。至於著名的古代石刻,有些原名殘毁不存,有些原石雖存而文字剥落不全,或字跡筆劃失真,因此偶然保存下來的舊搨本,便更加被人重視了。

《劉熊碑》是流傳著名的漢碑之一,北魏酈道元《水經注》已經記載,北宋歐陽修《集古録》、趙明誠《金石録》等也都著録,南宋洪适《隸釋》又詳記了碑文。《隸釋》所記,只有少數殘缺的字,可見南宋初期全碑還没有斷毁。後來碑石斷毁,殘存兩大塊。又不知什麼緣故,即這兩塊殘石又已無存(只有碑陰殘石,一九一五年爲顧燮光訪得,現存河南延津縣文化館,《文物》一九六四年第五期曾介紹過)。而這碑陽殘石的搨本,流傳也極稀少。如清代金石家翁方綱著《兩漢金石記》,也只據雙鈎摹本,並没見過原搨。近百年來流傳的搨本,只有三件:一是劉鶚舊藏本,二是范懋政舊藏本，三是沈樹鏞舊藏本。沈本只是原碑下邊那半截殘石的搨本，剪裱成册，有趙之謙補寫原碑上邊那塊殘石的字，又寫了下半截各字的釋文。這本曾經中華書局影印，詳細校對，知是翻刻。那末現存的真本，只有劉本和范本了。現在這兩本分别藏在中國歷史博物館和故宫博物院。兩本的情況大致如下。

劉鶚舊藏本：整紙未剪，上一塊殘存原碑起首十五行，每行十二字（以存字最多的那行計算）；下一塊殘存原碑下半截二十三行（原碑共二十三行），每行十七字（原碑每行三十三字）。搨墨略重，細看原石殘泐的細微痕跡，這本比范本稍少，知這兩本搨時應在同時代，而此本微先。這本由劉鶚歸端方，後歸衡永。衡永生前秘不示人，一九六五年他死後，已由他的後人售給了國家，現藏中國歷史博物館，公之於世。

范懋政舊藏本：舊經剪裱成册，後恢復裱成整幅。這本所拓兩搨殘石，與劉本完全一樣。搨墨較劉本稍乾一些。這兩本搨紙因流傳年久，都有磨傷處，但損字都不多，並且兩本可以互相校補。范懋政是鄞縣天一閣范氏的後人，這本只有范懋政在道光二十三年所寫的一個標籤，近世看到過的人也非常之少。這本在解放後歸故宫博物院。

二

古代石刻的内容，常是以它們的用途而決定的，千差萬别，固然難以細數。但其中數量最多，或説佔據主要部分的，約有四類：一是封建帝王自己歌“功”、頌“德”，誇耀勢力的；二是記載迷信、祭祀事物的;三是歌頌官僚們的"德政"、"去思"的;四是記載死人事跡的,也就是"諛墓"的文章。其中無論哪一類,本質上都是封建統治階級自己互相吹捧的言論,原無足取。但是這裏邊常常具有不同用途、不同程度的資料,只看我們怎樣批判地利用、提取而已。

《劉熊碑》的内容,是屬於"德政"、"去思"一類的,"冠冕堂皇",説他的一切似乎都是"登峰造極"的。在敦煌發現的寫本中常見有許多"應用文"的成篇樣本,有如後世的《留青集》、《酬世大全》等書,是預備給撰寫人模擬甚至抄用的。因此我很懷疑漢代撰寫碑文的人已早有一套這種現成程式,或説是"夾帶"、"小抄",用時一抄,加上碑主的姓名就够了。這劉熊碑文,據《隸釋》所録全文來看,其中叙述與劉熊直接有關的,只有:"君諱熊,字孟陽,廣陵海西人也。""光武皇帝之玄,廣陵王之孫,俞鄉侯之季子也。""出省楊土,流化南城。"共三處。此外,還有三處有"劉父"一詞,其餘的頌揚言詞,和其他碑中頌揚其他官僚的詞句並没什麽兩樣,如果彼此互换,也没有什麽不一致處。最奇怪的是,劉熊官是酸棗縣的縣令,碑額上據記載説也有"酸棗令"的字樣,但全碑文中卻没有一處提到他做的官是酸棗令,這豈不是滑稽的事嗎? 其實不僅劉熊一個碑如此,也不止漢碑中如此,凡是封建統治階級自吹自捧的文字,實際上大都如此的。

《劉熊碑》的書法,在漢碑中確有它的獨特風格。我們知道,漢碑精品中的字跡,大約有兩類風格,一類是刀刻的痕跡較重的,一類是筆寫的特點明顯的。前一類雖然另有"古樸"的風味,但是如果仔細地尋覓筆毫的輕重來去的踪跡,常是相當費力的。例如《張遷碑》、《石門頌》等等。當然其中並不是毫無筆鋒可尋,但刀痕的比重究竟是較多些的。後一類刊刻精緻,筆法明顯。例如《華山碑》、《曹全碑》等等。當然其中並不見得完全能够表現筆寫的一切效果,但筆法的特點究竟是較多些的。這一類的弱點,在於"氣魄"常常稍遜於第一類。這《劉熊碑》的書法風格,是應屬於第二類的,但它不僅點劃精美,同時又具有沉厚而又挺拔的風格,翁方綱評這碑的筆法遒逸過於《華山碑》,是相當恰當的。

三

這《劉熊碑》上並無書人姓名,但曾有過一番附會。唐代詩人王建有一首《題酸棗令劉熊碑》的詩説:

> 蒼苔埋字土埋龜,風雨銷磨絶妙詞。
> 不向圖經中舊見,無人知是蔡邕碑。

於是後人多信據這個傳説,認定這個碑是蔡邕所書。他們相信的理由,最重要的是兩點:一是王建是唐代人,離漢代較近些;二是圖經有記載,不同於隨便的傳説。我們先問,唐代人所説的就必定可信嗎?例如《華山碑》末分明寫着:

> 京兆尹勑監都水掾霸陵杜遷市石,遣書佐新豐郭香察書,刻者潁川邯鄲公脩、蘇張工、郭君遷。

而唐代徐浩《古跡記》卻硬説這《華山碑》是蔡邕書,好像他没有看到碑末那一行字。又《范式碑》中分明寫着曹魏的“青龍三年”,而唐代李嗣真《後書品》也硬説它是蔡邕所書。難道蔡邕死後幾十年,還會來寫這個碑？這都是唐代人的謡言。

其次是圖經的問題。古代圖經,很像後世的《遊覽指南》,遠不如清代人那樣把它當作“史書”來撰著。其中收羅傳聞,不辨真僞,也是常有的事。漢《乙瑛碑》末有北宋嘉祐七年張稚圭題字,説這《乙瑛碑》是“後漢鍾太尉書”,又説明他是“按圖(經)題記”。《乙瑛碑》立於永興元年,難道鍾繇早生了幾十年來寫這碑嗎？又曹魏《孔羨碑》原無撰人、書人姓名,仍然是這位張稚圭在同一年又“按圖(經)謹記”了人名,他寫道:“魏陳思王曹植詞,梁鵠書。”這大概也是從前邊那一本圖經上抄來的。哪個人名頭大就拉哪個人,這本圖經的可靠性也就可想而知了。由以上的各例看來,王建的詩,比徐浩、李嗣真、張稚圭的話,又能確切多少呢？

還有其他許多漢碑,如《夏承碑》並無書者姓名,《郙閣頌》分明寫着“從史位□□□□字漢德爲此頌,故吏下辨□(仇)□(紼)□(字)子長書此頌”。也都曾被人們説是蔡邕書。諸如此類,不勝詳舉。這些蔡邕書碑的傳説,如果僅僅是一些圖經的作者誤聽傳聞,或有意拉大名人爲那個地方的古跡增聲價,這並不足奇怪。可怪的是自宋以來許多著名的歷史家、金石家曾費盡氣力爲漢碑拉蔡邕,則是非常值得注意的。

《華山碑》分明寫着“書佐新豐郭香察書”,洪适《隸釋》卻説:“東漢循王莽之禁,人無二名,郭香察書者,察涖他人之書爾。”從此以後,明清許多著名的學者,自顧炎武至翁方綱等,都相信此説,甚至還百般設法證明書碑的是蔡邕,而那個姓郭的只是檢查、校對的人,與“杜遷市石”相對。但事實上東漢以兩個字爲名的人卻非常之多，宋張淏《雲谷雜記》、明王世貞《弇州集》、郭宗昌《金石史》、沈德符《野獲編》、近代歐陽輔《集古求真》等書都找出大批後漢時兩字爲名的人，如蘇不韋，字公先；丘靈舉，字季智等等，不下幾十個例子。歐陽輔還提出反問説，即在郭香察書之下，就有潁川（籍貫）邯鄲（複姓）公脩（名）等兩字的人名，何以都不看見？他還説，其他漢碑上何以絶對不再有“察書”的記載呢？這個反問，是很有力的。

明趙崡《石墨鐫華》對《華山碑》有一段議論，説：

> 書雖遒勁，殊不類中郎（蔡邕），郭香何人，乃莅中郎書耶？且市石、察書、刻者皆著其名，而獨無中郎名何也？徐浩生唐盛時，去漢近，其人又深於字學，不應謬妄至此，皆不可解。

他也感覺到既是蔡邕書，何以市石、察書、刻者都有姓名，書碑的人反倒不題姓名，這在邏輯上究屬説不下去，但他還是被徐浩的名頭嚇住了，只以“不可解”了之。這段話中，除了表現矛盾之外，還給了我們一個重要啓發，即“郭香何人，乃莅中郎之書”，這兩句話，它深足代表封建統治階級的等級觀念。於是可以恍然而悟，自宋至清那些封建統治階級文人所以不惜費盡心力，把“郭香察（人名）書”解釋成“郭香（人名）察書”，固然不是沒有迷信徐浩説法的因素，但主要的還是嫌郭香察這個“書佐”官卑職小罷了。怎知道呢？清代馮景跋《華山碑》説：

> 或曰必其時實有郭香其人，明見漢史，乃可信耳。予初

> 睹郭香姓名甚熟，恍惚如曾寓目者。因窮旬日之力，遍讐《後漢書》，得之《律曆志》。靈帝熹平四年，五官郎中馮光等言，曆元不正，太史治曆郎中郭香、劉固，意造妄説云云，此非即察書其人耶？以靈帝熹平四年，上距桓帝延熹八年，第（止）十年耳。十年之間，由書佐遷郎中，仕宦常理，詎不可信耶？

"書佐郭香察"變了"郭香"，降爲校對人，趙崡還嫌他不配。馮景又找出郭香的做官"前程"，後來陞官，成了郎中，於是這校對人才算勉强够了資格，而自宋至清的"衮衮諸公"費盡心力的造謡手續才算完成，目的才達到。"書佐"本是封建統治階級内的成員，由於地位卑小，他的書法成果也還要被掠奪，那麽當時被統治的人們的一切創作，結局如何，也就更可想見了。因此在法書文物方面，也可瞭然許多無名小吏"令史"等所寫的告身，都變成了"徐浩真跡"，許多出賣抄寫勞動的無名"經生"等所寫的佛經、道經，都變成了"鍾紹京真跡"，也是這個緣故。

《劉熊碑》本是一位無名書家所寫，被人派做蔡邕，已經一千多年，從今洗去這個虚假的頭銜，還它一個本來面目，更覺得另有一番光彩！

池塘春草、敕勒牛羊

昔人有從詩歌句律中窺測方音者。陸放翁《老學庵筆記》卷八云：

> 白樂天詩："四十著緋軍司馬，男兒官職未蹉跎"，"一爲州司馬，三見歲重陽"。本朝太宗時宋太素尚書自翰苑謫鄜州行軍司馬，有詩云："鄜州軍司馬，也好畫爲屏。"又云："官爲軍司馬，身是謫仙人。"蓋北音司字作入聲讀。

此以三聯格屬律調，故知"司"字在作者實作仄聲讀也。又卷十五云：

> 世多言自樂天用"相"字多從俗語作"思必切"，如"爲問長安月，如何不相離"是也。然北人大抵以"相"字作入聲，至今猶然，不獨樂天。老杜云："恰似春風相欺得，夜來吹折數枝花"，亦從入聲讀，乃不失律。俗謂南人入京師效北語，過相藍輒讀其榜曰"大厮國寺"，傳以爲笑。

此則據二聯律調以知作者實以"互相"之"相"作仄聲讀也。

或謂此以近體格律推其字之聲調，似不能依以推論古詩。如謝靈運“池塘生春草,園柳變鳴禽”,“春”字豈能讀仄!

然世共知靈運得意此聯,以爲“對惠連輒有佳句”者也。六朝人偶見有符合律調之句,必讚嘆以爲精妙。蓋只知其音律天成,而未悟其爲律調耳。如沈約《宋書·謝靈運傳·論》云:

> 子建函京之作,仲宣灞岸之篇,子荆零雨之章,正長朔風之句。並直舉胸情,非傍詩史。正以音律調韻,取高前式。

按上舉之例,乃曹植詩:“從軍度函谷,驅馬過西京。”王粲詩:“南登灞陵岸,回首望長安。”孫楚詩:“晨風飄歧路,零雨被(讀若“披”)秋草。”王贊詩:“朔風動秋草,邊馬有歸心。”

又如鍾嶸《詩品·序》云:

> 古曰詩頌,皆被之金竹,故非調五音,無以諧會。若“置酒高堂上”,“明月照高樓”,爲韻之首。

按沈、鍾二家所舉十句,除“晨風飄歧路”一句非屬律調外,其餘九句,莫不合律。可知當時文人未知律調平仄結構之所以然,偶遇合乎律調者,或詫爲“音律調韻”,或標爲“爲韻之首”,皆此故耳。然則靈運之自詡爲佳句者,安知非以其“音律調韻”乎?夫“春”字實具萬物蠢動之義,安知靈運不曾依其方音讀之爲仄聲乎?以白居易、李白、杜甫諸家之例衡之,謝靈運“春”作仄聲,益爲近理。如必取證古讀,則《考工記·梓人》:“春以功。”注:“春讀爲蠢。”鄭讀寧不古於陸讀乎?吾於是又深疑“晨風”句之“歧”

字，安知作者不曾作仄讀如"跂"乎？

今之言古音者，皆以《切韻》以及《唐韻》、《廣韻》爲依據，按陸法言裁定"南北異同，古今通塞"，所謂"我輩數人，定則定矣"。於統一語音之事，其功自不可泯，而南北之方音，古今之時變，竟未加記録。遂使後世誤以爲《切韻》所記可該今古者有之，以爲可概陸氏當時南北音者有之；是直未讀《切韻・序》者矣。試思陸氏之時如無"南北異同，古今通塞"，彼數人者，又何需爲之"定則定矣"乎？

兹再依放翁所舉之例，以論斛律金之《敕勒歌》。姑不論其歌爲鮮卑語之漢譯文，抑爲斛律氏直用漢語所歌者。斛律金雖不能用漢字署"金"字，史固未言其不通漢語也。即使其爲譯文，亦出當時漢人之通鮮卑語者所爲者。既以漢語成歌，必其音節有足諧漢音者。

> 敕勒川，陰山下。天似穹廬，籠蓋四野。天蒼蒼，野茫茫，風吹草低見牛羊。

今日讀之，音節鏗鏘，視近世之以漢語直譯西方詩者，猶覺不背華言，況其未必果出譯作乎？唯其末句云：

> 風吹草低見牛羊。

以視《西洲曲》之"海水夢悠悠"，《木蘭詞》之"萬里赴戎機"諸句，其音律之諧，未免多遜。其所以不諧者，在於"低"字爲平聲耳。今檢唐、宋以來韻書，此字固未有仄讀者。然以得聲之偏旁言，"底"、"抵"、"砥"，皆從氐聲，而屬仄調。獨從"人"之"低"，絶無仄讀，此事理之可疑者一。

或謂字義不同，其調必異。今“抵”、“砥”二字既屬另一義，則且置之。其“底”、“低”二字，固同“下”義，而分屬二調，義果何居？“中興”，中間興起也；“中”字自應平讀；“中酒”，爲酒所中傷也，“中”字自應仄讀。而唐人詩中，大抵相反：“中興”之“中”作仄，“中酒”之“中”作平，可知後人以爲音義相應者，於古固未盡然，此事理之可疑者二也。

又或以爲放翁以格律定音讀者，乃就唐、宋人之作而言，魏晉六朝，詩律未成，安可並論？然試觀文人之作，則有沈約、鍾嶸所舉；民間歌曲，則有《西洲》、《木蘭》之詞。其中律調諸句，何以形成？此事理之可疑者三也。

今不妨判此“低”字，在北朝曾有仄聲一讀，即在陸氏所謂“南北異同”中，爲其所削而不取者。則“風吹草低見牛羊”，固無愧於“函京”、“灞岸”、“置酒”、“高樓”之取高前式者焉。

《敕勒》一歌，古今膾炙，《國風》之下，莫之與京。而白玉青蠅，尚有待於拂拭者在。

其歌“下”、“野”相諧，“蒼”、“茫”、“羊”相諧，自韻腳言，由仄轉平，和諧流走。惟“野”韻句式爲三三四四，而“羊”韵句式則爲三三七，讀之似欠勻稱。余故又疑“廬”字、“籠”字有一衍文，或其一爲急讀之襯字。又友人柴劍虹同志見告云：“明胡應麟《詩藪》卷三引此詩即無‘籠’字。”不知明人所見果有無“籠”字之本，抑或此字爲胡氏所刪。苟出胡氏所刪，蓋亦依於理校者也。蓋三三七字，爲民間歌謡習用之句式，至今“數快板”者猶相沿不替，此又不待旁勘，而可知其至理者也。

雖然，此例固不可擅援也。譬之比事決獄，必其衆證紛陳，情臻理至，始堪定案。否則寧從輕比，勿從重比也。

《集王羲之書聖教序》宋搨整幅的發現
兼談此碑的一些問題

唐代僧人懷仁集王羲之字刻成的《聖教序》碑是近兩千年來書法史、美術史、手工藝史上的一件著名傑作。原石保存在西安碑林。但經過歷代捶搨，已經屢有損傷了。一九七二年，在碑林石碑的石塊縫中發現南宋時代的整幅搨本，且無論這在《聖教序》的流傳搨本中是迄今所見的孤本，即在一般的漢唐碑版中，像這樣的宋搨整幅也是極爲罕見的。

在影印技術還未發明的時候，精美的書法，想要製成複本，只有兩途：一是用油紙、蠟紙在原件上把它描下來。這叫嚮搨（後世多誤作“響搨”）；一是把寫在石上的字刊刻搨墨，或把寫在它處的字鈎描在石上，刊刻搨墨。這樣的墨搨本，刻搨精美的，觀者看去，宛然是筆寫的一般。關於這種手工藝，在古代有不少著名的工匠和傑出的作品。

唐代玄奘法師從印度取來許多佛教經典，譯成之後，唐太宗李世民給它作了一篇“序”；他的兒子李治，即唐高宗，當時還是太子，給它作了一篇“記”，其實也是一篇序文。還有玄奘向他們父子申謝之啓，這父子都有答書，也都刻在文章之後。再後刻着《心經》和譯經潤色文字的大臣銜名。這在當時的佛教界是一件大事。這兩篇序文和兩篇答書，便是當時佛教的最有權威的“護法”。

碑上記載“弘福寺沙門懷仁集晉右將軍王羲之書”，又記載“諸葛神力勒石”、“朱静藏鐫字”。集字是從王羲之的原帖上描摹出序文上要用的字;勒石是把集出來的字鈎到石面上,鈎劃輪廓叫作鈎勒;鎸字是用刀刊刻鈎在石上的字。這塊千載馳名的碑刻,除了開鑿石材的人以外,便是這三位藝術家合作而成的。李世民最喜好王羲之書法,他曾爲《晉書·王羲之傳》寫過傳後的評論。懷仁之所以特别選擇王羲之的字跡來集成碑文,他的用意也是不言而喻的。

傳説懷仁爲了搜集王羲之字跡,費了若干年的工夫。這雖然出於懸揣,但看每個字筆劃的頓挫、流動,字形、字勢的精密優美,上下字、前後行的呼應連貫,真足使人驚訝嘆賞。而全部字數又是那麽繁多,也絶不是短時間所能完工的。這塊碑文不僅是古代法書的一件名作,也不僅是王羲之字跡的一個寶庫,實際是幾個方面綜合而成的古代工藝美術的一件絶品!

刻在碑上的字,經過歷代捶搨,至今石面已經磨下了一層。搨出的字跡,不但有些筆劃已經損缺,即是那些没有損缺的筆劃,邊上也呈現模糊而不準確的形狀,有的筆劃瘦削,成了一根根的火柴,完全失去了筆寫的樣子,更無論什麽王羲之的風格了。不但此碑是這樣,其他碑刻也有同樣情况。因此欣賞碑刻的人,多好搜求舊搨。一般大書深刻的碑石,由於字形大、筆劃粗,只要石上没有剥落殘損,新搨舊搨,有時差别還不太大。《集王聖教序》字形較小,刻法又極精細。一個破鋒(筆尖破開,成了雙杈)、牽絲(筆劃與筆劃之間牽連的細絲),都一一表現出來。後世的搨本,雖然字形、行氣俱存,但精微的細節和墨跡一般的神彩卻完全消失了。此碑唐搨本,今天已不存在,要看精彩的搨本,只有從宋搨本中尋求。

現在流傳的宋搨本,雖不少,但都已剪成碎條,按文章順序,裱成册頁,早已没有整幅未剪的了。後搨的整幅,雖還能看出行款,卻又不見字跡風神,只能使人知道某某字在什麽位置而已。

一九七二年西安碑林中保存的《石臺孝經》,在一次搬動陳列位置時,拆卸重立,發現這個方形立柱的碑是用四塊三棱的大石條拼成,每條石的脊棱攢聚,平面向外,上加碑頂,下承碑座,把它從上下固定。在拆開時發現石塊縫中夾有摺叠的古紙,推測可能是前代移碑或調整位置時墊襯石材,使不鬆動所用的。這幅《聖教序》的整幅搨本,被摺叠成方形一叠,即是那些古紙中的一件。同時發現摺叠的古紙中,還有女真文的版刻印本,可以知道這張《聖教序》也是同時期的搨本。以"宋"標識年代,是習慣的稱法,如果兼顧到地區關係,稱爲"金搨"當更爲確切。

展開來看,紙上的破損處並不太多,可以説基本完好。這塊碑石後來在上半部斜斷了一道。但在什麽時候斷的,則説法不一。相傳以爲凡此碑石未斷時搨本都够宋搨。現在這幅搨本,即是未斷的搨本,可見舊傳的説法不是没有根據的。這幅自末行"文林郎"處微有一小條細痕,是石質上的裂璺,可知後來從這裏斷裂,是有它的内在條件的。

石面刻的筆劃肥瘦,是原字的真像,鋪紙捶按,紙陷入筆劃的石槽中,紙上加墨,便成白字。揭下紙來,從紙背看,筆劃都成凸出的皺摺,一經刷裱,皺摺全平,筆劃也就拉肥,對原字來説,也就失真了。這本即未刷裱,年久皺摺也竟未壓平,所以更加可貴了。

這個《聖教序》碑集的是王羲之的字,本來是碑上寫得明明白白的。後世相信它是王字並加以重視的固然很多,而反對、懷疑,甚至全盤否定的也不是没有。推重的人如宋代黄伯思《東觀餘論》引宋初周越《書苑》的話説:"唐文皇製《聖教序》時,都城諸釋誘弘福寺懷仁集右軍行書勒石，累年方就。逸少真跡，咸萃其中。今觀碑中字與右軍遺帖所有者，纖微克肖。”並且接着表示：“《書苑》之説信然。”但宋代也有輕視它的，黄伯思提到：“然近世翰林侍書輩多學此碑，學弗能至，了無高韻，因目其書爲院體……故今士大夫玩此者絶少。”對這種的見解，黄伯思辯駁説：“然學弗至者自俗耳，碑中字未嘗俗也。非深於書者，不足以語此。”黄氏的議論確是非常近理。

到了明代末年，董其昌忽然提出異説，他以爲碑上的字是懷仁一手寫成的，並非集字。他的理由有三點，都見於董氏自家摹刻的《戲鴻堂帖》，也見於《容臺别集》和《畫禪室隨筆》中。

一、他得到一卷黄絹上寫的《聖教序》碑文，他説：“古人摹書用硬黄，自運用絹素。”他藏的這個卷子既是絹素所寫，又是碑上的字樣，可見碑上的字不是摹集所成，而是一手自寫的。

二、他説這碑“唐時稱爲‘小王書’，若非懷仁自運，即不當命之‘小王’也”。

三、他説：“吾家有宋《舍利碑》云習王右軍書，集之爲習正合。”

這三點理由都是站不住脚的：一、他藏的那卷絹上寫的《聖教序》曾摹刻了一段在《戲鴻堂帖》中，字跡點劃與碑上的字既不完全一樣，而字形又比碑上字略小。如果説這卷就是懷仁刻碑的底本，當時勒石時又是怎樣一字一字去放大的呢？二、所稱“小王書”是由於碑上的字形小，還是指不是第一手的摹本，都不可知。我自愧譾陋，至今還不知唐人這句話見於什麽書上，我很懷疑就是董氏所藏那卷後邊跋語中的話。如果設想不誤，那就正是説那一卷是縮小的臨本。三、宋《舍利碑》原石尚在河南，字體即唐《實際寺碑》那一類，雖是學王，而與集摹王字並不相同。况且分明寫的是“習”,正如説“倣某家體”。“集”之與“習”,無論什麽講訓詁的書上也没有見過可以相通的解釋。小學生的“習字本”絶不是“集字本”。“集句詩”句句都找得出作者姓名,和模擬某派某體的詩截然不同。董氏爲了擡高他所藏的那個黄絹上的臨本,硬説它即是刻碑的原底本,不惜造出這些拙劣的謡言,徒給後人留下笑柄。

至於宋代的“院體”書又是什麽樣子呢?我們常看到宋代的制誥文書,確實都是學《聖教序》的風格的,這種習氣一直沿至南宋,如紹興時御書院人所書的《千字文》即是其例,不過模擬得更爲拘滯而已。黄伯思所説的“院體”,即指這類。但我們今天看來,那些當時的“院體”也很美觀,宋人厭薄常見的字樣而有那樣的評論,也是不難理解的,但與這塊碑的書法本身並無關係。

碑中字都從哪裏集來,今天已不可能一一追尋,但有些字還可以從今傳的王帖加以比對而找到出處。姑舉二字爲例:如碑中“苦”(第二五行)字與《淳化閣帖》卷六《建安靈柩帖》中的“苦”字一樣;再從大觀重刻的精本《閣帖》也即是世稱的《大觀帖》來看,“苦”字確是從這裏集出的。又如碑中“羣”字凡兩次出現(第六、一六行),末筆一竪,都是劈開成了雙杈。這個“羣”字與《蘭亭帖》中的“羣”字一樣,《蘭亭》各種摹本、刻本中此字的點劃肥瘦,容或各有不同的地方,但末筆破鋒雙杈,在“定武”、“神龍”諸本中則是一致的。王羲之寫“羣”字怎能末筆都出現雙杈?可見碑中“羣”字是從《蘭亭》集來的。以上這類,是可以確見出處的。

碑中各字是否都一律没有問題呢?卻並不然。首先是“正”字(第九、一五行)、“曠”字(第一四行)。王羲之的祖父名“正”,父親名“曠”。王帖中“正月”都寫作“初月”,“曠”字在其他王帖中從來没有出現過。我們知道南北朝時代的士大夫對於家諱的避忌是異常嚴格的,有時聽到家諱的同音字都要發生奇怪的反應,這類事在史書記載上是數不清的。顔之推《顔氏家訓·風操篇》中更曾集中地舉過許多例子。難道王羲之在那個時代中就那麽敢於作干犯"名教"的事嗎?清代翁方綱在《蘇米齋蘭亭考》中曾主觀地摘出若干字以爲王羲之真跡的典型,其中即有"曠"字,真可説是"失之眉睫"了。我認爲碑上的"正"字或是從形近的字修改加工而成的,"曠"字或是用"日"字"廣"字拼湊而成的,如果都不是這樣來的,那便是僞跡。

碑中所摹《蘭亭》中字,"羣"字之外,還有許多。由於《蘭亭》發生了真僞的問題,碑中這些字也就隨之發生了問題。這就要附帶談到《蘭亭》。自清末有人因少見多怪對《蘭亭》提出懷疑,以爲是假的。至近年餘波未息。如果《蘭亭》是真的,那麽碑中有關各字來源正確,即不待言。如果《蘭亭》是假的,那末唐朝皇帝派蕭翼去騙《蘭亭》,而老僧辯才拿出來的根本是一卷假帖,又騙了皇帝。今天看來,不過是一幕喜劇。但在當時的懷仁,不會懂得清末人少見多怪的見解,何能不用《蘭亭》中字?即便懂得,又何敢不用《蘭亭》中字?這並不同於有意用僞書充數。所以碑中這部分的字,應無損於懷仁集字態度的忠實。包括前邊所舉"正"、"曠"各字,以及《心經》中所用的别字,都無損於此碑的藝術價值。

什麽是懷仁誤用的别字?如"般"字有的實是個"股"字(第二七、二八行),"色"字有的實是個"包"字(第二五、二六行)。有人以爲是集來的字不够用了,才用别字代替。但碑中重字有許多是同一底本的,刻碑時是用摹出的字跡上石,不是剪貼原跡上石,並無够與不够的問題。這直是懷仁誤用了别字,與王字的真僞無關。

别字之外,還有誤用的字。唐人翻譯經咒,對音用字,非常嚴格。“般若”的“般”不用“波”;“波羅”的“波”不用“般”。因爲“般”字音的收尾處與“若”字音的初發處一致,可以銜接,正好用以表現連綿的梵音。所以“般若”不用“波若”(此問題承友人俞敏先生見告,並云“南無”不用“那摩”,亦屬此例)。懷仁在咒語中兩句“波羅揭諦”都作“般羅揭諦”,而我們看到的唐代的石刻或寫本《心經》,極少有作“般羅揭諦”的。

還有經題的誤處:“般若”的譯義是智慧,“波羅蜜多”是到彼岸。“心經”是“般若波羅蜜多心經”的簡稱,也有簡稱“波若心經”的。此碑《心經》的尾題作《般若多心經》。如從全稱,他少了“波羅蜜”;如從簡稱,又多了一“多”。唐代《潁川陳公密造心經碑》中雖有差誤處,但並不普遍。且士人寫佛經出錯誤還可以諒解,而僧徒錯寫佛經,則不可諒解。可見懷仁這個和尚對於佛教所謂“外學”之一的書法雖那麼精通,而對於佛教所謂“内學”的經典,卻如此疏忽,恰可説是外學内行而内學外行了。

一九七八年

武則天所造經

曾見殘本唐寫《法華經》尾題一段,存十八行,首行只有“子太師”三字,上下俱殘。次行以下無損。自次行起,文曰:“疏英。贊紐地之宏圖,翊經天之景運。先妣忠烈夫人太原王妃,蹈禮居謙,韞七誡而垂裕;依仁踐義,總四德以申規。柔訓溢於丹闈,芳徽映乎彤管。資忠奉國,盡孝承家。媛範光於九區,母儀冠於千古。弟子早違嚴蔭,已纏風樹之哀;重奪慈顔,倍切寒泉之慕。霜露之感,隨日月而逾深;荼蓼之悲,終天地而彌痛。爰憑法鏡,庶展荒矜。奉爲二親,敬造《妙法蓮華經》三千部。豪分露彩,還符甘露之門;紙散花編,遽叶貫花之典。半字滿字,同開六度之因;大枝小枝,並契三明之果。伏願先慈傳輝慧炬,托蔭禪雲。百福莊嚴,萬靈扶護。臨玉池而濯想,踐金地以遊神。永步祇園,長乘輪座。傍周法界,廣帀真空。俱登十善之緣,共叶一乘之道。”功按:此武則天爲其父母所造經也。《舊唐書·高宗紀》:“咸亨元年九月甲申,衛國夫人楊氏薨,贈魯國夫人,謚曰忠烈。閏月壬子,故贈司徒周忠孝公士彠贈太尉太子太師太原郡王。贈魯國忠烈夫人贈太原王妃。”此經即是時所寫,字體精嚴,雅近歐書《皇甫誕》、《温大雅》諸碑,而血脈腴潤,故非石刻所能及。其識語,文詞巧麗,與書相稱,俱當時之首選。《法華經》每部七卷,三千部計有二萬一千卷,而今日所存,只此跋尾半段。乃知文字壽世,別有其故,初不在多也。

也談王勃《杜少府之任蜀州》詩

在報紙上讀到關於王勃《杜少府之任蜀州》詩的討論,不覺技癢。雖然報紙上《文學遺産》編者一次綜合報導,類似作了總結,但我抱着求教的心,還是寫出這篇短文。比如會議討論既畢,也不妨補上一段書面發言。

鄙意以爲讀詩宜如孟子所説"不以文害詞,不以詞害志,以意逆志,是爲得之"。又凡詩中思路,常有跳躍,如果一律按邏輯發展,前有"因爲",後有"所以",即使好散文,也並不能完全這樣,何況是詩?反過來,一首詩又必有它的思路綫索,在跳躍中,也必仍有呼應。所以我覺得王勃這一首詩,也宜於"以意逆志"去讀它。

討論的發端,在於"城闕輔三秦"一句,這句既不那麽順理成章地容易串講,又偏偏遇上版本方面有異文。通行本"輔三",《文苑英華》收録這首詩正文也作"輔三",但有注説:"集本作俯西。"可惜王勃集我没見過宋本,《文苑英華》所據的,當然起碼是宋本。日本唐時鈔本只剩幾段殘卷,裏邊又没有這首詩。後世的選本,有的索興折中而用之作"俯三秦",便又成了後人另造的第三種本子了。

解釋詩文,必按某本所出某字,不宜主觀地隨便改字,這是著書、注書的人共同信守已久的原則。杜甫《秋興》中普通選本都作"五陵裘馬自輕肥",但無論直接間接所見的宋本,都作"衣馬"。

以邏輯論,"裘馬"勝於"衣馬",以版本論,還是應該從"衣馬"。名人詩中字句,並不是易講者即壞,而難講者即好。只是要"名從主人"、"字從版本"而已。

王勃這句詩,既有兩種本子的異文,便宜先加判斷。但兩種本子都有它的根據,只好先看"輔三"和"俯西"的區别:如果從"俯西",那就是説在長安城闕之上俯看西秦地區,這本不必推敲。問題偏偏出在宋人單選用"輔三",而以"俯西"爲僅備參考的異文,足見不以所見"集本"爲優,這就造成了今日大家探討的問題了。

現在先從"城闕輔三秦"全句來談:我們知道唐宋人宴集,特别是送别宴會,常在城門樓上。唐人的例子很多,即宋人如范仲淹《岳陽樓記》的岳陽樓,也是岳陽的城門樓。王勃所寫,即是登樓遠望的情景。以長安首都爲中心,茫茫四顧,這片視野中,乃至包括詩人意識中,有多少城市。這些城市,都是"皇畿"的外圍,起着輔佐"皇畿"的作用。"三秦"爲什麽算指"皇畿",因爲"三秦"即是杜甫所説的"秦中自古帝王州"的秦中,它具有"帝王州"的性質,而長安即是它的集中代表。自有受四外城市夾輔的資格。那麽城闕即指登樓所見的四野城市。按這個綫索講下去,又遇到"城闕"一詞的問題。

施蟄存先生提出"城闕"不一定只有首都才得被稱,真是至理名言。我請再補一些旁證。"京"或"京城",是首都的專稱,自然無疑。但"京城太叔"的京城,就不是鄭國的首都。至於"闕",本是闕口的意思,古人在一條通道的起手處,立上兩個標誌,表示兩者之間,即是入口。可知"闕"原是路口,後來把標誌路口的垛子叫做"闕",已是引申義了。這種垛子在河南有太室、少室等堆垛形的漢闕,西南地方還有馮焕、沈君等碑形的漢闕保留至今。它們都是兩物相對,很像後世的門垛子。太室等闕還可以説是山鎮祀典所用,而馮沈等闕,僅是當時官員的墓道門垛,也可用闕。後來帝王都城或宮苑門前築起兩個望樓,或豎起兩個華表,傳説也是自雙闕蜕變而來的。專從詞彙來講,後世習慣中,"魏闕"、"宫闕"、"陵闕"成爲帝王專利品外,"城闕"就不盡那麽嚴重了。杜甫《野老》詩"王師未報收東郡,城闕秋生畫角哀",錢謙益注:"兩京同南都,得云城闕","城闕"還有得云不得云的資格之分。成都雖曾稱南都,但在這裏的詩意分明説的城上駐軍吹的號角聲。注重在城,而不是注重在都,不然他何不説"都會秋生"、"都市秋生"、"都鄙秋生"呢?記得近年動亂期間,有人在文章中用了"華燈"一詞,又有人在報上説,天安門前的路燈既被稱做華燈,旁處的燈就不應再叫華燈了。錢注杜詩,和這種見解真有異曲同工的味道。

再説"風煙望五津"。風煙好懂,是指迷漫的風塵煙霧一類的東西,它們專能遮住視綫。解爲從有風煙處以望五津,或説五津的方向,望去只見風煙,都無關緊要,只表示去處路程之遠而已。

綜觀二句,是一近一遠。近是送别時聚首宴會所在地長安;遠是杜少府一路遠行的去處。近是横看,遠是縱望。

"與君離别意,同是宦遊人",這二句似乎不存在什麽問題,但宜注意的是杜往蜀州,不是還鄉,而王勃的家鄉,也不在長安。他們雖然一去一留,其爲離鄉遊子,並無兩樣。作者表示自己也同是宦遊之客,用以安慰去者,以減輕離懷,用意實更深入一步。

"海内存知己,天涯若比鄰",這一聯本是兩個名句,近年又因曾被作過外交辭令而更加烜赫。我們把它收回到這整首詩中來看,作者的詩思綫索更爲分明。三秦、五津都是唐土,“海内”一詞,字字落實,絶非什麽“五湖四海”、“海説”、“海報”等詞的“海”,而是“祖國領土之内”的同義詞。那麽“天涯”一詞也就同樣不是泛詞了。從唐代那時的交通條件和長安至蜀州的距離路程看,再從三秦、五津的縱横角度看,真如李白所説的“難於上青天”。在今天不過兩小時的飛機行程,在清代專差大臣走起來,也要三個月,那麽唐代的條件還禁得起比嗎?可見這一句的分量,不僅在“若比鄰”這種動人的誇張了。瞭解了這些艱難,才能知“歧路沾巾”並非古人感情特别脆弱,也可知其非一般套語了。

後世作詩,講究“煉字”、“煉句”,常常煉得使人讀不明白時,才成爲火候到家。但真正大詩人的佳作,卻常是詞達理舉的。王安石有一句“瞑色赴春愁”,“赴”字頗不易理解,有的本子作“起”,也不知哪個是王安石的原本。這二字之間,也没什麽可以軒輊的。清代王士禛論詩絶句卻説:“不是臨川王介甫,誰知瞑色赴春愁”,而他也没説出“赴”何以好,“起”何以壞。照這樣論詩,豈不可以立刻作千百句!如套兩聯説:“不是襄陽杜子美,誰知衣馬自輕肥”,“不是龍門王氏子,誰知城闕輔三秦”,豈不也算獨具隻眼了嗎?平心而論,這首詩在初唐五律中,確推絶唱。而“城闕輔三秦”,也確是不太好講的句子。

李白《上陽臺帖》墨跡

我們每逢讀到一個可敬可愛作家的作品時,總想見到他的風采,得不到肖像,也想見到他的筆跡。真跡得不到,即使是屢經翻刻,甚至明知是僞託的,也會引起嚮往的心情。

偉大詩人李白的字跡,流傳不多,在碑刻方面,如《天門山銘》,《象耳山留題》等,見於宋王象之《輿地紀勝・碑目》。遊泰山六詩,見於明陳鑑《碑藪》。《象耳山留題》明楊慎還曾見到搨本,現在這些石刻的搨本俱無流傳,原石可能早已亡佚。清代乾隆時所搜集到的,有題安期生詩石刻和隱静寺詩,俱見孫星衍《寰宇訪碑録》卷三,原石今亦不知存亡,搨本也俱罕見。但題安期生詩石刻下注"李白撰",未著書人,是否李白自書還成問題。隱静寺詩,葉昌熾《語石》卷二説它是"以人重","未必真跡"。那末要從碑刻中看李白親筆的字跡,實在很不容易了。許多明顯僞託,加題"太白"的石刻不詳舉。

其次是法帖所摹,我所見到的有宋《淳熙秘閣續帖》(明金壇翻刻本、清海山仙館摹古本)、宋《甲秀堂帖》、明《玉蘭堂帖》、明人湊集翻摹宋刻雜帖(題以《絳帖》、《星鳳樓帖》等名)、清《翰香館》、《式古堂》、《潑墨齋》、《玉虹鑑真續帖》、《樸園》等帖。各帖互相重複,歸納共有六段:一、"天若不愛酒"詩;二、"處世若大夢"詩;三、"鏡湖流水春始波"詩;四、"官身有吏責"詩;五、玉蘭堂刻"孟夏草木長"詩;六、翰香館刻二十七字。這二十七字詞義不屬,當出摹湊;"孟夏"一帖係失名帖誤排於李白帖後;"官身"一首五言絶句是宋王安石的詩,這帖當然不是李白寫的;俱可不論。此外三詩帖,亦累經翻刻(《玉虹》雖據墨迹,而摹刻不精,底本今亦失傳),但若干年來,從書法上借以想像詩人風采的,僅賴這幾個刻本的流傳。

至於《宣和書譜》卷九著録的李白字跡,行書有《太華峰》、《乘興帖》。草書有《歲時文》、《詠酒詩》、《醉中帖》。其中《詠酒》、《醉中》二帖,疑即"天若"、"處世"二段,其餘三帖更連疑似的踪跡皆無。所以在這《上陽臺帖》真跡從《石渠寶笈》流出以前,要見李白字跡的真面目,是絶對不可得的。現在我們居然親見到這一卷,不但不是摹刻之本,而且還是詩人親筆的真跡(有人稱墨跡爲"肉跡",也很恰當),怎能不使人爲之雀躍呢!

《上陽臺帖》,紙本,前綾隔水上宋徽宗瘦金書標題"唐李太白上陽臺"。本帖字五行,云:"山高水長,物象萬千,非有老筆,清壯何窮!十八日,上陽臺書。太白。"帖後紙拖尾又有瘦金書跋一段。帖前騎縫處有舊圓印,帖左下角有舊連珠印,俱已剥落模糊,是否宣和璽印不可知。南宋時曾經趙孟堅、賈似道收藏,有"子固"白文印和"秋壑圖書"朱文印。入元爲張晏所藏,有張晏、杜本、歐陽玄題。又有王餘慶、危素、騶魯題。明代曾經項元汴收藏,清初歸梁清標,又歸安岐,各有藏印,安岐還著録於《墨緣彙觀》的"法書續録"中。後入乾隆内府,著録於《石渠寶笈初編》卷十三。後又流出,今歸故宫博物院。它的流傳經過,是歷歷可考的。

據什麽説它是李白的真跡呢?首先是據宋徽宗的鑑定。宋徽宗上距李白的時間,以宣和末年(一一二五)上溯到李白卒年,即唐肅宗寶應元年(七六二),僅僅三百六十多年,這和我們今天鑑定晚明人的筆跡一樣,是並不困難的。這卷上的瘦金書標題、跋尾既和宋徽宗其他真跡相符,則他所鑑定的内容,自然是可信賴的。至於南宋以來的收藏者、題跋者,也多是鑑賞大家,他們的鑑定,也多是精確的。其次是從筆跡的時代風格上看,這帖和張旭的《肚痛帖》、顔真卿的《劉中使帖》(又名《瀛州帖》)都極相近。當然每一家還有自己的個人風格,但是同一段時間的風格,常有其共同之點,可以互相印證。再次,這帖上有"太白"款字,而字跡筆劃又的確不是鈎摹的。

另外有兩個問題,即是卷内雖有宋徽宗的題字,但不見於《宣和書譜》(璽印又不可見);且瘦金跋中只説到《乘興帖》,没有説到《上陽臺帖》;都不免容易引起人的懷疑。這可以從其他宣和舊藏法書來説明。現在所見的宣和舊藏法書,多是帖前有宋徽宗題籤,籤下押雙龍圓璽;帖的左上角、左下角、右下角分鈐"政和"、"宣和"小璽;後隔水與拖尾接縫處鈐以"政和"小璽,尾紙上鈐以"内府圖書之印"九叠文大印。這是一般的格式。但如王羲之《奉橘帖》即題在前綾隔水,鈐印亦不拘此式。鍾繇《薦季直表》雖有"宣和"小璽,但不見於《宣和書譜》。王獻之《送梨帖》附柳公權跋,米芾《書史》記載,認爲是王獻之的字,而《宣和書譜》卻收在王羲之名下,今見墨跡卷中並無政、宣璽印。可知例外仍是很多的。宣和藏品,在靖康之亂以後,流散出來,多被割去璽印,以泯滅官府舊物的證據,這在前代人記載中提到的非常之多。也有貴戚藏品,曾經皇帝賞鑑,但未收入宮廷的。還有其他種種的可能,現在不必一一揣測。而且今本《宣和書譜》是否有由於傳寫的脱訛?其與原本有多少差異?也都無從得知。總之,帖字是唐代中期風格，上有“太白”款，字跡不是鈎摹，瘦金鑑題可信。在這四項條件之下，所以我們敢於斷定它是李白的真跡。

至於瘦金跋中牽涉到《乘興帖》的問題，這並不能説是文不對題，因爲前邊標題已經明言“上陽臺”了，後跋不過是借《乘興帖》的話來描寫詩人的形象，兼論他的書風罷了。《乘興帖》的詞句，恐怕是宋徽宗所特别欣賞的，所以《宣和書譜》卷九李白的小傳裏，在叙述詩人的種種事跡之後，還特别提出他“嘗作行書，有‘乘興踏月，西入酒家，不覺人物兩忘，身在世外’。字畫飄逸，乃知白不特以詩名也”。這段話正與現在這《上陽臺帖》後的跋語相合，可見是把《乘興帖》中的話當作詩人的生活史料看的。並且可見纂録《宣和書譜》時是曾根據這段“御書”的。再看跋語首先説“嘗作行書”云云，分明是引證另外一帖的口氣，不能因跋中提到《乘興帖》即疑它是從《乘興帖》後移來的。

李白這一帖，不但字跡磊落，詞句也非常可喜。我們知道，詩人這類簡潔雋妙的題語，還不止此。像眉州象耳山留題云：“夜來月下卧醒，花影零亂，滿人襟袖，疑如濯魄於冰壺也。李白書。”（《輿地紀勝》卷一三九碑記條、楊慎《升庵文集》卷六十二）又一帖云：“樓虚月白，秋宇物化，於斯憑闌，身勢飛動。非把酒忘意，此興何極！”（見《佩文齋書畫譜》卷七十三引明唐錦《龍江夢餘録》）都可以與這《上陽臺帖》語並觀互證。

或問這卷既曾藏《石渠寶笈》中，何以《三希堂帖》、《墨妙軒帖》俱不曾摹刻呢？這只要看看帖字的磨損剥落的情形，便能瞭然。在近代影印技術没有發明以前，僅憑鈎摹刻石，遇到紙敝墨渝的字跡，便無法表現了。現在影印精工，幾乎不隔一塵，我們捧讀起來，真足共慶眼福！

"太白仙詩"辨僞

世傳蘇軾墨跡一卷,前書五言古體詩二首云:

朝披夢澤雲,笠釣青茫茫。尋絲得雙鯉,中(衍文點去)内有三元章。篆字若丹蛇,逸勢如飛翔。還家問天老(按即"姥"字),奥義不可量。金刀割青素,靈文爛煌煌。咽服十二環,奄見仙人房。莫(暮)跨紫鱗去,海氣侵肌涼。龍子善變化,化作梅花妝。贈我累累珠,靡靡明月光。勸我穿絳縷,繫作裙間璫。挹子以携去,談笑聞遺香。

人生燭上花,光滅巧妍盡。春風繞樹頭,日與化工進。只知雨露貪,不聞零落近。我昔飛骨時,慘見當塗墳。青松靄朝霞,縹眇山下村。既死明月魄,無復玻璃魂。念此一脱灑,長嘯登昆侖。醉著鸞皇衣,星斗俯可捫。

詩後自識二行云:

元祐八年七月十日,
丹元復傳此二詩。

其後有金代人蔡松年、施宜生、劉沂、蔡珪、高衎五人題跋。再後

有明代張弼、清代高士奇、沈德潛跋各一段。蘇氏自識既云"復傳",則詩前必有其他叙述的話。觀蔡松年跋中説:

> 帖云傳於丹元,丹元者,道人姚安世自號也。先生赴定武前兩月與姚相會於京師,出南嶽典寶東華李真人像及所作二詩,言近有人於海上見之,蓋太白云……

那麽蘇書二詩之前,必尚有關於蔡跋中所説的内容,早已被人割去。

這一卷一向當作法書文物流傳着,許多收藏著録稱之爲"太白仙詩",卻没見有人把它編入李白集中當作他的集外佚詩。到了明代胡震亨著《李詩通》,才把兩首不全的這類"仙詩"附録進去,稱之爲"上清寶典詩"。所録第一首爲"我居清空表,君處塵埃中;仙人持玉尺,度君多少才;玉尺不可盡,君才無時休。"實是不連貫的三聯。《東觀餘論》此條後注云:"此上清寶典李太白詩也。"第二首爲"咽服十二環"六句,並注云:"前見《東觀餘論》,後見《王直方詩話》。"《李詩通》傳本希見,此轉録自瞿蜕園、朱金城的《李白集校注》卷三十。這是此類"仙詩"正式被人當作集外佚詩,編入李集的開始。所謂"寶典"當是由於誤讀"南嶽典寶"這類傳説。但不知"典寶"是典守寶貝的"仙官"職稱,"寶典"就不明白指什麽了。

清代乾隆時《御選唐宋詩醇》在李白詩的部分最後收録蘇軾寫過的這二首,題爲"上清寶鼎詩","寶典"又誤成"寶鼎",真可謂"以訛傳訛"。詩中較蘇書墨跡有八處異文,不知是另有來源,還是故意改變以示另有出處。因爲墨跡雖没有進入内府，而這時高士奇的《江村銷夏録》等早已流行，精刊字跡清晰，負責編輯《詩醇》的詞臣不會看不見的。近年臺北書店影印宋蜀本李白集（繆刻底本），附加蘇書這卷的影印本，也算是承認它是李白佚詩的。

蘇書墨跡卷最後有沈德潛跋云：

> 至太白仙去後詩，此東坡遊戲三昧，直以謫仙自況也。松年謂丹元爲姚安世，若此詩真得之姚者，毋乃爲坡仙瞞過耶！

沈氏所見，確有道理，但没有深入剖析。按《蘇軾文集》卷六七《記太白詩二首》（中華書局一九八六年版）云：

> 余在都下，見有人攜一紙文書，字則顔魯公也。墨跡如未乾，紙亦新健。其首兩句云："朝披夢澤雲，笠釣青茫茫。"此語非太白不能也。

同卷又一則全録二詩，後綴數語云：

> 余頃在京師，有道人相訪，風骨甚異，語論不凡。自云常與物外諸公往還，口誦此二篇，云東華上清監、清逸真人李白作也。

以上二則頗有些露馬腳處，又像是故意令人領會的。我們知道蘇氏在書法藝術上最推崇顔真卿。第一則先説"字則顔魯公",李白生存年代早於顔真卿,怎會字跡像起顔氏來?又説"紙亦新健",分明説紙並不舊,但究竟還有紙有字。第二則卻説"口誦此二篇",又説出於口述,蘇氏只是記録的人。即這二條的自相矛盾,已經自己暴露了底藴,豈不是有意使讀者"心照不宣"嗎!那麽"朝披"、"人生"二詩的來路,大致不難明白了。

至於《東觀餘論》和《李詩通》所載"我居清空表"六句又是哪裏來的呢?按南北宋之際王明清的《投轄録》中"蒲恭敏"條云:

> 蒲恭敏帥益都,有道人造謁,閽者辭之。留文字一軸而去。恭敏啓視,云"我居清空表,君隱塵埃中。聲形不相吊,兹事難形容"。又云"欲乘明月光,於(一作放)君開素懷。天杯飲清露,展翼到蓬萊。佳人持玉尺,度君多奇才(一作量度君多才)。君才不可盡,玉尺無時休。對面一笑語,共躡金鰲頭。絳宫樓閣百千仞,霞衣雜與雲煙浮"。後題云:"清鑑真逸真人李白。"恭敏驚異,亟召閽者,迫之踪跡,飄然已不可見,竟不知其爲仙與人也。(此據涵芬樓排印夏敬觀校本,一作皆據四庫本)

此事與蘇氏事極相類。但詩句鄙俗,遠不能與蘇氏寫本相比。這個冒充李白的騙子究竟是什麽人?按兩宋之際葉夢得的《石林詩話》有一條記的很詳。先記蘇軾受過一個名叫喬仝的欺騙,又記欺騙蘇氏的姚丹元。説:

(蘇軾)晚因王鞏又得姚丹元者,尤奇之。直以爲李太白,所作贈詩數十篇。姚本京師富人子王氏,不肖,爲父所逐。事建隆觀一道士。天資慧,因取道藏遍讀,或能成誦。又多得其方術丹藥。大抵好大言,作詩間有放蕩奇譎語,故能成其説。浮沉淮南,屢易姓名,子瞻不能辨也。

蘇氏、蒲氏所遇是否同一人,固然没有證據,但時相同,行爲相似,又同是冒充李白,看來是同出一人,大致不差的。《投轄録》所記的那些句,可以説是“間有奇譎語”,但不能通篇貫注,而且很多是鄙俗的字句。如果蘇氏所寫的那兩首果然都出自姚丹元手,不能這樣的水平懸殊。那麽蘇氏的寫本如果不是這位好遊戲的蘇文豪代筆僞造,就是經他修改潤色而成,是一種點鐵成金的作品。蘇氏那些故意露馬脚的文字,也正是他遊戲的一部分。變魔術的人所變的,既能使觀者驚訝爲真,又有時自己拆穿,使觀者再一次開懷笑樂,這便是高明魔術師的出奇本領,也正可以解釋“坡仙”這一次的遊戲神通!

這個騙子姚丹元後來怎樣呢?葉夢得《石林詩話》接着説:

後復其姓,名王繹,崇寧間余在京師,則已用技術進爲醫官矣。出入蔡魯公門下,醫多奇中。余猶及見其與魯公言從子瞻事。且云海上神仙宫闕,吾皆能以説(呪)致之,可使空中立見,蔡公亦微信之。坐事編管楚州。梁師成從求子瞻書帖,且薦其有術。宣和末,復爲道士,名元城,力詆林靈素,爲所毒,嘔血死。

這個人大概確是特别聰明,能背誦道書,多得方術丹藥,作詩間有放蕩奇譎語,醫多奇中。可以説是“雖小道亦有可觀者”,而蘇氏正好藉之爲遊戲資料,狎小人有時也會受騙,“君子可欺以其方”,在蘇氏又豈能單獨例外呢?

現在可得一結論:“太白仙詩”,不是李白作的!

附記:

所謂“太白仙詩”既屬王某僞撰,而此卷蘇公所録,卻無鄙俗之語,其經蘇公戲爲潤色,自無可疑。以書論,則爲蘇書真跡之上乘,“寒食詩卷”外,無堪與之頡頏者;以此二首詩論,雜之太白集中,亦無遜色。確爲點石成金之筆,無怪後世重編太白集者之誤加收録也。

一九九八年十一月十五日

唐人摹《蘭亭帖》二種

一

王羲之的《蘭亭序》文章，在駢儷盛行的六朝前期，是一篇不爲風氣所拘、具有特殊風骨的作品。他親筆所寫這篇文章的草稿，即世傳的《蘭亭帖》，字跡妍麗，也是鍾繇以後的一個新創造、新成就。

我們從碑版和牋牘中看到漢魏之際的書法，逐漸融合並發展漢隸和草書的結構與筆勢，形成了“真書”和“行書”，這要以鍾繇的章疏字跡爲代表，但他的結字和用筆都比較簡單樸拙，或者説姿態不够華美。

到了東晉王羲之，在鍾繇的創作基礎上加工美化，無論恭楷的真書（像《旦極寒》等帖），或稍流動的行書（像《蘭亭帖》、《快雪時晴帖》等），或縱横的草書（像《十七帖》、《淳化閣帖》中草書各帖），都表現了一種新穎姿媚的風格。試以近代西北出土的前涼張駿、張重華父子時西域長史李柏的書疏稿來看，這篇稿的書寫時間，相當東晉永和初年，距離王羲之寫《蘭亭帖》時早不到十年，所用的“行書”形式，也是一類的，而筆法姿態遠不如《蘭亭帖》那樣美觀。這固然可以推到地區南北的因素上，但再看米芾所刻《寶晉齋帖》中謝安的《慰問帖》，與《蘭亭帖》比，並無南北之分，卻也不那麽妍美。可見王羲之所以成爲書法史上的一個祖師，實是由於具有特殊創造的緣故。唐代韓愈《石鼓歌》説："羲之俗書趁姿媚"，這真説出了王羲之書法的特點。韓愈要以"古"爲"雅"，那麽即是李斯篆、蔡邕隸對於《石鼓》來説，也可以算作"俗書"了。這先不必去管他，只看"趁姿媚"的評語，雖然是從諷刺角度出發，卻客觀上道出了王羲之的風格特點。

清代有些人以晉代碑版上的隸書、真書來衡量《蘭亭帖》，並懷疑《蘭亭帖》不是晉人的字跡，以爲只是陳、隋至唐代的人們倣寫或僞造的。他們不想碑版和牋牘的體用不同，不能運用同樣的體勢。並且即使同屬牋牘範圍，王羲之的所以著名，也正在他創造了妍麗的風格，改變了舊有姿態。分清這一問題，王羲之在書法史的作用和《蘭亭帖》的藝術特色，才容易瞭然。

王羲之的《蘭亭帖》原跡已被殉葬在唐太宗的昭陵裏，後世所傳，只是一些摹搨本和石刻本。唐代名手精摹的本子，到了宋代已不易多得。北宋前期在定武軍（今河北定縣）地方發現了一塊石刻《蘭亭帖》，摹刻的又較其他刻本精緻，搨本在當時自更易於流傳，於是定武石刻便被人們認爲是《蘭亭帖》的真影了。後來定武石刻捶搨的逐漸模糊，便産生了是禿筆所寫的錯覺。所以趙孟頫《蘭亭十三跋》裏説："右軍書蘭亭是已退筆。"後人又因它的筆劃已鈍，便説是歐陽詢所臨；而一些唐摹墨跡本筆劃鋒利流動，便説是褚遂良所臨；又常有人把一些失名人所摹的《蘭亭帖》隨便指爲唐代某家所摹，其實都是毫無根據的。清代有人又在歐、褚臨摹這些訛傳下，認爲今傳的《蘭亭帖》只是歐、褚的字跡，不能代表王羲之，這大約都由於没有看到過精緻的摹本所致。

究竟王羲之《蘭亭帖》的本來面目應該是什麽樣子？現在的摹搨本或石刻本中哪種本子傳摹的最精緻，或説最有接近原本的可能呢？我們綜合來看，要以《神龍本》爲比較優異，即是《文物精華》所印的第一種。這卷是白麻紙本，高二四·五厘米，寬六九·九厘米，今藏故宫博物院。

二

現在初步把這一卷和其他唐代搨摹、定武石刻的本子相較，發現以下幾項特點：一、這卷的字跡不但間架結構精美，行筆的過程、墨彩的濃淡，也都非常清楚，古人説"摹書得在位置，失在神氣"，這卷卻是有血有肉，不失神氣的。例如拿唐代懷仁《集王聖教序》中摹集《蘭亭》裏的字和這卷相比，即最肥的《墨皇本聖教序》，也比這本還瘦，但那些字在這卷裏，並不顯得臃腫癡肥。二、這卷具有若干處破鋒（例如"歲"、"羣"等字）、斷筆（例如"仰"、"可"等字）、賊毫（例如"蹔"字"足"旁），摹者都表現了謹慎精確的態度。三、墨色具有濃淡差別，改寫各字，如"曰"、"向之"、"痛"、"夫"、"文"和塗去的"良可"，都表現了層次的分明。還有兩個字，即"每"字原來只寫個"一"字，大約是因與下句"一契"的"一"字太近，嫌其重複，改爲"每"字，這裏"每"字的一大横，與上下文各字一律是重墨，而"每"的部分卻全是淡筆，表現了改寫的程序。還有"齊"、"殤"二字一律是横放的間架，也全是重墨所寫，中間夾了一個"彭"字，筆勢比較收縮，墨色也較濕、較淡，可知是最初没有想好這裏用什麼字，空了一格，及至下文寫完，又回來補上這"彭"字。從這兩個字的修改，可以多知道些王羲之當時起草構思和修辭的情況，但這不但是石刻所不能表達，即是普通的摹搨本也絶對罕見這樣的例子。四、這本的行氣疏密，保存了起草時隨手書寫的自然姿態：前邊開始寫時較疏，後邊接近紙尾時較密。這幅摹寫用的紙，在末行左邊尚有餘紙，可見末幾行的擁擠並非由於摹寫用紙的不够，而是依照底本的原式。至於定武石刻，把行款排勾，加上竪格後，這種現象便完全看不到了。

只從這幾點來看，足知這卷保存《蘭亭帖》原本的跡象。所以元代郭天錫跋這卷説是“於蘭亭真跡上雙鈎”，又説“毫鋩轉折，纖微備盡，下真跡一等”，又説“宜切近真”。這並非一般的誇耀，實是受這些顯證的啓示。

或問：這卷中的破鋒、斷筆、賊毫等等現象，是否出於唐代某一書家臨寫時信筆所致？怎能便認爲是王羲之原跡上的現象？回答是：一、具有這些現象的唐摹本，不止這一卷，只是這卷裏更多些；即定武石刻也還存在“羣”下脚雙杈的痕跡；又懷仁《集王聖教序》裏也同樣存在着一些這樣的痕跡；可見這並非是源於唐代某一臨寫者自己偶然出現的手病。二、像“每”字的改筆，“彭”字的補填，信筆臨寫的人又何必多費這一道手續呢？因此可以判斷它們是王羲之《蘭亭帖》原跡裏所有的。而這卷描摹的精確，也正足以取信於人。按唐摹《蘭亭帖》有兩方面的價值：一是書法藝術，足資臨習借鑑；一是王羲之原本的面貌，足供研究探索。這卷《神龍本》，是堪稱俱有的。

一般的石刻字跡，最容易出現一種“古樸”的藝術效果，因爲字口經過刀刻，筆劃中又無濃淡。這在刊刻印章的過程中，最易體會：用筆寫在印石上的字跡，多半不如刻出來的字跡使人覺得“厚重”。在書法中也是一樣。這卷摹搨的特色之一，既是注意墨彩的濃淡，當然不如石刻不分濃淡的那樣“渾厚”，也恐不如有些平填濃墨的摹搨本那樣“呆重”,這正是這卷的優點,而非缺點。

在明、清以來所存的摹本《蘭亭帖》中,確出唐摹,傳流有據的,約有三本,即這卷裏文嘉跋尾所説:《宜興吴氏本》、《陳緝熙本》和這卷《神龍本》。今存的陳氏本,正帖已是後人重摹,附裝原跋,現藏故宫博物院。《宜興吴氏本》自清初吴升《大觀録》卷一著録後,即無踪跡。吴升説那卷:“牙色紙本堅厚,自非唐以後物,字畫鋒韜鍔斂,絶無尖毫纖墨一點敗闕,而濃潤之氣,奕奕焕發,唐摹禊帖,此當稱首。”從這些話來看,它必不能表現《神龍本》中的濃淡墨色,那麽它“稱首”的資格,也就大成疑問了。總之今天所見的唐摹《蘭亭》,還没有一件能够勝過這“神龍”一卷的。

三

這一卷的流傳經過是這樣:唐初的精摹本,在當時已經非常珍貴,受賜的只有少數的貴爵和大臣,所以唐中宗在精摹本上鈐了自己年號的“神龍”印章,以爲收藏的標誌。神龍年代以後,流傳經過不可考。南宋初年,曾入紹興内府,有“紹興”印。相傳宋理宗嫁周漢國公主給楊鎮,取復古殿所藏的《神龍蘭亭》爲第一件妝奩,郭天錫跋這卷説“傳是尚方資送物”,即指這事。所以這卷上有楊鎮的“疎璽書府”印。“疎”即“副”,“副璽”即“駙馬”。元代柳貫説楊鎮好蓄法書名帖,常把藏品刻石,凡刻過的底本都印上“副璽書府”的印,見《柳待制集》卷十九《題唐臨吴興二帖》。這卷上即有這方印，想當時必曾經楊鎮摹刻，搨本今已不可考。到了元代，郭天錫從“楊左轄都尉”（即楊鎮）家獲得，自作長跋，並經鮮于樞題詩。到了明代，不知什麽人把元人吴炳所藏的《定武蘭亭》裏的一部分宋元人題跋割下裝入這一卷裏，即是許將、王安禮、朱光裔、王景修、仇伯玉各條以及吴炳天晌二年、至正丁亥兩條和王守誠一條。這些題跋原在定武本後的記載見明朱存理《鐵網珊瑚》卷一。至於永陽清叟、趙孟頫兩跋，語氣也看不出與“神龍本”有什麽密切關係，連上這段紙尾鄧文原一條，似乎也都是配入的。明代中期，這卷《神龍本》歸於烏鎮王濟，有“王濟賞鑑過物”印，豐坊曾爲他摹刻入石，又曾請李廷相題跋。豐刻本流傳有名，但行氣調劑勻整，又加刻了些“貞觀”、“褚氏”、“宣和”、“米芾”等印，給後來考證者增加了許多麻煩。後來又歸項元汴，曾請文嘉題跋。項氏因郭天錫跋中説“定是太宗朝供奉搨書人直弘文館馮承素等奉聖旨於蘭亭真迹上雙鈎所摹”，便拋開了“等”字，鑿實指爲馮承素的作品，還説“唐中宗朝馮承素奉敕摹”，又注“唐宋元明名公題詠”，馮承素是太宗時人，明見唐人記載，又把“神龍”印識充歸“唐宋題詠”，都是明顯的訛誤。項氏曾刻石，搨本流傳甚少。

這卷中的題跋與本帖還有一段離合的經過，因而引起過種種誤會：清初吴其貞的《書畫記》卷四“王右軍蘭亭記”條記卷後的題跋説：“熙寧元豐年石蒼舒等十人題拜觀，元鮮于伯機等四人題跋，王守誠等三人題拜觀，明文文水等二人題跋，跋語皆浮泛無定指，聞此卷還有一題跋，是馮承素所摹者，爲陳以謂（按“謂”爲“御”之誤，陳定字以御，是當時的一個大古董商）切去，竟指爲右軍書，而神龍小璽亦以謂僞增，故色尚滋潤無精彩，惟紹興璽爲本來物也。”這事在顧復的《平生壯觀》卷一“神龍蘭亭”條也有記載,他説:“金陵陳以御從太平曹氏得之,拆去元人諸詩跋,云是右軍真跡,高價以售延令季因是銓部,銓部亦居諸不疑,忻然以爲昭陵殉物竟出人間也,後知其故,乃索諸跋而重裝,今仍全璧,大幸大幸。”綜觀二人所記,知被陳定抽去的只是郭天錫一跋,因爲郭跋中説是馮承素等所摹,吴其貞見到時郭跋尚未歸還,遂連神龍小璽都疑是陳定所加,不知郭跋中早已提到。吴氏書中的記載,至晚到康熙十六年,顧氏書自序在康熙三十一年,可知郭跋的歸還約在這段時間裏。

這卷到清代入乾隆内府,把它和號稱爲虞世南臨的《天曆蘭亭》、號稱爲褚遂良臨的《米跋蘭亭》,加上柳公權書《蘭亭詩》和四卷柳書《蘭亭詩》的臨、摹本,共八卷,分刻在一個亭子的石柱上,稱爲《蘭亭八柱帖》,這卷即居第三。又刻入《三希堂帖》,都仍冠以馮承素的名字。石刻本中,從前共推豐本爲最精,但與墨跡本並觀,距離之遠,真是不可以道里計的。今天精印墨跡,不但筆法纖毫可見,墨彩濃淡也完全分出。誠如撥雲見日,觀者必將同感一快。

四

《文物精華》所印唐摹《蘭亭帖》第二種,絹本,高二四·四厘米,長六五·七厘米,末行“斯文”之下有“芾印”、“子由”二印,模糊不甚清。卷中有明代項元汴藏印甚多。前有明代董其昌題引首,殘存“墨寶”二字。卷尾有明代許初、清代王澍、賀天鈞、唐宇肩、朱承瑞、顧蒓、梁同書、孫星衍、石韞玉諸跋。道光時爲梁章鉅所得，前後插有他的題識四處。咸豐時有李佐賢、韓崇光兩跋。正帖在康熙時曾經朱承瑞刻石，卷中附裝搨本一紙。這卷今藏湖南省博物館。自宋以來，常把一些唐人摹搨本指稱爲褚遂良臨摹，於是這卷失名人摹本也被稱爲褚臨，現在只稱爲“唐摹”。

按《蘭亭帖》的面貌，既已在神龍本裏得到了許多啓示，再遇到其他一些唐摹本或舊摹本中的優點和缺點，也就不難領略、印證。其中行筆結字，得神得勢的地方，當然容易看出，即使有些不够自然的地方，也可以理解是如何描摹“走樣”的，並且還可以推想如果未致“走樣”，又應是個什麽樣子。

這一卷的摹搨技巧確實比不了神龍本那樣精密，又因用的是絹素，有些紙上的效果不易傳出，那許多破鋒、賊毫等等都没能表現出來，更無論墨色的濃淡了。但是主要的筆意、字形，仍然保存，尤其是筆與筆、字與字、行與行之間，都表現了映帶關係和顧盼姿態。還有點劃的肥瘦，牽絲的聯繫，都明白地使人看到書寫時行筆的輕重、疾徐，可以説僅次於神龍本一等。

梁章鉅曾得到兩件唐摹《蘭亭》，這卷之外還有一卷黄絹本，後附米芾小行書跋及許多明人題跋。流傳影印本甚多。梁氏品評黄絹本在這一卷之上。按黄絹本“領”字作“嶺”，是來自另一種系統的底本，文嘉爲王世貞作跋説：“摹本雖得位置，而乏氣韻，臨本於位置不無少異，而氣韻奕奕，有非摹本可及。”意在言外説明它是一種臨倣所寫，而非出於精確鈎摹。用故宫博物院藏南宋游似舊藏宋刻本相校，知今天的黄絹正帖已不是米跋的原物。至於梁氏題現在湖南這一卷認爲“鋒稜頗露”，又在他的《退菴題跋》卷六裏説：“此本軒豁刻露，過於黄絹本。”又説：“顧南雅跋所稱虛和古拙者,尚未似也。”這固然由於他們二人審美的角度不同,更重要的恐怕是舊時人們見慣了定武石刻的禿鋒,不但把那種現象看作《蘭亭》的標準,甚至也看作書法藝術的標準,所以顧蒓泛用“虛和古拙”來稱讚它,而梁章鉅卻嫌它過露鋒棱,其實尊古拙和嫌鋒棱,同是來自上述原因,並不難於索解的。

宋搨薛紹彭刻唐摹《蘭亭帖》

宋代鑑定家薛紹彭翻刻"定武《蘭亭》"一事在宋桑世昌《蘭亭考》卷六、卷七和曾宏父《石刻鋪敘》卷下,都有所記載,因此大家多知道薛紹彭與定武石刻的關係,至於他所摹刻的唐摹本,因搨本流傳太少,宋以後研究《蘭亭》的人,極少提到它。

這卷是薛紹彭據自己所藏的唐搨硬黄本摹刻入石的,唐人用黄色蠟紙鈎摹複製古代法書,稱爲硬黄嚮搨,這種複製本在當時是比較能够傳真的。薛紹彭在帖後還題了一首詩,大意説:《蘭亭》真跡既已殉葬,古石刻的筆劃鋒鋩已失,好似拙筆所書,它誤了許多學習書法的人。只有貞觀時的嚮搨本還具有原跡的形象,它與古石刻本雖然像是兩派,但出自同一來源,王羲之原跡的妙處,在這裏已然没有隱藏地表露出來,可算是還了《蘭亭》的本來面目了。今按這卷搨本發現後,看到了宋代書法名家薛紹彭爲什麼對於唐摹本有這樣高的評價。

這卷從筆法、結字等各方來看,和唐摹"神龍本"極爲相似,使我們對於現存的唐摹墨跡和王羲之的書法面貌,有了進一步的瞭解,這卷摹刻的相當精緻,筆法姿態,大體都能看到,因此它不但是研究書法沿革方面的一件歷史資料,還是學習書法藝術方面的一件借鑑資料。

薛紹彭字道祖,是米芾的朋友,在書法藝術成就上二人也是齊名的,但薛的字跡流傳較少,現存只有幾件行草書,這卷中的楷書題字,師法鍾繇,也是新的發現。

古代鑑定或收藏書畫的人,常在書畫上簽名,稱爲"押署",又稱"押字"。這卷内"僧"字、"察"字即是梁代徐僧權和隋代姚察在《蘭亭》原跡上所簽,被摹搨人一同摹下。薛紹彭也在卷中簽名,表示他曾鑑藏。

這卷石刻搨本,在南宋時曾爲游似收藏,游似字景仁,好收集《蘭亭》搨本,各加標題,這卷有他題"右潼川憲司本"六字。他的藏本多由趙孟林裝潢,常鈐有"趙氏孟林"印章。游似曾做宰相,所以他藏的《蘭亭》世稱"游相本"。至於清代周壽昌根據另一種題爲"潼川憲司本"的《蘭亭》説這卷不是"潼川本",這究竟是游似誤題、後世誤裱、周壽昌誤考,還是潼川曾有兩石,還有待於再考,但這對於本卷的研究和借鑑上,關係是不大的。

薛氏題跋第六行、七行之間,空處較大,曾刻有兩行字跡,又被磨去。薛詩載在《蘭亭考》卷十,句數與本卷相符,可知薛詩並無殘缺。

這卷自南宋游似藏後,明、清兩代,曾經晉王朱棡、項元汴、安岐、張若靄、英和、吴榮光、孫爾準、崇恩、毛昶熙、周壽昌鑑定或收藏,各有他們的印鑑或題跋。現藏故宫博物院。

曾濃髯藏僞本《定武蘭亭》

曾熙號濃髯，六十餘年前以書鳴於時。居上海，與李梅庵齊名。筆法模擬北朝石刻，所謂深具金石氣者。

曾得一禊帖搨本，後有宋克跋九段，跋中論定武本。以著録考之，宋跋前後，遺失名人跋語尚多。曾氏一一補録之，復自加跋語。其珍重什襲，可謂至矣。後有沈寐叟跋，謂帖爲褚派《蘭亭》，乃復宛轉彌縫，俾定武與褚派調合，所以不敗曾氏之興耳。

此本於一九一六年有正書局在上海影印流傳。諦觀前帖，乃二本拼合而成者。"欣"字處，二紙拼合，前十四行爲所謂虞臨本，後十四行爲所謂褚臨本也。

乾隆内府得古摹本《蘭亭》三種：一爲唐摹本，上有元文宗天曆大璽，世號"天曆蘭亭"，董其昌曾刻入《戲鴻堂帖》。卷中董跋以爲虞世南等所臨，本屬鑿空之談。至乾隆時，便去其"等"字，直認爲"虞臨"。二爲所謂褚臨本，後有米芾七言古詩一首，首句云"永和九年暮春月"者是也。三爲神龍半印本，元人跋中稱其當爲馮承素諸人所摹，乾隆時遂徑題曰"馮承素摹"。

第二三兩卷曾刻入《三希堂帖》，未收第一卷，或以墨痕過淡，鈎摹不易耳。乾隆時又另刻《蘭亭八柱帖》，蓋建一八柱之亭，每一石柱上分段摹刻《蘭亭帖》一種。前三柱即摹前舉三卷，第四柱摹所謂柳公權書之緑絹本《蘭亭詩》。五柱以下俱爲後世臨緑絹本詩，輳足八柱而已。此亭建於圓明園中，八柱搨本較少，遜於

《三希堂帖》之家喻户曉。

曾氏所得之本,即以舊搨第一柱之前半拼配第二柱之後半。鈐以“真定梁清標印”多方。蓋梁氏諸印,數十年前自真定流出,展轉於廠肆,後歸徐石雪先生。當日僞造此帖時,上鈐梁氏真印,不足怪也。

帖後宋克跋,形模俱在,而行筆呆滯。下筆處每露近代人風習,實亦一模寫本也。當時書家,但尊碑刻,鄙薄法帖,而清刻諸帖,自更不復齒及。其爲僞造古董之人所欺,固其宜矣。余嘗拈一絶題印本之後曰:“《定武蘭亭》價最高,揭開原是一團糟。濃髯漫説剛如戟,今日根根長不牢。”

款頭詩

嘗於古説部中見白香山與張承吉互嘲所作詩句有"款頭詩"、"目連變"之語。目連變文,敦煌寫本一再見,蓋演述目犍連之母以獲罪入地獄,目犍連上下四方尋而不得,終從地獄中救出之。"目連"即"目犍連"之速讀也。而"款頭"之義,初不可解。其事首見孟棨《本事詩》,云:

> 詩人張祜未嘗識白公,白公刺蘇州,祜始來謁。才見白,白曰:"久欽藉,嘗記得君款頭詩。"祜愕然曰:"舍人何所謂?"白曰:"'鴛鴦鈿帶拋何處,孔雀羅衫付阿誰?'非款頭何耶?"祜頓首微笑,仰而答曰:"祜亦嘗記得舍人目連變。"白曰:"何也?"祜曰:"'上窮碧落下黄泉,兩處茫茫皆不見'非目連變何耶?"遂相與歡宴終日。

又《唐摭言》卷十三"矛盾"條云:

> 張處士祜《憶柘枝》詩曰:"鴛鴦鈿帶拋何處,孔雀羅衫付阿誰?"白樂天呼爲"問頭"。祜矛楯之曰:"鄙薄問頭之誚,所不敢逃,然相公亦有目連變(一作"明公亦有木蓮經"),《長恨辭》云'上窮碧落下黄泉,兩處茫茫皆不見',此豈不是目連訪母耶?"

是知“問頭”與“款頭”同義。又《劉賓客嘉話録》云：

> 王縉之下獄也，問頭云：“身爲宰相，夜醮何求？”王答曰：“知則不知，死則合死！”

又敦煌所出失名小説今人題曰《唐太宗入冥記》者，記崔子玉在冥間爲判官，太宗入冥後，求其開脱。《記》云：

> 子玉私謂太宗云：“臣有一問頭，陛下若答得，即却得歸長安。……自出問頭云：“問大唐天子太宗皇帝，去武德七年，爲甚〔殺兄〕弟於前殿，囚慈父於後宫？仰答！”……〔皇帝〕把得問頭尋讀，悶悶不已，如杵中心，抛問頭在地。語子玉：“此問頭交(教)朕争答不得。”(〔　〕中之字乃原紙殘缺，以文義增補者。(　)中之字乃校出應作之字。)

按“款”有叩擊之義，“問頭”皆所問之話頭，乃審訊時法官提出以令被告回答之問題也。張氏一聯，本表懷念不釋之心，而語氣卻近追問，故白氏戲謔，謂其竟似款頭耳。此“款頭”、“問頭”之常見用途也。

又明代清平山堂所刻話本《雨窗集》中《花燈轎蓮女成佛記》記蓮女扯住惠光禪師，問自家是否得成佛道？禪師答後，蓮女云：

> 我不理會得，只還我問頭來。

此是稱禪語機鋒之問話爲問頭也。顧名思義,問頭本義,本指一切發問之語。如《論語》中問孝、問政於孔子者,"孝"與"政",莫非問頭。而唐代則習於專指審訊提問之語耳。

顔書《竹山堂聯句》

昔年曾於張葱玉先生家見顔魯公《竹山堂聯句詩》墨跡册。即《秋碧堂帖》所刻之底本。絹本。原爲掛幅,裁割成册。後有米友仁奉宋高宗命跋尾二行。確是紹興御府故物。米跋在册後,知其裁剪最遲不晚於紹興時也。近人岑仲勉《貞石證史》據《秋碧堂帖》謂顔公結銜,各碑俱爲"魯郡開國公",此帖獨作"魯郡公",指爲僞作。功按原跡"郡公"二字之間,絹地無縫,知非剪失"開國"二字,似岑説不爲無據。然小米跋則千真萬確,顔書筆法雖與《顔氏家廟碑》等不近,而與《李元静碑》相似。且自此墨跡觀之,絶非南宋人筆,其故究何在乎?偶讀歐陽脩《集古録跋尾》,卷七有云:"《大唐中興頌》,元結撰,顔真卿書。書字尤怪偉,而文辭古雅。世多模以黄絹爲圖障。碑在永州,摩崖石而刻之。"乃悟此《聯句詩》殆亦北宋時以黄絹摹作屏障之物,其有遺字脱文,殊不足異。剪裝爲册,或由於屏幛殘缺,或爲便翻閲弆藏,今已不可得知。惟以爲顔書真跡,固未可憑;斥爲臆造,亦非定論耳。

柳公權《蒙詔帖》

柳公權《蒙詔帖》一幅，黄紙，行書，字大者二寸餘，共七行，文曰：

> 公權蒙詔，出守翰林，職在閑冷，情親囑託，誰肯響應？深察感幸！公權呈。

此帖明末在馮銓家，刻入《快雪堂帖》。後入乾隆内府，刻入《三希堂帖》。今在故宫博物院，有影印本（在《法書大觀》册内）。筆勢奔放，中多燥墨，不似雙鈎廓填，但體勢與《閣帖》卷四所收《聖慈》等帖不類，且首三句行文殊不辭，“守”字如爲守某官之守，上文何以加“出”字？如爲出守外郡之守，則翰林並非州郡。且所謂“閑冷”，指翰林乎？指郡守乎？張勺圃丈（伯英）曾謂帖文與宋刻《蘭亭續帖》所刻不同，而定此爲贋本。《蘭亭續帖》果何如？縈夢寐者十餘年。丁酉春在上海博物館獲見之，蓋即勺丈所見之本。其後又於友人家見《續帖》，中有柳帖，更完整勝上海本。柳帖字大寸許，與《聖慈》等帖筆勢結體俱相似，宋代蔡京兄弟行書正學此種。乃知今傳墨跡本是他人放筆臨寫者，且删節文字，以致不辭。《續帖》刻本之文云：

> 公權年衰才劣，昨蒙恩放出翰林，守以閑冷。親情囑託，誰肯響應？惟深察！公權敬白。

唐《蘇君墓誌》

濰縣陳氏舊藏唐《蘇君墓誌》殘石，右邊及右上角殘失。以銘辭首云“于嗟蘇君”，知其姓蘇。小楷書如指甲大，甚精。且只有竪行，而無橫行，與一般方格者不同。中云：“建中二年（下缺）政里之私第，春秋歷一百八十六甲子矣。”又云：“以貞元二年五月六日，遷窆於終南，祔之舊塋，禮也。詢時之制，以塔代封，略述斯文，刊於貞石。”蓋亦《王居士磚塔銘》之類也。一百八十六甲子，蓋一萬一千一百六十日，以三百六十日除之，實三十一週歲耳。錢竹汀《十駕齋養新録》卷十五“茹守福墓誌”條云：“守福卒於開元十一年八月。誌云享年三百三甲子四旬又二日。蓋用絳縣紀年之法，其壽當不盈五十也。”按此與蘇氏誌紀年同法。茹氏之年蓋五十週歲又二百二十二日也。

李後主《臨江仙》詞

李後主有亡國一事，於是其一舉一動，皆遭附會與亡國有關。又不幸而書佳詞妙，亡國之事，乃更有可傅麗而渲染者焉。“櫻桃落盡春歸去”一詞，流傳草稿數紙，後人各就其所見者以騁臆説，於是此詞在後主諸詩詞中，又成聚訟之端。綜觀宋人所記，當時此稿流傳蓋有二本，其甲本闕末三句；其乙本爲全首並附録太白詩。

關於甲本。胡仔《苕溪漁隱叢話》前集卷五十九引蔡絛《西清詩話》云：“南唐後主圍城中作長短句，未就而城破。‘櫻桃落盡春歸去……望殘煙草低迷。’余嘗見殘稿，點染晦昧，心方危窘，不在書耳。藝祖云：李煜若以作詩工夫治國事，豈爲吾虜也！”其後苕溪漁隱考證以爲伐江南城破在十一月，此詞詠春景，則蔡言未就而城破者非是。但又謂金陵圍城凡一年，此乃城圍而未破時作。

《詩話總龜》云：“自古文人雖在艱危困黯之中，亦不忘述作，蓋性之所嗜，雖鼎鑊在前不卹也，況下於此者乎？李後主在圍城中，可謂危矣，猶作長短句，所謂‘櫻桃落盡春歸去’云云，文未就而城破，蔡約之嘗見其遺稿。”此則信城破之説，但謂“性之所嗜，鼎鑊不卹”。較之所謂“心方危窘”則略撑門面耳。

關於乙本。陳鵠《耆舊續聞》卷三云：“蔡絛作《西清詩話》，載江南李後主圍城中書，其尾不全。以予考之，殆不然。余家藏李後主《七佛戒經》，又雜書二本，皆梵葉，中有《臨江仙》，塗注數字，未嘗不全。後則書太白詩數章，是平日學書也。本江南中書舍人王克正家物，歸陳魏公之孫世功（君懋），予陳氏壻（功按此“壻”字或誤）也。其詞云：‘櫻桃落盡春歸去……回首恨依依。’後有蘇子由題云：‘淒涼怨慕，真亡國之音也。’”據此可知甲本乃一未全之稿，或由最初起草，後三句尚未撰出；或由其他原因寫至此而棄置，但總非城破時最後之筆也。

至於蔡絛何以斷爲城破時書，亦非毫無因素。按《墨莊漫録》云：“宣和間蔡寶臣（致君）收南唐後主書數軸來京師，以獻蔡絛（約之），其一乃王師攻金陵，城垂破時，倉皇中作一疏禱於釋氏，願兵退之後，許造佛像若干身，菩薩若干身，齋僧若干員，建殿宇若干所，其數皆甚多，字畫潦草，然皆遒勁可愛，蓋危窘急迫中所書也。又有《看經發願文》，自稱蓮峰居士李煜。又有長短句《臨江仙》云：‘櫻桃落盡春歸去……望殘煙草低迷’，而無尾句。劉延仲爲補之曰……”可見蔡寶臣同時收得墨跡三件，城破危窘時所書者，乃《祈退兵疏》也。《發願文》與“長短句”只是同時收來之物而已。蔡絛張冠李戴，牽連附會，遂生出許多紛糾。

乙本後入宣和御府，《宣和書譜》載之。宋代又曾刻入法帖。宋帖今不得見，董其昌曾有臨本，刻入《劍合齋帖》。此詞之後，又有五言古詩：“好鳥巢珍木”、“月色不可掃”、“涉江弄秋水”三首。《劍合齋帖》爲董氏生時其戚友陳鉅昌字懿卜所刻，定非贋作。惟董自跋稱“臨自《淳熙秘閣續帖》”，按《淳熙續帖》十卷，今傳世有金壇翻刻八卷，亦出陳鉅昌手，其中未有李書，不知是否在其他二卷中。但以《石刻鋪敘》考之，此十卷中俱無李書，不知《鋪敘》

有遺漏，抑董氏誤認其他宋帖爲《淳熙》也。總之，董臨宋帖之底本，即陳鵠所見之本，殆無疑議。惟董臨本第七句作“望殘煙衰草低迷”，多一字，當即添改之字，按起草添改，如寫後補改，則添注於旁，如寫時即改，則隨寫於本行，而點去其前之誤字，此句原删何字，殊費研尋。按本集各刊本及諸書引文，此句俱不見“衰”字，以“衰”字位置言，如爲原在行中删去而董未加點者，但不應改者在上而删者在下。如原爲旁注而董臨移入行中者，而普通旁注者常爲改正之字，則所删應非“衰”字也。再按此七字中删一字，實可有三種句法：

望殘煙草低迷
殘煙衰草低迷
望殘衰草低迷

余嘗以爲“殘煙”、“衰草”爲偶文，且此煙草即望中所見，不必特提望而始知其有此景物也，如云“望”字俯貫下文，則“殘煙草”亦頗累贅；至於“望殘”如以“望斷”、“望盡”之例解之，則於義可通。然俱未能確證耳。

後主詞今以唐圭璋、王仲聞兩家校本最稱完備，具載此詞各字異同，兹不詳引。惟二家俱未見董臨帖本，因録於後：

櫻桃落盡春歸去，蝶飜輕粉雙飛。子規啼月小樓西。玉鈎誰卷，惆悵暮霞霏。門巷寂寥人散後，望殘煙衰草低迷。爐香閑裊鳳凰兒。空持羃帶，回首恨依依。

又臨帖與摹刻不同,摹刻在於存真,其塗改之跡亦必照樣摹出,如宋人刻顔書《争坐位帖》是也。臨帖則可擇完好之字臨之,其塗抹處可不必盡臨也。董臨此帖,只有"望殘"句多一字,必是添改諸字中之清晰者,其他塗而又注之字,在臨本中則不易見矣。或謂宣和所藏,俱爲金人載去,南宋刻帖,何從收之?不知榷場貿易及遣閒信物,刻入南宋法帖者,蓋數見不鮮焉。

董元《龍袖驕民圖》

《石渠寶笈》藏宋畫大幅，贉池上明董其昌標題云："董北苑《龍宿郊民圖》真蹟。"畫既無款，又無宋、元舊題。明詹景鳳《東圖玄覽編》卷一云："相傳爲董源《龍繡交鳴圖》，圖名亦不知所謂。"又云："見於成國公家。"詹略早於董，知作者與圖名並非始自董其昌也。惟無論"龍繡交鳴"，抑爲"龍宿郊民"，究何所取義？又何以知作者爲董元？畫上人物是何本事？三百餘年來，久成懸案。

按畫爲四拼絹大幅，著色山水。山作圓厚巒頭，無崚嶒險峻之勢。水面空闊，是依山俯江之景，蓋江左名勝之境也。山麓人家，樹懸巨燈。近處水邊，二大船相銜接，上竪綵旗，數十人白衣聯臂，自岸上列立，直滿二船，似歌舞狀。船頭及岸上各有奮臂搥鼓者。徑路上亦有遊人，與船上人俱細小僅數分。

贉池上又有董其昌題云：

> 《龍宿郊民圖》，不知所取何義，大都簞壺迎師之意，蓋藝祖下江南時所進御者，名雖諂，而畫甚奇古。

又題云：

> 丁酉典試江右歸，復得《龍秀（功按：此處原寫又誤爲

“秀”）郊民圖》於上海潘光禄，自此稍稍滿志……天啓甲子九月晦日。

又有清王鴻緒題，入清内府後，有乾隆御題詩、跋，以不得命名之故，遂以“龍見而雩”之義當之，謂是雩祭、禱雨之事。厲鶚《樊榭山房文集》卷八《龍宿郊民圖跋》亦指爲雩祭。文繁不具引。

按宋平江南，非藝祖親征。明張丑《清河書畫舫》已集云：“乃寫宋太祖登極事者”，其誤俱明顯，乾隆御題中並已辨之。惟圖名四字，詹、董所記之外，尚有其他音同字異者。清阮元《石渠隨筆》卷二自注云：“收藏家有題爲《籠袖驕民》者。”其記此圖人物形狀以爲裸人，並云：“究不知何故？”足見此圖之名，舊爲口耳相傳，故有音同字異之事。惟其義爲何？最難索解。考之古籍，《漢書·郊祀志》上雖有“夏得木德，青龍止於郊，草木鬯茂”之語，但與圖景無關。惟阮元所云“籠袖驕民”之名，頗堪注意。按明陳繼儒《太平清話》云：

錢塘男女尚嫵媚，號爲籠袖驕民。

其語源於元楊維楨。《東維子文集》卷六《送朱女士桂英演史序》云：

錢塘爲宋行都，男女痡峭尚嫵媚，號籠袖驕民。

又元歐陽玄《圭齋集》卷四《漁家傲南詞》中亦曾及之。其序云：

余讀歐陽公李太尉席上作十二月《漁家傲》鼓子詞……每欲倣此作十二闋,以道京師兩城人物之富,四時節令之華……山林之士,未嘗至京師者,欲有所考焉。此亦可見其大略矣。

其詞云:

七月都城爭乞巧,荷花旖旎新棚笊,龍袖嬌民兒女姣,偏相攬,穿針月下濃妝佼。

吾又讀元人雜劇,曾三見"龍袖驕民"之語。《元曲選·合汗衫》第一折云:

俺是鳳城中士庶,龍袖裏驕民。

又《元曲選·蝴蝶夢》第四折云:

你本是龍袖嬌民,堪可爲報國賢臣。

又《孤本元明雜劇·劉弘嫁婢》第四折云:

你本是龍袖裏嬌民,堪可爲朝中宰相。

在戲劇中,直至清代,此語尚存。姚燮《復道人今樂考證》載柳莊居士《龍袖驕民雜劇》一目，次於王文治撰劇之後，殆乾、嘉時人。惟余未見劇本，不知其詞云何耳。

觀此諸條，可證“龍袖驕民”四字，實爲民間俗語，惟其義何在，明清士夫已不甚了了。清梁清遠《雕丘雜録》卷七云：

> 陸文裕公《玉堂漫筆》中言：“龍袖嬌民是元時方言，不知其何等。”余在都下，常見都人與人相競，必自矜曰：“我龍鳳嬌民也。”蓋言爲近帝后之民耳。義取如此，似無別説。

按陸深謚文裕，明中葉華亭人。於董其昌爲鄉先輩。已不知“龍袖嬌民”是何等(語)，無怪董之不解矣。

元周密《武林舊事》卷三：“輦下驕民，無日不在春風鼓舞中，而遊手末技爲尤甚也。”又卷六“驕民”條云：

> 都民素驕，非惟風俗所致，蓋生長輦下，勢使之然。若住屋，則動蠲公私房賃，或終歲不償一鐶。諸務税息，亦多蠲放，有連年不收一孔者，皆朝廷自行抱認。諸項窠名恩賞則有黄榜錢，雪降則有雪寒錢，久雨則又有賑恤錢米。大家富室則又隨時有所資給。大官拜命則有所謂搶節錢；病者則有施藥局，童幼不能自育者則有慈幼局，貧而無依者則有養濟院，死而無殮者，則有漏澤園。民生何其幸歟！

近代沈曾植先生《海日樓札叢》卷三“籠袖驕民”條云：“董元有《籠袖驕民圖》，向來不得其解。今按元曲《公孫汗衫記》……

《武林舊事》卷三……《武林舊事》卷六有《驕民》一門，次《遊手》。”乃知所謂“龍袖”者，猶“天子腳下”、“輦轂之下”之義；所謂“驕民”者，猶“幸福之民”、“驕養之民”之義。“龍”字加竹頭作“籠”者，殆從嬌媚之義着想。且口語易訛，用字不定耳。至“驕”字或用從馬之字，或用從女之字，此蓋古嘗通用。晉左思《嬌女詩》作從女者，唐李商隱《驕兒詩》作從馬者，所寫俱爲兒女驕養、驕慣之態，非有嬌媚、驕傲之義也。可知元人之語，實指太平時代、首都居住、生活幸福之民耳。

迴顧此圖所寫，正是節日嬉娱之景。連舟擿鼓，一似競渡一類之戲（阮元謂爲裸人，亦非），但圖中有丹紅夾葉樹，乃秋日景物，非端陽耳。綜而觀之，其名之爲“龍袖驕民”，蓋無疑義。董其昌題，或爲傳聞之誤。亦或因不解其義，改字從雅，而又曲爲之説者。至此圖名何時所起？其爲作畫時之原名，抑爲後人所命，則不可知矣。惟既可知其圖名口耳相傳已久，則非明代某一藏家偶然杜撰者可比。縱非作畫時之原名，殆亦宋元舊傳者焉。畫上所寫既爲江邊山麓居人之生活，其人又爲龍袖中之驕民，則其地必爲首都也。江城建都之朝代，史固多有，然以江左風景言之，最著者惟南唐都建業，臨揚子；南宋都杭州，臨錢塘而已。南宋名手遺作中，未見此種風格者，傳爲南唐董元之筆，殆非無故。古畫無款字者，往往爲人妄指作者，妄加圖名。然亦有其來有自者，則未可概以附會目之，如此圖是已。

言法華

東坡云:"僕書盡意作之似蔡君謨,稍得意似楊風子,更放似言法華。"言法華其人何如,其書何狀,頗不易曉。東坡又有自跋書贈曇秀詩云:

> 不如將幾紙去,每人與一紙,但道此是言法華書,裏頭有災福。

言法華書又何以"裏頭有災福"?

按趙彦衛《雲麓漫鈔》卷十四記歐陽永叔語云:

> 往時有風法華者,偶然至人家,見筆便書,初無倫理。久而禍福或應,豈非好怪之士爲之遷就其事耶?余每見筆輒書,故江鄰幾比余爲風法華。

乃知言法華乃狂人,每書片紙與人,字跡草率,人遂附會其中有預示禍福之語。所謂更放似之者,乃諧謔語,謂不成字耳。

法華似僧號,僧人名號,率取名之下一字置於號下,如石頭希遷,但曰石頭遷。以名之上字常屬排行之字,故多省略。亦有取名之上一字置號之上者,如子温號日觀,世遂稱温日觀。更有以俗姓置名或號之上者,如俗書中或有稱玄奘爲陳玄奘者,以其俗姓陳也。至於言法華之言,爲其俗姓,抑爲僧名之下一字,則不可知矣。

蘇詩中兩疑字

東坡獄中寄子由詩第一首結句云：

與君世世爲兄弟，又結來生未了因。

世行諸本，皆作“世世”。以文義揆之，世世俱爲兄弟，此非東坡所能知，如爲預祝之詞，則下句應言“願結”。佛家因果之説，謂有今之因，乃有後之果，而後之果，又爲再後之因焉。詩意蓋謂今生既爲兄弟，此果也，又將成爲來生再爲兄弟之因。此云世世，竟成已知之數，又何用下句乎？

吾嘗疑兩“世”字中前一字當有誤。如非形近之“此”字，則爲聲近之“是”字，然“世”去、“是”上，其調不同，則以“此”字爲近理。蓋此世之果，又結來生之因也。曾與友人劉尚榮同志言之，承爲檢影印常熟翁氏所藏宋本《施顧注蘇詩》，果作“此”字，相與拊掌一快。

又東坡《書鄢陵王主簿所畫折枝》詩，亦爲近時論藝之文所常引及者：

論畫以形似，見與兒童鄰。賦詩必此詩，定知非詩人。

前二句，語義分明。謂評畫標準，如以形似爲上，其見識鄰近於兒童,淺薄不足稱也。至於次二句,則殊費解。“賦詩必此詩”,謂每作一詩其字句必相同耶?則此人第二次所作,乃重抄第一次舊作,並不成爲作詩矣。如其人欺讀者,聽者之不知其有第一首,而竟以舊作,纍充新作,則其人非獨不成其爲詩人,直是鮮耻之徒矣。其故何在?

吾讀王静庵先生《人間詞話》云:

> 沈伯時《樂府指迷》云:説桃不可直説破桃,須用紅雨、劉郎等字。説柳不可直説破柳,須用章臺、灞岸等字。若惟恐人不用代字者。果以爲工,則古今類書具在,又安用詞爲耶?宜其爲《提要》所譏也。

按《四庫全書總目提要》評沈氏此書云:

> 又謂説桃須用紅雨、劉郎等字,説柳須用章臺、灞岸等字,説書須用銀鈎等字,説淚須用玉筯等字,説髮須用綠雲等字,説簟須用湘竹等字,不可直説破。其意俗避鄙俗,而不知轉成塗飾,亦非確論。

乃悟東坡此句中後一“詩”字,殆爲“語”字之誤。蓋詠物抒情,只用習見之詞,常用之語,勢必流於若沈伯時者之弊。縱或不屬代詞一類,而望月必及鄉思,舉杯必關送别。甚至學杜必述流離,學李必矜豪舉,無論其有無如此事實,徒成優孟衣冠,皆非大詩人、真作者之所宜出者也。

試觀北宋之作，蘇、黄之前，惟西崑一派，獨踞詩壇。觀夫《酬唱》一集，全摹温、李。説部記優人着破衣，自稱李商隱，詢其衣敝之故，則云被館閣諸人撦撦所致。蓋當時所作不僅摹擬風神，且亦並摘字句矣。詞非己出，豈非詩必此語之謂乎？

及檢宋本此首，仍如其字，則此樁公案之結，尚有待於異日。

又先師陳援庵先生論校勘之學，言有四例：一曰對校，二曰內校，三曰外校，四曰理校。當前三者俱有所窮，而其義仍不可通時，則當以理斷之。《元典章校補釋例》卷六云：

> 四曰理校法。段玉裁曰："校書之難，非照本改字，不訛不漏之難，定其是非之難。"所謂理校法也。遇無古本可據，或數本互異而無所適從之時，則須用此法。……昔錢竹汀先生讀《後漢書·郭太傳》太至南州過袁奉高一段，疑其詞句不倫，舉出四證。後得閩嘉靖本，乃知此七十四字爲章懷注引謝承書之文，諸本皆儳入正文，惟閩本獨不失其舊。今《廿二史考異》中所謂某當作某者，後得古本證之，往往良是，始服先生之精思爲不可及。經學中之王、段，亦庶幾焉。

謹案"得古本證之"者，援翁以古本相證，竹汀先生所未及見者也。推斷無訛，以其理在耳。

東坡此詩，又安知他日不遇善本如嘉靖閩刻《後漢書》者乎？即使天壤衆本，皆刻"詩"字，亦難釋其可疑之理焉。

坡詞曲解

東坡詞中傳誦最多,而誤解亦最久者,莫如《水調歌頭》(明月幾時有)與《念奴嬌》(大江東去)二首。

《水調歌頭》原題云“丙辰中秋,歡飲達旦,大醉,作此篇,兼懷子由”。首云:

> 明月幾時有,把酒問青天。不知天上宫闕,今夕是何年。

此全出詩人想像,因見月而問天:人間歲月,吾已盡知;天上宫闕,今夕何年,吾所不知。把酒問之,全屬醉人意態。因羨月宫佳麗,乃思乘風而往,轉念其地高寒,或有不如人間者,故云:

> 我欲乘風歸去,又恐瓊樓玉宇,高處不勝寒。起舞弄清影,何似在人間。

語氣連貫,主旨分明,本無疑義。而宋神宗讀之,有所評論。於是明白簡截之詞句,轉而晦暗曲折,不知所云矣。

《坡仙集外紀》云:

> 蘇軾於中秋夜宿金山寺,作《水調歌頭》寄子由云云。

> 神宗讀至"瓊樓玉宇"二句,乃嘆曰:蘇軾終是愛君。即量移汝州。

何以指爲愛君?殆謂作者之意若曰:本欲掛冠而去,轉念自身一去,皇帝所居之瓊樓玉宇,必將孤寂淒涼也。如此,始與"愛君"之語相符。亦必理解"不勝寒"者爲高居"瓊樓玉宇"中之神宗皇帝,而非幻想身遊月殿之詞人蘇軾也。或謂此故事當出他人附會,其人蓋未讀懂此詞者;然余則信其果出神宗,以其深符帝王學識,但見"瓊樓玉宇"字樣,則斷其必非他人可居者。或見蘇軾之不欲居瓊樓玉宇,而嘉其不敢僭越耳。世之撰詞話及注蘇詞者,莫不引之。此東坡詞之久遭謬解者一。

又《念奴嬌·赤壁懷古》云:

> 遥想公瑾當年,小喬初嫁了,雄姿英發。故國神遊,多情應笑我,早生華髮。

赤壁一地,聚訟極多,東坡一賦,恰爲自詡博學之徒增一口實。以爲博學如東坡,竟有誤用之典,誤指之地,而我獨得而糾之,其足以壓倒東坡,自無疑義矣。安知東坡集中,本曾自言其地屬於傳聞。《赤壁賦》云:"此非曹孟德之破於周郎者乎?"本闋詞中則云:"人道是三國周郎赤壁。"詩人感興,本不必一一確鑿,況其已自設爲擬議之辭乎?

今人解此詞者多矣,於此"故國"、"華髮"數句,多紆曲其辭(不具引),初未解其何故。久之始悟,蓋不敢以周瑜神遊見諸筆墨。周瑜,古人、死人也,而竟有神能遊,是蘇軾之白日見鬼;解詞説詩,竟以形諸筆墨,詎能逃宣傳迷信之嫌! 此東坡詞之久遭謬解者二也。

無論黄州赤壁與夫嘉魚赤壁,固皆孫吴所屬。故國者,周瑜之故國也。周瑜往矣,"故國神遊"者,詩人設想周郎之神來遊其故國也。"多情"者,謂周郎之多情也。以彼之英發,見我之早衰,自應相笑。然其相笑,非由鄙棄,正見其"多情"耳。正如辛稼軒詞之"我見青山多嫵媚,料青山見我應如是"。稼軒可以設想青山見人,而謂東坡不能設想周郎之神重來故國與之相見乎?

妙矣王静安先生之言曰:

> 固哉皋文之爲詞也:飛卿《菩薩蠻》,永叔《蝶戀花》,子瞻《卜算子》,皆興到之作,有何命意? 皆被皋文深文羅織。阮亭《花草蒙拾》謂"坡公命中磨蝎,生前爲王珪、舒亶輩所苦,身後又硬受此差排"。由今觀之,受差排者,獨一坡公已耶?

然則"中秋"、"赤壁"二詞之遭附會、曲解,並不足異矣。至於"受差排者,獨一坡公已耶",尤爲卓論。謂其不然,試觀《詩》之小序與夫朱傳,必將有憬然而悟者。

斜陽暮

秦少游《踏莎行》有"杜鵑聲裏斜陽暮"之句,後人聚訟極多。蓋以"斜陽"與"暮",詞義似有重複之嫌,遂疑"暮"字有誤。

明張綖刊《淮海居士長短句》於本闋下注云:

> 坡翁絶愛此詞尾兩句……又《王直方詩話》載黄山谷惜此詞"斜陽暮"意重,欲易之,未得其字。今《郴志》遂作"斜陽度"。愚謂此亦何害而病其重也。李太白詩:"眷彼落日暮",即"斜陽暮"也。劉禹錫:"烏衣巷口夕陽斜",杜工部:"山木蒼蒼落日曛",皆此意也……山谷當無此言,即誠出山谷,亦一時之言,未足爲定論也。

其説甚是。惟宋人論此,不止王直方一家。王楙《野客叢書》卷二一條云:

> 《詩眼》載:前輩有病少游"杜鵑聲裏斜陽暮"之句,謂"斜陽暮"似覺意重。僕謂不然,此句讀之,於理無礙。謝莊詩曰:"夕天際晚氣,輕霞澄暮陰",一聯之中,三見晚意,尤爲重疊。梁元帝詩:"斜陽落高春。"既言"斜陽",復言"高春",豈不爲贅? 古人爲詩,正不如是之泥。觀當時米元章所書此詞,乃是"杜鵑聲裏斜陽曙",非暮也。得非避廟諱而改爲"暮"乎?

又明楊慎《詞品》卷三論此句一條云：

> 秦少游《踏莎行》："杜鵑聲裏斜陽暮"，極爲東坡所賞，而後人病其"斜陽暮"爲重複，非也。見斜陽而知日暮，非複也。猶韋應物詩："須臾風暖朝日暾"，既曰"朝日"又曰"暾"，當亦爲宋人所譏矣。此非知詩者。古詩"明月皎夜光"，"明"、"皎"、"光"非複乎？李商隱詩"日向花間留返照"皆然。又唐詩："青山萬里一孤舟"，又"滄溟千萬里，日夜一孤舟"，宋人亦言"一孤舟"爲複，而唐人累用之，不以爲複也。

按以上諸家所辨，謂"斜陽暮"三字之不足爲病，固是也，惟其所以不足爲病之故，則未盡相同，觀其論點，約有三類：

一、謂重叠、重複不爲病，不必拘泥；（王楙、張綖説）

二、昔人累用重義字，不以爲複；（楊慎説）

三、以爲原是"曙"字，因避諱而改爲"暮"。（王楙説）

以上除第三説當另論外，一二兩説，近似而微有别，然皆未免牽强：夫字義既複，即屬修辭之病，"何害而病其重"，似未足以服人也。至於"唐人累用之，不以爲複"，即不足病，其理亦屬難通。

竊謂"斜陽"與"暮"，二詞之涵義不同，其不爲複者，非因古人已有，遂可不以重複論也。"暮"者，是昏暗感覺效果之稱，"斜陽"是當時之具體日色，二詞並無所謂重複也。杜子美《送孔巢父》詩："天寒野陰風景暮。"謂風景昏暗也。韓退之《秋懷》詩："空堂黄昏暮。"謂空堂之中，黄昏之時，全成昏暗狀況，故"童子自外至，吹燈（吹燃火種）當我前"也。

前人所舉"眷彼落日暮"，亦正此類，非因出自太白便不爲複也。“朝日”之與“暾”,即“落日”之與“暮”,亦即“黄昏”之與“暮”、“斜陽”之與“暮”耳。

至於“明月皎夜光”,明爲月之飾詞,夜爲光之飾詞,故此五字實即“月發光”也。設言“燙手熱燒餅”,又豈能譏“燙”、“熱”、“燒”爲重複乎?“一孤舟”,“孤舟”自爲一詞,言其非連檣銜尾之舟也。“一”者謂其旁無他物,萬里、日夜,只有此舟也。設言“紂爲一獨夫”,又豈能譏“一”、“獨”爲複乎?

其三“曙”字之説,最爲無稽。少游貶郴州在紹聖三年,上距英宗趙曙之殂,才二十九年。其廟非祧,安有少游不避,而後人反爲追避者。且米元章與少游同時,亦安得不避乎?且宋人避諱,不但本字,乃至同音嫌名,亦皆避之惟謹。王楙之語,直不似出自宋人,殊不可解。

又今湖南郴州市郊蘇仙嶺有石刻少游此詞,“斜陽暮”作“殘陽樹”,“幸自繞”作“本自繞”。詞後跋云:“秦少游詞,東坡居士酷愛之,云少游已矣,雖萬人何贖! 芾書。”無論其用筆結字之謬,其不避嫌名“樹”字,亦決非治平以後之人所敢書者,是又此樁公案之再一波瀾也。

筆至此,又有所觸:古人文字,爲後人奮筆直改者,不知凡幾。今人校點古籍遇有異文處,常見有“擇善而從”一語。如既出所從之字,後附列所見之異字,則讀者尚可再加審擇。如不出校記,而自“擇”其所謂“善”,遽棄其所謂不善者,所棄何字,果否不善,亦無從覆案矣。即借此詞爲例,如某一刊者,率爾依某一説,徑改“暮”字,無論改之爲“曙”、爲“樹”、爲“度”,在以“暮”爲重複之説盛行時,“曙”、“樹”、“度”固未嘗不爲善者也。此校書者之所宜慎者歟?

望江南

傳聞異詞,自古而然。一事重書,或歧爲二事;一人名字,或歧爲二人;反之,亦或有異事、異人而訛傳混一者。典籍之中,固屢見不鮮。至於故事之雋永者,流播衆口,增枝減葉,甚至面目全非者,亦往往而有。

昔有人於宴席中行一酒令:第一人以一事附耳告第二人,並札記其情節。第二人以下,亦附耳遞傳,至末一人聽畢而口宣之。第一人取所記情節相印證,每有極大之歧異,舉坐以爲笑樂。如就古人記事之文,排比而合觀之,亦將不減此酒令焉。

宋人王彦齡吟《望江南》詞事,於宋、元人筆記中余見者凡三條。宋王灼《碧鷄漫志》卷二:

> 王齊叟彦齡,元祐副樞巖叟之弟,任俊得聲。初官太原,作《望江南》數十曲,嘲府縣同僚,遂並及帥。帥怒甚,因衆人入謁,面責彦齡:"何敢爾!豈恃兄貴,謂吾不能劾治耶?"彦齡執手板頓首帥前曰:"居下位,只恐被人讒。昨日只吟《青玉案》,幾時曾做《望江南》,試問馬都監。"帥不覺失笑,衆亦匿笑去。

南宋洪邁《夷堅志》壬卷七:

> 舊傳一官士，在官愛唱《望江南》，而爲上官所責者，不得其姓名。今知爲王齊叟字彦齡，元祐副樞彦霖之弟也。初官太原，作此詞數十曲嘲郡縣僚佐，遂並及府帥。帥怒甚，因群吏入謁，面數折之云："君今恃爾兄，謂吾不能治爾耶？"彦齡斂板頓首謝，且請其過。帥告之。復趨進倚聲微吟白曰："居下位，只恐被人讒。昨日但吟《青玉案》，幾時曾作《望江南》。"下句不屬。回顧適見兵官，乃曰："請問馬都監。"帥不覺失笑，衆亦匿笑而退。彦齡訖浮沈不顯。

多出末句不屬回顧見兵官一事，及彦齡仕宦不顯之結局。至元陸居仁《軒渠録》則云：

> 王齊叟，字彦齡，懷州人。高才不羈，爲太原掾官。嘗作《青玉案》、《望江南》小詞，以嘲帥與監司。監司聞之，大怒責之。彦齡斂衽而前，應聲答曰："居下位，常恐被人讒。只是曾填《青玉案》，何嘗敢作《望江南》，請問馬都監。"時馬都監者適與彦齡並坐，馬皇恐亟自辨數。既退，詰彦齡曰："某實不知，子乃以某爲證，何也？"彦齡笑曰："且借公趁韻，幸勿多怪。"

略去其兄，增出監司，且責者非帥，而是監司，又多出馬都監詰問一事。《青玉案》原爲託詞，此則成曾與《望江南》並作之詞，斂板變爲斂衽，倚聲變爲應聲。

自行文觀之，詞之末句，自是湊足者，而多此詰答，更多諧趣。

亦或本有其事,前人述之過簡。惟“昨日偶吟《青玉案》”,乃借以反證“幾時曾做《望江南》”耳。如平日即同以此兩調嘲諸官,則自承曾做《青玉案》,亦仍莫以自解焉。且上官見責時,獨吟《望江南》爲答,而不吟《青玉案》,又何故耶?且《望江南》詞調,通行天下,無所謂敢做與否。所以觸忤者,在其詞之所嘲,而不在其詞調。此云“何曾敢做《望江南》”,則不知所謂矣。斂板者,斂其所執之手板也。倚聲者,按其詞之樂律聲調以吟也。改斂板爲斂衽,一似婦人之俠拜矣。又改倚聲爲應聲,則從容變爲急遽矣。“書經三寫,烏焉成馬”,王彦齡《望江南》一事,至《軒渠録》,已走卻原形,故言史料者,貴得其原也。

抑尚有説:隋有侯白,明有徐文長,皆趣話所叢,未必果有其事,有其事亦未必果屬其人。近世戲劇、小説、以至江南彈詞中,每見王延齡其人,延亦或作彦。其事跡多屬排難解紛,平世之不平。且措置滑稽,俱符所謂任俊者。然則其人流傳於委巷口耳,蓋已久矣。如以俚言中人物,一一覈其身世、年代、官職、里貫,以辨人之有無,事之虛實,則非知民間文學者。

米元章帖

米元章一帖云："余始興公故爲僚宦，僕與叔晦爲代雅。以文藝同好，甚相得。於其别也，故以祕玩相贈之。題以示兩姓子孫異日相值者。襄陽米黻元章記。叔晦之子：道奴、德奴、慶奴。僕之子：鼇兒、洞陽、三雄。"此帖首行之前，舊經割失，其文不全。余始興者，余靖也。靖韶州曲江人，曲江古爲始興郡，故稱始興公。"代雅"猶言"世交"也。元章之父佐，字公輔，曾官右武衛將軍，見蔡天啓撰元章之墓誌，或曾與靖同僚也。

元章之母爲産媪事，屢見宋人筆記。《雞肋編》云："米元章母，或云本産媪，出入禁内。"又《誠齋詩話》云："潤州大火，唯留李衛公塔、米元章庵。米題云：'神護衛公塔，天留米老庵。'有輕薄子於塔、庵二字上添注爺娘二字，元章見之大駡。輕薄子又於塔庵二字之下添颯、糟二字，蓋元章之母嘗乳哺宫内，故云。"按元章見添注娘字而大駡者，以其言"米老娘"也。塔颯，今言多索，即顫抖不穩狀；庵糟，今言骯髒，即不潔也。《軒渠録》亦記此事，並云："元章母乃入内祗應老娘。"余幼時見京城人稱收生婆爲"姥姥"，讀爲"老老"，亦曰"老娘"，或"老娘婆"，可見産媪之稱老娘，由來久矣。産媪亦云"乳醫"，誠齋謂"乳哺宫内"，殆由乳醫之稱致誤者。

米芾畫

米元章《珊瑚》、《復官》二帖，爲歷來著録有名之跡。《快雪堂帖》曾入石，多年臨玩，夢想真跡之妙，定有遠勝石本者。繼見《壯陶閣帖》，附刻珊瑚筆架之圖及各家跋尾，始知《快雪》删削之失。蓋筆架爲珊瑚三枝，下承以金坐，其狀似三枝朱草出自金沙中，故題詩云："三枝朱草出金沙"，不見此圖，詩句竟不可解。惟《壯陶》刻工，遠遜《快雪》，於是嚮往真跡之心愈切。

近年獲見真跡，不但筆勢雄奇，其墨彩濃淡之際，更見揮灑淋漓之趣，石刻中固不能傳，即珂羅版印本，其字跡濃淡差異較微處，亦不盡能傳出，故每觀墨跡，常徘徊不忍去。

米老號稱能畫，世又常以扁圓點一派山水畫之創始人歸之米老，自《芥子園畫傳》以大混點、小混點分屬大小米，於是米老又與大混點牢不可分，而米老之冤，遂不可雪！亦此老自詡畫法有以自取也。何以言之？《畫史》言嘗與李伯時言分佈次第，又言所畫《子敬書練裙圖》歸於權要，宜若大有可觀者，而進呈皇帝御覽之作，卻爲兒子友仁之《楚山清曉圖》，已殊可異。世傳所謂米畫者若干，可信爲宋畫者無幾，可定爲米氏者又無幾，可辨爲大米者，竟無一焉。今此珊瑚筆架之圖，應是今存米老畫之確切真跡矣。但觀其行筆潦草，寫筆架及插坐之形，並不能似，倘非依附帖文，殆不可識爲何物。即其筆劃起落處，亦缺交代，此雖戲作，而一臠知味，其畫法技能，不難推測。《畫史》所言"山水古今相師，少有出塵之格者，因信筆作之”等語，但可作顛語觀。再觀其“樹石不取細，意似便已”云者，實自預爲解嘲之地也。不作當行畫家，固無損於米老，而大混點竟得與米老長辭，亦自兹始！詎非米老之幸也哉？

此帖後各家跋，次序粘連有顛倒處，今排比如下：

米友仁，紹興間。

謝在存，丁丑(一二七七)，宋端宗景炎二年，蒙古世祖至元十四年。

郭天錫，乙酉(一二八五)，至元二十二年。

楊肯堂，無年月，言與郭同行留題，蓋同時書。

季宗元，丙戌(一二八六)，至元二十三年。

施光遠，己丑(一二八九)，至元二十六年。

焦源溥，丁巳(一六一七)，萬曆四十五年。

成親王，庚申(一八〇〇)，嘉慶五年。

郭天錫字祐之，號北山，元代鑑賞家，今傳古法書多有其題跋。又畫家郭畀，字天錫，非一人。此帖中祐之跋，與其所書其他法書題跋，筆法一致，真跡也。而日月干支，有不可解者。郭跋云“四月初七日戊申”，則四月朔當爲壬寅，與史不合。汪曰楨《歷代長術輯要》卷九，謂《元史》至元二十二年“八月有庚子，不合”。汪氏所排，本年各月朔如下：

正甲戌，二甲辰，三癸酉，四癸卯，五癸酉，六壬寅，七辛未，八辛丑，九庚午，十己亥，十一己巳，十二戊戌。

按《元史·世祖本紀》本年八月有庚子者，蓋朔日也。此跋又是四月壬寅朔，則當時頒行之曆，本年四月、八月朔皆較長術所推上竄一日，蓋四月前必有一月爲小盡。昔人推曆有差，本屬常見,而大小盡之置,尤多出入。以此跋與《元史》本紀合觀,皆足以説明當時所頒之曆如此,非不合也。世習稱金石足以考史證史,自近代發現古簡牘及寫本以來,又知出土文物足以考史證史,不知世所視爲美術古董之法書墨蹟,固爲未摹刻之金石,未入土之文物也,又豈獨書法可賞已哉!

米元章書《智慧清浄經》

《般若波羅蜜多心經》，今世傳譯本，蓋有七種。己未（一九一九）夏，北京刻經處曾彙刊之，其目如下：

《摩訶般若波羅蜜大明咒經》大藏翔字函

姚秦天竺三藏鳩摩羅什譯

《般若波羅蜜多心經》大藏翔字函

唐三藏法師玄奘譯

《般若波羅蜜多心經》燉煌石室本

唐三藏法師沙門法成譯

《般若波羅蜜多心經》麗藏桓字函

唐罽賓國三藏般若共利言等譯

《普遍智藏般若波羅蜜多心經》麗藏磻字函

唐摩竭提國三藏法師沙門法月重譯

《般若波羅蜜多心經》日本藏經書院續藏本

唐三藏沙門智慧輪譯

《佛説聖佛母般若波羅蜜多心經》大藏薄字函

宋西天譯經三藏施護譯

《世説新語・文學篇》"支道林造即色論"，劉孝標注云："故曰色即爲空，空復異色。"按其語當出《心經》，蓋又一古譯本，今已不傳。

至於唐不空譯本、宋契丹慈賢譯本，明代以來又佚，而此七種中，燉煌一本，未著藏處，意日本大正藏古佚部中亦必收録，容當檢對之。丁酉（一九五七）春，於上海文物保管委員會見紹興米帖第九卷，中有米芾隸書《智慧清浄經》，未書譯者，經文支離，倒誦咒亦殊不經，疑是宋人僞造，米老好奇書之耳。其文曰：

《智慧清浄經》

觀自在菩薩行深智慧清浄時，照見五蘊皆空，度一切苦厄。舍利子，是諸法空相。色不異空，空不異色，受想行識，亦復如是。舍利子，不生不滅，不垢不浄，不增不減，是如來實相，是故空中無色受想四相六塵。無智亦無得，以無所得，故無掛礙恐怖，遠離顛倒夢想，究竟（竟字缺末筆）涅槃。三世諸佛，悉皆如是。故説是大神無上咒，一切解脱。倒文誦之，毒螯不害，網罟無獲。咒曰：揭諦揭諦，波羅揭諦，波羅僧揭諦，菩提薩婆訶。

此册米帖，俱篆隸書，尾題："紹興辛酉奉聖旨模勒上石。"

米老另有《倒念揭諦咒帖》，文云："倒念揭諦咒，訶婆莎提菩，諦揭僧羅波，諦揭羅波，諦揭諦揭。早起至心念數十遍。"此帖明代時前聯三帖，計：

一、《余始興公帖》；二、《李太師帖》；三、《秋深帖》；四、《倒念揭諦咒》。

汪砢玉《珊瑚網》著録如此，而真跡卷後，項元汴跋，已稱三帖。汪、項同時，或即項氏所拆。清初劉光暘刻《翰香館帖》收《倒念揭諦咒》，題曰"倒念揭諦咒"，咒文自"訶摩娑提菩"起至

“諦揭諦揭”止。自筆法觀之,前三帖體勢相近,殆同時書。而《倒念咒》筆意與三帖不同,縱非贋跡,亦非同時所書,當時離析,殆非無故。

倒念揭諦咒事,宋人尚有言之者。《遯齋閒覽》(此録《類説》卷四十七所引)云:“漁人以猢猻毛置網四角,則多得魚。云魚見之如人見錦繡也。有人見垂釣佈網,但志心默倒誦揭諦咒七遍,可使終日無獲。”此即自經文中“網罟無獲”之語演出者,可知此經在北宋時固甚流行也。

至於真言,貴在秘密,自來止譯音,不譯義。《安素軒石刻》刻唐人書《心經》三本,經文俱是玄奘譯本:其一有注,卷首殘闕,自“菩薩行深”起,遂失注者名氏。卷末咒語之後出注云“此是梵音秘密之語,翻經三藏竟不譯之,後代諸師,唯知仰信,諷誦胡本,頂受施行。近有羅將軍遠涉中天,諮詢此義,謹承口訣,翻此梵音,準義思之,亦應無失。請諸後學,詳而用之。”以下大書云:“究竟究竟,到彼究竟,到彼齊究竟,菩提之畢竟。”此下又有寸餘小佛像一尊,似刻爲戳記所印者,與敦煌所出《佛名經》上所印者相似。按羅將軍不知何人,所譯亦未知信然否。寫本筆勢是晚唐風格,敦煌《佛名經》,五代寫本多有戳印小佛像,此卷書寫,當在晚唐五代之際,此義譯咒語之出,亦或不遠於此時也。《安素軒》所刻其他二本,俱無注,其一即通行本,至梵咒止,其一梵咒後平行書義譯之咒四句,字跡風格相同,蓋亦同時寫本或出同一寫手。知此義譯咒,亦嘗流行一時焉。

雲　漢

《老學庵筆記》卷三：

> 曹孝忠者，以醫得幸政和、宣和間。其子以翰林醫官換武官，俄又換文，遂除館職。初蜀人謂氣風者爲雲，畫家所謂趙雲子是矣。至是京師市人亦有此語。館中會語及宸翰，或謂曹氏子曰："計公家富有雲漢之章也。"曹忽大怒曰："爾便雲漢。"坐皆惘然，而曹肆駡不已。事聞，復還右選，除閤門官。

按今北方猶謂頭昏曰暈，如人無理智，舉動任意者，俗謂之暈頭。暈讀平聲，亦或有讀去聲者。此曰雲漢，曹氏子疑人嘲之爲暈頭漢子也。蓋市井語，醫士曉之，而館中人未必盡知耳。此宋人俗語之至今猶存者。

又畫家趙雲子之跡既不傳，而名亦不爲傳畫史者所常及。惟楊凝式風子之號，流傳獨廣焉。

一字之貶

古人稱孔子作《春秋》，一字之褒，榮於華衮；一字之貶，嚴於斧鉞。這種説法，是説明一種有意識的表揚或撻伐的寫作態度。在這文責有人自負的情況下寫出來的議論，不管他的論點是否可被接受，總歸有人負責，而信不信由得讀者。比如在今天也不會有人因爲《明史》把李自成列入“流寇傳”就承認他是流寇。

誤人最厲害的，卻是一些“偷梁換柱”的錯字。這種情況有幾類：一類像陸游《老學庵筆記》所談，有人誤讀麻沙坊本的《易經》，以致弄得考卷上“金”字“釜”字混淆，留下笑柄。這是書店粗製濫造、校勘不精的無心錯誤。第二類是舊社會的訟師、刑吏們舞弊，故意弄錯了字，使得案情顛倒。這後一類，法律所關，也並不常見。而前一類經典書籍，旁證衆多，即像《易經》一書，自古到南宋，抄本和刻本，恐怕決不止數千百種，所以錯誤的發現也不太難；最麻煩的，要屬下邊談到的第三類。

著名的校勘學家，翻刻宋元著名板本，或者由於粗枝大葉，或者由於自作聰明的妄加竄改，因爲人和板本都太著名，所以使得後來的讀者容易“信受奉行”。唐代“性頗暗劣”的“昌黎生”亂改“金根車”爲“金銀車”，不過自招耻笑；而名家的妄改，則不但今人受騙，也能使古人蒙冤。舉個例子。

我因爲搞唐詩，研究到韓偓，由於學問淺薄，史事不熟，只好現查詩人的事跡和旁人對他的評價。查了《唐書》，又看《資治通鑑》,念到昭宗天復元年,給事中韓偓對皇帝一片治國安邦的諫議,昭宗“深以爲然”,還説:“此事終以屬卿。”往下,胡三省在注中有批評了。他説:

> 嗚呼!世固有能知之言,而不能究於行者,韓偓其人也。(標點據新版校點本)

我從胡三省的説法裏看到韓偓原來不過是一個“能言不能行”的人物罷了。但是我又懷疑,難道《唐書》所説的那種“腕可斷,麻不可草”的精神,還够不上胡三省所懸的標準嗎?再翻翻陳垣先生《通鑑胡注表微》看怎樣説,《校勘篇》裏説:

> 據此注是身之有憾於韓偓,此鄱陽胡氏覆刻元本臆改注文之誤也。王深寧晚歲自撰誌銘曰:“其仕其止,如偓如圖。”圖者司空圖,偓即韓偓。吾始疑深寧與身之同境遇,深寧以偓自況,而身之對偓獨有微詞,苦思不得其解,固不疑注之被妄改也。

原來陳先生也早有此疑。但怎樣才發現是胡刻臆改呢?再看:

> 偶閲豐城熊氏校記,云:“元本‘而不能’作‘而不行’,‘行’字絶句,校者誤連下讀,故臆改‘行”字爲‘能”,而不知其義大反矣。胡注豈詈偓,偓豈有可詈哉?如此校書,真是粗心浮氣”云云。乃恍然注之被改,而非身之果有憾於偓也。

我趕緊查查有句讀的本子，是否有所糾正。通行的胡刻和翻本，固然都没有句讀，我手裏所用的是一部涵芬樓的排印本，正文加了句讀，注文卻没有加。再查最近新版校點的《資治通鑑》，即如前所引雖然加上了嘆號、逗號和句號，而“能”字仍依胡刻，似未查原書。原來元刻的注文和它的讀法是這樣：

嗚呼！世固有能知之、言之，而不能行，究其行者，韓偓其人也。

這個“能”字究竟是哪位自作聰明的人改的呢？《表微》説：

鄱陽胡氏覆刻《通鑑》，主其事者爲顧千里，著名之校勘者也。而紕繆若此。夫無心之失，人所不免，惟此則有心校改，以不誤爲誤，而與原旨大相背馳。熊氏詆之，不亦宜乎！且陳仁錫評本不誤，而覆刻元本乃誤，不睹元刻，豈不以陳本爲誤耶？顧氏譏身之望文生義，不知望文生義，只著其説於注中，未嘗妄改原文也，顧君覆刻古籍，乃任意將原文臆改，以誤後學，何耶？事關尚論古人，不第校勘而已，故不惜詳爲之辯。（《表微》原文所稱“身之”是元初的胡三省，“鄱陽胡氏”是清代胡克家，“王深寧”是元初的王應麟，“豐城熊氏”是清代熊譯元，“顧千里”是清代顧廣圻。）

那麼顧廣圻的錯誤是怎樣造成的？原因不外兩個：

一、念不通注文；二、妄改注文來湊合主觀的念法。

有人反問:安知不是胡刻底本這裏有殘缺而補錯了呢?回答是:如果真有殘缺,現放著明代陳仁錫刻本,爲什麽不去對一對?

《通鑑》自胡刻本行世後,又有很多翻胡刻本。明刻本數量既少,不久胡本原刻和翻刻也感到不敷用,而各種排印本又陸續大量出現,但多數是胡本系統。於是二百年來,像韓偓這位稱得起是個愛國的詩人就跟着蒙了這些年的不白之冤,宋遺民大史學家胡三省也成了不公正的批評家。這不能不説是顧廣圻懶惰的後果。更可惜的是後來校勘學家章鈺先生彙聚許多珍本來校勘,只校了宋本正文,没有帶手校一校注文。熊譯元校記較早於章校,也兼顧了注文,但未被人注意。可見胡刻之虚名奪人,而耽誤事也在這裏。而我呢,懶惰的更可恨!得到《表微》這本書,已經整整的十年了,今天才第一次參考,可是就從這一次裏,不但得到古人關於韓偓評價的真相,而且受到治學應該如何謹嚴的一次教訓。我這裏也引王伯厚的一句話並引申來説,便是:只要"開卷",就會"有得"!

一九五六年十二月二十一日

趙松雪行書《千文》

趙松雪行書《千文》一卷，絹本織就烏絲竪欄，而天地横欄則抽去二絲，自成横道。首題“行書千文”，尾題“子昂書”，押“趙氏子昂”朱文印。其書法乍看去平正無奇，細觀之，精深厚重，於趙書諸跡中，允推巨擘。尾有元明名家二十二人題。張伯雨題云：“智永書《千文》八百本，散江南諸寺，今無一二存。吴興書，嘗患其多，去世幾何年，若此本者，霜曉長庚，無與並其光采。□□展對惘然。老生張雨記。”下押“勾曲外史”朱文印。黄子久題云：“經進仁皇全五體，千文篆隸草真行。當年親見公揮灑，松雪齋中小學生。黄公望稽首謹題。至正七年夏五，書於龍德通仙宫松聲樓，時年七十九。”下押“黄公望印”、“一峰道人”朱文二印。王國器題云：“嗚呼，公今往矣，生而文登琬琰，珍藏内秘；没而篆記玉樓，遊宴清都。其流落人間者，一波一戈，偶爾見之，不覺老淚悽落。王國器拜題。”莫雲卿題云：“昔人謂方員一萬里，上下數百年，絶無承旨書法，觀此本信然。吾不辨其師匠何代，而若此本之沉著穩便，非其指捥間得書家三昧，未易能也。此公《千文》卷，余所見亦不下數十種，而獨此爲尤妙。郭亨父善八法，故得藏之。後學莫雲卿題。”書畫題跋每多捧場溢美之言，而遇神逸精能之品時，又見其口門苦窄，形容難盡。雲卿此跋，字字由衷，其“沉著穩便”四字，知出於深思熟慮，以平實之語讚之，確勝於鋪張揚厲萬萬也。

元人謄録《趙府君阡表》趙孟頫改削本

趙孟頫書其先人《趙府君阡表》,最初刻於《戲鴻堂帖》,後刻於《壯陶閣帖》,後文明書局影印墨跡,始見廬山真面。此表真僞,頗有聚訟。余諦觀墨跡,見其正文與添注之字,實出二手。正文用筆稍弱,結構亦欠謹嚴,於子昂書法,實具體而微。其添注之字,則用筆遒勁,結體方闊,正是子昂中年之體,與《三希堂帖》刻其與田師孟手札相似。前數年見紹興周氏舊藏趙孟頫書《蓮華經》,未完,孟頫之子補書之,有僧溥光跋尾,共七卷,裝爲七册。其父子書法俱似子昂,亦皆具體而微,與此《阡表》正文相類。乃悟此表殆爲子昂兄弟子侄輩所書,而子昂自爲改削者。

全表計添注二四字,其中又塗去三字,計存完字二一字。而第三行"係"字,第四七行"合"字是否抄者所注尚可疑。嗚呼!此真看透牛皮之病,當爲藥山所訶者。子昂雜書一帖云:"常州張治中收虞世南《枕卧帖》"云云,按此表載其姊妹有孟良者,適奉政大夫慶元路總管府治中張伯淳,當即其人。必也正名乎,此表應題曰:《元人謄録趙府君阡表趙孟頫改削本》,庶幾得之。

黄子久《秋山圖》之真僞

書畫之鑑別與評賞，有精確與粗率之别。人於早歲，所見名作不廣，有時好惡任心，判斷真僞優劣，往往與晚歲有所不同。亦有年髦目昏，記憶衰減，所鑑所評，轉不如壯年之敏鋭者，此又當分别論之也。

藝苑久傳黄子久《秋山圖》公案，撲朔迷離，幾疑名畫真有幻化，其實不過王煙客早歲所見與晚歲不同而已。

惲南田《甌香館集畫跋》中有《記秋山圖始末》一文，筆致生動，儼然唐人傳奇。大意謂：王煙客受董香光之教，得知《秋山圖》爲黄子久畫第一，非《浮嵐》、《夏山》諸圖所堪伯仲。其圖藏於京口張修羽家，煙客持香光書往訪，主人張樂治具，備賓主之禮，乃出其圖。煙客駭心洞目，觀樂忘聲，當食忘味，神色無主。欲以金幣相易，主人不許。煙客旋入都，後出使還，路過京口，再求觀之，主人拒而不納。復求香光作書，遣人往求，終不可得。入清後，煙客與王石谷言之，囑爲物色。事爲貴戚王長安所聞，使人購求，其時張氏已更三世，其孫某以所藏彝鼎法書及《秋山圖》售於長安。長安在蘇州招煙客、石谷往觀，見其圖雖是子久真跡，但不如曩時煙客所言之奇妙。長安見彼神色猶豫，恐其非真。後王圓照至，石谷先爲喻意，遂讚嘆不絶口，長安始爲釋然。南田於篇末曰："嗟夫！奉嘗（按指煙客，南田書"常"爲"嘗"，避明諱也）曩所觀者豈夢耶？神物變化耶？抑尚埋藏耶？或有龜玉之毀耶？其家無他本,人間無流傳,天下事顛錯不可知。”又曰:“王郎(按指石谷)爲予述此,且訂異日同訪《秋山》真本,或當有如蕭翼之遇辯才者。”

此文原稿曾刻於《寶惲室帖》。墨跡近年復經影印流傳,非獨書法精妙,諦觀其删改之跡,實足見當時結撰之匠心。其中文詞修潤甚多,略舉其重要關節數處:一、記煙客再訪《秋山》而主人不納之事曰:“因知向所殷勤,在推宗伯(按指香光)之餘也。”改爲“奉嘗徘徊淹久而去”,意在不欲見人輕煙客也。二、記王長安得畫事曰:“王氏果欲得之,客知指,亟聞於藏畫之家。於是京口張氏悉取所藏並持一峰(子久别號)《秋山圖》來,王氏大悦,與值去。”改爲:“王氏果欲得之,並命客渡江物色之。於是張之孫某悉取所藏彝鼎法書並一峰《秋山圖》來,王氏大悦,延置上座,出家姬合樂享之,盡獲張氏彝鼎法書名蹟,以千金爲壽。”以見王氏得圖之鄭重也。三、記煙客、石谷之相會也,曰:“會奉嘗與石谷要期同會於金閶(按即指蘇州),石谷先至。”改爲:“王氏挾圖趨金閶,遣使招婁東二王公來會,時石谷先至。”以見煙客、圓照之來,非由自至,實出於王氏之招也。四、記煙客之至蘇州也,曰“先呼石谷與語”,上增“奉嘗舟中”四字,以見非至王氏之門始相晤語,此與前條俱增高煙客之身份也。五、記石谷之預示圓照也,曰:“又頃王圓照郡伯亦至,石谷亟先諭意郡伯,郡伯諾,乃入。大呼《秋山圖》來,披指靈妙,讚嘆纚纚不絶口,謂王氏非厚福不能得奇寶。”其中塗去“石谷”至“乃入”十三字,而於“謂”字上增一“戲”字,既省贅筆,且免平淺率直之病。六、篇末記王氏之不寤也,曰“王氏諸人至死不寤”,塗去“死”字,旁注“今”字。此皆足見南田選詞命意之精細也。

至於煙客初見《秋山圖》之年月，文中並未確記，但云："抵京師，亡何出使，南還道京口。"按《王煙客先生集》中《自述》及程穆衡《婁東耆舊傳》等所記，煙客平生屢使諸藩，不易定此事爲何年。惟煙客於崇禎四年（公元一六三一）以服闋赴京補官，北行舟中訪《秋山圖》題云："往在京口張修羽家見大癡設色《秋山》云云，見《王奉嘗題跋》。則知初見必在是年之前。姑計距此時最近之一次出使，則在天啓七年（一六二七），煙客以尚寶卿使閩，是年僅三十六歲，其赴京途中見畫，又前於此。如在更早之某次出使，則煙客之年更稚矣。王長安名永寧，爲吴三桂婿。撤藩事在康熙十二年（一六七三），此後則王長安死矣。南田云："奉嘗亦閱滄桑，且三十年，未知此圖存否？""三十年"者，自順治元年至康熙十二年也。"且三十年"者，不足三十年也。觀畫殆在撤藩前一二年乎？原稿初作"且五六十年"，點去"六"字，改"五"成"三"，亦見南田筆下之精密。張修羽名覲宸字仲欽，丹徒人，修羽其别號也。所藏法書名畫甚富。其子名孝思，字則之，世傳古書畫常見其藏印。其孫何名，不可得詳。

又阮葵生《茶餘客話》卷八，記吴門拙政園爲平西王婿王永寧所有。又云："滇黔逆作，永寧懼而先死。"知觀畫在拙政園，王長安乃聞變而死者也。

綜觀此事，煙客初見圖不晚於三十六歲，人之見地，早晚年易有不同。且先入香光之言，藏者乍示旋收，求而不得，彌增嚮慕。及晚年再見，遂同嚼蠟。事理如此，無足怪者。南田以傳奇之筆，宛轉書之，實以藉寓滄桑之感，非專爲記圖而作也。第論其圖，則是真非僞，原稿記煙客之問石谷曰："王氏已得《秋山》乎？石谷詫曰未也。奉嘗曰贋耶？曰是真一峰物。曰得矣，何詫爲？曰昔者先生所説,歷歷不忘,今否否,烏覩所謂《秋山》哉!”南田於“是真一峰物”句改爲“是亦一峰也”,語意偏輕,以副其篇末疑辭,且不顯煙客昔言之誇。以文章論,固見無限煙波,而以篤實言,似有未至,固不能爲賢者諱也。

文徵明之風誼

文徵仲篤於風誼，何元朗《四友齋叢説》卷二十六有一條云："余至姑蘇，在衡山齋中坐，清談盡日，見衡山常稱我家吴先生，我家李先生，我家沈先生。蓋即匏庵、范庵、石田，其平生師事者，此三人也。"功嘗見石田爲趙文美畫《溪山晚照圖》條幅，乃灑金箋，仿倪雲林墨筆山水，有文徵仲題云："石翁胸次王摩詰，到處雲山放杖行。白髮門生今老矣，卻看遺墨感平生。徵明奉題。"（故宫博物院藏）又見石田墨筆山水立幅，亦擬雲林畫法，而未題款識。徵仲題云："不見石翁今幾年，斷鉛殘墨故依然。白頭無地酬知己，欲向圖中喚恕先。右石田先生倣雲林筆意，偶無題識，漫賦數語。徵明。"（四川大學藏）余獲徵仲詩跡一段，亦題石田畫者，惜畫已軼。詩云："石翁詩律號精成，老去還憐畫掩名。世論悠悠遺鉢在，白頭慚愧老門生。嘉靖癸卯三月六日，題於聞德齋。文徵明。"蓋徵仲於石田之詩，亦所服膺者。何元朗《叢説》同條又云："一日論及石田之詩，曰：我家沈先生詩，但不經意寫出，意象俱新，可謂妙絶，一經改削，便不能佳。今有刻集，往往不滿人意。因口誦其率意者二三十首，亹亹不休，即余所見石田題畫詩甚多，皆可傳詠，與集中者如出二手，乃知衡山之論不虚也。"此條可與文氏之詩相印證。

董香光《雲山圖》

嘗見董香光墨筆雲山小卷,絹本,高六寸餘,長四尺餘。自題云:"九峰春霽圖,仿米家山,玄宰。"後有陳眉公跋云:"米家畫在似山非山之間,玄宰畫在似米非米之間。此中三昧,唯余與李長蘅解之,玄宰亦以爲然。眉公記。"

又見絹本雲山大卷,水墨淋漓。小行書題云:"春山欲雨。七十二高峰,微茫或見之。南宫與北苑,都在捲簾時。乙卯春禊,董玄宰寫。"余和之云:"此是董香光,抑是趙行之?從軍諸火伴,初見木蘭時。"趙行之名泂,曾爲香光代筆,在趙文度之後。香光云:"米元暉作《瀟湘白雲圖》,自題云:'夜雨初霽,曉煙欲出,其狀若此。'此卷予從項晦伯購之,攜以自隨,至洞庭湖舟次,斜陽蓬底,一望空闊。長天雲物,怪怪奇奇,一幅米家墨戲也。自此每將暮輒捲簾看畫卷,覺所持米卷,爲剩物矣。"見《容臺別集》。前詩語意本此。

香光有《滿庭芳》詞,題所作米家山云:"宿雨初收,曉煙未泮,散雲都逐飛龍。文君眉黛,一霎變犨容。多少風鬟霧鬢,青螺髻,飄墮空濛。煩騁望,征帆滅處,遠靄與俱窮。　　合古來畫手,誰如莊叟,筆底描風。有江南一派,北苑南宫。我亦煙霞骨相,閒點染,蒙懂難工。但記取,維摩詰語,山色有無中。"見《書種堂帖》,可知香光自負,端在於此也。"宿雨初收,曉煙未泮,其狀若此"數語乃小米《瀟湘白雲圖》卷後長題之首數句,《容臺別集》一段所引有誤。此卷今在上海博物館。

黄石齋《墨池偶談》卷

絹本小行楷書七十五行,尾款行書較大三行。前有迎首小印二字不可辨,下有“藏暉書屋”朱文印。後有“譚印觀成”白文印,“海潮”、“澹盦”朱文印。其文曰(《花隨人聖盦摭憶》曾摘録二段,略有異文,各注於下):

墨池偶談:

作書是學問中第七八乘事,幸勿以此留心(《摭憶》引作“關心”)。王逸少品格在茂弘安石之間,爲雅好臨池,聲實俱掩。余素不喜此業,只謂鈞弋餘能,少賤所賅(《摭憶》引作“少賤所鄙”),投壺騎射,反非所宜。若使心手餘閒,不妨旁及。趙松雪(按原誤倒爲“雪松”)身爲宗藩,希禄索虜,但以書畫,邀價藝林。後生少年,進取不高,往往以是膾炙前哲,猶循五鼎以啜殘羹,入千門(《摭憶》引作“閶門”)而懸苴履也。余自還山來(《摭憶》引作“歸山以來”),作書不逮往時,而泛應益衆,猶君山之笛,安道之琴,時時不拒耳。然自是著述意倦,講論期疏,風日氣調,筆研俱采。屬致及之,似有波瀾,每遇敗素惡楮,邐列當前,潑墨塗鴉,真爲朝市(《摭憶》引作“市朝”)之撻。又自古俊流,筆墨所存,皆可垂訓。如右軍書(《摭憶》引無“書”字)《樂毅論》、《周府君碑》;顔魯公《坐右帖》(《摭憶》引作“坐位帖”);尚有意義可尋。其餘悠悠,豈可傳播。去年初得(《摭憶》引作“去年曾得”)一帖,極是佳本。入手便臨子敬《洛神》、右軍《曹娥》,至十數帖,甚無要緊。何嘗見刀劍窗几、聖跡神銘,留至今日!近來子弟,間有雅好,只看(《摭憶》引作“只求”)標題,不辨意(“意”字上下脱一字),間談法意,不尋文義,雖把筆握管,俛仰可觀,自反身心(《摭憶》引“而身心”),有何干涉?某廷試時,亦嘗竭力字規(《摭憶》引作“守規”),剜心墨矩。撤榜之後,閣中尋卷,全篇之中,分爲數段,或亦嗜痂以文義見私,大約風塵,何關出處。人讀書先要問他所學何學(《摭憶》引無“何學”二字),次要定他所志何志,然後淵瀾經史,波及百氏。如寫字畫絹,乃鴻都小生,孟浪所爲,豈宜以此溷於長者?必不得已,如今日新詩初成,抑如曩時長篇間就,倩手無人,濫草難讀,筆精墨(“筆精墨”句原脱一字,《摭憶》引“墨”下有“良”字),值於几案,如逢山水時重遊之(《摭憶》引無“之”字)耳。雅尚之倫,便當尋其意義,别其體況,安能闇然食汁(《摭憶》引作“含計”)腐毫,與梁鵠、皇象之儔比□(比下似是“驅”字,《摭憶》引作“比驪”)齊轍乎!

老大(《摭憶》引作“老大人”)著些子清課,便與孩子一般,學問人著些子伎倆,便與工匠無别。然就此中有可引人(《摭憶》引作“别人”)入道處,亦不妨間説一二,正是遇小物時通大道也(《摭憶》引作“通得大路也”。《摭憶》引至此)。

凡辨書法,以蒼頡大篆第一,籀書次之,小篆爲下。隸書石經,三經劫灰,今所存者,皆唐人補作,無復古法。

孔廟祀碑,亦算首所書,不出鍾手。楷法初帶八分,以章草《急就》中端的者爲準。《曹孝女碑》有一二處似《急就》,

只此通於古今，餘或遠於同文耳。真楷只有右軍《宣示》、《季（按原誤作“李”）直》、《墓田》諸（“諸”下原脱一字），俱不可法，但要得其大意，足汰諸纖靡也。

草書以歐陽詢初集右軍《千文》爲第一，懷素最下。大要少年長者都不可作草書，司馬君實、程伯子最得大意。

章草晉魏以下無復佳者，張廙、陸雲所存不多。時人唯有雲間周思兼備臻竗詣，今久不可得。吾鄉謝光彝章草亦足名家，晉江黄大司馬時亦爲之，然多葛龔，不盡公手。

八分以文徵君第一，王百穀學《鷹福》，備得大旨，惜其態多饮於八分，却清截遒媚，亦不易得。今時唯南太史中幹，意度極佳，能加篆損小，自爲行幅。

行草近推王覺斯，覺方盛年，看其五十自化。如欲骨力嶙峋，筋肉輔茂，俛仰操縱，俱不由人。抹蔡掩蘇，望王逾羊，宜無如倪鴻寶者。但今時力正掉，著氣太渾，人從未解其妙耳。

劉殿撰書圓秀，與董宗伯同風，此是秋河家果庭所玩。前輩盛推黄平倩、邢子願兩公，不作真楷，不得備論。劉漁仲諸體備有源瀾，近頗泛濫，然在法乘中骨相行藏，只有肥瘦。肥者右軍之師李衛，瘦者率更之變右軍。除此兩途，前無正法，不旁及也。

古者男子四射六御，則弓矢輪轅，輕重曲直，皆須别識，使其微至。今既無射御，以專作書，則筆墨研楮，勢難輟論。某生平書不擇筆，則楮墨研素，都所不辨。然值人求書，懷諸（“懷諸”疑“懷楮”之誤）薄劣，亦大苦人。今别書諸條，以示來者。紙以延汀藤角極清堅者第一，鉛山本紙稱毛邊中有羅紋者第二,會稽藤料公文紙第三,然難得。易得者,杭細領絹第四。餘不中書。四川薛箋無色者頗中書,高麗紙粗硬;糊窗較本之用,不可書也。大書以會稽藤料紙方丈成幅者爲佳。

筆法極難齊,如唐人虞、薛、歐、褚,所用異筆,大率不出右軍之舊。須圓健尖齊,束膠甚堅,握管甚小。比來縉紳不書小楷,長安貴人,四行一札。黄平而下至米友石,皆用白羊毫。王百穀用白羊毫,間以麻苧。董宗伯時亦用之。此皆大書寸咫而上,古人天子書與群公一札十行,如此筆墨,豈足貴乎!

陳雪灘書倣趙松雪,筆亦用白羊毫,殊不稱也。近湖州有大小純毫,皆裁狐兔俱佳,但多難致耳。

時墨倣古多佳,無甚堅者。南中舊藏,時有堅墨。仺於京師,括風凝寒,動成龜坼。要其大體,以玄亮清堅爲本。葉林里舊匠葉玄卿第一,程君房精綻紉墨第二。方於魯舊墨色陳,新墨濃脆,貴人所需,要當見其佳耳。

研材自以端坑子石第一。坑中子石,勿别上下,或以水底久濡,出而反燥。或以上巖函土,出而反潤。但是子石,則含孕最固,光細發墨,便足收矣。巖材亦多佳者,而子石殊少。近楚隨以西,亦多琢檏,徒取星暈,無關玄理。大約此翁耐久,久則難變也。無須探討耳。

吾生平不料理此事,在翰苑中□(按當是“十”字)餘年,未嘗收人一硯。壬戌歲,予初選館,莆中林湖長貽予一硯。莆爲硯數,林爲名士,將行識别,予竟以無故取人所珍,追至章義還之。甲子既散館,有清客朱振渠來貽一硯,外環青石，撰爲海燕葡萄，中涵馬汗，周如鏡許，欲還之，而其人已去，比歸山，竟封付長班，不携也。數月前入郡，值周巖父乃郎過顧，持一研，作兩環，肉好相亞，文如玄中，背倒勒“萬歲”兩字，云是宣和内物，巖父所遺，存識故知，然亦心載，未敢終領也。凡自身外，悉爲長道，如我心中寶藏無量，用其長者不光，非其寶者不良。不過隨人携帶筆楮研墨，因彼自得，君不憚賤吾爲之役耳。閲物漸多，所識非淺，聊復廣此，以證來人。

偶爾縱筆疾書，不知其瑣。似尊光諸同學發粲。　　石齋幼玄氏（下押“道周”白文印，“幼玄”朱文印）。

功按此卷不見《漳浦集》，蓋乘興隨筆所記。其中時有誤筆之字，想見縱筆疾書之致。“作書是學問中第七八乘事，幸勿以此留心”，乃勉勵後詣之言，指明“德成而上，藝成而下”之理耳。詳讀全卷，知公於此道，興殊不淺，結習難忘，賢者不免也。所論古碑帖，有時不免隔膜，如謂草書以歐集右軍《千文》爲第一者，殆爲骨董客所欺。所記當時書家風尚，頗資異聞。《花隨人聖盦摭憶》曾考其年月，爲崇禎七年甲戌。今按此卷中未著年月，黄氏所見，或屬另外一本，亦或據文中還山云云所推也。至於作書之事，今在老夫手中，飲食之外，重於男女。起居與共，實已無乘可分。蓋潛神對弈，必求敵手；樂志垂綸，總需水次。作書則病能畫被，狂可書空，舊葉漆盆，富同恒産。且坐書可以養氣，立書可以健身。余初好繪畫，今只好書，以繪畫尚需丹青，作書有手便得。偶逢筆硯精良，不啻分外之獲。簡則易足，無欲而剛。書之時義大矣哉，何只七八乘事！

僞八大山人畫册

八大山人名字失傳已久,《畫史》傳記多書“朱耷”,而山人真跡署款,“八大山人”之外,或署“驢”,或署“屋驢”等,未嘗有作“耷”者。如云是其譜名,則明代宗室名固多怪字,然皆五行遞生,“耷”字偏旁,於五行並無所屬。後見閻爾梅自號“白耷山人”,因憶及仙人騎白驢故事,乃悟“耷”蓋“驢”之俗字。閻氏後人爲其家傳云其自幼耳白而大,故號白耷,則臆説也。《集韻》:“耷,德盍切,大耳曰耷。”此是宋時之解,與明末俗字借之作“驢”者無涉也。正如“茦”,唐人以之爲“策”,今人以之爲“榮”;“夯”,《西遊記》及脂硯齋本《石頭記》中以之爲拙笨之“笨”,今人以之爲築土之“夯”。作畫史傳記者殆嫌驢名未雅,因變體書之,不知山人自署固不作“耷”也。近年江西得朱氏譜牒,知山人譜名實爲“統鍪”。至其“傳綮”之名,則爲僧時之法名也。近百餘年來流傳雜畫一册,其中山水作王原祁體,頗似王昱一路,末有年月款識一行,名署“由桵”,絹地年久,面沾油澤,字浮油上,與樹石之墨瀋滲入者不同。後有王芑孫跋,以爲八大山人早年筆,世遂有據此以爲山人譜名“由桵”者。今按此册既非明末人筆,“由桵”更非山人之名,甚至有無由桵其人猶屬疑問。此直估人妄題,以影射山人,王氏不察,適爲所欺耳。

金聖嘆文

金聖嘆文名奇著，在後世，實以批小説、戲曲之通行，在當時，則以所批制藝，最爲風靡也。而余近三十年搜羅八股文，略盈箱篋，竟不得金批一字。其他詩文，更無論已。偶於北京中國美術館觀所藏名畫，見明文從簡畫《瀟湘八景圖》册，後有聖嘆跋語。其文思剔透，與所批才子書呼吸相通；而筆調開闔，則儼然大家時文，亦足慰積時懸想矣。其文曰：

> 皇輿縱横萬里，其中名山大川，指不可勝屈。而相傳乃有《瀟湘八景圖》，獨盛行於世。創之者，吾不知其爲何人，大約負曠絶之才，而不見知於世，如古者屈靈均之徒，於無端歌嘯之後，託毫素抒其不平者也。顧後世手輕面厚之夫，既非曠絶之才，又無不平之嘆，於是□（此字殘，只存右旁"頁"字）筆□（此字殘，只有下半"心"字）紙，處處塗抹，容易落腕，唐突竗題。天下滔滔，胡可勝悼。此册出於彦翁先生手，僕從聖點法師許觀之，又何其嫋嫋秋風，渺渺愁余也。上有屈夫子，下有文先生，必如是，庶幾不負中間作瀟湘八景題者。江淹有云：僕本恨人，對此佳構，不免百端交集。又未知聖師將轉何法輪，超拔一切有情，不落帝子夫人隊裏耶？書罷爲之悵然。崇禎甲申冬十一月幾望，學人聖嘆題。

下押白文“金采之印”、朱文“聖嘆”二印。

此雖畫跋，猶每見忍俊不禁處，與才子書批語正是同一機括。“上有屈夫子”四句，綜古今畫史，以結此題，最見制藝之法，非名手不能。而兩間作者，正前文所謂“手輕面厚之夫”，聲東擊西，可稱妙諦。讀至“帝子夫人隊裏”之説，尤屬頂門針砭。此時余方將爲友人題《二姚圖》，不覺嗒然筆落，急毁其稿。

記《惲、王合璧册》

我在七、八年前，初次登虛白齋，會晤劉均量先生（作籌）。久慕他的大名，不僅因爲他的收藏豐富，更佩服的是他鑑賞眼力高超，具有獨到的識力。這時初次把晤，給我的印象是他器度平和，談論藝術，總是在安詳樂觀中饒有天真的趣味。我在這次晤面之前，曾仔細看過《虛白齋藏書畫選》，給我的主要印象是：求真求精，求欣賞的合乎脾胃；不求絶大名頭，不求宋元名跡，不炫耀尖端巨作。世人常言"書如其人，畫如其人"，我覺得在劉先生可以説"藏品趣味如其人"！

晤談後，當然要拜觀他的寶藏了，首先給我看的是一本册頁，打開一看，首先是"亘古無雙"四個鐵綫篆書，王澍的手筆，裏邊是王翬的山水四開、惲壽平的花卉四開。這一册在民國初年的文明書局有珂羅版黑白色的影印本，我在六十多年前就得到過，幾十年中，經過多少次的折騰，竟自没有離開過我。但不免遺憾的是，明白意識到山水部分可能設色不重，甚或會是水墨的，而花卉部分，必有彩翠輝煌，不知要如何地漂亮，這在黑白版中，是無法見到的，而原跡渺茫，不知何時何地才能一遇。現在赫然出現在我眼前，幾乎使我要高聲大叫，如在夢中。

王畫四開，兩開有紀年，一是乙丑，一是丙寅；惲畫四開，只有一開畫桂花題看桂詩一首，題"丙寅中秋玉峰北園看桂十首之一"，又一開題王畫之後記"南田草衣題於玉峰精舍"。而王畫乙丑一開題“乙丑端陽前二日金陵客舍剪燈戲筆”,可見不但不是同地所畫,惲氏録看桂詩所説“丙寅中秋玉峰看桂”也可理解爲説明那首詩是丙寅所作,未必即是丙寅所書。但可知的是王畫在前,惲畫在後。藏王畫的人,不但再求惲畫湊成合璧,在王畫上還求惲題,可見這兩位宗師在當時的鑑賞收藏家的心目中具有何等地位!無怪三百年後,他們的作品與宋元名畫等價,是有充分道理的。

至於這八開妙跡的風格,更是使我驚詫。在影印本中,王畫山水只是墨筆的精作,誰知出人意表的是,竟每開都有些極淡的顔色,仿佛是在有意無意之間輕輕點抹,當然一筆顔色不加,也絶不見得畫面有何不足,而在畫成收場後,順手抹它幾筆,恰到好處,便覺得天造地設,早就應有那麽幾筆。可以想像,這時在場的畫者是如何得意,觀者是如何叫絶,當時没有録音録像,即在這册紙上,竟可想見畫案周圍人們的音容笑貌,似乎都一一從紙上折射出來。旁人觀感如何,我不知道,至少虚白齋主人會和我莫逆於心,任人笑我們在説夢話。

在印本中看到惲畫花卉,當然只賸黑白二色,及至目見真跡,紙上的顔色卻都那麽淡雅。可異處在淡而不薄,濃而不艷。最奇的是紅白二色洋菊,花瓣碎,花葉密,一般情理,應該出現繁華似錦的狀况,而這幅畫却愈發顯得清疏磊落。這種畫品畫境,在惲畫真跡中本屬他個人獨有的特徵,從這裏也可以得到鑑賞惲畫的標準。那些脂稠粉膩的作品,如非代筆,定是僞作。這册中惲畫裏也並不是毫無純紅正色,有一幅臘梅天竹,有一枝疏疏落落的天竹紅豆,看上去得到的感覺,絶不是丹唇外朗、寶石騰輝,而似白鶴的丹頂,仙翁的硃履,喚起人的超然物外之想。没見過這些真跡的人,必以爲我在以主觀意識,推測古人。也不足怪,説食不飽，没見真跡，怎能輕信。看完八開妙跡之後，才心服王澍所題“亘古無雙”四字，是如何確切了。又想到他是在什麽感受，怎樣心情，如何選辭而得此四字的。不過這四個字卻又不是毫無語病，因爲八開畫是二人所畫，已是一雙，加上他篆字所書的這句評語，便是三絶，如果令我加題，必要寫“亘古無四”了。

關於這本妙跡，還有一個動人的故事，我聽許禮平先生告訴我，有一次劉先生和饒宗頤先生相約在西島慎一先生（日本二玄社）下榻的希爾頓酒店晤面，商談編纂《虚白齋藏畫選》事宜，並攜藏品二件前往。劉先生的車從九龍走到海底隧道出口時，被急駛而失控的大型巴士迎面撞個正着，劉先生從車的後座飛起，頭部撞破車頭擋風玻璃，抛出車外，掉在天橋底的石柱與鐵欄之間，雖大難不死，已頭破血流、昏厥過去，醒來第一件事，即擬回身往車中探取藏品，途人見劉先生血流披面，立即勸止勿動，有一青年自破車中幫劉先生取出寶物，首要的就是這一册寶貝。挾了寶貝才肯赴院就醫，結果縫了十幾針，止了血，出醫院時，還是緊緊挾着這册寶貝。隨着扶他的人，無不失笑，而劉先生自從從車中取出畫册後一直是喜形於色，慶幸寶貝没受損傷。這事既可以證明劉先生如何的“癡”，也可證明寶貝如何的“重”了。

南宋趙孟堅新買到《定武蘭亭》真本一卷，船行途中，風大船翻，行李落水。他自己撈起《蘭亭》，站在水中大叫着説《蘭亭》在這裏，後來自己在卷前題了八個字，是“性命可輕，至寶是寶”。這件事，千年以來傳爲藝苑佳話。趙孟堅雖然落水，而没受傷，比起頭傷流血，縫了十幾針的劉均量先生，豈不輕鬆許多，從而可説這時這册惲、王合璧畫的價值高於那時那卷《定武蘭亭》若干倍，應是毫不誇張的吧！

談僞吴歷畫册

"作僞心勞日拙"這句名言,對於僞作書畫的事説,更爲確切。因爲法書名畫,從書者、畫者的手法習慣、風格特點,至於年月、題跋、印章等等,隨處都能表現它的真,或洩露它的僞。以僞吴歷畫册一件事來看,一僞再僞,彌縫隙漏,在作僞者覺得可以掩人耳目了,但是還有絶大的漏洞擺在那裏。這是一樁曲折有趣的僞畫公案。

在清代中葉以後,出現了一本吴歷的山水畫册,册共八頁,畫法細密,相當精彩。末款是"丙戌年冬至摹古八幀"(公元一七〇六),每頁有清初人對題,是:王時敏、惲壽平、張遠、錢朝鼎、金道安、許箕、許旭、王澍,共八人。王澍一頁是臨米帖,其他七人都是寫的題畫詩,有年月的三頁:王時敏題"時年八十有七"(公元一六七八)、張遠題"壬戌"(公元一六八二)、金道安題"丙寅"(公元一六八六),各家題中也都没説到是題吴歷的畫。

册後有陳德大長跋,説明當時"四王吴惲"畫中,吴畫最少,因而特别被人重視,並叙述了這一册的發現流傳的情況。紀年丁巳,大約是咸豐七年(公元一八五七),他説:

> 此摹古八幀,乃七十五歲筆……對葉詩七幅,率壬戌、丙寅間物,先於畫二十年,必原册無題,後人取他册儷之,要離古烈士,可近梁伯鸞,更爲顛播前後,益娓娓有情,惟虚舟一

帖不倫，當訪求以易之耳。

他看出了對題與畫款年月不符。

這一册在一九三三年由上海傳到北京，爲某鑑藏家所得，當時有人懷疑不真，理由側重對題的拼配。於是藏者請人挖改款字，把“丙戌”的“戌”字上做了一蟲蛀的圓孔，旁邊筆劃，略加修改，成了“丙辰”（公元一六七六），這便提早了三十年，對題的年月可以没有矛盾了。重寫陳德大的跋，把“七十五歲”改爲“四十五歲”又删去“對葉詩七幅”一段，於是拼配對題的痕跡可以泯滅無餘了。

其實這一册的漏洞，並不在於對題的年月，況古代名畫拼配題跋的事很多，都無損於名畫的真確性，而這册的問題，實有以下六點。

一、吴歷畫法，用筆、佈局、渲染等等，都有他自己的特殊風格，與這册的面目全不相同。而這册卻極像武丹的畫法。

二、吴歷書法雖學蘇軾，但起筆、住筆、行筆、結構等等，都有他自己的特色，與這册題字筆法全不一樣。只要拿吴畫真跡按他書畫筆踪對看，是非常清楚易見的。

三、印章不符。

四、每頁款字墨色較浮，與畫上的濃墨處輕重不同。

五、末頁題“枯槎竹石、非倪非黄”一段，見《甌香館集·補遺詩》，原是惲壽平的題畫語。

六、册中做李成一頁題云：“李營邱秋渡圖。”清代避孔子諱，“丘”字一律用從“邑”的“邱”字代替，是雍正四年的規定，吴歷死在康熙五十七年（公元一七一八），不可能預先避寫。以上兩事俱經陳勵耘師考出,見《吴漁山先生年譜》。

這册似是用一本武丹的畫册來僞造的。武丹字衷白,清初人,大約是一位職業畫家,所見他的畫上題字都不多,這册可能不止八頁,款在末幅,作僞的人,撤去有款之頁,又在每頁空處寫上吴歷的題語。我還疑這册的對題各頁,即是武丹畫册原有的對題也未可知。總之畫法、書法、題語、諱字,處處都是露出的馬脚,並不止年月不符一端。並且這一册在一九一七年文明書局已影印出版,至挖改時,早已重版多次了。

藏者所請挖改題字的人是畫家祁井西先生,一日祁談挖改的經過,説那時正在夏天,摹寫完陳德大跋,汗流浹背。他還説:"畫法不對,改了字,仍然不真。"我把影印本給他看,他不禁地説:"呦!那麽我更白費勁了。"井西名崐,北京人,長於摹古,並善刻印,卒時四十餘歲。這一册現印在《爽籟館欣賞》第二輯中。

一九六四年

記查、王合作二幅

查二瞻墨筆山水直幅，倣米家雲山，係爲笪在辛畫者。題云："鶴林名勝自年年，一宿春波畫老顛。顛老重來應大笑，何人竊我小乘禪。某壑道人查士標爲江上先生圖，並繫以詩。"此畫經王石谷再加點染，題云："江上先生爲余言，讀書鶴林之杜鵑樓，每從雨後對磨笄鴻鶴山色，正是米家粉本。先生攜示二瞻此圖，復爲指點巒岫迴合，雲煙吞吐之狀，屬余重加渲染，如幼霞善長商榷作師子林圖故事，它日二瞻見之，應笑我顛更甚也。壬子九月廿六日，烏目山中人石谷王翬。"又有惲南田題云："潤州江山，南宮所謂畫材者，此鶴林煙雨，江上翁位置，屬二瞻圖之，復屬石谷重加點染，遂成妙本，堪與海嶽相敵，查、王合作，墨林佳話也。十月朔，毘陵惲壽平題。"又有笪氏自題云："安時堂珍藏鶴林煙雨圖，鬱岡居士笪在辛自記。"

又查畫墨筆山水直幅，亦爲笪在辛作者，題云："名山訪勝圖擬北苑筆法，爲鬱岡居士畫於丹徒之硯山樓，時積雪凝寒，未克竣事，實爲康熙庚戌之十二月也。越次年辛亥五月，居士過訪竹西，攜之行笥，復命重加點染，始爲成之，並識歲月云。士標。"此畫亦經石谷再加點染，題云："江上先生與余論畫，必以董、巨爲宗，時同在毘陵，於莊太史家觀龍宿郊民大幀，讚慕不輟，因出示所屬查梅壑用北苑法作此一圖，爲言梅壑筆墨清新，長於雲林淡寂一派，此乃其變法者，復命余乘醉燈下重加點染，林巒石勢，略爲增置，北苑遺意，頓還舊觀。始知古人商確（按當作“榷”）作圖，未欲草草，江上翁可謂深於鑑古矣。時壬子孟冬既望。烏目山中人王翬識。”按鶴林一圖，梅壑所畫，雲煙淡宕，墨點淋漓，實爲佳構。石谷所加筆墨，望而可見。以精能論，固足爲梅壑原作平添許多層次，然即無王筆，查畫亦非有所不足，而必欲虢國濃妝，飛燕廣袖，已未免枉拋心力。然廣袖濃妝，尚未致即使虢燕由此而媸。至於訪勝一圖，椒點墨痕重漬，山皴彼此異格，勝處無多，只覺全幅稠塞而已。查、王精詣，兩敗俱傷。既請梅壑添毫，復倩石谷加墨，徒彰買菜求益之心，不見澄懷真賞之識。吾於是知笪重光其人之不雅也。

音布墨跡

吾鄉書家，康熙時推聞遠先生音布。鄭板橋有詩紀之，而遺墨罕傳。板橋長歌，題曰《音布》，首云：

> 昔予老友音五哥，書法峭崛含阿那。筆鋒下插九地裂，精氣上與雲霄摩。陶顔鑄柳近歐薛，排黄鑠蔡凌顛坡。墨汁長傾四五斗，殘毫可載數駱駝。時時作草恣怪變，江翻龍怒魚騰梭。

又云：

> 鄉里小兒暴得志，好論家世談甲科。音生不顧輒嚏唾，至親戚屬相矛戈。逾老逾窮逾怫鬱，屢蹶屢仆成蹉跎。革去秀才充騎卒，老兵健校相遮羅。群呼先生拜於地，坌酒大肉排青莎。音生瞪目大歡笑，狂鯨一吸空千波。醉來索筆索紙墨，一揮百幅成江河。群争衆奪若拱璧，無知反得珍愛多。昨遇老兵劇窮餓，頗以賣字温釜鍋。談及音生舊時事，頓足嘆恨雙涕沱。天與才人好花樣，如此行狀應不磨。

云云。其絶句題云《音布》，注云："字聞遠，長白山人，善書。"

詩云：

柳板棺材蓋破袪，紙錢蕭淡掛輀車。森羅未是無情地，只恐人知就索書。

描摹生動，其人其書，不啻躍然紙上。每讀此詩，更以不見遺跡爲憾。

前年偶得康熙六十一年京師興隆寺僧通才所書《付法源流》一卷，蓋寫付其弟子同鎧者。字法擬懷仁《聖教序》，文作駢體，亦清雅無語録氣。前有聞遠書“授受有本”四字引首。筆勢頓挫有骨氣，似何義門而略肥，似楊大瓢而略縱，蓋書體總關時代，雖豪傑不能超於風氣之外也。前鈐“赫奢禮”三字橢圓印，後鈐“音布之印”、“聞遠”二方印。知先生姓赫奢禮也。赫奢禮，亦作“赫舍里”，金源作“紇石烈”，譯音無定字也。

又見故宫所收聽帆樓舊藏石濤山水長卷題曰“搜盡奇峰打草稿”者，亦有聞遠題識云：“禪關寄跡是前因，瀟灑風流絶點塵。欲識老僧真筆墨，群山萬壑見精神。葉河音布題。”首押“古愚”二字引首，後押“音布之印”、“聞遠”兩印。字大如李北海《麓山寺碑》，行草磊落，格在前段陳奕禧跋之上。觀者自知，非余之私言，且知先生爲葉赫地方之赫舍里氏也。

至於有清八旗子弟，全屬軍籍。雖官爵顯達，其籍仍屬佐領下。故有官職時則出而任職，無官職時則歸於部伍。其後此制度有名無實，以至有勢者驕奢，無勢者遊惰，而清初直至乾隆時，原意固尚未失。故聞遠之“充騎卒”，非古代配軍之比也。

記《楝亭圖詠》卷

《紅樓夢》作者曹雪芹的祖父曹寅,字子清,號荔軒。他的別號楝亭,更是人所習知的。他刻的書常以"楝亭"標題,也是他這一別號傳播的一個有利條件。若問他這別號的來源,便覺得不够十分具體。近年看到《楝亭圖詠》,不但可以印證楝亭别號的來源,還從中看到若干歷史痕跡。若從曹雪芹和他的著作方面看,雖不能得到直接的資料,但可以看到他的家世、生活和當時曹家的政治地位及社會地位。所以這份圖詠不僅是名人書畫真跡,更是重要的文獻資料。

《楝亭圖詠》現存四卷,内容是清初許多名家所畫的《楝亭圖》和題詠楝亭的詩、詞和賦。各段都是紙本方塊,紙色並不一致,可知原來是若干本册頁,不知何時被拆開,各自搭配,改裝成卷。每卷大致都是前邊裝幾頁畫,後接若干家題寫的詩文。

清陸時化《吴越所見書畫録》著録《國朝惲南田諸名賢楝亭詩畫卷》一卷,内容是:尤侗的《楝亭賦》,禹之鼎、惲壽平、程義、嚴繩孫的《楝亭圖》,徐乾學、韓菼、徐秉義、尤侗、楊雍建、王鴻緒、宋犖、王士禛題詩。現在這些段有的在這卷中,有的在那卷中。如果陸時化著録的不是摹本,便是陸時化著録那一卷後,又有人續得其他若干段,重新搭配改裝。卷中常見有"廙軒"收藏印章,廙軒是清末湖南巡撫俞明鎮的號,是否即是俞氏所裝不可知。卷中繪畫的人,多是當時的大名家,題詠的尤其多是當時的大名人、大官僚。當時各本册頁的總數必不止於此,改裝成卷時,也不知共裝多少卷,但看這僅存的四卷,已足使人驚詫了。

四卷共有圖十幅,畫者計有:黄瓚、張淑、禹之鼎(兩幅)、沈宗敬、陸漻、戴本孝、嚴繩孫、惲壽平、程義。題詠者計四十五家,計有成德、潘江、吴暻、鄧漢儀、王方岐、唐孫華、陳恭尹、吴文源、方仲舒、顧彩、張淵懿、方嵩年、林文卿、袁瑝、姜宸英、毛奇齡、張芳、杜濬、余懷、梁佩蘭、秦松齡、嚴繩孫、金依堯、顧圖河、王丹林、姚廷愷、吴農祥、黄文偉、王靄、何炯、徐乾學、韓菼、徐秉義、尤侗(兩篇)、楊雍建、王鴻緒、宋犖、王士禛、徐林鴻、馮經世、田時發、邵陵、許孫藺、潘秉義、石經。

這裏邊有明朝的遺民,有清朝的新貴,也有明臣入清的人物。有詩人,有學者,有畫家,更有當時"炙手可熱"的大官僚。也有比較冷的名頭,我自愧譾陋,一時還没有查出他們的事跡。

各家所題的上款,有題曹寅的字或號的,也有子清(或荔軒)、筠石並題的。筠石是曹寅的胞弟曹宜。

四卷中有紀年的七段,計有甲子(康熙二十三年,公元一六八四)、乙丑(康熙二十四年)、丁卯(康熙二十六年)、庚午(康熙二十九年)、辛未(康熙三十年,四卷中共有這一年紀年的三段)。

圖詠的緣起是這樣:曹寅的父親曹璽在江寧任織造時,曾手植一棵楝樹,這種樹俗名金鈴子。曹寅後來繼承他父親也在江寧任織造,爲了宣揚他父親的"遺愛",所以起這一個亭名,並用作別號。請人作畫、作詩、作文來作紀念。在許多詩文中,姜宸英的《楝亭記》一篇説得最概括。逐録於下(段落是我分的):

本朝設織造，江寧、蘇、杭凡三開府。故工部侍郎完璧曹公以康熙初年出蘇州督理府事，繼改江寧。省工縮費，民以不擾，而上供無闕。公暇，退休讀書，除隙地作亭，相羊其中。今户部公時尚幼，朝夕侍側，知其亭而不能記其亭之所以名也。比奉命來吴門，纂先職，以事先抵金陵，周覽舊署，惜亭就圮壞，出資重作，而以公手植之楝扶疏其旁也，遂名之爲楝亭。攀條執枝，愾有餘慕。遠近士大夫聞之，皆用文辭稱述，比於甘堂之茇舍焉。

余惟織造之職，設自前朝，咸領之中官，窮極纖巧。竭民脂膏，期於取當上旨，東南民力，不免有杼軸其空之嘆。及於季世，大璫柄政，中外連結，鈎黨構釁，至於衆正銷亡，邦國殄瘁，斯一代得失之由，非細故矣。

今天子親御澣濯，後宫皆衣弋綈，爲天下節儉先。兩省織造，俱用親近大臣廉静知大體者爲之，而曹氏父子，後先繼美。及是亭之復，搢紳大夫，聞先侍郎之風，追慕興感，與户部公特詩歌唱酬而已。則夫生長太平無事，所以養斯世於和平之福者何如！而是亭之有無興廢，可以不論也。辛未五月，與見陽張司馬並舟而南，司馬出是帖，令記而書之。舟居累月，精力刓敝，文體書格，俱不足觀，聊應好友之命，爲荔翁先生家藏故事耳。慈谿姜宸英並記於梁谿舟次。

我們知道清代特别是前期，鑑於明代太監干預政事的弊病，對於太監的抑制是非常盡力的。但是有許多的事，是統治者不能一律交給外廷官員辦的，於是那些事便落到内務府旗籍人的身上。按内務府人，滿語稱爲“包（家）衣（的）尼阿勒麻（人）”。原來清初各旗都由王公貴爵爲旗主,各旗也都有"包衣人"。而鑲黄、正黄、正白三旗,是由最高統治者自領,也即是皇室的親軍。號稱上三旗,後來這三旗的"包衣人"便成了專管皇帝家政的内務府旗籍。其他五旗,號稱下五旗,其"包衣人"便成爲各王公貴爵府中的"包衣人"。在漢語中,"内務府"和一般"包衣"有高低之别,而在最初的滿語中,都只是"包衣"一辭。簡單地説,"内務府"籍,即是皇帝的"家人",從廣義説,封建時代,一切被統治者都被認爲是皇帝的"臣"或"奴才",但内務府籍更具體地是給皇帝辦理私事的。因此清代有許多"差使"的缺額成爲内務府旗人專利品,除了京中的内務府各司等等職務之外,像外任的各海關和織造等,也是這般人的專缺。大家習知,清代皇帝宫廷的用費收入和用物採購,是靠税關和織造的。而這種官職又是最"肥"的缺。於是凡得一任這類"差使"的人,便頓時成爲"暴發户",何況像曹家這樣蟬聯幾任、遞傳幾代呢?清前期的皇帝也很"機靈",鴨子肥了,可以烹食;奴才肥了,可以抄家。於是這些人也就常見被籍没的。

這些人,得任這些差事,當然是因爲可被皇帝親信的,而清初時期,江南地方,對清朝皇帝來説,更是非常重視的。所以皇帝在當時有許多不能公開的事,也很自然地由他們承擔起來。例如置辦什麽"以蕩上心"的"奇技淫巧",伺察什麽官僚們的行動,以至拉攏什麽在當時有聲望有地位的人物等等。於是這般人的開支,也就必然有絶大的活動餘地,而有形的職權和無形的勢力,也就不難想像了。所以他們的富可以超乎一般貪污的範圍,而他們的貴也另有"三公不易"的。至於曹錫遠一家,在清朝統治集團中,雖是"内務府漢軍",但他們從遼東即屬基本的隊伍,並不同於某些後來編入旗籍的“漢軍”,而且清初有許多内務府漢軍被編入滿洲旗下(大約在乾隆的時候又有許多改編漢軍)。所以他們受到清代皇帝的特殊信任,是有由來的。

從這四卷中初步看到許多對於研究當時歷史情況有關的跡象。例如:當時大官僚,特别是隱持實力的像徐乾學,後來直到被攻擊下臺時,皇帝還賜給他“光焰萬丈”的匾額,可謂炙手可熱的了。再像王鴻緒也是具有特殊的政治勢力的人,舉一小例説,他可以不費一文錢一下子喫没了高士奇全部的古董,其他可想而見。但這些人對於曹寅,卻一一恭恭敬敬地賦詩,親筆小楷繕寫,難道完全出於尊敬曹璽、佩服曹寅嗎?還有明遺民像惲壽平、陳恭尹、杜濬、余懷等,在當時“故國之思”是非常明顯的,操行也相當堅定的,但也不能不敷衍曹寅。惲壽平儘管畫的非常潦草、不題上款,從畫上幾乎聽到他説“愛要不要!”,但究竟還得寫上“楝亭圖”三個字。陳恭尹等,不管他的詩是否收入集子,也仍然要賦詠那個楝亭的題目。這些可以見到曹寅的勢力,如果深一步推測,這些書畫的背後,也即透露着曹寅拉攏這般人的痕跡。

再看成德和漢軍張純修是莫逆之交,今傳世有他給張的二十九札,可以看到他們的友誼深厚。成德死後,張曾爲他刻《飲水詩詞》。又傳世有《楝亭夜話圖》是張純修所畫。内容是畫他和曹寅、施世綸同在楝亭中夜話的紀念圖。後有曹、施的詩跋。大家知道,施世綸即是小説《施公案》中的施公,也是當時皇帝的親信爪牙之一。知道他們四人之間是往來密切的,這四卷中姜宸英文和戴本孝畫題中都提到張司馬,即是張純修。而今四卷中並没有張、施的筆跡,且從當時各家詩文集中常見有題楝亭的作品,而不見於這四卷的,可知當時題詠書畫,絶不止這些段。

最可笑的是王士禛,他曾累次在他著作的筆記中説明他不善寫字,他的字都是他的門人林佶、陳奕禧代筆。但我們看到許多他的親筆手札、詩稿等,字寫得並不壞,又見到他爲周亮工、陳其年等人題畫册、畫卷的字,都和手札、詩稿一樣是親筆,便覺得奇怪,他爲什麼在當時很流行的著作中宣佈代筆人呢?後來見到這幅《楝亭詩》,知道他果有用代筆的時候,後又見曹寅藏董其昌字册,和當時内府籍的官僚卞永譽所藏康熙御筆字卷,都有王士禛題字,都是這個代筆人寫的,非林非陳,寫的都不高明。因此認爲王士禛大概是不願應酬像曹寅這樣的人,甚至在著作中宣佈代筆人,説明自己不善書,是爲免得人家對他不滿。但是再看各家的題詠中,露出另一消息,即是尤侗在詩序中説:"予在京師,於王阮亭祭酒座中得識曹子荔軒",原來曹寅早是王士禛的座上客。那麼私室讌談是一種"交情",賦詩題字又是一種面目。他恐怕没想到這個兩重人格無意中被尤侗給透露了。

還有鄧漢儀的作品在這四卷中也惹人注意。我們知道《紅樓夢》中在襲人嫁給蔣玉菡時引"千古艱難惟一死,傷心豈獨息夫人"二句,即是鄧漢儀的詩。而這段情節,恰在後四十回裏。如果説後四十回是高鶚一手續造的,那麼即是高鶚熟習鄧詩。且從一些記載中知道,這首詩曾經傳誦一時,高氏引用,是並不足異的。但曹雪芹熟習他先人朋友的詩,也很可能,那麼後四十回是否曾有曹雪芹遺筆在其中呢?這只是當作一個問題提出,絶不敢據此便這麼引伸下去以至作出結論來。

劉墉跋唐人寫經

劉墉書以官傳,其論書之見,又在其書之下也。有清中葉,流傳唐人寫經殘本數段,南海葉氏舊藏二段,割裂爲册。其一爲《法華經》五十六行,其二爲《善見律》二十四行。其後有劉墉及吴荷屋諸人跋。曾影印於《神州國光集》。劉墉跋云:"唐人寫經,有經生書,有士大夫書。香光謂宋思陵於經生書不收入内府,亦不取院畫之意耳。然經生書亦各有師承,此卷乃學鍾紹京者。靈文密語,在在當有吉祥雲湧現護持,滿字半字,固無異也。"按元明以來所見唐人寫經,如《西昇經》號稱褚遂良,《靈飛經》號稱鍾紹京,綾本《道德經》上卷號稱徐浩,實皆經生書也。李唐畫院人也,宋高宗題其《長夏江寺圖》卷云:"李唐可比唐李思訓。"推挹極高,初不以院畫而貶斥之。《善見律》元明以來流傳尚有一卷,有趙子昂、倪雲林、馮海粟諸家跋,經尾有款識,乃貞觀中經生國詮所寫,卷中正有紹興藏印,可證曾收入南宋内府。其筆跡與葉氏所藏此殘本絲毫無異,殆同帙中散開者。劉墉所謂鍾紹京,蓋指《靈飛經》,無論《靈飛》之非紹京,藉使果屬鍾書,而貞觀時人何從預學之?以字跡風格言,此本與《靈飛》亦並不似。或謂劉跋原應在《法華經》殘本之後,見耕霞溪館、山海仙館諸帖,後世與《善見律》殘本合裝,故劉跋遂次於册後。然《法華》五十六行亦初唐人書,字體與《靈飛》亦不類也。又佛家稱靈文密語,蓋謂真言,故譯者不翻,非謂經論,尤與律藏無關。而滿字半字,乃佛家借喻大乘小乘者,更非謂卷册之完缺。董香光語見《靈飛經》跋,已屬無據,而劉墉此跋,竟無一語不誤,亦云奇已!

《藝舟雙楫》

包慎伯《藝舟雙楫·歷下筆談》云:"北朝人書,萬毫齊力,故能峻;五指齊力,故能澀。長史之觀於擔夫争道,東坡喻上水撑船,皆悟到此也。"按漢景帝爲太子時,吴太子賢侍博争道不恭,太子引博局提賢殺之。事見《史記·吴王濞傳》。所博蓋圍棋、雙陸一類之物,所争,局上行道耳。其博法至唐猶存。張旭觀公主與擔夫争道而悟筆法事,見《唐書》本傳。慎伯不知争道之説,以爲相逢狹路,攘臂而争之走道也,竟以"齊力"解之。又怪公主何能與擔夫角力,遂删去"公主"二字,便成擔夫互争,以與東坡之喻爲偶,讀之足以解頤。或曰唐人固有攘臂而争走道者,《酉陽雜俎》卷十二:"黄翫兒,矮陋機惠,玄宗常凴之行,問外間事,動有錫賚,號曰肉杌。一日入遲,上怪之,對曰:今日雨淖,向逢捕賊官,與臣争道,臣掀之墜馬。因下階叩頭。上曰:外無奏,汝無懼,復凴之。有頃京尹上表論,上即叱出,令杖殺焉。"按公主擔夫所争,藉使果爲馳道,然公主出行,必有導從,驟遇擔夫,無待手自對搏。然則其爲争博局之道,更可無疑矣。

包慎伯《論書絶句》自注云:"伯英變章爲草,歷大令而至長史,始能窮奇盡勢。然唯《千文》二百餘字是真跡,他帖皆米、趙以後俗手所爲。"按《絳帖》有長史千文殘字,重摹於《筠清館帖》,僅數十字。惟宋嘉祐時李丕緒刻有草書《千文》殘本二百三十五字,其石今在陝西碑林。然其字乃朱梁乾化中僧彦修所書,見於李丕緒跋。慎伯所見，殆失去李跋之本耳。

包慎伯云："用筆之法，見於畫之兩端，而古人雄厚恣肆，今人斷不可企及者，則在畫之中截。"又云："試取古帖横直畫蒙其兩端而玩其中截，則人人共見矣。"充此説也，則板凳、門閂、房梁、樹榦，無不勝於古帖之横直畫，若鐵軌綿延，累千萬里而不見兩端，惜慎伯之不及見也。

《廣藝舟雙楫》

康南海志在變法，撰《新學僞經考》，意欲託古改制。作一時一家之政論觀，自無不可，其於科學考古，固無關也。所著《廣藝舟雙楫》，亦頗烜赫有名，以其詞辨可喜也。學者或案其說以學書，又未有不生茫然之嘆者。所述書法宗派，某出於某，更憑興會所至，信手拈來。包慎伯已騁舌鋒於前，此更變本加厲焉。最可笑者，今文家斥古文經爲劉歆僞造，指其書籍而言也。康氏則云："古文爲劉歆僞造，雜採鐘鼎爲之。"又云："若鐘鼎所採，自是春秋戰國時各國書體，故詭形奇制，與《倉頡篇》不同。"又云："若論筆墨，則鐘鼎雖僞，自不能廢。"又云："鐘鼎雖爲僞文，然劉歆所採甚古，考古則當辨之。"其所言，自相矛盾。第一條似謂劉歆採鐘鼎之文以僞造經書。第二條似謂鐘鼎之文不古。第三條則直謂凡鐘鼎文皆僞。第四條則似謂鐘鼎文爲劉歆採更古之文字以造者。綜而觀之，其邏輯當如下：古文字體，爲劉歆雜採各國文字所僞造，鐘鼎器物銘文爲春秋戰國字體，故鐘鼎亦俱爲劉歆所僞造。康氏繼云："戊子再遊京師，見潘尚書伯寅、盛祭酒柏羲所藏鐘鼎文以千計，爛若雲錦，天下之大觀也。"今姑不論後出銅器幾千幾萬，即以此千件而言，其爲劉歆一手僞造乎，抑爲造器之人一稟劉氏之說，專以劉氏僞造之字體書寫鑄刻乎？可見此老於何爲古文，似尚瞢瞢也。

盛祭酒《鬱華閣詩集》卷三有《戲作俳諧體同雲門》詩二首，

有句云:“藝舟單艣姓名揚。”自注云:“某君續《藝舟雙楫》只有書法,胡石查司馬謂爲藝舟單艣。”按《廣藝舟雙楫》後更名《書鏡》,殆爲此耳。又聞蒼虬老人言,昔南海寓青島,遊古董肆,肆主出古畫,率爲顧、陸、荆、關之類名頭,價俱若干千若干萬。南海閱之,必嘆賞不置,且爲評其甲乙,曰某神品,某逸品;某第一,某第二。肆主亦喜形於色,請其留購,南海曰,貶價始可。肆主請其數,南海鄭重答之,某三元,某五元。肆主竟允售焉。當時在旁者未嘗不以忍笑爲難,而南海則昂然持畫歸。其萬木草堂中藏品,大率此等物也。

蒼虬老人又云,曾有人求南海題古畫,南海首書曰:“未開卷即知爲真跡。”見者莫不捧腹。

會文山房刻子弟書等三種

吾友吴君曉鈴藏同治間奉天會文山房刻子弟書等三種一函，一曰《蝴蝶夢》，二曰《謗可笑》，三曰《金石語》。吾友張君政烺亦藏有抄本，曾有文記之，余未見其本。

吴藏刻本中封面、封裏亦有可記者，想抄本未必過録也。《蝴蝶夢》共四回，其封面作：

同治甲戌花朝日梓鐫
蝴蝶夢
清音子弟書　會文山房

其封裏有跋云：

愛新覺羅春樹齋先生，都門優貢生。宦遊奉省年久，與余筆墨中最爲知己。所著各種書詞，向蒙指示。公壽逾古稀，精神健壯。臨終先時，敬呈楹聯十四字云：公正廉明真學問，喜笑怒駡盡文章。夫子賞鑑遂以此書稿相贈。梓付手民，以誌不忘云爾。二凌居士謹跋。

《謗可笑》封面作：

同治甲戌荷夏梓鎸
謗可笑
影卷單出又名犯相　會文山房藏板

《金石語》封面作：

同治庚午年元宵節剞劂
金石語
一名打竈單出影卷　會文山房藏板

《金石語》封裏爲"上場人物表",末行作《二凌居士未儒流編輯》。

新名詞

清末號稱“西學東漸”，蓋指自然科技之學也。社會科學若法律、教育，乃至文學、藝術，實多借鑑日本。則可謂“東學西漸”矣。

無論文理諸科，各有其應用之術語，國内學人夙所未聞者，乃名之曰“新名詞”。相傳某達官幕僚擬稿，偶用一新名詞。某批曰：“某某二字，乃日本名詞，閲之深爲可厭。”其幕僚復批曰：“名詞二字，亦日本名詞，閲之尤爲可厭。”以憎厭新名詞者，乃竟自用新名詞而不覺，亦足見新名詞之影響深廣矣。

樊樊山於光緒間曾以新名詞嵌入詩句，爲七律一首，題曰“俳諧語”，詩云：

> 静觀物象叩昭融，扞格還憑理想通。風力完全搓柳緑，花光膨脹出墻紅。鶯黄燕紫文明化，蜂蜜蠶絲智育功。昨見梨園陳百戲，幾多現象舞臺中。

詩中理想、完全、膨脹、文明、智育、現象，皆所謂新名詞也。惟“文明”二字，《周易·大有》、《尚書·舜典》皆有之，不獨非新名詞，且出經籍，不知樊山翁何以失諸眉睫也。此詩見其手書《閑樂集》，有影印本。

高且園先生詩

高且園翁以指畫得名,其詩其書,俱爲畫掩。曾見其在松潘作畫題詩,隱約當時軍政之窳,可知其政績不傳者更多矣。

每見其詩多郁勃有奇氣,顧生平事跡,卒不可詳。余每病其後人但輯指頭畫説,而不撰事狀,殆有所諱忌者耳。

近見自書一幀,爲絶句一首云:

> 雲色一家吞海嶽,雨聲百萬走雄兵。客途此際誰安意,秃榦無風鳥不驚。

尾書"題畫",款署"且園"。可見此絶蓋其得意之作也。味此詩意,似仍是諷捍邊大吏之貪墨而敗者。秃榦之鳥,豈其自况耶?

捅馬蜂窩

昔余撰《詩文聲律論稿》成，唐立庵先生曾見之，謬蒙稱賞，余因申求教之意。立老曰："以北人而談聲律，信不易矣。"蓋謂北人不知入聲，甚至不明上去清濁也。既閲之後，乃指數端，問功何以不加辨述，乃諸多争議無休之問題，例如：詩詞應否講求四聲，拗字何以常在第五，等等。功對曰："此稿只能説其當然，不能説其所以然。倘必勉强説之，將如捅馬蜂窩，招致無數辨論而不能休止，是以不復涉及。"立老曰："馬蜂窩亦須一捅。"功對曰："公去捅，我不去捅。"相與大笑。其後立老屢以長箋見教，俱申其所欲捅之馬蜂窩，竟或前書所論，後書又改，蓋亦不能自必馬蜂之不螫也。功因呈五律一首曰：

傖父談詩律，其難定若何？平平平仄仄，差差差多多。待我從頭講，由人頓足呵。欲偕唐立老，一捅馬蜂窩。

立老得詩大笑，翌日見和云：

聲律天然在，隨時巧琢磨。待開長慶體，早唱《大風歌》。簫管宫商换，詩篇平仄和。良工心獨苦，無奈馬蜂窩。（自注云："蜂房壓倒一切工程師。"）

款書："元白詩人惠示五言，依韻奉酬博一笑，開即啓也。一九七六唐蘭。"按功字元伯，又作元白，因鐫小印曰長慶，以唐詩人元氏、白氏俱有《長慶集》，其詩格世號"長慶體"。立老借開爲啓，以謂啓元白也。今立老久歸道山，偶檢書篋，見詩箋遺墨，泫然記之。

又有人以宋人法書册至故宫博物院求售，院方邀余與院中諸鑑家同審定。先是院中諸家所見略有分歧，及余申述管見後，諸家以爲可採。立老戲曰："公之一言，定則定矣。"功曰："公何以遺漏'我輩數人'四字耶？"立老大笑。不意一時笑噱，倏成疇古矣！

景賢買物券

家叔德甫公於隆福寺書肆中得舊券一紙，八行箋，邊刊“異趣蕭齋”四字。券云：

> 今將舊藏宋板《禮記》四十本，黄、蘇合璧《寒食帖》一卷，元人字册一十頁，刁光胤《牡丹圖》軸，及《禮堂圖》一軸，情願賣與景樸孫，價洋一萬二千元正，絶無反悔。日後倘有親友欲收回各件，必須倍價方能認可。恐口無憑，立此爲據。善寶（押）。舊曆壬子年五月二十日。

善寶字壽彝，盛意園祭酒之侄，嗣爲之後。諸物皆祭酒舊藏，煌煌劇跡，莫非國寶。即在當時，所值亦不止此。景氏故後，遺物驟散。《禮記》初歸袁寒雲，展轉入粤人潘明訓手。《寒食帖》則歸日人菊池惺堂。《牡丹圖》初爲蔣孟蘋所得，近聞亦歸潘明訓。元人字册聞在趙叔彦先生家，乃楊鐵崖、虞伯生、張伯雨諸家之跡。煙雲散盡，獨留戔戔寸箋於天壤，無乃造物示人以深意乎！梁武帝《異趣帖》中有“永墮異趣”之語，因而得名。其語乃沈淪惡道之義。景氏得帖，遂以名其齋，亦見其不學也。此券後爲廉南湖先生索去，裝潢題識，影印流傳，以誌深慨。復集夢東禪師句成絶句四首，記其二云：

原來却是主人翁,活水乾柴用不窮。一自毫端輕漏泄,穩教千古錯流通。

從來一物却原無,擬涉毫端便染污。如是來還如是去,徒勞水上按葫蘆。

杆　兒

明馮夢龍《三言》中《金玉奴捧打薄情郎》篇記乞丐頭目有其集團之標誌，號曰“杆兒”。當有徒衆加入其集團時，必先拜此杆，始爲衆丐所承認。其頭目，人稱之曰“杆兒上的”。

金玉奴故事又演爲戲劇，膾炙人口，市人習知乞丐集團號曰“杆兒上”。何以謂之杆兒，形狀如何，乃至其物之果有與否，俱無從究詰。余幼年觀此劇即曾以杆兒事詢諸長輩，莫能得其要領。

及年長，知在當日社會中秘密集團甚多，非其集團中人，罕有能知底藴者。況乞丐日日掙扎於生死綫上，其自存之道，何等艱難？苟有結集，則其標誌之物，又安能輕襮於人！無論仕宦子弟如吾輩不可得知、得見，恐即一般市人亦必莫之能詳焉。

廿年前傅晉生丈以搨片一紙見示，曰："此杆兒也，紫檀木質，徑約寸餘，長約七寸，首端向下約寸餘處有横穿一孔，蓋爲繫繩之用者。曾爲尊古齋黄百川所得，今已歸文物局。黄氏摹搨數本，此其一也。"

搨本乃圓棍圍紙所搨，平鋪而觀之，其狀如下：

上端正中爲篆文方形御璽，文曰“洪武元年受命之寶御筆親臨”。

其下爲小楷書直行題字十二行，每行十三字，有擡頭之行十四字。文曰："明太祖元年夏四月丁卯爲 / 君之期，閑時思已往，扶持患難間。/ 幸虧張與李，恩情重如山。龍樓傳 / 聖旨，宣進二老年。當初曾患難,今朝/要封官。二老忙擺手,賢弟慢降宣。/我無安邦策,無有定國賢。朝/臣寒代(待)漏,將軍夜渡關。日高曾未起,/名利不如閑。封官不愛坐(做),綾羅懶代(怠)/穿。無功若受禄,我等不安然。二老/不受贈,/天子到爲難。恩賜紫金梁,輩輩往/下傳。行梁皆拜參。/"(標點爲余所加,下端斜綫處表示行末。"聖旨"、"天子"皆擡頭起。)

下有二小方印,左右並列。其右者文曰"含經味道",惟"經"字合於篆法,其他三字無一合;其左一印第一字爲"右",第三字爲"冐",餘二字乖謬不可識。

伴隨此杆有一傳説,謂明太祖微時,與同爲乞丐之二人結爲兄弟,明祖其季也。及爲天子,二丐來謁,問其所需,對以但望行乞之處,無不施予者。明祖即以此杖賜之,命天下凡見持此杖者,必加施予,不得拒絶。其後二人各分一半。更後,其徒衆繁衍,各成宗派,每一宗門,各取一截。今此戔戔七寸短杆,已莫知其屬於何宗何派矣。此黄百川得杆時所聞,以語傅晉生丈者。

民間傳説,固不可加之考證;可考證者,即不成其爲民間傳説。如此杖,明祖賜予時,何能在木棍上鈐璽印?如另紙作詔諭,鈐璽印,何以此段韻語全出第三者口氣,絶非敕令之語?如本出丐者所述,其璽印又何自來?且苟出當時承賜之後所刻,又何以首書"明太祖元年"?明代寶璽,鈐本流傳尚多,既無杆首一璽之文,"親臨"二字更屬不辭。至其篆文訛謬,更不足論矣。此其所以不可究詰,亦不必究詰者也。惟民間傳説,常限於口頭,而此竟以實物之面目出現,但視爲"伍髭鬚"、"杜十姨"之塑像,又何不可?

其理既無,其事其時則未可輕易抹煞:此段五言韻語,與《鳳陽皇陵碑》之四言夾雜七言韻語大有異曲同工之致。至少造此五言韻語者，曾得知見鳳陽碑之文詞。又黄氏得諸京師乞丐頭目，且獲親聞其口耳相傳之事。無論此杆造於何朝何人，其曾爲乞丐集團秘密組織中之信物，則確鑿無疑也。今觀此杆韻語末句曰“行梁皆拜参”，“拜参”當即“拜杆兒”之事。顧全篇韻語，悉屬偶句爲韻，獨此句畸零，且詞義不顯。或疑原杖早失，或截而分者屢加傳刻，末句之上，時久殘失。吾卻疑“行梁”爲其行邦語，或即“加入集團”之特定術語，亦未可知也。又聞之傳丈云：黄氏得此杖，曾倣製數品，以爲友好傳玩之資，然其搨本，則搨自原件者，今予所録者是。

《杜家立成雜書要略》

日本流傳其聖武天皇之后藤原光明子所書《杜家立成雜書要略》一卷,《東大寺獻物帳》云:"頭陁寺碑並杜家立成雜書要略一卷,皇太后御書。"蓋聖武天皇殂後,后以遺物獻東大寺盧舍那佛前,以充供養。造帳時,后已稱皇太后矣。頭陁寺碑文不知何時缺失,獨存此卷,實爲其原寫一卷之半也。

其文爲擬往來尺牘之文,極類《月儀》之體,但逐事爲題,不以月分耳。卷用五色箋聯綴而成,字體行書,筆力遒勁,行間茂密,較后所臨《樂毅論》筆勢稍縱,以其出於自運,非同臨寫,而點劃結字,固出一手。《樂毅論》後自署"藤三娘",此卷後鈐"積善藤家"朱文一印,傳稱真跡,當屬不虛。

卷首題"杜家立成雜書要略一卷",以下一往一答,共計書札七十二通。首一札末有"姓名呈"三字,即《月儀》札末"君白"之例,惟此卷只首札有之耳。

近代攜歸書影,著之於録,以楊惺吾先生守敬爲最早,所輯《留真譜》節摹此卷卷首數行,又數行則只摹每行首尾數字,以見一斑,亦未有所考訂。有正書局影印《宋揚秘閣續帖本索靖月儀帖》,有楊氏跋,略云:

> 米南宫自言鍾、索之迹,一字未見,當哲、徽時,南宫未必不見此帖,想不以爲索書。姬傳先生所議,自不誣也。(按姚

鼒别有《索靖月儀帖跋》論其非索書,而是唐人書)然至今日言章草者,《淳化》數帖以外,唯此與史孝山《出師頌》,即出唐人,亦無上奇跡也。余於日本得《杜家立成書》,亦擬尺牘者,當亦唐人作,見余輯《留真譜》。

藤原后生存於日本天平時代,於中土正當唐世。卷中"世"字,俱缺筆作"セ",知所據録之本,實出唐人所書。然謂文爲唐人所作,則實出於懸揣也。

其後日本學者内藤虎次郎氏撰《關於正倉院尊藏二舊鈔本》一文,載入《研几小録》文集,曾著意於作者之考索。所謂二舊鈔本,其一指《宸翰集》,其二指此。其論此書,首謂"即當時作日常應酬書牘之軌範者,如後世之《尺牘雙魚》、《應酬彙選》等書"。繼從《隋書·經籍志》中舉《謝元内外書儀》等十一目;又從《唐書·藝文志》中舉其與《隋書》不重者七目;復從宋《崇文總目》中舉其與《唐志》不重者一目;再從《日本國見在書目》中舉九目。並謂"諸書盡佚,現僅存宋司馬光作之《司馬氏書儀》一部分,猶見公私書牘體式"。繼論明清以來彙帖傳刻之《索靖月儀帖》及《唐人月儀帖》,以相比較。最後云:"此書冠以杜家二字,甚可能即爲《唐志》所載之《杜有晉書儀》。可遺憾者,缺乏肯定之文字材料。"於是其考索仍歸懸揣焉。

功按《隋書》卷七十六《文學》杜正玄附弟正藏傳曰:

杜正玄,字慎徽,其先本京兆人,八世祖曼,爲石趙從事中郎,因家於鄴。自曼至正玄,世以文學相授。正玄尤聰敏,博涉多通。兄弟數人,俱未弱冠,並以文學才辯,籍甚三河之間。開皇末舉秀才,尚書試方略,正玄應對如響,下筆成章。僕射楊素,負才傲物,正玄抗辭酬對,無所屈撓,素甚不悦。久之,會林邑獻白鸚鵡,素促召正玄,使者相望。及至即令作賦。正玄倉卒之際,援筆立成。素見文不加點,始異之。因令更擬諸雜文筆十餘條,又皆立成,而辭理華贍,素乃嘆曰:"此真秀才,吾不及也。"授晉王行參軍,轉豫章王記室,卒官。弟正藏。

其弟傳曰:

正藏,字爲善,尤好學,善屬文。弱冠舉秀才,授純州行參軍,歷下邑正。大業中,學業該通,應詔舉秀才,兄弟三人,俱以文章一時詣闕,論者榮之。著碑誄銘頌詩賦百餘篇。又著《文章體式》,大爲後進所寶,時人號爲文軌。乃至海外高麗、百濟,亦共傳習,稱爲《杜家新書》。

讀此,知所謂"杜家",所謂"立成",字字有據。既非唐人所撰,亦非杜有晉所撰者也。"杜家新書"者,其兄弟撰著之總稱也。"文章體式"者,杜正藏所撰之各體文式也。"雜書要略"者,"文章體式"中之一摘鈔部分也。昔人於域外諸國,稱謂每多含混,傳至日本,而概之以高麗、百濟,亦或自兩國轉至日本者。

卷中有《相唤募討凶奴書》,云:"無情獫狁,許欲忤侵。秦王自率之軍,親行薄罰。正是壯士立功之日,丈夫建節之秋。今已備糧,尋當北討。故今諮報,佇聽嘉音,若欲同行,即希動駕。"按此秦王是隋之秦王楊俊,指爲唐人之作者,或見此以爲唐之秦王李世民也。考《隋書》卷四十五秦王俊傳:"開皇元年立爲秦王,……年十二,加右武衛大將軍領關東兵。三年,遷秦州總管,隴右諸州盡隸焉。……六年,遷山南道行臺尚書令。伐陳之役,爲山南道行軍元帥,督三十總管,水陸十餘萬,屯漢口,爲上流節度。……授揚州總管四十四州諸軍事,鎮廣陵。歲餘轉并州總管二十四州諸軍事。"又據《本紀》:"開皇十七年七月丁亥,上柱國并州總管秦王俊坐事免,以王就第。"可知此卷撰寫時,必在秦王俊任并州總管時,其下限不能在俊罷職以後。正藏舉秀才在大業中,蓋先以文章騰譽者。

今世有補嚴可均輯《全隋文》者,得此可立成一卷焉。

此卷文筆駢儷,微多俗套之語,蓋應酬箋啓,有其必然者。顧亦未嘗無委婉之詞,有趣之事,藉可見當時社會生活之一斑者。如:

舊是田家,先無史籍。仰知有傳,計應少閑。(就知故借傳書)

鞍下若在,蹔借乘行。當自惜(原誤作"借")看,不令飢瘦。(就人借馬書)

其疹屑少理,諮叙未由,瞻望風雲,但增搔首。(與知故别久書)

今有一片枯魚,數升濁酒。諸賢並集,唯少明公。(喚知故飲書)

方驗投泥素玉,得水還明。隱霧恒娥,雲披轉照。(問知故遭官得雪書)

此皆措語巧妙,不即不離。而“投泥”數句,尤見豐彩。至此書答語云:

> 幸得家停掃墓,獄氣還沈。首領重存,親朋再叙。

則讀之不能不爲捧腹矣,至於鷄鵝稱貸,堪徵市遠。一席兩味,豐儉難言。當世文人生活於斯可見一斑。其書云:

> 袁鄭連驄,崔盧結駟,並期明旦,同顧貧家。酒得數杯,脯無一片。鷄鵝兩色,各貸二頭。恃眷既深,輒事干(原誤作“忏”)請。尋當備送,不敢延時。所願恩光,救之短乏。(辱名客就知故貸鷄鵝書)

又有“知故成禮不得往看與書”,此今世所謂“補賀”者,其答書云:

> 不能免俗,共某氏成親。先是寒門,家塗短狹。衣被粗弊,似債(此字有誤,非“儕”即“續”)五章,燋齒黑容,真疑可外。忽今對此,翻恨夜長;引漏峻傾,猶嫌難曙。蒙訪羞愧,還此無申。

成親而云“不能免俗”,幾與阮公之曬犢鼻同科,已屬奇談。至於自謙家貧妻醜,亦未免過甚其辭。如此立成,稍遠大雅矣。又“與知故在京書”:

兄追從勝地,遊賞上京。出與公子連驃,入共王侯結駟。仕侣既衆,益友如雲,見棄若遺,頓斷音訪。欲論傾恨,非易可申。春暮逝暄,故豐佳賞。某沉淪鄙里,守賤一隅。加以敘會尚賒,益增嘆滿,所願珍重,念存人信,勿悋音符。

答書云:

忽作孤飛,俄爲隻翼,非但清言頓隔,亦自雲雁無由。忽辱芳菲,實驚凄苦(原誤作“惜”)。季春景麗,隨物願佳。某既苦離居,九迴易斷,連翩失侣,寸抱難尋。並以路阻關山,無由展迂。興言長嘆,即滿襟懷。深願敬宜,行人有信,念存微細。

貴賤勢殊,故交垂隔。責者見憤悱之情,解者盡委曲之意,乃知尋常世態,今古無殊。而貧賤驕人,未始不足披胸一快。乃知杜氏於斯,殆有深慨。以文筆論,在全卷中,亦當首推此二札也。更有“知故相嗔作書並責”云:

兩競長短,不足應見,早讓有餘,故非近説。公等各當朝達士,在世之人,妙識是非,盛賢禮則。何乃不懷遜讓,各遣兇粗,駡及古人,詈忤先世。遂使鄉閭老幼,見者驚嗟,道路行人,誰不怪望。備與公等,交遊在昔,輕簡此誠,幸並思尋,各懷追悔。若也同守前者,共執舊迷,朝廷並與絶交,言讌故成長隔。謹因往使,附此苦言,甚爲進退,各任高意。

答書云：

> 某等禮教罕聞,詩書無識,發言失中,並是下愚。各覓己長,咸皆諱短,計無所競,浪事紛紜。理下聲高,致驚閭巷。遂使親朋遺棄,知舊見疎,宇宙雖寬,欲逃無路。昨來耻媿,分息追隨,忽荷慈流,提撕耳目。謹當剋念,稽首歸愆(同"愆"),口誦來符,永爲身戒。尅以某日,願集諸賢,謹備清酌十瓶,肥羊二口。並希迎報,願勿參差。某束手膝行,請罪陳謝。

世事多端,擬議及此,但自命題取材觀之,已足瞻文思之廣。願排難解紛,片言折獄,能使兩造傾心,檢討若此深刻,並甘具清酒肥羊之物質懲罰。文字有靈,至於斯極,又不獨以速爲異矣!

秦泰山刻石殘字跋

秦篆遺迹，唯存金石刻辭。今傳石刻中，確出當時鐫鑿者，僅《琅琊臺》及《泰山刻石》。《琅琊臺》逐字剥蝕，全成方廓。《泰山》則斷裂遺失，明、清數百年間，但存二十九字。雍、乾之際，二十九字忽又沈埋，再出僅餘十字。於是獲其舊搨者，遽相矜重。阮元、崇實俱以"泰華雙碑"顔其館，李文田以"泰華"名其樓，高邕以"泰山殘石"名其樓，皆指此二十九字也。

友人世藏此本，蟬翼淡搨，鋒鍔不湮，披閲移時，令人神爽。近世出土秦時權、量頗多，而頌功刻石，只此一片可以摩挲辨讀，什襲珍重，不亦宜乎？

宋大觀間劉跂，字斯立，曾至岱頂摹秦刻石，撰爲《泰山秦篆譜》，搨本不存，僅傳其序。翁方綱《復初齋集》卷二十《跋秦篆》二首之二，先引《金石録》記劉譜之語，繼云："即今所存二十九字。"是翁氏指今傳之二十九字爲劉跂譜中殘石也。再後沿翁説者不具論。

按劉序云："余既得墨本，並得碑之形制以歸，乃爲此譜。大凡篆二百十有二，其可讀者百四十有六，今亦作篆字書之。其毀滅不可見者七十有六，以《史記》之文足之注其下。譜成揭之壁間。"云云。觀其所謂"今亦作篆字書之"者，知非翻摹原刻也。"以《史記》之文足之注其下"者，以真書補足其文也。其譜式殆如叢帖中縮摹秦刻石之類，而非鄭文寶重刻嶧山大字之類也。

翁集同卷又有跋《秦篆譜》一首云:"劉斯立此譜,惟賴宋《廬山陳氏甲秀堂帖》所摹得傳於世,《甲秀》跋語又已泐損,無有知是劉譜者。漢陽葉志詵東卿手搨其文,重勒於石"云云。是葉氏摹帖之前,翁氏亦不知劉譜如是也。又《甲秀堂帖》原題"廬江陳氏",並非"廬山陳氏",知翁氏亦並未見《甲秀堂帖》也。至《甲秀》所摹,是否徑出劉譜,抑屬展轉翻得,固無確據。且《甲秀》並無所注之缺文,是否陳氏删削,亦無佐證。惟葉氏推想劉譜應如此類,則真所謂"見過於師"者矣。

《郭太碑》跋

世人聞蔡邕能文,又嘗撰碑頌,遂以漢世諸碑之撰者歸之。於是輯《蔡中郎集》者抄集若干漢碑,無論其是否蔡作,咸納其中。至同一人之碑,再出三出,雖文詞重複,前後矛盾,不顧也。又聞蔡邕能書,曾寫鴻都門下石經,於是漢世諸碑之書者又俱歸之,雖書風歧異,年代乖舛,不顧也。

如《范式碑》赫然署青龍年號,而翁方綱亦委曲其説,必歸之中郎而後已。至《郭太碑》爲蔡文之較可信者,其書固不知誰何之筆,世人更必屬之蔡邕而後快。當蔡邕之名淪浹既深,觀者又必以符其心目中所懸之形狀始爲真筆,及見傳稱爲蔡書之碑,與意中者有所不同,又復指摘瑕疵,判非原刻。正如西施遺骸,苟如長沙近出漢軑侯夫人之髮膚完好,見者必戟指頓足,斥其非真。葉公之見,本爲自古之常情,殊不足怪也。

且唐以前書碑之役,不過書佐、典簽等之職責,至唐世帝王親自操觚,豐碑大碣,遂以名宦之筆增重,不知漢世固不如是。至石經之刻,指令既出帝王,文詞復屬經典,字跡貴在精審,不盡爲書法之美也。且成於衆手,並非通體蔡書,其與群碑之一手書丹者,又不能相提並論。以今出土之《熹平石經》諸殘石觀之,書體風格,每每不同,且無一石與世傳蔡書諸碑相似者,然則何碑確爲蔡書且不得知,況復辨其爲真蔡僞蔡乎?

此本《郭太碑》雖已剪裝,而全文不缺。無論其爲原石,爲重摹，吾觀其體勢端重，介乎《劉熊》、《景君》之間，其爲漢人面目，毫無可疑。藉使出於後人重摹，亦如唐摹晉帖，下真跡一等，況其未必果非原石乎？此石揭本流傳，以濟寧潘氏舊藏整幅未剪本爲最，而山東出土之殘泐本，文字僅存半截，世或疑其非原石。余以剪本校之，初不見其異同何在。原石俱原石，複刻同複刻。吾但見其爲漢人隸書，而不暇析其毫末。且吾又知下室之真龍，固不美於葉公心雕目繪之龍也。

吾友孟君郁兄珍藏此本有年，出以相示。抵掌談漢碑書人事，亦有會心，因書所談者於册尾。

明搨《曹全碑》跋(一)一九七二

右明搨初斷本《曹全碑》,“乾”字未穿,“悉”字未損,搨法精工,字神發越。前後有福山王氏藏印,褾工甚舊,殆即王氏得碑時所裝。惜自“止右”至“德不”殘失一百八十字,原裝空頁五開,頁心嵌以素紙,似待獲失字補入者。王靖憲同志偶得之於慶雲堂,復覓舊搨片手自剪裁,粘入原空之頁,天衣無縫,倍堪把玩。按王氏又藏未斷本一册,藏印三方,與此册中者全同,可知如此初斷本在七十年前已爲金石家所重,今日觀之,固應不在“秋”字《史晨碑》下矣。吾嘗謂出土古碑每有完好無損者,蓋刻後未久即遭沉埋,重出所搨,常更精於宋搨古刻,《曹全碑》即其一也。又昔之論書者但稱此碑書體娟秀,一似不堪與群碑較其雄偉者。余曾放大觀之,其體勢開張,點畫沉勁,遠在《孔宙碑》之上,第以字跡稍小,刻法太精,且石無剥蝕,遂招此咎,夫豈漢代書手刻手始料所及哉!靖憲同志評碑詳於書法刻工,每當會心,必相與拊掌,知於斯論,或不河漢也。

明搨《曹全碑》跋（二）一九七七

漢代碑刻，流傳者富矣，字跡風格，變化極多。其刻工粗或剥泐重者，人每覺其古樸，石質細而刻工精者，世翻以秀美少之。今出土之竹木簡櫝，乃至帛書，竟無一似《張遷》之方折、《郙閣》之模糊者，其故不難立判。《曹全碑》不僅刊刻精善，字勢亦實開張。試爲放大觀之，竟與《孔宙》相伯仲，而點畫頓挫，且有《孔宙》所不及處。徒以字小而刻精，遂有以簪花格嘲之者，詎非求全之毁乎。

此碑未斷搨本，傳世者不過三數本而已。求得已斷而“乾”字未穿者，亦足矜爲善本。然碑估作僞，或於穿處填蠟而搨之，或以墨描搨紙，以充未穿者，亦可見真未穿者之爲人争重矣。此本乃真實未穿之本，又經棱伽山民多次題識，其可寶愛，正不在未斷本下也。

近世所見石墨，有棱伽山民題識者，罔非善本。而其身世翳如，人多未詳，但知其姓顧氏，爲劉彦沖弟子。余曾見吴缶翁《石交録》稿本，云山民姓顧氏，名曾壽，字鞟翁，吴人。性孤介，能詩，工畫。又每見其鈐“子長”一印，殆即曾壽之字。然此册中甲子夏日一跋云：曾兒從上海買歸，則山民又似爲曾壽之父。顧氏藏帖中又常有“顧亮基”、“芸臺”諸印，豈即山民之名與字耶，抑此地望之别號，父子俱曾用之，如宋眉山蘇氏“老泉山人”者耶。疑莫能明，且待叩之吴中耆獻。

又見山民著《不可必録》稿本,有未斷本《曹全碑》,注云:萬曆時出土,旋斷。又"乾"字未損本,注云:有陰,即此册。稿皆録其所藏善本,此外尚見數種焉。

漢二十四字吉語塼搨本跋一九七四

漢二十四吉語方塼，字作繆篆，文曰："富貴昌，宜宮堂，意氣揚。宜弟兄，長相思，勿相忘。爵禄尊，壽萬年。"所望奇奢，全同夢囈。余初以爲相思勿忘，尚得由己。然自病眩以來，記憶鋭減，俯仰之際，應對全非。如人思我，我已一無可思。如我思人，則興念之後，轉瞬已不知所思爲誰某矣。惟塼文筆畫平匀，方欄齊整，懸之壁間，可代圖畫，即作新開窗户觀，亦無不可。因爲《南鄉子》一闋以贊之。贊曰：

八句甚堂皇，所望奇奢不可當。試問何人爲此語？瘋狂。即或相思哪得長。　　搨片貼南墻，斗室平添半面妝。忽聽兒童拍手叫，方窗。果似疏簾透日光。

《范式碑》跋

泛觀漢碑書法,碑各一風,各隨書人之意。逮至漢、魏之際,漸有定式。波磔斬截,如用褊筆劃成,有造作之氣。《孔羨碑》已開其先,《范式》、《曹真》以至晉代碑碣之作漢隸體者,無不如此。蓋漢碑書勢是當時通行之體,漢末漸有圓便之真書,漢隸遂成舊體。非有定式,不足昭其典重。

譬之填詞:在五代、兩宋,只是口頭歌曲。長短隨人,字句無妨增減。及舊譜既不流行,詞牌遂同鐵案。有其當然,無其所以然矣。

時人用時法,操縱在己,故得左右逢源;後人效前法,體貌因人,易致按模脱墼,於是定型出而流弊見矣。顧又豈獨書法然哉!

跋舊搨松江本《急就章》(一)

言章草者，首推《急就章》，世行惟松江碑本、《玉煙堂帖》本最著。《寐叟題跋》跋所藏舊搨《急就章》，號爲玉煙堂祖石本，略謂"《急就章》松江本外，無第二刻本，而搨本難得。思元明書家，盛習章草，未必别無傳刻，況玉煙搜羅舊刻以成，固明見香光叙文中，無庸疑也"云云。一似松江、玉煙之外，别有古本，寤寐思之，不獲一見。其本後經滬上書坊影印行世，附殘張芝帖三行，皇象帖九行，以校玉煙本，一一相同，安有古刻《急就章》，必附張皇之帖乎？寐叟之説，特一時興到之語耳。近時松江本傳搨復廣，寐叟已不及見，持校玉煙本，筆勢修短，點畫肥瘦，以至闕文，不無吻合。知玉煙實出松江，只删其真書釋文而已。蓋松江本即香光所謂舊刻之一，而松江之外，尚未見其他古本流傳。近出漢人木簡殘磚，存字過少，且俱爲隸書，不能並論也。松江所據葉石林摹本，中有闕文，楊政以宋仲温臨本補足之，而其第一、第二兩章中闕字，及第十二章上下"箸"字，第廿一章"鵠"下"雁"字，第廿二章"瘷"下"瘀"字，尚未補全，豈宋代臨本亦闕耶，抑楊氏遺之耶？總之，今日論《急就章》，必以能補松江本闕文，及筆法能存古意者，始爲善本。《戲鴻堂帖》徐鉉寫本，僅刻十二行，卓氏自青榭藏宋仲温墨跡亦不全，《三希堂帖》有趙子昂寫本，王静安先生《松江本急就章校記》，以爲章草甚無法度，不似文敏書，蓋明人摹本。顧此説乃指筆法而言，其字様尚在也。松江一、二兩章闕字，固可據徐、趙二本及仲温墨跡以補之，而“著”字“雁”字“瘀”字，終無從補。藉使趙本果爲明人所摹，亦足與宋仲温本頡頏矣。至於松江本雖稱以葉石林摹本上石，真書釋文筆法仍是明初二沈一派，章草亦無古勁之致。石林一跋，尤非宋人筆勢。考楊政跋云：“任公勉之，以摹仲温之本出示，遂臨倣其缺者落者，以補其後。”則是宋臨之本，又經楊氏再臨，而其前帖，亦未必不經一再傳摹，無宋人筆勢，原無足異。其草體結構，固猶足考鏡，學者模臨，能參漢晉草書簡牘筆法，則休明矩矱，庶幾不遠矣。

跋舊搨松江本《急就章》(二)一九七六

《急就篇》明正統間,吉水楊政摹刻殘宋本於松江,當時傳搨既尠,萬曆間已有翻本二種,《玉煙堂帖》翻其草書各章,集珍樓本則翻其真草全部。泰和館本雖不知年月,但亦不出明代,足見其原刻之希覯矣。至清季松江搨本始漸出,五十年前上虞羅氏得新搨本印入《吉石盦叢書》。其後三原于氏得舊搨本,遂付影印,甚自矜異。今視孟東先生所藏此本,紙墨之美,搨法之精,又遠在于氏本之上。功昔得明搨本,全碑只損一字,而墨痕濕重,遠不如此較後精搨之神觀爽朗也。況有松禪老人跋尾,復以細字詳加批注,益以費西蠡氏之詩箋,更爲生色。借觀月餘,附書管見,適有友人自滬上來,言松江碑石已毁矣。

跋舊搨松江本《急就章》(三)一九七六

此松江刻本《急就篇》舊搨本,其石在清代雖存,然搨本流傳極少。李古餘研討草法,所見只《玉煙堂帖》本耳。光緒間翁叔平於潘伯寅家見一本,曾鄭重乞求,其難得可知。其後上虞羅氏得一新搨本影印於《吉石盦叢書》,流傳較廣。更後三原于氏又影印單行本,而新搨亦漸出。世始習見松江原刻,然剥蝕已多,無復神彩。今聞碑石已毁,即新搨已足什襲,况此精舊之搨乎?此本爲王仲犖先生所藏,出以見示,因借友人所藏翁跋本對勘,紙墨精神,毫無二致,足見其爲百餘年前氈蠟,是可珍也。

明集珍樓摹刻《急就篇》跋

唐摹《急就篇》,《宣和書譜》著録後,葉石林刻於潁昌,繼有三衢刻本,尤焴又刻之於《澄清堂帖》第十一卷,其本至今皆佚。

明正統間,吉水楊政摹刻殘本於松江,其後摹刻本皆出於此。《玉煙堂帖》删其真書釋文,泰和館本僞加宣和諸印,並補其卷首諸缺字。獨抱廬本翻刻爲陽文書册之式,於翻本中爲最下。

今又獲見此集珍樓摹刻本,神彩與松江初搨本無異,在摹本中,實爲上駟。惜當時帖估意在作僞,於帖首謬加"晉索靖書"四字標題,帖尾妄題"漢黄門令史游次韻"一行。"次韻"二字,蓋襲周興嗣《千字文》之語,而草法乖誤,幾不可識爲何字。然去僞存真,其佳處固不可掩。

余曾獲明搨松江本,全碑只損第廿三章中真書"礜"字,泰和館本誤作"礬",知其所據已爲泐一字本。此本"礜"字點畫無恙,可知所據爲松江最初搨本。即此一字,即可傲諸翻刻,且足據松江晚搨之上游矣。

舊搨《瘞鶴銘》跋

世稱金石之學有二派：王蘭泉派重考證，翁覃溪派重賞鑑。余謂金石搨本亦有二類：其一類，搨時較早，字數偏多，上者可以助讀文詞，訂正史實；次者可供誇揚珍異，炫詡收藏。其二類，則捶搨精到，紙墨調和。上者足助學書者判别刀鋒，推尋筆迹；次者亦足使披閱者悦目怡心，存精寓賞。此二類各有一當，但視用者之意何居耳。

《瘞鶴銘》水激沙礱，殆及千載。即石未出水時，已無鋒勢可尋。況江涯施墨，淋漓沾濕，甚至某一點畫，究在何處，有時尚難確指，更無論筆跡之穠纖向背矣。逮出水年久，復經剜剔，於是只餘其石可信爲南朝開鑿者焉。憶李越縵有句云："名山如見六朝人。" 摩挲此搨，如見陶隱居輩捫崖題字，六朝名勝，依稀在目，又遑計其存字之多少，點畫之完闕乎！

題《張猛龍碑》

古之銘石書,多故求方整,以示莊嚴,遂即形成相傳之刊刻體。而簡札書中手寫體之彈性美,往往不可得見。其方不至於板滯,圓不失其莊嚴,每筆每字,時方時圓,或方或圓,相輔而成者,惟此碑得其妙。但仍是混合體,而非化合體。至唐之《醴泉銘》,則如鹽入水,融合無間。刊刻體與手寫體統一,莊嚴美與彈性美統一,故真書中,銘石之作,《張猛龍碑》爲小成,《醴泉銘》爲大成。以詩爲喻,猛龍如謝朓、庾信,醴泉則如沈佺期、宋之問。謝、庾之作,漸成律體,而仍不免於失黏;沈、宋之作,格律成熟,並無礙於變化。且字體各有其用,世人習古之銘石書而施於簡札,猶如燕寢著朝服,服者與觀者俱不舒適也。

《張猛龍碑》跋

右魏《張猛龍碑》一册。蟬翼淡搨，字口分明。以校碑字訣證之，"冬温夏清"不損，"蓋魏"二字不連，知爲明搨善本。余以往所見明搨，有略早於此者，未有精於此者。惜自"之恤"起數行，原本失墜。前代藏家取稍後之精搨補足，並綴碑陰。紙墨搨工，俱堪頡頏。其碑陽補字中，有殘泐數處，余據另一明搨淡墨本，以嚮搨之法足成之。此册去歲見之於廠肆，幾經周折，時逾一年，始以舊帖七種易得之。因憶趙子固購《蘭亭》，經三十三年，方得入手。入手僅四十日，竟以舟覆落水。登岸烘焙，親爲粘葺。手書長跋，自歎造物嫉其得寶。余今獲此册，實較易於子固，甘取爨下之桐，庶幾造物不嫉。而戒盈求闕之義，開帙得鑑。豈獨書法超妙，氈蠟精工，爲足益人神智已哉。夫孫子臏而史遷宫，猶足致龐涓死而漢武懼。今兹重合斷璧，竟使余心動經年，夜眠不着，其餘威盛烈，不亦概可見乎？其書者、刻者、搨者、裝者，名氏雖不可知，然吾知其下泉倘得晤對，必將相與拊雙掌，竪巨擘，欣然共慶，又獲一異代賞音，曰啓功元伯焉。而余之鈎填濃淡，決眦於秋毫之末，神明焕然，舊觀用以頓還者，又恨諸賢之不及見也。因爲六絶句以贊之。詩曰：

清頌碑流異代芳，真書天骨最開張。小人何處通温清，一字千金淚數行。

數行古刻有餘師，焦尾奇音續色絲。始識彝齋心獨苦，蘭亭出水補粘時。

世人哪得知其故，墨水池頭日幾臨。可望難追仙跡遠，長松萬仞石千尋。

江表巍然真逸銘，迢迢魯郡得同聲。浮天鶴響禽魚樂，大化無方四海行。

銘石莊嚴簡札遒，方圓合一費探求。蕭梁元魏先河在，結穴遥歸大小歐。

出墨無端又入楊，前摹松雪後香光。如今只愛張神冏，一劑强心健骨方。

淡揭《馬鳴寺碑》跋一九六三

古碑初出土時,點畫飽滿,而揭手每潦草不精。迨石既刓敝,始以佳紙淡墨謹慎追取,得其半,已失其半,譬如五鼎之祭,莫及親存矣。此碑未斷本,今時尚或遇之,然無不墨痕狼籍。如以神彩爽快論,轉有遜於斷後者。厥初之當慎,又豈金石之道已哉。

初搨司馬景和妻孟氏墓誌跋一九七七年初

北朝書結字密而點畫疎,後人每於亂頭粗服中窺其消息,《石門銘》、《孟氏誌》其較著者也。此本捶搨既早,舖墨尤精,宜乎雪堂翁之著於簿録。世行影本,若王蘭泉跋本、馮魚山淡墨本,皆不及此。今歸硯壽軒秘篋,足壓鄴侯三萬籤矣。此誌石與《隋元公姬氏誌》火後碎石,同在燕市人家,容光憔悴,等諸馬骨,昔嘗寓目,彌覺此初搨精本之堪珍重。

日本影印智永《真草千字文》墨跡跋一九七四

日本藏《真草千字文》墨跡一本,乃唐時傳去者,其筆鋒墨彩,纖毫可見。證以陝刻及羣玉堂刻四十二行,益見墨跡之勝。此直是永師手跡,無容置疑。多見六朝隋唐遺墨,自知其真實不虚。乃内藤虎次郎氏跋不敢稱爲真跡,而謂之唐摹。又見其點畫並非廓填,遂云"摹法已兼臨寫"。當真龍下室之時,作模棱兩可之論。蓋由法書希覯,人多對面不識耳。余既定之爲當日浙東諸寺中八百本之一,因爲七言二韻以贊之。贊曰:

永師真跡八百本,海東一卷逃劫灰。兒童相見不相識,少小離鄉老大回。

題懷仁集王羲之書《聖教序》一九七四

懷仁集王羲之書《聖教序》附《心經》,有功藝林,自無待言,其中拼湊偏傍,代用别字,亦人所共見,以其集書有不得已者也。惟有二事,殊不可解,而歷來論此碑者,罕見言及:唐譯佛經,對音用字,俱極精審。如“無”字之發音爲閉口鼻音,而“南”字之尾音恰與銜接,故用“南無”而不用“那摩”也。“若”字之發聲亦與“般”字之元音相接,故於“般若”用“般”而不用“波”,於“波羅”用“波”而不用“般”也。懷仁集書《心經》四句偈作“般羅揭諦,般羅僧揭諦”,於經呪對音用字,居然信手移易。此其一事也。經名《般若波羅蜜多心經》,“般若”者,華言智慧也。“波羅蜜多”者,華言到彼岸也。後世誤以“多心”爲詞,遂有稱“多心經”者。今觀懷仁集書此經尾題作《般若多心經》,夫佛經固非無簡稱之例,如《妙法蓮華經》之稱《法華經》,《大般若波羅密經》之稱《般若經》。如依例簡稱《般若心經》,固無可議,而多此一“多”,其意何居?乃知懷仁蓋亦讀作“多心經”者。此其二事也。余臨此碑,非伊朝夕,習而不察。病榻讀帖,偶見此隙,聊書所疑,以待就正方雅。

舊搨《昇仙太子碑》跋一九七五

自秦漢以來，銘石之書，無論爲篆爲隸爲真，皆取楷正之體，爲使人易識也。自唐太宗以行書書《晉祠》、《温泉》諸碑，遂開銘石書之變例。其後草書流行，視南朝爲尤盛，士夫以之謄録文章，如孫過庭《書譜》是；僧侶以之鈔撮經論，如敦煌所出法相宗諸論贊是；而武后遂以入石，《昇仙太子碑》是也。惟其事無稽，其字難識，而碑竟獲全，視《醴泉銘》之捶搨過多，幾於没字者，翻多幸矣。此本紙墨甚舊，昔爲武進陶君北溟所藏，今歸漁陽孟君君郁，出以屬題。陶君號稱精鑑，署曰宋搨，當有所據也。

題唐李文墓誌一九七六

李文墓誌不著撰人書人名氏，其書，筆法秀美而骨力開張，是所謂褚派者，與明人刻唐寫《西昇經》絶相似，乃知登善之獨擅其名者，特以官大耳。六朝以來諛墓之文，莫不遠攀華胄，有時異常可笑。如此誌云："聃浮氣紫，膺汎舟輕。"俱以李姓，聯爲偶儷。然亦有雋語堪誦者，如："藏舟易往，隟馬難留，薤露一朝，生平萬古。"雖羌無故實，而不能不令人低回不置也。至於此本搨時之先，損字之少，永年先生考校已詳，故不復贅。

《多寶塔碑》跋一九七四

《多寶塔碑》款署顔公，而字體與顔書諸碑俱不類，王元美云："不無佐史之恨。"蓋疑其爲吏人代筆也。吾見中唐人寫經，卷外題籤，筆力厚重，間隔緊密，每神肖此碑，知此必當時經生所書耳。唐人撰碑書碑，以官增重，後世銘旌之信手寫某達官拜題，實濫觴於此。抑有進者，唐世初以官重，後世則以書家名大重，再後則以墨搨時早及碑毀佚重，而書之美惡，殘於無關痛癢焉。又吾觀唐世經生楷書手之字跡，筆墨流動，結構精嚴，常出碑上名家法度之外，益知當時書丹，藉重別有所在者矣。如惟書是論，《多寶塔碑》平易近人，持較顔公諸碑，固難及金天神祠題名等，但視《麻姑壇》、《李元靖》，初無透爪穿齦之態，縱果出佐史經生，又何恨之有哉。然則元美眼中，依然有官無字也。此册"克嗣先業""克"字"口"中不泐。校碑者稱爲南宋搨本。質言之，當在金元之際，惜多蛀損。昔人以舊搨補其缺失，或一字之紙，兩半拼成，裝褾之工，亦堪歎賞。顧仍不免有缺而未補及誤補重出之字。然藏弆臨習，俱有足多者。君郁先生持以見示，因書鄙見如右，高明幸有以教之。

《僧端甫塔銘》跋

右舊搨柳公權書《僧端甫塔銘》,以相傳校碑字訣證之,“超”字未損,搨時可及明初。柳書之合作,推其真書大字。煊赫之品,今惟存《神策軍碑》及此《塔銘》,其餘皆所不逮。《神策》意態偏穠,余更喜此銘多清疎之致。原石尚存西安碑林,但石面以久搨磨損,字跡僅存間架而已。此本點畫無恙,血肉俱存,持比宋搨,略無軒輊。惟舊裝曾經霉濕,數處紙質敝殘,固無礙於臨池賞玩也。手自粘綴,以待他日遇良工重加裝治。

按僧端甫蓋一梵僧之子,道行無聞。碑文出裴休手,休嗣法黄蘗希運,見於《景德傳燈録》。所撰《圭峰宗密碑》,亦以文字爲金湯。而郭宗昌評此《塔銘》,病其但述寵遇人主,傾動貴衆,不知實獨具陽秋也。其記端甫之惑時君,則曰“迎合上旨”;記其惑徒衆,則曰“夢吞舍利”。寓意之微,已可見矣。夫舍利之事,佛典、僧傳中固常有之,得者皆以虔敬自致其誠,未聞吞食能證佛果。實吞尚無補於得道,況夢吞乎?且自言夢吞,又誰見之?欺人之術亦云淺矣。

碑文又云:“迎真骨於靈山,開法場於秘殿。”韓愈表諫,即爲此事。余昔嘗謂韓愈諫迎佛骨,首以年壽修短立論,未免門外之談,宜無以勝僧家之辯。今按端甫之導憲宗,與其説夢無異,俱不離舍利一事,其於佛法,蓋除舍利外,别無所知,以視韓愈,猶半斤之於八兩。惟端甫售其欺,憲宗受其欺,何預韓愈之痛癢?乃知汲汲封章，如非沽名，定屬好事耳。

柳公權書，史稱其“體勢勁媚”，此論最爲知言。但由傳中曾記其對穆宗有“心正則筆正”一語，於是談柳書者，人人拈此，一似此外一無足道者。夫書法之美惡，原與筆之欹正無關。公權不以筆法直告其君，而另引出心正筆正之説。若曰：吾筆既正，足證吾心之正。其自譽之術，亦云巧矣。按神策軍腥彰史册，僧端甫佞比權奸，試問其書此二碑時，心在肺腑之間耶？抑在肘掖之後耶？昔米芾多見法書墨跡，屢稱公權爲醜怪惡札之祖，然則自詡爲心筆俱正者，又何救於醜怪乎？吾但賞其體勢勁媚，而不計其曾爲醜怪惡札之祖。更賞此搨之神彩猶在，而不顧其紙敝墨渝也。

至於“大達”、“玄秘”諸稱，吾所不取，必也正名，改題如右云。贊曰：

> 端甫説夢欺癡愚，時君受惑堪軒渠。吞舍利外一技無，梵僧之子黔之驢。韓愈好事捋虎鬚，沽名取逐非冤誣。依然列戟潮州居，畢竟遭殃惟鰐魚。裴休嗣法稱佛徒，辯才每度肆騶趨。斯文微婉無阿諛，陽秋獨獲衣中珠。公權機巧工自譽，心正筆正何關書？體勢勁媚姿態殊，醜怪之祖吾不如。精粘細校毫釐區，行觀坐對枕卧俱。當時人物同丘墟，殘煤敗楮成璠璵，性命以之何其迂！

唐人寫經殘本四種合裝卷跋

右唐人寫經四段，都百九十六行。己卯春日，偶過廠肆，見裝潢匠人，裁割斷缺，將以背紙作畫卷引首，諧價得之，合裝一卷。其一使轉雋利，體勢肥闊，疑出開元、天寶以後。其二字畫古勁，猶存六朝遺意，"世"字"愍"字，皆不缺筆。避諱缺其點畫，始自高宗之世。此段縱非隋寫，亦在顯慶以前。其三格兼虞、褚，與昔見永徽年款者相似，惟圓潤之中，骨力稍薄。其四結體生疏，非出能手，當是衲子之跡。而亂頭粗服中，妙有顔平原法，不經意處，彌見天真。余結習難忘，酷耽書翰，凡石渠舊藏，私家秘笈，因緣所會，寓目已多。晉唐法帖，轉折失於鈎摹；南北名碑，面目成於斧鑿。臨池之士，苟不甘爲棗石氈蠟所愚，則捨古人墨跡，無從參究筆訣。其確出唐人之手，好事家不視爲難得之貨者，惟寫經殘字耳。此卷飾背既成，出入懷袖，客座倦談，講肄暇晷，寂寥展對，神契千載之上，人笑其癡，我以爲樂也。昔董思翁以唐寫《靈飛經》質於陳增城，陳氏私割四十三行以爲至寶。余今所得，四倍增城，而筆法之妙，不減《靈飛》，古緣清福，不已厚乎？贊曰：

羲文頡畫，代有革遷。真書體勢，定於唐賢。敦煌石室，丸泥剖矣。吉光片羽，遂散落乎大千。晴窗之下，日臨一本，可蟬蛻而登仙。人棄我取，尤勝據舷。信千秋之真賞，不在金題玉躞；濡毫跋尾，殆自忘其媸妍也。

唐人寫《金剛般若波羅蜜經》殘卷跋

右唐人寫《金剛般若波羅蜜經》一卷。首有斷闕,尾損十五字,書體精妙,與世行影印邵陽李氏寶墨軒本相似,而筆勢瘦健,殆尤過之。行間有朱筆句讀,是曾經持誦者。己卯秋日,得之燕市海王邨畔。用寶晉題子敬帖韻爲贊。贊曰:

虹光字字騰麻紙,六甲西昇誰擅美。李家殘本此最似,佛力所被離火水。緩步層臺見舉趾,日百回看益神智。加持手澤不須洗,墨緣欲傲襄陽米。

唐人寫經殘卷跋

右唐人寫《妙法蓮華經》卷一《序品》後半《方便品》前半，共二百二十九行。硬黄紙本。前有“大興樂氏考藏金石書畫之記”朱文印。余以重值得之遵化秦氏。以書體斷之，蓋爲初唐之跡。世字已有缺筆，當在高宗顯慶以後耳。此卷筆法骨肉得中，意態飛動，足以抗顔歐、褚。在鳴沙遺墨中，實推上品。或曰：此經生俗書，何足貴乎？應之曰：自袁清容誤題《靈飛經》爲鍾紹京，後世悉以經生爲可大，雖精鑑如董香光，尚未能悟。夫紹京書家也，經生之筆，竟足以當之，然則經生之俗處何在？其與書家之别又何在？固非有真憑實據也。余生平所見唐人經卷，不可勝計。其頡頏名家碑版者更難指數。而墨跡之筆鋒使轉，墨華絢爛處，俱碑版中所絶不可見者。乃知古人之書托石刻以傳者，皆形在神亡，迥非真面矣。世既號寫經爲俗書，故久不爲好事家所重，而其值甚廉。余今竟以卑辭厚幣聘此殘卷，正以先賢妙用，於斯可窺；古搨名高，徒成駿骨耳。贊曰：

墨瀋欲流，紙光可照。唐人見我，相視而笑。

宋人無款墨筆《輞川圖》長卷跋一九五八

右宋人無款《輞川圖卷》，長近三丈，紙質縝滑，墨彩濕潤，筆力凝重，風格樸拙。多見宋人真跡，望而自知，特非出自最高手耳。款識題跋，一無復存。諦觀其景物，與世傳郭忠恕輞川粉本形模有相似處。因取《輞川集》證之，見所謂孟城坳、華子岡、文杏館、斤竹嶺、鹿柴、木蘭柴、茱萸沜、宮槐陌、臨湖亭、南垞、欹湖、柳浪、欒家瀨、金屑泉、白石灘、北垞、竹里館、辛夷塢、漆園、椒園等，遊止之勝，於此卷中，班班可案。余平生閱《輞川圖》，並石刻不下十餘事，其妄署右丞真跡外，多題爲郭恕先作。緬想最初粉本，園林法式，殆亦非全無依據。所惜展轉臨摹，改竄割裂，或僞托名家，或謬標異本，遂並圖樣源流，亦莫從徵信。此卷乃無名之璞，非有意作僞者比。所寫山莊池館，有如飛鳥之圖，藍田別業之梗概，或者尚存於百一。嘗謂倘就古畫圖中，桑田農圃，漁莊蟹舍，寺觀樓臺，舟車橋彴，考其結構，察其規模，罔非先民之生活史料。世習知人物故事畫有關史實風俗，不知山水畫亦何獨山川草木足供卧遊而已哉。余得此卷，每自詡不啻卞和、伯樂之識寶璞、名駒於荒山、皁櫪之間。偶求書家題字，誤遭遺落。友人見告，居然垂棘歸來，嘉誼勝緣，亦有足紀者。斯圖沉湮，七百餘年，表而出之，得重顯於世，蓋自兹始。

秋碧堂刻黄山谷書陰長生詩跋一九七六

右真定梁氏秋碧堂刻本黄山谷書陰長生詩。此詩墨跡,字字剪開,綴湊成卷,見文衡山《甫田集》,云:"必是大軸,經庸人裝截。"其後又改裝成册,見安麓村《墨緣彙觀》。其辭句次序,各家所記,如都元敬《南濠居士文跋》、汪玉水《珊瑚網》,與此帖互有異同,殆各以己意詮次者。不見原跡,不知剪痕何若也。曲阜孔氏《玉虹鑑真帖》亦刻有此詩,字句與秋碧本相同,知梁氏以來,裝褫次序如此。山谷自跋言:"忠州豐都山仙都觀朝金殿西壁有天成四年人書陰真君詩三章,余同年許少張以爲真漢人文章也,以余考之,信然。"其原委見董逌《廣川書跋》。廣川云:"酆都宫陰真人祠刻詩三章。唐貞元中刺史李貽孫書。元豐四年轉運判官許安世即祠下盡閲其石,謂此三詩真陰氏作,如還丹等,皆後人託之。乃屬知夔州吴師孟書。既成,送觀中,於是盡破毁其餘石,故今世不得傳。余嘗得舊石本,然獨存此也。"山谷所見爲天成四年人書,與貞元、元豐俱不合,不知歧異之故何在。亦不知少張是否許安世之字也。至於許安世謂此三詩真陰氏作者,乃較觀中其他文字而言,謂還丹等爲依託者也。山谷云:"許少張以爲真漢人文章。"又云:"考之信然。"語成確鑿,翻滋讀者之惑。傳述之難,有如此者。山谷此書乃贈王瀘州之季子者。文衡山云:"王瀘州,名獻可,字補之,時帥瀘州,遣其少子至黔省山谷,故有是贈。"紹聖四年,山谷年五十又二。黄書全用柳誠懸法,而出以動宕,所謂字中有筆者,亦法書之特色也。柳書必大字始極其筆勢,小字雖《金剛經》亦拘攣無勝處,黄書亦然。此帖用筆能盡筆心之力,結字能盡字心之勢,亦書家之一秘焉。

趙子昂帖跋

此帖有"水晶宫道人"朱文長方印,因與友人談此印,即書帖後。按《輟耕録》云:

> 吴興之水晶宫不載圖經,子昂有"水晶宫道人"印,周草窗以"瑪瑙寺行者"對之,趙遂不用。後見草窗同郡崔進之藥肆一牌曰"養生主藥室",乃以"敢死軍醫人"爲對,進之亦不用此牌,子昂曰:"吾今日才爲水晶宫吐氣。"

余每疑瑪瑙寺行者有何可耻,遽至不復用可作對文之印?後閲《遂昌雜録》記温日觀遺事云:

> 宋僧温日觀,居葛嶺瑪瑙寺,人但知其畫蒲桃,不知其善書。今世傳蒲桃皆假,其真者,枝葉鬚梗皆草書法。酷嗜酒,楊總統以名酒啗之,終不一濡脣,見輒忿詈曰:掘墳賊,掘墳賊!惟鮮于伯機愛之,温時至其家,袖瓜啖其大龜,抱軒前支離叟,或歌或笑,每索湯沐浴,鮮于公必親進澡豆,彼法所謂散聖者,其人也。

乃知瑪瑙寺行者,即僧子温也。子温號日觀,爲宋遺民,佯狂自晦,元明人記其事者尚多。趙七司户久與掘墳賊同朝,見此屑不濡楊總統酒者,自有愧色。草窗亦宋遺民,特舉此對文,殆亦有陽秋之意也。支離叟者,鮮于家一老松之名,《佩文韻府》“叟”字下引《研莊雜記》云:“鮮于伯機嘗於廢圃中得怪松一株,移植齋前,呼爲支離叟。”又陸心源刻《穰梨館帖》卷七有《鮮于伯機書支離叟序》並詩草稿,首云“支離叟者,鮮于氏虎林新居之怪松也”云云。可見伯機雖仕元,而敬重子温,其心跡略可得而見矣。

明袁褧刻《閣帖》跋

此明嘉靖間吴郡袁褧摹刻《閣帖》，褧字尚之，號謝湖，吴人。亦嘗摹刻古書善本，如《世説》、《文選》等，所謂嘉趣堂本者也。

其所刻《閣帖》，流傳甚少。嘉靖末，顧從義刻《閣帖》，號稱翻自袁藏宋本。其後萬曆間潘允亮又刻之，亦稱所據爲袁藏宋本。五百年來，以袁刻罕傳，世遂以顧、潘爲善本。

按《閣帖》之歷代摹本，貴在筆意可見。即或點畫有失真處，亦必有情理可尋。翻刻如斯者，始爲善本。試觀顧本失之板鈍，潘本失之含混。比而觀之，顧氏所刻，直是袁氏摹本之再翻，未必出於袁藏宋本；潘氏所刻，雖勝於顧本，然校袁本，薄弱已多矣。

此帙十册無缺，稍有蛀損。首册所刻之"賈似道印"，爲人以重墨塗去，"悦生"葫蘆印，則用朱筆填畫。幸末册所刻之"封"字印及"齊周密印章"五字小印未塗，各卷中之小字卷數、版數，亦尚有存者。第九册中"第九卷十四"一行，則又以墨塗去，映光視之，五字分明可見。第九册中另有"第九卷"三小字，則未塗去。帖後所刻元人周厚跋及袁褧短跋，俱割去，而以烏絲欄重寫周跋，揆其用意，蓋欲以充宋搨，不知安有宋搨而刻有封字、周密諸印者乎？

夫宋翻《閣帖》，間或有之，而袁刻全帙，今同星鳳。余竊幸痌疾餘生，見此完帙；亦幸此帙見余而得還其本來面目。友人見示屬題，每册有舊籤題曰"宋搨《閣帖》"，因鄭重告之曰：此希有之珍本也，不以虚號宋搨爲足榮，而以的確袁刻爲可重也。因爲改題，並書其後。

明搨泉州本《閣帖》跋一九七五

北宋時泉州有《閣帖》摹本，殆出市舶司所刻，其石南宋時在郡庠中，嘉定間，莊夏以舊石殘損而重摹之。明初洪武間，常性增刻釋文，此後翻本益多，有四十二泉之目，以其底本得真，故雖一再翻摹，而筆勢風神，依稀尚在。嘉靖間吴門袁褧以賈似道藏《閣帖》重摹，其後顧從義、潘允亮繼之，皆展轉出於賈本，自是泉本之席，遂爲所奪，再後肅藩本出，而袁、顧、潘三家刻本又復式微。此明代《閣帖》流傳之大略也。此帙十册，爲明搨泉本，雖非郡庠原石，而大字諸帖，神彩流動，惟其爲莊氏刻本，抑爲其他四十一泉中本，則不可知，泉帖源流，自孫承澤《閒者軒帖考》誤記，後世承訛，遂迷真相。近代沈寐叟、張勺圃兩先生考之最詳，而泉帖公案，始獲大白。北宋郡庠原石今傳殘本，涵芬樓曾影印行世，題曰"宋拓王右軍書"，蓋當時尚未知其爲泉帖焉。一九七五年八月，湜華先生出示，乃十餘年前所獲者，爲鑑定題後，幸不以凡本視之。

題祝枝山草書杜詩《秋興》八首卷後一九七六

右明祝允明枝山草書杜詩《秋興》真跡一卷。祝書在明中葉聲名藉甚，蓋其時華亭二沈之風始衰，吴門書派繼起，祝氏適當其會，遂有明代第一之目。至於今日，已近五百年矣，其得失蓋有可得而言者？祝書學其外祖徐有貞，外舅李應禎，作小楷摹翻刻《黄庭經》、《樂毅論》等，用筆誤以倔僵爲古樸，似連而斷，功力未免虚抛。行書全似徐、李，結字用筆，心乏主宰，雖亦臨古，鮮見銷融。又喜作草書，縱横揮斥，當時人未見旭素之跡者，遂以顛醉許之。所期雖過，而祝氏於草書究似曾見黄山谷墨跡者。故其各體中，應推草書爲最。然山谷自言："少時喜作草書，初不師承古人，但管中窺豹，稍稍推類及之。方事急時，便以意成，久之或不自識。"云云。知草書杜撰，昔賢亦所不免。祝書亦每以疎忽致字訛，或以迅疾致筆敗，觀者見其然，遂常指爲僞跡，是未知其底藴耳。曾見坊間影印草書《秋興》一卷，乃同一年書於廣州官舍者，又見草書《秋興》卷，殘存二首，文徵明補書六首。知其所書《秋興》甚多，殆如王獻之之寫《洛神賦》，人間合有數本者。當時半卷，文氏猶珍重補全，今此完璧，寧不更堪什襲也！因臨一通，訂其訛筆，並誌於真跡之後。

題文徵明書七絶小幅一九七六

石翁詩律號精成，老去還憐畫掩名。世論悠悠遺鉢在，白頭慚愧老門生。

右文徵明七絶一首。沈石田長於文衡山四十歲，衡山師事之惟謹。每見所題沈畫之語，無不肫摯動人。即此一首，亦不止一再書。此乃大册一開之對題，爲人割去其畫，市上輕其殘缺，遂得入於我手。二十年來，舊蓄書畫，斥賣已盡，獨此小幅，尚存篋笥，蓋深感石田翁以高文健筆，爲一代宗工，身後且不免於悠悠之論。小子於此，能不知所憤悱。而衡山翁以頭白門生，猶拳拳衣鉢如此，是尤後學所堪敬慕者。每一展觀，不忍遽置，又安敢任其失墜乎？此幅紀年癸卯，爲嘉靖廿二年，衡山七十四歲。腕力遒勁，筆意流美可喜，然於此幅中抑其次焉者也。舊裝零落，倩友人爲之重加背飾，敬識瞕池之右。

題僞作仇英《西園雅集圖》一九七四

畫有贋作，人所習知，然其中亦有等差。他人點染，自署姓名，是爲代筆。揣摩名家，效其筆跡，是爲僞作。以次等筆跡改易款字，以冒大家，是爲割換。唐宋佳作，多無款識，後人妄題某家名字，捕風捉影，反成蛇足，是爲添款。影摹名畫，鈎填款字，翻刻印章，以充原作，是爲摹本。至於倣作中手筆亦有高下，如此卷款署仇英，而畫出李士達，固不失爲佳手用心之作。昔人云："買王得羊，不失所望。"又安得概以贋鼎斥之乎？所恨世之贋畫，不能盡知出誰何之手耳。又余病中卧讀戲鴻堂刻紈扇書《西園雅集圖記》。不但芾字款識不類，即其文風亦頗不近元章。不憶米憲輯《寶晉山林集拾遺》中曾否收之。以語吾友徐邦達先生，邦達於北京圖書館藏善本書中檢之。云，不但宋本《拾遺》所無，即通行之《寶晉英光集》中亦無此篇。蓋昔有用米體小行書寫此記於團扇上者，後人妄加芾字之款，其字獨大，與前文不諧，可知其僞，世或據之以爲米文耳。余私幸妄測之未謬，更服邦達檢書之勤，考校之密，附記於此。再觀卷後文徵明行書此記，筆力纖弱，與前段畫圖同出揣摩倣製者也，則苦不知書者爲誰某矣。

題沈士充畫卷一九七四

董其昌書畫多代筆，以余所考，畫之代筆人有趙左、趙泂、沈士充、釋珂雪、吴振、吴易、楊繼鵬、葉有年等。書之代筆人有吴易、楊繼鵬。此僅爲已知者，其未經發現者，尚不知凡幾。董氏自作，在當時文人畫中固未嘗不具有别趣，若以畫中理法衡之，則所作轉未及代筆之合度。余少年學畫，或謂筆致近董，臨其自作諸跡，苦無所入，及累摹沈士充長卷，於是始獲門徑，而董筆與趙沈諸家之作，亦復犂然判於心目間。年逾五十，撰《董其昌書畫代筆人考》一文，私謂此樁公案，庶幾見其眉目。今觀沈氏此卷，筆意班班可按，不啻忽遇久别故人，欣然書後，以誌賞會之勝。

《詹東圖玄覽編》跋一九四七

《詹東圖玄覽編》久無足本，僅《佩文齋書畫譜》卷九十九載一百六十二條，失名人撰《繪事雜録》載四百二十七條而已。近年發見明抄本《東圖全集》共三十卷，前爲詩文雜著二十六卷，其詩號《留都集》，末附《玄覽編》四卷，此書今歸中央研究院歷史語言研究所，而故宫博物院嘗抽抄《玄覽》四卷。以《繪事雜録》曾載於《故宫週刊》，復摘《雜録》未收諸條補載於《週刊》中，惟次序既紊，真面遂失，且分期刊載，繹覽不便，因據明抄本重付排印，以廣流傳，而還東圖原書之舊。集中又有題跋三十八首，皆題書畫碑帖之作，亦附録於後。

明抄《全集》，白棉紙藍印界行，半頁十行，行二十字，前有萬曆辛卯沔陽陳文燭序，道光元年劉燕庭題識，略云：是集《明史藝文志》及千頃堂黄氏、澹園焦氏、紅雨樓徐氏諸家皆未著録，想傳鈔未廣，世鮮知者。余得此本於大興朱氏茱華唫館，笥河先生督學皖江時所得者，洵秘笈也，云云。則其希覯可知。

抄本中字多訛誤，如“嵇”姓作“稽”，“項元汴”作“元忭”，“李西涯”作“西崖”，“王摩詰”作“黄摩詰”之類，皆灼知其誤，徑爲改正。其餘可疑字句，一仍其舊。《佩文齋書畫譜》各條多經删節，《繪事雜録》則抄輯較晚，雖據以比勘，而别列校記，慎密周詳，皆同仁諸公之力焉。

論畫之文，不得不用術語，而東圖習用之辭，又常異於今日之習用者。如“大、小斧劈皴法”之簡稱“大劈”、“小劈”，或稱“劈斧”；“渲染之法”，有“瀋”、“汕”、“洗”之稱；“利家”或“力家”，明人每與“行家”對舉，知與今俗所謂“外行”之義相同，吾嘗於何元朗《四友齋叢説》及趙文度山水真跡題語中見之。其藏於某家，多稱“藏某某”或“在某某”。周公謹《雲煙過眼録》多省“録”字，讀者於句讀之際，稍涉參差，即生誤解，並非盡屬訛奪也。

集中舊有朱筆抹改處，其人似距東圖不遠。《玄覽編》中則卷一第八條末增“果自云俗”一句，又卷二第五十九條末增“轉賣與溪南吴中翰”云云十五字，又卷四第一百五十三條末增“不肖子盜賣與程問學”云云十四字。及前後改易人名、官名六處，似皆别據見聞。間或訂正誤字，大抵允當。惟畫草之“芊芊”改爲“竿竿”；“力家”一辭，改爲“用力到家”。則以不誤爲誤矣。今於前舉九處，從其增改，並著於校記中。

東圖書畫既負盛名，鑑賞尤稱巨擘。今日所見名跡，凡載在編中及有鑑定印記者，多屬上駟。觀其不薄馬、夏，不斥吴小仙，持論能得其平。卷三自記鑑定五代昇元閣石搨事，謂具眼在新安，不在吴門，以折王鳳洲，皆足見不爲吴中習氣所囿。又如疑魏泰本《十七帖》墨蹟爲自石刻中摹出者，疑《薦季直表》爲後人贋寫，謂梅道人有學夏珪處，尤爲卓見。

至若鍾繇摹《正考父鼎銘》署款年代與鍾不合，其僞無疑。元人馮子振屢奉元成宗之姊魯國大長公主之命題跋書畫，編中於馮稱“國初人”，於“皇姊”提行擡寫，誤爲明朝皇姊，又誤損齋爲徽宗，誤姚懷珍爲姚彌章。又謂郭乾暉畫鷂學徽宗白鷹，不知郭爲五代人，在徽宗之前，皆醇中之疵，不能爲賢者諱也。

此編所記，不斤斤於款識印章，而詳於筆墨法度。昔讀張浦山《圖畫精意識》，以其備論畫法得失，於書畫著録體例中，獨闢蹊徑，賞鑑之道，始不墮於空談，而能有益於學者。及見東圖之書，則已先乎浦山矣。蓋東圖書畫既精，聞見又博，其所論斷，皆自甘苦中來，精闢如此，豈偶然哉。一九四七年冬，啓功。

朱竹垞家書卷跋

右朱竹垞先生應博學鴻詞科前後之家書一卷，長孺教授珍秘，出示命題。按有清起於遼左，每稱以騎射爲根本。然其所以垂世祚近三百年，恢華夏封圻數萬里，乃至同光殘局，尚持數十年者，莫不有書生之力在，初不盡關弓馬焉。入關前則有達海、范文程；稍降，西域則聖祖親征；金川臺灣諸役，則有阿桂、姚啓聖；下逮同光，則有曾、左。己未詞科，實文治斡運之鈞樞。惟自知天地古今之君，始知書生之有其用，亦清祚之所以綿延於元祚者也。昔宋太祖過"朱雀之門"，問"之"字何用，侍臣對以語助，宋太祖曰："之乎者也助得甚事。"庯詎知陸秀夫、文天祥能使趙氏塊肉，無忝所生者，豈非"之乎者也"之助乎？竹垞早年曾參預復明之舉，中歲之後，應鴻博之徵。吏議以孔目待詔用，特簡拔爲檢討，置之史局，進而爲南書房行走。後人曾無責竹垞失據而議聖祖失察者。蓋徵者應者相忘於大化之中，亦足覘夫時勢已。史册無情，口碑有據，康熙之治，今更爲人艷説，豈偶然哉！竹垞此卷，攸關論世如此，不徒以三百年文物爲可貴也。

朱竹垞《梧月詞叙》手稿跋

右朱竹垞《梧月詞叙》手稿一卷。竹垞早年參與復明之舉，中歲之後，時勢已非，乃應博學鴻辭之徵，立文學侍從之列，亦新朝所需孔亟也。蓋竹垞姓朱氏，卻非前朝近派，而文章名重，爲東南之望。收羅擢用，以示無私。錢牧齋清議黨魁，亦學術權威。所撰《列朝詩集》，頤指文壇，儼然汝南月旦。欲樹新幟以敵之，必賴名高之士。此《明詩綜》之作，知必有所授意者。且從而可見牧齋雖銜璧納款，其書早爲當宁所忌，乾隆時之明加禁毁，乃事會所趨，由隱而顯者耳。當政本漸固之時，即竹垞爲用日輕之際，不待高淡人之傾軋，南書房已無可留之地焉。自古文人莫能自立，必憑附政局而爲進退。竹垞之浮沉，正斯義之明證也。然其跡擯而身全，書傳而名泰，康熙之治豔説於今，詎無故者哉！

成容若手札卷跋

右成容若先生德手札二十九通並諸名賢題跋一卷。武進趙藥農教授所藏,囑爲鑑定,因跋其後曰:

容若先生,不得謂爲葉河一部,康熙一朝之人也。其倚聲之作,傳誦至今,殆所謂有井水處,皆唱屯田。其學行,則其生平著述暨諸家所撰碑誌具在,小子何容贅一辭。獨念先生高才早世,遺墨流傳,稀如星鳳。每思披尋尺素,以寄仰止之思,而不可得。今見此卷,摩挲展讀,其欣幸真有譬喻所不能盡者。

案諸札皆爲張見陽者,見陽名純修,字子敏,見陽其號也。隸漢軍正白旗,世稱其爲漁陽人者,蓋豐潤駐防,京畿外八處駐防之一也。貢生,官至廬州知府。與容若交莫逆,讀所刻《飲水詞集》序,則其交誼,可概見焉。

見陽於康熙十八年己未知江華縣,此卷第廿八、第廿九兩札,皆寄湘中,即寄江華者。第廿九札云:"渌水一樽,黯然言别。"當作於判袂之初,即己未年書,容若二十五歲;而第廿八札云:"朝來坐渌水亭,正年時把酒分襟處。"又有"改歲以還"之語,則是翌年之書,容若二十六歲筆也。第廿二札爲盧夫人舉殯時書,夫人卒於何時無所考,惟《飲水集·沁園春序》云"丁巳重陽前三日,夢亡婦淡妝素服"云云,知在康熙十六年九月六日以前。又《金縷曲·亡婦忌日有感》,有"寒更雨歇,葬花天氣"之句,則夫人之卒,殆在丁巳暮春,是年容若二十三歲。第廿三札與此札箋紙相同,言“日晷望付來手”,末署期服。第廿六札亦署期服,第十八札言“日晷不值,望以前所見者賜下”云云,知與第廿三札同時,而應次後。此四札蓋作於康熙十六年暮春之後,翌年暮春之前,容若二十三四歲間所書者。第廿四札云:“來箋甚佳,乞惠我少許。”而第三札暗花箋刊有“波濤流”三字及“張氏”小印,殆即乞得者,排次亦倒。第十九札言借耿都尉藏倪迂《溪山亭子圖》事,是圖載在吴升《大觀録》,吴氏曾以耿氏藏印太繁爲病,而稱之爲迂翁諸品中之大有力量者,容若鑑賞之韻,於斯可見。第廿九札紙角有“明阿哥”三字,蓋收閲存録時所記,或即見陽之筆,可見當時僕從稱呼。而容若又嘗自署“來中”,見第四、第十七兩札,亦世所未知者。

綜觀此卷,大抵無康熙庚申以後書。其裝池率以紙色類從,頗多失序,倘假以時日,博參而詳考之,則通卷次第,或不難釐定。

至於查皋亭、顧梁汾、胡存齋、秦留仙、沈恪庭、朱竹坨六家跋語,有當日銘誄之文所不能盡者,與諸札同爲希世文獻,雖黄金白璧,詎足當之!

若夫韻語之道,固不佞所好,而嘗學爲之者,然黄鶴樓頭,不敢題詩也。

〔附〕成容若與張見陽二十九札

第一札

前求鐫圖書,内有欲鐫“藕漁”二字者。若已經鐫就則已,倘未動筆,望改篆“草堂”二字。至囑,至囑! 茅屋尚未營成,俟葺補已就,當竭誠邀駕作一日劇談耳。但恨無佳茗供啜也。平子望致意。不宣。成德頓首。初四日。

“卿自見其朱門,貧道如遊蓬户。”容兄因僕作此語,構此見招,有詩刻《飲水集》中,適睹此札,爲之三嘆! 貞觀(此四十字爲顧貞觀題跋)。

第二札

前來章甚佳,足稱名手。然自愚觀之,刀鋒尚隱,未覺蒼勁耳。但鐫法自有家數,不可執一而論,造其極可也。日者竭力構求舊凍,以供平子之鐫,尚未如願。今將所有壽山幾方,敢求渠篆之。石甚粗礪,且未磨就,並希細緻之爲感。疊承雅惠,謝何可言! 特此,不備,十七日成德頓首。石共十方,其欲刻字樣,俱書於上。又拜。

第三札

前託濟公一事,乞命使促之。夜來微雨西風,亦春來頭一次光景。今朝霽色,亦復可愛。恨無好句以酬之,奈何,奈何! 平子竟不來,是何意思? 成德頓首。

第四札

兩日體中大安否? 弟於昨日忽患頭痛,喉腫。今日略差,尚未痊愈也。道兄體中大好,或於一二日内過荒齋一談,何如,何如? 特此,不一。來中頓首。更有一要語,爲老師事,欲商酌。

又拜。

第五札

廳聯書上,甚愧不堪。昨竟大飽而歸,又承吾哥不以貴遊相待,而以朋友待之,真不啻既飽以德也。謝謝!此真知我者也。當圖一知己之報於吾哥之前,然不得以尋常酬答目之。一人知己,可以無恨,余與張子,有同心矣。此啓,不一。成德頓首。十二月歲除前二日。因無大圖章,竟不曾用。

第六札

一二日間,可能過我,張子由畫三弟像,望轉索付來手。諸子及悉,特此。成德頓首。七月四日。

第七札

素公小照奉到,幸簡入,簡入!諸容再佈,不盡。成德頓首。七月十一日。

第八札

久未晤面,懷想甚切也,想已返轡津門矣。奚匯升可令其於一二日間過弟處。感甚,感甚!海色煙波,寧無新作?並望教我。十月十八日,成德頓首。

第九札

姚老師已來都門矣,吾哥何不於日斜過我?不盡。成德頓首。三月既日。

第十札

花馬病尚未愈,恐食言,昨故令帶去。明早家大人扈駕往西山,他馬不能應命,或竟騎去亦可。文書已悉,不宣。成德頓首。

第十一札

德白:比來未晤,甚念。平子兄幸囑其一二日内撥冗過我爲禱。此啓,不盡。初四日,德頓首。並欲攜刀筆來,有數石可鐫也。如何?

第十二札

天津之行,可能果否?斗科望速抄出見示。聚紅杯乞付來手。三令弟小照亦檢發,至感,至感!特此,不一。成德頓首。

第十三札

前正以風甚不得相過爲憾,值此好風日,明早準擬同諸兄並騎而來,奈又屬入直之期,萬不得脱身。中心嚮往,不可言喻。另日奉屈過小圃,快晤終日,以續此緣,何如?見陽道兄。成德頓首。

第十四札

箭決原付小力奉上,因早間偶失檢察,竟致空手往還,可笑甚矣。今特命役馳到,幸並存之。書祈於明後日即取至,則感高愛於無量也。晤期再報,不一。成德頓首。見陽道兄足下。

第十五札

來物甚佳,渠索價幾何?欲傾囊易也。弟另覓鰍角,尚欲轉煩茂公等再爲之,未審如何?先此復,不盡,不盡。初四日。成德頓首。

第十六札

周、伊二人昨竟不來,不知何意?先生幸促之。諸容面悉,不盡。七月七日。成德頓首。見陽道兄足下。

第十七札

令弟小照可謂逼肖,然妝點未免少俗耳。吾哥似少不像,而秋水紅葉,可無遺憾也。一兩日可能過我?特此,不盡。來中頓首。

第十八札

日晷不值,望以前所見者賜下,否則俱不必耳。恃在道義相照,故如是貪鄙也。平子已託六公,如何竟有舛謬?俟再訂之。諸不悉。成德頓首。

第十九札

倪迂《溪山亭子》乃借耿都尉者,頃已送還,俟翌日再借奉鑑耳。四畫若得司農慨然發鑑,當邀駕過共賞也。率覆,不一。弟德頓首。

第二十札

箭決二，謹遣力馳上。其物甚鄙，祈並存之爲感！所言書幸於明朝即令紀綱往取。晤期俟再訂。不盡。弟成德頓首。見陽道兄足下。

第二十一札

欹斜一徑入，門向夕陽邊。何必堪娱賞，彫零自可憐。松寒疑有雪，僧老不知年。只合千峰上，長吟看月圓。《戒壇》。

第二十二札

亡婦柩決於十二日行矣，生死殊途，一别如雨。此後但以濁酒澆墳土，灑酸淚，以當一面耳。嗟夫，悲矣！《澹庵畫册》附去，《宋人小説》明晨望送來。成德頓首。

第二十三札

日晷望即付來手，諸容另佈，不一。期弟成德頓首。見陽道長兄。

第二十四札

正因數日不見，懷想甚切，不道駕在津門也。海上風煙，想大可觀,有新作,歸來即望示我。來箋甚佳,乞惠我少許,尊使還,草此奉覆。不盡,不盡。十月五日。成德頓首。

第二十五札

明晨欲過尊齋,同往慈仁松下,未審尊意如何? 特此,不一。成德頓首。

第二十六札

連日未晤,念甚。黄子久手卷借來一看,諸不一。期小弟成德頓首。

第二十七札

比日未奉教誨,何任思慕。前所云表帖張慶美,幸致其過荒齋。奚匯升亦遣其過我。秋色滿階,忽有迅雷,斯亦奇也,不知司天者亦有占驗否? 此上。不盡,不盡。九月十三日,成德頓首。《從友人乞秋葵種》一絶呈教:空庭脈脈夕陽斜,濁酒盈樽對晚鴉。添取一般秋意味,牆陰小種斷腸花。

第二十八札

四月廿一日成德白:朝來坐渌水亭,風花亂飛,煙柳如織,則正年時把酒分襟之處也。人生幾何,堪此離别? 湖南草緑,淒咽同之矣。改歲以還,想風土漸宜,起居安適。惟是地方兵燹之後,興除利弊,動費賢令一番精神。古人有踐歷華要,猶恨不爲親民之官,得展其志願者。勉旃,勉旃! 勿謂枳棘非鸞鳳所棲也。蕞爾荒殘，料無脂膩可點清白，但一從世俗起見，則進取既急，逢迎必工，百煉剛自化爲繞指柔。我輩相期，定不在是。兄之自愛，深於弟之愛兄，更無足爲兄慮者。至長安中，煙海浩浩，九衢晝昏，元規塵污，非便面可卻。以弟視之，正復支公所云"卿自見其朱門，貧道如遊蓬户"耳。詩酒琴人，例多薄命，非爲曠達，妄擬高流。頃蒙遠存，聊悉鄙念。來扇並粗箑寫寄，筆墨蕪率，不足置懷袖間。穆如之清，藉此奉揚。楚雲燕樹，宛然披拂，或暫忘其側身沾臆也。努力珍重！書不盡言。成德頓首。

第二十九札

成德白：渌水一樽，黯然言别，漸行漸遠，執手何期？心逐去帆，與江流俱轉，諒知己同此眷切也。衡陽無雁，音問久疏。忽捧長箋，正如身過臨邛，與我故人琴酒相對。鄉心旅況，備極淒其。人生有情，能不惆悵。念古來名士多以百里起家者，願足下勿薄一官，他日循吏傳中，藉君姓名，增我光寵。種種自當留意，乃勞諄囑耶？鄙性愛閑，近苦鹿鹿。東華軟紅塵，秖應埋没慧男子錦心綉腸，僕本疏慵，那能堪此。家大人以下，仗庇安和，承念並謝。沅湘以南，古稱清絶，美人香草，猶有存焉者乎？長短句固騷之苗裔也，暇日當制小詞奉寄，煩呼三閭弟子，爲成生薦一瓣香，甚幸。郵便率勒，不盡依馳。成德頓首。

原卷後當時名人題跋

向從朱供奉竹垞、姜徵君西溟輩得悉容若風雅，以未經挹接爲恨。壬申秋從見陽署中始睹其筆札，把玩不能釋。見陽與容若爲莫逆交,生平唱酬最密。於其殁後,既刻其《飲水詩》,復集其往還尺牘,裒然成卷。世之覽者,不獨想見風流,亦當有感於交道也。皋亭查嗣韓。

每與人言容若佳處,聞者或以爲過情,要是其人未識容若耳。若曾相識,則其佳處尚不盡於吾輩所言也。今觀諸札,與見陽愛重若此,知容若,並可知見陽。而容若已不可復作矣,惜哉!梁溪同學顧貞觀識。

余向棲遲郎署者八年,未嘗一識容若。間有言及者,亦止道其聲華烏奕,才思藻麗而已。及乞休後,寓居錫山,日與梁汾舍人對,始悉其爲人。雖處華膴,而律己甚嚴。雖風雲月露,不廢拈毫。而留心當世之務,不屑屑以文字名世。今觀見陽張君集其往復書札,胸中筆下,都無點塵,而用意尤極深厚,則其人之生平,益信梁汾之言爲不虚矣。惜乎天不假之年,使賫志以殁,豈天之所賦,亦有靳有不靳耶?吁!若容若者,正不必以年傳也。癸酉孟夏,武陵存齋胡獻徵跋。

人謂容若貴公子耳,稍知之者,目爲才人已耳。不知其志潔,其行芳,不但不以貴公子自居,並不肯以才人自安也。此與見陽先生往來手札,觀其於朋友間,肫篤如此,亦豈今人所有哉!至其辭翰工妙,有目共見,又不待言也。見陽裒集成卷,寶愛如拱璧,其知容若深矣。梁溪同學秦松齡跋。

容若先生素未謀面,然詩文翰墨,饒有風雅之譽,心竊慕之。見翁世叔於胥江舟次出其手札一卷,閱之不能釋手。大抵非常之人,自分必傳,不遇真知己,雖一言半字,不肯浪擲。獨與見翁往還尺牘如許,殆知己無過之者,宜其什襲藏之,出處必攜也。獅峰居士沈宗敬手識。

平生之交，赤牘竿疏，推曹侍郎秋岳第一。此外則容若侍衛，書記翩翩，天然絶俗。侍郎里居，日必有札及余，或再三至。每過余，見雜置几案，輒戒余投瓮火之。鄉里後進，有緝侍郎赤牘單行者，寓余諸札，獨無有也。容若好填小詞，有作必先見寄。紅箋小疊，正復不少。迨己丑逝後，余浮湛都市，人海波濤，轉徙者數，欲求斷楮零墨，邈不可得。見陽張郡伯乃一一藏之，裝池成卷，足以見生死交情之重矣。小長蘆金風亭長朱彝尊書於白門之承恩僧舍，時年七十有六。（附録）《和容若秋夜詞在通潞作》：倦柳愁荷陂十里，一絲雁絡晴空。酸鶏漸逼小亭中。魚雲難掩月，豆葉易吟風。　　才子年來相憶數，經秋離思安窮。新詞題就蜀箋紅。雪兒催未付，先寄玉河東。《郊遊聯句・調浣溪沙》：出郭尋春春已闌（宜興陳維崧其年），東風吹面不成寒（無錫秦松齡留仙），青村幾曲到西山（無錫嚴繩孫蓀友）。並馬未須愁路遠（慈溪姜宸英西溟），看花且莫放杯閑（彝尊），人生别易會常難（成德）。

《楝亭夜話圖》跋

曹子清、施南堂、張見陽於楝亭夜話，各賦古詩紀事，見陽作圖，曹詩言及納蘭容若，後有顧梁汾、王安節、宓草兄弟諸跋。李佳蓮畦舊藏。有跋，今藏番禺葉氏。

法書名畫，昔人每以三品論之，蓋謂“神”與“妙”與“能”也，竊嘗以爲未盡。夫徒侈高名，康觚爲寶，所謂骨董羹，只供好事家陳設者，下品也。筆精墨妙，足豁心目者，中品也。或以見先賢之行誼，或以測藝海之淵源，文獻堪徵，展卷如與古人相悟語，則無論零縑斷墨，罔非上品。況諸賢手跡，萃於一軸，如斯卷者乎？近年見楝亭圖四巨卷，及飲水詞人致張見陽手札廿九通，顧梁汾等六家跋尾，諸賢交誼之篤，俱足爲此卷本事注腳。此卷曹施諸題，俱未紀年。容若卒於康熙廿四年乙丑，而楝亭夜話，觸緒傷懷，所謂“家家争唱飲水詞，納蘭心事幾曾知”，則其時當在乙丑之後，王宓草跋差後。署年丁丑，實康熙卅六年，則夜話勝事，蓋在乙丁十一年間也。姜芑貽題云：“今日文官不愛錢，無如廬江刺史賢。更有潯江廉太守，水部文章稱三友。”（按廬江指張，潯江指施，水部指曹。）則見陽清節，當日不亞施公，此尤亟當拈出者。遐翁先生寶此有年，一再題識，俱關掌故，間出命題，謹誌獲觀之幸。

張見陽畫雲山袖卷跋

米元暉墨戲，所謂無根樹、懵懂雲者，在畫道中，實爲劇變。流傳諸跡，自以《雲山得意圖》爲上乘，見陽不以畫名，此臨米家山，楚江雲物，宛然在目。蓋其胸襟藴蓄，不減敷文，發於筆墨，故能沉着痛快如此。觀於顧梁汾跋，知此殆畫贈沈獅峰者。昔見納蘭容若致見陽廿九札卷，有獅峰跋尾，稱見陽爲世叔，蓋不獨畫禪之同參，且爲世好也。江村高氏自編收藏書畫《消夏録》外，又有《江村書畫目》者，中有見陽山水，標題稱明張見陽，足見其六法高古，遠出並時名家之表，遂使賞鑑宗工如江村者，誤爲前代名手。亦以見賢者藏名，不自炫襮，乃於當朝權貴如江村者，竟無聲氣之通，其畫品高逸，豈無故哉。此卷遐翁先生世藏，與《楝亭夜話圖》允稱雙璧，同日獲觀，敬識卷尾。

詒晉齋書《小園賦》卷跋一九七六

詒晉齋書，發源松雪，中年以後，於懋勤殿獲見米元章蜀素卷，故行書直追之。晚年楷書力摹歐書《邕師塔銘》，每以嚴整自矜，蓋俱有意破初年所染松雪積習。然甜軟之習，實在於趙書贋作中，而真跡固不爾也。此《小園賦》鈐"再壬申以後書"印，腕下猶有趙習，而旨趨瘦硬，是正六十以後初循歐路之時所作。費屺懷舊藏，籤題猶在。此等卷在光緒時，通行市價皆值百兩，今爲硯壽軒中清玩，信可珍也。

題劉石庵書小楷袖卷一九七六

劉石庵書以官傳,然其半寸以下之楷書亦頗受人珍重。蓋卷摺功深,而未能自脩邊幅,甚者偃蹇驕恣,以致翻得剥剥落落之趣。王夢樓謂其書出自家學,傳劉文正統勳筆法,其説至確。石庵雖亦雜題臨鍾王、倣顔柳,俱不過用乃翁筆意寫各帖文而已。又喜用重墨,故所書生紙則筆致澀,箋紙則墨光顯。此卷用舊箋書小楷,故是合作。且袖珍小卷,極便展閱,尤可珍也。今歸鍥不舍齋插架,信爲得所。

題張廉卿書詩册一九七五

張廉卿書,吾初病其斧鑿痕太甚,如觀吞刀吐火,使人心悸不怡。繼見其未嘗無沉着痛快處,如聽口吃人訴冤,雖期期艾艾,亦自有其情理在。近又覺其盲行跛履,縱或自如,以視長驅闊步者,終自有别。蓋當時罕見古人墨跡,書家誤爲刀痕所惑,欲以毛錐奏利刃之功,宜其以僵直爲莊重,以喑啞爲沉默也。此行書詩册,亦一時之文獻。中石先生出以索題,因書管見,以發方家一笑。

明高遯山《竹譜》摹本跋一九四三

書畫傳世，多托縑素，而縑素之壽，不比金石，必有賴於臨摹爲之續命。法書嚮搨，世所習聞，不知古畫亦有摹搨之法，張彦遠《歷代名畫記》述之最詳。然其法甚難，天水之世，殆已就湮。下逮朱明，木刻精能，遠邁宋元板刻之上。顏色套板，尤具巧思，畫譜詩箋，有功藝苑。顧套板之製法實繁，通行仍多一色墨板，以省工力，而畫筆之層次，則泯没不可尋繹焉。吾友王㔾安先生，深研六法，得諸慈訓，探討歷朝畫論，直造精微。近草專書數十萬言，於畫法源流得失，如燭照數計，搜羅論畫書籍，尤富且精。偶從藏家借得高氏《竹譜》，遂以嚮搨之法，摹成墨本，復以雙鈎之法，别其枝葉掩映之序。於是唐賢墜緒，復獲然燈；明匠遺型，重開生面，豈影抄書、粉本畫所可同日而語哉。愛賓云：承平之時，此道甚行；艱難之後，斯事漸廢。㔾安獨於此時，心藏鉛槧，目辨毫厘，清福墨緣，詎非天授。僕則碌碌研田，救死而恐不贍，有志放筆畫竹，手把斯編，竟無暇摹一稿本。乃悟古人絶技廢失之故，豈盡由學者惰於傳習哉，不禁爲之重欷而累嘆也。

寒玉堂草書詩卷跋一九五九

吾宗老心畬公早歲讀書西山别業，從湘僧海印法師永光遊，師工五言，宗陶、謝、王、韋，書筆灑落疏宕，別具蹊徑，故公之詩格書風，當時俱酷似之。曾影印手寫《西山集》詩稿，公自謂少作者，正海印法乳也。中歲好草書，臨石刻《書譜》，不契。旁涉諸家，得《墨妙軒帖》，有署過庭款字之《草書千文》，蓋宋人王逸老書，龍蛇飛舞，固妙跡也。草法於是大進。後得見《書譜》墨跡，語功云：《書譜》實多章草筆勢，石刻中所不能見。公書至此，又一境矣。邸中舊藏法書劇跡本富，而懷素《苦筍》尤資草聖之助。嘗手自雙鈎入石，又復嚮搨數本，足徵寢饋之深。公饒膂力，能挽强弓，故腕力過人，惟捉筆太緊，管近掌心，且運轉迅疾，當波磔急收處，有時毫已離紙，而執筆凌空，猶作振抖餘勢，觀者驚奇，公亦舉首相視，開口一笑焉。楷書初學《玄秘塔碑》，繼摹《圭峰碑》，後專宗詒晉齋之方整一體。行書時臨米趙，而骨相權奇，無一庸筆。此卷書於癸酉年，時居邸後萃錦園，正功晨夕登寒玉堂執藝請益時也。公相見好談詩、談書，不甚談畫，而於畫於詩，又俱以空靈爲主。畫法早師黄子久、董香光，後東遊日本，多見馬夏之跡，邸藏無款宋人畫卷，鋭意臨摹，遂開生面。於詩力主唐人，尤尊王、韋諸家，最嘲宋派。嘗訝曰：“他們竟自學陳後山。”言下大噱。而不薄西崑，曾書《落葉》四律見貽，淒艷之中，有清剛之氣。滄趣老人語人云：“儒二爺作那空唐詩。”聞者失笑。蓋摹古而多用現成語，説門面話，未始非賢者之一眚。計睽違至今，已十餘寒暑，偶於市肆見此卷，實公精力彌滿時之得意筆，因罄囊購之。過是則酬應日繁，無此爽氣。公爲海印刻遺詩《碧湖集》，亦此二三年間事，可見瓣香之拈，終始不渝也。燈下展卷，追憶前塵，不啻夢影。距公書此卷時，已二十六年矣。信筆記之，不自覺其瑣瑣。歲次己亥，霜降驟寒，頭眩正劇，書不成字。

友人鋼筆臨鄭板橋字册跋一九七四

吾讀翁松禪《瓶廬叢稿》卷三有《連聰肅文冲鋼筆臨華山張遷爨寶子碑跋》一篇，云："此蝌蚪漆書遺法也。自豐狐秋兔出，而《急就》奇觚，不過純綿裹鐵而已。天隱子出新意以鋼管作書，其勁直之氣，足與此筆相發。偉哉巨觀也。自愧奴書，不堪題尾。"按此跋雖未詳述鋼筆之形製，觀於所臨諸碑，固皆點畫方嚴之體，意其筆頭殆是扁方之式，故寫出字跡，足與刀刊碑文相追逐，昔金冬心每以扁筆效《天發神讖碑》，世或指爲學漆書，連氏書吾雖未見，然知冬心之以筆追刀，必不如以鋼追刀之易也。故翁云勁直，云偉觀，云自愧奴書，定非泛泛謙詞，實爲學碑版刀書者所必生之羨慕也。今田原同志自削竹籤，蘸墨作字。如西洋古代之用鵝翎，又如少數民族之用竹筆，以之作真行篆隸，無不如志，有時亦以世行之鋼筆屈其尖而轉側用之。其點畫之穠纖提按，一一與毛筆無殊。爲余臨鄭板橋書三册，瀏漓頓挫，觀者莫知其筆之爲竹爲鋼也。而吾所歎服者，既在其使竹使鋼無異於使毫，且更在其不臨漢不臨爨，而臨板橋之鎔草真行隸於一爐者。其難蓋百倍於以毫摹刀，十倍於以鋼摹刀者矣。書此以質學書之通古而能創新者。

臨宋搨泉州《閣帖》題後一九七四

宋搨《閣帖》殘本一册，皆王羲之書，具有六、七、八卷中帖，各帖或完或殘。有何義門、彭尺木、王夢樓、顧南雅、陸謹庭、潘榕皋諸家題識，俱未能定爲何刻。觀其《月半帖》"拜"字中多一折，知是泉州刻本。惟自孫退谷以來，誤謂《泉州帖》爲明初刻本，見此宋搨者，遂迷來路。不知明代於《泉州》雖曾補刻、翻刻，但最初之石，固爲宋刻也。此册點畫生動，僅次於《大觀》，與《真絳》、《潭州》在伯仲間。余年二十餘，獲其影本，以王若霖《閣帖考正》、沈子培《寐叟題跋》考之，知爲宋搨《泉帖》。一日謁銅山張勺圃先生，談及《閣帖》，因舉此泉本，先生大加歎許。蓋已考訂於先，尚未公之於世者。自此每進而教之，功之略聞法帖源流，實自兹始。又功初臨是帖時，爲友人書扇，大興馮公度先生見之稱賞，或問此少年書好處何在？先生曰："這是認識草字的人寫的。"謂其未乖草法也。今再臨此本，因念早蒙獎借，而故步依然，紙尾附書，不勝淒黯。

跋《鄴河伊拉里氏跳神典禮》

《鄴河伊拉里氏跳神典禮》一卷，北京圖書館藏，滿漢文合璧鈔本，不紀年月，滿文有圈點。滿文加圈點，創於天聰六年，譯音用字之畫一，乾隆三十七年始見明諭。此本漢文譯自滿文，"葉赫"作"鄴河"，漢字譌體尤多，譯寫必在乾隆以前。滿文本之編纂，或更早於此。

夫曼殊舊俗，雖質樸不文，而崇德報功之禮，素致其嚴。各族散處，風習縱有不同，故老傳聞，莫不大同小異。惟以人所夙習，故記載之書，反致缺如。文獻可徵者，僅《滿洲祭天祭神典禮》六卷而已。其書又名《滿洲祭祀條例》，以下簡稱《滿洲祭禮》。《祭禮》修於乾隆中，當時朝廷雖力存舊俗，如堂子及坤寧宫之制，一仍關外舊式，示不忘本，然於滿文神號之意義，已多不能追溯本源。而神像神位之安設，牲醴粢盛之奉獻，降神避燈之儀節，記述皆苦簡略。蓋奉勅纂修國家要典，究不同於私家撰述之得委曲詳盡也。

《滿洲祭禮》叙述纂修致慎之意云："古者一方一國，各有專祀，或因靈應所著，而報以馨香；或因功德在人，而申其薦饗。古人於相傳祀典，無從溯其本源者，皆不妄引其人以實之，致涉誣罔，故今亦缺所不知，不敢附會。自大金天興甲午以後，典籍散佚，文獻無徵，故老流傳，惟憑口授，歷年既遠，遂不甚明。"云云。是其所祀神祇之名義，於乾隆時已不盡詳。既不敢"妄引其人以實之，致涉誣罔”，則當時蓋已有先涉誣罔者在耳。禮邸汲修主人素號博雅。所撰《嘯亭雜録》，尚誤尚錫神亭爲上神亭，且信祀鄧子龍之説，語見初刻本卷二“堂子”條。震在廷先生鈞《天咫偶聞》卷二，嘗考爲殷禮，並略記其儀節。然書成於光緒中葉，視《滿洲祭禮》所載，更爲簡略。則其禮之湮訛，由來已久。三十年前，先曾祖玉岑公居易水，嘗舉祀天之典，功時七齡，獲與祭焉，僅灌酒，宰牲，獻熟，猶依故實，而撒瑪已無從物色，至於摇鈴鳴鼓之法，更同《廣陵散》矣。及見伊拉里氏跳神之書，不禁狂喜。或疑《滿洲祭禮》爲愛新覺羅氏一族之俗，未必可概其他部族。今於此書，不獨獲其旁證，而祭祀避燈之故，亦略可窺其用意。則此戔戔一卷者，不得謂非一字千金者也。

扈倫四部，曰葉赫，曰輝發，曰哈達，曰烏拉，皆以所在之河得名。烏拉、輝發二河入松花江，哈達、葉赫二河入遼河。則葉赫之作“鄴河”，聲義兼顧，尤善於後譯者。《八旗氏族通譜》卷四十七云：“伊拉里，爲滿洲一姓，其氏族散處於烏拉、葉赫、殷，及各地方。”博晰齋先生明《西齋偶得》卷上“遼國姓”條云：“耶律，《金史》本作移剌，元《湛然居士集》亦然。按遼亡其後分爲二，一入西夏，一入金。今之伊剌里氏，其族衆矣，豈非其裔耶。”按耶律，《金史》又作耶剌，又作移剌，皆譯音用字之異，移剌之作伊拉里，猶蒙古之作蒙兀兒也。然則遼金以來，强大部族，明清之際，扈倫著姓，其所用儀注，必較詳備焉。

此書於祭天及祀佛多媽媽之禮，皆略而未書，只云家喻户曉，無庸贅録，至爲可惜。跳神則有跳外神、跳大神之别，跳外神所祭者，曰阿都奇諾尹，曰喀吞納克，曰素布爾哈，曰二尊窩車庫。

跳大神所祭者，曰六尊窩車庫，曰二尊緑袍像，曰二尊木像，曰菩薩,曰撒爾汗居窩車庫,曰關帝,曰阿布開居,曰麻塞傅。

午間所祭者,曰哈沙媽媽。日落後所祭者,曰仙春窩車庫,曰渥吉格索吉,曰得吉媽媽,曰松果里媽媽,曰發揚安,曰始二祖,曰門神,曰竈君。次日清晨所祭者,曰佛多媽媽。

其中滿語原有注釋者,窩車庫爲家堂神,發藍索秘爲秋祭稻場,哈沙爲倉房,發揚安爲魂,查初密爲祭奠之詞,鄂羅密爲蒙語請進之詞,蓋迎神之祝語也。阿立爲接受之詞,乞神享受祭物,蓋尚饗之義也。滿洲祭禮中屢見歌誦鄂羅之詞,於此始得其解。

神號中未有注釋而其義可知者,阿都奇,牧人也。諾尹即諾延,蒙語官也。阿布開,天也。居,子也。塞傅,師傅也。撒爾漢,女也。居,子也。素布爾哈,蒙語塔也。松果里,即松阿里,於天文爲天河,於地理爲松花江。佛多媽媽,疑即《滿洲祭禮》中之佛里佛多鄂謨錫媽媽,俗祀之子孫娘娘也。喀吞納克,疑即《滿洲祭禮》中之喀吞諾延,喀吞即哈屯,蒙語王妃也。仙春窩車庫,疑即《滿洲祭禮》中之安春阿雅拉。安春《金史》作“安出虎”,水名,其義爲金,安出虎水之源,金代發祥之地也。《滿洲祭禮》中之紐歡台吉,義爲青天之子,疑即阿布開居,其餘神號,尚未詳其字義。

此書所祀諸神像之制,雖未一一注明,細考知有綢製偶人,有木像,有畫像,又有虚位者。如云:“魂,清語名發揚安,此即本家祖宗父母之位也。位係藍紡綢上縫貂鼠腦袋,注寫祖先名諱,安供於枕上。”此偶人之制也。又曰:“六位蒙古窩車庫等像位,安供於西炕略偏南邊,鋪紅毡二條,正面横放大緞子枕頭二個,偏南斜放緞子西瓜枕一個,奉二尊緑袍像,在南邊大枕頭前,靠設安位。”又云:“安放柳斗一個,裝細老米半斗,奉仙春窩車庫位,插供於柳斗上。”夫靠於枕前,插於米斗者,皆偶人也。吾鄉故實,神像多縫布爲衣，以檳榔杓爲頭，或縫白絹爲頭，此云貂鼠腦袋者，則用貂皮縫製也。以布偶爲像，視雕石范金，其義固無二致，而樸質勝矣。

夫發揚安既爲祖先之魂，其魂乃合族不祧之祖也。其言曰："此係合衆公祭始二祖，並各祖之位，若有獨力承辦者，供設各祖之外，其本家如有祖先父母影像牌位，亦應懸供，即無影像牌位，亦應另設虚位。"是知其始二祖並各祖之像，皆偶人也。至本支祖先父母則畫像、木主以及虚位，互有用者，惟木主之制，不見施諸神祇耳。

又云："二尊木像，在偏南，西瓜枕前，斜向東北方，靠設安位。"此木像也。

其記菩薩、撒爾漢居窩車庫、關帝、阿布開居、麻塞傅諸像，則曰："於北炕上偏東鋪設紅毡一條，靠裏放木架子一座，開匣請出聖像，供於北炕木架黄瓦單上。"瓦單者，包袱也。又云"奉渥吉格索吉等衆像，安放於木架上"。木架圖式，《滿洲祭禮》中載之，所以懸掛神像，此供於木架者，皆畫像也。

至於阿都奇諾尹，喀呑納克，素布爾哈，哈沙媽媽，得吉媽媽，松果里媽媽，佛多媽媽，皆明著其爲虚位焉。

故事，祭牲蒙古用羊，滿洲用豬，伊拉里氏則豬羊皆用，且有鵝鷄，亦未之前聞者。而灌酒宰牲，以及割肉之法，此書記載，亦頗詳盡。

《滿洲祭禮》有避燈一事，以其避燈，彌覺神秘，因而揣測愈多。今觀此書所記，避燈之祭，乃在跳大神之禮既畢，神像暫不入匣之時，供亦不撤，將燈燭火亮皆息避，行禮後，撤瑪擲豬抓子，遂點燈燭，撤各項供物，請奉各位窩車庫像位入匣，至此禮成，特鄭重注云：“此名避燈。”然則避燈之祭，其爲結束大祭、送神歸位之禮歟，而耶律氏之族固亦行之，不獨愛新覺羅氏祭禮爲然矣。

其記换酒歌舞之事，多於煮肉未熟之際行之，想見淳樸之風，極饒趣味，特爲拈出。其言曰：“换酒之規，不拘長幼俱可，向上跪叩畢，敬謹將酒撤下，跪飲乾，將鐘拭净，照舊斟滿供上，復叩首一次，平身。如不能飲酒者，微嚐即傾空碗内亦可。”又云：“凡歌舞之規，向上先叩首一次，平身，歌舞，若有二三人同舞，尤妙。”又云：“煮肉之際，撒瑪裝束腰鈴神帽，動鼓，願慰吉言，合衆動鼓相隨，願慰畢，撒瑪坐杌子上，族人及親眷人等，内有能歌舞者，照先前歌舞，撒瑪動鼓相隨，合衆接聲。歌舞畢，撒瑪站立起戲要，或站鼓取酒，或吞香，或咬熱撈鐵，擄紅通條等戲。戲要畢，仍未熟，撒瑪卸裝歇息，合衆男丁圍坐於外間屋地下，或飲酒，或彈唱，在禮法之内，喜樂俱可。坤衆俱在屋内就地散坐。獨外戚姑娘，方可上炕。等肉之際，换酒一次。”讀此如見撫節安歌、婆娑樂神之盛。又知當日之巫，不獨諳其儀節，且亦工於幻術也。

一九四八年

《岔曲集》跋

右《岔曲集》抄本，吴曉鈴先生録自余家舊藏本，余家之本，則傳自曲師德壽山先生，然亦非其自撰者。曉鈴屬記其緣起，因書其後曰：

岔曲之作，吾始見之於《霓裳續譜》，皆是簡短數句者。至余幼年所聆，則有至數十百句者。其短者曰脆岔；長者曰長岔；中間敷説，曲調較平衍者曰趕板長岔，亦曰琴腔；中間雜以各種曲牌者，曰帶牌子長岔，亦曰牌子曲。此形式之大略也。

伴奏用三弦，自彈自唱，號曰單弦；或一人唱而另一人彈，號曰雙頭人，另一人彈弦時，則唱者可持八角鼓節曲。後世無論一人、二人所演雜牌子曲，俱蒙以單弦之稱，已失其本義。此演奏之大略也。

其曲詞通俗，或雜詼諧，此初期之作，亦岔曲之本色。漸後有人追求文雅，而力不能逮，乃或牽扯典故，搬弄詩文，常致非驢非馬，不文不白，每使聽者啼笑兩難。友人嘗語余曰："岔曲雅的那麽俗。"應之曰："子何高擡效顰雅語之岔曲乎？夫俗者，通俗易曉，衆所同嗜之謂也。而效顰雅語之岔曲，聽其腔調，縱或鏗鏘；閲其詞曲，則未嘗不肉麻而毛竪。俗之美謚，豈可誤加！"今傳曲詞，有本色者，亦有令人肉麻而毛竪者。此曲詞之大略也。

此集傳自德壽山，卻非德氏所作，蓋積累傳抄，非出一手者。其中不乏本色之作，亦有效顰雅語之作，觀者自能分别。德氏以字行，遂失其名與姓氏，滿洲人，清末爲某旗佐領，以彈唱交遊，所謂子弟，或稱票友者。達官貴戚，與之均禮。先祖延之客館最久，談諧風生，能自彈自唱。場上有所觸，隨口唱出，舉坐歡笑，遭諷者竟無以難之，蓋深符滑稽之旨。此集乃其當日呈先祖乞爲潤色者，實亦未嘗多加點定。

辛亥後，德氏生計日貧，遂以藝餬口，流轉四方，此集竟置吾家，不復索取，以其彈唱之本，多出自撰，固不珍視此死套也。余年十餘歲時，猶及聆其奏藝於茶館中，腰傴僂，聲低啞，而坐客無嘩，凝神洗耳。時當北洋軍閥混戰之時，坐間有繫臂章之某軍閥士卒，聞其嘲諷某軍閥，亦竟爲之同聲鼓掌。其佚事余幼年數聞之於長輩，當時不知記録，今日遺忘已多。其所自撰雜牌子曲詞，更無復傳本，深爲可惜。後世讀此集者但知其爲清季流傳之岔曲可也，如於其中探求德氏之藝，則失之遠矣。此集原爲四卷，爲余表弟借與某曲師，遂失末卷，是卷爲帶牌子長岔之後半，以此調之篇幅多長，一卷所不能容耳。

《乾隆以來繫年要録》跋

右《乾隆以來繫年要録》一册，王伯祥先生所輯，排印初得首册，抗日戰爭爆發，版稿俱燼，此其校印樣張之僅存者。先生出示命題，謹誌册後曰：

史官爲帝王所僱傭，其所書自必隱惡揚善，歌功誦德。春秋董狐之筆，不過一時一事，其前其後，固不俱書如"趙盾弑其君"者也。後世秉筆記帝王事跡之書，號曰《實録》，觀其命名，已堪失笑。夫人每日飲食，未聞言吃真飯，喝真水，以其無待申明，而人所共知其非僞者。史書自名實録，蓋已先恐人疑其不實矣。又實録開卷之始，首書帝王之徽號，昏庸者亦曰"神聖"，童騃者亦曰"文武"，是自第一行即已示人以不實矣。

雖然，未嘗無真實者在。事跡排比，觀者自得，縱經諱飾，亦足會心。諱雹者稱爲"硬雨"，諱蝗者稱"不食禾稼"，而其爲雹、爲蝗，人無不喻。故排比得法，陽秋具於皮裏者，即爲良史。

誦讀既畢，仰見剪裁排比，深具匠心。所惜當年離亂，全稿失墜。留此一册，亦足以昭示方來，俾知取法。宋李心傳之書，不得專美於前矣。

濟南孫氏藏王漁洋手稿册跋

昔人最重名家詩文手稿,以爲尋繹其增删鈎乙處,可悟撰者用意所在,而知行文之法。漁洋山人詩格輕靈,文筆雋美,皆似信手而拈。其筆記諸書,俱無銓次,尤若不甚經意者。余曾得其詩話手稿一葉,筆跡雖甚潦草,而字句與刻本極鮮異同,益覺其小品多率爾之作。今觀此册,删改點定,異常辛苦。乃知所謂"朱貪多,王愛好"者,信非虚語。而詩話稿之與刻本無異者,乃其自鈔之定稿,不如此册得見其取捨匠心焉。漁洋不耐大書,且不喜自書應酬文字,所需多出林吉人、陳香泉手。其親筆小行書别具風神,與其詩格相似。此稿首頁,筆跡尤可愛玩也。

一九七七年八月

記飲水詞人夫婦墓誌銘

納蘭容若豐於才而嗇於壽，葬後垂三百年，約當神州浩劫之時，其夫婦壙誌又出人間，蓋不足怪。其石某年忽見於首都西郊某公社某生産大隊辦公室門前階石中，往來踐踏，字跡已在有無之間。其妻盧氏之誌，以石面向下，字跡遂尚可讀。今已移歸首都博物館保存。

容若墓誌，通行《通志堂集》附録，可以揣摩而對讀之，異同雖不甚多，卻爲刊書時所改削。其故何在，有可解處，亦有不可解處。

容若誌石方形，縱約七十二公分，横如之而微殺。四邊敲剥，已無確界矣。誌文三十六行，行六十字。擡頭處俱在行中空格，就文義所需，空一字至三字不等。惟第十六行尾空四字之地，以翌行首字爲“上”也。誌石與書册有别，不容因提行致行中空字過多，故悉用行中空格爲擡頭。

兹著石本與集本之異如下：

一行：石本首有“皇清”二字，“佐領”集本作“進士”。

二行至四行爲銜名，曰：“内閣學士兼禮部侍郎、教習庶吉士，崑山徐乾學撰文。”曰：“經筵講官、都察院左都御史，澤州陳廷敬篆蓋。”曰：“日講起居注、翰林院侍讀學士，錢塘高士奇書丹。”各佔一行，俱低二格。

五行：“從吾”，集本作“從我”。

十四行:"上幸海子、沙河、西山湯泉",集本於"河"、"西"之間有"及"字。

十六行:"有文武才,且遷擢矣",集本於"才"、"且"之間有"非久"二字。

十七行:"繹絡",集本作"絡繹";"藥"、"賜"之間,集本空一格。

二十行:"莫得而悉",集本作"莫能而悉"。

廿一行:"不敢乞休沐自暇逸",集本無"暇"字。

廿五行:"扈蹕時,氈帳内",集本無"氈帳内"三字。

三十行:"女弟爲",集本作"女弟謂"。

卅三行:"繼室官氏,光禄大夫、少保、□□公□□之女。"集本作"繼室官氏,某某某之女。"又"男子子二人:福哥、永哥,遺腹子一人"。集本只書"福哥",下有墨釘,佔一字。

卅四行:"秀水朱彝尊",集本作"宜興陳維崧"。

卅五行:"聞其才力",集本作"聞其才名"。又"皆出涕爲哀辭",集本作"皆出涕爲哀輓之詞"。

卅六行:"又爲之銘",集本"銘"字下有"其葬蓋未有日也"七字。

卅七行:"亦又",集本"亦"上有"而"字。

以上異文,除誤字外,率以集本爲長,有可得而言者:

首行"皇清"二字,石誌之體;編入集中,則不能每篇俱加。附録碑誌,遂一律省之,此又集本之體也。"佐領"易爲"進士",則重其出身科甲也。撰文、篆蓋書丹銜名之略去者,以附録只在録文,故集本但題"徐乾學"耳。

海子、沙河爲兩地,而湯泉則指在西山者,集本於中間著"及"

字,以見其不相聯屬。“且遷擢矣”意謂將遷擢也,但其句義與“且已遷擢”有可相混處。著“非久”二字,則足示其爲估計將來也。

“莫得而悉”,並無語病,改爲“莫能而悉”,反屬不辭。應曰“莫能悉”或“莫能得悉”,此與三十行之以“謂”代“爲”直同是録文誤字。蓋昔人行文,“爲”可代“謂”,而“謂”不可代“爲”也。

“氈帳内,雕弓書卷,雜錯左右”,本謂其文武兼長耳。然氈帳、氈裘,易招誤會,蓋譏胡俗者每以此爲口實,故寧去之。

官氏之父名字泐損,而光禄大夫、少保,則不爲不顯矣。集本但作“某某某”者,殆編集時其人已獲譴謫,遂删之也。其子永哥及遺腹子俱删者,或編集時俱已夭也。朱彝尊之改爲陳維崧,則莫測其故。上文謂:“君所交遊,皆一時儁異,於世所稱落落難合者。若無錫嚴繩孫、顧貞觀、秦松齡、秀水朱彝尊、慈谿姜宸英,尤所契厚。”按諸人惟朱氏曾在南書房行走,而廁其名於落落難合者之列,則違礙甚矣。又或其時朱已斥出,則有待詳檢。顧編集之確切時日未明,檢亦不易耳。至其信手拈出陳維崧,則殊嫌不思。即觀其附録中,自墓誌、碑銘,以至諸家哀、誄、祭文、輓歌,去其複者,尚近五十人,而其中獨無陳維崧。焉有鄭重舉揚之至契,反無一字致其哀悼乎?

至於以“才名”易“才力”,亦極見斟酌。蓋才名者,雖不相識,亦可得而聞;才力則必經親驗,始足評騭能否。容若不識吴漢槎,而力爲援手者,爲受顧梁汾之重託。明其出於耳聞,則益見愛才之公心,並不關於私誼耳。

“哀辭”增爲“哀輓之詞”者,當以哀辭亦爲文體之專名,哀輓之詞則所包較廣。惟“其葬蓋未有日”一語之增,頗不可解。觀集本删改諸端,俱可證在石本之後。編集時徐氏已帶一統志局南歸，豈以墓誌例應書葬期，而補書又無確息耶？抑營葬工繁，六年尚未竣事耶？

上海古籍出版社影印《通志堂集》，其出版説明云："康熙二十年（一六八一）乾學又爲性德輯刻其所著詩文，即此集。"按集前徐序云："余里居杜門，檢其詩詞古文遺稿，太傅公所手授者，及友人秦對巖、顧梁汾所藏，並經解小序，合而梓之，以存梗概，爲《通志堂集》。碑誌哀輓之作，附於卷後。"署年"重光協洽之歲"乃康熙三十年辛未，爲公元一六九一年。容若卒於康熙廿四年，輯刻全集，實在其身後也。

又一事不可解：誌文謂"容若姓納蘭氏，初名成德，後避東宫嫌名，改曰性德"。此石刻與集本所同。然所見容若翰札詩箋，署名無作性德者，即集後所附張玉書所撰哀詞，首云："侍衛成君容若以疾卒於位。"嚴繩孫所撰哀詞，首云："吾友成子容若以疾卒於京邸。"夫哀詞必撰於身後，而書氏乃曰"成君"、"成子"，是至蓋棺而未嘗易"性"字也。或東宫旋立旋廢，容若之名亦隨之旋"性"旋"成"耶？姑誌此疑，以待文獻之續徵焉。

有清旗下人乳名率以"哥"稱，如誌中"福哥"、"永哥"是。稱女子之未嫁者曰"哥哥"；稱少男曰"阿哥"，如漢人之稱少爺。其後欲别於漢人之習稱，則改"哥"爲"格"，仍讀作陰平之聲。既不作古音之入聲，又不作北方音之陽平。今觀此誌，作"哥"不作"格"，知康熙時尚未改寫也。

容若夫人盧氏墓誌，爲一塊長方横石，横與容若墓誌相近，高約其一半微强。三十一行，行廿五字，第一行標題頂格寫；第二行撰人銜名，因開端爲"賜進士出身"，故亦頂格寫。以下誌文廿九行，一律低二格寫。只有撰人，未著書人。全篇駢儷，羌無事實。

誌文中有可紀者只數端：

一、盧氏未有封號，所稱夫人，只是泛稱。撰者平湖葉舒崇爲容若同年進士。

二、盧氏籍貫奉天，祖籍永平。其父興祖，官兩廣總督。

三、婚時年十八，康熙十六年五月死於産病，得年廿一歲，生一子名海亮，應即容若誌中之福哥。逾年始葬。

四、附葬於祖塋，在玉河皁莢屯。

五、述及容若，有“青眼難期，紅塵寡合”之語。又曰：“悼亡之吟不少，知己之恨尤深。”洋洋近七百言，有關事實，如斯而已。文獻難逢，備録如下：

皇清納臘室盧氏墓誌銘

賜進士出身候補内閣中書舍人平湖葉舒崇撰

夫人盧氏，奉天人，其先永平人也。毓瑞毉閭，形勝桃花之島；溯源營室，家聲孤竹之城。父興祖，總督兩廣、兵部右侍郎、都察院右副都御史。樹節五年，興威百粤。珠江波静，冠賜高蟬；銅柱勳崇，門施行馬。傳唯禮義，城南韋杜之家；訓有詩書，江左潘楊之族。夫人生而婉孌，性本端莊，貞氣天情，恭容禮典。明璫珮月，即如淑女之章；曉鏡臨春，自有夫人之法。幼承母訓，嫻彼七襄；長讀父書，佐其四德。高門妙揀，首聞敬仲之占；快壻難求，獨坦右軍之腹。年十八，歸余同年生成德，姓納臘氏，字容若。烏衣門巷，百兩迎歸；龍藻文章，三星並詠。夫人職首供甘，義均主鬯。二南蘋藻，無愧公宫；三日羹湯，便諳姑性。人稱克孝，鄭袤之壼攸彰；敬必如賓,冀缺之型不墜。宜爾家室,箴盥惟儀;澣我衣裳,紘綖是務。洵無訾於中饋,自不忝於大家。亡何玉號麒麟,生由天上;因之調分凰鳳,響絶人間。霜露忽侵,年齡不永。非無仙酒,難傳延壽之杯;欲覓神香,竟乏返魂之術。嗚呼哀哉!康熙十六年五月三十日卒,春秋二十有一。生一子海亮。容若身居華閥,達類前修。青眼難期,紅塵寡合。夫人境非挽鹿,自契同心;遇譬游魚,豈殊比目。抗情塵表,則視有浮雲;撫操閨中,則志存流水。於其没也,悼亡之吟不少,知己之恨尤深。今以十七年七月二十八日葬於玉河皁莢屯之祖塋。木有相思,似類杜原之兆;石曾作鏡,何年華表之歸。睹雲氣而徘徊,悵神光之離合。嗚呼哀哉!銘曰:江名鴨緑,塞號盧龍。桃花春漲,榆葉秋叢。靈鍾勝地,祥毓女宗。高門冠冕,膴族鼎鐘。羊城建節,麟閣敉功。誕生令淑,秀外惠中。華標彩蕣,茂映頳桐。曰嬪君子,夭矯猶龍。綸扉聞禮,學海躭躬。同心黽勉,有婉其容。柔性仰事,怡聲外恭。移茵奉御,執匜敬共。蘋蘩精白,刀尺女紅。鴛機支石,蠶月提籠。孝思不匱,儉德可風。閨房知己,琴瑟嘉通。産同瑜珥,兆類羆熊。迺膺沉痼,彌月告凶。翠屏晝冷,畫翟晨空。鳳簫聲杳,鸞鏡塵封。哀旐路轉,輓曲塗窮。荒原漠漠,雨峡濛濛。千秋黄壤,百世青松。

(承趙迅同志見示搨本,謹此誌謝。)

《東海漁歌》書後

論有清填詞大家者,首推納蘭成德,稍降則推西林覺羅太清夫人。夫人所作,信如唐人所謂"傳之樂章,佈在人口"者。前無遜於容若,更上居然足以追配李易安而無忝,非以閨秀作家率蒙不虞之譽者也。

夫人諱春,字太清,文端公鄂爾泰之曾孫女,姓西林覺羅氏。事多羅貝勒奕繪字子章號太素者爲側室,其後即正。吾獲見夫人裔孫次第卓然有所建樹於學術之林,搜已墜之絶緒,振民族之光輝。若襲公爵恒煦字紀鵬,精滿文,且深研女真古文字,爲今之絶學,功所曾奉手之宗老也。其子啓孮字麓漴,世其家學,爲今治滿蒙史及女真古文字之重望,知其來固有自也。

太素爲榮純親王永琪之孫,榮恪郡王綿億之子,娶夫人之堂姑爲嫡配。夫人之祖鄂昌,以胡中藻詩案賜帛,其家遂落,夫人依姑爲媵。太素暨嫡夫人後先即世,家室齟齬,騰以蜚語,夫人遂率所出,析居邸外。其子若孫雖相繼襲爵,顯於當時,而夫人平生之崎嶇困躓,亦足見矣。

蜚語之甚者,如指龔自珍集中遊冶之作,以爲與夫人投贈之箋。冒鶴亭先生廣生,曾以語曾孟樸,孟樸著《孽海花》小説,遂以鄙褻之語,形諸卷端。無論其事曾氏無從得知,即冒翁又何從而目遇?自今言之,律許再嫁,早有明文,戀愛則更無關禁令。辨李清照未嘗改嫁者,世多以爲封建意識而譏之,而必證以確曾改嫁者,不外以爲才女不貞,其用意又獨非封建意識乎?且改嫁與否,何預他人之事,又何損其詞之光焰乎?昔日俗諺云:“女子無才便是德。”一若女子有才必無德。無德之行多端,又必曲證其淫,至於公然捏造而不惜。此男子之無德,又豈在改嫁淫奔之下乎?太清夫人幼遭家難,長居簉室,晚遘蜚語,竟爲不幸所叢。豈真有如昔人寓慨者所謂天意將以玉成其爲詞人者乎?吾於昔時閨閣將謂“女子無才即是福”矣!冒翁於抗戰期間著《孽海花人物志》,自稱悔以蜚語語曾氏,並責曾氏之憑空點染爲無據。見當時上海刊行之《古今》雜誌。而曾書流傳,冒書不顯,謂爲蜚語之騰,至今未熄。而夫人之不幸,至今未已,亦無不可。

有清篳路之初,於婚姻行輩,無所拘忌。無論姪爲姑媵,即再隔輩次,亦非所禁,此少數民族未染宋儒陋見者。世迨叔季,忌諱遂多。《星源集慶》於奕繪名下注:“側室顧氏”,顧某某之女。此顧某乃榮邸之莊頭,蓋以冒之報檔子者,或以避獲罪者後裔之故。世遂傳訛謂夫人爲顧八代之後,無足辨也。

又旗下人之哈喇,漢譯“姓”也,故多屬所居部落,實類中原所謂地望。但在清世,非但世俗交往中不以加之名上,即正式官籍所注,亦常只出旗分,而不出哈喇。乾隆時有人以西林代郡望以稱鄂爾泰,曰鄂西林,此偶然一例而已。近世人於夫人名字曰顧太清,或曰太清春,皆非其實。稱西林春,亦似是而非。然夫人自署本名,迄未一見。

紀鵬宗叔曾以夫人聽雪圖小像攝影見賜,夫人頭綰真髮兩把頭髻,衣上罩以長背心,俱道咸便裝舊式,惜其圖後題跋無存。今經浩劫,並前圖亦無從再覓矣。

又曾見惲南田畫花卉册,逐頁畫上有太素與夫人題句。太素用濃墨，夫人用淡墨。諦觀之，淡墨亦太素所書，特略變筆勢，運以淡墨以示别。知夫人於八法似未諳熟，或以直書南田畫上，未免躊躇耳。李易安記歸來堂中讀書觀畫，獨未及筆硯之事。如此變體代書之佳話，亦足補前賢故實之所未備。又趙明誠以自作雜易安詞中，而不能掩"人比黄花瘦"句，爲古今之所艷傳。今讀太素之《南谷樵唱》，視夫人之《東海漁歌》，亦有若德父之於易安者。南谷爲太素先塋所在之地，東海或以借指渤海，惟辭取偶儷，義抑其次。而唱隨之樂，角勝之情，使小子於百年而下，尚油然起景慕之心者，豈偶然哉！

有清親王、郡王之配稱福晉，貝勒以下之配稱夫人。福晉本漢語夫人譯音之微訛，特以誌等威之差，其後五等俱稱福晉者，諛也。今記舊事，於有關諸辭，具存史實，讀者鑑焉。一九八三年秋日，啓功謹記。

《啓功叢稿》初版前言

功幼而失學，曾讀書背書，雖不解其義，而獲記其句讀。曾學書學畫，以至賣所書所畫，遂漸能識古今書畫之真僞。又曾學詩學文，進而教詩教文，久而詩略悟其律，文略悟其法。究之，龐雜寡要，無家可成焉。

今謬承中華書局輯印拙作零篇，爲此小集，其曾單行成册者，如《古代字體論稿》、《詩文聲律論稿》，不復闌入。筆濡穎泚，書此前言，忸怩之情，讀者不難燭照。

此册所存，或以曾貢嚴師，蒙掀髯而頷首者；或以曾呈益友，見拊掌而破顔者。非敢炫其蕪篇，庶以銘斯高誼。

昔鄭板橋自叙其《詩鈔》有言："死後如有託名翻板，將平日無聊應酬之作，改竄闌入，吾必爲厲鬼，以擊其腦。"夫有鬼無鬼，爲變爲厲，俱非吾之所知；惟欲藉此申明，凡拙作零篇，昔已刊而今不取者，皆屬無聊之作耳。

舊作《沁園春》一首題稿册之前者，附録於此，以當自贊。其詞曰：

檢點平生，往日全非，百事無聊。計幼時孤露，中年坎坷，如今漸老，幻想俱拋。半世生涯，教書賣畫，不過閑吹乞食簫。誰似我，真有名無實，飯桶膿包。　　偶然弄些蹊蹺，像博學多聞見解超。笑左翻右找，東拼西湊，繁繁瑣瑣，絮絮叨叨。這樣文章，人人會作，慚愧篇篇稿費高。收拾起，一孤堆拉雜，敬待摧燒。

一九八一年夏曆新春，啓功自識，時我生已入第七十年矣。

《論書絶句一百首》引言

此論書絶句一百首,前二十首爲二十餘歲時作;後八十首爲五十歲後陸續所作。初有簡注,僅代標題。詩皆信手所拈,幾同兒戲。朋友傳鈔,以爲談助,徒增愧怍耳。

數年前,香港《大公報》“藝林”副刊分期登載,注欲加詳,乃爲各注數百字。刊載既竣,復蒙商務印書館香港分館合印成册,是可感也。

其中所論,有重複,有矛盾,亦有忍俊不禁而雜以嘲嬉者。或以此病相告,乃自解嘲曰:重複者,爲表叮嚀,所以顯其重要性也;矛盾者,以示周全,所以避免片面性也;嘲嬉者,爲破岑寂,所以增其趣味性也。强詞奪理,其爲有痂嗜之讀者所見諒乎?

今逢再版,因略加修訂,附此小言。平生師友暨敬愛之讀者,幸垂明教!

一九八五年歲暮,啓功自識於北京師範大學宿舍之浮光掠影樓,時年週七十有三。

讀《静農書藝集》

《顔氏家訓》説："尺牘書疏，千里面目。"在思友懷人的時候，相晤無由，得到傳來的片語隻詞，都感到極大的安慰。如果再看到親筆的字蹟，那種親切感，確實有攝影像片所起不到的作用。

回憶我二十一週歲"初出茅廬"還是一個幼稚的青年時，到輔仁大學附中教初中一年的"國文"，第一個認識的，是牟潤孫先生，第二個認識的，即是臺静農先生。對我來説，他們真可算"平生風義兼師友"。牟潤老比我大四歲，臺静老則十年以長。他們對這個小弟弟，既關懷，又鼓勵。回憶當時歲月中，有多少一生受用不盡的箴規、鼓舞，得知多少爲學的門徑。而由於當時不懂得重視，年長以後，再想質證所疑，甚至印證所得，都因遠隔天涯，而求教無從了。

一個十年成長的政治膿包潰爛了，"四人幫"倒了，我才又和牟潤老流淚聚首，每談總提到静農先生，而他居住的距離更遠一程，真是音塵渺然，心情是無法形容的沉重。今年春天，忽然由友人帶來《静農書藝集》一大本，我拿到手後，高興得幾乎跳起來，因爲這不只是片紙書疏，其中具有篆、隸、草、真各體俱備的書法，屏、聯、扇、册長短俱備的格式。更重要的是從這些作品中看到書者的精神面目，一一躍然紙上。孔子説："父母之年不可不知也，一則以喜，一則以懼。"朋友的關係當然與父母有所不同，但關心的喜和懼，應是有共同之點的。我從册中各件作品上看，雖然不盡是一年所寫,但大致上總屬近年的作品。各件的書風,表現了寫時的精神健旺。隸書的開擴,草書的頓挫,如果没有充沛的氣力,是無法寫出的,這是足以欣慰的一面;再看行書,有時以戰掣表現蒼勁,這種效果自然是出於主動要求,但諦觀一些筆道,又實有自然顫抖處。在上年紀的人,手腕有些顫抖,並不奇怪,但這畢竟説明静老已到八十之外了。我這個五十年前的小青年,今年也週歲七十又三,每一念及,海峽兩岸何時通航,生平老友何時聚首,又不能不使我心有"如擣"之感!

臺先生從人品、性情、學問,以至他對文學藝術的興趣和成就,可以説是綜合而成的一位完美的藝術家,有時又天真得像一個小孩。記得那年他將到廈門大學去執教,束裝待發之際,大家在他家吃飯送行,用大碗喝紹興黄酒。談起沈尹默先生的字,並涉及他的書齋平日所掛的那一幅尹老的條幅。這時早已裝入行李箱中,捆得整齊。他爲證明某些筆法,回手去翻,結果無從找到。

我記得五十多年前,他寫一些瘦勁的字,並不多似古代某家某派,完全是學者的行書。抗戰時他在四川江津白沙女子師範學院執教,餘暇較多,一本本地臨古帖。傳到北京的一些自書"字課",我見到一本臨宋人尺牘。不求太似,又無不神似,得知他是以體味古代名家的精神入手的。稍後又見到用倪元璐、黄道周體寫的詩,真是沉鬱頓挫,與其説是寫倪、黄的字體,不如説是寫倪、黄的感情,一點一劃,實際都是表達情感的藝術語言。

今年見到的這一册中的作品,和以前日本印的一小册合併來看,老而彌壯,意境又高了一層。具體説:從西漢的陽泉薰鑪到新嘉量、《石門頌》,看出他對漢隸愛好的路子。再看形是漢隸的形，下筆之際，卻不是俯首臨摹的，而各有自己的氣派。清代寫隸書的，像鄧石如、伊秉綬、何紹基，不能不説是大家，是巨擘，在他們之後寫隸書，不難在精工，而難在脱俗。静老的作品，是《石門頌》，卻不是李瑞清的《石門頌》；是隸書，卻不是鄧伊何的隸書。誰知從來没有疾言厲色的臺先生，而有這等虎虎生氣的字蹟。"猛志固常在"，又豈止陶淵明呢？

至於行書，從外表看來，仍然是倪、黄風格爲基礎的，更多倪元璐法，這在他自序中也有明文。但如熟觀倪書，便會發現他發展了倪法之處。清代商盤説過，陳洪綬的字如繩，倪元璐的字如菱。倪字結體極密，上下字緊緊銜接，但缺少左顧右盼的關係。倪字用筆圓熟，如非乾筆處，便不見生辣之致。而臺静老的字，一行之内，幾行之間，信手而往，浩浩落落。到了酣適之處，直不知是倪是臺，這種意境和樂趣，恐怕倪氏也不見得嚐到的。

他的點劃，下筆如刀切玉，常見毫無意識地帶入漢隸的古拙筆意。我個人最不贊成那些有意識地在行楷中硬攙入些漢隸筆劃，但無意中自然融入的不在此例。所以雅俗之判，就在於此吧？

臺先生最不喜王文治的字，常説他"側媚"，予小子功，也寫了幾十年的字，到現在也冒得了一份"書家"的虚銜。回憶起來，也曾有過超越張照、王文治的妄想。但最近在友人家看到一本王文治自書詩册，不覺嗒焉若喪，原來今天我連側媚的功力也有所不及。若干年來，總想念這位老朋友，更盼望再得相見。若從我這薄劣的書藝看，又不免有些怕見他了。

最後拿定主意，如果見到他，絶不把我的字拿給他看。

《歐齋石墨題跋》序

金石之學,乾嘉以來彌盛。石之存佚,字之完損,察入毫氂,價騰金玉,此鑑藏家也,以翁覃溪爲巨擘。博搜曲證,貫穿經史,論世知人,明如龜鑑,此考據家也,以錢竹汀爲宗師。至於收集編訂,廣羅前人考證之説以爲學者檢閲之助,此著録家也,以王蘭泉爲山斗。然二百年來古石古搨重見者日多,攝影印刷流播日遠,加之地不愛寶,珍奇屢出,昔人所論有以得新證而益明者,亦有以得新證而全誤者,此近賢著述之所以時時突過前修者也。

蕭山朱翼盦先生以相國世家,政事之餘酷愛金石。博學精鑑,有力收羅,於是一時之石墨善本咸歸插架,曾以重金獲所見最先搨本《醴泉銘》,因自號歐齋。此題跋、目録二册,皆先生平生精力所萃,而哲嗣景洛、清浦、季黄所整理謄録者也。謹按先生致力處與覃溪爲近,而詳論書勢,比較紙墨,衷懷朗澈,無覃溪專固之習。雅好歐書,而多聚群碑,兼賞衆妙,更非覃溪之墨守宋翻《化度寺》者所得同日而語。至考史證碑,淹通博貫,則又兼竹汀、蘭泉之學。讀之如入寶山,誠有虚往實歸之樂。再讀所藏碑帖目録,益見衆珍之全貌。昔人每病項子京、梁蕉林未留目録,今先生之藏碑帖,不減項氏、梁氏之藏書畫,合觀題跋目録,則近代石墨之藏,無或踰此完且美也。朱氏昆季排比抄録,將以刊佈,其光先人而啓後學,豈淺鮮哉。敬記管窺,以諗世之讀此編者。後學啓功謹序。

《金禹民印存》序

我常遇到青年同志有志求學,但自恨不知門徑,又抱怨没有學校可上。或想根據自己所愛好的學術門類,去投良師,有時又不能那麽湊巧,那麽合適。還有上了學校,堂上聽講,源源本本,有時關於自己所急切想知道、想學到的部分,卻又相距遥遠,因而感到茫然。諸如此類的事例,真不知曾有多少。

每當我遇到這些同志,提出這類問題時,我常舉出幾位我熟識的前輩和朋友求學、學成的例子,以及他們的艱苦的歷程、困難的條件。門類儘管不同,奮發並没有兩樣。

當代金石篆刻名家金禹民先生,既是我熟識的朋友,又是我常向有志求學的青年常舉的一位榜樣。

金先生幼年家境寒苦,在北京一家小文物店中幫工。自己愛好篆刻、書法,當然没有適當的條件。恰巧篆刻學的前輩大家壽石工先生常到那店中買東西,金先生把自己摸索學習的篆刻作品向壽先生求教,極蒙壽先生的鼓勵和指授。試問這種店舖,能像課堂那麽容得詳細講解嗎?來往的顧客能像教師在黑板上書寫例證嗎?而金先生就這樣從壽先生那裏不但學到篆刻的基本方法,還學到篆刻中更重要的道理,因而才能深入於師法,變化了師法,終於逐漸形成自己的風格。在治印之外,金先生還自己潛心探索,參考前代名家的作品,掌握了雕製印紐的藝術,這就是壽先生傳授之外的成就之一了。當然更不例外,和歷來的篆刻名家一樣,寫得一手很好的各體書法。在這樣的學習條件下成功的例子,當然不止金先生一人,例如清代的汪中先生,近代的楊守敬先生,當代的徐宗浩先生,以及若干前輩,又哪一位是一帆風順地在其平如砥的學習道路上學成的呢?

我不會寫篆書,也没有學過刻印,但我爲了使用印章,常求朋友刻印。年多了,積累了不少印章,也使我受到熏陶。雖不知其所以然,卻也能辨别流派,我求金先生給我刻過許多印,我仔細把玩起來,在我所能説得出的感受,大致是這樣:每劃的刀口,總是那麽自然的、準確的、平正的、不加修飾的。下刀處那麽恰當,行刀處那麽理直氣壯,效果上又是那麽令人尋味無盡。我也曾見過不少刻印家講究刀法,並誇耀刀法如何勇猛,如何不補第二刀。但從效果上看,好像只見刀痕,不見印文。我看金先生的印章,入眼的先是一個畫面,一幅巧妙織就的圖案。再看它組成的材料,是一條條的光潤刀痕,每一刀痕,又都是内含千斤,只用四兩的力氣。依我這外行人的體會,這大概是刀法與章法處處統一的結果吧。我又從印面上看到一幅幅的篆書作品,不過是用紅色印泥寫成的罷了。自不待言,這和他的書法功夫又是統一的。胸有成竹,是論畫竹的一句名言,我借來説明我對金先生治印的藝術的理解,他是胸有現成篆字,胸有現成印章,腕有現成的刀鋒,三者密切結合,成爲一體,而這一體,又絶不是臨時湊起的。

我們從這裏得出一項經驗:就是每一種藝術,絶不是單一方面的修養所能造成的,更不是三天兩日所能練就的。金先生曾爲我刻一印,我在他案頭看到他在紙上畫出這方印的樣本,不僅止字跡筆劃的安排,而是連筆劃應粗應細處,都設計出來,可見他在每個寸餘的石面上,都是如何精心用意對待的。如果不是我偶然的看到,又誰知那些單刀直入,不加修飾的印章,是怎樣刻出來的!至於他晚年左半身偏癱,還把印石擠在桌邊,用右手刊刻不輟的事,更是人所共知的。

金先生的藝術,當然不是每個學人必學的;他的學習經歷,也不是每個學人同遇的;但他那樣刻苦學習、精心探索、病殘不懈的精神,則是不分年齡大小,不論學術門類,也不管在什麽工作上,我覺得都是名副其實的學習榜樣!

金先生平生刻的印、治的紐、寫的字,當然流傳甚廣,晚年病廢,即印稿也散失了不少。現由金先生的弟子金煜同志辛勤搜集,得成此册,不但對於紀念金禹民先生是一件盛事,我想一定有不少向學之士,將從這册中得到啓發,受到教益,這也足以實現了禹民先生的意願了。金煜同志還在不懈地繼續搜集,我們還熱誠地希望能隨後看到這個印存的續集。

一九八二年八月

《陳少梅畫集》序

陳少梅先生諱雲鶚，以字行，湖南衡山人。父梅生先生諱嘉言，是清代的翰林。少梅自幼即受到很深的文化教養。年稍長，喜繪畫，從老畫師金北樓先生學，蒙贈“昇湖”的别號，爲北樓先生最晚的弟子，畫詣在同門中卓犖無少遜色。我比少梅先生雖僅小兩歲，但學畫時望先生的作品，已如前輩名家，可見他成就之早。

先生畫，早年工人物，後多作山水，下筆便沉着爽利，這無法不説是出自天然。學宋派山水，較豪放的似戴進、吴偉一路，但邊幅修潔，删略他們那種粗獷的習氣。細筆的似周臣、唐寅兩家，又能在瀟灑中不失精密嚴格的法度。

他題畫的書法，着字不多，而筆筆耐人尋味，足與畫筆的氣息相映發。元代畫家倪瓚，書法學六朝人，僻澀中獨具古媚的風格，後世像惲壽平、僧漸江等都曾學過他，並不能十分相似，足證不易模擬。少梅先生學倪氏的書法，則真可説是搔着癢處，令人驚奇而又喜愛，並不在他的畫法之下。

少梅先生平生絶大部分時間是在天津教畫賣畫，在許多次展覽會中的出品，無不深受好評。曾任美術家協會天津分會的副主席，這已是他逝世一年前的事。一九五四年九月，先生來北京不久，一天他懷中帶着兩個乾饅頭去向老母問安，自説已用過了飯，不意就在老母面前突然倒下。先生生於一九〇九年，這時僅有四十五歲。最可惜的是全國解放後,祖國文化藝術走向繁榮的時刻,這位在藝術上極有成就、在年齡上前途無限的畫家,竟無法更多的貢獻他的才能和力量了,這又豈是陳少梅先生個人的不幸而已呢!

《葉遐庵先生書畫集》跋

遐庵先生早歲之文章政績,具見於《遐庵彙稿》中。昔年雖曾捧讀,以所書者皆當功髫齔時事,故蒙然無所識解。功年稍長,先生旅寓南陬,遂亦無緣摳謁。

一九四九年下半年,先生來京,於武進趙藥農教授家觀其所藏成容若手札,卷後有功所塵點之長跋,竟蒙劇賞。一日獲謁於廣坐間,先生首舉此跋,多所勖勉。

此後請益昇堂,獲聞緒論。見先生於中華民族一切文化,無不拳拳注念。每謂民族興衰,文化實爲樞紐。而倫理道德、科學技術,罔不在文化之域中。未有無知無識,獨能卓立於强鄰之間而不遭覆滅者,乃知先生深心之所在焉。先生亦曾收集市上散佚之文物,常鈐小印,文曰“玩物而不喪志”,此其意之所寄也,豈戲語哉!

昔當先母病劇時,功出市附身之具,途遇高軒,先生執功之手曰:“我亦孤兒也。”言次淚下沾襟。其後黑雲幻於穹蒼,青蟲掃於草木,綿亘歲年,而先生亦長往矣。闍維靈骨,渡江而南,竟不獲攀輀一痛。今裂生紙,草短跋,涕漬行間,屢屬屢輟。雖然,縱果傾河注海,又詎能仰報先生當年沾襟之一掬耶!

先生體短而神清,食少而氣王。每見米飯只用半盂,麵包只拈一片。盛筵之上,亦但取肉邊之菜。而文章浩瀚,韻語豐穰,書法則天骨開張,盈寸之字,有尋丈之勢。謂非出於異稟,不可得也。

恭紹教授葉大醫師,先生之胞妹。爲輯印遺墨,成斯一册,命加題識。因抒蠡管之見,以諗讀者。足於零縑斷楮之中,想見先生不喪之志,以知中華文化之興替,實有繫乎民族之安危者,又不僅此書畫之可寶愛也!

《藏園老人遺墨》跋

藏園老人傅增湘先生(一八七二—一九四九)字沅叔,號藏園,四川江安人。先人旅寓天津時,遂肄業於保定蓮池書院,當時即以詩文蜚聲,深受山長桐城吴汝綸先生之獎譽。光緒二十四年戊戌成進士,入翰林,官編修,出爲直隸(河北)提學使。時政治風氣初開,念女子獨求學無門,乃創設女子學校,成就人材甚多。先生晚歲,猶時有當日女門生登堂修敬者。

共和之初,以育材之績久著,受任教育總長,後退居京華,以古籍自娱。搜羅勘校,夙夜精勤,有少壯之士所不能堪者。手校群書,一萬六千餘卷,今俱爲北京圖書館統一保存。遺著已刊行者有《郘亭書目訂補》、《藏園群書經眼録》、《藏園群書題記》等。又每於春秋佳日,與朋舊出遊名山,有《遊記》若干卷,已刊板,未及刷印。平生所撰詩文稿積若干册,尚待整理。

晚年得花箋一束,因自書近體詩,得百餘片。又得硃絲闌素箋一束,自書古體詩,方及廿餘幅,即患病不復能書。病榻上猶自披閱檢點,蓋愜心之作,亦絶筆也。

長白英華先生創辦輔仁大學,推先生爲董事長。及大學院系調整,輔仁大學與師範大學合爲北京師範大學,先生已不及見矣。

計先生生平仕履無一事不關文化教育者,生活無一日不親圖書筆硯者。展觀斯册,筆筆精工,字字楷正,自始至終,未見潦草點畫。昔人有言教身教之説,竊謂先賢墨跡,足資啓迪,書之爲教，堪與言身並重焉。

先生戊戌殿試時，先曾祖獲預讀卷，故通家往還，至今已歷五代。功以世誼再晚，昔曾親承提命。自違訓誨，長緬懿型。捧讀遺編，敬付影印。敢告後來，俾知矜式。公元一九九四年秋日，啓功謹識。

《徐無聞先生著作集》序

孔子曰:"智者動,仁者静;智者樂,仁者壽。"吾友徐無聞先生博通訓詁及金石文字之學,執教於蜀中高等學校,誨人不倦,學人共仰之,且信其必壽也。詎知竟以頑症而不得延其天年。豈聖語之無憑耶,醫術之不效耶,抑人事之不平損其樂而及其壽耶?乃知世道有待而和平,科學有待而昌明也。

無聞先生諱永年,字嘉齡,以耳病失聰,自號無聞。教授於西南師範大學,著述甚富。於古文字之考辨,造詣尤邃。暇則揮毫作書,古、篆、楷、行,罔不精工。其篆法深穩,獨得淵穆之度。出其緒餘,施於鐵筆。印學自鄧完白、吴讓之以下,日趨於躁,更下至以毁瓦畫墁相矜尚。雖時世以同文尊秦法,而刻石銘功,鑄印示信之法,則蕩然無復遺存。先生篆書不減王虚舟、錢十蘭,而治印則遠紹吾子行,近邁王福庵,其學識有所不同也。

學友劉石博士,曾受業於先生,數年前北遊首都,時相談藝者有年。言及先生之人品學問,常掩淚而述之。夫浩劫之時,學校中莫不以鞭撻師長相煽惑。十年之後,竟有師友之誼相感不啻骨肉者,於以徵先生教澤之深且遠矣。

不佞自一九六三年於役重慶,於西南師範學院初識先生,而談藝論學,有如夙契。其後以燕蜀路遥,非學術會議不恒相晤。計平生會面,僅三四度。每於刊物中見先生之文章翰墨以及篆刻印蜕,俱不啻有剪燭夜話之樂,忽聞其久病不克治,又不啻生平久要之情，爲之深哀而痛惜也。

今聞其及門諸友裒輯先生論學及書藝篆刻遺作爲集，下徵一言，謹述所懷，以告世之讀先生之書者。知其人然後知其學也。先生生於一九三一年，卒於一九九三年，年僅六十二歲。知動静之訓，未盡足徵，不獨太史公之慨夫"天道無親，常與善人"之説蓋有不必然者矣！一九九五年八月長白啓功拜稿。

《碑别字新編》序

趙政身與鮑魚同腐，而有三事爲後世所艷談，曰："書同文，車同軌，行同倫。"倫軌如何，今已不得而考，唯同文之書，一似有金石可按者。然余嘗並列權、量、詔版、名山刻石以觀之，其字每相出入，初不見一律盡同之概。此無他，字形儘一，而人手不同，即出一人之手，亦或因時而異。乃知書之同文，僅具一時政令而已。

迨至今隸既興，其用歸於簡便。於是六朝别字，詭異紛繁，每使考文辨字者，望而興歎。有清趙氏撝叔，首有《六朝别字記》之作。不聒正俗，但列異形。顧其書爲未竟之手稿。其後上虞羅氏復有《碑别字》之輯，所著之别字，已十百倍趙氏之稿，上涉漢碑，俱歸楷寫。有功學林，爲讀碑之助久矣。

地不愛寶，近世出土碑誌日繁。吾友秦公同志，日親金石，夙具深心，每見異體之字，輒隨手摘録，積累日豐，竟又倍羅書而有餘，亟慫恿其清寫出版。蓋不獨爲讀碑之助，亦足爲探究文字演變者之鑑。

吾於此又悟，文字孳乳，生生不息，欲求其一成不變，其勢實有不能者。但使輪廓可尋，縱或點畫增減，位置移易，亦不難推繹而識之。今人常言"方塊字"，其方圓功罪，吾所不知，惟念漢字流傳數千年，自甲骨、金文，以至聯綿狂草，人得而讀者，正以有塊可尋耳。

今後文字，有塊無塊，吾所不能預知，惟知自今以前，塊之爲用大矣哉，以能按之而通别字也。是爲序。

一九八四年一月

《廣碑别字》序

字辨正俗，至唐代顔氏元孫《干禄字書》可謂析入毫芒。而作書者隨手爲字，雖其子侄若魯公固曾手録《字書》以上石者，其所書碑版，堂堂俱在，諦審點畫，亦未能逐字必從其正。異代書家以至經生、令史所書，上至綸言制誥、金口雷音，亦不克一一求其盡雅盡正如顔氏《字書》所指者，而況信手操觚若簿録、零丁，又安能必其一無俗别者乎！

吾聞趙政之法，以書同文爲後世所艷稱。詳校諸遺刻，字蹟點畫固有未盡劃一者，若瓦量詔版，參差尤不鮮見，乃知所謂同文，無非聊以自怡，而愚黔首之一端耳。

且夫所謂劃一，又有功令未見明著，而世行簡札又累見不一見者，似正非正，並不減於國諱、家諱者。有清末葉，公私文牘，若“羣”不能作“群”，恐君與羊平；“伏”不能有點，恐人作犬伏者。俗愈薄則諱愈奇，而清祚於是不久矣。如此之類，似别非别，又顔氏《干禄字書》、趙氏《六朝别字記》、羅氏《碑别字》無所措手者矣。

吾友秦公先生湛深古石刻之學，留心碑版中别體之字，搜羅記録，爲《碑别字新編》一書，不佞曾忝爲之序矣。今距前書付刊，又十餘年。秦公先生隨手劄録古刻中之别體字又積若干，成兹續編，爲《廣碑别字》一書。今行將出版，下徵一言，因再貢芻蕘，以爲他日三編之券可乎？

竊謂碑版之刻，其文字正别固由書人，而石工奏刀，於點畫或遺或略，則非盡由書丹者之筆誤也。且近百年來，地不愛寶，若楚之竹簡、晉之盟書、儒經、諸子、牘册、醫方，又若敦煌吐魯番所出六朝、隋、唐釋道諸藏經，綜計字數，並不減於歷代石刻。又兼影印之術大行，東瀛所傳天平以來抄本古籍，今日遂讀，每見東邦别字之罕爲中土所見，有須亟爲識别者。昔與趙萬里先生談及此事，先生亦以爲古墨蹟中之異文别體頗有須加輯録者，並不減於碑版也。不佞功今已垂老，無能爲役，敢以敬告秦公先生，既有綜理文物之便，以其餘暇，兼及古墨蹟中之異體别字而盡録之，以成三編、四編，乃至多編，其於遂讀古籍之助，又顔氏以來，趙、羅諸家所未嘗涉及者，其功之巨，可勝計哉！不佞以燭跋餘光，是敢與並世讀者跂而待之者！一九九五年八月，啓功時年八十又三。

汪雨盦教授書展書後

我和汪雨盦先生從前雖然未曾見過面,他的大名和他的詩、書作品,卻很早就從香港的朋友那裏聞、見很久了。我少年時初次在琉璃廠甸書攤上買書,首先買的是一部《述學》,這是乾隆時汪容甫先生的著作。容甫先生名中,讀了《述學》,對這個名字,便起了崇高的敬仰之心。後來得知有一位與古人同名的學者汪雨盦先生,不知什麽原因,竟覺得見了司馬相如也可以安慰“慕藺”之心。前年雨盦先生訪書而來琉璃廠肆,又蒙枉駕賁臨寒舍,初次晤言,竟似有平生之誼。他深湛的文雅,鎔入質樸的天真中,真可謂“標格過於詩”,不禁幻想,這是不是安徽學者的特點,或是“古塘倦翁”的遺韻吧!承他贈詩一首,我這裏不敢舉出,只節引五字,説我“巍然翰墨場”,我只得認爲是“猥然”的音近筆誤了。

再後屢次讀到影印手寫的和陶等詩稿,以及爲朋友書畫卷後的題詠,對汪先生的詩作和書風,都有同一種的感覺,即是虛靈挺拔。我在青少年時,因體弱多病,有些長輩教我練太極拳和静坐,許多招數並没學會,如今更已完全遺忘,但所聽過千叮萬囑的口訣,卻還記得,就是要虛靈挺拔,虛靈是不許絲毫有意用力,挺拔是不要自我疲軟。後來學作詩學寫字,也逐漸懂得,詩不應字模句擬,字不需用力執筆,什麽時候用了意,用了力,那裏的句和字必然僵硬。

雨盦先生研究杜詩,海内外早已知名。教杜詩,從學者無不服膺,但讀他的作品,卻没有任何篇章字句是有意模擬杜甫的。王漁洋專奉"無跡可求"爲詩的標準,其實他只是把明人李、何一派刮垢磨光,"無跡"只是刮光棱角而已。他説白香山詩可選的少,不難理解,白詩有血有肉,有性有情,不像"定窯瓷觀音"那麽白那麽光,所以不能入選。而汪先生的詩,我覺得真够上無跡可求,也就是從中找不到任何模擬的痕跡。而作者的性情,卻是令讀者在會心中得到振奮。

看到汪先生的字,恰恰和他的詩格有極其共同之點。從點畫上看,處處自然,都合法度,但没有一絲一毫什麽"藏鋒"啦,"逆筆"啦,什麽"始艮終乾"(包慎伯引黄小仲語)啦,等等矯揉造做的地方;從順筆映帶處看,大約行筆寫來比較輕快。輕快不難,但下筆輕而姿態美,行筆快而結構準,輕而不浮,快而不誤,便是功夫深厚又能消化的明顯特徵。我每次看了汪先生的字,常常反省自己的字跡,不知爲什麽,寫快了即輕浮,寫慢了即鈍滯。記得劉石菴有給伊墨卿的手札説:"氣骨膏潤,縱横出入,非吾所難,難在有我則無古人,有古人則無我,奈何奈何!"按有古人即是像了帖上的字,無我即是不自然。反過來,隨自己的性格習慣寫出的,又不像帖上的字了。今觀汪先生的字,可以想見下筆時似乎根本没想有古人,只是自我抒寫性情,没有一處在筆下自我暗示"這是魏碑"、"這是顔體"、"這是蘇黄"、"這是現代"……。

我從事教書,已近六十年,其間所學所作的内容,絶大多數與藝術有關,字和畫固然屬於藝術,詩和文又何嘗不是藝術!不管什麽藝術品種,不管它們各自的藝術語言是怎樣,它們的目的和所要求的效果,都有共同之處,即是要"感人",而觀者用自己的語言去介紹任何一項藝術品,就不易了。把名家作品介紹與學者,本是教書人的重要職責,但我深深感覺到這是一件無比的難事,因爲用我們的語言介紹一家、一項、一件作品,即等於我們另作一次那個作品給人看,即使是一張攝影,也不可能面面俱到;即使是全息攝影,活動的録像,也表現不了那件藝術品是金是瓷是絲是紙的質地和重量。藉此足以説明我對汪先生的書法,想寫一些内心的佩服,而無從表達他藝術修養的深處,是不奇怪的。“口門根窄”,想讀者和汪先生是能原諒的。

我從朋友處得知汪先生喜好董其昌的字,我們又曾共同在紫禁城中故宫的漱芳齋内欣賞了唐宋元明的法書名品,見他隨口評論,都那麽“搔著癢處”,才知他雖喜愛董字,只是比較而言,他吸取衆長,並不局限某家某派。才明白他既好董書,筆下卻不見一毫董法,更不用説董書習氣的沾染了。

總之,無論汪先生的詩作或是書藝,給我最突出的印象,即是虚靈中有挺拔,這當然根原於天賦性情,也證明由於學養有素的。以一個共同職業者,又是具有共同愛好、共同語言、共同氣味的舊交般的新知,在作品展覽場外,説幾句以少見多的話,不全面是必然無疑的,不真實則可信不會太多吧!

啓功叢稿

陳垣題

詩詞卷

中華書局

作者留影（1996年）

啓功絮語

四十年前侯坤女士偕介弟堉邀遊釣魚臺，有詩紀之。今女士自海澨歸來，讌聚於此，席間得句 一九八八年冬起

罨畫樓臺卉木稠。名園秀麗冠神州。依稀蕭寺聞鐘客，四十年前此院遊。

日本「現代派」書法展覽徵題

水如衣帶。人民友愛。文字同源，書風各派。璀璨斑斕，陸離光怪。顧後瞻前，稱日現代。

達堂屬銘西洞圓硯

山骨錚錚。西洞之英。六鑿神巧，圓滿天成。墨妙筆精。心直心聲。指實腕轉，与時偕行。磨墨移作順时針方向。可以歸耕。佳穫如陵。達堂所寶，啓功作銘。

題廣州六榕寺藏僧今釋自書詩卷今釋

《啓功絮語》手迹

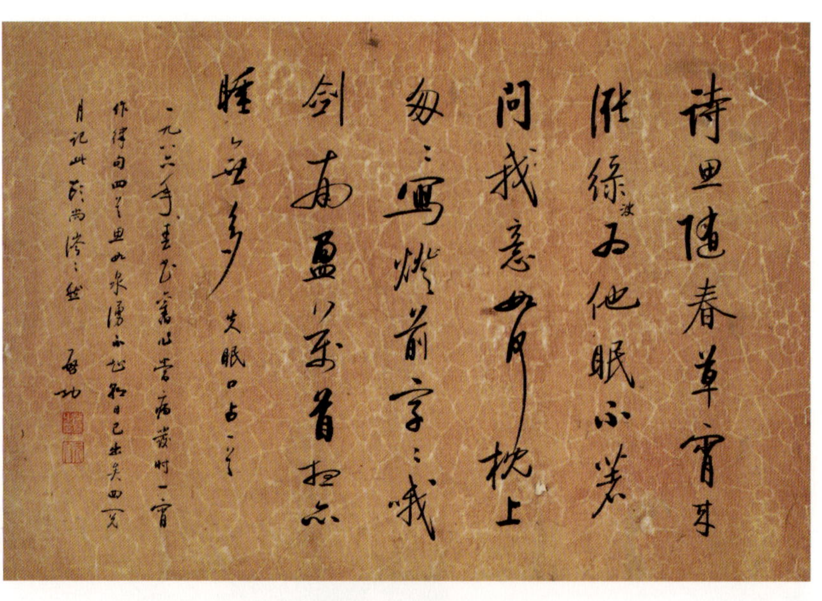

《失眠口占一首》手迹

《竹澗圖》

總　序

啓功約自二十歲以後，也曾把平時一些什麽絶句、律體、古體的習作，寫在小本子上，後來忽然刮起一陣“龍捲風”，便都灰飛烟滅了。

之後，積習未改，又陸續積累了一册，題作“啓功韻語”，到一九八八年，蒙北京師範大學出版社惠予印刷出版，分呈友好，以求指正，所得的教言，頗爲多樣。到一九九二年，又積稿一册，題作“啓功絮語”，復蒙北京師範大學出版社和香港翰墨軒出版社分别出版，前此所得到友好方家的指教，曾記在這册“絮語”的“自序”中。至今時（一九九九年），又過了七番歲月，我那些不知所云的言語，又積了一册，題作“啓功贅語”，仍蒙北京師範大學出版社爲之出版，同時更蒙中華書局把這三種合編收入《啓功叢稿》之中，又給我再次向方家求教的機會。這是我感激不盡的！

這七年來，我陸續獲得的指教更多了。首先是有些相識的朋友，還有未曾相見的朋友，各自賜予獎譽，甚至寫成文章，發表在有關的刊物中，在厚愛之中備見鼓勵之誼，實是我銘感萬分的！

自我青年時至今，聽到前輩以及一些學友見面相與討論最多的，常是“詩韻”的問題。大家都知道，“詩韻”這種書是爲作舊體詩押韻提供標準的，長輩多主應遵，後學多主可變。我大約從二十歲懂得作仄仄平平仄起，又得知要合乎韻部時，常出現“因噎廢食”的事，譬如四句押韻的詩，第二句押“東”字，第四句押了

“冬”字，一查韻書，壞了，必須改掉一句，如果覺得“東”字句好，或是主要的，就必須改掉“冬”字句。結果韻部合了，詩中所説却並非都是原意了。又如果一首入韻的八句律詩，誤押了支、微、齊、佳、灰五個韻脚，若要改歸統一的一韻，就必須换掉四個韻脚，又要改掉四個對偶的上句。這樣韻部統一了，内容則一定驢脣不對馬嘴了。

一九七三年冬，因患頸椎病住醫院，不能看書，有時哼幾句“順口溜”，再湊成某個“詞牌”。合不了詩韻，當時又無韻書可查，就注上北方十三轍的某一轍。這是我放膽打破韻書拘束的開始。再後膽愈大、手愈滑，寫了更多不合韻部的仄仄平平仄，就拿詞、曲用韻來解嘲。再後發現《廣韻》卷首附載的隋陸法言“切韻序”，《切韻》是現在可見的古代韻書最早的一種，全本雖不存，框架却還在。這篇序中説：“欲廣文路，自可清濁皆通；若賞知音，即須輕重有異。”《廣韻》卷首又載唐孫愐《唐韻》的“序”和“論”，最後説：“若細分其條目，則令韻部繁碎，徒拘桎於文辭耳。”

這裏還有一又二分之一的問題：一是“清濁皆通”指的是韻字還是韻部？按每一個韻部中都有清濁聲的韻字，例如東韻中的“東”字是清聲，“同”字是濁聲。如一首詩中，既用了東部中的“東”字，又押“同”字，並不能算“出了韻”，那麼“皆通”二字，豈不等於廢話！可見絶非指韻字的清濁，而應是指韻部的不太拘泥，大約即是後來韻部“同用”的情況。這是對那一個問題的理解。另外半個問題是孫愐所説的“韻部繁碎”，從他的上文看，並非指《切韻》已分的二百零六部，乃是指在已分的二百零六部之外，還有可分的餘地。但他又覺得如再加細分，則韻部繁碎，便成爲行文的“拘桎”。孫氏未知那二百零六部其實已經很繁碎了，所以才有後來“獨用”、“同用”的通融，以至《禮部韻》、《佩文詩韻》的明文合併韻部。

南宋楊萬里、魏了翁都曾明文反對平常吟咏也拘守《禮部韻》。羅大經《鶴林玉露》丙編卷六記載楊、魏二家的言論説：“楊誠齋（萬里）云：今之《禮部韻》乃是限制士子程文，不許出韻，因難以見其工耳。至於吟咏情性，當以《國風》、《離騷》爲法，又奚《禮部韻》之拘哉！魏鶴山（了翁）亦云：除科舉之外，閒賦之詩，不必一一以韻爲較，況今所較者，特《禮部韻》耳！”這是明確宣稱不遵韻書的。還有雜用他韻之作，標題什麽“進退格”、“轆轤體”等，仍是借辭解嘲，大約都没注意到那位祖師爺陸法言“廣文路”的宣言吧！

自讀了陸法言的一句和孫愐的半句話以後，我更放膽押韻，不再標舉什麽“十三轍”、什麽“詞、曲韻”以爲自己亂押韻的“護身符”了。

有許多位曾和我討論過用韻問題的友好方家，我現在已記憶不全哪位有哪些意見和主張（絶大多數是不願再受“韻書”拘桎的），無法一一向各位詳陳管見，因此寫在這裏，連同三次出版過的“作業”一併呈繳，敬求剴切教正，末學在這裏不勝誠惶誠恐稽首頓首了！

公元一九九九年七月啓功自識時年周八十又七。

目　録

启功韵语

目　録

啓功韻語卷二

啓功韻語卷三

啓功韻語卷四

啓功韻語卷五

自 序

這本小册子,是我從十幾歲學作仄仄平平仄的句子開始,直到今年,許多歲月中偶然留下的部分語言的記録。何以説是"部分"?因爲青年習作,幼稚不足存,自行删削的當然很多;浩劫前整理抄存的,也已付之一炬。先妻逝世後,蝸居什物與臟腑心腸,一同翻覆了幾次,一些心聲、友聲的痕迹,也有許多失落。近些年筆墨酬應又忽增多,對面命題和當筵索句的信口、信手之作,又多無從留稿。

這些語言,可以美其名曰"詩"。比較恰當,實應算是"胡説"。我們這族人在古代曾被廣義地稱爲"胡人",那麽胡人後裔所説,當然不愧爲胡説。即使特别優待稱之爲詩,也只是胡説的詩。

我這些胡説的語言,總捨不得拋掉"韻",我所理解的韻,并不專指陸法言"我輩數人,定則定矣"的框框,也不是後來各種韻書規定的部屬,只是北京人所説的"合轍押韻"的轍和韻,也就是念着順口、聽着順耳的"順"而已矣!

姑且不管訓詁學上的專門解釋如何,我只以爲韻字古既作均,應即從均匀之義命名的。調類均匀,如揚調的與揚調的相隨;韻類均匀,如啊韻母的與啊韻母的相隨;豈不很均匀嗎?古代支遁和尚好養馬,有人説和尚養馬不韻。和尚養馬,有什麽韻不韻之可言?大約支遁養馬是爲玩好,和唐僧騎白馬作取經工具有所不同。而且馬貴騰驤,僧貴清浄,那麽這“不韻”二字,不難理解,就是今天所説的“不協調”。如身着西裝禮服,頭戴草笠,足穿木屐,必有人説不協調。服裝制度是隨着地方習慣而成的,但在一定的條件下,能解决某種需要,即使有所不協調,也無傷大雅。即如身着西裝禮服的人,路遇下雨,借到草笠木屐,穿戴回家,以濟一時之需,又有什麽不得了的?但語言中如有語序不合民族習慣處,或語音應匀順而不匀順處,聽起來,便與噪音所差無幾了。雨中怪樣穿戴的人,進到屋中,那種怪樣也就結束了;而不合習慣且又不匀順的語言,印在紙上,傳播的時間和空間,都會比那一時怪樣服裝的影響大得多。所以我這小册以“韻語”爲名,只是表明我的願望和對自己的策勵罷了。

至於這些“韻語”的内容,絶大部分是論詩、題畫、失眠、害病之作,而且常常“雜以嘲戲”。還有應付徵求的題辭,更可説是“打鴨子上架”之作,都與和尚養馬的不韻相距不遠。有損這個“韻”字,確是無可自辯的。

讀者看了這本小册,批判也罷,發笑也罷,有勞翻閲,已極可感。如“用覆醬瓿”,則輔助調味,就更足榮幸了。

尊敬的讀者,我在這裏誠懇地請求,希望賜予剴切的指教!

公元一九八八年歲次戊辰秋日啓功自識於北京師範大學宿舍之浮光掠影樓,時年周七十又六。

啓功韻語卷一

社課咏春柳四首擬漁洋秋柳之作

如絲如綫最關情。班馬蕭蕭夢裏驚。正是春光歸玉塞,那堪遺事感金城。風前百尺添新恨,雨後三眠殢宿酲。淒絶今番回舞袖,上林久見草痕生。

萬緑棲鴉憶舊游。河橋回首思悠悠。落花有意迷金勒,客子銷魂倚畫樓。鄂渚人攀猶昨日,灞陵塵劫幾經秋。勞他鶯燕殷勤唤,逝水韶華去不留。

太液池頭芳信稀。景陽樓下暗塵飛。空悲客舍陽關引,且度秋娘金縷衣。殘雪乍消烟漠漠,春寒未减色依依。恨人滴盡相思淚,欲倩柔條挽落暉。

寶馬香車十二街。新烟欲散候初佳。青禽消息渺何處,曉月樓臺天一涯。别路纖腰縈祖席,隔簾飛絮上空階,雨絲風片渾無緒,亂攪春愁入客懷。

社課咏福文襄故居牡丹限江韻

東欄門韻秉銀釭。尊酒花時集皓龐。易主園林春幾許,應圖骨相世無雙。碧紅色亂蒼苔砌,樓閣香凝玉女窗。莫問臨芳當日事,寸根千載入危邦。

八聲甘州　社課題姚公綬畫墨竹

渺同雲,飄墮自瀟湘,墨雨入銀鈎。想北窗涼思,東華塵土,都是陽秋。揮盡澄心一卷,暮靄萬竿稠。唯有梅花叟,堪配湖州。　笑我頻年習懶,弄柔毫但寫,翠鳳青虬。對零縑斷素,無語共天游。任相疑,非麻非竹,羨雲林胸次總悠悠。神來處,筆歌墨舞,時繞丹丘。

清平樂　社課咏落葉

鸞飄鳳泊。差喜無纖繳。蔽日濃陰吹漸薄。放眼暮雲樓閣。　西風浪捲蓬壺。長空雁陣模糊。想見天公老筆,寒林次第成圖。

題畫二首

千古迂翁筆,生民幾輩儔。幽情傳淡墨,潔癖證清流。衣解但神往,畫成空卧游。仙人不可見,江上問漁舟。

八月江南岸,平林欲著黄。清波凝暮靄,鳴籟入虚堂。捲幔吟秋色,題書寄雁行。一丘猶可卧,摇落漫神傷。

秋　水

一寸横波最泥人。東流西去總無因。洞庭木落佳期遠,洛浦風生往迹湮。璧月終殘天外路,餘霞空染鏡中身。從今楚客登臨處,紅蓼青蘋未是春。

止　酒

三十不自立,狂妄近旨酒。量仄氣偏豪,叫囂如虎吼。一盞才入唇,朋儕翕相誘。宿醉怯餘酲,峻拒將返走。歡笑逾三巡,技癢旋自取。蟻穴潰堤防,長城失其守。舌本忘醇醨,甘辛同入口。席終顧四坐,名姓誤誰某。躑躅出門去,團圞墮車右。行路訝來扶,不復辨肩肘。明日一彈冠,始知泥在首。醒眼冷相看,赧顔徒自厚。賤體素尩羸,殷憂貽我母。披誠對皎日,撞破杯與斗。沉湎如履霜,堅冰在其後。戒慎始幾微,匡直望師友。

年來肥而喜睡,朋友見嘲,賦此答之

神怡壽可期,形勞心自苦,所以上世賢,一眠一萬古。開眸有荆榛,閉目無豺虎。一默勝千言,克敵非鉞斧。倚立足相重,獨坐頤還拄。夕永夜尤長,高枕舒筋膂。仙鄉號黑甜,美謚良足取。齁息與雷酣,雅奏卑鐘鼓。崇朝被奇温,聒噪晨禽聚。轉側卧蒙頭,餘夢猶可補。炎夏苦歊蒸,酷日懸亭午。正好乘松風,往尋華胥侶。宰予獲聖心,晝寢真法乳。漢儒强解事,晝寢非達詁。咄咄朽木訓,豈是由衷語。夫子惜金針,不度聾與瞽。寄聲陳希夷,慎傳混沌譜。

金　臺

金臺閒客漫扶藜。歲歲鶯花費品題。故苑人稀紅寂寞,平蕪春晚緑淒迷。觚棱委地鴉空噪,華表干雲鶴不栖。最愛李公橋畔路,黄塵未到鳳城西。

司鐸書院海棠二首

恭邸萃錦園,心畬先生嗣居之。余少時問業,常登堂廡。後歸輔仁大學,改建司鐸書院。院中海棠,花仍繁茂。勵耘師命賦之,得長句二首。

樓閣千重指一彈。繁枝如雪破春寒。池邊緑長恩波永,林下香稀道力安。斷夢有情依玉砌,天姿無恙薦金盤。根移地角勞鴻鵠,忍説崎嶇蜀道難。

三月狂風雨未勻。勝游西府冠城堙。敲門看竹非前約,秉燭題詩憶舊塵。細柳酣眠花愈密,夭桃警悟理同真。風流恍接仙花寺,桑海匆匆四百春。(利子初來,國人號其所居曰仙花寺。)

司鐸書院海棠,用東坡定惠院海棠詩韻

故家易主餘喬木。城北名園此爲獨。先王信手闢蒿萊,小植靈根出塵俗。百年雨露蕃枝葉,一瞬繁華變陵谷。雍和碧瓦開梵宫,萃錦花枝傍林屋。崇壇素炬分光氣,寳鐸仁音異絲肉。門牆鎖處高枝亞,彩筆圖成清態足。玉局詩歌誰繼響,墨井丹青我私淑。游戲芳春眼暫明,何必牢愁常滿腹。喜見大秦珊瑚海,勝參多福琅玕竹。甘留善果自成陰,情達聖人不爲目。平池水殿莊嚴備,未許摩訶專孟蜀。衰榮有恨付芻狗,寵辱無驚希正鵠。問道來搴絳帳紗,當筵不唱春江曲。風過綺陌黄塵盡,坐對飛英莫棖觸。

沈兼士先生餘園賞花圖

吴鏡汀先生畫,功補遠山一角,次山谷題郭熙畫韻

尋春屢叩朱扉環。好賢國叟如斗山。糞除名園掃蹄迹,恍然緑野藍田間。雲開不覺西山遠。臺高更駐斜陽晚。怪底昔人擅丘壑,處處軒窗憑翠巘。花紅如火白如霜。勝游不用羨河陽。靈懷即景似清秘,補山我愧王香光。坐中詩老惜佳日。高吟秉燭照華髮。畫上重煩試彩毫,會有瑶篇出金石。

聽楊君大鈞彈琵琶

勞人不復夢鈞天。古調新聲忽并傳。廣坐威音真入聖,深燈永夜

欲通禪。秋江冷浸迷離月，紫塞横飛莽蕩烟。不辨中懷哀樂意，吟魂長繞四條絃。

自題紫幢寄廬圖

賃寓楊氏趣園，庭有雙楸。干霄百尺。昔吾宗紫幢居士曾因植楸，取以自號。緬懷遺韻，敢襲嘉名。

閲遍穠芳識晚妍。錦裁雲蓋午陰圓。明時妙寄思高躅，喬木衰宗有勝緣。半畝清風聊作主，一春肥卧已貪天。自驚腕底襄陽鬼，又向南柯寫綘烟。

楸　花

寓楊氏姨母家，庭有雙楸，花時極盛。今姨母已逝，昔日賞花師友或歸道山。俯拾落英，黯然成咏。

食貧遷徙常，一寓詑三載。爲戀庭前楸，高標峙崔嵬。素約酒杯深，共賞凌雲彩。轉眼去年人，汲汲不相待。淒涼密葉間，窈窕孤芳在。猛雨飄上春，繁華一時改。黽勉桑下心，往者不復悔。持此謝狂風，餘芬撥人海。

自題新緑堂圖

窗前種竹兩竿,榜曰“新緑”。心畬公爲作新緑堂圖,自題一首。

喬木成灰倚舊墀。庭前又得玉參差。改柯易葉尋常事,要看青青雨後枝。

臨江仙　自題新緑堂圖,次黄君坦先生韻

如海繁英飄未盡,霎時柳已飛綿。半窗晴日自堪憐。高標如駿骨,比玉鬬雙尖。　　伴我孤吟詩萬首,石兄醜色依然。不須歌舞憶開天。琳琅敲大葉,濃緑是明年。

虞美人　自題新緑堂圖,次楊君武先生韻

縹緗乍拂餘塵暗。始訝流年换。錦園明月舊南樓。識否當時青鬢不知愁。　　墨痕翠滴濃於雨。點點增離緒。亂紅無語過芳時。又是濃陰密葉滿平池。

題紅蘭居士墨荷二首

居士諱岳端,身後譜牒改蘊端,又或作袁端,以東郊晚眺詩,人稱東風居士。曾撰《揚州夢》傳奇,又選郊、島詩爲《寒瘦

集》,與問亭翁齊名。余屢獲居士遺墨,而問翁之《白燕棲稿》終不可見。

蓮莖五尺葉團圞。三百年來墨未乾。誰分姓名關故實,早驚光怪出叢殘。曲翻夢境卑華膴,詩見心聲選瘦寒。正是人文彪炳際,自持寶鉞立詞壇。

鬱華閣後陳編絶,文獻中州孰品題。句裏東風真蘊藉,毫端野水漫町畦。勝因稠叠紅蘭室,大雅凋零白燕棲。獨抱遺弓增百感,千秋薪火詎能齊。

偕友游釣魚臺,金之同樂園也,望海樓遺址在焉

踏遍西郊路,初登望海樓。重門金獸暗,古柏碧雲稠。締構垂千載,徜徉足一丘。傷春無限意,與子共淹留。

宿雨微波緑,餘寒細柳青。回溪迷向背,曲徑判陰晴。麥秀通憂樂,巢禽瞰廢興。危欄臨大道,吟眺上孤亭。

旰食曾游地,卑垣十畝宫。封疆增漢土,飽暖奪天功。世亂無惇史,人言有至公。老農懷稼穡,辛苦説乾隆。

臨　池

顛張醉素擅臨池。草至能狂聖可知。力控剛柔驚舞女,機參觸悖勝禪師。常將動氣發風手,寫到翻雲覆雨時。萬語千言歸一刷,莫矜點畫墮書癡。

（以上各首爲一九四八年以前作）

啓功韻語卷二

卓　錐

寄居小乘巷，寓舍兩間，各方一丈。南臨煤鋪，時病頭眩，每見摇煤，有幌動乾坤之感。（以下一九五七年以後作）

卓錐有地自逍遥。室比維摩已倍饒。片瓦遮天裁薜荔，方牀容膝卧僬僥。蠅頭榜字危梯寫，棘刺榱題闊斧雕。只怕篩煤鄰店客，眼花撮起一齊摇。

次韻青峰吴門見懷之作

其時余方參預《歷代散文選》講義編寫之役。主持者云，文之有有益者，有有害者，人所習知。尚有雖非有益，但亦無害者，仍可入選。

回環錦札夜三更。元白交期孰與京。覺後今吾真大滌，抛殘結習尚多情。編叨選政文無害，業羨名山老更成，何日靈巖陪蠟屐，楓江春水鑒鷗盟。

昭君辭二首

古籍載昭君之事頗可疑,宫女在宫中,呼之即來,何須先觀畫像?即使數逾三千,列隊旅進,卧而閲之,一目足以了然。於既淫且懶之漢元帝,并非難事。而臨行忽悔,遷怒畫師,自當别有其故。按俚語云:"自己文章,他人妻妾",謂世人最常矜慕者也。昭君臨行所以生漢帝之奇慕者,爲其已爲單于之婦耳。咏昭君者,群推歐陽永叔、王介甫之作。然歐云:"耳目所及尚如此,萬里安能制夷狄",此老生常談也。王云:"漢恩自淺胡自深,人生樂在相知心",此憤激之語也。余所云:"初號單于婦,頓成傾國妍",則探本之義也。論貴誅心,不計人譏我"自己文章"。

吾聞漢宫女,佳麗逾三千。長門永巷中,閉置不計年。他人妻若妾,一一堪垂涎。初號單于婦,頓成傾國妍。假令呼韓邪,自秉選色權。王嬙不中彀,退立丹墀邊。漢帝復回顧,嫫母奚足憐。黄金賜畫工,旌彼神能傳。

毅然請和親,身立萬里功。再嫁嗣單于,漢詔從胡風。泛觀上下史,常見蒸與通。父死不殺殉,何勞諸夏同!假令身得歸,依然填後宫。班氏外戚傳,鮮克書善終。卓彼王昭君,進退何從容。知心尚其次,隘矣王荆公。

扇上寫青松紅日爲勵耘師壽　夏曆十月初十日

萬點松煤寫萬松。一枝一葉報春風。輪囷自富千春壽,更喜陽和日正東。(舊諺云:"十月小陽春"。)

十六字令二首

有友人自津門代人徵題"夢邊填詞圖",蓋學詞慕夢窗者。

詞。七寶樓臺玉樹枝。心所慕,異代若同時。

詞。理屈而窮我自知。一個字,枉費數莖髭。

竹如意銘 搔癢器古名如意

唯吾知足。搔着癢處。如意吉祥,一臂之助。

書箱銘

裝來五車。作鼠穴蟫窩。在我腹中者無多。

羊毫筆銘

筆無心,任所如。柔弱者,生之徒。

平池蕉白硯銘

正透蕉白。虚心發墨。餘地回旋，以守其黑。

龜形石鎮紙銘

塊石天然六角，何時斧鑿成龜。莫問從來蹤迹，隨人紙上游移。

竹根印銘

直根作印篆文古。鈐書之範畫之譜。未隨猪肉果臟腑。竹孫幸不忝厥祖。

木拄杖銘

目眩頭暈。左顛右頓。不用扶持，支以木棍。

布書袋銘

手提布袋。總是障礙。有書無書，放下爲快。

寄寓内弟家十五年矣。今夏多雨，屋壁欲圮，因拈二十八字

東牆雨後朝西鼓。我牀正靠牆之肚。坦腹多年學右軍，如今將作王夷甫。

舊拓本柳公權書僧端甫塔銘贊

端甫説夢欺癡愚。時君受惑堪軒渠。呑舍利外一技無。梵僧之子黔之驢。韓愈多事捋虎須。沽名取逐非冤誣。依然列戟潮州居。畢竟遭殃惟鱷魚。裴休嗣法稱佛徒。辯才每度騂騮驅。斯文微婉無阿諛。陽秋獨獲衣中珠。公權機巧工自譽。心正筆正何關書。體勢勁媚姿態殊。醜怪之祖吾不如。精粘細校毫釐區。行觀坐對枕卧俱。當時人物同丘墟。殘煤敗楮成璠璵。性命以之何其迂。（米元章謂柳書爲醜怪惡札之祖）

北風　以下一九七一年以後作

北風六級大寒時。氣管炎人喘不支。可愛蘇詩通病理，“春江水暖鴨先知”。

沁園春　中東轍　美尼爾氏綜合症

夜夢初回,地轉天旋,兩眼難睁。忽翻腸攪肚,連嘔帶瀉,頭沉向下,脚軟飄空。耳裏蟬嘶,漸如牛吼,最後懸錘撞大鐘。真要命,似這般滋味,不易形容。　　明朝去找醫生。服"本海啦明""乘暈寧"。説腦中血管,老年硬化,發生阻礙,失去平衡。此症稱爲,美尼爾氏,不是尋常暑氣蒸。稍可惜。現藥無特效,且待公薨。

沁園春　江陽轍　前題

細雨清晨,透户風寒,汗出如漿。覺破房傾側,儼然地震,板牀波動,竟變彈簧。醫囑安眠,藥唯鎮静,睡醒西山已夕陽。無疑問,是糊塗一榻,糞土之牆。　　病魔如此猖狂。算五十餘年第一場。想英雄豪傑,焉能怕死,渾身難受,滿口"無妨"。扶得東來,西邊又倒,消息微傳帖半張。詳細看,似閻羅置酒,"敬候台光"。

沁園春　言前轍　前題

舊病重來,依樣葫蘆,地覆天翻。怪非觀珍寶,眼球震顫,未逢國色,魂魄拘攣。鄭重要求,"病魔足下,可否虚衷聽一言。親愛的,你何時與我,永斷牽纏。"　　多蒙友好相憐,勸努力精心治一番。

只南行半里，首都醫院，縱無特效，姑且周旋。奇事驚人，大夫高叫，“現有磷酸組織胺。別害怕，雖藥稱劇毒，管保平安。”

沁園春　自叙

檢點平生，往日全非，百事無聊。計幼時孤露，中年坎坷，如今漸老，幻想俱抛。半世生涯，教書賣畫，不過閒吹乞食簫。誰似我，真有名無實，飯桶膿包。　偶然弄些蹊蹺。像博學多聞見解超。笑左翻右找，東拼西湊，繁繁瑣瑣，絮絮叨叨。這樣文章，人人會作，慚愧篇篇稿費高。從此後，定收攤歇業，再不胡抄。（末三句一作“收拾起，一孤堆拉雜，敬待摧燒。”）

賀新郎　烤鴨

白鴨爐中烤。怎能分，哪邊腰腹，哪邊頭腦。如果有人熬白菜，抓起一包便了。再寫上誰家幾號。偶爾打開詳細看，尾巴尖，重復知多少？有的像，牛犄角（借諧上聲）。　三分氣在千般好。也無非，裝腔作勢，舌能手巧。裹上包裝分品種，各式長衣短襖。并未把，旁人嚇倒。試向浴池邊上看，現原形，爬出才能跑。個個是，爐中寶。

賀新郎　癖嗜

癖嗜生來壞。却無關，蟲魚玩好，衣冠穿戴。歷代法書金石刻，哪怕單篇碎塊。我看着全都可愛。一片模糊殘點畫，讀成文，拍案連稱快。自己覺，還不賴。　西陲寫本零頭在。更如同，精金美玉，心房腦蓋。黄白麻箋分軟硬，晉魏隋唐時代。筆法有，方圓流派。烟墨漿糊沾滿手，揭還粘，躁性偏多耐。這件事，真奇怪！

賀新郎　咏史

古史從頭看。幾千年，興亡成敗，眼花撩亂。多少王侯多少賊，早已全都完蛋。盡成了，灰塵一片。大本糊塗流水帳，電子機，難得從頭算。竟自有，若干卷。　書中人物千千萬。細分來，壽終天命，少於一半。試問其餘哪裏去？脖子被人切斷。還使勁，齗齗争辯。簷下飛蚊生自滅，不曾知，何故團團轉。誰參透，這公案。

和友人游長城

何物奇長萬里龍。人民力量大無窮。女牆啓齒銜黄鵠，峻嶺彎腰負碧空。車軌并齊途八達，城關内外語同風。一家兩院分南北，堪笑秦皇見識庸。

踏莎行三首

造化無憑，人生易曉。請君試看鐘和表。每天八萬六千餘，不停不退針尖秒。　　已去難追，未來難找。留他不住跟他跑。百年一樣有仍無，誰能不自針尖老！

美譽流芳，臭名遺屁。千千萬萬書中記。張三李四是何人，一堆符號A加B。　　倘若當初，名非此字。流傳又或生歧異。問他誰假復誰真，骨灰也自難爲計。

昔日孩提，如今老大。年年攝影牆頭挂。看來究竟我爲誰，千差萬别堪驚詫。　　貌自多般，像惟一霎。故吾從此全抛下。開門撒手逐風飛，由人頂禮由人駡。

原　知

原知造化本無方。静者觀來變益常。草長欲疑春有脚，病多真覺厲憐王。撑簷亂叠書成柱，補被奇温葉滿牀。斗室近添新眷屬，鄰貓來去兩相忘。

偕友人行經西壓橋，聽談北海舊游

燈火長廊自一時。畫船笛韻夜行遲。月波蕩漾流歌板，花氣回環逼酒卮。人迹盡隨紅燭灺，客心長繫緑楊絲。如今西壓橋邊路，添得鏗然杖一枝。

痼疾 爲友人作書,忽然暈倒。

一嬰痼疾幾經秋。腦似空瓢楦木球。看去天旋兼地轉,卧來幡動復橋流。隨時筆債償還有,未信吾生此便休。多少名醫相蹙額,斯人大患在其頭。

題林散之先生太湖秋色圖二首

昔從湖畔望雲山。半面青螺卅六鬟。今日披圖如見戴,不須林屋叩瓊關。
吴生畫筆杜陵詩。紙上依稀兩見之。觸我飛騰江上夢,嘉陵千里夜潮時。

轉

“别腸如車輪,一日一萬周”。昌黎有妙喻,恰似老夫頭。法輪亦常轉,佛法號難求。如何我腦殼,妄與法輪侔。秋波只一轉,張生得好逑。我眼日日轉,不獲一雎鳩。日月當中天,倏閲五大洲。自轉與公轉,縱横一何稠。團圞開笑口,不見顔色愁。轉來億萬載,曾未一作嘔。車輪轉有數,吾頭轉無休。久病且自勉,安心學地球。

鷓鴣天　就醫　以下一九七三年住醫院作

浮世堪驚老已成。這番醫治較關情。一針見血瓶中藥，七字成吟枕上聲。　屈指算，笑平生。似無如有是虚名。明天闊步還家去，不問前途剩幾程。（陸放翁詩云："浮世堪驚老已成，虚名自笑今何用。"）

鷓鴣天　前題

寫出人應笑我癡。夜間常夢日常思。老妻待製新皮襖，破紙重抄舊作詩。　王悦鬧，老貓吃（作平）。小葵眼鏡取何時。相憐傅老真同病，血壓今天降幾絲。（王悦爲大内姪女之女，時方四歲。小葵乃二内姪女，時方配眼鏡。傅老晉生丈也，時血壓正高，次年即逝。老妻已多年未有完整衣裘，次年始製一外衣，又一年遂逝。只此一裘，即爲附身之物，痛哉。一九七六年補注。）

鷓鴣天　前題

摯友平生驢馬熊。驢皮早已化飛鴻。鄙人也有驢肝肺，他日掏來一樣紅。　身反側，眼惺忪。窗前日色已朦朧。開門脚步聲聲近，護士持來藥一盅。（驢者曹家琪，馬者馬焕然，熊者熊堯。曹於去年病逝於此，遺體作病理解剖，然後火化。）

漁家傲　前題

眩暈多年真可怕。千般苦況難描畫。動脈老年多硬化。瓶高挂。擴張血管功能大。　　七日療程滴液罷。毫升加倍齊輸納。瞎子點燈白費蠟。剛説話。眼球震顫頭朝下。

蝶戀花　前題

醫術高明經驗富。細診詳觀,心領兼神悟。歷詢病情聽主訴。安排療法親分付。　　此病根源由頸部。透視周全,照遍傾斜度。骨刺增生多少處。頸椎已似梅花鹿。

西江月　前題

七節頸椎生刺,六斤鐵餅拴牢。長繩牽繫兩三條。頭上幾根活套。　　雖不輕松愉快,略同鍛煉晨操。《洗冤録》裏每篇瞧。不見這般上吊。

頸部牽引

京郊動物園,西偏有鹿苑。如鶴立鷄群,悠然兩伙伴。腰腿勢巍峨,皮毛光絢爛。長頸立如竿,何曾曲一綫。平視鳥歸巢,俯瞰人魚貫。侏儒與巨子，見頂不見面。董宣强項名，幾以性命换。朱雲指佞臣，拽得欄杆斷。巧宦雲爲梯，惡霸人作薦。持與鹿相權，静躁可立辨。曾遇考據家，圖文至雄辯。麒麟長頸鹿，實同名略變。西狩發深悲，多怪由少見。多識鳥獸名，徒自將人騙。所以孔仲尼，横遭大批判。我近數年間，痼疾久爲患。尋常談笑中，頭暈而目眩。病與日俱增，終須住醫院。透視細檢察，照像留膠片。頸椎只七節，骨質增生遍。血脈阻塞多，遂致成昏亂。服藥加理療，妙法奇而便。頭拴鐵秤錘，中間繫長練。每日兩番牽。只當家常飯（去聲）。骨刺雖難消，骨隙可得間。指標誰與齊，但向鹿頸看。我聞醫師言，涊然頭有汗。鄙夫何如人，敢居仙侣畔。頸牽一丈長，腿仍二尺半。有皮而無毛，能爛不能絢。萬一再教書，怎往講臺站。百歲餘卅八，尚可充好漢。不成虎豹鞹，且作麒麟楦。

孤　蹤

窗懸素月照無眠。歷歷孤蹤在眼前。慘緑昔輪荒草色，深酡近愧夕陽天。蛀殘病葉通風雨，執爛餘柯耐歲年。漫笑吾生薄於紙，也曾留得好雲烟。

清平樂　夢小悦唱歌

滴滴點點。輸液晨連晚。大罐脈通罌粟鹼。高卧牀頭不管。　　夢中多少歌聲。醒來記不分明。只有難忘一句，“狐狸蒙上眼睛”。

千秋歲　就醫

天旋地轉。這次真完蛋。毛孔内,滋涼汗。倒翻腸與肚,坐卧周身顫。頭至脚,細胞個個相交戰。　往日從頭算。成事無一件。六十歲,空吃飯(去聲)。只餘酸氣在,好句沉吟遍。清平調,莫非八寶山頭見。

漁家傲　前題

痼疾多年除不掉。靈丹妙藥全無效。自恨老來成病號。不是泡。誰拿性命開玩笑。　牽引頸椎新上吊。又加硬領脖間套。是否病魔還會鬧。天知道。今天且唱漁家傲。

痛心篇二十首　并序　以下一九七一年至一九七五年作

先妻諱寶琛(初作寶璋),姓章佳氏。長功二歲,年二十三與功結褵。一九七一年重病幾殆。一九七四年冬復病,纏綿百日,終於不起,時在一九七五年夏曆花朝前夕。是爲誕生第六十六年,初逾六十四周歲也。

結婚四十年,從來無吵鬧。白頭老夫妻,相愛如年少。
先母撫孤兒,備歷辛與苦。得婦喜常言,似我親生女。
相依四十年,半貧半多病。雖然兩個人,只有一條命。
我飯美且精,你衣縫又補。我剩錢買書,你甘心吃苦。

今日你先死,此事壞亦好。免得我死時,把你急壞了。

枯骨八寶山,孤魂小乘巷。你且待兩年,咱們一處葬。

强地松激素,居然救命星。肝炎黄膽病,起死得回生。

愁苦詩常易,歡愉語莫工。老妻真病愈,高唱樂無窮。(以上一九七一年秋作,病起曾共讀,且哭且笑。)

老妻病榻苦呻吟,寸截回腸粉碎心。四十二年輕易過,如今始解惜分陰。(一九七五年初,其病已見危篤。)

爲我親縫緞襖新,尚嫌絲絮不周身。備他小殮搜箱篋,驚見衷衣補綻匀。

病牀盼得表姑來,執手叮嚀託幾回。"爲我殷勤勸元白,教他不要太悲哀。"

君今撒手一身輕,剩我拖泥帶水行。不管靈魂有無有,此心終不負雙星。

夢裏分明笑語長,醒來號痛卧空牀。鰥魚豈愛常開眼,爲怕深宵出睡鄉。

狐死猶聞正首丘,孤身垂老付飄流。茫茫何地尋先壟,枯骨荒原到處投。

婦病已經難保。氣弱如絲微裊。執我手腕低言,"把你折騰瘦了。"

"把你折騰瘦了,看你實在可憐。快去好好休息,又願在我身邊。"(病中屢作此言)

只有肉心一顆。每日尖刀碎割。難逢司命天神,懇求我死她活。

自言我病難好。痛苦已都嘗飽。又聞囈語昏沉,"阿瑪剛才來到。"(滿人稱父曰阿瑪)

明知囈語無憑。亦願先人有靈。但使天天夢囈,豈非死者猶生。

爹爹久已長眠,姐姐今又千古。未知我骨成灰,能否共斯抔土。

(先胞姑諱季華,不嫁,與先母同撫功成立,卒葬八寶山公墓,先妻骨灰即埋于穴旁,功自幼呼胞姑爲爹。)

自題畫册十二首　以下一九七六年作

舊作小册,浩劫中先妻褫其裝池題字,裹而藏之。喪後始見於篋底。重裝再題。

依稀明月短松崗。蓋篋緘來墨自香。老眼半枯迷五色,并無金碧也輝煌。

雨餘庭院半青苔。清秘高堂爲我開。大點濃皴肥筆刷,雲林從此不重來。

山色由人隨處有,水光藉紙本來無。筆端造化原如此,何必王維雪意圖。

羊毫生紙畫難論。的的山頭墨幾痕。剩與元暉同一誚,烟雲懞懂樹無根。

人言粉面似升仙。化作膏唇墨湛然。昔日江南曾一見,陂塘卅六草如烟。(墨荷)

大千雲物自浮沉。浩蕩江湖送古今。雪白麻箋山一髮,笑他真個不勝簪。

山川渾厚得其渾。密葉稠苔點欲昏。梅壑梅花渾莫辨,三生石上舊精魂。

喜氣寫蘭怒寫竹(元人語),叢蘭葉嫩竹枝長。漫誇心似沾泥絮,喜怒看來兩未忘。

寒鴉萬點隋煬(平聲)帝,流水孤村秦少游。塵土硯池澆絮酒,清明時節寫黄丘。

變幻無如嶺上雲。從來執筆畫難真。如今不復抛心力,且畫源頭洗眼人。

大夫一別幾千春。仿佛鬚髯尚有神。占得人間半盆景,鱗皮無語自成皴。(松)

水流雲散碧天低。淺渚危峰望欲齊。十個烏鴉鳴秃柳,風來摇曳不堪棲。

痛心篇書於畫册之後,摯友寵題,謹録於此:

唐長孺先生題:一萼紅

夜遲遲。正疏行淡墨,和淚寫新詩。樓韻簫沉,奩開鏡冷,分付零夢淒迷。有多少鵑啼雁唱,送年年幽恨上雙眉。顧影簾櫳,回腸針綫,無限相思。　　曾記戲言身後,願雙棲共命,白首同歸。病枕低呻,風燈絮語,窺户星月能知。最難忘,聲聲珍重,怕折磨寬却舊時衣。翹首驂鸞路,遥不負心期。(一九七七年春,於元白先生齋頭讀悼亡詩,沉摯淒惻,感不絶于予心,因賦一萼紅一闋。)

黄苗子先生題:絶句四首

魔高一丈道千尋。耻與前賢較淺深。堪笑石公添懊惱,只因人説似雲林。(每讀石濤"偶向溪邊設亭子,世人又道似雲林"句輒爲捧腹。)(右題梧桐竹石)

畫手推君詣獨玄(王烟客贈王石谷句)。恰應移入米家船。試看

重點輕渲處，半是爐錘半是天。（右題米家山）

也因野逸尊石八，不廢精深重四王。輸與後生饒手段，無框框要破框框。（右題木石寒鴉）

地老天荒筆未枯。燈前淚眼認模糊。傷心幾個吞聲鳥，正是閒宵長拜烏。（“歸來相見淚如珠，唯説閒宵長拜烏。”元微之憶韋夫人句也。拜烏乃唐代閨習。）（右題十烏圖）

王暢安先生題：絶句四首

三生石上舊精魂。畫思詩情入夢温。一日窗前幾回看，細尋壓篋昔年痕。

野水蒹蒹月落遲。紅衣初儘露華滋。當時未識蓮心苦，不畫花銷菂老枝。

一掬清泉滌眼新。白衣蒼狗看氛氲。倦來且向山中住，更作源頭洗耳人。

恍見燈昏落墨時。荒寒尺幅耐人思。君家巷口蕭蕭樹，也有鴉棲不穩枝。（元白尊兄以畫册命題，蕩氣回腸，不忍卒讀，謹賦俚句。）

啓功韻語卷三

戲題王以鑄兄咸寧雜詩卷後

東皋記陶潛,西川説杜甫。縣令員外郎,官僚兼地主。鋤鏟縱自持,不過單幹户。何如集體人,共耕咸寧土。鍛煉復支農,齊耘皆幹部。挂笠沐朝陽,披蓑沾暮雨。晨出聯臂歌,夜宿對牀語。妙句沁心脾,深情源肺腑。不作繁絃音,連章盡五古。絶似食橄欖,回甘歷微苦。詩境與人生,大約全如許。卷尾發狂言,用質同心侶。

對酒二首　劇眩以來,已三年矣。近復一蹶,前路可知。因賦長句二首。

去年唱罷鼓盆歌。也擬從頭戰病魔。心放不開難似鐵,淚收能盡定成河。終歸火葬新規律,近距風癱剩幾何。血壓不高才二百,未妨對酒且婆娑。

頸椎骨質亂增生。血管崎嶇阻暢行。一蹶何期猶復振,三年已過竟無成。久穿半席身仍卧,近瞎雙睛淚未晴。鄉俗至今銷殆盡,不堪騎馬且騎鯨。

南鄉子　余因病住醫院時,見有青年女子自東北牧區來,頷下生鬚數莖,住院醫治。其法在臀部注射氣體,疼痛呼號,其鬚仍在。

少女貌端莊。頷下生鬚似不揚。千里南來求治法,奇方。扎破臀皮打氣槍。　思想要開張。頰上添毫本不妨。試向草原群裏看,山羊。個個鬍鬚一樣長。

南鄉子　題淡拓石門銘

魏體溯當初。結字精嚴點畫殊。密不通風寬走馬,嗚呼。多少書家嘆不如。　刀鈍石紋粗。紙薄於烟墨又枯。鷹眼也生白内障,模糊。"草色遥看近却無"。

南鄉子　題漢吉語磚

文曰:"富貴昌。宜官堂。意氣揚。宜弟兄。長相思,勿相忘。爵禄尊。壽萬年。"磚方形,每邊二尺餘。字作繆篆,上下二排,每排四句,筆畫齊整。遠觀之,儼然竹簾懸於窗外也。

八句甚堂皇。所望奇奢不可當。試問何人爲此語,瘋狂。即或相思那得長。　　拓片貼南牆。斗室平添半面妝。忽聽兒童拍手叫,方窗。果似疏簾透日光。

南鄉子　頸架

禪宗六祖大鑒禪師卒後,有人懸二十千購其頭。門徒已以漆布鐵葉護其頸,偷兒刀斫,竟得不殊。余病眩多年,其症在頸,醫製頸架,周竪鐵筋,有感大鑒之事,因賦此詞。請傳衣鉢者,下一轉語。

大鑒有真身。漆布層層作領巾。夜半有人刀一斫,無痕。一個頭顱二十緡。　　我眩發來頻。頸架支撑竪鐵筋。多少偷兒不屑顧,嫌昏。六祖居然隔一塵。

南鄉子　題友人臨蘭亭卷

題尾句駢羅。妙語回環雅韻和。仿佛枚文功大起,沉痾。發我南鄉一曲歌。　　歲月苦蹉跎。破硯徒穿枉自磨。踏遍燕郊書興減,無鵝。遂較羲之遜幾多。

南鄉子　友人訪“曹雪芹故居”余未克往

友人聯袂至西郊訪“曹雪芹故居”,余因病未克偕往。佳什聯翩,余亦愧難繼作。

一代大文豪。晚境淒涼不自聊。聞道故居猶可覓,西郊。仿佛門前剩小橋。　　訪古客相邀,發現詩篇壁上抄。愧我無從參議論,没(平聲)瞧。"自作新詞韻最嬌"。

南鄉子　題王石谷江村月色圖

月色入柴扉。意境靈奇欲造微。藝苑清初稱巨擘,王翬。妙迹人間久愈稀。　　宋派幾傳衣。子畏東村有嗣徽。畫格嘉名同不忝。清暉。曾見江河萬里歸。

南鄉子　題金禹民印譜

治印見賢勞。方寸之間萬象包。珍重鈐紅傳四海,名高。皖浙諸家未足豪。　　製鈕藝尤超。兕虎龍螭古趣饒。手握昆吾心貫蝨,逍遥。美玉精金任意雕。

南鄉子　題王石谷仿王晉卿青緑山水

處處採菱歌。南浦風來漾緑波。借問宋朝王駙馬,如何?百尺竿頭幾倍過。　　一片好山河。淡抹微雲勝薄羅。素壁高堂新景物,青螺。似此精工見未多。

題拙著《詩文聲律論稿》奉答唐立庵先生

余論詩文聲律,於未有定論而争辯無休之問題,俱不涉及。唐立庵先生謂究宜講述,應之曰:此馬蜂窩也,豈可輕捅。立老又謂功以北人而談詩律,亦非易事。賦示立老。

傖父談詩律,其難定若何。平平平仄仄,差差差多多。待我從頭講,由人頓足呵。欲偕唐立老,一捅馬蜂窩。

題南宋人畫瓶梅二首

張則之題,定爲楊季衡筆,有笪江上、王夢樓題。

鐵鑄枝柯玉碾花。春風長在畫人家。分明七百年前樹,折作生綃萬古霞。

快雨培風富鑒裁。賸題江上筆宏開。名山北固鍾神秀,虹月光從海岳來。

踏莎行

黄永玉兄以白描玉簪長卷屬題。已有友人著語在前,約爲禁體,不作絶句,不比美人。

萬縷鎔鋼,千叢琢玉。筆端都合天然律。燕山大雪六街冰,誰知化作欄邊緑。　　小令新拈,不題絶句。掀翻窠臼君能喻。這般茂盛玉簪花,殘年入目真奇遇。

徐邦達兄以早歲所畫山水屬題　以下一九七七年作

　　畫贈名旦荀慧生者。荀初演秦腔,藝名白牡丹。

一朵妖姿白牡丹。早時艷譽滿幽燕。歌人似女原非女,畫史當年尚少年。小卷名山傳翰墨,半生心力托雲烟。吾衰那有桓伊興,坐對珍圖憶墜鞭。

友人家曇花一盆,盛開速落,因賦長句。時在一九七七年秋

深宵何物幻奇芳。色逐梨花故作香。根蒂幾時來異域,聲華畢竟藉空王。輕拈迦葉成微笑,一現閻浮識淡妝。籤漏未移英已盡,這般身世太尋常。

題明人畫册八首

雲林設色人間少,淺碧深青韻最長。"老鶴眠階初露下,高梧滿地忽霜黄"。(雲林小景)

堂前燕子去而歸。堂上居人是又非。領取畫家真實義,柳枝常緑燕無違。(柳)

籬落秋風雨後天。摘來新豆壓芳筵。世人徒羨安期棗,那及青青味最鮮。(扁豆)

曾得楊妃帶笑看。奇花蒙垢總無端。畫人爲雪千秋耻,不用胭脂

著牡丹。(墨筆牡丹)

空傳商山芝,服之能不老。何如畫裏芝,與人常相保。(靈芝)

花驕艷色裙,實開笑顔口。一棵安石榴,已具兩不朽。(石榴)

菊有黄華。元亮生涯。我附驥尾,"詩正而葩"。(菊)

筆酣墨古。石田法乳。小册八開,此爲翹楚。(枇杷)

題李復堂花卉册

册作於雍正九年,自署有"墨磨人"之號。緑毛鸚鵡,紅藥瓦盆,皆見册中自題。

如逢雍正九年春。花木猶生雨露新。異世欽遲珍楮墨,當時聲聞(去聲)動乾坤。緑毛不畫嬌鸚鵡,紅藥偏栽老瓦盆。我愧平生災筆硯,那堪輕怨墨磨人。

題繁枝紅梅圖

昏花雙目體龍鍾。畫裏紅梅霧裏逢。佳句少陵頻誤誦,"野人相贈滿筠籠。"

題墨梅圖

墨痕濃淡影横斜。綽約仙人在水涯。有目共知標格好,這般才是畫梅花。

自撰墓志銘

中學生,副教授。博不精,專不透。名雖揚,實不够。高不成,低不就。癱趨左,派曾右。面微圓,皮欠厚。妻已亡,并無後。喪猶新,病照舊。六十六,非不壽。八寶山,漸相湊。計平生,謚曰陋。身與名,一齊臭。(六,讀如溜,見《唐韻正》。)

友人索書并索畫,催迫火急,賦此答之

來書意千重,事事如放債。郵票尚索還,儼然高利貸。左臂行將枯,左目近復壞。左顴又跌傷,真成極右派。鄙況不多談,已至陰陽界。西望八寶山,路短車尤快。拙畫久拋荒,拙書彌疥癩。如果有輪回,執筆他生再。

題劉墉雜書册,用伊秉綬題尾韻 以下一九七八年作

劉墉書迹頗斕斑。仿佛襄陽畫裹山。四十二泉翻閣帖,精魂棗石此中還。

庭中芭蕉二首

院小人偏静，窗開室更幽。芭蕉肥又大，濃緑是深秋。

介然芭蕉身，未負牛羊債。霜雪與春陽，一般無挂礙。（黄山谷詩云：“忍持芭蕉身，多負牛羊債。）

淄川石硯銘

鋒發墨，不傷筆。篋中硯，此第一。得寶年，六十七。一片石，幾兩屐。

摺扇銘

既有骨，又有面。割方就圓未及半。弧不弧，字可辨。直道而書義自見。

陸儼少畫二卷二首

副騑真筆歸何處，今日能披迹亦陳。那似新圖收衆妙，王香光後屬斯人。（烟江叠嶂圖）

“蜀江水碧蜀山青”。誰識行人險備經。昨日抱圖歸伏枕，居然徹夜聽濤聲。（峽江險水圖）

陸儼少爲韓天衡作黄山圖袖卷

宿約登臨廿五年。如今真躡衆峰顛。松濤謖謖疑無地，雲海綿綿别有天。畫筆探微輸後勁，詩情務觀怯先鞭。劫波流轉名山换，始見韓陵片石堅。（一九五三年友人約游黄山，因事不果往，今觀此卷，如踐宿約。）

次韻聶君紺弩一首，紺翁曾被四人幫刑禁多年

湯火驚魂竟不飛。萬方有罪四人肥。二毛無恙移乾土，上坐依然攝敝衣。後日自知銷後患，先生初計已先非。學詩曾讀群賢集，如此心聲世所稀。

題藍玉崧兄草書白香山長恨歌、琵琶行二卷二首

沈醉三郎樂未休。開天盛業一時收。君王舉袖緣何事，遮得人前滿面羞。（右題長恨歌卷）

圓朱小印問何如。果似湘僧醉後書。可愛筆端風雨快，魚箋百幅立時無。（右題琵琶行卷，卷中有自鈐小印，文曰“何如”。）

題唐墓志二種二首

家臣述事定非誣。千載之前投靠書。莫把彭城誇世望，簪纓陵替

是朱虚。(劉濬墓志,文稱家臣撰序,蓋子孫託言也。記濬爲漢裔,官至太子中舍人,曾爲武后策徐敬業必敗。)

磚塔孤行千古勝,簪花詣絶世翻疑。王儀貞石光天壤,始識書仙敬客師。(王大禮墓志。大禮字儀,志爲敬客師書,楷法精美,蓋即書王居士磚塔銘者。塔銘署敬客書,客或是名,或是字也。)

自畫葡萄

密葉張青蓋,枯藤綴紫霞。夢中温日觀,仍著破袈裟。

黎雄才九松圖

飽墨濃圖九棵松。霸才今見畫中雄。衰遲我愧蟲魚筆,難向長縑賦大風。

一九七八年十二月在長春吉林大學觀哲里木盟出土西周銅器二首

闥門如鏡沐晨光。更見朱申世望長。我愧中陽舊鷄犬,身來故邑似他鄉。(長白山天池,滿語曰闥門。)

中華文物燦商周。遠自氈鄉暨粵陬。寶歷四千人一體。有誰斗膽伺金甌。

論詞絶句二十首

暝色高樓聽玉簫。一稱太白惹喧囂。千年萬里登臨處，繼響緣何苦寂寥。（李白）

詞成側艷無雕飾，絃吹音中律自齊。誰識傷心温助教，兩行征雁一聲鷄。（温庭筠）

一江春水向東流。命世才人踞上游。末路降王非不幸，兩篇絶調即千秋。（李煜）

新月平林鵲踏枝。風行水上按歌時。郢中唱出吾能解，不必謙稱白雪詞。（馮延巳）

詞人身世最堪哀。漸字當頭際遇乖。歲歲清明群弔柳，仁宗怕死妓憐才。（柳永）

柔情似水能銷骨，珠玉何殊瓦礫堆。官大斥人拈繡綫，却甘詞費燕歸來。（晏殊）

潮來萬里有情風。浩瀚通明是長公。無數新聲傳妙緒，不徒鐵板大江東。（蘇軾）

斗酒雷顛醉未休。小梅花最見風流。路人但唱黄梅子，愧煞山陰賀鬼頭。（賀鑄）

叔世人文品亦殊。行蹤塵雜語含糊。美成一字三吞吐，不是填詞是反芻。（周邦彦）

毁譽無端不足論。悲歡漱玉意俱申。清空如話斯如話，不作藏頭露尾人。（李清照）

夕陽紅處倚危欄。青兕歸朝殺敵難。意氣干雲聲徹地，群山不許望長安。（辛棄疾）

詞仙吹笛放船行。都是敲金戛玉聲。兩宋名家誰道著，春風十里

麥青青。(姜夔)

顧影求憐苦弄姿。連篇矯揉盡游辭。史邦卿似周邦彦,筆下云何我不知。(史達祖)

崎嶇路繞翠盤龍。七寶樓臺驀地空。沙裏窮披金屑小,隔江人在雨聲中。(吴文英)

萬緑西泠一抹烟。情深不礙語清圓。碧山四水難争長,玉老田荒恐未然。(張炎)

欲把英雄説與君。詞豪一代幾曾聞。筆端黄葉中原走,多事横圖畫紫雲。(陳維崧)

納蘭詞學女兒腔。數典文人病健忘。伊徹曼殊家咫尺,梭龍何故號諸羌。(成德)

漁歌響答海天風。南谷齊眉唱和同。詞品欲評聽自贊,花枝不作可憐紅。(《東海漁歌》)

妄將婉約飾虚夸。句句風情字字花。可惜老夫今骨立,已無餘肉爲君麻。(僞婉約派)

豪放裝成意外聲。欲教石破復天驚。閉門自放牛山屁,地下蘇辛恐未能。(僞豪放派)

論詩絶句二十五首

唐以前詩次第長。三唐氣壯脱口嚷。宋人句句出深思,元明以下全憑仿。(綜論)

世味民風各一時。紛紛箋傳費陳辭。雎鳩唱出周南調,今日吟來可似詩。(詩經)

芳蘭爲席玉爲堂。代舞傳芭酹國殤。一卷離騷吾未讀,九歌微聽楚人香。(楚辭)

“日月星辰和四時”。堂皇冠冕帝王辭。窮兵黷武求仙死,身後誰吟一句詩。(漢武帝)

鼎分一足亦堂堂。驥老心雄未是殤。横槊任憑留壯語,善言究竟在分香。(曹孟德)

有意作詩謝靈運。無心成咏陶淵明。濃淡之間分雅俗,本非同調却齊名。(謝靈運、陶淵明)

千載詩人首謫仙。來從白帝彩雲邊。江河水挾泥沙下,太白遺章讀莫全。(李太白)

主賓動助不相侔。詩句難從邏輯求。試問少陵葛郎瑪,怎生紅遠結飛樓。(杜子美)

地闊天寬自在行。戲拈吴體發奇聲。非唯性僻耽佳句,所欲隨心有少陵。(杜子美)

昔有佳人公孫氏,一舞劍器動四方”。便唱盲詞誰敢議,少陵威武是詩皇。(杜子美)

語自盤空非學仙。甘回澀後徹中邊。三唐此席誰祧得,詩到昌黎格始全。(韓退之)

路歧元相豈堪侔。妙義紛綸此際求。境愈高時言愈淺,一吟一上一層樓。(白樂天)

裊枝啼露温鍾馗。水膩花腥李玉溪。恰似賞音分竹肉,從來遠近莫能齊。(温飛卿、李義山)

古文板木乏靈氣,少詩莫怪曾南豐。奏議萬言詩膽弱,四平八穩見荆公。(曾子固、王介甫)

筆隨意到平生樂,語自天成任所遭。欲贊公詩何處覓,眉山雲氣

海南潮。(蘇子瞻)

抖擻霜蹄歷塊行。涪翁初志亦縱横。誰知力不從心處,却被西江藉作名。(黄魯直)

妙句江湖夜雨詩。勝吟桃李發南枝。異趨有志才偏短,總較東坡一步遲。(黄魯直)

新安理學盛元清。爲攘爲資效已明。但作詩人應寡過,武夷還有棹歌聲。(朱仲晦)

萬首詩篇萬里程。貪多愛好一身經。晚年得句誰相和,但聽糟床滴酒聲。(陸務觀)

青蘆荷葉共吟商。更有簫聲伴夜航。雅潔不妨邊幅窘,江湖詩伯首堯章。(姜堯章)

昔人曾議梅村俗。我謂梅村俗不足。清詩應首子弟書,澍齋小窗俱正鵠。(吴駿公)

七子何須論前後,唐規諦視是元型。聲宏實小多虚勢,刮垢磨光仗帶經。(王貽上)

詞鋒無礙義無撓。筆底天風挾海濤。試向雍乾尋作手,隨園畢竟是文豪。(袁子才)

望溪八股阮亭詩。格熟功深作祖師。我愛隨園心剔透,天真爛漫嚇人時。(袁子才)

性靈拈出自成宗。甌北標新是繼蹤。試問才人誰膽大,看吾宗老澍齋翁。(春澍齋)

啓功韻語卷四

讀王朝聞《論鳳姐》 以下一九七九年作

文章本天成，妙手偶得之。試讀《紅樓夢》，斯言不吾欺。仰首觀太清，滓穢安可施。平視大圓鏡，照見鬚與眉。作者手中筆，與我同毛錐。作者眼中事，與我同悲憙。萬類無遁形，濡墨如燃犀。何故使其然，一往空陳規。"我手寫我口"，造物失其私。白日懸中天，盤燭任所疑。或以擬掌故，朝局康熙時。是曰舊紅學，惜哉徒爾爲。或以品頭足，穠纖校妍媸。大嚼過屠門，遐想窺深閨。或嫌貂不足，狗尾聊自持。續夢復真夢，可耻荒唐詞。或有考據癖，面牆刮其皮。買櫝櫝不材，問珠珠不知。有書《論鳳姐》，借讀陳一瓻。鞭辟拈金針，觸透膚與肌。明珠孔九曲，貫串長青絲。青絲何能入，蟻子銜而馳。一日過幾曲，九折從可期。心深力不舍，一一皆吾師。

藻鑒堂即事十二首

頤和園西南角有藻鑒堂，前有石鑿方池，殆堂所由名也。堂構已拆，改建小樓，妖姬曾踞之，蹄迒可辨。今改招待所。一九七九年酷暑，余借寓數日，苦蚊不寐，口占短咏。

古刹初題大報恩。忽傾金碧幻名園。山巔無恙琉璃閣,螺髻仍飄五色雲。(頤和園乾隆時爲大報恩延壽寺,慈禧改爲今園。)

北人慣聽江南好,身在湖山未覺奇。宋玉不知鄰女色,隔牆千里望西施。(有人論西湖與昆明湖優劣)

人巧天工合最難。匠心千古不容攀。宜晴宜雨宜朝暮,禁得游人面面觀。

昆明池映甕山阿。秋月春光閱幾多。今日午晴逢我倦,松風無語水無波。

佛香高閣暮雲稠。雨後遥青入小樓。咫尺昆明無路到,真成廷尉望山頭。(此堂無路可通園中)

舊鑿方池迹已荒。新成邃宇樹千章。凋零帷薄依稀在,過客猶窺武媚娘。

割鷄徒用宰牛刀。畢竟言游未足豪。天下青蟲俱可憎,大風一映落鴻毛。(談果園噴藥殺蟲事)

石欄點筆坐題詩。天寶年來又一時。人事不殊風景異,萬民今説六軍慈。

滿池秋水納秋晴。石檻臨流韻倍清。暫豁雙眸貪遠眺,偏聾左耳任蛙鳴。

不待羲之筆入神。低頭早拜路邊塵。寫經難怪無人换,鵝鴨當前認未真。(遥望湖中群鴨誤呼爲鵝)

痼疾纏綿氣管炎。今年心臟病新添。西南一望程堪計,高突濃烟八寶山。

一碧長天豈有涯,隻身隨處盡吾家。危欄下是西郊路,八寶山頭共晚霞。(先妻葬八寶山麓)

石可兄琢硯題銘二首

硯如瓦,最宜墨。與斯人,壽無極。石可琢,啓功識。(半瓦當形硯)
石號紅絲,唐人所貴。一池墨雨天花墜。(紅絲硯)

開國三十周年祝詞

卅載開基遠,三秋撥亂多。工農增事業,學校盛絃歌。永斷遮天手,同持返日戈。欣逢更化際,珍重好山河。

潘天壽畫小卷

壽道人人木訥而畫精警,遇物成圖,不啻登高能賦。筆不應手時,即以指甲、匕箸,以至蓮房、蠶繭,無不可供驅使。其妙趣又有鼠鬚、兔穎所不能致者。不幸死于泰山虎口,而遺墨益虎虎有生氣焉。

鳥似有情行草地,石終無語卧花陰。蕭寥短卷剛三尺,磊落柔毫值萬金。

沙孟海先生石荒圖

孟老少好治印,鍥而不舍,吴缶翁爲題“石荒”二字以警之。

乃倩蔡寒瓊先生爲之圖。

柔毫鐵筆用無殊。腕力沙翁繼缶廬。點染名都助佳麗,奇章妙迹滿西湖。

龍馬精神意氣揚。西泠欣見魯靈光。虚心長記先賢語,畫比書紳寫石荒。

題龍尾硯　以下一九八〇年作

龍尾石産婺源,舊屬歙州,乃歙石之一支也。歙州硯務始自南唐。

硯務千年久,良材此日多。案頭增利器,筆底發謳歌。膚理牛毛細,雕鎸楮葉過。手摩一片石,神往歙山阿。

鷓鴣天八首　乘公共交通車

乘客紛紛一字排。巴頭探腦費疑猜。東西南北車多少,不靠咱們這站臺。　坐不上,我活(作平)該。願知究竟幾時來。有人説得真精確,零點之前總會開。

遠見車來一串連。從頭至尾距離寬。車門無數齊開閉,百米飛奔去復還。　原地站,靠標竿。手招口喊嗓音乾。司機心似車門鐵,手把輪盤眼望天。

這次車來更可愁。窗中人比站前稠。階梯一露剛伸脚,門扇雙關已碰頭。　長嘆息,小勾留。他車未卜此車休。明朝誓鍊飛毛腿，紙馬風輪任意游。

鐵打車箱肉作身。上班散會最艱辛。有窮彈力無窮擠，一寸空間一寸金。　　頭屢動，手頻伸。可憐無補費精神。當時我是孫行者，變個驢皮影戲人。

擠進車門勇莫當。前呼後擁甚堂皇。身成板鴨乾而扁，可惜無人下箸嘗。　　頭尾嵌，四邊鑲。千衝萬撞不曾傷。并非鐵肋銅筋骨，匣裏磁瓶厚布囊。

車站分明在路旁。車中腹背變城牆。心雄志壯鑽空隙，舌敝脣焦喊借光。　　下不去，莫慌張。再呆兩站又何妨。這回好比籠中鳥，暫作番邦楊四郎。

入站之前擠到門，前回經驗要重温。誰知背後彪形漢，直撞横衝往外奔。　　門有縫，脚無跟。四肢著地眼全昏。行人問我尋何物，近視先生看草根。

昨日牆邊有站牌。今朝移向哪方栽。皺眉瞪眼搜尋遍，地北天南不易猜。　　開步走，别徘徊。至多下站兩相挨。居然到了新車站，火箭航天又一回。

見鏡一首。時庚申上元，先妻逝世將届五周矣　以下一九八一年作

歲華五易又如今。病榻徒勞惜寸陰。稍慰别來無大過，失驚俸入有餘金。江河血淚風霜骨，貧賤夫妻患難心。塵土鏡奩誰誤啓，滿頭白髮一沈吟。

題松花江緑石硯二首。松花江滿語與天河同字

良工手抱片雲飛。遠傍銀河下翠微。不待星槎隨博望,眼前今見石支機。
一片貞珉翠欲流。闔門佳氣自千秋。案頭即是燕然碣,鴻業奇勳筆下收。

李可染九牛圖

李君畫師古。筆端金剛杵。細者如一毛,大者兼二虎。匹夫心匪石,拉轉徒自苦。韓滉枉馳名,平生才畫五。

題失款周東村畫

群峰競秀擁層雲。霜葉山居染夕曛。劉李先型吴苑筆,不勞題署識東村。

題沈石田桐陰樂志圖。圖與石渠舊藏桐陰玩鶴圖筆法設色絶相似

雨後層巒翠欲流。吴縑妙製出長洲。石渠舊寶桐陰鶴,相見文華殿上頭。

題文徵明萬壑争流圖

眼明真作卧中游。萬壑千巖尺素收。筆墨精工追宋派,山川映發到吴頭。巒容未雨猶如滴,木葉微蒼欲變秋。多病久稀登覽興,披圖又泛五湖舟。

避暑山莊

群山蒼翠擁離宫,喬木當年繫六龍。千祀人文歸一統,萬方胞與樂同風。滄桑豈廢先猷鑒,弧矢曾銷北鄙鋒。大地欣逢更化際,金甌業廣在和衷。

題賀蘭山石硯二首

中華民族交融久,萬里輿圖一版收。硯是賀蘭山上石,班超有筆莫輕投。
千辛採得高山骨,衆智聯成巧匠心。寄語臨池揮翰客,要知一硯重兼金。

題沈石田畫卷

卷有王濟之、吴原博題。梅道人自謂其畫須待五百年後人論定。

白石仙翁去已遠。筆椽墨海猶舒捲。有竹如逢物外居,雙清喜放圖中眼。

題詩二老吴與王。未因冠帶負行藏。不虛論定他時約,五百春秋共瓣香。

題靈璧縣虞姬墓二首

腐心取代彼秦皇。噍類空時號霸王。一惠節來猶有耻,不隨魚鱉過烏江。

千秋有美在于斯。一劍分明報所知。今日享堂帷薄肅,行人諦聽拔山詩。

中華書局七十周年紀念

開局迢遥七十周。芸編與我共春秋。青燈仍奮三餘筆,鴻業新看百尺樓。焚後奇觀書有種,鎸來善本字精讎。賡歌尚憶懷鉛樂,片席當年預勝流。

辛亥革命七十周年徵題

半封半殖半蹉跎。終賴工農奏凱歌。末學遲生壬子歲,也隨諸老頌先河。

偕日本書道訪中團至曲阜,觀漢碑。賦此贈之二首

以下一九八二年作

生民含戴沐春風。早見宫牆矗海東。不待乘桴朱舜水,瀛壖鄒魯一天同。(舜水東渡,曾建廟堂。)

千年妙琢出東都。讖緯紛陳義略殊。足慰羹牆全璧在,蠶頭燕尾任模糊。

自曲阜至泰安道中

聖域垂千古,吾生第一游。雨餘風勝酒,年好稼如油。回首宫牆遠,遥天岳色浮。登臨堪縱目,不必是南樓。

朱筆竹石

石古竹心虚。芳園占一隅。丹鉛留小景,燈火校書餘。

蘭　竹

叢蘭修竹共幽姿。細雨春雷又一時。植向長箋應自笑,有人高誦北山移。

松泉圖擬梅花道人

長松發獅子吼,怪石坐金剛禪。借問梅花消息,道人一指青天。

畫蒲桃

不飲楊總統酒,愛飼鮮太常龜。至今瑪瑙寺畔,年年翠色纍纍。

朱　荷

艷説朱華冒緑池。西園秋老幾多時。賞音最是堯章叟,愛看青蘆一兩枝。

潘伯鷹自書墨竹賦,謝稚柳補圖,潘夫人屬題

寶軸瓊瑶賦,長存戛玉聲。鶯才空洛下,補墨出彭城。蓋簏平生

稿,寒窗永夜燈。故人同有淚,滴遍剡溪藤。

次韻黄苗子兄題聶紺弩《三草集》

“口裹淡出鳥”,昂然萬劫身。飛來天外句,剗却世間文。眼比冰川冷,心逾炭火春。媧皇造才氣,可妒不平均。

新製布被

布被製來新。輕柔穩稱身。詩酣頭正蓋,草熟晝偏匀。榻暖晨開户,爐紅夜減薪。冰天行脚處,添得一肩春。

南游雜詩五首

千里南來訪鶴銘。長橋飛跨大江横。河聲岳色尋常見,一到金焦眼倍青。

點畫俱經白堊描。無端嚇煞上皇樵。何當重墮江心去,萬里洪流著力澆。

巍然歌吹古揚州。歷歷名賢勝迹留。劫火十年燒未盡,緑楊絲外夕陽樓。

飯後鐘聲壁上紗。院中開謝木蘭花。詩人啼笑皆非處,殘塔欹危日影斜。

非關胡馬踐江干。大破天荒是自殘。待寫揚州十年記,游魂血污筆頭乾。

應香港中文大學之邀南行訪問四首

森梢萬笏起岑樓。水碧山青四望收。安得河中馬遥父,江天一角寫南陬。

杖朝腰脚復南行。片刻雲霄萬里程。略似牛羊淺草上,春風區脱步縱横。

濟濟簪裾出上庠。海隅何止破天荒。同文再見嬴秦後,萬國圖書聚一堂。

巍峨學府署中文。涵夏攸同薄海塵。接席賡揚杯酒樂,更從絃誦聽韶鈞。

留題香港中文大學新亞書院雲起軒

共依南斗望神州。杯酒層軒笑語稠。簷下白雲欄外水,海天如鏡好同舟。

喜晤牟潤老

早歲虬髯意氣豪。市樓談吐静群囂。卅年屐履回塵迹,一帙文章壓海濤。把臂國門頭共白，掬膺時事目無蒿。勵耘著籍人餘幾，敢附青雲效羽毛。

北京師範大學八十周年紀念祝詞

八十春秋屈指經。一堂新進接耆英。高才歷歷偕謀國，嘉樹欣欣蔭廣庭。作範群倫兼德藝，奪標四化奮儀型。絃歌便奏傾杯樂，請聽敲金戛玉聲。

臨八大山人雙鳥圖，誤題爲雛鷄，拈此解嘲，二首

暮年肝膽失輪囷。不爲鷄蟲自損神。開卷有時還技癢，居然四個大山人。（客問四大山人出處，對曰：即是半個八大山人。客曰：顔之厚矣。）

涎涎雙禽尾最奇。如何誤認作雛鷄。舞文弄墨先睁眼，不辨鷄禽莫亂題。（"燕燕。尾涏涏。張公子，時相見"。漢代謡諺。涏音殿，或作涎涎，誤。）

題乾坤一草亭圖

一曲溪山换草萊。雨餘清浄夕陽開。小亭無語乾坤大，坐閲青黄又幾回。

題畫梅

孤山冷淡好生涯。後實先開是此花。香遍竹籬天下暖,不辭風雪壓枝斜。

心臟病發,住進北大醫院,口占四首

時距老妻病逝於此已七年矣。余昔以頸椎病住此四閱月,今日醫師已多更易,只有房間如舊耳。徹夜不眠,伏枕成咏。

住院生涯又一回。前塵處處盡堪哀。頭皮斷送身將老,心臟衰殘血不來。七載光陰如刹那,半包枯骨莫安排。老妻啼笑知何似,眼對門燈徹夜開。

已經七十付東流。遑計餘生尚幾秋。寫字行成身後債,卧牀聊試死前休。(昔人有句云:"舉世盡從忙裏過,何人肯向死前休。")且聽鳥語呼歸去,莫惜蠶絲吐到頭。如此勝緣真可紀,病房無恙我重游。

衣鉢全空夜半時。凡夫一樣命懸絲。心荒難覓安無著,眼小頻遮放已遲。窗外參差樓作怪,門邊淅瀝水吟詩。咬牙不吃催眠藥,爲怕希夷處士嗤。

病牀展轉忽經旬。耿耿深宵百苦身。去世來生談總妄,哀多樂少歷曾親。彌天莫補傷心債,近死空書發願文。墜露無聲如淚滴,清和夜宇勝秋旻。

馬國權兄索詩,賦贈　以下一九八三年作

我有畏友生粵中。高門峻望源扶風。家居近在東塾東。薪火傳自容齋容。傾河泄露文章工。學兼今古能會通。凌雲大字如雕蟲。游絲細草如跳龍。印文屈曲泥朱紅。硯材磨琢山嵸巃。白堊著鼻斤成風。昆吾入手金在鎔。章草字典開鴻濛。一編稿積卑崇墉。簡惰之體搜來豐。(張懷瓘引王愔論《急就章》之草字云,“漢俗簡惰,漸以行之。”)部居不雜孫從翁。促膝談宴燭跋空。遥天辨析勞郵筒。一自出疆日在公。江雲渭樹希過從。今春海嶠欣重逢。寒暄不暇墨已濃。小詩字字吟胡龍。長縑幅幅披心胸。一貓奮爪睛汹汹。二人歡笑心融融。此樂何極堪登峰。忘年似可還吾童。歸來病卧身疲癃。欲馳緘札無由封。但願歲暮文字飲,我唱君和聲增宏。

晉陽學刊題辭

示人以寶藏,飲人以醇醪。比崇山之鬱鬱,如凌雲之飄飄。洛陽以三都而紙貴,晉陽以一册而名標。信吾民之精神與物質,將益臻乎文明之域,而收顯效於普及與提高也。

舊歙硯銘

粗硯貧交,艱難所共。當欲黑時識其用。

題雷峰塔經殘卷

梨棗雕鎸溯晚唐。零璣碎玉出錢塘。袖中塔影莊嚴在,便是雷峰夕照長。

傅抱石出峽圖卷

“巫峽千山暗”,江帆一片孤。班班出蜀迹,歷歷印無殊。雲卷巒皴曲,風飄葉點疏。元章矜刷字,書畫本同塗。

游唐昭陵二首

劉蹶嬴顛又幾時。夕陽宫闕剩沈思。群雄初盡山陵起,八水分流日月馳。深刻大書碑有字,鞭長銼利骨無遺。一盤黑白楸枰子,和靖先生總不知。

撲面黄塵入九嵕。温韜曾此剖玄封。拋殘玉匣珠襦處,應有殲兄射弟弓。燕啄何期遺祀换,香分端愧老瞞雄。一生剪伐嘔心血,轉遜雙銘四論工。

東坡像贊

香山不辭世故,青蓮肯溷江湖。天仙地仙太俗,真人惟我髯蘇。

啓功韻語卷五

題畫蘭竹二首　以下一九八四年作

朱竹世所稀,墨竹亦何有。隨意筆縱横,人眼聽我手。

長竿高節。幽蘭幾撇。籜下林梢,鏗然似鐵。

望江南　題陳健碧仿八大山人墨荷長卷

江南好,水上緑雲鄉。片片翠盤擎寶蓋,沉沉清霧閣驕陽。千柄炫紅妝。　　朱八大,妙筆幻無方。三百年來陳健碧,一臺明鏡萬燈光。墨雨見心香。

鷓鴣天　題陳健碧臨八大畫册

八大山人筆入神。參天兩地冠千春。茫茫造化全無主,彈指須彌萬象新。　　誰狡獪,亂吾真。直教今古共難分。仲姬枉叩中峰本,可是曾捫鼻孔人。

題石濤畫卷二首

一卷詩心綺練長。白雲紅樹映斜陽。石濤嗣得龍池法,點點隃麋海印光。
似葉風帆下石頭。雄磯突兀立中洲。毫端一踢銅瓶倒,雲在青天水自流。

題金陵姚允在仿荆關山水長卷,有龔野遺長跋

千載荆關迹未傳。依稀卷裏識前賢。賞音難得龔遺叟,腕底猶飛六代烟。

虎門炮臺徵題

當年大老立中朝。忠藎無虧日月高。鴆毒淪肌來雅片,燕嬉銷骨積牛毛。孤懸炮壘人心拱,萬里刀環馬足遥。十億於今同一德,虎門門外海安潮。

濃墨畫蘭花淡墨畫葉

國香不與衆芳同。特立平蕪蔓草叢。濃墨一池花一瓣,好當寒燠四時風。

月季二首

圓月增新魄，清香得好風。滿田生火齊，佳穫是群紅。

籬邊絶色備諸妍。不許行人信手搴。從此世間無恨事，花開常好月常圓。

鏡塵一首，先妻逝世已逾九年矣

凋零鏡匣忍重開。一閉何殊昨夕纔。照我孤魂無賴住，念君八識幾番來。綿綿青草回泉路，寸寸枯腸入酒杯。莫拂十年塵土厚，千重夢影此中埋。

百花潭

秋深猶見柳毿毿。夕月晨風出漢南。又向江干成小住，眼前好景百花潭。

樂山徵題摩崖巨石佛像

津梁過後小淹留。歇脚江干閲衆流。長與三巴人共壽，臨風微笑幾千秋。

周口店北京猿人頭蓋骨發現處徵題

爲尋人之原,來登山頂洞。上溯億萬年,談史如説夢。考古科學家,一啓盤古封(去聲)。遂使後世人,恍知生所競。聞有類人猿,直立能勞動(去聲)。因之脱異趣,得與群靈并。强者爲刀俎,發號而施令。弱者爲魚肉,劣敗輸優勝。滄桑若干易,天地幾番哄。史書廿四部,只填一個縫。龐大推恐龍,骨朽無多剩。猿頭存少半,價比千金重。豈欲寶枯骸,但作歷史證。後視今難知,今視昔可定。名區周口店,不啻神仙境。何必花果山,始見孫大聖。

肇慶雜詩四首　以下一九八五年作

果然奇麗擅天南。花萼猩紅水蔚藍。絶頂虚亭標勝概,行人指點七星巖。
山口逶迤一徑深。石坊高矗喚登臨。驚人彩畫翻新樣,燈火輝煌大點金。
山骨雕鎪巧藝多。硯池如鏡墨輕磨。題詩却縮濡毫手,前有豐碑李泰和。
處處巍峨起畫樓。梯航寰宇競來游。“不知筋力衰多少”,但向寒窗自舉頭。

朱　竹

海舶春風日上時。舟輕寶重欲歸遲。推篷一放臨流眼,處處珊瑚出水枝。

西域書畫社徵題

漢晉論書派,西陲擅勝場。張芝與索靖,江表遜遺芳。

題畫朱竹

密節高千尺,虚心侶萬莖。芸窗風跌蕩,棐几意丁寧。久罷批行卷,無勞點《易經》。硯池朱當墨,一畫滿天青。

徹夜失眠口占二首

垂老無家别,居然德不孤。紛紛登鬼録,滚滚見吾徒。“凡”下休題“鳥”,“乎”前可坐“烏”。何須求睡穩,一榻本糊塗。
氣管多年病,愁涼復畏風。炎天張火傘,小屋作蒸籠。蚊子鑽難入,雷公打不通。案頭電風扇,無處立新功。

失眠三首

月圓花好路平馳。七十年唯夢裏知。佛法聞來餘四諦,聖心違處枉三(平聲)思。滿瓶薄酒堆盤菽,入手珍圖脱口詩。昔日艱難今一遇,老懷開得莫嫌遲。

“十年人海小滄桑”。萬幻全從坐後忘。身似沐猴冠愈醜,心同枯蝶死前忙。蛇來筆下爬成字,油入詩中打作腔(叶)。自愧才庸無善惡,兢兢豈爲計流芳。

半生原未盡忘財。計拙心疏亦可哀。比屋東鄰偏左顧,出門西笑却歸來。未存靈運生天想,却羡劉伶就地埋。狼籍一堆殘稿在,燈前頁頁逐顔開。

失眠口占三首

半世牛衣榻,餘年燕處家。窗明星似月,杯淺酒疑茶。(俚語云:“滿斟酒,淺斟茶。”)字欠逢人債,詩憑自我誇。傲他姜白石,生傍馬塍花。(院中多此樹,花開正繁。)

病肺難高枕,僵頑在頸椎。息燈聽表秒,仰屋默盤棋。明日何時睡,今宵片刻饑。一言終篤信,不藥是中醫。

詩思隨春草,宵來漲緑波。爲他眠不著,問我意如何。枕上匆匆寫,燈前字字哦。劍南盈萬首,想亦睡無多。

次韻楊兄憲益

憲益兄忽患眩暈症,又霍然而愈,拈詩見示。余舊有此症,亦不知如何而自愈焉。次韻奉答。

傳來立愈頭風檄,却是輕鬆七字詩。美疢備嘗憐我早,奇方無效獻公遲。“天旋日轉回龍馭”,地動山摇唱水詞。(皮黄戲中隨處可用之詞,謂之水詞。如點絳唇曲牌之“地動山摇,兒郎虎豹”云云是也。)但作笨牛隨孺子,任他齊主問何之。

電影發行放映公司刊物徵題

形象的文學,生動的畫圖。深入心脾的教育,通行世界的規模。

萊溪雅集圖

常熟翁萬戈兄雅集於美州僑寓之萊溪精舍,賞玩所藏。余因病未得遠行,蒙以世守靈飛經墨迹四十三行影本見贈。

鴿峰氣秀水流長。毓作萊溪寶繪堂。獎善西田摹石谷,談天東海辨香光。群書聚勝奇難數,巨筆傳神妙欲狂。不恨盛筵吾未預,探驪幾倍十三行。(聞是日觀王烟客臨王石谷畫稿,徐邦達兄高談董畫,主人速寫座客真容爲雅集圖。)

孫君大光屬題文徵明木涇圖卷,次原題韻　卷後有楊升庵、邢子愿諸家題。

平生水石最相關。勝景真疑消夏灣。畢竟奇蹤非俗諦,能歸巨眼即名山。贊無好句虧佳麗,跋富英靈異等閒。馬齒經年垂棘在,高擎寶軸待君還。

寫字示友

筆不論鋼與毛。腕不論低與高。行筆如“亂水通人過”,結字如“懸崖置屋牢”。

竹臂閣銘

習静跏趺當禪板。閣臂抄書力可緩。一節能持莫嫌短。

姑蘇建城二千五百年紀念徵題　以下一九八六年作

舊迹依稀響屧廊。胥濤無改尚軒昂。行人猶記吴王事,共説今朝草最芳。

題文與可晚靄圖卷

圖爲江安傅氏世守,經劫遺失,爲熹年兄復得。

真本湖州晚靄横。擎來寶軸白檀馨。千章喬木晴川色,無盡江山故國情。秦火枉圖燔大器,楚弓重得護先型。精嚴匹練秋毫筆,猶帶琅玕墨雨聲。

亞明畫歐陽脩像

一表瀧崗萬古宗。無緣謦欬見音容。亞明信筆留標格,畫裏今朝識醉翁。

江陵古迹徵題

江陵從古號雄州。駿足危檣據上游。楚子北朝隳舊業,孫郎西顧有深謀。人歌白雪今傳節,史記朱申昔駐斿。但祝安瀾天塹闊,彩雲白帝下飛舟。

人造衛星發射紀念徵題

"積學所致無鬼神"(《急就篇》句)。名言急就義堪申。地球竟入宜僚手,一箭騰飛宇宙新。

釣魚臺

聲聲驟雨打新荷。翠葉傳杯一曲歌。七百年來佳麗地,釣魚臺下有清波。

竹臂閣銘　剖竹成半筒,形近鐵券

酒杯未冷誓先寒。鐵券金書世笑看。何似剖來黄玉筒,銘勳自我寫琅玕。

四川渡口攀枝花工業區徵題

百花齊放值明時。事業騰飛喜在兹。天府豐饒稱錦繡,更攀新艷兩三枝。

臨八大山人畫自題

膽無八大大。氣無八大霸。八大再來時,還請八大畫。八大未來時,此畫先作罷。試讀《人覺經》,我話非廢話。

四川夾江紙徵題

直如矢。道所履。平如砥，心所企。清且白，夾江水。品與書，視此紙。

題黄胄畫驢五首

膝下依依感最深。誰將善惡判人禽。分明驢性通人性。論即無心畫有心。（子母驢）

三尺黄塵驢打滚，墨痕狼籍筆飛揚。畫人識得驢甘苦，解下行囊放下繮。（卧驢）

我手何如佛手黄。我脚何如驢脚長。要識老僧無妄語，横看成嶺側成崗。（前題卧驢横卷，乃直幅立驢之誤，補題此首解嘲。古德有機鋒語云：“我手何如佛手，我脚何如驢脚。”）

結伴同行兩個驢。想因人屋不堪居。何來無款名家畫，留得長天待我書。（八大山人自署“驢屋”，又有“驢屋人屋”一印。）

尾秃蹄纖世所輕。低頭負重每先行。千鞭百叱充庖去，可惜毛驢利物情。

忽然患聾，交談以筆，賦此自嘲　以下一九八七年作

眩後無端又耳聾。不癡也作阿家翁。喧囂中有安禪法，筆硯平添對話功。虎臉未成甘畫狗，虱心微貫不雕龍。懸知地覆天翻處，

有色無聲一瞬中。

翟蔭塘屬題唐藥翁百花卷次黄苗公韻

“我們也有兩只手”。不會拿鋤會斟酒。飲酣萬事不經心，筆硯之餘無一有。新債夙癖堪發狂。寶繪奇緣屬蔭塘。慎伯論書尊六代，苗公品畫邁三唐。家雀尾，短又長。蟋蟀頭，圓又方。鳥聲蟲韻和幽香。幽香趣高勝俗艷。俗艷紛紛人易羨。能令腐草生蓮花。畫人持筆成咄嗟。有意無意落墨雨，亦工亦寫流仙霞。何事人間大歡喜。看畫之外孰可比。遠把長歌寄藥翁，“眼中人物無餘子”。

蘭亭集會後至西湖小住十首

逸少蘭亭會，興懷放筆時。那知千載下，有訟却無詩。
細雨入珍叢，群葩樂曉風。人行雙意滿，花發十分紅。
百步雲棲徑，千竿緑影稠。低回心獨羨，肥笋號貓頭。
忠骨巍峨冢，奸型累絏人。後來芳與臭，一様不關身。
執梃降王長，填金鐵券銘。幾杯生日酒，醉眼看祥興。
鶴放隨游屐，梅開伴苦吟。孤高林處士，畢竟有牽心。
蘇白雙堤矮，行人日往來。便傾三峽水，依舊不能開。
昔日氍毹上，清歌聽斷橋。我來無白雪，猶自客魂銷。
艮岳祥龍石，吴山立馬峰。若論風景好，人巧遜天工。
占斷湖山美，林深偃月堂。行人虚指點，何處賈平章。

在合肥安徽省博物館鑒定書畫留題

皖公山翠接肥淮。璀璨人文振古開。滿路花香隨鳥語,我真爲看畫圖來。

標準草書社展覽徵集拙作草書

半世塗鴉可哂。只畫秋蛇春蚓。居然也號草書,自知不够標準。

和黄苗子兄

苗兄因食油膩過多,脚患痛風之症,住進空軍醫院治療,須茹素多日。詩來訴苦,奉答一首。

"口裏淡出鳥",皆因患痛風。尋常太饕餮,半月不輕鬆。攝衛心如死,醫療地對空。明朝一出院,狂賽馬拉(作平)松。

北宋陵古迹徵題

伊洛高陵汴宋都。也曾一代詡雄圖。幾千百年置棋劫,二十一部相斫書。玉斧聲威流水逝,石麟寂寞夕陽疏。當時執梃降王長,地下重逢感不孤。

梁纓群蛙圖

水國群蛙妙舞姿。梁纓墨戲見奇思。分明畫得人間世,鼓吹堂皇震耳時。

朱屺瞻先生畫葫蘆

造化隨人筆仗。到處天機奔放。誰云依樣葫蘆,未有葫蘆一樣。

訪新加坡口占二首

忽到仙人島上游。花紅葉緑不知秋。輕塵雨浥長林道,棋布星羅萬尺樓。
涼熱隨時雨後晴。衣裝節候不分明。相逢未及通名姓,華語華音故土情。

游飛禽公園

奇禽異態色斕斑。人意能通百技翻。問我兹游何處樂,童心返在鳥公園。

一九八七年中秋，旅次香港，在樓頭賞月

如在群山頂上行。高樓燈火一天星。欣逢國土重圓際，南北蟾輝一樣明。

題劉君均量藏黄賓翁畫册及所臨賓翁畫册四首　臨本曾經火焚，重裝復完。

奉手京華記昔年。漆瞳鶴骨地行仙。一池宿墨千鈞筆，寫遍黄山萬壑烟。
賓翁墨雨最淋漓。淺絳金箋意更奇。虚白齋中瞻實詣，未容俗眼看牛皮。（右題賓翁册）
秘境人誇白岳多。傳神梅壑并鷹阿。楞伽廊下盧行者，衣鉢携將嶺上過。
妙迹常同劫火鄰。點睛龍欲脱風塵。均翁福聚真如海，寶册無虧勝富春。（右題均翁册，黄子久富春圖卷曾經火焚。）

贈新加坡書家陳君聲桂二首

翰墨風華溯六朝。群鴻戲海見風標。横飛野鶩紛拏際，可喜丹林見鳳毛。
懸殊精窳判天淵。題字龍門有後先。畢竟書家知鑒别，不從斧鑿學前賢。

潮州海門文信國望帝昺舟處留題　以下一九八八年作

獨上危崖望帝舟。目中一葉即神州。身抛棘寺柴車側,心繫山窮水盡頭。花石綱開千里赤,風波獄起六軍愁。何期塊肉沉滄海,天水初湔萬古羞。

題潮州韓文公祠

憲宗迎舍利,影骨原非真。退之諫愚夫,貶逐臨其身。鰐魚有利齒,驅于一祭文。愚夫望福報,弑於刑餘人。

劍南春酒徵題

美酒中山逐舊塵。何如今釀劍南春。海棠十萬紅生頰,都是西川醉後人。

石魯遺畫花卉長卷,自題其卷首曰“春長在”,友人徵題

畫裏春長在,名花四季紅。畸人醇酒後,渴筆笑談中。白眼天池小,蟲吟驢屋空。各留胸膈影,應識古今同。

族人作書畫，猶以姓氏相矜，徵書同展，拈此辭之，二首

聞道烏衣燕，新雛話舊家。誰知王逸少，曾不署琅琊。

半臂殘袍袖，何堪共作場。不須呼鮑老，久已自郎當。

启功絮语

目　録

自 序

數年前承北京師範大學出版社刊行拙作詩詞爲《啓功韻語》一册,貽笑大方,十分自愧。分呈友好,隨時請教。得到的回音,頗爲多樣。一般都在照例誇獎之中,微露有油腔滑調之憾;也有著實鼓勵以爲有所創新的;更有方家關心惜其誤入歧途的;還有不客氣的朋友爽直告誡不須放屁的;俱不啻頂門金針,使我心感不絕!

幾年來新稿又積一册,因前刊《韻語》係用排印,誤字較多。屢次附加校勘記,所校仍難無漏。這次改用手寫影印,誤字責由自負,可免諉過於排字的朋友,非敢以不合格的白摺子小楷强塵讀者之目。

這册稿本最初題爲《畫餅集》,乃指稿中多是以字畫易餅餌的題咏。因有誤解爲畫餅充飢之義的,便改題爲《續語》,以爲《韻語》之續。但這册中的風格較前册每下愈況,像"賭贏歌"等,實與"數來寶"同調,比起從前用俚語入詩詞,其俗更加數倍。如續前題,直是自首其怙惡不悛,何以對那些爽直的朋友呢!因易"續"爲"絮",只見其絮絮叨叨罷了。近代外國文學,有一種類似中土隨筆小品之流的,譯者以"絮語"稱之。功無意掠美,尤非喁喁情話之比。自絮其絮,敢望尊敬的讀者諒而教之!意有未盡,再爲贊曰:

用韻率通詞曲,隸事懶究根源。
但求我口順適,請諒尊聽絮煩!

公元一九九二年中秋,啓功年周八十。

啓功絮語

四十年前侯坤女士偕介弟堉邀遊釣魚臺,有詩紀之。今女士自海澨歸來,宴聚於此,席間得句　一九八八年冬起

罨畫樓臺卉木稠。名園秀麗冠神州。依稀蕭寺聞鐘客,四十年前此院遊。

日本“現代派”書法展覽徵題

水如衣帶。人民友愛。文字同源,書風各派。璀璨斑斕,陸離光怪。顧後瞻前,稱曰現代。

達堂屬銘西洞圓硯

山骨錚錚。西洞之英。六鑿神巧,圓滿天成。墨妙筆精。心畫心聲。指實腕轉,與時偕行。(磨墨多作順時針方向。)可以歸耕。佳穫如陵。達堂所寶,啓功作銘。

題廣州六榕寺藏僧今釋自書詩卷，今釋自號甐庵

祝髮逃禪勇服勤。半生歌哭動乾坤。我來展卷如參禮，同是圓明鏡裏人。

題畫層崖朱竹

層崖千尺倚青霄。鬱鬱丹林罥鳳毛。證得海田年億萬，珊瑚斜插五雲高。

題羅復堪先生臨宋比玉江亭秋晚圖卷

秋老江干楚客思。無情草木有聲詩。復翁鏤石鎔金手，起得畸魂入硯池。

題虎子圖

石東村之子幼有勇力，能舉巨石，圖寫其像。引首爲濟齋翁所題。翁諱德沛，人稱濟齋夫子。自署西山讀書人。後出繼襲簡親王爵，謚曰儀。此卷有康雍乾嘉名人題跋。

自慚鄉裔仰前塵。稚齒當年舉百鈞。一卷四朝椽筆富，西山首拜讀書人。

新加坡書學協會二十周年紀念會席上題贈

喜逢今雨一堂來。筆陣縱橫並案開。奥秘已超羣藝界，從玆書種八方栽。

題王石谷雪景山水

春山如笑冬如睡，殘臘祁寒寫已難。妙手有功迴大化，生機無盡蘊層巒。縑留美玉脂羞比，墨惜精金秀可餐。歷世名圖看欲飽，河陽幽谷共奇觀。

題董香光畫册次原題韻　存書畫各五方

五嶺奇峯幾萬重。雲程俯首瞰芙蓉。墨緣似與華亭約，一日羊城兩度逢。（一北苑筆意）

古木寒林未有雲。秋風雁陣寂無聞。虎兒枉詡驚人倒，静契天和遜此君。（二雲林小景）

並立亭亭兩棵松。畫師信筆出雙龍。碧天雲散溪聲静，謖謖風來勝暮鐘。（三谿山亭子）

展卷真應刮目看。圖中佳處數流湍。白雲掩映山深淺，遮斷崎嶇路幾盤。（四仿朱敷文）

百丈飛崖一水懸。丹楓緑柳映遥天。墨呈五色江淹筆，巧拙同工盡可傳。（五飛泉峭石）

題王二癡小册

有清畫派開四王。模山範水俱輝煌。書精詩妙饒篇章。藝林沾溉傳遺芳。何況後裔烏衣郎。小册十二珠琅琅。無忝厥祖清暉堂。

吳美美女士摹簪花仕女卷屬題。女士爲稚柳再傳弟子

仕女嚴妝麗且都。周家真迹妙無殊。不堪禿筆當池尾,二尺前留大謝書。

又摹宋畫春蘭次圖中韻

驚人芳訊領春開。筆底奇馨入座來。過嶺首逢佳卉早,傲他先發一枝梅。

又摹秋葵紈扇

秋來金色助秋光。静静幽姿淡淡香。適自長縑觀顧陸,又驚紈扇出徐黄。

吳泰摹張渥九歌圖

張渥平生擅白描。吳君妙筆敵秋毫。如臨楚國傳芭席，遺魄龍眠並可招。

中華書局《文史》雜誌復刊十周年刊出三十册紀念

立言之謂文，徵實之謂史。科學貴數據，邏輯在推理。至於洋教條，以及華架子。三十厚册中，曾未一遇此。煌煌巨刊物，重光歷十祀。編者心所安，未費方寸紙。

自題畫蒲桃三首　以下一九八九年

屢見東園客，羣芳出彩毫。無心拾青紫，只畫墨蒲桃。

憶得萍翁語，長林直幹同。餘酸須快吐，咳唾任玲瓏。（齊萍翁謂畫樹枝幹須直，不得有一曲處。其畫蒲桃，乃不得不曲矣。）

深燈醉眼盡模糊。春草詩心倦更蕪。夜半長吟鄰舍駡，斂將酸瀝入圓珠。

自題設色雲山

粉漬微雲翠點峯。山川草木發新榮。贅毫補得房山闕，一抹遥天晚照紅。

畫　竹

拔地撑天翠色寒。未能入手作漁竿。絲綸百尺牽纏處,縟葉繁枝剪削難。

墨　荷

朱驢水國墨生涯。十丈冥搜對晚霞。興到效顰開凍硯,燈前爐畔寫荷花。

墨竹芭蕉

甘蕉何故見彈文。脩竹多應望策勳。久旱田家薪似桂,長兼彼此共蒿焚。

曲江張九齡紀念館徵題

丹橘江南實滿林。詩成感遇寄情深。何須贅語規昏主,蜀道三郎解問心。

王石谷獅子林圖

雲林飛仙姿,石谷鑄鐵筆。兩賢相契合,形神融膠漆。昔見獅林本,乃寫因公室。脩竹个个匀,叠石層層出。視此尺幅中,景殊氣同逸。宗師富萬壑,豈復用一律。懶者學倪迂,能疏不能密。新安與萊陽,枯瘦勢壹鬱。妙墨不唐施,一點金千鎰。虚往而實歸,披圖屈雙膝。

硃箋上金筆畫雙松

雙松光騰金,一紙色吐火。舉示李泰和,欣然稱似我。

香港明報三十周年紀念徵題

報以明名。卅載蜚聲。燃犀鑄鼎,物莫逃形。民情世道,國論鄉評。心同金斷,志衆城成。環區薄海,風馭雲程。刊延億萬,永保休貞。

惠州紀念東坡逝世八百八十八年徵題

東坡自歎命宫坐磨蝎。遂令洛下諸愚皆欲殺。貶逐黄州儋州與惠州,星殞年周八百八十八。復經揚法批儒笑柄騰,何損經天無盡日與月。

偶作墨筆山水

略似董香光,又近僧珂雪。捧心供捧腹,聊以藏吾拙。

冬心畫本一卷,首寫西湖聖因寺羅漢,以下分寫唐宋名家詩文爲圖,俱有小字長題。友人楊君先世所藏,劫後復得,屬爲題咏

冬心著筆必入古。冬心作畫不屑譜。詩句驚人僻澀多,誰識撚髭心獨苦。水墨山前般若僧,丹碧箋中菩提樹。唐宋羣賢金石篇,東西諸天曼陀雨。一卷湖山紀勝圖,百年妙手留珍羽。玉軸畸零浩劫餘,難掩長虹光復吐。我幸圖中證聖因,忍草橫揮研白乳。俗筆居然厠後塵,何異佛頭揚糞土。

觀秦陵兵馬俑坑,惜杜牧之不及見也,留題一首

削盡羣雄四海臣。沙丘腐鮑伴遺身。瓦全將士空持戟,後世終歸笑後人。

仿鄭板橋蘭竹自題

當年乳臭志彌驕。眼角何曾掛板橋。頭白心降初解畫,蘭飄竹撇寫離騷。

友人出示文衡山書早朝諸詩一卷,八十三歲之筆,圓健流美,遠勝世傳所書西苑諸詩,喜爲題此

風雅吴門未寂寥。琳琅巨卷仰高標。羲神獻韻衡山筆,一字千金記早朝。

友人以自製花石盆景見示,賦贈

寸木千尋遠近香。須彌彈指現嚴妝。幼輿何事工裁剪,丘壑平生總未忘。

酒節詩。文化節中復分品類,酒節其一也。徵題一首

疾病人所畏。醫者使之醉。減痛復銷愁,更可安其睡。發明自儀狄,其人似外至。所以論名牌,每推威士忌。如今佳節多,文化居首位。文化復多門,酒節僅其次。千人共歌呼,萬人齊奔躓。

借問何爲然,一盞亂已始。三杯再入腹,紛紛卧席地。醒人矜儀容,醉人忘詐僞。酒宜稱令節,其理非謔戲。可倩王無功,重撰醉鄉記。

題舊作山水小卷。昔預校點諸史之役,目倦時拾小紙作畫,爲扶風友人持去。選堂爲顏雲蒸霞蔚四字。今歸天水友人,爲題四首

小卷零箋任意描。叢叢草樹聚山坳。不知十幾年前筆,紙上畸魂似可招。

窗下餘膏夜半明。當年校史伴孤燈。可憐賸墨閒揮灑,塊壘填胸偶一平。

豈有雲霞恣捲舒。選堂題品愧多譽。蒸興字異緣嫌諱,莫信麻沙宋板書。(宋本世説蒸字作興。)

慚對良朋一片心。誤將瓦礫當兼金。歸帆請效洪喬例,投彼清流一任沈。

友人爲余攝影,裝於鏡框中相贈。乃夾以瓶盎,倚置東壁,前爲卧榻,因賦長句

影攝衰顏嵌木框。夾陳瓶盎倚東牆。水仙新葉参差緑,秋菊殘花爛漫黄。便到八旬纔二載,豈無兩短與三長。掃除一室延佳友,不效驢鳴莫坐牀。

功參預校點諸史，獲識唐長孺教授。夏日敝廬圮損，來詩見慰，并獎譽拙書，次韻奉答　補録一九七三年作

不羡香山履道居。雄都廡畔賃茅廬。叢殘字校牆中本，豁達詩拈頷下鬚。步以歧多常竭蹶，心經義勝見敷腴。衰遲骨肉期功盡，哀疾空傳簡札書。

傅君大卣精拓硯背達摩面壁圖贊。圖刻極精，唐子畏款則蛇足也　補録一九八五年作

此石之可愛，在雕與鐫。此紙之可貴，在蠟與氈。持較青蚓章侯之真迹，殆亦莫能或之先也。

公元一九九零年元日口占　以下一九九零年作

無限崎嶇歲月過。偶逢晴暖幸婆娑。停來跛履登山屐，振起灰心對酒歌。大地迴環新蟻聚，重洋浩渺舊鯨波。匹夫頭白如春雪，尚望年豐萬事和。

春　歸

神智模糊舉措忘。肥甘性命嗜都荒。春歸詎卜寒深淺，臘盡先思漏短長。病去抽絲形未減，客來談鬼興偏張。水仙不負終宵冷，濃贈迎曦滿室香。

題吴鏡汀師畫小景六幅。師之書室署曰靈懷閣

昔日城隅噪暮鴉。後來污染鳥無家。靈懷寫出盤空景，留待他年映晚霞。

山川渾厚樹華滋。遺法耕煙世莫知。孤塔千尋松一嶺，依稀點筆放懷時。

李唐可比李思訓，健筆巉峻今過之。此是居庸山一角，臨安國手不能知。

春入江南草木叢。小溪風暖日沖融。卧游何處曾相見，柳暗花明憶惠崇。

目中山色撲人來。晚水層波夕照開。多謝好風帆勢飽，前程小泊是蓬萊。

舒捲無心半嶺雲。巍峨山勢倍絪緼。遥知中有林逋宅，獨木爲橋小路分。

自題畫硃竹

看竹者多畫者少。成竹在胸人更杳。映日研硃勘字餘,小卷冰箋乘興掃。時見長梢出短叢,一任豐林吞細篠。雨葉低垂風不摇,蛇徑深藏人莫曉。竿助漁家釣可持,筍號貓頭饞易飽。横塗豎抹狠狠描,大肉硬餅層層咬。或問斯圖何處好。鬼斧神工遜其巧。壁上塵成明月砂,硯底光生朝日皎。君相造命我造竹,青翠新篁變朱草。只堪廢簏伴筆頭,莫使此君爲絶倒。

獅城友人屬題沈尹默先生書歐陽永叔文小卷

八法一瓣香,首向秋明翁。昔日承面命,每至燭跋空。憶初叩函丈,健毫出篋中。指畫提按法,諄如課童蒙。信手拾片紙,追躡山陰蹤。戲題令元白,糾我所未工。至今秘衣帶,不使蕭翼逢。閲肆訪妙墨,迎濤搜真龍。時時歌得寶,往往飫良朋。老來病多忘,獨記腕底風。頃觀入蜀筆,巨細皆雍容。仿佛杜陵叟,放懷瀼西東。題尾並足重,詩見心聲宏。虚之擅雙絶,搔癢當機鋒。倚枕紙窸窣,揚頭窗曈曨。寫寄萬里外,鉗錘希來鴻。

沁園春　戲題時賢畫達摩像六段

片葦東航,隻履西歸,教外之傳。要本心直指,不憑文字,一衣一鉢,面壁多年。敬問嘉賓,有何貴幹,枯坐居然叫作禪。誰知道,竟一花五葉，法統蟬聯。　　斷肢二祖心虔。又行者逃生命縷懸。憶菩提非樹，那椿公案，觸而且背，早落言詮。臨濟開宗，逢人便打，寂静如何變野蠻。空留下，裝腔作勢，各相俱全。（秀能二偈，分觀各有精義，合讀則如市人口角，一曰即是，一曰即非，淺直觸背，不知何故。）

題吴君子玉臨清明上河圖二首

橋臨汴水勢如虹。客醉礬樓燭影紅。妙筆翰林張待詔，貌來繁盛似熙豐。

高館篘清銷夏時。積慶二百盛孫枝。蠅鬚蚊脚拈來易，可貴書香透絹絲。

心臟病突發，送入醫院搶救，榻上口占長句　補録一九八九年冬作

填寫診單報病危。小車直向病房推。鼻腔養氣徐徐送，脈管糖漿滴滴垂。心測功能粘小餅，胃增銷化灌稀糜。遥聞低語還陽了，遊戲人間又一回。（診有平讀，見《急就篇》。此首雜用支灰諸韻，以其時實不能檢韻書矣。方家賜閲，幸揭過之。）

賭贏歌　補録一九八九年冬作

老妻昔日與我戲言身後況。自稱她死一定有人爲我找對象。我笑老朽如斯那會有人傻且瘋，妻言你如不信可以賭下輸贏帳。我説將來萬一你輸賭債怎生還，她説自信必贏且不需償人世金錢塵土樣。何期辯論未了她先行，似乎一手壓在永難揭開的寶盒上。從兹疏親近友紛紛來，介紹天仙地鬼齊家治國舉世無雙女巧匠。何詞可答熱情洋溢良媒言，但説感情物質金錢生理一無基礎只賸鬚眉男子相。媒疑何能基礎半毫無，答以有基無礎棟折榱摧樓閣千層夷爲平地空而曠。勸言且理庖厨職同傭保相扶相伴又何妨，再答伴字人旁如果成絲只堪絆脚不堪扶頭我公是否能保障。更有好事風聞吾家斗室似添人，排闥直衝但見雙牀已成單榻無帷幛。天長日久熱氣漸冷聲漸稀，十有餘年耳根清浄終無恙。昨朝小疾診療忽然見問題，血管堵塞行將影響全心臟。立呼擔架速交醫院搶救細檢查，八人共擡前無響尺上無罩片過路穿街晾盤兒槓。診療多方臂上懸瓶鼻中塞管胸前牽綫日夜監測心電圖，其苦不在側灌流餐而在仰排便溺遺臭雖然不盈萬年亦足滿一炕。忽然眉開眼笑竟使醫護人員盡吃驚，以爲鬼門關前閻羅特赦將我放。宋人詩云時人不識余心樂，却非傍柳隨花偷學少年情跌宕。牀邊諸人疑團莫釋誤謂神經錯亂問因由，鄭重宣稱前賭今贏足使老妻親筆勾銷當年自詡鐵固山堅的軍令狀。

無款雪景牧牛圖,古媚可愛,因題

禪家機鋒每拈水牯牛。畫家點染好寫林塘幽。積翠西園赫然見此本,樹枝屈鐵下映牛毛柔。名畫貴處在佳不在款,圖上幸未妄署韓戴流。世有李迪歸牧出寶笈,持較此軸風格殊堪儔。不問爲宋爲元遞射覆,但覺一樹一石俱宜收。常見畫費九牛二虎力,浮烟漲墨塊塊黑石頭。吾病心胸氣悶已經歲,那堪再壓木炭千層樓。居然藝林種子竟不絶,絹上神去謬論今全休。展玩之際積鬱得快吐,山明水秀人歡牛樂彼此同天游。從兹畫在吾詩亦必在,蹄迹題記牛眼我眼一照即足垂千秋。

題齊萍翁畫册八首

一犂春雨兆豐穰。水國人家插稻忙。白石山翁鄉思永,畫中風物出湖湘。

牧童歸去紙鳶低(山翁句)。牛背長繩景最奇。處處農村俱入畫,萍翁不斷是鄉思。

兩崖含月欲吞珠(山翁句)。奇想天開入畫圖。老杜四更山吐月,古今詩境並無殊。

山翁當日好(去聲)樓居。未見摩天百丈餘。漢武求仙成笑柄,何如蕉緑映窗虚。

林梢一抹見青山。此地萍翁昔往還。畫裏羣材誰得伐,長留濃緑滿鄉關。

門外斜陽莫管他(山翁句)。酒酣高卧是漁家。山翁最識其中趣,畫筆驚人句可誇。

十幅蒲帆萬柳條。好風盈路送春潮。昨宵樽酒今朝水，一樣深情繫夢遥。

水禽浮泛自成羣。鵝鴨遥觀不易分。此是天機難説處，居然紙上畫呈君。

自題青年時仿陸天游山水

當年亂道陸天游。回首星霜五十周。自勵不須慚少作，尚争一息向竿頭。

中國海外名人録徵題

春轉神州芳草深。天涯游侣富佳音。巍峨事業峥嶸譽，不負當年去國心。

龍坡翁書杜陵秋興八首長卷題後

杜陵鄉思繫孤舟。秋菊何時插滿頭。識得中華天地大，海堧一寸亦神州。

自題畫竹四首

風入淇園萬竹新。自調青緑寫來真。干霄直節憑君倚，不必天寒翠袖人。（春竹）

雨挾狂風捲地來。離披叢竹壓成堆。粗枝大葉粘連處，一任摧燒扯不開。（雨竹）

斗室南窗竹幾竿。曈曨晴日不知寒。風標只合研硃寫，禁得旁人冷眼看。（硃竹）

老屋牆隅竹幾叢。擎霜戴雪沐寒風。無聲無臭無華實，冷暖陰晴色一同。（雪竹）

郎静山先生百齡壽言

壽城天開萬里晴。山川間氣毓人英。百齡介祝真初度，此是長生第一程。

壯暮翁畫墨竹泉石卷題後

古來畫竹人，首推文與可。其次李息齋，竹神欣得妥。屢見顧定之，葉秀竿婀娜。舍人迹微希，太常傳較夥。吾友壯暮翁，新腔唱自我。映日影在窗，對林筆出裹。矮紙如長縑，巨毫貌細笴。風梢摇天寒，石瀨潤地渴。頗似鄭所南，推篷見瀛左。此名羅漢竹，已證辟支果。

古詩二十首。蓬萊旅舍作

可憐戚元敬,禦倭功最奇。徇軍欲斬子,今人似不知。蓬萊有水寨,仰止留遺思。誰料屬四舊,下令爲破之。

八仙傳説多,誰曾得一遇。遂有藝術家,編爲電視劇。演員俱化裝,各自持道具。小船遭大風,神仙入海去。

北魏鄭道昭,大書鑿石壁。雲峰高崔嵬,署字頗充斥。如今名勝區,告示禁題刻。妙計新碑林,飛鴻得留迹。

劉邦有天下,功狗無或生。身死諸吕殛,後宫亦以清。陳平擅奇計,事過尤可懲。代王夢中來,高祖空戰征。

盡瘁出祁山,亦寓自全計。後主抑其喪,足見疑與忌。狼顧司馬懿,魏文屢相庇。方詡知舜禹,轉瞬食其弊。

古人各著書,所以教後代。後人遂其私,言好行則壞。掠財及殺人,二者包無外。亦有蚩蚩氓,動色望之拜。

史載殺人狂。北齊推高洋。歷時未千載,復有朱元璋。清人代明政,遺臣攀先皇。康熙下拜後,洪武仍平常。

老子説大患,患在吾有身。斯言哀且痛,五千奚再論。佛陀徒止欲,孔孟枉教仁。荀卿主性惡,坦率豈無因。

老翁繫囹圄,愛貓瘦且癩。七年老翁歸,四人勢初敗。病貓繞膝號,移時氣已塞。人性批既倒,貓性竟還在。

吾愛諸動物,尤愛大耳兔。馴弱仁所鍾,伶俐智所賦。貓鼬突然來,性命付之去。善美兩全時,能禦能無懼。

吾降壬子年,今第七十九。年年甘與苦,何必逐一剖。平生稱大幸,衣食不斷有。可耻尚多貪,朝夕兩杯酒。

元戎基督徒,問其部下將。禱告近如何,答言聖靈降。元戎摑一掌,儼然臨濟棒。乃知耶與禪,參透都一樣。

宇宙一車輪,社會一戲臺。乘車觀戲劇,時樂亦時哀。車輪無停轍,所載不復回。場中有醉鬼,笑口時一開。

神滅神不滅,有鬼或無鬼。滔滔論不已,各自憑其嘴。我信千年後,此辨終難止。可怕在活人,萬般弔其詭。

世人無賢愚,皆願得長壽。幸福盼速來,既來瞬即舊。縱活過百年,何嘗覺其够。最終呼吸前,往事一塵厚。

人生所需多,飲食居其首。五鼎與三牲,祀神兼款友。烹調千萬端,飢時方適口。舌喉寸餘地,一咽復何有。

科學利人多,殺人亦殊工。炸藥作武器,死者如沙蟲。可憐諸貝爾,技窮寧自轟。奬金奬生殺,獲者心蒙蒙。

名酒色同黄,紹興不如啤。啤號軟麵包,可以補吾飢。紹興度偏濃,血漲梗心肌。行當作酒銘,飲酒但飲醨。

吾敬李息翁,獨行行最苦。秃筆作真書,淡静前無古。並世論英雄,誰堪踵其武。稍微著形迹,披緇爲僧侣。

歸乘小飛機,四刻六百里。不駕兜羅雲,安坐沙發椅。俯首瞰大地,遠過蜃樓美。寄語蓬萊仙,此際我勝你。

潘君虛之自獅城寄示移居之作,次韻奉答。自念遷出舊居已逾十載,時縈夢寐,并以自嘲　一九九一年起

自愧非材接衆賢,誼承高厚敢爲先。拈髭夙具平生樂,步屧偏多水石緣。豈以拔山捐緑鬢,何勞呵壁問蒼天。伯倫一鍤經行慣,不待黄罏始醉眠。

前塵回首盡浮雲。種竹今生幾代孫。里舍久成因樹屋,郊居合號擬山園。小乘舊淚時通夢,浩劫先塋莫有村。骨肉全空朋友在,天涯文字偶相存。

平生患難人俱往,自恨頑强尚故吾。愛犬心馳雲裏國,看花眼暗霧中姝。迂拘騰笑名宜竇,斷爛深藏字可娱。衰朽失多微有得,耳聾不辨馬牛呼。

飛轍飆輪不自安。且珍餘息足盤桓。重貲龐叟沈何惜,一榻維摩丈已寬。豐儉隨時吾易飽,干戈無定世猶寒。片雲呴沫天南至,遠勝金樽對月歡。

自題青緑山水舊作

此幅作於一九五三年,吾生第四十二歲。此後匆匆,無復餘暇矣。不知何時流入東瀛,吾友趙君憐余齒暮藝荒,以重值收之,殊可感也。

舊迹重披卅七年。夷然往事付輕煙。餘光再寫平波路,近碧遥青好放船。

自題竹石幽蘭

硃作竹,翠作蘭。一拳石,秀可餐。長壽半窗小景,不知夏燠冬寒。

墨　竹

湖州文,眉山蘇。松雪趙,梅花吴。源同歸,流殊途。自恨懸槌手筆,不能依様胡盧。

題同樂園中董壽翁畫松巨幅四首

層蓋盤根倚太空。虬枝鐵幹勢如龍。八旬董叟摩天筆,寫得黄山第一松。

鱗皮磊落禁風雨,坐閲桑田幾度新。今日高堂捫素壁,分明長壽出天真。

韋偃丹青跡最奇。精靈曾入杜陵詩。釣魚臺畔長松障,容我淋漓倒墨池。

華構雄都競入雲。名園一角静塵氛。金元代代無窮事,且聽喬松説與君。

題畫水仙

静色疏香本絶塵。何能妄比賦中身。柔情綽態驚鴻影,子建應非解韻人。

題畫白蓮

白露横江曉月孤。篷窗斷夢醒來初。荷香十里清難寫,昨夜沈吟記已無。

臨國香圖因題

所南翁,心獨苦。畫幽蘭,不畫土。肖即有可思,構寧無自侮。誰實助了金安出虎銀蒙古。

松窗居士畫竹卷,筆迹匆遽,若不可待者,旋即逝世,僅一月耳

戛玉琳琅顧定之。琴書堂裏見新枝。失驚筆落如飛處,似恐瓊樓赴詔遲。
冰雪聰明稟賦高,星源萬里溯來遥。惜丁四庫凋零後,文字如何寫大招。

西藏基金會徵題

地脊開仙境,山城湧畫圖。堅誠邀佛祐,大智結心珠。諷誦金聲振,香燈寶焰浮。早年承灌頂,垂老愧凡夫。

題畫竹石

竹稚而瘦,石欹而醜。只此兩般,餘無所有。

再題一首。石根尚有淡墨蘭葉數筆,前詩失及,補此解嘲

幾筆幽蘭,是曰素友。其淡如無,不求挂口。

炎黄藝術館成,梁君黄胄徵題

東方青帝後,攀附祀炎黄。肅慎文明遠,中華藝術長。良朋新事業,老友拙文章。忝作名山頌,詩卑草更狂。

硯　銘

破硯重粘,依然全瓦。磨墨而書,吾神來也。

題瘞鶴銘

何子貞題汪退谷本曰:"覃溪詩云,曾見黄庭肥拓本,憬然大

字勒崖初，此語真知鶴銘，亦真知黄庭者。”按二者所同，在其模糊而已。

江心水拓瘞鶴銘。坊間木刻黄庭經。翁何遞贊緣何故，同樣模糊看不清。

華陽真逸迹何如。題自南朝定不誣。水激砂礱鋒穎秃，遂令人説柳枝書。

題桐城汪雨盦教授燕游雜詩後

今雨垂天至，荒階屐齒青。史詩尊杜甫，繼響出桐城。東海波千頃，西山霧幾層。重尋釣游迹，彌憶讀書燈。

題臺静農先生遺筆墨梅小幀

獨標孤瘦雪霜姿。照水凌寒玉一枝。今日皖公山下路，望殘仙躅再來遲。

陝西修復黄帝陵徵題　以下一九九二年

華夏始祖，黄帝軒轅。垂億萬禩，異姓同源。遥傳四裔，共作本根。文明蕃衍，永世無垠。（古稱五方五帝，今統以炎黄。民族易融，人情樂簡而已。）

題金冬心書真迹。用其集前像贊韻

兀然自詡堯外臣。來往江湖稱幸民。筆肥墨飽家不貧。詩歌僻澀吟其真。書傳天下乘飇輪。化作藝苑無邊春。

心畬公畫山水小卷題後

此五十年前之筆。公有小印刊杜句“魚玎寶玦青珊瑚”,蓋自嗟身世,亦喻畫格焉。

五十年前迹,回頭似夢醒。西山留片石,寒玉失魚玎。紙澀心仍暢,峰迴筆未停。袖中東海色,不必怨零丁。

趙悲盦畫扇面集册

悲盦早歲丁東南浩劫。平生磊塊,每見諸筆墨。其書其印,世所習知。書擬北魏,或病其姿媚,非真鑒也。畫筆靈奇,雖寫巨障,如揮尺素。此册便面,不減尋丈之觀,真奇妙之作也。

浩劫平生恨,悲翁苦自悲。文章多兀奡,畫法最靈奇。矯矯東方贊,峨峨北魏碑。剛柔文與行,俗眼莫相疑。

心畬公畫小卷，散原老人爲袁思亮題引首

小卷山河遠，長年事業空。聲華餘宿墨，身世感飄蓬。杜甫湘中句，韋莊劍外蹤。何人爲收拾，遥歎海雲封。

齊萍翁畫一婦人抱一小兒，兒執柏葉一枝，題首柏壽二字。又題云："小乖乖，拜壽去。"

小乖乖，拜壽去。老乖乖，多妙趣。此是山翁得意處，我亦相隨有奇句。

鍾敬文先生惠祝賤辰，次韻奉答

文字平生信夙緣。毫錐舊業每留連。榮枯彈指何關意，寒燠因時罔溯源。攬勝尚矜堪撰杖，同心可喜入吟箋。樽前莫話明朝事，雨順風調大有年。（樽前七字韋端己句，雨順四字大賜福劇開場句也。）

畫蒲桃二首

瑪瑙寺前過，春風滿院花。蒲桃有紫色，不上破袈裟。
聞道温和尚，禪通畫諦高。小園珠滿架，灌頂有蒲桃。

竹澗圖

五月寒生竹澗深。勞人於此暫披襟。拈毫不費推敲力,自有心聲紙上吟。

緑　竹

午日初長乍困人。忽逢小雨助精神。橫揮翠竹留殘夢,似遇嘉禾項又新。

蕙　竹

兩枝花,幾片葉。紙上無香,不勞蜂蝶。半生畫蘭竹,淺嘗徒涉獵。且比藥山看經,聊以自遮眉睫。

蘭竹小景

有竹無蘭。景物單寒。補花補葉,香氣汍瀾。取人於友,草木同觀。合之雙美,地闊天寬。

推篷竹圖，效鄭所南

所南翁墨竹矮卷，只畫竹叢之中截，號曰推篷，蓋寫船窗中所見也。

舟行豁目矮推篷。雨裏瀟湘萬緑濃。水竹本無今古異，但令人憶所南翁。

題楊誠齋詩意圖

楊詩云："破雨遊山也莫嫌。却緣山色雨中添。人家屋裏生松樹，穿出茅簷却覆簷。"

水墨零丁不自嫌。幾多佳興硯池添。小窗大富登臨勝，冷雨炎歊隔屋簷。

没骨山水

一乘寺門凹凸花。僧繇於此擅名家。遂教惜墨如金手，解向江山畫晚霞。

墨　竹

怒氣寫竹元人語，昔日隨聲謂可師。今夕雨窗毫墨潤，一竿出手喜難支。

仿董香光山水

大言驚世董華亭。脚汗付與王茂京。我亦效顰摹數筆,戾家山水有傳燈。

蒲　桃

遮陽蛀葉破袈裟。紫晶珠勝藤蘿花。敢向温師呈轉語,不嘗而畫免酸牙。

睡起作畫漫題

瓶裏孤花户外桐。緑陰扶夢醉顛翁。日斜睡起渾無事,淡墨横吹紙上風。

近見沈石田與諸友唱和落花詩,文衡山以小楷録爲長卷。因擬之,得四首

彌天萬紫與千紅。一霎風來幾樹空。火急催開勞羯鼓,夜闌不寐聽僧鐘。輕難入地香添溷,落未盈堆緑已叢。畢竟蕭郎遺業重,繽紛大夢懺無功。

晴空點點入雲衢。紅雨如山陣可呼。金谷草生行礙馬,玉關人遠

出無車。餘香分後歌聲换,高燭殘時笑靨孤。不殉恩留銅雀上,阿瞞深意古來殊。

六街塵滿競遨遊。飛蓋華林屬勝流。蜂蝶遠颺青子小,霧淞横結玉枝稠。上春有幸扶金闕,一夕無端墜畫樓。卉木未聞齊物義,待尋莊叟論從頭。

無言誰信下成蹊。飄泊因風路總迷。宏願枉祈春暫駐,沈吟每送日斜西。衰顔憔悴臨溝水,碩果辛酸補甕齏。此去行藏何處問,樹陰隨分醉如泥。

齊萍翁畫自識云:"人生一技故不易,知者尤難得也。"因廣其意題此

一生三絶畫書詩。萬里千年事可知。何待汗青求史筆,自家腕底有銘辭。

此稿鈔謄,始於夏正開歲。牽以冗事,作輟不常。春秋兩季,迭嬰腸胃劇病。乘閒拈毫,目腕之力鋭減。體質"折舊",期滿匪遥。異日出版之時,或近"安息"之際。手呈俚語,自代赴言。聊供破顔,以作歡喜功德。平生罪過,庶幾萬贖一二乎?時在公元一九九二年歲次壬申重陽初過,盆菊未殘。啓功自識

啓功贅語

目　録

附:聯語

前 言

拙作如俗諺所謂“合轍押韻”之語，曾災梨棗者，初曰《韻語》，繼曰《絮語》。今又塗抹盈册，題名頗費躊躇。轉念今年馬齒，已周八十又六，介然之身，如疣徒贅。即就所語觀之，德功俱無，言從何立，拉雜一册，且待摧燒，取儷前編，顔曰《贅語》。讀者垂愛，惠我鉗錘，疣贅餘身，頭面頂禮矣！

一九九八年秋日啓功自識

啓功贅語

窗外有雜花，春來半萎半開　一九九二年起

國艷洛陽來。何人去後栽。六窠依次瘦，五朵不同開。月季驕人面，黄楊領衆材。寓公晨起早，齊立短牆隈。

（窗前有牡丹六窠，花時僕正卧病，率爾成咏，今忽省憶，乃山東友人所贈者。）

心痛　時寓校園宿舍小紅樓

心痛瞬盈周。西施遜一籌。硝酸雖劇毒，調劑有甘油。治病徒添病，紅樓即玉樓。卧牀吸氧氣，一試死前休。

挽香港劉君均量

早欽令聞著南陬。傾蓋初逢似舊游。三益他山銘對案，十年高會憶同舟。奇珍亘古無雙迹，卓識當今第一流。安養道山應自慰，虹光照處即千秋。

戀　榻

春殘接夏初。遠眺失平蕪。雲密漫寒宇,塵濃壓敝廬。客嗔緣戀榻,燈耗爲觀書。幸有鉛爲筆,詩成仰面書。

夜中不寐,傾篋數錢有作　雜用相類諸韻,不敢解嘲稱進退格也。

紙幣傾來片片真。未亡人用不須焚。一家數米擔憂慣,此日攤錢却厭頻。酒釅花濃行已老,天高地厚報無門。吟成七字誰相和,付與寒空雁一群。

盧溝橋八百年紀念徵題

盧家溝上一橋橫。八百年來孔道通。史事輕塵文物壽,石獅無數拱燕京。

徐霞客紀念會徵題

明代探險家,首推徐宏祖。名山與大川,跋涉不畏阻。毫無濟勝具,手攀兼足履。游記千萬言,儼然輿地譜。地形并地貌,一一詳羅縷。不徒誇景觀,且亦記風土。所幸浩劫中,逃却火一炬。飛機禽鳥儔,索道猿猴侶。衛星鷹眼疾,游客爬蟲苦。科技新發明,前人夢難語。紀念探險家,宜知今勝古。年來氣候殊,首夏成酷暑。室内開空調,助我筆飛舞。

題緱山鶴唳圖

緱山夜氣九霄清。獨鶴飛來嘯月明。今日群松看已盡,倍應珍重畫中青。

一九九四年元旦書門大吉

起滅浮漚聚散塵。何須分寸較來真。莫名其妙從前事,聊勝於無現在身。多病可知零件壞,得錢難補半生貧。晨曦告我今天始,又是人間一次春。

題陸儼少詩畫卷二首

寒燈如豆夜何其。況值陰霾宿雨時。大地商聲聽不得,自嘲一叟署觚齕。
黑雲如墨滿江湖。江草江花望已無。餘悸山翁惟寂坐,詩銷塊壘放懷書。

題俞滌凡畫仕女二首

誰家名媛現全身。前後花明鏡裏春。滿室芸香開寶軸,歸來堂上見詞人。

玉潭六法在吴興。七百年來續一燈。滌盡筆端塵土氣,畫家心有玉壺冰。

(俞滌凡先生名明,字滌凡,一作滌煩,語霜先生之侄,吴興人,畫筆嚴净,七十年前往來京滬間,兩地畫家,多承指授,所作每不署款,只鈐小印,此圖似寫李易安像。)

題雲山圖

董香光仿米家墨戲,陳眉公題云:雲山鶻突樹曹董。虎兒直接襄陽統。畫筆寥寥誰賞音,琴上無弦笛無孔。偶效之,并次眉公韻。

畫禪共説華亭董。教外别傳無法統。任他精鑒看牛皮,挂壁只圖遮眼孔。

頻　年

酸甜苦辣本非殊。且喜頻年樂不孤。小子如今才懂得,聖人從古最糊塗。飲餘有興徐添酒,讀日無多慎買書。欲把詩懷問李老,一腔豁達近何如。

（宋有詩人李某，作詩淺易，多豁達語，時號之爲豁達李老。）

題畫白蓮

神工碾玉爲花冠。又散翠羽成浮鈿。沉泥肥護根如船。露珠不定汞走盤。纖蘆列作箜篌弦。清風持撥斷續彈。水中萬象同此天。無邊澄碧相新鮮。賀監落井水底眠。清涼所喻言非玄。松煤濃處五色全。畫不能工化有權。江湖入手魚脱淵。高吟早證蝦蟆禪。

古詩四十首　此四十首一九九四至一九九七年作

（一）

狐饗鶴以盤，鶴宴狐以瓶。鶴喙細且長，狐舌軟而平。喙舌天所賦，瓶盤人所成。天人一參差，萬物多可争。

（二）

市店賣靴鞋，易破復易綻。買者憤不平，譏爲“過街爛”。店主貌岸然，反問不自辯：“何以坐轎人，個個都稱贊！”

（三）

萍翁畫蒼鷹，直立松樹上。少畫翔天空，亦見鷙且强（去聲）。偶露一翅伸，未卜升或降。指揮交通車，不如燈光亮。

（四）

春來葉驟緑，秋落聚其足。有常亦無常，四季何匆促。造化若無主，何以有弦朔。造化若有主，何不憚煩數。

（五）

炳翁號半聾，食貧性孤高。居處無一椽，半席依僧寮。見書不得買，筆墨甘辛勞。借録滿箱篋，顔曰"我愛鈔"。

（六）

長白雪長白，皓潔迎新年。神板白掛錢，門户白春聯。地移習亦變，喜色朱紅鮮。筋力自此緩，萬事俱唐捐。

（七）

下有甚焉者，上好爲之引。石縫泉涓涓，山外流滚滚。上游勢襄陵，下游生靈盡。帝舜配天功，首殛黄能鯀。

（八）

衆上泰杭山，或呼爲代形。泰杭糾其謬，代形忿以争。賭決于塾師，師判呼者赢。問師何所據，令彼終生瞢。

（太行讀如泰杭，或誤呼爲代形。）

（九）

出土玉與金，精工今遜古。何以古技能，累降竟如許。朝代翻覆頻，大權由霸主。作俑各自娱，文化成塵土。

（一〇）

窗前生意滿,樹密鳥雀多。檐頭有空隙,雙雙來作窩。不時出或入,警惕網與羅。天真小麻雀,一一堪摩挲。

（一一）

先母晚多病,高樓難再登。先妻值貧困,佳景未一經。今友邀我遊,婉謝力不勝。風物每入眼,淒惻偷吞聲。

（一二）

辛勤讀古書,注疏不離手。謀食上講堂,解釋怯出口。漢宋各成家,是聖人意否。博士拒《左傳》,因爲他没有。

（一三）

經文有今古,理學分朱王。六籍皆注我,换柱而偷梁。孤證各騁私,舌劍而唇槍。聖人在地下,不如告朔羊。

（一四）

昔聞造物者,摶土爲世人。無怪我生平,舉措皆成塵。幼未受唆使,義利粗自分。何以知耻否,却判蛇與神。

（一五）

學畫拙於題,發憤勤學書。旁讀作書訣,用筆當其初。迨悟結體秘,論與松雪殊。地下見前賢,定斥“非吾徒”。

（一六）

聖人最糊塗，我曾冒狂瞽。聖人倘有知，必諒非輕侮。脣焦説諸侯，筆秃告千古。比屋竟可誅，垂教徒辛苦。

（一七）

救貧力不能，下策始賣字。碑刻臨習勤，莫會刀鋒意。及見古墨迹，略識書之秘。筆圓結體嚴，觀者嗤以鼻。

（一八）

見人摇尾來，鄰家一小狗。不忍日日逢，恐成莫逆友。人意即仁義，未學似固有。狗命難自知，隨時遭毒手。

（一九）

車站詢行程，客示即此路。旁有多聞者，立刻指其誤。又來三四人，轟争各有故。争者拳交加，觀者不知數。

（二〇）

昔有見鬼人，自言不畏葸。向他擺事實，向他講道理。你是明日我，我是昨日你。鬼心大悦服，彼此皆歡喜。

（二一）

幼見屋上貓，啖草癒其病。醫者悟妙理，梯取根與柄。持以療我羸，腸胃嘔欲罄。復診脈象明，“起居違藥性”。

（二二）

遺傳有基因，生活有習慣。人性遇事機，遂成惡與善。比干以其心，欲使紂心換。紂自求其亡，比干何能諫。

（二三）

母慈望我長，師恩望我成。不知所以學，早好無實名。漸老略有得，莫慰當年情。九天與九泉，何處呼一聲。

（二四）

幼年家蓄貓，頗能通其意。一榻暖相依，鼾聲沉而細。自身久飄蓬，莫供貓安置。鄰舍偶相逢，憂其失與棄。

（二五）

含生俱有情，小至蟲與蟻。百年與一朝，最終同一死。人號萬物靈，莫知壽所止。相待或相求，聖人難處理。

（二六）

幼年諸兒童，相伴俱好友。漸如換乳牙，陸續離我口。或隨父兄去，或自東西走。如今八十餘，老友無一有。

（二七）

平生學爲文，無非表現我。自作俱足誇，人作少許可。老來偶再觀，慚愧逃無所。或勸印全集，答曰殊不妥。

（二八）

歷史如長河，人各占一段。幸者值升平，不幸逢禍亂。異代論是非，各憑唇兩片。身後蔡中郎，芳臭隨其便。

（二九）

淵明不爲詩，寫其胸中妙。此説出東坡，後山轉相告。文亨遇或蹇，何必兩相較。寄語學詩人，莫問天所造。

（三〇）

項羽守小信，身死失其霸。劉邦稱鬬智，不過譎與詐。功臣鼎鑊酬，太公杯羹價。膽壯斬白蛇，却見野鷄怕。

（吕后名雉，漢代避其諱，稱雉爲野鷄。）

（三一）

自幼讀詩書，今已八十四。卑文遥能聞，惡臭自刺鼻。佳者出常情，句句適人意。終篇過眼前，不覺紙有字。

（三二）

辛苦弄筆墨，各自矜其長。持以易米鹽，半飽書畫商。得者如傳舍，終歸拍賣行。再經一小劫，紙灰高飛揚。

（三三）

教書復著書，日日翻簿録。半字百推敲，一義千反復。出版以成書，足吾所大欲。身後屬何人，一一果蟫腹。

（三四）

名花具色香，果實補其味。造物造萬物，原自不能備。衆盼五福全，幾人富且貴。干禄不害民，積善尸其位。

（三五）

老子論息争，剖斗而折衡。坐騎用青牛，并未徒步行。所想與所踐，從來不能平。煌煌神仙傳，勝無聊慰情。

（三六）

趙政以其暴，天下供驅使。百計求神仙，終難免一死。二世但稱朕，乃秉趙高指。乳臭有自恃，信爲天之子。

（三七）

兒童有夙緣，小悦外孫女。提携至長大，事事牽腸肚。留學美利堅，我年八十五。考試獲全優，令我喜起舞。

（三八）

夜中不成寐，偷飲一杯酒。酒盡眼更明，觀書字如斗。默計命終時，靈魂有無有。有靈去何方，能如我意否。

（三九）

佛陀論修行，旨在了生死。世壽有短長，未見終不死。最難得涅槃，不生亦不死。凡夫戀其生，所以惜其死。

（四〇）

可憐伍子胥，忽近而察遠。吴王擁西施，越王嘗苦膽。勝敗由自招，何待忠臣管。最後吴東門，徒費兩隻眼。

題《負暄瑣話》二首

觀劇逢其悲，飲酒逢其辣。苦果無回甘，負暄有實話。蕩氣而回腸，喜讀却又怕。一句最淒然，“過去由它罷”！

譬喻多出奇，不啻宣金口。每讀負暄話，拍案不以手。人聞叩擊聲，知我泥其首。象形一語嘲，兔爺笑顫抖。

（玩具泥兔爺，頸裝彈簧，其頭顫動，如點首而笑。中行翁曾以相況。）

題中國歷史博物館藏歷代法書影印册六首

書藝首殷商，刻辭肇其妙。吉金周秦漢，粲若群花笑。有史迄當今，四千年相紹。文字一一留，民族堪自傲。

奇品館中藏，不勝僂指數。契珍“宰豐”精，鼎推“司母”巨。漢隸《劉熊碑》，唐楷佛像礎。《大觀》孤本外，《澄清》實翹楚。

《沮渠安周碑》，西流不復返。孤拓拓誠孤，環宇無二本。史料及書風，可喜俱未損。即此紙一張，何啻珪與琬。

擘窠山谷書，盈尺真奇迹。持較《七佛偈》，彼只骨與骼。我觀古人字，墨書勝石刻。所以殘寫經，珍重如碎璧。

元明書家多,真迹各千萬。名人留妙墨,虹光各璀璨。有清時略近,遺法仍相貫。來者猶可追,斯理足懸斷。
實語包慎翁,“口數他家寶”。歷史博物館,其博筆難掃。吾今述法書,寶多數者少。衆山比岱宗,但自形其小。

乙亥新年

八旬歲月已唐捐。鞭炮無聲又一年。義齒鋒頹菘勝肉,散光鏡淺字如烟。行吟逼近數來寶,坐忘難成不倒單。“老去漸于詩律細”,平平仄仄韻便便。

（市中禁放鞭炮已二年矣。）

卡拉OK

中行翁見拙詞《沁園春·自叙》,笑其調古而辭俗,説“例如孟子之束髮加冠,口不離仁義,如果换爲西裝革履,滿口卡拉OK那還是孟子嗎”?賦此奉答,以表服膺。

卡拉OK唱新聲。革履西裝作客卿。五畝蠶桑堪暖老,四鄰鷄犬樂滋生。齊王好樂誰參預,姜女同來未可能。莫笑鄒人追現代,半洋半土一寒傖。

題黄苗子兄臨八大山人墨荷長卷。時所撰《八大山

人傳》已脱稿

隃麋潮涌筆千鈞。荷葉田田轉巨輪。傳就藝林今信史,魂歸驢屋舊畸人。墨卿隸法慚多滯,白傅詩情遜更新。敢問誰何當一臂,此中八個大山人。

題畫蘭竹

蘭葉葳蕤墨未乾。又加脩竹兩三竿。雪溪人往音塵絶,欲寫清芬下筆難。
畫家愛寫梅花影,竹葉橫斜貌大難。半夜雨晴聞戛玉,推窗急向月中看。

題古代名媛故事圖十三幅

官僚巨富號陶朱。又載西施泛五湖。千古福人推范蠡,可憐胥種太糊塗。(西施)

(范蠡逃其位而以自力三致千金,信爲古之福人。西施一舸而逐之,可稱獨具慧眼。)

有勇無謀楚霸王。信難勝詐取其亡。自殲劉吕看雌雉,不及虞姬碧血香。(虞姬)

(項羽守小信,豈勝劉邦之詐?自謂天亡,實其天賦亡之也。諸吕俱殛,後宫亦清,皆由吕雉所致者。)

多篇集傳注淫奔。可笑迂儒思未純。倘見華陽壚畔女,未曾讀賦已凌雲。(卓文君)

(朱熹集傳多解風詩爲淫奔,可謂思有邪。)

奮勇和親立首功。王嫱去住本從容。漢皇還怒毛延壽,爲惜民娃出後宫。(王昭君)

(王嫱既歸單于,遂成國色,所謂“他人妻妾”耳。)

人心快處卓燈燃。演義何妨并史傳。且學董狐評故事,論功第一溯貂蟬。(貂蟬)

(在故事中,貂蟬應爲首功。又今人撰小説,必攙以男女情節,不知羅貫中輩實爲作俑者。)

畢竟曹瞞舉措奇。遠從異域贖文姬。遺詩考證多争論,拍得胡笳惹衆疑。(蔡文姬)

(《胡笳十八拍》《後出師表》俱以不見本傳致考據家之疑。然古名家全集中之詩文,豈得俱見於史傳乎?)

混迹男兒充士兵。木蘭必自欠輕盈。傳奇唱出由來古,不待鶯筵柳敬亭。(木蘭)

(木蘭詩只是北朝唱詞一本,無煩考證。)

侍疾更衣武媚娘。挾夫啄子作周皇。千年而下人標榜,顛倒青編臭作香。(武則天)

(武曌以侍疾而蒸於太子李治,乃持治之深諱而挾之,遂得披猖一世。)

唐番舊事傳佳話,萬里南天作比鄰。顯密交融承至教,有清不用再和親。(文成公主)

(有清内庭大喪惟喇嘛得入殿轉咒,所尊信者可知。)

沉香亭畔舞衣輕。太白吟成萬古聲。異日馬嵬梨樹下,壽王哀樂不分明。(楊貴妃)

（唐人詩有“三郎沉醉壽王醒”之句。馬嵬之變，壽王而在，不知哀樂何如也。）

紅滿氍毹唱滿城。紛紛女將共西征。當年楊業稱無敵，不及塗脂穆桂英。（穆桂英）

（楊業當時人稱“楊無敵”。）

易安詞筆抗蘇辛。二晏清真落後塵。底事干卿多聚訟，宋賢原不諱重婚。（李易安）

（北宋人本不諱再嫁，朱熹當南宋時，以臣節所守，特求之婦人，堪稱罪首。）

上廳行首作夫人。金鼓撾回半壁春。一代奇勛冠南宋，不勞臣構嫉功臣。（梁夫人）

（梁夫人有功而無禍，豈以出身微下，故不勞臣構之嫉耶？）

陸穎明先生九十周年誕辰學術紀念會頌言

學溯蘄黄承絶緒，微言故訓首名家。後堂絲竹傳經樂，多少英賢出絳紗。

回首交期六十春，人間已换幾番新。《漢書》下酒微傷雅，何似擎杯聽《説文》。

（昔年燕聚，每推穎老講《説文》數字，四座舉杯聽之。今惟不佞一人在矣。）

周懷民從藝七十周年展覽徵題

閏餘成歲九旬人。地上仙蹤繪苑春。草木山川靈秀氣，同來腕底助精神。

弱冠從師受藝初。耕烟名迹幾番摹。靈懷法乳通今古,壯歲蘆塘似六如。

(懷民早歲受教於吴鏡汀先生,先生書室榜曰靈懷閣。)

斧劈成皴筆勢工。《溪山清遠》夏家風。剛柔妙詣能相濟,更擬《桃源》沈士充。

奇花異果入新圖。老筆紛披興不孤。顆顆蒲桃增壽釀,登筵富麗有明珠。

少林寺一千五百年紀念徵題

一葦來臺城,梁皇意捍格。北上嵩高山,九年甘面壁。
受衣命懸絲,遠走莫遲留。寂静宗門中,何以生戈矛。
一部《楞伽經》,一卷《金剛分》。行者不識字,换却祖師訓。
德山棒其徒,南泉斬其貓。既秉具足戒,殺氣一何高。
口頭公案禪,積來如山聳。何如馬大師,磨磚坐不動。
一千五百年,相去如朝暮。多習安般禪,少計檀施數。

南鄉子

拙作論書絶句一百首原稿爲友人携去,歸於客商,展轉復來燕市,價增竟至一倍。

小筆細塗鴉,百首歪詩哪足誇。老友携歸籌旅費,搬家。短册移居海一涯。　　轉瞬入京華。拍賣行中又見它。舊迹有情如識我,哎呀。紙價騰飛一倍加。

題張髯翁畫芍藥并録姜白石詞

心光照處眼俱明。拾得花枝一兩莖。造物無端人有意,寫他春晚殿羣英。
白石詞仙韻最嬌。沉吟密咏費霜毫。何如恰好髯翁畫,意態生成百不凋。
誤投庸匠再裝池。緑減紅衰異故枝。旋買丹青重點染,依稀京兆畫眉時。

環溪雅集圖

舊迹環溪二百年。當朝曾予作良田。依稀汴宋西池上,重發耆英洛社篇。
西南一角暢觀樓。碧柳朱荷四望收。禁苑未開人罕到,小園觴詠憶前修。

商務印書館建館一百周年賀詞

叔世奇勛在啓蒙。古今文化得溝通。十年曾歷塵沙劫,終見重光淨太空。

奉題沙孟海先生論書文集

藝圃欽南斗，詞林仰大宗。心期同止水，風範比長松。
絳帳英才聚，霜毫筆陣雄。學書求得髓，熟讀自登峰。

中行翁賜示近作《説書集》，中於拙作《韻語》諸稿多所溢美，敬題長句，以志慚悚

一卷鴻文號説書。偏憐鄙拙每增譽。明知醉夢無真語，特向泥沙撿半珠。自遣有方唯笑樂，人生難得是糊塗。勞歌莫作朱弦聽，此出游民打野胡。

爲慶祝香港回歸畫水仙一幅，題詩二首

金冠玉貌水中央。翡翠衣裳列幾行。祠廟百年歸未得，如今仙子返高堂。
髫年讀史最驚人。占我封疆一百春。意外孱軀八十五，居然重見版圖真。

題徐青藤書赤壁賦卷三首

户外青藤減故枝。階前雲影覆方池。女貞秋葉蕭蕭落，冷和先生絶調詩。

才命相違爲認真。紛紜祟兆不堪論。鷓鴣聲即南詞譜，莫問登場潦倒人。

一粟飄摇巨海中。東坡身世古今同。狂揮醉墨無成法，間氣山陰有舊風。

謝菏澤園藝家贈牡丹次樸翁韻

南國水邊初一見，燕都今作滿園春。紛紛黄紫看都慣，詩老高吟雪色新。

（謝靈運詩中初見牡丹之名，花以姚黄魏紫名最著。今見樸翁咏菏澤白牡丹詩，次韻一首。）

陳少梅畫少室禪修圖，儼然馬河中筆，因爲之贊

當機咫尺，馬家父子。畫出達摩，西來之指。

石濤小册四頁合成一卷，後有鄭板橋題云“不似不似，却是却是，物表人官，墨情紅意”。此卷幾番易

主,重見因題

造化在筆端,彼此各不似。萬物幻無方,似是終不是。板橋不參禪,却透禪家意。轉舍又相逢,賞會真游戲。

題白雪石畫古塞春光圖

千年萬里築高牆。未阻兵戈阻夕陽。何似白翁揮彩筆,一朝春色到華堂。

自題浮光掠影樓

窗前風動緑陰稠。無愧浮光掠影樓。因病懶開塵土硯,枯腸搔遍雪霜頭。巡檐偶遇傷弓雀,行路多逢礪角牛。願借半龕彌勒席,常開笑口不知愁。

文物月刊五百期紀念徵題一首

文物月刊五百期。史實世事悉在斯。張華博物所未知。文字久溯秦周商。唐虞夏代如洪荒。龍山汶口次第詳。著於竹帛徒傳聞。揭馬王堆驚奇文。將無劉歆忙煞人。生今識古真幸福。可惜小極昏左目。里言瞽頌出心腹。

題王雪濤畫稿二首

浮生歲月去無方。紙上唯留翰墨光。淡泊心胸寥落筆,曾緣咬得菜根香。(右蔬菜卷)

卷中留得好春遲。造化隨心各入時。五十年前揮翰際,百花將放出牆枝。(右花卉卷)

題曹夢芹女士畫仙花供養圖二首

頭面頂禮觀世音,丹青供養浄無塵。筆端刹那繽紛現,亦是仙花亦美人。

千秋粉本出敦煌。繪苑傳承有瓣香。三絶吴興標史册,如今彩筆見遺芳。

(右曹夢芹女士寫仙花供養圖一卷,其粉本傳出敦煌石室,移寫倍增精彩,曹不興著譽江東,爲吴興三絶之一,芳徽遥接,是可重也。)

杭州樓外樓菜館百五十年徵題

酒旗高矗聚雕輪。百歲初增五十春。不待舉杯人共醉,湖山日日是芳辰。

題北京師範大學畢業班紀念册

入學初識門庭。畢業非同學成。涉世或始今日，立身却在生平。

題叢碧堂張伯駒先生鑒藏捐獻法書名畫紀念册

書畫光騰錦綉窠。詞人雅好世無多。陸機短疏三賢問，杜牧長箋一曲歌。官本游春傳有緒，御題歸棹鑒非訛。暮年牖下平安福，懷寶心同勝卞和。

讀八大山人詩

高懷知物性，奇句自天開。奥妙朱驢筆，淋漓盡可哀。烏眼向誰白，心聲動地來。千言無一語，何用苦相猜。

終夜不寐，拉雜得句，即於枕上仰面書之

九秩今開六，吾生亦足奇。登樓腿雙拙，見客眼單迷。春至疑晨暖，燈高訝日西。烏乎餘一點，凡烏闔中棲。

昨日非前日，無從卜未來。夢中三劫亂，身外百年哀。入定追泥佛，前程認草鞋。佳肴脣吻過，鷄鴨已飛回。

朋友詩多健，淒涼憶廢興。有時抒義憤，怒髮指冠纓。唾斥傷元

氣,仍傳醜穢名。何如心與筆,傾耳莫從聽。

九十尚存四,前塵戲一臺。好名過好利,知往莫知來。多目金剛怒,雙眉彌勒開。餘生幾朝夕,宜樂不宜哀。

舊稿翻來讀,中多得失情。最難删削處,哀痛有餘聲。獎飾聞仍喜,嘲嬉語未停。從今再吟咏,月白與風清。

壯暮翁哀辭

稚柳先生長余二載,五十年代之初,以鑒《石渠》書畫相識於北京。一九九七年病逝於滬上。功適就醫住院,未能趨吊。後聞墓園範金鑄像,亦未克瞻仰。一九九八年歲暮,小珮女公子將輯紀念文集。因賦俚句,以寄哀思!

論交半世紀,攬古溯西清。辨僞童心赤,輸誠老眼青。憑棺虧一痛,鑄像慰平生。面目堪相見,泉程賸幾程。

高陽臺　自懺　時年八十又六

罪咎孤身,皮毛朽骨,奇褒爨下之材。誰繫殘絲,輕彈指澀聲哀。便生九十今餘四,對斜陽,能幾徘徊。計明朝,舉步虞淵,咫尺泉臺。　　劫波火後重提筆,費多番紙墨,拉雜盈堆。意外流傳,徒成棗禍梨災。尊親師友俱何在,濁世間,可一歸來?賸深宵,自炷心香,淚滴檀灰。

勵耘師命題嚴永思書赤壁二賦卷二首　補録

麟筆千春見是非。青編涑水繼音徽。天台注後無煩補，大義長留待表微。

不從門入最稱珍。肘腕懸時力百鈞。虎豹虬龍堪借喻，賦情書勢兩輪囷。

（此卷行草，筆勢奔放。書至“踞虎豹，登虬龍”一段，尤臻勝境。）

楊柳枝二首　補録

綺思餘春水一灣。流將殘夢出關山。王孫早惜鵝黄縷，留與今朝蕩子攀。

青驄回首憶長楊。玉塞春遲月有霜。一樣東風吹客夢，獨聽羌管過臨潢。

小銅駱駝鎮紙　補録

鎮紙小銅駱駝，數年朝夕摩挲。静伏金光滿室，助吾含笑高歌。

（小銅駱駝購於日本鳩居堂已數年矣，日伏紙上助我學書，因顔斗室曰小銅駝館，駝原作古青銅色，青緑斑斕似出土物，日夕持以壓紙，其銹漸失，遂露黄銅本色，時日愈久，銅膚愈顯光澤，今已可媲真金矣！辛未酷暑，堅净翁，時年周七十又九。）

唐人寫經殘卷贊三首　補録

其一

羲文頡畫,代有革遷。真書體勢,定於唐賢。敦煌石室,丸泥剖矣。吉光片羽,遂散落乎大千。晴窗之下,日臨一本,可蟬蛻而登仙。人棄我取,猶勝據舷。信千秋之真賞,不在金題玉躞,濡毫跋尾,殆自忘其媸妍也。

其二

虹光字字騰麻紙。六甲西昇誰擅美。李家殘本此最似。佛力所被離火水。緩步層臺見舉趾。日百回看益神智。加持手澤不須洗。墨緣欲傲襄陽米。(卷中有朱筆句讀。)

其三

墨瀋欲流,紙光可照。唐人見我,相視而笑。

商務印書館九十周年　補録

文化功開世紀初。伐山嘉惠教科書。菲材我亦蒙沾溉,敬向丹鉛頌九如。

如夢令　中國歷史博物館八十周年紀念　補録

歷史不能割斷。今古年經億萬。文化五千春，處處繁榮燦爛。多看。多看。民族光輝無限。

北黑東青西白。三帝俱成陳迹。代表數炎黄，曾以中原爲宅。改革。改革。子子孫孫有責。

《共勉》一首致新同學　補録

學高人之師，身正人之範。顧我百無成，但患人之患。二十課童蒙，三十逢抗戰。四十得解放，天地重旋轉。院系調整初，登此新壇坫。也曾編講章，也曾評試卷。誰知心目中，懵然無灼見。職銜逐步加，名器徒叨濫。粉碎“四人幫”，日月當頭换。政策解倒懸，科學歸實踐。長征踏新途，四化争貢獻。自問我何能？涊然增愧汗。寄語入學人，寸陰應繫念。三育德智體，莫作等閒看。學位與學分，豈爲撑門面。祖國當中興，我輩肩有擔！（一九八〇年）

題“茶道”　補録

七碗神功説玉川。生風不數地行仙。趙州一語“吃茶去”，截斷群流三字禪。

（趙州從諗禪師於學人參謁時俱答“吃茶去”，人稱三字禪。友人舉行“茶道”會徵題。）

附：聯語

牀上架一案，身卧其間，以防地震

坐卧總由它，一榻糊塗，半個窩棚防地震；
親朋應諒我，三分氣息，無多精力作空談。

連雲港古之東海郡，境有南山，出産獼猴桃，徵題一聯

游連雲港福如東海；
吃獼猴桃壽比南山。

浄慈寺聯

浄業在加持，無垢湖光，四衆心開圓鏡智；
慈雲垂庇蔭，常明山色，三時人仰佛頭青。

福清彌勒巖重建瑞巖寺徵聯

爲有有情癡,但示不言皆般若;
亦無無明盡,故知一笑即菩提。

蘇州寒山寺聯

佛祖傳心如指月;
詩人得句在聞鐘。

日本長崎華僑營江山樓飯館徵聯

江海聚英賢,門迓高軒,樽盈美酒;
山川鍾秀氣,筵開廣座,賓上層樓。

敬題吉水文丞相祠聯

一死倍飴甘,千古民心同不死;
瓣香逾鼎享,終天人節共馨香。

題濟南辛稼軒祠聯

歸行在，破陣聲宏，檀板節成長短句；
望長安，叩閽途遠，夕陽紅隔萬重山。

題濟南李易安祠聯

濟南泉水，洛下園林，間氣英華鍾韻語；
故國前塵，歸來夢影，中興文獻讓遺篸。

偶題一聯，時居小乘巷寓舍

草屋八九間，三徑陶潛，有酒有鷄真富庶；
梨桃數百樹，小園庾信，何功何德濫吹嘘。

集漢書劉向傳、寶真齋法書贊、楊凝式帖贊

簡易無威，廉靖樂道；
汗漫翰墨，浮沉里閭。

地震後題小乘巷敝居，時方患眩暈證

小住廿番春，四壁如人扶又倒；
浮生餘幾日，一身隨意去還來。

題九江琵琶亭聯

紅袖夜船孤，蝦蟆陵邊，往事悲歡商婦淚；
青衫秋浦别，琵琶筵上，一時棖觸謫臣心。

吴荷屋有此聯，作劉中壘、魏信陵，劉九庵先生見贈，未敢懸也。自念老病惸鰥，於信陵之樂，只餘其半，因易二字，自書見志焉

文章博綜希中壘；
醪醴風流半信陵。

内江張大千先生紀念館聯

山川自遜神工筆；
魂夢長懸故宅心。

啓功叢稿

陳垣題

藝論卷

中 華 書 局

作者在書齋伸紙揮毫

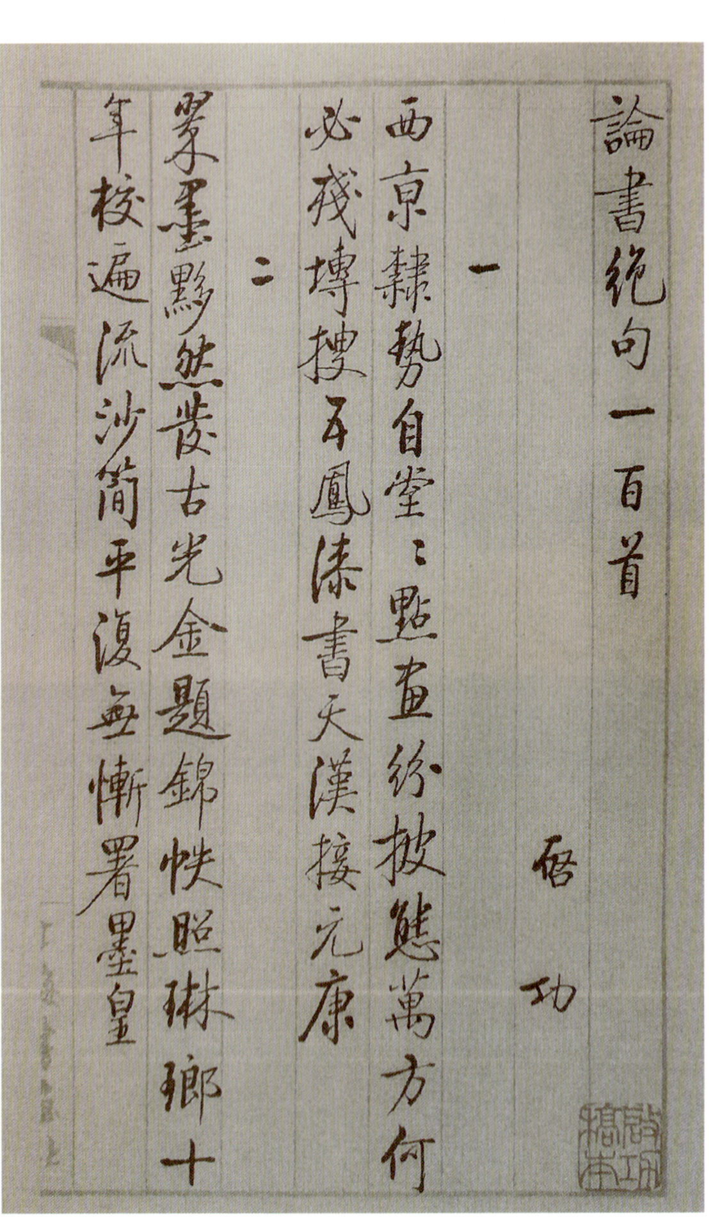

論書絕句一百首

啓功

一

西京隸勢自堂堂，點畫紛披態萬方。何必殘塼搜五鳳，漆書天漢接元康。

二

翠墨黟然發古光，金題錦帙照琳瑯。十年校遍流沙簡，平復無慚署墨皇。

《論書絶句一百首》手迹

安廣居跋謂停雲翻摹入石余以停雲初拓本校之刻手固有不及此本處然破鋒飛白多於此本絶非翻摹所能杜撰也近代杜陶閣帖所據乃一摹本今在徐氏石雪齋黄紙雙鉤無元人諸跋鉤摹頗精當出宋元名手安氏底本已入石渠寶笈存亡不可問矣甲申秋七月元白記

葉調生吹網錄記别本深慰帖云林藻深慰帖楓江袁氏五硯樓舊藏此石不知何人手鐫與前明文氏刻本毫髮無異印〻川少時曾見之石質類碧玉袁氏家落後歸於揚州江氏康山草堂江後負鹺課籍没石遂入官不知所在今搨本不可復得矣按葉氏所記豈即安家原石耶抑安文二家之外尚有刻本耶錄此俟考

僞星鳳樓帖中有深慰帖

五研樓本余得舊搨一冊有印〻川小印及徐子静藏印諦校〻与此非一石也

《跋博文堂影印安刻深慰帖》手迹

《葡萄》

目　録

晉人草書研究

——一九四二年在輔仁大學的講演

書契以來，字體屢變，漢許慎著《説文解字》，千古奉爲圭臬。顧自隸體一興，古制漸泯。草書更專主簡省急就，六書之義，不可驟尋。唐宋學者，有自矜謹重，不爲草書者；乾嘉老宿，甚且以篆體録文，其視草行，殆同旒贅。然許氏云："漢興有草書"，而士夫書牘，尤尚草體，號爲迫遽不及草書，蓋慎其筆法耳，固古人之所重也。研求文字沿革者，於漢隸之後，今隸以前，微草無徵，詎可等之雜藝乎？

漢有草書之説，前人多未盡信，以《閣帖》所收章帝張芝之書，皆出僞造。自西陲簡牘，重見人間，其有年號可考者，上至武帝太始，而"神爵"一簡，已是草書，祭酒之語，始信不誣。第草書於漢世，究屬草創，木簡之出土，多已斷闕，其由章草變之今草，體勢完具，當在晉世，故言草書者，必以晉人爲主。上窺炎漢，以溯淵源，下概李唐，以窮俗變，宋元工草體者，僅米趙數家，明人偏旁多杜撰，盡可存而不論矣。

晉人草書，自少數木簡外，端憑法帖，館本《十七帖》，傳稱唐刻，《澄心堂帖》，南唐所摹，世久無傳，明人以南宋《澄清堂帖》當之，其誤已不待言。《淳化閣帖》，雖編訂多舛，爲後世所訶，然大輅椎輪，其功未可盡没。其後《大觀》、《潭》、《絳》，孳乳益繁，朱明而後，叢帖尤盛，所收諸書，真僞混雜，頗有待於辨訂。地不愛寶，他日或將繼簡牘更有發見，居今而考晉人之書，仍必以法帖爲大宗。

《閣帖》編排未善，書人名氏混淆，屢經訂正，已成鐵案。而略檢通行彙刻草字之書，猶多收僞帖中字，其貽誤學人，殆非淺鮮。是以欲考鏡字體源流，必先確辨書人時代。與夫帖之真僞，後人題署，不足盡憑也。《閣帖》之誤，前人論之已詳，明清叢帖中，頗有古帖，標題亦常舛誤，觀者過信過疑，皆有其蔽，試舉二帖以例之。

《出師頌》書作章草，墨池堂《戲鴻堂》本，題曰索靖，《玉烟堂》本，題曰蕭子雲，《三希堂》本，有米友仁跋，定爲隋人。嘗合校之，明人所刻，“鼓無停響”，“鼓”皆作“敊”，文遂不通。《三希堂》本墨迹，今有影本行世，筆勢古厚而流美，決非嚮搨可得，因嘗懸斷明人所刻底本爲僞。後於友人家見一墨迹，爲陶齋舊藏者，有明初人及文彭十餘跋，備致推許。其誤處與明刻皆同，紙墨尚不及唐宋之古，雖不敢即指爲章董諸刻所據之本，而誤字既同，則章董諸本之非真，可斷言也。且王世貞曾收二本，是明代以前，此帖摹本非一，皆輾轉傳模，信筆題署，要以米跋本爲最古，至其是否隋人，固無的據。總之不題爲六朝以上人，米氏自有特識，苟僅依彙帖標題則以後作先，不亦傎乎。

《平復帖》，章草奇古，紙墨渝敝，字多剥落，宋徽宗瘦金標籤，題曰陸機。梁清標刻之《秋碧堂帖》，書家既鮮臨仿，而論書評帖者，亦罕及之。近年墨迹影本既出，世間始見廬山面目，而觀者以其字不可識，董其昌跋，又未能詳具原委，遂謂徽宗標題，漫無根據，時論紛然，競以骨董羹目之矣。余見其草法簡古，雖近木簡，以爲苟能尋繹文詞，或可稍得佐證。因澄懷諦玩，又復博詢八法名家之留意斯帖者，然後全文大略可讀。其中可商之字，尚約三分之一，而篇首八字，曰“彦先羸瘵，恐難平復”，則確無疑義。彦先爲顧榮字，榮與機、雲同入洛，號爲“三俊”，則此帖藉使非出世衡，亦其同時儕輩矣。徽宗標題古迹，固多臆斷，而於此帖，必有依據，惜乎舊跋盡軼，源流莫辨，所幸首行未泐，尚可資爲憑鑒耳。

帖之時代既明，然後究其體勢結構變遷之迹，庶不致混淆訛舛，後先倒置，而古人著筆，緩急從心，縑素時或凋殘，墨痕更易脱落。隋唐嚮搨，已不免失真，宋人上石，再經鈎摹，尤多乖誤，諸家釋文往往紛歧，察其所失，蓋有數端。

一、今草源出章草，章草實省隸爲之，如愛之爲愛，憂之爲憂，最與真書不合。而按之漢隸，則愛作愛，憂作憂，草書之源，昭昭可見。後人但據真書結體，以釋草書，宜乎其多未合矣。即如六朝及唐人草書，亦常據當時别體。如孫過庭《書譜》“互相陶染”，或釋陶染或釋陶淬，今傳古寫二體千文墨迹，舊題智永所書，染字真書作染，草書作染，可證《書譜》之非陶淬。敦煌所出唐人草書《法華玄贊》數卷，中有卷字，或釋函，或釋品，或釋卷，按卷字别體作弓，道藏中恒有其字，刻本《玄贊》，此處真書正作卷也。拈此二字，足當隅反。

二、董逌《廣川書跋》云：“得秘閣墨書，校其字畫，皆硬黄摹書，至有墨色湮落，或以重墨添暈，當著奉詔時，其所模搨，皆略仿其大體，而私以筆畫成之。”按，著指王著，奉詔謂刻《閣帖》也。《大觀》雖重取墨迹上石，較勝《淳化》，而仍不免舛誤者，當是底本如斯，無從校正耳。王獻之《地黄湯帖》，“謝生還可爾，進退不可解”，可爾二字之間，空隔甚遠，且爾字横筆上折，文義字形，兩覺未允。偶閲《右軍帖》，見屢言司州，因悟爾實東字，原迹失其首筆一横，其上是河字，非可字也。此或《廣川》所謂墨色湮落處，一筆之失，兩字俱誤。又王羲之《謝光禄帖》，“二[illegible]奄忽”，二下之字,舊釋爲朝,二字分明兩晝,而釋作一,所以遷就下文朝字,實當釋二郗也。此一字難識,而逕改上文,削足適履,此之謂耶。

三、閣本僞張芝《汝殊愁帖》,“處耳”處字,誤斷爲二,分居兩行,後人釋爲不可。《大觀》改正,處字始明。姚鼐謂《大觀》行款較《淳化》爲高,即以此處耳二字一行爲度,其説雖無實據,却具至理。

四、王洽《不孝禍深帖》,“備珎嬰荼毒”,備下一字,舊釋作豫,蓋由上文備字而臆測之,不知與下文不屬也。諦審《大觀》本,此字筆勢,與上下各字,迥不相侔。後見唐摹右軍《喪亂帖》墨迹,亦有此一字,在兩行之間。《喪亂帖》,前有僧權押字,乃悟此字爲珍,姚懷珍押字也,摹入正文,遂不可解。故余嘗謂處字爲截鶴,珍字爲續鳧,閣本摹勒之粗,可窺一斑。如望文生義,鮮有不誤者,然則考釋古帖,豈易事哉。

五、釋《閣帖》者,如施氏、劉氏、顧氏,互有短長。王澍《閣帖》考證,素稱允當,以今觀之,仍不免於穿鑿與固執,況草主簡易,點晝屈曲,往往因人而異。虚舟好執點晝參差,辨字異同,則賢者之失也。如羲之《初月帖》,末二字,或釋呈耳,或釋皇恐,王云皆非,當是皇恐皇恐,古人重文必加兩點,此恐字末筆稍拖,即指爲重文,則前舉張芝帖中耳字,末筆至長,可逕釋爲耳耳乎。羲之《黄柑帖》云:“奉黄柑二百。”王云是三百,上下各借一筆,按右軍有帖云,奉橘三百枚,虚舟中心横亘三百之數,不惜强柑就橘,寧非笑柄。

略舉大凡,已有五失,則草書一體,前賢考釋雖多,終有待於整理也。

彙輯草字之書,通行者,如《草韵辨體》、《草韵彙編》、《草字彙》等，皆輾轉模臨，筆意全失。所收諸字，不著出處，帖之真僞，更不暇擇。學者苟執之以習筆法，以考字體，其流弊所極，曷可勝言。《草訣歌》流俗所習，入人尤深。范文明《草訣辨疑》，朱宗文《草聖彙辨》，攻其謬誤，頗爲詳盡，宜若自此可廢。而今日朱書罕行，《草訣歌》依然傳誦焉。

近代上元李古餘先生濱，著《草説》十五卷，考草體之變遷，至爲精覈。惟所摹諸字，筆意仍未盡得真，間亦收僞帖中字，以其義主輔證其説，鈎摹精粗，固所不計。惜其書流傳未廣，《百草訣歌》復出章草本，風行一時，瓦釜雷鳴，誠堪怪嘆也。

今日印刷之術，進而益精，古帖善本，得一一寫影。先民墨迹，屢有掘獲，有志研考草書者，正宜統覈諸家之説，重加理董，剪取帖字，著其出處，以付影印，可免摹寫之失。疑者闕之，誤者正之，使草體沿革，秩然可按，示學者以準繩，亦不朽之盛事也。

余閲課卷，每見破體字，今人號爲簡字，又曰手頭字者，嘗戲謂簡字之義，在乎省簡，而以真書筆法寫之，點畫皆斷。如能草書，則簡體數筆之字，或竟一筆可成，且字字有本，無須現造，亦習懶之一道也，聞者莞然。

論書絶句一百首

引　言

此論書絶句一百首，前二十首爲二十餘歲時作；後八十首爲五十歲後陸續所作。初有簡注，僅代標題。詩皆信手所拈，幾同兒戲。朋友傳鈔，以爲談助，徒增愧怍耳。

數年前，香港《大公報》“藝林”副刊分期登載，注欲加詳，乃爲各注數百字。刊載既竣，復蒙商務印書館香港分館合印成册，是可感也。

其中所論，有重複，有矛盾，亦有忍俊不禁而雜以嘲嬉者。或以此病相告，乃自解嘲曰：重複者，爲表叮嚀，所以顯其重要性也；矛盾者，以示周全，所以避免片面性也；嘲嬉者，爲破岑寂，所以增其趣味性也。强詞奪理，其爲有痂嗜之讀者所見諒乎？

今逢再版，因略加修訂，附此小言。平生師友暨敬愛之讀者，幸垂明教！

一九八五年歲暮，啓功自識於北京師範大學宿舍之浮光掠影樓，時年周七十有三。

一

西京隸勢自堂堂，點畫紛披態萬方。
何必殘磚搜五鳳，漆書天漢接元康。

漢晉簡牘。

此首作於一九三五年，其時居延簡牘雖已出土，但爲人壟斷，世莫得見。此據《流沙墜簡》及《漢晉西陲木簡匯編》立論。二書所載，有年號者，上自天漢，下迄元康。

漢簡北宋出土者，早已無存，僅於彙帖中尚存其文，已經轉相臨寫，非復原來面目。明清人所見漢代字迹，莫非碑刻。且傳世漢碑，多東漢人作，偶見西漢石刻，或相矜詫，或疑爲僞物。五鳳古刻，或石或磚，偶有流傳，稀同星鳳焉。

今距此詩作時又四十餘年，戰國秦漢竹帛之遺，紛至沓來，使人目不暇給，生今識古，厚福無涯，豈止書學一道，隸書一體而已哉！

二

翠墨黟然發古光，金題錦帙照琳瑯。
十年校遍流沙簡，平復無慚署墨皇。

陸機平復帖。張丑云："墨有緑色。"

帖文云："彦先羸瘵，恐難平復。往屬初病，慮不止此，此已爲慶,承使唯男,幸爲復失前憂耳。吴子楊往初來主,吾不能盡,臨西復來,威儀詳跱,舉動成觀,自軀體之美也。思識□愛(或釋量)之邁前,執(勢)所恒有,宜□稱之。夏伯榮寇亂之際,聞問不悉。”

彦先爲賀循字,循多病,見於《晉書》本傳。或謂彦先卒於陸士衡之後,則此非賀氏。然“恐難平復”,只是疑詞,非謂即死也。此帖當書於陸氏入洛之前,所謂“臨西復來”,殆吴子楊將往荆襄一帶,行前作別耳。

此帖自宋以來,流傳有緒。傳世晉人手札,無一原迹,二王諸帖,求其確出唐摹者,已爲上乘。此麻紙上用秃筆作書,字近章草,與漢晉木簡中草書極相似,是晉人真迹毫無可疑者。帖中字有殘損處,釋文有據偏旁推斷者。

三

大地將沉萬國魚,昭陵玉匣劫灰餘。
先塋松柏俱零落,腸斷羲之喪亂書。

王羲之喪亂帖。

帖首云:“喪亂之極,先墓再離荼毒。”此首作時,當抗戰之際,神州淪陷,故有此語。離同罹。

唐摹王帖,本本源源,有根有據者,首推萬歲通天帖,其次則日本所傳喪亂帖及孔侍中帖。此時萬歲通天帖硬黄原卷尚未發現,故只論及此帖。

喪亂帖傳入日本，遠在唐代，當是留學僧、遣唐使所攜歸者。卷中有“延曆敇定”印記，可證其摹時必在公元八世紀以前。此帖與孔侍中帖在當時或屬一卷，後爲人所割分，以其摹法相類也。

喪亂帖筆法跌宕，氣勢雄奇。出入頓挫，鋒棱俱在，可以窺知當時所用筆毫之健。閣帖傳摹諸帖中，有與此帖體勢相近者，而用筆觚棱轉折，則一概泯没。昔人謂，不見唐摹，不足以言知書，信然。

四

底從駿骨辨媸妍，定武椎輪且不傳。
賴有唐摹存血脈，神龍小印白麻箋。

王羲之等若干人在會稽山陰蘭亭水邊修禊賦詩事，早有文獻記載，蘭亭序帖，乃當日諸人賦詩卷前之序。流傳至唐太宗時，命搨書人分别鈎摹，成爲副本。摹手有工有拙，且有直接鈎摹或間接鈎摹之不同，因而藝術效果往往懸殊。今日故宫博物院所藏有神龍半印之本，清代題爲馮承素摹本，筆法轉折，最見神采。且於原迹墨色濃淡不同處，亦忠實摹出，在今日所存種種蘭亭摹本中，應推最善之本。

鈎摹嚮搨，精細費工，在唐代已屬難得之珍品，至宋代更不易得。於是有人摹以刻石，其石在定武軍州，遂稱爲定武本,北宋人以其易得,於是求購收藏,遂成名帖。實則只存梗概,無復神采。試與唐摹並觀,如棋着之判死活,優劣立見矣。至清代李文田習見碑版字體刻法,而疑褉序,不過見槖駝謂馬腫背耳。

五

風流江左有同音,折簡書懷語倍深。
一自樓蘭神物見,人間不復重來禽。

樓蘭出土晉人殘箋云:"□(無)緣展懷,所以爲嘆也。"筆法絶似館本十七帖。樓蘭出土殘紙甚多,其字迹體勢,雖互有異同,然其筆意生動,風格高古,絶非後世木刻石刻所能表現,即唐人嚮搨,亦尚有難及處。

如殘紙中展懷一行,下筆處即如刀斬斧齊,而轉折處又綿亘自然,乃知當時人作書,並無許多造作氣,只是以當時工具,作當時字體。時代變遷,遂覺古不可攀耳。

張勺圃丈舊藏館本十七帖,後有張正蒙跋,曾影印行世,原本今藏上海圖書館,有新印本,其本爲宋人木板所刻,鋒鋩略秃,見此樓蘭真迹,始知右軍面目在紙上而不在木上。譬如畫像中雖鬚眉畢具,而謦欬不聞,轉不如從其弟兄以想見其音容笑貌也。

六

蝯翁睥睨慎翁狂，黑女文公費品量。
翰墨有緣吾自幸，居然妙迹見高昌。

六朝碑誌筆法，可於高昌墓磚墨迹中探索之。

何紹基蝯叟得魏張黑女墓誌孤本，甚自矜重，一再臨寫。包世臣慎伯撰《藝舟雙楫》，推挹北碑，以鄭文公碑爲極則。張黑女誌累經影印，鄭文公碑世尤習見，學人臨寫，俱難措手。即以蝯叟功力之深，所見臨黑女誌雖異常肖似，顧自運之迹，竟無復黑女面目，亦足見其難學矣。慎翁楷法之精者，學王彦超重刻廟堂碑，略放則擬鄭文公碑。惟見其每筆蜷曲，不見碑字敦重開張之勢，故何氏於黑女誌跋中譏包氏未能横平竪直，蓋由於此。

高昌墓誌出土以後，屢見奇品。其結體、點畫，無不與北碑相通。且多屬墨迹，無刊鑿之失，視爲書丹未刻之北碑，殆無不可，惜包何諸公之不獲見也。

七

硯臼磨穿筆作堆，千文真面海東回。
分明流水空山境，無數林花爛漫開。

智永寫千字文八百本,分施浙東諸寺,事見唐何延之蘭亭記。千數百年,傳本已如星鳳。世傳號爲智永書者並石刻本合計之,約有五本:大觀中長安薛氏摹刻本,一也;南宋群玉堂帖刻殘本四十二行,自“囊箱”起至“乎也”止,二也;清代顧氏過雲樓帖刻殘本,自“龍師”起至“乎也”止,此卷爲明董其昌舊藏,戲鴻堂帖曾刻其局部。近獲見原卷,黄竹紙上所書,筆法稚弱,殆元人所臨,三也;寶墨軒刻本,亦殊稚弱,四也;日本所藏墨迹本,五也。

此五本中,以一、二、五爲有據,長安本摹刻不精,累搨更爲失真。群玉本與墨迹本體態筆意無不吻合,惜其殘失既多,且究屬摹刻。惟墨迹本焕然神明,一塵不隔。非獨智永面目於斯可睹,即以研求六朝隋唐書藝遞嬗之跡,眼目不受棗石遮障者,捨此又將奚求乎?

八

爛漫生疏兩未妨,神全原不在矜莊。
龍跳虎卧温泉帖,妙有三分不妥當。(當字平讀)

唐太宗書碑有二,曾自以二碑搨本賜外國使臣,其得意可知。温泉銘早佚,晉祠銘尚存,但歷代捶搨,已頽唐無復神采。真絳帖中摹刻温泉銘銘詞一段,標題曰秀嶽銘,蓋據首句“巖巖秀嶽”爲題,并不知其爲温泉銘。是潘師旦所見,已是殘本。此真絳帖今存者已稀,清代南海吴榮光舊藏者,現在北京故宫博物院。吴氏曾摹入筠清館帖，距絳帖又隔一塵矣。

敦煌本温泉銘最前數行亦殘失，幸以下無損。米芾“莊若對越，俊如跳擲”之喻，正可借喻。

書法至唐，可謂瓜熟蒂落，六朝蜕變，至此完成。不但書藝之美，即摹刻之工，亦非六朝所及。此碑中點畫，細處入於毫芒，肥處彌見濃鬱，展觀之際，但覺一方黑漆版上用白粉書寫而水迹未乾也。

其字結體每有不妥處，譬如文用僻字，詩押險韵，不衫不履，轉見豐采焉。

九

宋元嚮搨汝南志，棗石翻身孔廟堂。
曾向蒙莊聞儻論，古人已與不傳亡。

虞世南汝南公主墓誌，彙帖中曾見之，近代流傳一墨迹本，曾經影印。其原迹今藏上海博物館，一九七二年聞館中專家談，實屬宋人摹本，余私幸昔年從影印本中判斷未謬。然其摹法具在，即影印本中亦能辨出，不必待目驗紙質焉。

虞書以廟堂碑爲最煊赫，原石久亡，所見以陝本爲多。然摹手於虞書，知其當然，不知其所以然，與唐石殘本相較，其失真立見。城武摹刻本，不知出誰手，以校唐石，實爲近似，昔其石面捶磨過甚，間架僅存，而筆劃過細，形同枯骨矣。

唐石本廟堂碑，影印流傳甚廣，惜是原石與重刻拼配之本。然觀《黄山谷題跋》，已多記拼配之本，知唐刻原石北宋時必已斷缺矣。

積時帖昔藏石渠寶笈，幾經浩劫，不知尚在人間否？

十

書樓片石萬千題，物論悠悠總未齊。
照眼殘編來隴右，九原何處起覃溪。

見敦煌本化度寺邕禪師塔銘，乃知翁方綱平生考證，以爲范氏書樓真本者，皆翻刻也。覃溪所見化度寺塔銘多矣，其所題跋考訂，視爲原石者數本，近代皆有影印本。

若潘寧跋本爲覃溪自藏，題識尤多，蠅頭細字，盈千累萬。世行影印覃溪手自鈎摹之本，後附諸跋，皆潘跋本中之物，爲梁章鉅抽出，附於鈎摹本後者。合而觀之，覃溪蓋認定某一種翻刻本爲真，即真龍在前，亦不相識也。

明王偁舊藏本有其鈐印，詒晉齋曾收之。覃溪細楷詳跋，以爲宋翻宋搨。及以敦煌本較之，知爲原石，今藏上海圖書館。想見當日經覃溪鑒定，判爲翻刻，因而遂遭棄擲之真本，又不知凡幾。庸醫殺人，世所易見，名醫殺人，人所難知，而病者之遊魂滔滔不返矣。

十　一

乳臭紛紛執筆初，幾人霧霽識匡廬。
棗魂石魄纔經眼，已薄經生是俗書。

唐人細楷，藝有高下，其高者無論矣，即亂頭粗服之迹，亦自有其風度，非後人摹擬所易幾及者。

唐人楷書高手寫本，莫不結體精嚴，點畫飛動，有血有肉，轉側照人。校以著名唐碑，虞、歐、褚、薛，乃至王知敬、敬客諸名家，並無遜色，所不及者官耳。官位逾高，則書名逾大，又不止書學一藝爲然也。

余嘗以寫經精品中字攝影放大，與唐碑比觀，筆毫使轉，墨痕濃淡，一一可按。碑經刻搨，鋒穎無存。即或宋搨善本，點畫一色皆白，亦無從見其濃淡處，此事理之彰彰易曉者。

宋刻彙帖，如黄庭經、樂毅論、畫像贊、遺教經等等，點畫俱在模糊影響之間，今以出土魏晉簡牘字體證之，無一相合者，而世猶斤斤於某肥本，某瘦本，某越州，某秘閣。不知其同歸棗石糟粕也。

十　二

筆姿京下盡清妍，躡晉踪唐傲宋賢。
一念雲泥判德藝，遂教坡谷以人傳。

蔡京、蔡卞。

北宋書風，蔡襄、歐陽修、劉敞諸家爲一宗，有繼承而無發展。蘇、黄爲一宗，不肯受舊格牢籠，大出新意而不違古法。二蔡、米芾爲一宗，體勢在開張中有聚散，用筆在遒勁中見姿媚。以法備態足言，此一宗在宋人中實稱巨擘。

昔人評藝，好標榜“四家”，詩則王楊盧駱，文則韓柳歐曾，畫則黄王倪吴，書則蘇黄米蔡。此拼湊之宋四書家，不知作俑何人，其説本自俗不可醫。顧就事論事，所謂宋四家中之蔡，其爲京、卞無可疑，而世人以京、卞人奸，遂以蔡襄代之，此人之俗，殆尤甚於始拼四家者。“德成而上，藝成而下”，見小戴《禮記》。

古之所謂德成者，率以其官高耳。此詩余少作也，當時尚不悟拼湊、調换之可笑。“一念雲泥”云云，未能免腐。

十　三

臣書刷字墨淋漓，舒卷烟雲勢最奇。
更有神通知不盡，蜀縑游戲到烏絲。

米芾。

宋徽宗以當時各書人問米芾，芾歷加評騭。問以“卿書如何”？對曰“臣書刷字”。觀此刷之一字，其筆法意趣，不難領略。且不僅可以想像其筆盡其力，而墨在毫中，擠於紙上，濃淡重輕，亦依稀若見。襄陽漫仕不獨書藝之精，即此語妙，固不在六朝人下矣。

寶晉齋帖刻米臨右軍七帖，後有米友仁跋云："此字有雲烟卷舒翔動之氣，非善雙鈎者所能得其妙，精刻石者所能形容其一二也。"右軍原帖，亦刻於寶晉齋帖中，比而觀之，知小米之言不虚也。

昔東坡稱米氏"清雄絶俗之文，超妙入神之字"，米起而自辨云："尚有知不盡處"，遂自誇學道所得。顛語、戲語，自不待深究，其書之妙，則誠有知不能盡而言不能盡者也。

十　四

草寫千文正寫經，温夫逸老各專城。
宋賢一例標新尚，此是先唐舊典型。

王升、張即之。

升亦作昇，字逸老，號羔羊老人。行書似米元章，草書圓潤似懷素，而穠粹過之。流傳千文一卷，曾刻於南雪齋帖及岳雪樓帖，原迹今已不知存佚如何矣。

即之字温夫，號樗寮。楷書筆法險勁，結體精嚴，猶存唐人遺矩。流傳寫經甚多，今有影印者已數本。亦擅書大字，每行兩字之長卷，亦有數本。載籍並稱其榜書，則已無存矣。

逸老書駸駸入古，世之贋作古法書者，每以其書割截款字以冒唐賢。如餘清齋帖之孫過庭千文，墨妙軒帖之孫過庭千文，俱是逸老之筆。餘清底本，疑出通卷重摹，後加孫款。

墨妙底本則割去王款,添“過庭”二字,不知其王升之印章猶在焉。

十 五

樸質一濡成側媚,吴興贋迹日紛淪。
明珠美玉千金價,自有流光悦婦人。

趙孟頫。

真書行書,貴在點畫圓潤,結構安詳。自此深造,進而益工益精,蓋無不至於妍美者。韓昌黎石鼓歌云:“羲之俗書趁姿媚”,乃針對石鼓文而言,以篆籀爲雅,故作真行者,雖王羲之亦不免俗書之誚。實則篆籀又何嘗無姿媚之致哉!孫過庭《書譜》云:“篆尚婉而通”,試問婉通之境界,又何似乎?米元章謂柳公權書爲“丑怪惡札之祖”,然而《唐書》柳氏本傳則謂其“體勢勁媚”,可知姿媚、丑怪,與夫雅俗,亦各隨仁智之見耳。

趙書真迹,今日所見甚多,然在有清中葉,精品多入内府,世人可見者,率屬翻刻舊帖,其中尤多僞帖。若陝西碑林之天冠山詩,用筆偏側,結體欹斜,而通行海内,摹之者,流弊日滋。即此澆漓僞體,當時亦曾有學之得名者,致包慎伯、康長素共斥趙書,蓋未嘗一見真迹也。

今日傳世之真書碑版,如膽巴碑、三門記、福神觀記、妙嚴寺記等,無一不精嚴厚重,其他簡札,更不及具陳矣。此詩少作也,故有微詞可悔。

十　六

丹丘復古不乖時，波磔翩翩似竹枝。
想見承平文物盛，奎章閣下寫宫詞。

柯九思。

元代名家之書，無不習染趙松雪法。乃至書籍刻版，亦莫非趙體。最精最似者，當推朱德潤澤民，雖趙雍仲穆，亦未能十分克肖，又足見趙法之易學而難工也。柯丹丘掉臂於趙派盛行之際，而能自闢蹊徑，以大小歐陽爲師，所謂同能不如獨詣者。

丹丘善畫竹，昔吾宗老雪齋翁嘗謂柯書之筆，俱似其所畫竹枝，信屬妙喻。蓋腕力筆踪，於書於畫，其用一也。歷觀元之吴仲圭，明之沈石田，清之龔半千、惲壽平、黄癭瓢，無論山石輪廓，樹木枝幹，即人物之衣紋鬚髮，亦莫不與畫上題字同節共拍，此書家之畫、畫家之書，俱易辨而難贋者也。

丹丘書傳世不多，所見以獨孤本蘭亭跋尾最佳，惜已燒殘。小真書上京宫詞，曾見摹本一卷，後得真迹影本，惜原卷不知何在矣。

十　七

疏越朱弦久寂寥，陵夷八法亦煩囂。
論書寧下迂翁拜，古淡風姿近六朝。

倪瓚。

倪瓚以迂自號,世傳軼事,怪癖尤多。揚子雲謂:詩,心聲;書,心畫。觀其字迹,精警權奇,有阮嗣宗白眼向人之意,蓋於世俗書派有夷然不屑一顧之態。按之唐宋法書,亦未見如斯格局者。或謂出自楊義和黄素黄庭經,然今日可見之黄素黄庭,惟玉虹鑒真帖中一本,支離細弱,非復六朝風度,殆出幾度重摹矣。更較以西陲出土六朝寫經,皆古拙有餘,而精嚴不足。於是益見迂翁之書,非獨傲睨並世群倫,亦且能度越古之作手焉。

倪書常見者,皆題畫之作,世傳詩稿殘本,彙帖曾刻,亦有影本,潦草不精,或出抄胥之手,惟吴炳本定武蘭亭後題詩一首,於世傳倪書中,端推上乘。前之陶隱居,後之董香光,俱不復作,書此公案,且待具眼。

十　八

萬古江河有正傳,無端毁譽别天淵。
史家自具陽秋筆,逕説香光學米顛。

董其昌。

余於董書,識解凡數變:初見之,覺其平凡無奇,有易視輕視之感。廿餘歲學唐碑,苦不解筆鋒出入之法。學趙學米,漸解筆之情、墨之趣。回顧董書,始知其甘苦。蓋曾經熏習於諸家之長,而出之自然,不作畸輕畸重之態。再習草書，臨閣帖，益知董於閣帖功力之深，不在邢子願、王覺斯之下也。

董氏早歲曾學石刻小楷如宣示表、黄庭經之類，繼見唐人墨迹，始悟筆法墨法之道，屢見於論書及題跋之語。余遂求敦煌石室唐人諸迹而臨習玩味，書學有所進，端由於此。

世人於董書，或譽或毀，莫非自其外貌著論，而董之由晉唐規格以至放筆揮灑，其途蓋啓自襄陽，乃信《明史》本傳中“書學米芾”之説，最爲得髓。

十　九

刻舟求劍翁北平，我所不解劉諸城。
差喜天真鐵梅叟，肯將淡宕易縱横。

翁方綱、劉墉、鐵保。

有清書家，有“成劉翁鐵”之目。成王爵高，學問又足以濟之。試讀《詒晉齋集》，可知非率爾操觚者，謂其爲爵所掩，亦無不可也。兹故不論。

翁方綱一生固守化度寺碑，字模劃擬，幾同嚮搨。觀其遺迹，惟楷書之小者爲可喜，以其每字有化度之墻壁可依。至於行書，甚至有類世俗抄胥之體者，謂之歐法，則與史事等帖毫無關涉。謂之自運，又每見其模擬一二古帖中字之相同者，吾故曰：翁之楷書，可謂刻舟求劍；翁之行書，則可謂進退失據者也。劉墉書只是其父之法，未見劉統勛書，不能知其底藴。又自飾之以矯揉偃蹇，竟成莫名其妙之書，此我之所以不解也。

楝鄂鐵氏處於乾嘉之際，法書墨迹，俱歸内府，取材無所。任筆爲書，不失天真之趣，爲可尚也。

二　十

横掃千軍筆一枝，藝舟雙楫妙文辭。
無錢口數他家寶，得失安吴果自知。

包世臣。以上二十首，一九三五年作。

包安吴文筆跌宕，雖籍安徽，而不爲桐城所囿，可謂豪杰之能自立者。

其論書之語，權奇可喜，以爲文料觀，實屬斑斕有致，如漢人之賦京都，讀者固不必按賦以繪長安宛洛之圖也。何以言之？試觀安吴自書，小楷以所跋陜刻廟堂碑一段爲最，只是王彦超重刻虞碑之態，於明人略近祝允明、王寵，於北朝人書無涉。其大字則意在鄭道昭所書其父文靈公碑，而每劃曲折，有痕有迹，總歸之於不化。今取北朝人書迹比觀之，實未有安吴之體者。地不愛寶，墨迹日出，於是安吴之文詞逾其見瀾翻，而去書藝逾遠也。

曾有自書論書絶句一本，款署“北平尊兄”，未知何人，有影印本，詩後跋語有云：“身無半文錢，口數他家寶。”

安吴晚歲寓揚州，以其好爲大言，人稱之曰包大話。此聞於吾友醫家耿鑒庭先生者。耿揚州人也。

二十一

禮器方嚴體勢堅，史晨端勁有餘妍。
不祧漢隸宗風在，鳥翼雙飛未可偏。

禮器碑、史晨碑。

漢隸之傳世者多矣。荒山野塚，斷碣殘碑，未嘗不發懷古者之幽情，想前賢之筆妙。乃至陶冶者之劃墼，葬刑徒者之刻字，樸質自然，亦有古趣。然如小兒圖畫，雖具天真，終不能與陸探微、吴道子並論也。

以書藝言，仍宜就碑版求之。蓋樹石表功，意在壽世，選工掄材，必擇其善者。碑刻之中，摩崖常爲地勢及石質所限，縱有佳書，每乏精刻，如褒斜諸石是也。磐石如砥，厝刃如絲，字迹精能，珍護不替，莫如孔林碑石。歷世氈捶，有漸平而無劇損焉。

漢隸風格，如萬花飛舞，絢麗難名。核其大端，竊以禮器、史晨爲大宗。證以出土竹木簡牘，筆情墨趣，固非碑刻所能傳，而體勢之至精者，如春君諸簡，並不出此之外，緬彼諸碑書丹未刻時，不禁令人有天際真人之想！

二十二

筆鋒無恙字如新，體態端嚴近史晨。
雖是斷碑猶可寶，朝侯小子爾何人。

朝侯小子殘碑。

碑石上半殘失，首行起處曰“朝侯小子”云云，不見碑主姓名，世遂以朝侯小子名之，或曰小子碑。

其石舊藏周季木先生家，曾印入《居貞草堂漢晉石影》中。顧鼎梅先生亦曾輯入《古刻萃珍》。近年石歸故宫博物院，不輕易捶搨，墨本不易得矣。

此碑點畫工整妍美，極近史晨一路，在漢碑中，應屬精工之品。昔鄭季宣、楊叔恭諸殘碑，以出土時早，曾經乾嘉名輩品題，遂得煊赫於世，而小子碑字迹、鎸工，俱無遜於鄭楊諸碑，而名不加著者，出土年近而品題者少耳。不佞嘗爲友人題此碑，戲云：即爲此碑吐氣，我輩亦須各自奮勉。假令吾二人得爲翁覃溪、黄小松，則小子碑亦可儕於鄭楊諸石。假令得爲歐趙諸洪，則此搨本可值重金，其斤兩將逾碑石矣。

二十三

石言張景造郡屋，刊刻精工筆法足。
勸君莫買千金碑，劉熊模糊史晨秃。

張景殘碑。

此石近年出土，殘損無多，文辭可讀。乃景出資爲郡中造覆蓋迎春土牛之屋，世或稱之爲張景造土牛碑，蓋未諦審也。

此碑體勢嚴整中不失姿媚之趣。且石初出土，字口完好。惟石質似遜於小子殘碑，更搨數年，則未卜其豐采如何矣。

此類隸書，在漢碑中，本非稀見，惟古碑傳世既久，氈捶往復，遂致鋒穎全頽，了無風韵。世傳秦魯名碑，動稱宋搨明搨，果出何年，了無確證。争得半劃數點未泐，其價每過連城，究其初發於硎時，筆痕刃口，當屬何狀，則莫之或知也。吾每與友人品評漢碑，寧取晚出零璣，不珍流傳拱璧。故於小子、張景諸殘石精搨，什襲把玩，常與西陲簡牘同觀，職此故耳。

二十四

北朝重造夏承碑，高肅唐邕故等夷。
漢隸繽紛無此體，筆今貌古太支離。

夏承碑疑北齊重立，如北宋之重立吊比干碑也。

漢碑隸體，千妍萬態，總其歸趨，莫不出於自然。頓挫有畸輕畸重，點畫亦或短或長，俱以字勢爲準。遍觀西京東京諸石刻，再印證竹木簡牘，無一故作矯揉者。且漢隸既變篆籀,自以簡易爲主。所謂“馬頭人爲長,人持十爲斗”,論文字源流者,以之爲俗;當世施用者,以之爲便。歷觀諸碑,除碑額外,隸書之碑文中,絶不攙一篆體。

攙雜篆隸之體而混於一碑中,此風實自魏末齊周開始,至隋而未息。今傳夏承碑,字之結構雜用篆法,筆劃又矯揉頓挫,轉近唐隸之俗者,其整體氣息,絶似蘭陵王高肅碑、唐邕寫經記一派。古碑重寫重刻,歷代不乏其例,吾故疑此碑爲北朝重立者。

二十五

軍閥相稱你是賊,誰爲曹劉辨白黑。
八分至此漸澆瀉,披閱經年無所得。

曹真殘碑。

此碑文中有“蜀賊諸葛亮”之語,初出土時,爲人鑿去“賊”字,故有賊字者,號蜀賊本,無賊字者,號諸葛亮本。繼而諸葛亮三字又爲人鑿去。世雖以蜀賊字全者相矜尚,然實未嘗一見也。有其字者,多出移補,或翻刻者。

桀犬吠堯,堯之犬亦吠桀也。犬之性,非獨吠人,且亦吠犬,惟生而爲桀之犬,則犬之不幸耳。人能無愧其爲人,又何慚於犬之一吠哉!明乎此,知鑿者近於迂而寶者近於愚矣。

漢隸至魏晉已非日用之體,於是作隸體者,必誇張其特點，以明其不同於當時之體，而矯揉造作之習生焉。魏晉之隸，故求其方，唐之隸，故求其圓，總歸失於自然也。

此類隸體，魏曹真碑外，尚有王基殘碑，實則尊號、受禪、孔羡諸石莫不如此。晉則闢雍碑，煌煌巨制，視魏隸又下之，觀之如嚼蔗滓，後世未見一人臨學，豈無故哉！

二十六

清頌碑流異代芳，真書天骨最開張。
小人何處通温凊，一字千金淚數行。

張猛龍碑，“冬温夏凊”字未泐者，傳爲明搨。

真書至六朝，體勢始定。羲獻之後，南如貝義淵，北如朱義章、王遠，偶於石刻見其姓名。其他巨匠，淹没無聞者，不知凡幾，蓋當時風尚，例不書名也。張猛龍碑在北朝諸碑中，允爲冠冕。龍門諸記，豪氣有餘，而未免於粗獷逼人；芒山諸誌，精美不乏，而未免於千篇一律。惟此碑骨格權奇，富於變化，今之形，古之韵，備於其間，非他刻所能比擬。

温凊凊字，碑書作清，與智永千文同，知南北朝時尚不作，只是寫清讀靖耳。經書傳寫，偶有異文，後儒墨守，竟同鐵案焉。

功獲此碑舊搨本，温凊未泐。小子早失嚴怙，近遘慈艱，碑文不泐，若助風木之長號也。

二十七

數行古刻有餘師,焦尾奇音續色絲。
始識彝齋心獨苦,蘭亭出水補粘時。

余藏本尾有殘損,曾以嚮搨法補全之。

其本淡墨精搨,毫芒可見。世傳重墨濕墨本,模糊一片,即使損字俱存,亦何有於書法之妙哉!

此搨之尾,不知何時何故,失去數行。有善工以具字本補之,搨墨風神,毫無二致。但多殘損點劃數處,因假友人所藏明搨本鈎摹敷墨,以補其缺。出示觀者,每不能辨。指示余所鈐印處,始啞然而笑。余頗自詡,今後雖有同時舊搨善本,亦不以此易彼焉。譬如趙子固得定武蘭亭,舟覆落水,登岸烘焙,此後其本轉以落水得名。余之決眦鈎摹又數倍於烘焙之力矣。

二十八

世人那得知其故,墨水池頭日幾臨。
可望難追仙迹遠,長松萬仞石千尋。

“積石千尋,長松萬仞”,碑中語也。

余於書,初學歐碑、顔碑,不解其下筆處,更無論使轉也。繼見趙書墨迹,逐其點畫,不能貫串篇章,乃學董,又學米,行聯勢貫矣，單提一字，竟不成形。且骨力疲軟，無以自振。重閱張猛龍碑，乃大有領略焉。

北朝碑率鎸刻粗略，遠遜唐碑。其不能詳傳毫鋒轉折之態處，反成其古樸生辣之致。此正北朝書人、石人意料所不及者。張猛龍碑於北碑中，較龍門造像，自屬工致，但視刁遵、敬顯儁等，又略見刀痕。惟其於書丹筆迹在有合有離之間，適得生熟甜辣味外之味，此所以可望而難追也。

昔包慎伯遍評北碑，以爲張猛龍碑最難摹擬，而未言其所以難擬之故。自後學言之，職此之故而已。

二十九

江表巍然真逸銘，迢迢魯郡得同聲。
浮天鶴響禽魚樂，大化無方四海行。

張猛龍碑書勢與瘞鶴銘同調，文有“禽魚自安”及“鶴響難留”之句。

梁刻瘞鶴銘在鎮江焦山，魏刻張猛龍碑在山東曲阜，書碑時正兩政治集團對峙，“島夷”、“索虜”，訐詈不休之時，而書風文筆，並未以長江天塹有所隔閡。乃知中華文化，容或有地區小異，終不影響神州之大同也。

自搨本觀之，瘞鶴銘水激沙礱，鋒穎全禿，與張猛龍碑之點畫方嚴，一若絶無似處者。自書體結構觀之，兩刻相重之字若鶴字、禽字、浮字、天字等等，即或偏旁微有別構，而體勢毫無差異。乃知南北書派，即使有所不同，固非有鴻溝之判者。今敦煌出現六朝寫經墨迹，南北經生遺迹不少，並未見涇渭之分，乃知阮元作“南北書派論”，多見其辭費耳。

三　十

銘石莊嚴簡札遒，方圓水乳費探求。
蕭梁元魏先河在，結穴遥歸大小歐。

六朝書派，至大小歐陽，始臻融會貫通。端重之書，如碑版、誌銘，固無論矣。即門額、楹聯、手板、名刺，罔不以楷正爲宜。蓋使觀者望之而知其字、明其義，以收昭告之效耳。擴而言之，如有人於門前貼零丁，曰“閑人免進”，而以甲骨金文或章草今草書之，勢必各加釋文，始能真收閑人免進之效。簡札即書札簡帖，只需授受兩方相喻即可，甚至套格密碼，惟恐第三人得知者亦有之，故無貴其莊嚴端重也。此碑版簡札書體之所以異趨，亦“碑學”“帖學”之説所以誤起耳。

碑與帖，譬如茶與酒。同一人也，既可飲茶，亦可飲酒。偏嗜兼能，無損於人之品格，何勞評者爲之軒輊乎？

唐太宗以行書入碑，蓋以帝王之尊，不盡顧及路人之識與不識。武則天以草書入碑，其碑乃以媚其面首者。燕昵之私，中冓之丑，何所不至？彼不顧路人之全不能識，而路人亦正掩目而走，又何須責以金石體例乎！

三十一

出墨無端又入楊，前摹松雪後香光。
如今只愛張神冏，一劑强心健骨方。

右六首皆題張猛龍碑。

碑主張君名猛龍，字神囧，此囧字聚訟最多，實則囧字即囮、冏之别構耳。郭宗昌《金石史》釋爲字，又注其音爲勿骨切，固風馬牛不相及也。

其後碑石微剥，晚搨本字又似圓，於是又有釋囦者，蓋以古淵字附會也。

余所獲明精搨本，其字固分明爲“口”中“只”字，繼見魏齊郡王妃常季繁墓誌中此字作囮，其爲冏之别構，益足信而不疑。蓋囧有圍義，人居之圍墻，馬牛之圈囿，義皆可通，故古太僕官職司養馬，乃有囧卿之號。而龍喻神駒，豢龍必以神囧，此張君名字相應之所取義，固彰明較著者焉。近代顧燮光先生著《夢碧簃石言》，於張猛龍碑條之注中曾詳舉異説，折衷定爲冏字，是鄙説之所本也。

三十二

題記龍門字勢雄，就中尤屬始平公。
學書别有觀碑法，透過刀鋒看筆鋒。

龍門造像題記數百種，拔其尤者，必以始平公爲最，次則牛橛，再次則楊大眼。其餘等諸自鄶。

始平公記，論者每詫其爲陽刻，以書論，固不以陰陽刻爲上下床之分焉。可貴處，在字勢疏密，點畫欹正，乃至接搭關節，俱不失其序。觀者目中，如能泯其鋒棱，不爲刀痕所眩，則陽刻可作白紙墨書觀，而陰刻可作黑紙粉書觀也。

此説也，猶有未盡，人苟未嘗目驗六朝墨迹，但令其看方成圓，依然不能領略其使轉之故。譬如禪家修白骨觀，謂存想人身，血肉都盡，惟餘白骨。必其人曾見骷髏，始克成想。如人未曾一見六朝墨迹，非但不能作透過一層觀，且將不信字上有刀痕也。

余非謂石刻必不可臨，惟心目能辨刀與毫者，始足以言臨刻本，否則見口技演員學百禽之語，遂謂其人之語言本來如此，不亦堪發大噱乎！

三十三

王帖惟余伯遠真，非摹是寫最精神。
臨窗映日分明見，轉折毫芒墨若新。

今存之晉人帖，世上流傳而非由出土者，只有二紙。一爲平復帖，一爲伯遠帖，其餘莫非輾轉鈎摹，其能確出唐人之手者，已不啻祥麟威鳳矣。伯遠原居三希之末，而快雪唐搨，中秋米臨，今日已成定讞。論者於伯遠猶在即離之間。

余嘗於日光之下，映而觀之，其墨色濃淡，純出自然。一筆中自具濃淡處無論已，即後筆過搭前筆處，筆順天成，毫鋒重叠，了無遲疑鈍滯之機。使童稚經眼，亦可見其出於揮寫者焉。

惟其紙少麻筋，微見蛀孔，或有疑之者。余近見敦煌所出北周大定元年寫經，正有蛀孔。蓋造紙因地取材，藤麻互用，苟其書風不古，紙質徒精，亦未見其可據也。

三十四

瑯琊奕代盡工書，真贋同傳久不殊。
萬歲通天留嚮搨，金輪功績過天樞。

武則天欲觀王方慶家藏其累世先人遺墨，方慶進之，則天命工摹存副本，事載史乘。今殘存羲之以下數帖，方慶進呈時署年萬歲通天，後世即以名其帖卷。原摹本，紙質加蠟，鈎筆極細。棘刺蠅鬚，不足爲狀也。

近世此卷未發現之前，論唐摹右軍帖，多推日本流傳之喪亂帖、孔侍中帖。蓋以其有“延歷敕定”之印，著録於《東大寺獻物賬》，足以確證其爲唐摹者。今此卷自石渠寶笈流出，重現人間，進帖之年月具在，鈎摹自出當時。復有北宋史館之印，南宋岳倦翁跋，卷中羲獻帖外，復有僧虔諸賢之迹。其堪矜詡處，殆不止問一得三矣。

武則天荒淫酷虐，原不足奇，蓋歷代之統治者皆然，如狼嗜肉而蚊嗜血,其本性所賦者耳。可奇者在自立天樞,以誇功德,留爲民族史策之丑,而不自知。今觀其摹留此帖,不謂爲功不可也,一惠可節,稍從未減!

三十五

或言異趣出鉤摹,章草如斯世已無。
梁武標名何足辨,六朝柔翰壓奇觚。

佚名章草異趣帖,舊題梁武帝,以其作釋典語耳。

此帖兩行,字大徑寸,體作章草。文曰"愛業愈深,一念修怨,永墮異趣。君不"。筆勢翔動,點畫姿媚,而古趣盎然,絶非唐以後人所能到。今傳世諸章草法書,惟出師頌墨迹可相伯仲,所謂索靖月儀,徒成桃梗土偶而已。

米元章墨迹元日等帖及群玉堂帖所刻論晉武帝書等帖,皆力追此種,可謂形神俱得者。然元章論月儀云:"時代壓之,不能高古。"今以異趣較之,元章亦不能逃乎時代也。

此帖昔由西充白氏售諸海外,余聞之白氏云實出唐人鉤摹,然自影本觀之,毫鋒頓挫,一一不失,即作六朝真迹觀,又何不可。

章草法書,近世出土不鮮。自漢晉簡牘,至唐世所書經論,皆真實不僞者,以云其善,容不盡能,況善而且美者乎?此帖真雖未足,而善美有加,章草之帖,端推上選。

三十六

永師真迹八百本，海東一卷逃劫灰。
兒童相見不相識，少小離鄉老大回。

智永千文墨迹本，唐代傳入日本，持較北宋長安刻本及南宋群玉堂帖刻殘本四十二行，再證以六朝墨迹，知其當爲永師真迹。

此本自卷改册，不知何時。約當有清季世，入於谷鐵臣氏之手，轉歸小川爲次郎氏。始影印行世。有内藤虎次郎氏長跋，以爲即《東大寺獻物賬》中所載之王羲之千文，其言是也。世傳千文爲集右軍畸零單字而成，説雖不經，而其來甚遠，賬中誤題，並無足異。其爲遣唐使者携歸者則斷然不疑者也。永師寫千文八百本，散施浙東諸寺，當年唐日交通，必經海道，浙東得寶，事理宜然。

内藤氏跋疑爲唐摹，又見其毫鋒墨瀋悉出自然，並非雙鈎廓填者比，乃謂鈎摹復兼臨寫，誠未免遁辭知其所窮矣。余嘗戲書其後云："當真龍下室之時，爲模棱兩可之論。"此蓋時代所限，無如之何。如今所見之西漢帛書，使姚際恒、廖平、康有爲見之，又莫非劉歆所造者矣。

三十七

隋賢墨迹史岑文，冒作索靖蕭子雲。

漫説虚名勝實詣，葉公從古不求真。

佚名人章草書史岑出師頌。米友仁定爲隋人書。宋代以來叢帖所刻，或題索靖，或題蕭子雲，皆自此翻出者。此卷墨迹，章草絶妙。米友仁題曰隋人者，蓋謂其古於唐法，可稱真鑒。昔人於古畫牛必屬戴嵩，馬必屬韓幹。世俗評法書，隸必屬蔡、鍾，章必屬索、蕭，亦此例也。

墨迹本有殘損之字，有筆誤之字，叢帖本中，處處相同，故知其必出一源。余所見各帖本筆劃無不鈍滯，又知其或出於轉摹，或有意求拙，以充古趣，第與墨迹比觀，誠僞不難立判焉。

世又傳一墨迹本，題作索靖。染紙浮墨，字迹拘攣。宋印累累，無一真者。後有文彭跋數段，曾藏於湹陽端氏，見其所著《壬寅消夏録》，涵芬樓有影印本。後歸余一戚友家，曾獲見之，蓋又在叢帖刻本之下也。

余常遇觀古畫者，於無款之作，每相問“這到底是誰畫的？”因悟失名書畫之一一妄添名款者，皆爲應此輩之需耳。

三十八

真書漢末已胚胎，鍾體嬰兒尚未孩。
直至三唐方爛漫，萬花紅紫一齊開。

唐人真書。

自古字體遞嬗，皆有其故。人事日趨繁縟，器用日求便利，此自然之理也。文字爲日用之工具，字形亦必日趨便利，始足濟用也。試計字體變遷，甲骨不出殷商，金文沿續稍久，小篆與秦偕亡，隸書限於兩漢。此謂其當日通用之時，不包括後世仿古之作也。惟真書自漢末肇端，至今依然沿用，中間雖有風格之殊，而結構偏旁，却無大異。其故無他，書寫既能便利，辨識復不易混淆，其勝在此，其壽亦在於此。

以藝術風格言，鍾繇古矣，而風致尚未極妍；六朝壯矣，而變化容猶未富。至於點畫萬態，骨體千姿，字字精工，絲絲入扣者，必以唐人爲大成焉。此只論其常情，非所計於偏嗜耳。“如嬰兒之未孩”，老子語也。

三十九

六朝别字體無憑，三段妖書語莫徵。
正始以來論篆隸，唐人畢竟是中興。

平生不喜雅俗之説，文字尤難以雅俗爲判。蓋文字者，符號也，安見一二三即雅，而〡〢〣即俗乎？惟文字貴在通行，符號取其共識。如不能通行共識，便成密碼。途人共好，遂謂之俗，苟爲密碼，則雖欲求其俗，亦不可得矣。《干禄字書》所標俗體，以視六朝别字，猶多易識，乃知閉門造字，專輒爲書，人不能識，斯真俗不可醫者也。

六朝俗書，以天發神讖爲戎首。扁筆作隸，曹魏已肇其端。其筆毫絶似今之扁刷，而三段神讖碑則以扁刷作篆。車輪四角，行遠何堪，況其事其文，俱屬吴國之妖孽，不謂爲俗，殆不可焉。

平心而論，正始之三體石經，非獨第一字猶存孔壁遺型，第二第三字亦莫非舉世共識之體。中經六朝，至唐人始遥接典範。今人不敢薄唐篆而輕議唐隸，吾未見其有當也。

四　十

事業貞觀定九州，巍峨宫闕起麟遊。
行人不説唐皇帝，細揭豐碑寶大歐。（觀從平讀）

九成宫醴泉銘。

唐太宗集矢於弟兄，露刃於慈父，翦滅群雄，自歸餘事。避暑九成，甘泉紀瑞，所以粉飾鴻業者至矣。魏鉅鹿之文，歐渤海之字，俱一時之上上選也。然今之寶此碑者，一波一磔，辨入毫芒；或損或完，價殊天地者，但以其書耳。至其文，群書具在，披讀非難，而必掛壁攤床，通觀首尾者，意不在文明矣。文且無關，何有於事？事之不問，何有於人？乃知掛弓之虬鬚，有愧於書碑之鼠鬚多矣！

每見觀碑之士，口講指畫者，未嘗有一語及於史事，以視白頭宫女，閑説玄宗，情殊冷暖，其故亦有可思者。此石今在西安，累代氈捶，已漸没字。而觀者摩挲，猶詫爲至寶。至榷場翻摹，秦家精刻，至今尚獲千金之享，故昔人云：翰墨之權，堪埒萬乘也！

四十一

買櫝還珠事不同，搨碑多半爲書工。
滔滔駢散終何用，幾見藏家誦一通。

前詩意猶未盡：夫古董家藏金石，争奇鬥勝，辨點畫之穠纖，較泐痕之粗細，其意不在文，固人所共喻者。若葉鞠裳先生撰《語石》，自石刻之淵源、形制、文體、書風，以至論人、考史、佚事、餘聞，莫不爬羅搜剔，細大無遺。樂石之學，至此可謂獨闢鴻蒙，兼包併孕者矣。惟其自述收集搨本，指歸仍在於書，以爲書苟不佳，終不入賞。鞠翁猶復如此，又遑論於孫退谷、翁覃溪諸家哉。

然自書法言之，崇碑巨碣，得名筆而益妍；偉績豐功，借佳書而獲永。是知補天之石，尚下待於毛錐；建國之勛，更旁資於丹墨。雖燕許鴻文，韓柳妙制，於氈蠟之前，僅成八法之楦，又何怪藏碑者多而讀碑者少乎？

夫撰文所以紀事，濡丹所以書文，而往往文託書傳，珠輕櫝重。豈諛墓過情者，有以自取耶？

四十二

集書辛苦倍書丹，内學何如外學寬。
多智懷仁尋護法，半求王字半求官。

懷仁集王羲之書聖教序。

唐太宗好王羲之書，一時風靡。其自書晉祠、温泉二碑，即用羲之行押之體，行書入碑，蓋自兹始。僧懷仁刻聖教序，逐字集摹王書以成，正可謂雙重護法。

古代碑上文，大都列三人銜名，曰篆額，以篆書題額也；曰撰文，撰作碑文也；曰書丹，以朱色書其文於石上，以其筆迹鮮明，易於刊刻也。而集字則不然，必先以蠟紙摹得真迹上字，再以細綫勾勒每一點畫之背，軋附於石上，然後奏刀，逐綫刻之。古碑後或著石工姓名，然皆只稱刻石或稱鎸字而已。惟此碑後有勒石者，有刻字者。蓋勒石者，謂勾字附於石上也；刻字者，謂以刀刻石成字也。昔傳集字二十年始成，以其工度之，殆非過誇。

佛家以佛書爲内典，其學曰内學；教外典籍爲外典，其學爲外學。書藝於佛家，亦屬外學。懷仁集字，千古絶技，而集字書經咒，頗有誤字，知其外學精於内學也。

四十三

集王大雅亦名家，半截碑文語太誇。

寫得閹妻顔色好，圓姿替月臉呈花。

大雅集王羲之書興福寺碑殘石，功德主爲宦官某氏。碑記其妻云："圓姿替月，潤臉呈花。"

按此碑殘存下半段，故俗呼爲半截碑，世之殘碑僅存半截者多矣，而此碑獨以半截著稱，亦可見其於群碑之中，位望特尊，有如贊拜不名焉。其功德主名"文"，姓氏適在碑之上半，已無可考。碑文撰者名字缺失，集字人大雅亦失其姓。

碑文有云："惟大將軍矣，公諱文"，世或誤觀"矣"字爲"吴"字，讀成"吴公諱文"，遂有呼爲吴文碑者。又因有雷轟薦福碑故事，竟誤以此碑當之，謂其殘斷，即由雷轟，乃有徑題曰薦福碑者。誤傳之語，此碑獨多，當由集摹王書寶之者衆耳。然其摹集，拼湊益多，更少頓挫淋漓之勝，遠不如懷仁聖教也。

六朝唐人碑誌中，每多雋語。此碑圓姿二語，讀之更欲令人絶倒。不知作者爲有心嘲弄，抑爲隨俗稱揚，以唐人於閨閫姿容，並不以贊爲瀆也。

四十四

草字書碑欲擅場，羽衣木鶴共徜徉。
緱山夜月空如水，不見蓮花似六郎。

昇仙太子碑。

碑稱武則天撰文並書，字作草體，亦不必究詰其是否代筆也。草字入碑，前此未有，以碑文所以昭示於人，草書人不易識，乃失碑文之作用，然於此碑，俱非所論也。

則天媚其面首張昌宗，無所不至。昌宗既號爲王子晉後身，乃著羽衣，騎木鶴，舞於殿庭，以娱鷄皮老嫗。此嫗亦爲之樹豐碑，立巨碣，大書而深刻之。此際王之與張，追魂奪舍，顛倒衣裳，幾可謂集丑穢之大成矣。然而事猶未了也。

緱山有古墓，世傳爲王子晉瘞蜕之所。則天命發之，棺槨全空，惟餘一劍，埋幽無志，取證莫從。於是騰笑餘波，難於收拾。乃爲重瘞起墳，樹碑記事，命薛稷書之。以不知名氏，但題曰"窅冥君銘"。彙帖有節摹其銘文者，全碑搨本，不知尚有流傳者否？

掩骼埋胔，古稱善舉。不然，寶其銅劍，精考細搨，錮藏深鎖，奇貨以居。而殘骼餘胔，信手抛擲，轉不如龜背牛胛，猶獲櫝盛。則杳窅君者，亦多幸矣。

四十五

書譜流傳真迹在，參差摹刻百疑生。
針膏起廢吾何有，曾撥浮雲見月明。

孫過庭《書譜》墨迹本，前人或疑其未真，余曾撰文考之。

昔人少見法書墨迹，又習於板刊閣帖，石刻碑文。觀其點畫全白，筆無濃淡，遂有毫鋒飽滿、中畫堅實等種種揣測。

《書譜》又但傳明人翻刻太清樓本，毫穎全禿，字字柴立。積非成是，遂成吳郡書風之標準。及墨迹復出，筆蹤墨瀋，輕重可見，而群疑蜂起，莫衷一是矣。

疑者以爲宋元人臨者有之，以爲明清人自停雲館帖摹出者有之，其故無他，點畫不與棗板上草書相似耳。最可異者，真本太清樓刻殘帙出，觀者固信其真矣，字字校之，與墨迹悉符，而疑墨迹者依然如故焉。余初猶詫疑者校對之疏，繼悟點畫中之濃淡，刻本無而墨迹有，故疑者終不釋然耳。嗚呼！臟腑洞察，已屬常科，而棗石膏肓，猶同玉律，積習成痼，可不畏哉！

四十六

青瑣蟬娟褚遂良，毫端猶帶綺羅香。
可憐鼓努三龕記，乍綰雙鬟學霸王。

伊闕佛龕碑。

褚河南書，世稱爲青瑣蟬娟，不勝羅綺。觀於雁塔聖教序，正符所喻，亦褚書之本來面目也。至於女道士孟法師碑，則有意求其嚴整，未免有矜持之態。惟字不盈寸，引弦尚不難於中彀。至伊闕佛龕碑，則不然矣。

昔日豐碑，貴在大書深刻，結字欲其充實，行毫欲其飽滿，所謂擘窠書者，正貴其填足方格也。蓋行押書挑剔撩撥，便於簡札，唐代之前不以入碑。晉祠、温泉，帝王之筆，作古自我,莫之敢議也。不寧是也,楷正之真書,於書碑者尤或嫌其未古,必攙以隸意,始覺莊嚴。如北齊諸刻,文殊般若碑,泰山金剛經,呼爲隸則似真,呼爲真又似隸。胥直此之由也。

河南書趣,本不適於方整,而此碑獨架構求其方,筆勢求其挺,於是鼎折臏絶,兩敗俱傷,則誤追隸意,捨長就短之故耳。

四十七

翰林供奉撥燈手,素帛黄麻次第開。
千載鶺鴒留勝迹,有姿無媚見新裁。

鶺鴒頌。

此頌因爲唐明皇御撰,後有敕字,遂號爲御書。然明皇書有裴耀卿奏記批答及石臺孝經批字,筆勢與此並不盡合,因啓後人之疑。疑者有二類,其一疑爲米臨,此已不足多辨。其一謂爲硬黄摹本,其説謂米元章記其所見者爲絹素本,米氏鑒定,不能有訛,此非絹本,必屬不真。且硬黄摹書,已成常談,此本既爲硬黄,苟非摹書,又將何屬?余昔年曾見原迹,墨痕輕重,迥異鈎填,然則此椿公案,究竟如何剖决?

一日閲宋代詔敕、告身,皆出御書院、制誥案書手所寫者。文屬王言,後有敕字,然無一本出宋帝親筆。又見乾嘉時南齋翰林奉敕以精箋録御制詩文,或高頭巨卷,制逾尋常;或寸餘小册,僅盈掌握。而同一詩文,累見複本。蓋詞臣精寫,以代印刷,清代尚爾,遑論李唐。米氏所見絹本與此紙本,可謂同真同僞。同真者,同出開元翰林供奉也;同僞者,同非明皇手書也。至於硬黄必用以摹書之説,則痴人前不必説夢矣。

四十八

跌宕爲奇筆仗精,飆如電發静淵渟。
學來俗死何須怪,當日書碑太逞能。

李邕。相傳有自論其書之語云,似我者俗,學我者死。

行押書碑,自晉祠銘始。李靖諸碑繼之,而纖弱不能跨皂。懷仁集王右軍書,只是巧藝之工,無關書碑之事。李泰和出,行書書碑,始稱登峰造極。蓋碑版銘石,書貴莊重,而行押佻舉,兩不相侔。李書則以蟬聯映帶之筆,作泉注山安之勢。欹側之中,具方嚴之度。書丹之道,至此頓開天地。

李氏書碑,云麾二李之外,麓山最爲煊赫。石室、靈巖,刻手不精,東林、追魂,只傳翻刻而已。刻手最精者,推李思訓碑,其起止截搭,作用亦最明顯,一若其體之固然者。然吾得麓山碑陰,排列出貲人名,字不盈寸,明人以大字題名覆其上,搨者遂少。其字既小,又屬例列銜名,不如碑面之精意,其跌宕之姿,竟無所施展。乃知其百態紛呈,未免出於有意耳。

四十九

真跡顔公此最奇,海隅同慰見心期。
請看造極登峰處,紙上神行手不知。

顔真卿瀛州帖,有“足慰海隅之心”之句。

魯公書,非獨爲有唐八法之宗,亦古今書苑不祧之祖。其銘石之作,上下千年,縱横萬里,莫不衣鉢相沿,千潭月印,已無待末學小子之喋喋也。而宋人獨尊其行押,如蘇東坡、米溪堂,至以楊凝式配享,號爲顔楊。蓋墨迹流傳,宋時尚夥。觀夫忠義堂帖宋搨真本中,簡札翩翻,足以洞心駭目。歲序遷流,累經塵劫,宋人所見,今殆百不一存焉。

今世傳墨迹,可列上駟者,只見四事:楷書大字首推告身。然名家書告,唐代雖一時偶有其事,並非每告必出名家。且自書己告,實事理之難通者。湖州帖全屬宋人筆習,其非唐迹,已不待言。惟祭侄、瀛州二卷,則赤日經天,有目共見。瀛州一帖,尤爲欣快時所書。昔人以宋搨聖教序謚爲墨皇,正當移標此迹也。

東坡論筆之佳者,謂當使書者不覺有筆,可謂妙喻。吾申之曰,作書興到時,直不覺手之運管,何論指臂?然後釵股漏痕,隨機涌現矣。

五　十

敏捷才華號立成，杜家兄弟遠聞名。
正藏文軌傳東國，多仗中臺筆墨精。

日本天平皇后藤原氏行書《杜家立成雜書要略》一卷，皆擬尺牘之文，乃隋人杜正藏所撰，見《隋書·文學傳》。

后氏藤原，名光明子，聖武帝之后。聖武殂後，后曾建紫徽中臺，闢官屬。中臺者，殆猶中土宋代皇后之稱中殿耳。

此卷五色箋上所寫，行書古厚深美，流滴頓挫，允推上品。日本列之於國寶，宜也。近世爲中國所知，始於楊惺吾之《留真譜》，顧僅摹刻數行。又於所跋宋搨索靖月儀帖言及之，謂是唐人之作。日本内藤湖南復遍考隋唐史籍中經籍、藝文諸志，廣事比較古代模擬尺牘之文，見所著《研幾小録》。然猶未得作者主名，蓋未檢《文學傳》耳。

《文學傳》稱其父子兄弟俱以文采世其家，故號杜家。遇題賦物，援筆即就，故號立成。正藏曾撰《文軌》，傳於新羅、百濟。此殆《文軌》中之書簡一卷，自新羅以入日本者。如有繼嚴鐵橋補輯全隋文者，亟當録入。

五十一

東瀛楷法盡精能，世説詞林本行經。
小卷藤家臨樂毅，兩行題尾署天平。

東瀛所傳古寫本,多出唐時日本書手所録。如《世説新書》殘卷、《文館詞林》若干卷,《佛本行集經》雖後有隋代尾款,實出迻録者,皆筆法妍麗,結體精美,即在中土,亦屬國工。或以爲即唐土名手所書,恐未盡然也。試觀《東大寺獻物賬》,及藤原后所造諸經,固出天平書手之彰明較著者,其與《世説》等迹,並無二致。蓋當時楷手高品,猶恪守唐格,和樣之書,尚未形成也。

樂毅論爲右軍真迹,南朝至唐,屢經鑒家道及。而宋後所傳,但有石刻。棗石上辨小楷,如蚊睫操刀,只成譫喻,而辨"海"字之有無,未免深堪憫笑矣。至明吴廷得舊摹本,刻入餘清齋帖,微見行筆頓挫之意,又啓石墨家之聚訟。

藤原后臨本既出,無論其於右軍真迹,相距何如,但觀其結字,固足與石刻相印證,而縱横揮灑,體勢備見雄强。右軍已遠,典型猶在,豈余一人之私言耶!

五十二

羲獻深醇旭素狂,流傳遺法入扶桑。
不徒古墨珍三筆,小野藤原並擅場。

日本嵯峨帝、橘逸勢、釋空海書,號爲三筆。藤原佐理、藤原行成、小野道風,號爲三迹。日本書道,實傳東晉六朝以來真諦,蓋自墨迹熏習,不染刀痕蠟漬也。

嵯峨帝書以李嶠詩爲最勝,頗似歐陽信本。橘氏書願文,跌宕縱横,未見其匹。弘法大師書,傳流較多,諸體並長,必以風信帖爲最勝。此皆真行之典範,與中土中唐以來名家,固兄弟行也。

稍後佐理、行成,草書最妙,筆端風雨,不減顛素。昔王夢樓題日本書有"但覺體類芝與顛"之句,可謂先得我心。

道風書有屏風稿,點畫圓融,有右軍快雪時晴帖遺意。又傳臨右軍草書諸帖,遠勝棗板規模。惟此臨王諸帖又傳爲行成之筆,疑莫能明耳。

五十三

笋茗俱佳可逕來,明珠十四邁瓊瑰。
精純雖勝牛腰卷,終惜裁縑吝襪材。

懷素苦笋帖,絹本真迹。其文云:"苦笋及茗,異常佳,乃可逕來。懷素白。"

懷素草書傳世墨迹,今日得見者,只有四事:一、自叙帖長卷;二、小草書千字文;三、食魚帖;四、苦笋帖。請分别論之:

懷素自叙長卷,摹本最多。北宋時蘇舜欽得一本,前缺一紙共六行,蘇氏自爲補全。其本是真是摹,並不可知。傳至清代,只存石渠寶笈所藏一卷,粗如牛腰,即今日流行影印之底本。四十年前,曾屢獲目睹,再以攝影本印證之,自首至邵周、王紹顔跋,皆出鈎摹。此後杜衍以下諸跋,始爲真筆,並無蘇舜欽自跋。知非蘇氏之卷。無論其爲何人鈎摹,精細圓轉,實爲鈎魂攝魄之工焉。絹本小草千文卷,筆意略形頽懶,蓋晚年之迹也。食魚帖近時重現,亦屬精摹之本。以精美跌宕求之,苦笋當推第一。惟卷中諸古印,俱出妄人僞鈐,且箋箋兩行,真有惜墨如金之感。真美精多,兼備何易。刼火不及,巍然留於滬上博物館中,亦足慰矣!

五十四

勁媚虚從筆正論,更將心正哄愚人。
書碑試問心何在,諛閹諛僧頌禁軍。

柳公權書神策軍碑、玄秘塔碑。

柳書碑版,傳世甚多。今所存者,必以神策軍、玄秘塔二碑爲最精。玄秘刻手,猶偶有刀痕可見,惟神策孤搨,無異墨迹焉。

柳書,史稱其體勢勁媚,此言最爲確論。至於史傳載其對穆宗有心正筆正一語,實出一時權辭,而後世哄傳,一似但能心正,必自能書,豈不傎乎?忠烈之士,如信國文公;禪定之僧,如六祖惠能,其心不可謂不正矣。而六祖不識文字,信國何如右軍,此心正未必工書之明證也。且神策軍操之宦官,腥聞彰於史册,玄秘塔主僧端甫,辟佞比於權奸,柳氏一一爲之書石。當其下筆時,心在肺腑之間耶?抑在肘腋之後耶?而其書固勁媚豐腴,長垂藝苑。是筆下之美惡,與心中之邪正,初無干涉,昭昭然明矣。

余爲此辨,非謂心正者其書必不善,更非謂書善者其心必不正。心正而書善者世固多有,而心不正書更不善者,又豈勝僂指也哉!

五十五

詩思低回根肺腑,墨痕狼藉化飛騰。
滿襟涙濺黄麻紙,薄倖諧談未可聽。

杜牧自書張好好詩真迹,其結句云:"灑盡滿襟涙,短章聊一書。"此卷硬黄麻紙,墨痕濃淡相間,時有枯筆飛白,中有點定之字,知非出於他人重録。斯樊川之親筆,人間之至寶也。唐代詩人字迹,即石刻本,且半屬依托者,尚不易多見,況豁然心胸,絲毫無容置疑,若此卷者乎!

此卷前有月白絹滲金書簽,蓋出宣和御筆。四十年前,尚粘連卷首。其後突經擾攘,裝池零落,絹簽亦失。輾轉歸張伯駒先生,余獲觀之。曾於影印本前記所見云:"三生薄倖,五國倉皇,俱於紙上,依稀見之。"一日張葱玉、謝稚柳、徐邦達三先生來寒齋,葱玉於敝案頭翻觀書帖。忽聞拍案而呼曰:"快來看,此處有妙文。"及共觀之,乃指此四句也。今葱玉棄其賓客,已十八年矣,每讀樊川遺迹,復憶摯友燕談,何勝人琴之痛也!

五十六

謝客先書庾信詩，早懸明鑑考功辭。
騰誣攘善鴻堂帖，枉費千思與萬思。

宋人狂草書庾信步虚詞諸作一卷，昔人舊題爲謝靈運書，豐坊曾詳辨之，書於卷後拖尾，復有人作文徵明派之小楷重書一通，附於其後。豐氏所辨，以爲謝氏不能預書庾詩，其理至明。而果出誰筆，則仍自存疑，猶不失蓋闕之義。其後董其昌繼跋之，謂狂草始於伯高，遂直定爲張旭之迹。仁智異見，固無妨於併存。惟其刻入戲鴻堂帖時，後加短跋，則謂豐氏跋"持謝書之説甚堅"，且自詡辨非謝書，於伯高之迹，有再造之功。則直成誣罔，蓋欺世人之不易親見豐跋也。

董氏以府怨遭民抄，曾致書其友人吴玄水以自辯，吴氏復書首云："千思萬思思老先生"，以董號思白，書語囑其自省己愆也。

此卷自董題之後相沿以爲張旭真迹。按其中庾句"北闕臨玄水，南宫生絳云"，玄水書作丹水。北水南火，水黑火紅，此五行説，久成常識矣。而改玄爲丹，其故何在？按宋真宗自稱夢其始祖名玄朗，遂令天下諱此兩字。此卷狂草，蓋大中祥符以後之筆耳。

五十七

非狷非狂自一家，草堂夏熱起龍蛇。
壺公忽現容身地，方丈蓬山是韭花。

楊凝式墨迹四種。

楊凝式書，宋人推挹極高，每與顔魯公並稱，號爲顔楊，蓋由唐啓宋，書法上一大轉軸。惟其平生所書，多在寺觀園林之壁上，猶之唐人繪畫，每隨殿宇摧頹而同歸於盡。世行碑版，楊書竟無一石焉。

宋人叢帖，如淳熙秘閣續帖、鳳墅帖等，俱見楊書之目，而帖既凋殘，今偶見存本，其中亦未存楊帖。只餘汝帖中云駛等八字，已無神采可觀。

其墨迹今世幸存者，尚有四種：盧鴻草堂圖後有楊書跋尾一段，天真爛漫，一氣呵成，持比魯公祭侄稿，竟無多讓，見此乃悟顔楊並稱之故。其次韭花帖，小真書精警奇妙，得未曾有，摹本甚多，百爵齋藏本乃其真迹。夏熱帖揮灑酣暢，惜過於糜爛，存字完者無多。神仙起居法小草書，行筆流滑，帖後一“殘”字，筆順竟聯綿倒寫，迹近遊戲，殆適風疾發時所書耳。此帖亦有摹本，故宫藏者爲真迹。

五十八

江行署字實奇觀，韓馬標題見一斑。

有此毫鋒如此腕，羅衾何怕五更寒。

南唐後主李煜書。

李後主書，宋人亦每稱之。宋叢帖中常載其目。今惟汝帖殘石中存其五言律詩一帖，顧已剥蝕模糊，非復真面目矣。鳳墅帖殘本七卷中，有中主之書，而缺後主。才人不幸，而爲帝王，筆硯平生，竟無寸札之留，只餘啼血號天，小詞數首，亦可哀已。

今世傳有古畫題署二事，以余考鑒，蓋同出李後主之筆。唐韓幹畫馬卷首有“韓幹畫照夜白”六字，下有花押一。其鄰近隔水處有吴説題識，云“南唐押署所識物多真”，知其爲南唐之字，筆法健拔，與汝帖中字相類，可知爲後主筆。此其一也。又趙幹畫江行初雪圖，卷首有“江行初雪，畫院學生趙幹狀”十一字，字大如錢，筆勢亦與汝帖中迹相類。或謂此爲畫者之款，然唐宋畫人應詔之款，無在卷首作大字者。此蓋後主之標題，“趙幹狀”者，猶云趙幹所畫者耳。此其二也。觀其筆勢，似欲錐破統萬城墻者，乃知虚張聲勢，無救亡國也。

五十九

行押徐鉉體絶工，江南書格繼唐風。
名家汴宋存遺矩，只有西臺李建中。(鉉有平讀)

徐鉉、李建中。

徐鉉書,世傳多篆字,如所摹繹山碑、碣石頌,其犖犖者。栖霞有其兄弟題名,亦篆書,但作“徐鉉、徐鍇”四字。近世出土温仁朗墓誌爲大徐篆蓋,新發於鉶,最見真貌,然非真行墨迹。譬之峨冠朝服相見於廟堂之上,不如輕裘緩帶促膝於几榻之間爲能性情相見也。

大徐簡札墨迹,數百年所傳,惟貴藩一帖。其帖曾入石渠寶笈,而三希堂、墨妙軒俱未摹勒,不知其故。今屢見影本,筆致猶是唐人格調,札尾具名處作一花押。不見此札,不知大徐墨迹之真面目,亦不知唐代書風,與時遞嬗,至宋而變,其變如何也。

北宋時後於大徐亦存唐人餘風者,李建中其人也。今存土母等四帖,筆法與大徐絶相類,札尾猶作花押,亦見一時習尚。

米芾論月儀帖云,“時代壓之,不能高古”,大化遷流,豪杰莫能逆轉,“二王無臣法”,豈詭辯哉!

六 十

編摹底本自昇元,王著徒蒙不白冤。
淳化工粗大觀細,宋鎸先後本同源。

淳化閣帖,大觀帖。

魏晉以來法書墨迹,歷經離亂,至宋所存無幾。試觀《宣和書譜》所載，名目雖繁，以今存古迹之曾經宣和著録者，已真僞參半。米芾得見數紙晉人墨迹，以其確出晉人手寫而非鈎摹者，已不惜一再記之，詫爲稀有。徽宗富貴天子，元章書畫祖師，所見止此。常人欲觀六朝隋唐法書者，其難自可想見！

以古法書之難見也，故淳化閣帖在當時累次翻摹，風行天下，絶非偶然。閣帖固有傳播之功，惟棗板摹刊，失真自易，其得謗亦在於此。而王著竟爲衆謗所叢，是蓋隨聲不察者多耳。

鈎稽宋人所記，蓋南唐曾以向搨集摹歷代法書，共成十卷。其紙用油素，法用鈎填，既非原迹，故稱“仿書”。“仿書”者，猶今所謂“摹本”。昔人鈎摹，亦稱曰搨，非南唐刻石、宋人翻刻之謂也。大觀出其南唐集搨底本，重加精刊，如今之善本古書，雖曾影印，以其不精，再加精工重印耳。此樁公案，情理如斯，願與賞音共商之。

六十一

晉代西陲紙數張，都成閣帖返魂香。
回看棗石迷離處，意態分明想硬黄。

西域出土晉人墨迹。

昔言草真行書者，莫不推尊晉人爲大河之星宿海，然晉人真面，究有幾人得見？米元章云：“媪來鵝去已千年，莫怪痴兒收蠟紙。”蓋北宋所見，已但憑硬黄摹搨本矣。元章寶晉齋，自詫所收爲真晉人書者，不過謝安慰問，羲之破羌，獻之割至。三帖原本，至今又無蹤迹，見者惟元章自刻本與夫南宋人翻本而已。

孰意地不愛寶，漢晉墨書，累次出土。木簡數盈數萬，大都漢代隸草，可以别論。其真書則佛經、箋牒，亦復盈千累萬。至草書之奇者，如樓蘭出土之“五月二日濟白”一紙，與閣帖中刻索靖帖毫無二致，“無緣展懷”一紙則絶似館本十七帖。其餘小紙，有絶似鍾繇賀捷表者。吾兹所謂相似，絶非捕風捉影，率意比附之談。臨棗石翻摹之閣帖時，能領會晉紙上字，用筆必不鈍滯。如燈影中之李夫人，竟可披帷而出矣。

六十二

百刻千摹懸國門，昔人曾此問書源。
赫然一卷房中訣，堪笑黄庭語太村。

黄庭經是否王羲之書，本無定論。梁虞和記羲之事，謂换鵝所寫爲道德經。至李白詩則云：“山陰道士如相見，應寫黄庭换白鵝。”詩人隸事，本與考訂無關。句律所關，又用平不能用仄。且黄白相對，妃麗可觀，自此藝術點染，竟成書林信讞矣。

黄庭之所以遭人附會羲之，惟在“永和山陰縣寫”諸字，試問永和之年,山陰之地,執筆之人,難道只有一王羲之其人乎?

此經翻刻本之多,不讓蘭亭之千百成群。原本添注塗抹,或即造經者起草之本。“心太平”本,七字成文,則是經人謄清修潤者。道藏吾未嘗窺,但觀《云笈七籤》中本,亦是七字成文者,觀整齊加工之本,轉覺塗注本之略存起草面目矣。“養子玉樹”一行有塗抹之筆,翻刻本作雙鈎一條,宋刻作一白道,猶存抹筆之迹象焉。

六十三

失名人寫孝娥碑,擬不於倫是誄辭。
讖語畢陳仍進隱,長篇初見晉傳奇。

曹娥碑。

昔人於事物,每好求其作者以實之,於是俗語不實,流爲丹青者有之;李代桃僵,張冠李戴者亦有之。小楷書帖之悉歸王羲之,猶如漢碑之悉歸蔡邕也。此帖本無書者姓名,南宋群玉堂帖但署“無名人”,較爲近理,其餘叢帖莫不屬之羲之也。

余嘗考之,其文與《水經注》中所引,殊不相合。《水經》多載名勝古碑,其言自非無據者。且帖中行文隸事,多是節婦殉夫之典,與孝女殉父渺不相關。至於遣辭,尤多紕漏累贅之處,謂爲“絶妙好辭”,轉同譏諷。拙作有“絶妙好辭辨”一篇,曾詳論之,兹不復贅。

此蓋一篇小説，劉義慶曾用之於《世説新語》，劉峻作注，已拈出曹操未嘗渡江之疑。書苑中固多好文章，如唐何延之蘭亭記，與此皆傳奇。此篇尤早於唐人，惜世之輯傳奇小説者，搜索未及也。

六十四

子發書名冠宋初，流傳照乘四明珠。
寥寥跋尾誰能及，不是蘇髯莫唤奴。

周越。越字子發。“落筆已唤周越奴”，蘇軾句也。

周子發書，爲北宋一大家，而遺迹流傳極少。石渠舊藏王著書真草千文，後有周跋，四十年前已成劫灰。今所存者，惟石刻四事，皆跋尾也。

其一，陝刻懷素律公帖，後有周氏跋，筆勢雄强飛動。前段行草，末行年月獨作真書。黄庭堅少時曾學越書，後頗不足於少作。世遂耳食以議周氏書風，實皆未見其迹也。米芾謂“人稱似李邕，心惡之”，此與黄氏悔學周越何異，於邕書又何損乎？且黄作草書長卷，尾款多作真行，殆亦習於周法耳。其二，柳公權跋本洛神賦十三行，後有周跋，楷書作鍾繇派，宋刻吾未嘗見，但見明玄宴齋精摹本。其三，有清中葉出土歐陽詢草書千文殘石，尾有周跋，即作歐體。其四，泰山種放詩後一石，右上角有周氏觀後短題，石頑刀鈍，刻法最粗。平生所見，只此而已。

六十五

矜持有態苦難舒，顔告題名逐字摹。
可笑東坡饒世故，也隨座主譽君謨。

蔡襄真書有二種，一是虞世南體，謝賜御書詩是也。此乃北宋前期通行流派，如劉敞等屬之。一是顔真卿體，顔公告身後蔡氏題名是也。二體俱不免於矜持。其行草書手札宜若可以舒展自如矣，而始終不見自得之趣，亦不成其自家體段。此病非獨蔡書爲然，明代祝允明書亦復如是。此非後生妄議前賢，知書者必不河漢斯論。

歐陽永叔於蔡書譽之於前，蘇東坡繼聲於後，至稱爲宋朝第一，未免阿好，然亦非絶無緣故者。文與藝俱不能逃乎風氣，書家之名，尤以官爵世譽爲憑藉。就其一時言之，書藝專長者，誠非蔡氏莫屬。蘇黄起而振之，其意初不在書，此其所以能轉移積習也。尚有須進一解者，夫能轉移積習者，惟由其意不在書，世每見有刻意求名，憑空轉移，以自矜創獲者，則其所以都不能及蘇黄也。

至於四家之目，本屬俗説，談之齒冷。四家中蔡之一姓，爲襄爲京，乃至爲京爲卞，俱非吾所欲論者。

六十六

夢澤雲邊放釣舟，坡仙墨妙世無儔。

天花墜處何人會,但見春風繞樹頭。

蘇東坡書太白仙詩。

東坡書經元祐黨籍之禁,毁滅者多矣。偶逃燼火者,亦多遭割截名款。然其書流傳,依然如故,世人見而識之,什襲寶之,並不在款識之有無也。書卷傳世者,必以黄州寒食詩及所謂太白仙詩者爲巨擘。仙詩筆致尤揮灑流暢,且有金源諸家跋尾,倍堪珍重也。

詩蓋東坡自作,託爲仙語,且詭稱道士丹元所傳,一時游戲,後世或竟編入太白集中,豈盡受其讖語所欺,亦由詩筆超逸,足亂青蓮之真耳。

其詩爲五言古詩二首,第一首云:“朝披夢澤雲,笠釣清茫茫。尋絲得雙鯉,内有三元章。”云云。次首云:“人生燭上花,光滅巧妍盡。春風繞樹頭,日與化工進。”竊謂坡書境界,亦正如其詩所喻,繞樹春風,化工同進者。

六十七

字中有筆意堪傳,夜雨鳴廊到曉懸。
要識涪翁無秘密,舞筵長袖柳公權。

黄庭堅書,以大字爲妙,其寸内之字,多未能盡酣暢之致。行書若松風閣詩,陰長生詩;草書若憶舊遊詩,廉藺列傳,青原法眼語録等,皆字大倍一寸,始各盡縱横揮灑之趣。

涪翁論書謂字中須有筆,如禪家之句中有眼。又自謂其早歲之書,字尚無筆。安有有字而無筆劃者?此蓋機鋒譬喻之語耳。僕嘗習柳書,又習黄書,見其結字用筆,全無二致。用筆盡筆心之力,結字聚字心之勢,此柳書之秘,亦黄書之秘也。

黄書用筆結字,既全用柳法,其中亦有微變者在,蓋縱筆所極,不免伸延略過,譬如王濬下水樓船,風利不得泊。此其取勢過於柳書處,亦其控引不及柳書處也。

昔傳蘇黄互嘲其書,有石壓蝦蟆,枯梢掛蛇之謔,余借松風閣詩"夜雨鳴廊到曉懸"句以喻黄書,亦枯梢掛蛇之意耳。

六十八

從來翰墨號如林,幾見臨池手應心。
羨煞襄陽一枝筆,玲瓏八面寫秋深。

米芾述張旭帖云:"秋深不審氣力復何如也。"筆勢聯綿,一氣貫注,蓋此十字即臨張書。張旭此帖曾刻戲鴻堂帖中,然筆意絶似趙孟頫,殆出趙氏臨本,轉不如米帖中節書十字焉。米氏自矜其筆鋒獨具八面,蓋謂縱横轉换莫不如志,觀此十字,益信。

米書以中歲爲最精,神采豐腴,轉動照人,如此帖,其最著者。他若蜀素卷,苕溪詩卷,亦皆米書之劇迹,天壤之瑰寶也。至其晚歲之筆,則枯乾無韵,如虹縣詩等,殆同朽骨,雖欲爲賢者諱而有所不能也。

米又矜詡其小字，號爲跋尾書，自稱不肯輕與人書者，其中亦不無軒輊。所見墨迹，以向太后挽詞爲最腴潤，刻本中以群玉堂帖龍真行詩爲最流美。若褚臨蘭亭跋尾，傳世墨迹三事，蘭亭八柱第二柱跋，只行書之較小者，别爲一種。其餘二卷，皆用退筆作小楷。至破羌帖贊，純是老手頽唐之作矣。乃知凡百藝能，不老不成，過老復衰，信屬難事。

六十九

薛米相齊比弟兄，薛殊寂寞米孤行。
尚留遺派鄉關著，繼起河東李士弘。

薛紹彭、李倜。

薛紹彭，字道祖，著望河東，所居號清閟閣，北宋時書苑之名家也。與米芾友善齊名，嘗互争名次。薛云“薛米”，米云“米薛”，米有顛稱，於此亦足見薛之風趣。惟米書遍行天下，而薛書流傳極罕。今日可見者，舊叢帖摹刻手劄二三事，今行影印手劄墨迹數事外，惟石渠舊藏雜書真迹長卷而已。觀其用筆流美，不立崖岸，真草皆近智永，而腕力未免稍弱。此殆關乎體質性情，非可以工夫勝者。或因此而不耐多書，是以於書國中不敵米之霸業耳。

近年發現薛氏摹刻唐摹蘭亭，後有其真書一跋，作鍾繇、王廙之體，實開後來宋克之先河，乃知其毫不著力之筆，乃出有意，非由不足也。

薛氏書派,南宋初吴説傅朋實沿之而力加精密,元初之李倜士弘則絶似之,所見有陸柬之文賦跋及林藻深慰帖跋刻本,真足以紹述清閟者。倜自署河東,豈鄉關風習,熏陶者多耶?

七 十

多力豐筋屬宋高,墨池筆塚亦人豪。
詳搜舊格衡書品,美謚難求一字超。

宋高宗勤於八法,不減乃翁。而平生數變,可得而計焉。初學黄庭堅,日本曾藏其手詔石刻搨本,與涪翁之筆,幾無可辨。後以金國人效其筆行間,遂改作他體,此事之見諸史乘者。又曾學米芾,其事見於英光堂米帖岳珂跋贊中,而世頗罕見其學米之迹。廿餘年前,遼寧博物館得米體大行書白居易詩七律一首一卷,後有御書印璽。石渠舊題爲宋徽宗,繼而鑒家復以爲實屬米筆,謂御書璽印爲後人僞加者。既經目驗,證以岳倦翁語,乃知其實爲高宗學米之作,足以亂真,有如是者。

其晚年多作智永體,草書略雜章草之勢,而其手病逾不可掩。從其點劃結構之態,可見其捉筆必緊,管近掌心。同一扁跋,東坡之扁輕鬆,高宗之扁急迫。其流派所及,吴后、孝宗,下逭楊妹子無不如是,御書院供奉輩所録《毛詩》,連章累卷,更無論矣。總而品味之,都乏超逸之趣。乃知其學黄、學米極似處,正是中乏自主之力耳。

七十一

傅朋姿媚最堪師，不是羲之即獻之。
草法更能探筆髓，非同兒戲弄游絲。

吴説傅朋書，於汴杭之際，實爲巨擘。其墨迹雖未傳長篇大軸之作，但一臠知味，亦足以見其書學之深焉。

真書以獨孤蘭亭後跋焚餘一段爲最精，字若蠅頭，筆如蚊脚。而體作鍾繇，雅有六朝之韵。若世傳黄素本黄庭内景經，至有贊爲楊許群真遺墨者，以視此燼裹數行，殆不中作傅朋之鷄犬焉。得其妙者，惟倪瓚雲林，賞音必有頷余斯言者。

行書手劄，流傳不及十通，字字精妙，遂謂之爲有血有肉之閣帖，具體而微之羲獻，寧爲過譽乎？

傅朋又創游絲書，有所書王介甫詩一卷，純用筆尖，宛轉作聯綿大草，此非故意炫奇，實懷素自叙之更進一步。夫毫尖所行，必其點畫之最中一綫，如畫人透衣見肉，透肉見骨，透骨見髓，其難蓋將百倍於摹畫衣冠向背也。

聞西安唐乾陵碑上有傅朋題名大字，至今未獲寓目焉。

七十二

黄華米法盛波瀾，任趙椽毫仰大觀。
太白仙詩題尾富，中州書勢過臨安。

王庭筠、任君謀、趙秉文，皆金源之大手筆。庭筠自號黄華老人，其書全宗米法，如涿州之蜀漢先主廟碑，博州之州學碑記，皆沉重之中饒生動之致。以視米氏豐碑，如蕪湖縣學記者，毫無多讓，其墨迹若幽竹枯槎圖題尾、風雪杉松圖題尾等，以書品稱量，俱應在神逸之間。

任君謀有石刻杜詩古柏行，久爲世人誤目爲顔魯公筆。又書韓昌黎秋懷詩，天真爛漫，實得力於周子發，懷素律公帖後周跋可證也。

趙秉文，所傳較少，而赤壁圖後和坡韵一詞，淋漓頓挫，妙運方圓於一治，略後惟耶律楚材真書巨卷足相媲美。

他若蘇書太白仙詩卷後諸跋，備有蔡松年、蔡珪諸家之迹，皆一代文獻，不徒筆法之美，而江左書風，張即之外，俱未有能追者矣。

七十三

破的穿楊射藝精，賞音還在聽弦聲。
漁陽筆外無餘韵，難怪漚波擅盛名。

鮮於樞。

漁陽之書，早歲仍沿南宋之體，但觀其獨孤本蘭亭跋及顔魯公祭侄稿跋，可見一斑。此類筆迹容或不盡出早年，以其跋古法書，未免矜持，遂少揮灑之趣耳。

其最勝者，推行草大字，今傳世真迹若書東坡定慧院海棠詩、昌黎石鼓歌、少陵行次昭陵詩等，俱稱上選，寸餘行書，亦有數本，惟小楷余未曾見。

綜而觀之，無論字之大小，體之行草，莫不謹慎出之。點畫似有定法，結字亦盡莊嚴，極少任情揮斥之筆。觀其答人問書之語，曰膽膽膽。乃知其所自勉者在此，而其不足者亦必在此。

白香山云："劚石破山，先觀鑱迹；發矢中的，兼聽弦聲。"如此機鋒，恰通書理。崔季珪容儀何若，今固不知，惟其代帝，必危坐正襟，此恰爲使者識破處也。

七十四

絶代天姿學力深，吴興字欲擬精金。
纖毫滲漏無容覓，但覺微餘愛好心。

趙孟頫書，承先啓後，其開元明以來風尚處，人所易知易見；其承前人之規範，而能賦予生氣處，則人所未多察覺也。蓋晉唐人書，至宋元之後，傳習但憑石刻，學人摹擬，如爲桃梗土偶寫照，舉動毫無，何論神態。試觀趙臨右軍諸帖，不難憬然而悟其機趣，其自運簡札之書，亦此類也。至於碑版之書，昔人視爲難事。以其爲昭示於人也，故體貴莊嚴，而字宜明晰。往往得在整齊，失在板滯。趙氏獨能運晉唐流麗之筆，於擘窠大字之中，此其所以尤難逮及者也。

惟其論書之言曰："書法以用筆爲上，而結字亦須用功。”殊未知其書之結字,精嚴妥帖,全自歐柳諸家而來,運以姿媚之點劃,則剛健婀娜,無懈可擊。苟有疏於結字而肖於點劃者,其捧心折腰,寧堪寓目乎?“亦須用功”,未免易言之矣。

昔人論詩,病朱竹垞貪多,王漁洋愛好。吾謂趙書亦不免漁洋之病。然“三代以下惟恐不好名”,愛好究勝於自棄者也。

七十五

細楷清妍弱自持,五言絶調晚唐詩。
平生每踏燕郊路,最憶金臺迺易之。

迺賢,字易之,姓合魯氏,合魯又作葛邏禄,譯言馬,故或稱馬易之,元代色目人也。詩集曰《金臺集》。

世傳其南城咏古一卷,皆五言律詩,格高韵響,宛然唐音,載在集中。所咏皆大都城南諸勝,大抵在今京師西南城内外一帶。如憫忠寺爲今法源寺,在廣安門内。妝臺、西華潭爲今瓊島及太液池,則已闌入城中,於金則屬城北,然則所謂南城,實以代指金都耳。其餘諸勝,皆已渺不可尋。

此卷墨迹刻入三希堂帖,書風在趙松雪、張伯雨、倪雲林之間。余既愛誦其詩,好臨其字,尤重其爲色目人之深通中原文化者。其墨迹風采,每縈於夢寐中。一日忽得其原卷照片,喜極若狂,寶之不啻頭目腦髓。或笑謂余曰,此照片耳。

應之曰,子試尋第二本來! 字迹疏朗,工整之中饒有逸致,信乎詩人筆也。

七十六

有元一世論書派,妍媸莫出吴興外。
要知豪杰不因人,尚有倪吴真草在。

倪瓚、吴鎮。

論書法於古人,唐如歐虞,宋如蘇黄,可謂杰出冠代,而唐宋兩朝書人風習,固不盡出歐虞蘇黄也。惟元則不然,趙松雪出,天下從風,雖其同儕,俱受熏染,無論其兄弟子孫,門生故吏矣。元人之不爲松雪所囿者,屈指計之,僅五六人:周草窗天水遺民,字迹亦仍宋派,似金孫璧,而遜其工整。馮子振字欹斜,全未入矩。楊鐵崖不中繩墨,有不能工整處,亦有故意欹斜處。書法行家,惟柯丹丘、倪雲林、吴仲圭而已。

雲林全法六朝,姿媚寓於僻澀之中;仲圭草法懷素,質樸見於圓熟之外。且倪不作草,吴不作真,而豪情古韵,俱非松雪所得牢籠,熱不因人,所以無忝其爲高士也。

柯、倪、吴俱以書筆作畫,亦以畫筆作書,其機趣之全同,亦松雪所未能者。松雪雖有"須知書畫本來同"之句,顧其飛白木石,與書格尚不能一,無論其他畫迹,此亦書畫變遷中一大轉折處。

七十七

唐摹陸搨各酸鹹,識小生涯在筆尖。
只有牛皮看透處,賊毫一折萬華嚴。

元人陸繼善字繼之,曾以鼠鬚筆鈎摹唐摹蘭亭。其本刻入三希堂帖。自跋云曾搨數本,散失不存,其後有人持其一本來,因爲跋識云云。昔曾見其原本,筆勢飛動,宛然神龍面目。紙色微黄,點畫較瘦。其跋語之書,尤秀勁古淡,在倪雲林、張伯雨之間。明人陳鑒字緝熙,得一墨迹本,號爲褚摹。後有米元章跋,曾以刻石,世號陳緝熙本。是褚非褚,屢遭聚訟,甚至有謂其前墨迹本即陳氏所摹者。

廿年前其卷出現於人間,墨迹蘭亭,紙質筆勢,乃至破鋒賊毫,與陸摹本毫無二致,其上陳氏藏印累累,米跋雖真,但爲他卷剪移者。始恍然此蓋陸氏所摹,殆散失各本中之一本也。安得起覃溪老人於九原,一訂其《蘇米齋蘭亭考》,一洗陳緝熙不虞之譽也。

昔藥山惟儼禪師,戒人看經,而自看之。或以爲問,儼曰:"老僧止圖遮眼,若汝曹看,牛皮也須透。"僕之細辨蘭亭,自笑亦蹈看透牛皮之誚矣。

七十八

叢帖三希字萬行,繼之一石獨凋傷。

恰如急景瀟湘館，贏得詩人弔古忙。

友人周君敏庵，最好《紅樓夢》，尤愛陸摹蘭亭。得三希堂帖本，把玩不釋手。一日遊北海，登閱古樓，蓋三希堂帖石所在。遍觀諸石，或完或損，而陸摹蘭亭一石，獨剥蝕最甚。惄焉悼之，賦詩見示，因拈此首答之。急景瀟湘，紅樓故實，謬蒙敏庵激賞，殆以其本地風光也。

陸摹墨迹本，四十餘年前，曾於故宫見之，當時世傳影印本，只見二頁，以三希石刻詳校之，則利鈍迴殊。夫帖刻失真猶得使人愛賞如此，則陸搨之妙，直媲唐人，何怪陳緝熙之直仞爲褚摹也！

石渠寶笈所藏法書，幾歷劫波，如今次第重出，而影印之本亦略備。雖間有毁佚，顧視靖康之際，三館所儲，殆有深幸者矣。今陳本已有精印單行之本，計三希陸本之普門示現，當亦不遠。

七十九

昔我全疑帖與碑，怪他毫刃總參差。
但從燈帳觀遺影，黑虎牽來大可騎。

此亦答周君敏庵之作。

敏庵既酷愛陸搨蘭亭，獲三希堂刻本，已驚其神妙，及見影本二頁，乃憾石刻之失真。然當時影印者尚無足本，全豹仍資石刻,故拈此以慰之。

僕於石刻,見解亦嘗數變。早歲初見唐碑,如醴泉銘、多寶塔碑等,但知其精美,而無從尋其起落使轉之法。繼得見唐人墨迹,如敦煌所出,東瀛所傳,眼界漸開,又復鄙夷石刻。迨後所習略久,乃見結字之功,有更甚於用筆者,故縱刊刻失真,或點畫剥蝕,苟能間架尚存,亦如千金駿骨,並無忝於高臺之築。即視作帳中燈下之李夫人影,亦無不可也。

昔人於石刻搨本,貴舊賤新,一字之多少,一劃之完損,價或判若天淵,而作僞亂真,受欺者衆,故有黑老虎之目。而善學者,固不争此。趙松雪云:"昔人得古刻數行,專心學之,便可名世",信屬知言。

八　十

七姬誌裹血模糊,片石應充抵雀珠。
孤本流傳餘罪證,徒留遺恨仲温書。

七姬權厝誌者,潘元紹家七妾駢死藁葬之墓誌也。張羽撰文,宋克書丹,盧熊篆蓋。

潘元紹爲張士誠婿,士誠勢蹙,元紹出兵敗績,歸家逼其七妾同死。焚其尸而共瘞一塚,作此誌銘。其文首稱"七姬皆良家子",以下稱七姬之美姿容,識禮義,感主恩,願同死等等,悉冠以"皆"字,一似田横義士,重見於巾幗;秦穆三良,猶遜其慨慷。張宋諸賢,當時之巨子,元紹殺妾後,尚有暇爲此，而三賢執筆，莫敢或違。其視七姬之駢頸就縊，相去僅一息之有無耳。文人生丁亂世，不得不就人芻豢，及其棧厩易主，終不能自獲令終。若張宋諸人，復見脅于於皇寺僧以死，其尤可哀者矣。

此誌原石傳本極少，所見僅有二本，其一尚出翻摹。且搨墨模糊，展觀令人想見七姬血肉，吾轉恨世間有此二本之存也。雖然，煌煌史册，不誣有幾，留此數行，以爲殷鑒可乎？

八十一

黄庭畫贊惟糟粕，面目全非點畫訛。
希哲雅宜歸甸匐，宛然七子學鐃歌。

黄庭經、東方朔畫像贊、樂毅論等小楷帖，先不論其是否王羲之書。即其摹刻之餘，點畫形態，久已非復毛錐所奏之功。以其點畫既已細小，刀刃不易回旋，於是粗處僅深半黍，而細處不逾毫髮。迨捶搨年久，石表磨失一層，於是粗處但存淺凹，而細處已成平砥。及加蠟墨，遂成筆筆相離之狀。譬如“入”字可以成“八”，“十”字可以成“卜”。觀者見其斑剥，以爲古書本來如此，不亦傎乎。

明人少見六朝墨迹，誤向世傳所謂晉唐小楷法帖中求鍾王，於是所書小楷，如周身關節，處處散脱，必有葬師撿骨，以絲絮綴聯，然後人形可具。故每觀祝希哲小楷，常爲中懷不怡。

而王雅宜書被追摹,以能與希哲狎主齊盟爲願,亦可憫矣。

漢鐃歌聲詞淆亂,至不成語,而明人盲於佞古,竟加仿效。石刻模糊,書家亦囫圇臨寫。風氣所關,詩書無異也。

八十二

無今無古任天真,舉重如輕筆絶塵。
何事六如常耿耿,功名傀儡下場人。

唐寅。

明賢書,迨乎中葉,旌旗始變。其初二沈及臺閣諸老,循規蹈矩,未見新意。

祝允明出,承徐有貞、李應禎之緒,略軼藩籬,未成體段。文徵明於書有識有守,功力深而年壽富,獨立書壇,幾與趙子昂相埒。其天資人力,如五雀六燕,銖兩無殊,信手任意之筆,不屑爲,亦不能爲也。

惟六如居士,以不世之姿,丁彌天之厄,抑塞磊落,雄才莫騁。發之翰墨,俱見跅弛不羈之致。其於書,上似北海,下似吴興,以運斤成風之筆,旋轉於左規右矩之中。力不出於鼓努,格不待於準繩,而不見其摹古綫索。天賦之高,誠有諸賢所不可及者。

科名得失,於六如何所損益?而"南京解元"一印,屢見高鈐;名場失意之詩,累形低咏。傀儡下場,即其自嘲之句,亦可嘆也。

八十三

憨山清後破山明，五百年來見幾曾。
筆法晉唐原莫二，當機文董不如僧。

憨山德清，破山海明。

先師勵耘老人每誨功曰，學書宜多看和尚書。以其無須應科舉，故不受館閣字體拘束，有疏散氣息。且其袍袖寬博，不容腕臂貼案，每懸筆直下，富提按之力。功後獲閱法書既多，於唐人筆趣，識解稍深，師訓之語，因之益有所悟。

明世佛子，不乏精通外學者，八法道中，吾推清、明二老。憨山懸筆作聖教序體，傳世之迹，亦以盈寸行書爲多。觀其行筆之際，每有摇曳不穩處，此正袍袖寬博，腕不貼案所致。而疏宕之處，備饒逸趣。破山多大書行草，往往單幅中書詩二句。不以頓挫爲工，不作姿媚之勢，而其工其勢，正在其中。冥心任筆，有十分刻意所不能及者。余昔得破山一幅，書“雪晴斜月浸檐冷，梅影一枝窗上來”二句，以奉先師。後得憨山書苦雨五律四首一卷，師已不及見矣。

八十四

鍾王逐鹿定何如，此是人間未見書。
異代會心吾不忝，參天兩地一朱驢。

八大山人書，早歲全似董香光，其四十餘歲自題小像之字可見也。厥後取精用宏，膽與識，無不過人，揮灑縱横，沉雄鬱勃，不佞口門恨窄，莫由仰爲贊喻！

大抵署傳綮款時，已漸趨方勁，所以破早歲香光習氣也。署八大山人款後，亦有一時作方筆者，且不但字迹點畫之方，所畫花頭樹葉乃至鳥眼兔身，無不棱角分明，觀之令人失笑。其胸襟之欲吐者，亦俱於棱角中見之。再後漸老漸圓，李泰和之機趣，時時流露，而大巧寓於大拙之中，吾恐泰和見之，亦當爽然自失，能逮其巧，不能逮其拙焉。

世事遷流，書風遞變。晚明大手筆，亦常見石破天驚之作。然必大聲鏜鞳，以振聾聵，不若山人之按指發光。所謂"嬉笑之怒，甚於裂眦"者也。

山人署名，每自書"驢"、"屋驢"等，從來未見自書"牵"字者。久之乃悟牵蓋晚明時驢字之俗體，與古文之牵字無涉。正如西遊記夯漢之爲笨漢，與夯土之夯無涉也。傳畫史者不忍直書馬旁之驢，而轉從俗作耳。

八十五

破陣聲威四海聞，敢移舊句策殊勛。
王侯筆力能扛鼎，五百年來無此君。

王鐸。

昔人以"雄强"評右軍書，而右軍又爲韓退之譏爲"姿媚”。然則雄强固非劍拔弩張之謂，而姿媚亦非齲齒慵妝之謂也。右軍往矣，宗風所振，後世書人，得其一體，即足成家。究之能得姿媚者多，能得雄强者少也。

明季書學，閣帖之派復興。大率振筆疾書，精神激越。四十年前賞鑒家塔式古丈，名塔齊賢，字式古，曾教功曰：“明人筆，有所向無前之勢”，可謂一語道破。觀夫倪鴻寶、黄石齋、張二水、傅青主諸家，莫不如是。如論字字既有來歷，而筆勢復極奔騰者，則應推王覺斯爲巨擘。譬如大將用兵，雖臨敵萬人，而旌旗不紊。且楷書小字，可以細若蠅頭；而行草巨幅，動輒長逾尋丈，信可謂書才書學兼而有之，以陣喻筆，固一世之雄也。

“王侯筆力能扛鼎，五百年來無此君”，倪雲林題王黄鶴畫之句，吾將移以贊之。

八十六

頭面頂禮南田翁，畫家字説殊不公。
千金寶刀十五女，極妍盡利將無同。

南田翁惲壽平，生丁桑海之際，崎嶇戎馬之郊。事迹譜於傳奇，節概標於信史。一水一石，巍並西山；一草一花，香齊薇蕨。數藝苑畸人於明末清初，惟八大山人與南田翁而已。

南田之畫，以寫生絶詣，攫造化之魂，所標徐、黄、趙昌等,不過借掩俗人之口。至其書法,實傳家學,以視先德,但見略加秀麗風韵。得力虞褚黄米,取精用宏,而往哲精華,無不資其爐冶。所謂六經皆我注脚,此其所以爲大手筆也。

流傳題畫稿本巨册,片語支詞,胥先起草,縱横修短,一一安排。乃知阮步兵之脱略禮法,轉見其爲至慎之人。而翁之書筆,世人但觀其秀麗,不知正是大道至柔,得致嬰兒之道也。

每聞人評惲書,曰"畫家之字",一似僅足爲丹青之附庸者,其謬妄自不待言。古樂府云:"千金買寶刀,懸著中梁柱。一日三摩挲,劇於十五女。"知此者,方足以觀南田翁之書,方足以論南田翁之書!

八十七

耕煙畫筆天瓶字,格熟功深作祖師。
更有文風同此調,望溪八股阮亭詩。

取金於沙,得三棄七,而其三,莫非真金也。既而鍾之如紙,研之如泥,布地裝門,入眼莫非金色時,刮而稱之,或不足三中之一。此理也,亦可以喻夫藝事:

有清八法,康、雍時初尚董派,乃沿晚明物論也。張照崛興,以顔米植基,澤以趙董,遂成乾隆一朝官樣書風。蓋其時政成財阜,發於文藝,但貴四平八穩。而成法之中,又必微存變化之致,始不流爲印版排算之死模樣。此變化也,正寓於繁規縟矩之中,齊民見其跌宕,而帝王知其馴謹焉。此際之金,又不足九中之一矣。

姑冒枝蔓之嫌,兼論其他諸藝:若王翬之畫,其筆可同庖丁之刃,山川氣象,無復全牛。而每見摹古册中,常厠以效顰董其昌全乖畫理之作,蓋迫於俗論所尚也。久之,雖攝取山靈之筆,亦俱入磚型瓦墼之中,而了無生氣矣。至於方苞古文之爲化妝八股,王士禎詩歌之爲傀儡生旦,其理不難推而得之也。

八十八

坦白胸襟品最高,神寒骨重墨蕭寥。
朱文印小人千古,二十年前舊板橋。

二百數十年來,人無論男女,年無論老幼,地無論南北,今更推而廣之,國無論東西,而不知鄭板橋先生之名者,未之有也。先生之書,結體精嚴,筆力凝重,而運用出之自然,點畫不取矯飾,平視其並時名家,蓋未見骨重神寒如先生者焉。

當其休官賣畫,以遊戲筆墨博鹺賈之黄金時,於是雜以篆隸,甚至諧稱六分半書,正其嬉笑玩世之所爲,世人或欲考其餘三分半書落於何處,此甘爲古人侮弄而不自知者,寧不深堪憫笑乎?

先生之名高,或謂以書畫,或謂以詩文,或謂以循績,吾竊以爲俱是亦俱非也。蓋其人秉剛正之性,而出以柔遜之行,胸中無不可言之事,筆下無不易解之辭,此其所以獨絶今古者。

先生嘗取劉賓客詩句刻爲小印,文曰"二十年前舊板橋"。覺韓信之賞淮陰少年,李廣之誅灞陵醉尉,甚至項羽之喻衣錦晝行,俱有不及鈐此小印時之躁釋矜平者也。

八十九

持將血淚報春暉,文伯經師世所稀。
禊帖卷中瞻墨迹,瓣香應許我歸依。

功周晬失怙,先母撫孤,備嘗艱苦。功雖亦曾隨分入小學中學,而魯鈍半不及格。十六七始受教於吴縣戴綏之師,獲聞江都汪容甫先生之學。旋於新春廠甸書攤上以銀幣一元購得《述學》二册,歸而讀之,其中研經考史之作,率不能句讀,而最愛駢儷諸文。逮讀至與汪劍潭書,淚涔涔滴紙上,覺琴臺、黄樓諸篇又有不足見其至性者焉。

初於《述學》中見定武蘭亭跋,不覺爲之神往。後見揚州翻摹本,知其原卷中只有先生手書跋尾二則,其餘諸條,悉爲趙晉齋據《述學》補録者。繼獲其帖之影印本,帖前丁以誠寫先生小像,神態如生。跋尾墨迹,頓挫淋漓,亦非石本所能畢肖。

先生雖寶惜蘭亭,顧得帖時已四十二歲,前此熏習,實以懷仁聖教爲多。功平生鑒閲書畫，不爲不多，而所見先生墨迹，並印本計之，不過五六事，轉覺蘭亭爲易得矣！

九　十

高郵之後有番禺，安雅終推學者書。
一代翁劉空作態，幾經鳴鼓召吾徒。

王念孫、陳澧。

乾嘉學者，有大工力於書者，宜莫錢竹汀先生若。然控筆略失於重，隸書更不免有鈍滯之譏。戴東原先生書，曾見殿試策、手簡、手稿，似無以書傳世之想。朱笥河先生好作隸古定體，手寫華山碑跋是也。其他隨筆揮灑書札、楹聯，無一毫館閣習氣。惟所傳極鮮耳。

若高郵王懷祖先生手稿、函札，所見極多，無意於書，而天真平易，生平學養，俱見於點畫之間，信乎學者之筆也。

較後則推番禺陳蘭甫先生書。以翁正三曾提學粤東，先生不免間接染其餘習。然其融合歐米，不但終成自家面目，亦見自家性情。所作書札，皆娓娓論學，首尾千百言，無矜持，無懈怠。昔人論師道有言教身教之説，余謂觀學人之筆，可謂併受書教焉。

當時名家，成王以爵重，可以别論。餘則翁、劉各標重望，而摶土揉脂，但見其處處作態，入目令人不怡，殆所謂藝成而下者乎？

九十一

琳瑯詩富容夷韵，洞達書饒婉孌情。
一事惜翁真可惜，誤將八股榜桐城。

姚鼐。

惜抱翁文名震天下，與其鄉先輩方望溪齊名，世號方姚。無論方氏平生不爲詩，即以文論，方又何堪媲姚哉。大抵姚見世面，通人情，方則自賣頭巾，而諸頭巾却不相許也。

姚之詩，容夷跌宕，視隨園，有時竟有突過者，遑論其並時餘子。至於書，又有過其詩文處。蓋無意求工，却處處見深造之功，自得之趣。曾見近代趙堯生先生題其書札文稿墨迹之詩，有"紙墨似相戀"之句，真妙於形容。宋人論歐陽永叔書，謂其"以尖筆作方闊字"，吾覺惜抱正有同調。

曾見明人楊繼鵬於皖中刻董香光書曰銅龍館帖，惜抱筆勢絶似之，蓋其入手所自也。望溪以八股之法爲古文，又以古文之法爲八股，遂成其所謂桐城文派，惜抱亦不免爲其所欺。

九十二

一般風氣一鄉人，歲月推遷有故新。
四體歷觀程穆倩，始知完白善傳薪。

凡百藝能，莫得逃乎時代，亦莫得超乎地域。作者師承授受，口講指畫，波摹磔擬，不似則爲不中程，固屬有意所成之家法；亦有生於其時其地，誼非師生，耳濡目染，無意中而成其流派者。

余素厭有清書人所持南北書派之論，以其不問何時何地何人何派，統以南北二方概之，又復私逞抑揚，其失在於武斷。然苟能平心静察，形質性情，或爲父子兄弟，或爲異縣他鄉。時代所籠，則異中有同；地域所區，則同中有異。雖豪杰奮志，壁壘全新；或商人射利，纖毫必似。及入識者眼中，其異其同，仍莫能掩也。

嘉慶中完白山人書法篆刻，如異軍突起，震爍一世。包慎伯撰《藝舟雙楫》，復爲之建旗竪鼓，歷述山人遍臨漢魏群碑，各若干本，取資廣而用力深，一若天資學詣，迥不因人者。余嘗見康熙時歙人程穆倩諸體書及印譜，因覺完白之篆刻用筆行刀，其來有自，即隸書行書，亦莫不肖似。右下一捺，其肖彌甚。乃知按模脱墼，賢者不爲，而登樓用梯，雖仙人不廢焉。

九十三

驚呼馬背腫巍峨，那識人間有橐駝。
莫笑掔經持論陋，六朝遺墨見無多。

仁智異樂，酸鹹異嗜，各好其好，本無强同之理，而世人好辨，强人從我，學問之道，其弊尤烈：

經學之今古文，道學之朱陸派，讀書人爲之齒冷久矣。至於醫術、丹青、烹飪、音樂等，入主出奴，喧囂不堪入耳。至於書道，争端更有易啓者。蓋醫術有生死可徵，丹青則人馬可辨，烹飪則猫犬亦識其香，音樂則魚鳥亦歆其韵，惟書道則不然。不識一丁者，亦可照猫畫虎，率爾操觚；略識之無者，更得筆舌瀾翻，逞其臆論。此輩淺學，聞者嗤之，其謬尚不難破敗；惟世之達官且號爲學人者，縱或指鹿爲馬，聞者莫敢稍疑，阮元之“南北書派論”是也。其於唐宋法書，漢晉墨迹，寓目既稀，識解更無所有。其所論列，譬如獨坐路歧，指評行客，肥者氏趙，瘦者氏錢，長則姓孫，短則姓李而已。語云：“少見多怪，見槖駝謂馬腫背”，堪爲揅經室主誦之。至其陋謬之例，有目共見，吾又何暇列舉乎！

九十四

無端石刻似蜂窩，摸索低昂聚訟多。
身後是非誰管得，安吴包與道州何。

人之性情源乎秉賦，而識解則必資於見聞。佛寺道觀，滿壁鬼神，縱或三頭六臂，其每頭每臂，固皆取象於人之一體。遺腹子不夢其父，未曾親見其父也。顧陸張吴，丹青絶世，然未聞能畫世所未見之物焉。

書法習尚，代有變遷。所謂“臣無二王法，二王亦無臣法",並非譫語。以時世既異,其法亦必兩有不能者。復古創新,同借所因,心目苟無,豪杰莫能措手。徒逞之口,悻悻之心,多見其無益耳。

有清中葉,書人厭薄館閣流派,因以遷怒於二王歐虞趙董之體。兼之出土碑誌日多,遂有尊碑卑帖之説及南北優劣之辨。阮元、包世臣發其端,何紹基、康有爲繼其後,於是刀痕石璺,盡入品題;河北江南,自成水火。暨乎石室文書,流沙簡牘,光輝照於寰區,操觚之士,耳目爲之一變。於是昔之斷斷然累牘連篇者,俱不足識者之一哂。此無他,時世不同,目染有所未及而已。

九十五

秦漢碑中篆隷形,有人傅會説真行。
逆圈狂草尋常見,可得追源到拉丁。

書體之篆隷草真,實文字演變中各階段之形狀,有古今而無高下。譬之蟲豸,卵子圓而小,幼蟲長而細,蛹如桶狀而微橢,蛾同蝶形亦能飛。蟲先於蛹,並不優於蛹也。卵小於蟲,未必美於蟲也。貴遠賤近,文人尤甚。篆高於真,隷優於草,觀念既成,淪肌浹髓,莫之能易焉。

然真行之體,行來已千數百年,久爲日用所需。倉頡復起,亦必回天無術。若乾嘉時江聲艮庭,所書文稿箋劄,莫非小篆,見者不識,竟成笑柄。亦有既不得不用真行今草,又不甘其不古者,於是創爲篆法隸法、篆意隸意之説。筆圓而秃者,謂有篆法,筆方而扁者,謂有隸法,並不計其字體之今古繁簡焉。於無可徵驗之中,收指揮如意之效,遂有謂右軍之書,必如二爨始稱真迹者。

懷素自叙卷中狂草,間有行筆反圈,作逆時針方向者,余每戲指示人,謂爲得拉丁筆法。蓋崇洋媚古,其揆莫二,惜談篆法隸意者,見不及此耳。

九十六

貶趙卑唐意不殊,推波南海助安吴。
紆回楫櫓空辭費,只刺衰時館閣書。

歷代俱有官樣書體,唐代告敕,若顔真卿體,若徐浩體,其後各卷俱冒稱顔徐真迹,然而尚未全歸一致。至宋則一律作懷仁集王聖教序體,以其風格出自御書院,當世遂號曰院體。明代告身,所見者全是沈度一派。翰林館閣之書,若姜立綱、程南雲,亦是沈度一體之略肥者。有清康熙時風行董其昌體,似尚無統一之規格。至乾隆時張照體出,御書採之,遂成所謂南書房體,可謂初期之館閣書。然殿試策尚不盡如是,所見錢大昕、戴震之策,固甚簡便也。嘉道以後,標舉黑大光圓之訣,白摺大卷,全同印版,號曰卷摺體,則後期之館閣書也。蓬山清秘,尊之若在九天;而世人退而議其書風,貶之如墜九地。何以故?以帝王一人之力,欲納天下之書於一格耳。

包世臣《藝舟雙楫》譏趙孟頫書如市人入隘巷,無顧盼之情。驗以趙書,並非如此,蓋借以諷館閣書體耳。至康有爲《廣藝舟雙楫》,進而痛貶唐人,至立“卑唐”一章,以申其説。察其所舉唐人之弊,仍是包氏貶趙之意而已。

《雙楫》論文與書也,《廣雙楫》但論書,時人號之爲“藝舟單櫓”。

九十七

少談漢魏怕徒勞,簡牘摩挲未幾遭。
豈獨甘卑愛唐宋,半生師筆不師刀。

文字遞嬗,其書寫之法,自然不同。雖有時代之異,然非前必優後必劣也。且真草以至行書,自魏晉至隋唐,逐漸完美,世人習用至今,已有千數百年之經歷。其前雖爲篆隸,但習真行者,非必先學篆隸始能作真行筆勢也。不獨此也,今人久習篆隸,甚至有翻不能爲真行者。唐人艷稱滕王善畫蛺蝶,然未聞滕王先工畫卵蛹而後始工畫蝶也。

清初朱竹垞、鄭谷口好作隸書,學曹全碑,與其真行用筆相似,觀者不以爲工。鄧石如篆隸,世無間言矣,而行草糾繞,雖包慎伯之傾心推挹,於其行草猶稍以爲未足。若錢十蘭、黄小松,篆隸工矣,而真行署款,亦未能與其篆隸齊觀。此篆隸與真草行書並不同法之明證,非能工於彼即工於此也。自兩漢簡牘出土以來,始知漢人作書,並不如搨秃石刻之矯揉,而鄧石如諸賢,則未嘗一睹漢人墨迹也。

余學書僅能作真草行書,不懂篆隸。友人有病余少漢魏金石氣者,賦此爲答。且戲告之曰,所謂金石氣者,可譯言"斧聲燈影"。以其運筆使轉,描摹鑿痕;結字縱横,依稀燈影耳。

九十八

亦自矜持亦任真,亦隨俗媚亦因人。
亦知狗馬常難似,不和青紅畫鬼神。

劉墉書驕恣偃蹇,了無足取。其自論作書甘苦,却有道着實際處。觀其與伊秉綬書云:"氣骨膏潤,縱横出入,非吾所難;難在有我則無古人,有古人則無我。奈何奈何!"所謂有古人者,似碑帖中字也;所謂有我者,自成體段也。不佞於此,亦有同感焉。臨古法書,求其肖似,而拘泥矜持,不啻邯鄲之步。迨乎放筆自運,分行布白,可得已出矣,而點畫荒率,每招杜撰之譏。且自運稍久,臨古又無入處。其病所由,蓋臨古不深,而自運又復不熟耳。乃知書雖一藝,但非率爾可工。其心須放,其眼須精,其手須勤。回憶每臨帖一通之後,放筆作字,必有一絲進境,然無從有意求之。

人莫逃乎時代風氣,雖大力者,創造與規避,兩不可能。惟有廣於借鑒,天然消化耳。石刻斑剥,壁上之鬼神也;墨迹淋漓，人間之狗馬也，欲有借鑒，惟畫狗馬而不畫鬼神，其券可操之於己耳。“鬼物圖畫填青紅”，韓退之句也。

九十九

用筆何如結字難，縱横聚散最相關。
一從證得黄金律，頓覺全牛骨隙寬。

趙子昂云：“書法以用筆爲上，而結字亦須用功。”此語出自宗師，宜若可信。詎知習書以來，但辨其點劃方圓，形狀全無是處。其後影摹唐楷，見其折算，於停匀中有鬆緊，平正中有欹斜。苟能距離無謬，縱或以細綫劃其筆劃中心，全無輕重肥瘦，懸而觀之，仍能成體。乃知結字所關，尤甚於用筆也。

又用世俗流行之九宫格、米字格作字，上字之脚，每侵入下格，遞侵之餘，常或一行四格之中，只能容得三字。以注意力必聚於格之中心也。偶以放大畫圖所用劃有細小方格之坐標玻璃片，罩於帖上，詳量每字中筆劃之聚散高低，始知結字之秘。蓋字中重點，並不在中心一處。

其法將每大方格縱横各劃十三小方格，中間三小格縱横成十字路，每行小格爲五三五。自左上一交叉點言，其上其左俱爲五，其下其右俱爲八。此十字路中四交叉點，各爲五比八之位置，合乎黄金分割之理焉。余别有文述之，兹不能詳。

一百

先摹趙董後歐陽,晚愛誠懸竟體芳。
偶作擘窠釘壁看,旁人多説似成王。

右四首自題所書册後者。

以上八十首爲一九六一年至一九七四年作。

余六歲入家塾,字課皆先祖自臨九成宫碑以爲仿影。十一歲見多寶塔碑,略識其筆趣。然皆無所謂學書也。

廿餘歲得趙書膽巴碑,大好之,習之略久,或謂似英煦齋。時方學畫,稍可成圖,而題署板滯,不成行款。乃學董香光,雖得行氣,而骨力全無。繼假得上虞羅氏精印宋搨九成宫碑,有劉權之跋,清潤肥厚,以爲不啻墨迹,固不知其爲宋人重刻者。乃逐字以蠟紙鉤搨而影摹之,於是行筆雖頑鈍,而結構略成,此余學書之築基也。

其後雜臨碑帖與夫歷代名家墨迹,以習智永千文墨迹爲最久,功亦最勤。論其甘苦,惟骨肉不偏爲難。爲强其骨,又臨玄秘塔碑若干通。偶爲人以楷字書聯,見者殷勤獎許之曰,此深於詒晉齋法者,而余固未嘗一臨詒晉帖也。吁!此不虞之譽耶,取徑相同耶?鄉曲熏習耶?抑生物之“返祖”耶?俱不得而知之矣!

讀《論書絶句一百首注釋》後記

學友趙君篤學善著書,亦好八法。霽晚蕭晨,過往談論,於前賢論書之作,時有古奥難通之語,相與參詳,每多神解。

余以拙作百首面質,深相期許,又聞讀者有所未達處,乃奮筆而書,闡發每有不佞未及見者,抵掌論學之樂,於斯可得。

韻語之道,不佞詎敢上擬王漁洋;而注釋《精華録》,趙君遠超惠松崖。慚悚有加,附此敬申謝意。

啓功　附識

二〇〇一年三月十五日

關於法書墨迹和碑帖

一

談起這方面的事,首先碰到書法問題。

中國的漢字,雖然有表形、表聲、表意種種不同的構成部分,但總的成爲——可以姑且叫作——“方塊字”,辨認起來,仍是以這整塊形狀爲主。因此這種形狀的語言符號的書寫,便隨着中國(包括漢族和用漢字的各族人民)的文化發展而日趨美化。所以凡用這種字體的民族,都在使用過程中把寫法美化放在一個重要位置。

這個道理並不奇怪,即是使用拼音符號的字種,也没見有以特别寫得不好看爲前提的,同時生活習慣不同的民族之間,他們文化傳統不同,不能相比,也不必硬比。比方西洋人不用筷子吃飯,而筷子並没失去它在用它的民族中的作用和地位。又如不是手寫的字,像木刻板本或鉛字印模,尚且有整齊、清晰、美觀這些最起碼的要求。就像純粹用聲音的口頭語言,也還要求字音語調的和諧。我們人類没有一天離得開文字,它是人類文化的標幟,是社會生活中一個重要的交際工具,和服裝、建築、器具等一樣,有它輝煌的歷史,並且人類對它有美化的迫切要求。

當然,只爲了追求字體的美觀,以致妨礙書寫的速度及文字及時表達思想的效用,是“因噎廢食”,是應該反對的。同時所謂書法美的標準,雖在我們今天的觀點下,也可能有某些好惡的不齊,但是那些不調和的筆劃和使人認不清的字形,總歸不會受人歡迎。難道專寫過分難辨的字,使讀稿或排字的人花費過多的猜度時間,可以算得藝術的高手嗎?

有人説漢字正在改革簡化,逐漸走上拼音化的道路,人們都習用鋼筆,還談什麽書法!其實這是不相悖觸的。研究成爲文化遺産和歷史資料的古人書寫遺迹,和文字改革固不相妨,而且將來每字即便簡化到一點一劃,以及只用機器記録,恐怕在點劃之間未嘗没有美丑的區别,何况簡體或拼音符號還不見得都是一個點兒或一個零落的筆道兒呢?

以前確也有些人把書法説得過分神秘:什麽晉法、唐法,什麽神品、逸品,以及許多奇怪的比喻(當然如果作爲一種專門技術的分析或評判的術語,那另是一回事,只是以此要求或教導一切使用漢字的人,是不必要的);在學習方法上,提倡機械的臨摹或唯心的標準;在搜集範本、辨别時代上的煩瑣考證;這等等現象使人迷惑,甚至引人厭惡。從前有人稱碑帖拓本爲"黑老虎",這個語詞的涵義,是不難尋味的。但我們不能因此遷怒而無視法書墨迹和碑帖本身的真正價值。相反的,對於如何批判地接受這宗遺産,在書寫上怎樣美化我們祖國的漢字,在研究上怎樣充分利用這些遺物,並給它們以恰當的評價,則是非常重要的。

二

對於書法這宗遺産的精華,在今天如何汲取的問題,不是簡單篇幅所能詳論，現在試就墨迹和碑帖談一下它們的藝術方面、文獻方面的價值和功用。

法書墨迹和碑帖的區别何在？法書這個稱呼，是前代對於有名的好字迹而言。墨迹是統指直接書寫（包括雙鉤、臨、摹等）的筆迹，有些寫的並不完全好而由於其他條件被保存的。以上算一類。碑帖是指石刻和它們的拓本。這兩種，在我們的文化史上都具有悠久傳統和豐富的數量。先從墨迹方面來看：

殷墟出土的甲骨和玉器上就已有硃、墨寫的字，殷代既已有文字，保存下來，並不奇怪，可驚的是那些字的筆劃圓潤而有彈性，墨痕因之也有輕重，分明必須是一種精製的毛筆才能寫出的。筆劃力量的控制，結構疏密的安排，都顯示出寫者具有深湛的鍛煉和豐富的經驗。可見當時書法已經絶不僅僅是記事的簡單號碼，而是有美化要求的。戰國帛書、竹簡的字迹，更見到書寫技術的發展。至於漢代墨迹，近年出土更多，我們從竹簡、陶器以及紙張上看到各種不同用途、不同風格的字迹：精美工整的"名片"（"春君"等簡）；倉皇中的草寫軍書；陶製明器上公文律令式的題字；簡册上抄寫的古書籍（《論語》、《急就章》等）等等。筆勢和字體都表現不同的精神，使我們很親切地看到漢代人一部分生活風貌。

漢以後的墨迹，從埋藏中發現的更多。先就地上流傳的法書真迹來看：從晉、唐到明、清，各代各家的作品，真是五光十色。書法的美妙，自然是它們的共同條件之一，而通過各件作品，不但可以看到寫者以及他所寫給的對方的形象，還可以提供我們瞭解古代社會生活多方面的資料。至於因不同的用途而書寫成不同的字體，不同的時代有不同的書風，更可以作考古和文物鑒别上許多有力的證據。

舉故宫博物院現存的藏品爲例：像張伯駒先生捐獻的一批古法書裏的陸機《平復帖》，以前人不太細認那些字，幾乎視同一件半磨滅的古董，現在看來，他開篇就説："彦先羸瘵，恐難平復。"陸機的那位好友賀循的病况消息，仿佛今天剛剛報到我們耳邊，而在讀過《文賦》的人，更不難聯想到這位大文豪兼理論家在當時是怎樣起草他那些不朽作品的。王珣《伯遠帖》、王獻之《中秋帖》，在當時不過是一封普通的信札，簡單和程度，仿佛現在所寫的一般"便條"，但是寫得那樣講究，一個個的字都像是有血有肉有個性的人物。這種書札寫法的傳統，直到近代還没有完全失掉。較後的像五代楊凝式《夏熱帖》和宋代蘇軾、米芾、元代趙孟頫等名家所寫的手劄，不但件件精美，即在流傳的他們的作品中，都佔絶大數量。這種手劄歷代所以多被人保存，原因當然很多，其一便是書法的賞玩。

文學作家親筆寫的作品，我們讀着分外能多體會到他們的思想感情。從唐杜牧的《張好好詩》，宋范仲淹的《道服贊》，林逋、蘇軾、王詵等的自書詩詞裏看到他們是如何嚴肅而愉快的書寫自己的作品。黄庭堅的《諸上座帖》，是一卷禪宗的語録，雖然是狂草所書，但那不同於潦草亂塗，而是紙作氍毹，筆爲舞女，在那裏跳着富有旋律、轉動照人的舞蹈。南宋陸游自書詩，從自跋裏看到他謙詞中隱約的得意心情，字迹的情調也是那麽輕鬆流麗，誦讀這卷真迹時，便覺得像是作者親手從旁指點一樣。這又不僅止書法精美一端了。再像張即之寸大楷字的寫經，趙孟頫寫的大字碑文或長篇小楷，動輒成千累萬的字，則首尾一致，精神貫注，也看見他們的寫字工夫，甚至可以恭維一下他們的勞動態度。

至於雙鈎臨摹,雖不是原來的真迹,但鈎摹忠實的仍有很高的價值。像王羲之的《蘭亭叙》,原本早已不存,而故宫博物院所藏有"神龍"半印的那卷,便是唐人摹本中最好的一個。無論"行氣"、"筆勢"的自然生動,就連墨色都填出濃淡的分别。大家都知道王羲之原稿添了"崇山"二字,塗了"良可"二字,還改了"外、於今、哀、也、作"六字爲"因、向之、痛、夫、文",現在從這個摹本上又見到"每覽昔人興感之由"的"每"字原來是個"一"字,就是"每"字中間的一大横劃,這筆用的重墨,而用淡墨加上其他各筆。在文章的語言上,"一覽"確是不如"每覽"所包括的時間廣闊,口氣靈活而感情深厚。所以説,明明是復製品,也有它們的價值。同時著名作家的手稿,雖然塗改得狼藉滿紙,却能透露他們構思的過程。甚至有人説,越是草稿,書寫越不矜持,字迹越富有自然的美。所以縱然塗抹縱横的字紙,也不宜隨便輕視,而要有所區别。

怎麽説書法上能看出書者的個性呢?即如"十年一覺揚州夢,贏得青樓薄倖名"的杜牧,筆迹也是那麽流動;而能使"西賊聞之驚破膽"的范仲淹,筆迹便是那麽端重;佯狂自晦的楊瘋子(凝式),從筆迹上也看到他"抑塞磊落"的心情;玩世不恭的米顛(芾),最擅長運用毛筆的機能,自稱爲"刷字",筆法變化多端,而且寫着寫着,高興起來便畫個插圖,如《珊瑚帖》的筆架。這把戲他還不止搞過一次,相傳他給蔡京寫信告幫求助,説自己一家行旅艱難,只有一隻小船,隨着便畫一隻小船,還加説明是"如許大",使得蔡京啼笑皆非。至於林逋字清疏瘦勁;蘇軾字的豐腴開朗,而結構上又深深表現出巧妙的機智。這等等例子,真是數不完的。尤其是人民所景仰的偉大人物,他們的片紙隻字,即使寫的並不精工，也都成了巍峨的紀念塔。像元代農民保存文天祥字的故事，便是一個例證。

三

談到碑帖，碑、帖同是石刻，而有區别。分别並不在石頭的横竪形式，而在它們的性質和用途。刻碑（包括墓誌等）的目的主要是把文詞内容告訴觀者，比如名人的事迹、名勝的沿革，以及政令、禁約等等。這上邊書法的講求，是爲起美化、裝飾甚至引人閲讀、保存作用的。帖則是把著名的書迹摹刻流傳的一種復製品。凡碑帖石刻裏當然並不完全是够好的字，從前“金石家”收藏多是講求資料，“鑒賞家”收藏多是講求字迹、拓工。我們現在則應該兼容并包，一齊重視。

先從書法看，古碑中像唐宋以來著名的刻本，多半是名手所寫，而唐以前的則署名的較少，但字法的精美多彩，却是“各有千秋”。帖更是爲書法而刻的，所以碑帖的價值，字迹的美好，先佔一個重要地位。

其次刻法、拓法的精工，也值得注意，看從漢碑到唐碑原石的刀口，是那麽精確，看唐拓《温泉銘》幾乎可以使人錯認爲白粉所寫的真迹。古代一般的碑誌還是直接寫在石上，至於把紙上的字移刻到石上去就更難了，從油紙雙鈎起到拓出、裝裱止，要經過至少七道手續，但我們拿唐代僧懷仁集王羲之字的《聖教序》、宋代的《大觀帖》、明代的《真賞齋帖》、《快雪堂帖》等等來和某些見到墨迹的字來比較，都是非常忠實，有的甚至除了墨色濃淡無法傳出外,其餘幾乎没有兩樣。這是我們文化史、雕刻史、工藝史上成就的一個組成部分,是不應該忽視的。

碑帖的文獻性(或説資料性)是更大的。用"石經"校經,用碑誌證史、補史,以及校文、補文的,前代早已有人注意做過,但所做的還遠遠不够。何況後來繼續發現的愈來愈多!例如:唐歐陽詢寫的《九成宫醴泉銘》的"高閣周建,長廊四起"的"四"字,所傳的古拓本都殘損了下半,上邊還有一個泐痕,很像"穴字頭"(翻造僞本,雖有全字,而不被人相信)。於是有人懷疑也許是"突起"吧?我也覺得有些道理。最近張明善先生捐獻國家一册最早拓本,那"四"字完整無缺,回想起來,所猜十分可笑,"長廊"焉能"突起"呢?這和唐摹蘭亭的"每"字正有同類的價值(而這本筆劃精神的豐滿更是説不盡的),古拓本是如何的可貴!

其次像唐李邕寫的《岳麓山寺碑》,到了清代,雖然有剥落,而存字並不太少。清修《全唐文》把它收入,但字數竟自漏了若干。所以一本普通常見的碑,也有校訂的用處。又如其他許多文學家像庾信、賀知章、樊宗師等所撰的墓誌銘,也都有發現,有的和集本有異文,有的便是集外文,如果把無論名家或非名家的文章一同抄録起來,那麼"全各代文"不知要多出多少!還有名家所寫的,也有新發現,在書法方面,即非名家所寫,也常多有可觀的。即是不够好的,也何嘗不可作研究書法字體沿革的資料呢!

至於從碑誌中參究史事的記録,更是非常重要,也多到不勝列舉,姑且提一兩個:歐陽修作《五代史》不敢給他立傳的"韓瞠眼"(通),到了元代修《宋史》才被表彰,列入"周三臣傳",而他們夫婦的墓誌近年出土,還完好無缺。這位並不知名的撰文人,真使歐陽公向他負愧。又如“旗亭畫壁”的詩人王之涣,到今天詩止剩了六首,事迹也茫無可考,已經不幸了。而旗亭這一次吐氣的事,又還被明胡應麟加以否定,現在從他的墓誌裏得到有關詩人當日詩名和遭遇的豐富材料。

至於帖類裏,更是收羅了無數名家、多種風格的字迹。從書法方面看,自是豐富多彩。尤其許多書迹的原本已經不存,只靠帖來留下個影子。再從它的文獻性(或説資料性)方面,也是足以驚人的。宋代的《鐘鼎款識》帖,刻了許多古金文,《甲秀堂帖》縮摹了《石鼓文》,保存了古代的金石文字資料。又如宋《淳熙秘閣續帖》所刻的李白自寫的詩,龍蛇飛舞,使我們更得印證了詩人的性格。白居易給劉禹錫的長信,也是集外的重要文章。《鳳墅帖》裏刻有岳飛的信札,是可信的真筆。其他名人的集外詩文,或不同性質的社會史、藝術史的資料更是豐富,只看我們從什麽角度去利用罷了。我常想:假如把歷代的墨迹和石刻的書札合攏起來,還不用看書法,即僅僅抄文,加以研究,已經不知有多少珍奇寶貴的礦藏了。

從墨迹上可以看到書寫的時代特徵,碑帖上的字迹自然也不例外,同時刻法上也有各時代的風氣。兩方面結合起來看,條件更加充足,這在對文物的時代鑒定上是極關重要的一個環節。比如試拿敦煌寫本看,各朝代都有其特點,即僅以唐代一朝,初、盛、中、晚也不難分别。現在常聽到從畫風上研究敦煌畫的各個時代,這自然重要,其實如果把畫上題字的書法特點來結合印證,結論的精確性自必更會增强的。再縮小到每個人的筆迹,如果認清他的個性,不管什麽字、什麽體,也能辨别。要不,爲什麽簽字在法律上會能够生效呢?

四

總起來説，書法的技藝、法書墨迹、碑帖的原石和拓本這一大宗遺産，是非常豐富而重要，研究整理的工作在我們的文化事業中關係也是很大。我個人不成熟的看法，以爲這方面大家應做、可做而且待做的，至少有三點：

（一）書法的考查，分析它的發展源流，影印重要墨迹、碑帖，以供參考。

（二）文字變遷的研究。整理記録各代、各體以至各個字的發展變遷。編成專書。

（三）文獻資料的整理。將所有的法書墨迹（包括出土的古文件）、碑帖（包括甲骨、金文）逐步的從編目、録文，達到攝影、出版。

當然這絶非一朝一夕和一人所能做到的事，但是問題不在能不能，而在做不做。現在對於書法有研究的人，是減多增少，而碑帖拓本逃出"花炮作坊"漸向不同的各地圖書文物的庫房集中，這是非常可喜的。但跟着發生的便是利用上如何方便的問題，當然今天在人民的庫房中根本上絶不會"歲久化爲塵"，只是能使得向科學進軍的小卒們不致於望着有用的資料發生"盈盈一水間，脈脈不得語"的感覺，那就更好了！

論書隨筆

一　論筆順

什麽叫做筆順？習慣即指寫字時各個筆劃的先後順序。例如寫“人”字，先“丿”後“㇏”；寫“二”字，先上橫後下橫。這個原則可以類推。

這種順序是怎麽産生的，誰給規定的？回答是由於寫時方便的需要。寫字用右手，不僅漢字，即世界各族人，也都如此。漢字寫法習慣，每字各筆劃的先上後下，先左後右，是怎麽形成的？不難理解，如果倒過來寫，先下後上，在寫上筆時，自己的手和筆，遮住了下一筆，寫起即不方便。“順”字，即是便利的意思。

漢字的章法，每行自上而下，各行却由右而左，這種寫法習慣，自商周的甲骨金文中已然如此。任何習慣的形成，都有它的複雜因素，後人可以推測，但難絶對全面確定它的原理。筆劃之間，先上後下，先左後右，字與字之間，先上後下，這是一致的，單獨“行際”是由右向左只能歸之於“自古習慣”，“漢字習慣”。

每字的筆順，比“行次”問題好理解，下面舉幾個例：

“宀”，上一點在最上，左點在左，然後横劃連右鈎，是順的。“宀”下邊裝進什麽都是第二步的事。

“亻”，“丿”在上，從上向左下走，“丨”在“丿”下，即成爲

“亻”,右邊可以隨便搭配了。

“小”,“亅”居中,定了標竿,左右相配,容易匀稱。“業”,先“‖”,後配左右兩點,亦是此理。

“中”,先寫“口”,像剪彩的彩帶,先扯平,中間下剪,比較容易。

“万”,先寫横,没問題。“㇆”與“丿”,誰先誰後,有争議。從方便講,宜先寫“㇆”,“亏”的左下有一塊空地,用“丿”把它分割,字中空白容易匀稱。“衣”中的“𧘇”右“㇃”,也是分割空地的道理。

“日”、“目”,順序如下:冂 月 月 目,爲什麽不先寫“口”,因爲這長方格中,填進小横,不易匀稱。先寫“冂”,如果裹邊空地不够,末筆稍靠下,也還無妨,如果裹邊空地還多,“冂”的兩個下脚露出些尖也不要緊。

“母”,先左連下成“乚”,後上連右成“㇆”,即成“口”,“一”横平分,毋,兩小空格中各填一點,可謂“順理成章”。

“太”,先一横,定了這個字的領地中主要位置,中分一横,從上向左下一“丿”,“𠂇”的右下有一空地,用“㇏”平分這塊空地,即成“大”,再在下邊空地中加一個點,也是自然便利的。

這個道理,再推到另一例:“春”,“三”可以比“太”字的“一”,“人”,與“太”字同一辦法,下加“日”,可以比“太”字的下邊一點。不管字中筆劃多麽繁,交叉多麽亂,都可以從這種原理類推而得。

至於行書的筆順,有時和楷書略有不同的。因爲行書是楷書的快寫,爲了方便,有時顧不了像楷書那樣太順,例如“有”,楷書原則是先“一”後“丿”,以“丿”分割“一”。行書爲了順利,先“丿”轉向左上連“一”,“一”的右端再轉下連“丿”,再後成“月”。

這種不合楷書的“順”,却是行書的“順”,不可固執看待。

草書比行書更簡單、更活動了。無論從隸書變成的“章草”,還是從楷書變成的“今草”,它的構成,都不出兩種原則:一是字形外框的剪影;二是筆劃軌道的連接。前一種例如“海”,寫作“㳚”,把“氵、𠂉、母”三部分按它們的位置各畫出一個簡化了的形狀。又如“囘”或“回”,只作◎也可以了。又如“婁”,寫作“𡜊”,便是由“婁”變“娄”,又把婁的頭接上它的脚,只要“米”和“女”,拋去了它的腹部。還有幾種公用的符號,如左邊的“丨”,可代替“亻、彳、氵”等,下邊的“一”,可代替“火、心、灬”等。

後一種例如“成”,寫作“𢦏”,“厂”寫作“乚”,“乀”寫作“亅”,裏邊的“ㄱ”寫作左邊的“ㄅ”,右邊的“丿”寫作“乚”,右上的點不改。這即是把分寫合爲“成”字的各個筆劃,按照它們的先後次序連接寫得的一個内有筆序,外變形狀的“成”字。又如“有”字,草書先從“丿”的頭部寫起,左彎的上代横,從右上轉的左下代“月”的左竪,右轉回鈎,代“月”字的“⺕”,便成了“𠂇”,略近外形,實是用筆順構成的,和行書的“有”字又不同了。

草書不易認識,有許多人正在研究從草字查它是什麽楷字的辦法。還没有很簡便的方案。現在姑且按上邊兩種例子做一試探:即看到一個草字後,先看它的外框像個什麽楷字,再按它的筆順斷斷續續地寫一寫,至少可以翻譯出一半以上的草字。

二　論結字

字是用許多筆劃構成的,筆劃又具有各種不同的形狀,如“、一丨丿乀乚亅”,所謂點、横、竪、撇、捺、鈎等。隨着字形的需要,有多種排列組合的方式,成爲“字形”,這是字的基本構造問題。每個字形的姿態,又與字中每個筆劃的形狀和筆劃安排有關。如筆與筆之間的疏密、斜正、高矮、方圓等等,都影響着字的姿態,這是書法美術的問題。這裏所説的“結字”,是指後者。“結字”,習慣上也稱“結構”、“結體”,或稱“間架”。

元代書法家趙孟頫説:“書法以用筆爲上,而結字亦須用工”(見《蘭亭十三跋》)。用筆無疑是指每個筆劃的寫法,即筆毛在紙上活動所表現出的效果。當然筆毛不聚攏,或行筆時筆毛不順,寫出的效果當然不會好。又或寫出的筆劃,一邊光滑,一邊破爛,這筆是把筆頭卧在紙上横擦而出的。筆劃兩面光滑,是寫字最起碼的條件。要使筆劃兩面光滑,就必須筆頭正,筆毛順。從前人所説的“中鋒”,並無神秘,只是筆頭正、筆毛順而已。好比人走路必定是腿站起,面向前的原則一樣。躺着走不了,面向旁邊必撞到别的東西上。不言而喻,趙氏這裏所説的“用筆”,必定不是指這個起碼條件,而是指古代書法家藝術性的筆劃姿態。究竟他所指的“用筆”和“結字”哪個重要呢?以次序論,當然先有筆劃,例如先有“一”後有“丨”,才成“十”字,“十”字的形成,後於“一”的寫出。但如果没有十字的構想或設計方案,把一丨排錯,寫成丅丄,也是不行的。從書法藝術上講,用筆和結字是辯證的關係。但從學習書法的深淺階段講,則與趙氏所説,恰恰相反。

舉例來説:假如我們把古代書法家寫得很好看的一個“二”字,從碑帖上把兩横分剪下來,它的用筆可説是“原封未動”,然後拿起來往桌上一扔,這二横的位置可以千變萬化,不但能够變成另一個字,即使仍然是短横在上,長横在下,但由於它們的距離小有移動，這個字的藝術效果就非常不同了。倒過來講，一個碑帖上的好字，我們用透明紙罩在上邊，用鋼筆或鉛筆在每一筆劃中間劃上一個細綫，再把這張透明紙拿起單看，也不失爲一個好的硬筆字。不待言，鋼筆或鉛筆是没有毛筆那樣粗細、方圓、尖秃、强弱的效果，只是一條條的匀稱的細道，這種細道也能組成篆、隸、草、真、行各類字形。甚至李邕的欹斜姿態，歐陽詢的方直姿態，也能從各筆劃的中綫上抓住而表現出來。

練寫字的人手下已經熟習了某個字中每個筆劃直、斜、彎、平的確切軌道，再熟習各筆劃間距離、角度、比例、顧盼的各項關係，然後用某種姿態的點劃在它們的骨架上加“肉”；逐漸由生到熟，由試探到成就這個工程，當然是軌道居先，裝飾居次。從前人講書法有“某底某面”之説，例如講“歐底趙面”，即是指用歐的結字，用趙的筆姿。也是先有底後有面的。

漢字書法的藝術結構問題，從來不斷地有人探索。例如隋僧智果撰《心成頌》（或作《成心頌》），主要是講結字的。後世流傳一種《楷書九十二法》，説是歐陽詢所作，實屬僞托。書中的辦法，是找每四個字排比並觀，或偏旁相同相類，或字中主要筆劃相近，或這四個字的輪廓相近，或解剖字是幾大塊拼成的。希望收到舉一反三之效，用意未嘗不好，但是不見得便能收到“觸類旁通”的作用。習者照它做去，還不能抓住每字各筆的内在關係。其他在文章中提到結字的問題的，歷代論書作品中隨處都有，也不及詳舉了。

一次在解剖書法藝術結字時，無意中發現了幾個問題，姑且列舉出來，向讀者請教：

發現經過是這樣，因爲臨帖總不像，就把透明紙蒙在帖上一筆一劃地去寫。當我只注意用筆姿態時,每覺得一下子總寫不出帖上點劃的那樣姿態,因只琢磨每筆的方圓肥瘦種種方面,以爲古人渺不可及。一次想專在結構上探索一下,竟使我感覺吃驚。我只知横平竪直,筆在透明紙上按着帖上筆劃軌道走起來,却没有一筆是絶對平直的。我腦中或習慣中某兩筆或某兩偏旁距離多麽遠近,及至體察帖上字的這兩筆、兩偏旁的距離,常和我想的並不一樣。於是拿了一個爲放大畫圖用的坐標小方格透明塑料片,罩在帖字上,仔細觀察帖字中筆劃軌道的方向角度、筆與筆之間的距離關係,字中各筆的聚處和散處、疏處和密處。如此等等方面,各做具體測量。測量辦法是在塑料小方格片上劃出帖字每筆的中間“骨頭”,看它們的傾斜度和彎曲度。再把每條“骨頭”延長,使它們向去路伸張,出現了許多交叉處。這些交叉處即是字中的聚點,盡管帖字中那處筆劃並未一一交叉,但是説明筆劃的攢聚方向,再看伸向字外的遠處方向,很少有完全一致、平行的“去向”。凡是併列的二筆以上的軌道,無論是横竪撇捺,很少有絶對平行的。總是一端距離稍寬,一端距離稍窄。或中間稍彎處的位置以及彎度必有差别。

從這些測量過程中發現以下四點:

一、字中有四個小聚點,成一小方格。

通用習字的九宫格或米字格並不準確,因爲字的聚處並不在中心一點或一處,而是在距離中心不遠的四角處。回憶幼年寫九宫格、米字格紙時,一行三字的,常常第一字脚伸到第二格中,逼得第二字脚更多地伸入第三格中,於是第三字的下半只好寫到格外,爲這常受老師的指責。現在知道字的聚處不在“中心”處,再拿每串三大格的紙寫字,就不致往下遞相侵占了。

這種距離中心不遠的四個聚處是：

A、B、C、D 是四個聚處，當然寫字不同機械製圖，不需要那麼精確。在它的聚處範圍中，即可看出效果。(附圖一)

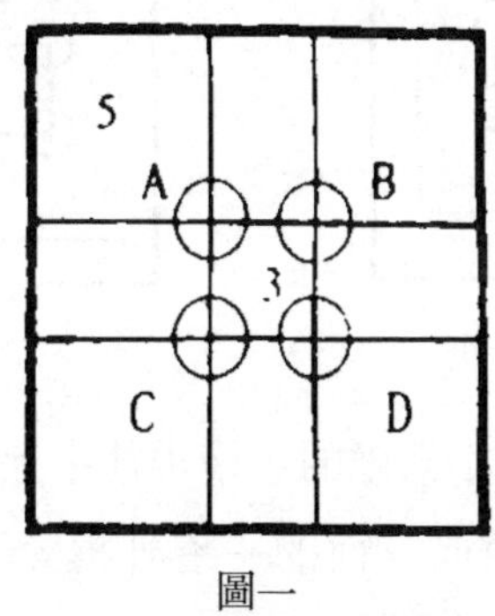

圖一

從 A 到上框或左框是五，從 A 到下框或右框是八。其餘可以類推。這種五比八，若往細裏分，即是 0.382：0.618，無論叫什麽“黄金律”，“黄金率”，“黄金分割法”，“優選法”，都是這個而已矣。

須加説明的是，在測量過程中，碑帖上的字大小並不一律，當時只把聚點和邊框的距離的實際數字記下來，然後换算它們的比例。例如甲帖中某字，A 處到上框是 X，A 處到下框是 Y，即列成：

X：Y＝5：8（或用 0.382：0.618）

如果外項大於内項的，這個字便舒展好看，反之，便有長身短腿之感。也曾把帖字各按十三格分劃後再看，更爲清楚。

這個方形外框，並非任何字都可撑滿的，如“一”、如“卜”、如“口”、如“戈”，等等，即屬偏缺不滿框格的，它是字形構造的先天特點。在人爲的藝術處理上，寫時也可近邊框處略留餘地。再細

量古碑,有的幾乎似有雙重方框的(並非石上果有雙重方框痕跡,只是從字的距離看去),似是:(附圖二、三)

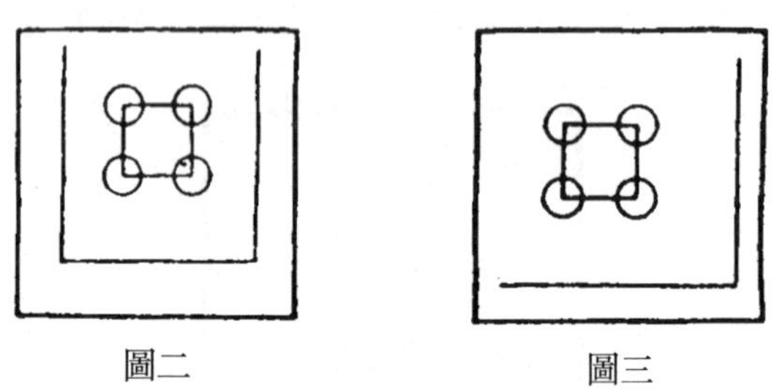

圖二　　圖三

也就是把那個中心四小聚處的小格再往中上或左上移些去寫,或説大外框外再套兩面或三面的一層外框,這在北朝碑中比較常見,若唐代顔真卿的《家廟碑》,把字撐滿每格,於是擁擠迫塞,看着使人透不過氣來。

這種格中寫的字,可舉幾例:

大字的"一",至少掛住A處。"丿"至少通過A處,或還通過B處。"㇏"自A處通過D處。(附圖四)

戈字"一"通過A處,"㇂"通過A、D二處,"丿"交叉在D處,右上補一個點。(附圖五)

江字上一"丶"向A處去,"㇀"向C處去,"二"分別靠近B、D。小"丨",上接近B下接D。(附圖六)

圖四　　圖五　　圖六

口，無可接觸交叉處，但在不失口字的特點（比“曰”字小些、比“日”字短些）前提下，包圍靠近小方格的四周。（附圖七）

“一”字在大格中的位置，總宜掛上 A 處。（附圖八）

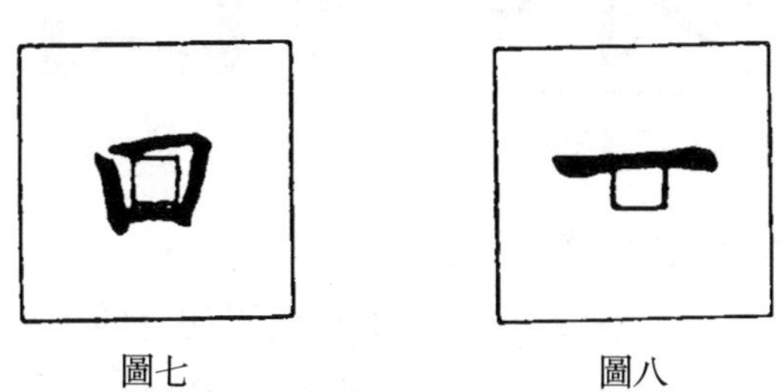

圖七　　圖八

其他的字，有不具備交叉或攢聚處的，也可用五比八的分割，或“圖一”的中心小格“3”，放在帖字上看，便易抓住此字的特徵或要點。筆劃的向外伸延處，要看每筆外向的末梢，向什麼方向伸延，它們的距離疏密是如何分佈，也是結字方法中的一個組成部分。

二、各筆之間，先緊後鬆。

如“三”，上二横較近，下一横較遠，如“三”便好看。反之，如“三”，便不好看。其他如“川”、“氵”、“彡”都是如此。若在某字中部，如“日”、“目”裏邊兩個或三個白空，也宜愈下愈寬些，反之便不好看。此理可包括前條所談的一字各筆向外伸延所呈現的角度。如果上方、左方的距離寬，下方、右方的距離窄，就不好看。如“米”字。

1、2 小於 3、4，3、4 小於 5、6，5、6 又小於 7、8。如果反過來寫，效果是不問可知的了。（附圖九）

又字中的部件，也常靠上靠左，例如“国”，“玉”在“囗”中，偏左偏上。如果偏靠右下，它的效果也是不問可知的。（附圖十）

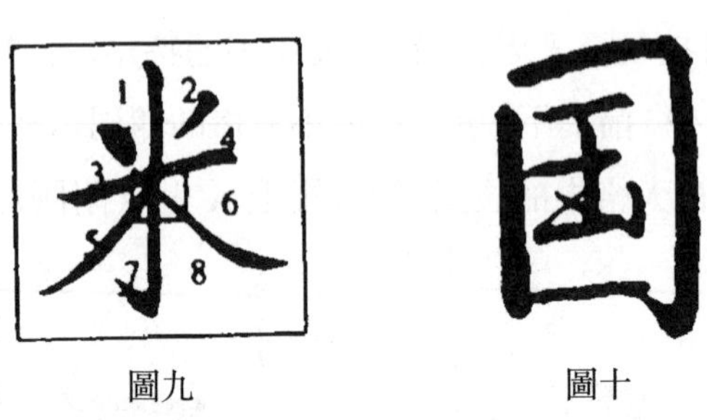

圖九　　圖十

三、没有真正的“横平竪直”。

根據用坐標小格測定，没有真正死平死直的筆劃，竪劃中都有些彎曲，横劃都有些斜上。這大約是人用右手執筆的原因。鉛字模比較方板，但試把報紙上鉛字翻過來映着光看，它的横劃，都有些微向字的右上方斜去的情況。在右端上邊還加一個黑三角“一”（附圖十一）。給人的視覺上更覺得右上方是軌道的去向。鉛筆的竪筆，都在上下兩端有個斜缺處“丨”（附圖十四），這暗示了竪筆不是死直的，實際手寫時，横有“~”“∽”勢（附圖十二、十三），竪有“≀”“S”勢（附圖十五、十六），前人常説“一波（捺）三折”，其實何止波筆，每筆都不例外，只是有較顯較隱罷了。

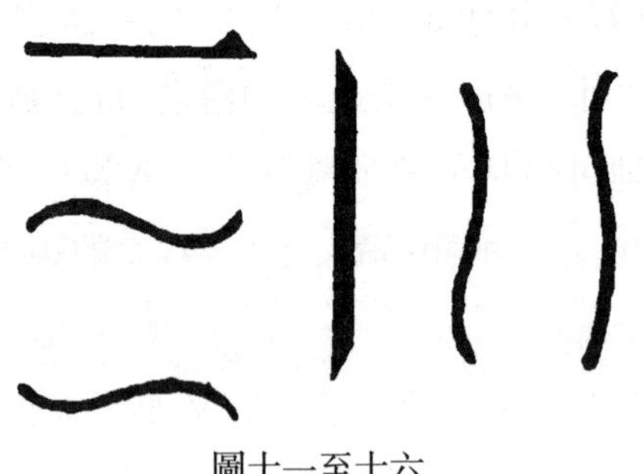
圖十一至十六

四、字的整體外形，也是先小後大。

由於先緊後鬆的原關係，結成整字也必呈現先小後大，先窄後寬的現象，例如“上”，本來是上邊小的，但若把“⺊”靠近“一”的左半，“上”便成了“◺”勢，即不好看。“上”，成了◿勢，便好看，因爲它是左小右大的。“下”的“卜”也須偏右，若“◸”便不好看，因爲下◹是左小，◸是右小，道理極其分明的。其餘不難類推。也有本來左邊長、重的，如“仁”，誰也無法把“二”寫得比“亻”高大。但“二”的寬度，萬不能小於“亻”的寬度。“⺅”勢也是不得已的。至於呂勢也有，可以用點劃去調劑了。

至於“行氣”說法，總不易具體說清。若瞭解了中心四個小聚處的現象，即可看出，一行中各字，假若它們的A或C處站在一條豎綫上，無論旁邊如何左伸右扯，都能不失行氣的連貫。當然寫字時不易那麼準確連貫，在寫到偏離這條豎綫時，另起豎綫也有的，再在錯了綫的鄰行近處加以補救，也是常見的，甚至是必不可少的，更是書家所各有妙法的。

以上只是曾向初學者談的一些淺近的方法。至於早有成就、自具心得的書家，當然還有其他竅門和理論，我們相信必會陸續讀到的。

從來學書法的人都知道，要寫好行書宜先學楷書做基礎。這個道理在哪裏？也是“結字”的問題。行書是楷字的“連筆”、“快寫”，有些楷字的細節，在行書中，可以給以“省併”。如“糹”旁可以寫成“纟”，不但“幺”變成“ㄠ”、“灬”也變成“ㄧ”。

行書雖有這樣便利處，但也有必宜遵守的，即是筆劃軌道的架子、形狀，以至疏密、聚散各方面，宜與楷字相一致，也就是“省併”之後的字形，使人一眼望去，輪廓形狀，還與楷字不相違背。

再具體些說，即是楷字中的筆劃，雖然快寫，但不超越、繞過它們原有的軌道，譬如火車，慢車每站必停，可比楷書；快車有些站可以不停。快車雖然有不停的站,但不能拋開中間的站,另取直綫去行車。近年有些人寫行書太快了,一次我見到一個字,上部是"⺀",下部是"車",實在認不出。後從句義中知是"軍"字,他把"冖"寫成"⺀"了,縮得太濃了,便不好認。又有人寫"口"字形"h"形,左竪太長,右邊太小。雖然行筆的軌道方向不錯,但外形全變,也就令人不識了。

這只是説"行"與"楷"的關係,至於草書,比行書又簡略了一步,則當另論了。

三　瑣談五則

在書法方面的交流活動中,有青少年提出的詢問,有中年朋友提出的商榷,有老年前輩發出的指數,常遇幾項問題,綜合起來,計:(一)學習書法的年齡問題;(二)工具和用法的問題;(三)臨學和流派的問題;(四)改進和提高的問題;(五)關於"書法理論"的問題。

這裏把走過彎路以後的一些粗淺意見,曾向不同年齡的同志們探討後的初步理解,以下分别談談。因爲對前列各章的專題無所歸屬,所以附在最後。

(一)學習書法的年齡問題

常有人問,學習書法是否應有"幼工"? 還常問:"我已二三十歲了,還能學書法嗎?"我個人的回答是:書法不同於雜技,腰腿靈活,須要自幼鍛煉,學習書法藝術,甚至恰恰相反。小孩對那些字還不認識,怎提得到書寫呢？現在小孩在"功課本"上用鉛筆寫字,主要的作用是使他記住筆劃字形,實是認識字、記住字的部分手段。今天小孩練毛筆字,作爲認字、記字的手段外,還有培養對民族傳統藝術的認識和愛好的作用,與科舉時代的學法和目的大有不同。

科舉時代,考卷上的小楷,成百成千的字,要求整齊劃一,有如印版一般,稍有參差,便不及格,這種功夫,當然越早練越深刻,它與彎腰擡腿,可以説"異曲同工",教法也是機械的、粗暴的。這種教法和目的,與今天的提倡有根本區别。但我有一次遇到一個家長,勒令他的幾歲小孩,每天必須寫若干篇字,缺了一篇,不許吃飯。我當面告訴他:"你已把小孩對書法的感情、興趣殺死,更無望他將來有所成就了。"

正由於人的年齡大了,理解力,欣賞力强了,再去練字,才更易有見解、有判别、有選擇,以至寫出自己的風格。所以我個人的答案是:練寫字與練雜技不同,是不拘年齡的。但練寫字要有合理的方法,熟練的功夫,也是各類年齡人同樣需要的。

(二)執筆和指、掌、腕、肘等問題

關於執筆問題,在這裏再談談我個人遇到過的一些争論:什麽單鈎、雙鈎、龍睛、鳳眼等等,固然已爲大多數有實踐經驗的書法家所明白,無須多談,也不必細辨,都知道其中由於許多誤會,才造成一些不切實際的定論,這已不待言。這裏值得再加明確一下的,是究竟是否執好了筆就能會用筆,寫好字？進一步談,究竟是否必須懸了腕、肘才能寫好字？

據我個人的看法,手指執筆,當然是寫字時最先一道工序,但把所有的精神全放在執法上未免會影響寫字的其他工序。我覺得執筆和拿筷子是一樣的作用,筷子能如人意志夾起食物來即算拿對了,筆能如人意志在紙上劃出道來,也即是執對了。"指實、掌虛"之説,是一句駢偶的詞組,指與掌相對言,指不實,拿不起筆來;它的對立詞,是"掌虛"。甚至可以理解,爲説明"掌虛"的必要性,才給它配上這個"指實"的對偶詞。"實"不等於用大力、死捏筆;掌的"虛",只爲表明無名指和小指不要摳到掌心處。爲什麽? 如果後二指摳入掌心窩内,就妨礙了筆的靈活運動。這個道理,本極淺顯。有人把"指實"誤解爲用力死捏筆管,把"掌虛"説成寫字時掌心處要能攥住一個鷄蛋。諸如此類的附會之談,作爲諧談笑料,固無不可,但絶不能信以爲真!

不知從何時何人傳起一個故事,《晉書》中説王獻之六七歲時練寫字,他父親從後拔筆,竟没拔了去。有六七歲兒子的父親,當然正在壯年,一個壯年男子,居然拔不動小孩手裏的一枝筆,這個小孩必不是"書聖"王羲之的兒子,而是一個"天才的大力士"。這個故事即使當年真有,也不過是説明小孩注意力集中,而且警覺性很靈,他父親"偷襲"拔筆,立刻被他發現,因而没拔成罷了。這個故事,至今流傳,不但家喻户曉,而且成了許多家長和教師的啓蒙第一課,真可謂流毒甚廣了!

至於腕肘的懸起,不是爲懸而懸的,這和古人用"單鉤"法執筆是一樣的問題:大約五代北宋以前,没有高桌,席地而坐。左手拿紙卷,右手拿筆,紙卷和地面約成三十餘度角,筆和紙面垂直,右手指拿筆當然只能像今天拿鋼筆那樣才合適,這就是被稱的單鉤法。這樣寫字時,腕和肘都是無所憑依的。不想懸也得懸,因爲無處安放它們。這樣寫出的字迹,筆劃容易不穩,而書家在這樣條件下寫好了的字，筆劃一定是能在不穩中達到穩，效果是靈活中的恰當，比起手腕死貼桌面寫出的字要靈活得多的。

從宋以後，有了高桌、桌面上升，托住腕臂，要想筆劃靈活，只好主動地、有意地把腕臂擡起些。至於擡起多麼高，是腕擡肘不擡，是腕擡肘同樣平度地擡，是半臂在空中腕比肘高些有斜度地擡，都只能是隨寫時的需要而定。比如用筷，夾自己碗邊的小豆，夾桌面中心處的一塊肉，還是夾對面桌邊處的大饅頭，當時的辦法必然會各有不同。拿筷時手指的活動，夾菜時腕肘的擡法，從來沒有用筷夾菜的譜式而人人都會把食品吃到口中。

書法上關於指、腕、肘、臂等等問題道理不過如此，按各個人的生理條件，使用習慣，講求些也無妨礙，但如講得太死，太絶對，就不合實際了。附帶談談工具方面的事，主要是筆的問題。有人喜愛用硬毫筆，如紫毫（即兔毛中的硬毛部分），或狼毫（即黄鼬的尾毛），有人喜用軟毫，如羊毛或兼毫（即軟硬二種毫合製的）。硬毫彈力較大，更受人歡迎，但太容易磨秃，不耐用，軟毫彈力小，用着費力而不易表現筆劃姿態，這兩種愛用者常有争論。我體會，如果寫時注意力在筆劃軌道上，把點劃姿態看成次要問題，則無論用軟毫硬毫，都會得心應手。寫熟了結字，即用鋼條在土上劃字與拿着棉團蘸水在板上劃字，一樣會好看的。

（三）臨帖問題

常有人問，入手時或某個階段宜臨什麼帖，常問："你看我臨什麼帖好"，或問"我學哪一體好"，或問："爲什麼要臨帖"，更常有人問："我怎麼總臨不像"，問題很多。據我個人的理解，在此試做探討：

"帖"這裏做樣本、範本的代稱。臨學範本,不是爲和它完全一樣,不是要寫成爲自己手邊帖上字的復印本,而是以範本爲譜子,練熟自己手下的技巧。譬如練鋼琴,每天對着名曲的譜子彈,來練基本功一樣。當然初臨總要求相似,學會了範本中各方面的方法,運用到自己要寫的字句上來,就是臨帖的目的。

選什麽帖,這完全要看幾項條件,自己喜愛哪樣風格的字,如同口味的嗜好,旁人無從代出主意。其次是有哪本帖,古代不但得到名家真迹不易,即得到好拓本也不易。有一本範本,學了一生也没練好字的人,真不知有多少。現在影印技術發達,好範本隨處可以買到,按照自己的愛好或"性之所近"的去學,没有不收"事半功倍"的效果的。

"選範本可以换嗎?"學習什麽都要有一段穩定的熟練的階段,但發現手邊範本實在有不對胃口或違背自己個性的地方,换學另一種又有何不可?隨便"見異思遷"固然不好,但"見善則遷,有過則改"(《易經》語)又有何不該呢?

或問:"我怎麽總臨不像?"任何人學另一人的筆迹,都不能像,如果一學就像,還都逼真,那麽簽字在法律上就失效了。所以王獻之的字不能十分像王羲之,米友仁的字不能十分像米芾。蘇轍的字不能十分像蘇軾,蔡卞的字不能十分像蔡京。所謂"雖在父兄,不能以移子弟"(曹丕語),何況時間地點相隔很遠,未曾見過面的古今人呢?臨學是爲吸取方法,而不是爲造假帖。學習求"似",是爲方法"準確"。

問:"碑帖上字中的某些特徵是怎麽寫成的?如龍門造像記中的方筆,顔真卿字中捺筆出鋒,應該怎麽去學?"圓錐形的毛筆頭,無論如何也寫不出那麽"刀斬斧齊"的方筆劃,碑上那些方筆劃，都是刀刻時留下的痕迹。所以，見過那時代的墨迹之後，再看石刻拓本，就不難理解未刻之先那些底本上筆劃輕重應是什麽樣的情況。再能掌握筆劃疏密的主要軌道，即使看那些刀痕斧迹也都能成爲書法的參考，至於顔體捺脚另出一個小道，那是唐代毛筆製法上的特點所造成，唐筆的中心“主鋒”較硬較長，旁邊的“副毫”漸外漸短，形成半個棗核那樣，捺脚按住後，擡起筆時，副毫停止，主鋒在擡起處還留下痕迹，即是那個像是另加的小尖。不但捺筆如此，有些向下的竪筆末端再向左的鈎處也常有這種現象。前人稱之爲“蟹爪”，即是主鋒和副毫步調不能一致的結果。

又常有人問應學“哪一體”？所謂“體”，即是指某一人或某一類的書法風格，我們試看古代某人所寫的若干碑，若干帖，常常互有不同處。我們學什麽體，又拿哪裏爲那體的界限呢？那一人對他自己的作品還没有絶對的、固定的界限，我們又何從學定他那一體呢？還有什麽當先學誰然後學誰的説法，恐怕都不可信。另外還有一樣説法，以爲字是先有篆，再有隸，再有楷，因而要有“根本”、“遠源”，必須先學好篆隸，才能寫好楷書。我們看鷄是從蛋中孵出的，但是没見過學畫的人必先學好畫蛋，然后才會畫鷄的！

還有人誤解筆劃中的“力量”，以爲必須自己使勁去寫才能出現的。其實筆劃的“有力”，是由於它的軌道準確，給看者以“有力”的感覺，如果下筆、行筆時指、腕、肘、臂等任何一處有意識地去用了力，那些地方必然僵化，而寫不出美觀的“力感”。還有人有意追求什麽“雄偉”、“挺拔”、“俊秀”、“古樸”等等被用作形容的比擬詞，不但無法實現，甚至寫不成一個平常的字了。清代翁方綱題一本模糊的古帖有一句詩説：“渾樸當居用筆先”，我們真無法設想,筆還没落時就先渾樸,除非這個書家是個嬰兒。

問:"每天要寫多少字?"這和每天要吃多少飯的問題一樣,每人的食量不同,不能規定一致。總在食欲旺盛時吃,消化吸收也很容易。學生功課有定額是一種目的和要求,愛好者練字又是一種目的和要求,不能等同。我有一位朋友,每天一定要寫幾篇字,都是臨張遷碑,寫了的元書紙,叠在地上,有一人高的兩大叠。我去翻看,上層的不如下層的好。因爲他已經寫得膩煩了,但還要寫,只是"完成任務",除了有自己向自己"交差"的思想外,還有給旁人看"成績"的思想。其實真"成績"高下不在"數量"的多少。

有人誤解"功夫"二字。以爲時間久、數量多即叫做"功夫"。事實上"功夫"是"準確"的積累。熟練了,下筆即能準確,便是功夫的成效。譬如用槍打靶,每天盲目地放百粒子彈,不如精心用意手眼俱準地打一槍,如能每次二射中一,已經不錯了。所以可説:"功夫不是盲目地時間加數量,而是準確的重複以達到熟練。"

(四)改進和提高的辦法

常常有人拿寫的字問人,哪裏對,哪裏不對。共同商討研究,請人指導,本是應該的,甚至是必要的。但旁人指出優缺點以及什麽好方法,自己再寫,未必都能做到。我自己曾把寫出的字貼在墻上,初貼的當然是自己比較滿意的甚至是"得意"的作品。看了幾天後,就發現許多不妥處,陸續再貼,往往撤下以前貼的。假如一塊墻壁能貼五張,這五張字必然新陳代謝地常常更换。自己看出的不足處,才是下次改進的最大動力,也是應該怎樣改的最重要地方,如果是臨的某帖,即把這帖拿來豎起和墻上的字對看，比較異處同處，所得的"指教"，比什麽"名師"都有效。

爲什麽貼在墻壁上看，因爲在高桌面上寫字，自己的眼與紙面是四十五度角，寫時看見的效果，與竪起來看時眼與紙面的垂直角度不同。所以前代有人主張"題壁"式的練字，不僅是爲什麽懸腕等等的功效，更是爲對寫出的字當時即見出實際的效果，這樣練去，落筆結字都易準確的。這裏是説這個道理，并非今天練字都必須用這方法。

（五）看什麽參考書

古代論書法的話，無論是長篇或零句，由於語言簡古，常常詞不達意，甚或比擬不倫。梁武帝《書評》論王羲之的字如"龍跳天門，虎卧鳳閣"，米芾批評這二句"是何等語"。這類比喻形容，作爲風格的比擬，原無不可，但作爲實踐的方法，又該怎樣去做呢？還有前代某家有個人的體會，發爲議論，旁人並無他的經歷，又無他所具有的條件，即想照樣去做，也常無從措手的。古代的論著，當然以唐代孫過庭的《書譜》爲最全面，也確有極其精辟的理論。但如按他的某句去練習，也會使人不知怎樣去寫。例如他説"帶燥方潤，將濃遂枯"，又説"古不乖時，今不同弊"，不錯，都是極重要的道理。但我們寫字，又如何能主動地合乎這個道理，恐怕誰也找不出具體辦法的。又像清代人論著，包世臣的《藝舟雙楫》和康有爲的《廣藝舟雙楫》影響極大。姑不論二書的著者自己所寫的字，有多少能實踐他自己的議論，即我們今天想忠實地按他們書中所説的做去，當然不見得全無好效果，但效果又究竟能有多大比重呢？

因此把參考理論書和看碑帖或臨碑帖相比，無疑是後者所收的效益比前者所收的效益要多多了。這裏所説,不是一律抹殺看書法"理論書",只是説直接效益的快慢、多少。譬如一個正在饑餓的人,看一册營養學的書,不如吃一口任何食品。

常聽到有人談論簡化漢字的書法問題,所議論甚至是所争論的内容,大約不出兩個方面:

一是好寫不好寫。我個人覺得,從《説文解字》到《康熙字典》所載被認爲是"正字"的字,已經是陸續簡化或變形的結果,例如"雷"字,在古代金文中,下邊是四個"田"字作四角形地重叠着,寫成一個"田"字時,豈非簡掉了四分之三?如"人"字,原來作[illegible],像側立着的人形,後變成[illegible],再變成"亻"、"人",認不出側立的人形,只成接搭的兩條短棍。論好看,楷體的雷、人,遠不如金文中這兩個字的圖畫性强。但用着方便,誰在寫筆記、寫稿、寫信時,恐怕都没有用"金文"或"隸古定"體來逐字去寫的。人對一切事物,在習慣未成時,總覺得有些别扭,並不奇怪的。

二是怎樣寫法。我個人覺得簡化字也是楷字點劃組成的。例如"拥护","提手旁"人人會寫,"用"和"户"也是常用字,只是"扌、用、户"三個零件新加拼湊的罷了。我們生活中,夏天穿了一條黄色褲子,一件白色襯衫,次日换了一條白色褲子,黄色襯衫,無論在習慣上、審美上都没有妨礙。如果説這在史書的《輿服志》上没有記載,那豈不接近"無理取鬧"了嗎?即使清代科舉考試中了狀元的人,若翻開他的筆記本、草稿册來看,也絶對不會每一筆每一字都和他的"殿試大卷子"上邊的寫法一個樣。再如蘇東坡的尺牘中總把"萬"字寫作"万",米元章常把"體"字寫成"躰"。清代人所説的"帖寫字"即是不合考試標準的簡化字。

有人曾問我:有些"書法家"不愛寫"簡化字",你却肯用簡化字去題書簽、寫牌匾，原因何在？我的回答很簡單：文字是語言的符號，是人與人交際的工具。簡化字是國務院頒佈的法令，我來應用它、遵守它而已。它的點劃筆法，都是現成的，不待新創造，它的偏旁拼配，只要找和它相類的字，研究它們近似部分的安排辦法，也就行了。我自己給人寫字時有個原則是，凡作裝飾用的書法作品，不但可以寫繁體字，即使寫甲骨文、金文，等於畫個圖案，並不見得便算"有違功令"；若屬正式的文件、教材，或廣泛的宣傳品，不但應該用規範字，也不宜應簡的不簡。

有人問：練寫字、臨碑帖，其中都是繁體字，與今天貫徹規範字的標準豈不背道而馳？我的理解，可做個粗淺的比喻來說，碑帖好比樂譜。練鋼琴，彈貝多芬的樂譜，是練指法、練基本技術等等，肯定貝多芬的樂譜中找不出現代的某些調子。但能創作新樂曲的人，他必定通過練習彈名家樂譜而學會了基本技術的。由此觸類旁通，推陳出新，才具備音樂家的多面修養。在書法方面，點劃形式和寫法上，簡體和繁體並沒有兩樣；在結字上，聚散疏密的道理，簡體和繁體也沒有兩樣，只如穿衣服，各有單、夾之分，蓋樓房略有十層、三層之分而已。

論書劄記

前　言

古代論書法的文章,很不易懂。原因之一是所用比喻往往近於玄虚。即使用日常所見事物爲喻,讀者的領會與作者的意圖,並不見得都能相符。原因之二是立論人所提出的方法,由於行文的局限,不能完全達意,又不易附加插圖,再加上古今生活起居的方式變化,後人以自己的習慣去理解古代的理論内容,以致發生種種誤解。

比喻的難解,例如"折釵股、屋漏痕",大致是指筆劃有硬折處和運筆聯綿流暢,不見起止痕迹的圓渾處。"折釵股"又有作"古釵脚"的,便是全指圓渾了。用字尚且不同,怎麽要求解釋正確呢。

又例如:古代没有高桌,人都席地而坐,左手執紙卷,右手執筆,這時只能用前三指去執筆,有如今天我們拿鋼筆寫字的樣式,這在敦煌發現的唐代繪畫中見到很多。後人只聽説古人用三指握管,於是坐在高桌前,從肘至腕一節與桌面平行,筆桿與桌面垂直,然後用三指尖捏着筆桿來寫,號稱古法,實屬誤解。

諸如此類的誤解誤傳,今天從種種資料印證,舊説常有重新解釋的必要。启功幼年也習聞過那些被誤解而成的謬説,也曾試圖重新做比較近乎情理的解釋,不敢自信所推測的都能合理,至少是尋求合乎情理的探索。發表過一些議論,刊在與一些同好合作的《書法概論》中,向社會上方家求教。從這種探索而聯繫起對許多誤傳的剖析，有時記出零條斷句，隨時寫出，没有系統。案頭偶有花箋，順手抄録，也没想到過出版。

近承北京師範大學出版社的朋友從鼓勵的意圖出發，將要把這個小册拿去影印出版，使我在慚愧和感激的心情下有不得不做的兩點聲明：一是這裏的一些論點，只是自己大膽探索的淺近議論，並没想“執途人以强同”。二是凡與傳統論點未合處，都屬我個人不見得成熟的理解，如承糾正，十分感謝。

一九九二年二月十五日

或問學書宜學何體，對以有法而無體。所謂無體，非謂不存在某家風格，乃謂無某體之嚴格界限也。以顏書論，多寶〔一〕不同麻姑〔二〕，顏廟〔三〕不同郭廟〔四〕。至於争坐、祭侄〔五〕，行書草稿，又與碑版有别。然則顏體竟何在乎，欲宗顏體，又以何爲準乎。顏體如斯，他家同例也。

寫字不同於練雜技，並非有幼工不可者，甚且相反。幼年於字且不多識，何論解其筆趣乎。幼年又非不須習字，習字可助識字，手眼熟則記憶真也。

作書勿學時人，尤勿看所學之人執筆揮灑。蓋心既好之，眼

〔一〕 指《多寶塔碑》。
〔二〕 指《麻姑仙壇記》。
〔三〕 指《顏家廟碑》。
〔四〕 指《郭家廟碑》。
〔五〕 指《争坐位帖》和《祭侄文稿》。

復觀之,於是自己一生,只能作此一名家之拾遺者。何謂拾遺?以己之所得,往往是彼所不滿而欲棄之者也。或問時人之時,以何爲斷。答曰:生存人耳。其人既存,乃易見其書寫也。

凡人作書時,胸中各有其欲學之古帖,亦有其自己欲成之風格。所書既畢,自觀每恨不足。即偶有愜意處,亦僅是在此數幅之間,或一幅之内,略成體段者耳。距其初衷,固不能達三四焉。他人學之,藉使是其愜心處,亦每是其三四之三四,況誤得其七六處耶〔一〕。

學書所以宜臨古碑帖,而不宜但學時人者,以碑帖距我遠。古代紙筆,及其運用之法,俱有不同。學之不能及,乃各有自家設法了事處,於此遂成另一面目。名家之書,皆古人妙處與自家病處相結合之產物耳。

風氣囿人,不易轉也。一鄉一地一時一代,其書格必有其同處。故古人筆迹,爲唐爲宋爲明爲清,入目可辨。性分互别,亦不可强也。"雖在父兄,不能以移子弟"〔二〕,故獻不同羲,轍不同軾,而又不能絶異也,以此。

或問臨帖苦不似,奈何?告之曰:永不能似,且無人能似也。

〔一〕 宋代大書家米芾自書七言絶句二首,自注云:"三四次寫,間有一兩字好,信書亦一難事。"按米氏自己寫一百餘字中,只自認爲有一兩字好,約占百分之一。而不滿意的却有百分之九十餘。今人學古人書,不宜學其百分之九十餘,豈不明顯無疑。

〔二〕 曹丕《典論・論文》語。

即有似處，亦只爲略似、貌似、局部似，而非真似。苟臨之即得真似，則法律必不以簽押爲依據矣。

古人席地而坐，左執紙卷，右操筆管，肘與腕俱無著處。故筆在空中，可作六面行動。即前後左右，以及提按也。逮宋世既有高桌椅，肘腕貼案，不復空靈，乃有懸肘懸腕之説。肘腕平懸，則肩臂俱僵矣。如知此理，縱自貼案，而指腕不死，亦足得佳書。

趙松雪云，“書法以用筆爲上，而結字亦須用工”〔一〕，竊謂其不然。試從法帖中剪某字，如八字、人字、二字、三字等，復分剪其點畫。信手擲於案上，觀之寧復成字。又取薄紙覆於帖上，以鉛筆劃出某字每筆中心一綫，仍能不失字勢，其理詎不昭昭然哉。

每筆起止，軌道準確，如走熟路。雖舉步如飛，不憂蹉跌。路不熟而急奔，能免磕撞者幸矣。此義可通書法。

軌道準確，行筆時理直氣壯。觀者常覺其有力，此非真用膂力也。執筆運筆，全部過程中，有一着意用力處，即有一僵死處。此僕自家之體驗也。每有相難者，敬以對曰，拳技之功，有軟硬之别，何可强求一律。余之不能用力，以體弱多病耳。難者大悦。

運筆要看墨迹，結字要看碑誌。不見運筆之結字，無從知其來去呼應之致。結字不嚴之運筆，則見筆而不見字。無恰當位置

〔一〕 見趙孟頫（號松雪）《蘭亭十三跋》。

之筆，自覺其龍飛鳳舞，人見其雜亂無章。

碑版法帖，俱出刊刻。即使絶精之刻技，碑如温泉銘〔一〕，帖如大觀帖〔二〕，幾如白粉寫黑紙，殆無餘憾矣。而筆之乾濕濃淡，仍不可見。學書如不知刀毫之别，夜半深池〔三〕，其途可念也。

行書宜當楷書寫，其位置聚散始不失度。楷書宜當行書寫，其點劃顧盼始不呆板。

所謂工夫，非時間久數量多之謂也。任筆爲字，無理無趣，愈多愈久，謬習成痼。惟落筆總求在法度中，雖少必準。準中之熟，從心所欲，是爲工夫之效。

又有人任筆爲書，自謂不求形似，此無異瘦乙冒稱肥甲。人識其詐，則曰不在形似，你但認我爲甲可也。見者如仍不認，則曰你不懂。千翻百刻之《黄庭經》〔四〕，最開詐人之路。

僕於法書，臨習賞玩，尤好墨迹。或問其故，應之曰：君不見青蛙乎？人捉蚊虻置其前，不顧也。飛者掠過，一吸而入口。此無他，以其活耳。

人以佳紙囑余書，無一愜意者。有所珍惜，且有心求好耳。拙筆如斯，想高手或不例外。眼前無精粗紙，手下無乖合字，胸中

〔一〕《温泉銘》，唐太宗書，敦煌舊藏殘本。
〔二〕宋徽宗於大觀年間重摹，《淳化閣帖》之底本，刻工極精，今存殘本數册。
〔三〕“盲人騎瞎馬，夜半臨深池”，爲南朝人戲作“危語”之一。
〔四〕宋人摹刻小楷《黄庭經》，原刻搨久模糊，翻刻失真極多。

無得失念，難矣哉。

或問學書宜讀古人何種論書著作，答以有錢可買帖，有暇可看帖，有紙筆可臨帖。欲撰文時，再看論書著作，文稿中始不憂貧乏耳。

筆不論鋼與毛，腕不論低與高。行筆如“亂水通人過”，結字如“懸崖置屋牢”〔一〕。

主鋒長，副毫匀。管要輕，不在紋。所謂長鋒，非指毫身。金杖繫井繩，難用徒嚇人〔二〕。

筆箴一首贈筆工友人。

鋒發墨，不傷筆。篋中硯，此第一。得寶年，六十七。一片石，幾兩屐〔三〕。

粗硯貧交，艱難所共。當欲黑時識其用。

硯銘二首舊作也。

一九八六年夏日，心肺膽血，一一有病。閉户待之，居然無恙。中夜失眠，隨筆拈此。檢其略整齊者，集爲小册。留示同病，以代醫方。

堅净翁啓功時年周七十四歲矣。

〔一〕“亂水”、“懸崖”二句爲杜甫詩中一聯，此係借喻用筆宜穩，結筆宜準。

〔二〕此處指筆管用料貴輕，筆毫如是一束長毛而無肥腰鋭鋒，只能做刷子了。

〔三〕古人着木屐，有人自嘆人之一生能着幾雙木屐。“兩”即雙。

真宋本《淳化閣帖》的價值

古代影印技術還未發明時,對前代傳下來的法書、名畫,想要留一個副本,最早只有用透明的蠟紙罩在原件上,映着窗户外的陽光,仔細勾摹。這種辦法,叫做"嚮搨"。嚮,指映着陽光;搨,指照樣描摹。"嚮"曾被人誤寫爲響;搨,後來通用"拓",又因碑帖多是刻在石頭上的字,對碑帖的捶拓本多用"拓",蠟紙勾摹的嚮搨本,則多用"搨"。這是後世的習慣用法,容易混淆,先作一些説明。

今天可見的唐代嚮搨法書,首先應推《萬歲通天帖》(王羲之一家的名人字迹),是武則天時精密的摹搨本。筆有枯乾破鋒處,原件紙邊有破損處,都一一用極細的筆道畫出,足見摹搨人的忠實存真。其次是《快雪時晴帖》等。日本所傳《喪亂帖》、《孔侍中帖》等也屬唐代嚮搨本的精品。

嚮搨雖然精美,但費力太大,出品不可能多。人們看到碑刻拓本,也很能表現書法的原型,刻法精致的碑,也有足和嚮搨媲美的。如今日所見敦煌發現的唐太宗《温泉銘》,有些字,幾乎像用白粉在黑紙上寫的字。古代人大概由這些刻搨手法受到啓發,即用棗木板片做底版,把勾摹的古代法書貼在板上,加以摹刻,刻成之後,用薄紙捶搨。這樣一次便可以搨出若干張紙。後來因棗木易裂,改用石板爲底版。據宋代官書《宋會要》記載,北宋人曾收到南唐刻的一段帖石,但今天這段石上的字,已無所流傳了。

今日所見把古代自魏晉至隋唐的“法書”摹刻成一整套的“法帖”(性質類似近代編印的《書道全集》之類),始於宋太宗淳化年間所刻的十卷《秘閣法帖》,因爲刻於淳化年間,所以普通稱它爲《淳化閣帖》(或簡稱《閣帖》)。北宋時《閣帖》中的古代名家字迹,社會上已經不易見到,所以《閣帖》最初拓本一出來,便有許多地方加以翻刻。山西絳州翻刻本號稱《絳帖》,福建泉州翻刻本號稱《泉帖》等等,無論各翻刻本或精或粗,總都不是最原始的拓本。原本《閣帖》在元代已不易見到全套。書法大家趙孟頫記載他所得到的《閣帖》十本,已是幾次拼湊而成的。到了明代,行草書非常流行,《閣帖》中絶大部分是古代名家的書札,行草字體爲主要内容,所以習行草的書家没有不臨習《閣帖》的。明中葉翻刻《閣帖》的,有最著名的四家,是袁褧、潘允亮、顧從義和甘肅藩王府(俗稱肅府)的翻刻本,其中以肅府本摹刻得最得宋拓本的原貌,但其中第九卷已經是用《泉帖》補配的(册尾缺三行可證)。可見以明代藩王所藏,據説是明初分封時皇帝所賜,尚且不能没有補配,這時宋代原刻原搨本的稀有已可知了。

傳到今天,可信爲宋代内府原刻原搨的《閣帖》,只有三册留存於世,這三册是第六、七、八卷,都是王羲之書。明末清初藏於孫承澤家,每卷前有王鐸題簽。並没提到共存幾本,即使是十本,其餘那七卷是同樣原刻原搨,或是其他刻本補配,都已無從考查。但這三册中即有北宋佚名人跋一頁和南宋宰相王淮跋一頁,都説明它是北宋原刻原搨。即從以上幾項條件來看。它的歷史文物價值,已足充分説明了。

這三卷在民國初年,曾歸李瑞清(清道人)藏,有他的跋尾。上海有正書局曾影印行世,後來就流出國外,毫無蹤迹。此外現在還流傳着藏在博物館中或私人手裏的,從一些字迹精彩程度和特有的痕迹如銀錠紋、轉折筆、斷裂縫等等考證,够得上宋刻宋搨的也還有二三本,但流傳有緒,題跋證據確鑿的,終歸要推這三册佔在最先的地位。以上所舉的其他宋搨二三本中,雖不如這三本中即具有兩個宋人題跋,但在其餘的證據條件,一一充足的,要推第四卷一本。這本現在也藏於安思遠先生處,這次一同展出,真使我們不能不深深佩服安先生鑒賞古搨石墨可貴的眼力!

其他各時各地的翻刻本,原來並没有僞裝原本的意圖,由於鑒賞者的盲目誇耀,或牟利者的有心作僞,都會造成以後來翻刻本冒充宋本。這也並不影響真本的價值,僞本愈多,愈顯出真宋本的可貴。

以摹刻的技術論,任何宋拓《閣帖》,都比不過真本《大觀帖》,但人類學家發現一部分原始人的頭骨,那麽珍視,并不在後世某些名人的畫像之下,因爲稀有甚至更加貴重。正如我們看到雖今天科學技術長足進展,瓷器以及其他更高級的日用器皿那樣發達,而對上古的彩陶不但不加鄙棄,相反更加重視,豈非同樣道理!敬請我們的文物鑒定家、愛好者、研究專家,對這三本彩陶般的魏晉至唐法書的原始留影回到祖國展覽而慶幸吧!

一九九六年七月二十六日

故宫古代書畫給我的眼福

誰都曉得,論起我國古代文物,尤其是古代書畫,恐怕要屬北京故宫博物院收藏的最爲豐富了。它的豐富,並非一朝一夕憑空聚起的,它是清代乾隆内府的《石渠寶笈》所收爲大宗的主要藏品。清高宗乾隆皇帝酷好書畫,以帝王的勢力來收集,表面看來,似乎可以毫不費力,其實還是在明末清初幾個“大收藏家”搜羅鑒定的成果上積累起來的。那時這幾個“大收藏家”是河北的梁清標、北京的孫承澤、住在天津爲權貴明珠辦事的安岐和康熙皇帝的侍從文官高士奇。這四個人生當明末清初,乘着明朝覆亡,文物流散的時候,大肆搜羅,各成一個“大收藏家”。梁氏没有著録書傳下來,孫氏有《庚子銷夏記》,高氏有《江村銷夏録》,安氏有《墨緣匯觀》。這些家的藏品,都成了《石渠寶笈》的收藏基礎。本文所説的故宫書畫,即指《石渠寶笈》的藏品,後來增收的不在其内。

一九二四年時,前宣統皇帝溥儀被逐出宫,故宫成立了博物院,後來經過點查,才把宫内舊藏的各種文物公開展覽。宣統出宫以前,曾將一些卷册名畫由溥杰帶出宫去,轉到長春,後來流散,又有一部分收回,所以故宫博物院初建時的古書畫,絶大部分是大幅掛軸。

我在十七八歲時從賈羲民先生學畫,同時也由賈老師介紹並向吴鏡汀先生學畫。也看過些影印、縮印的古畫。那時正是故宫博物院陸續展出古代書畫之始,每月的一、二、三日爲優待參觀的日子,每人票價由一元錢減到三角錢。在陳列品中,每月初都有少部分更换。其他文物我不關心,古書畫的更换、添補,最引學書畫的人和鑒賞家們的極大興趣。我的老師常常率領我和同學們到這時候去參觀。有些前代名家在著作書中和畫上題跋中提到過某某名家,這時居然見到真迹,真不敢相信這就是我曾聽到名字的那些古人的作品。只曾聞名,連仿本都没見過的,不過驚詫"原來如此"。至於曾看到些近代名人款識中所提到的"仿某人筆",這時真見到了那位"某人"自己的作品,反倒發生奇怪的疑問,眼前這件"某人"的作品,怎麽竟和"仿某人筆"的那種畫法大不相同,尤其和我曾奉爲經典的《芥子園畫譜》中所標明的某家、某派毫不相干。是我眼前的這件古畫不真,還是《芥子園》和題"仿某人"的畫家造謡呢?後來很久很久才懂得,《芥子園》作者的時代,許多名畫已入了幾個藏家之手,近代人所題仿某人,更是輾轉得來,捕風捉影,與古畫真迹渺無關係了。這一層問題稍有理解之後,又發生了新疑問:明末的董其昌,確曾見過不少宋元名畫,他的後輩王時敏、王原祁祖孫也是以專學黄子久(公望)著名的。在他們的著作中,在他們畫上的題識中,看到大量講到黄子久畫風問題的話,但和我眼前的黄子久作品,怎麽也對不上口徑。請教於賈老師,老師也是董、王的信仰者,好講形似和神似的區别,給我破除的疑團,只佔百分之五十左右。"四王吴惲"(清代六大畫家)中,我只覺得王翬還與宋元面目有相似處,但老師平日不喜王翬,我也不敢拿出王翬來與王原祁作比較論證了。這裏要作鄭重聲明的:清末文人對古畫的評鑒,至多到明代沈周、文徵明和董其昌爲止,再往上的就見不着了。所以眼光、論點,都受到一定的時代局限，這裏並非菲薄賈老師眼光狹窄。吴老師由王翬入手，常説文人畫是“外行”畫，好多年後才曉得明代所稱“戾家畫”就是此義。

這時所見宋元古畫，今天已經絶大部分有影印本發表，甚至還有許多件原大的影印本。現在略舉一些名家的名作，以見那時眼福之富，對我震動之大。例如五代董源的《龍宿郊民圖》，趙幹的《江行初雪圖》，巨然的《秋山問道圖》，荆浩的《匡廬圖》，關仝的《秋山晚翠圖》。北宋范寬的《谿山行旅圖》，郭熙的《早春圖》，南宋李唐的《萬壑松風圖》，馬遠和夏圭的有款紈扇多件。元代趙孟頫的《鵲華秋色圖》，高克恭的《雲横秀嶺圖》，黄公望的《富春山居圖》等等，都是著名的“巨迹”。每次走入陳列室中，都彷彿踏進神仙世界。由於盼望每月初更换新展品，甚至萌發過罪過的想法。其中展覽最久不常更换的要屬范寬《谿山行旅圖》和郭熙《早春圖》，總擺在顯眼的位置，當我没看到换上新展品時，曾對這兩件“經典的”名畫發出“還是這件”的怨言。今天得到這兩件原樣大的復製品，輪换着掛在屋裏，已經十多年了，還没看够，也可算對那時這句怨言的懺悔！至於元明畫派有類似父子傳承的關係，看來比較易於理解。而清代文人畫和宫廷應制的作品，已經没有什麼吸引力了。

比故宫博物院成立還早些年的有“内務部古物陳列所”，是北洋政府的内務總長熊希齡創設的，他把熱河清代行宫的文物運到北京，成立這個收藏陳列機構，分佔文華、武英兩個殿，文華陳列書畫，武英陳列其他銅器、瓷器等等文物。古書畫當然比不上故宫博物院的那麼多，那麼好，但有兩件極其重要的名畫：一是失款夏圭畫《溪山清遠圖》，一是傳爲董其昌縮摹宋元名畫《小中現大》

巨册。其他除元明兩三件真迹外,可以説乏善可陳了。以上是當時所能見到宋元名畫的兩個地方。

至於法書如王羲之《快雪》、《奉橘》,孫過庭《書譜》、唐玄宗《鶺鴒頌》、蘇軾《赤壁賦》、歐陽修《集古録跋尾》、米芾《蜀素帖》和宋人手札多件。現在這些名畫、法書,絶大部分都已有了影印本,不待詳述。

故宫博物院初建時的書畫陳列,曾有一度極其分散,主要展室是鍾粹宫,有些特製的玻璃櫃可展出些立幅、横卷外,那些特别寬大或次要些的掛幅,只好分散陳列在上書房、南書房和乾清宫東廡北頭轉角向南的室内,大部分直接掛在墻上,還在室内中間擺開桌案,粗些的卷册即攤在桌上,有些用玻璃片壓着,《南巡圖》若干長卷横展在坤寧宫窗户裏邊,也没有玻璃罩。這在今天看來是不可思議的事,也足見那時藏品充斥、陳列工具不足的不得已的情況。

在每月月初參觀時,常常遇到許多位書畫家、鑒賞家老前輩,我們這些年輕人就更幸福了。隨在他們後面,聽他們的品評、議論,增加我們的知識。特别是老輩們對古畫真僞有不同意見時,更引起我們的求知欲。隨後向老師請教誰的意見可信,得到印證。《石渠》所著録的古書畫固然並不全真,老輩鑒定的意見也不是没有參差,在這些棱縫中,鍛煉了我自己思考、比較以至判斷的能力,這是我們學習鑒定的初級的,也是極好的課堂。

不久博物院出版了《故宫周刊》,就更獲得一些古書畫的影印本。《周刊》是畫報的形式,影印必然是縮小的,但就如此的縮小影印本,在見過原本之後的讀者看來,究能唤起記憶,有個用來比較的依據。繼而又出了些影印專册,比起《周刊》上的縮本,又清晰許多,使我們的眼睛對原作的認識更進了一步。

歲月推移,抗戰開始,文華殿、鐘粹宮的書畫,隨着大批的文物南遷,幸而没有遇見風險損失,現在藏於祖國的另一省市。抗戰勝利後,長春流散出的那批卷册,又由一些商人販運聚到北京。故宫博物院又召集了許多位老輩專家來鑒定、選擇、收購其中的一些重要作品。這時我已届中年,並蒙陳垣先生提挈到輔仁大學教書,做了副教授。又蒙沈兼士先生在故宫博物院中派我一個專門委員的職務,具體做兩項工作:在文獻館看研究論文稿件,在古物館鑒定書畫。那時文獻館還增聘了幾位專門委員:王之相先生翻譯俄文老檔,齊如山先生、馬彦祥先生整理戲劇檔案,韓壽萱先生指導文物陳列,每月各送六十元車馬費。我看了許多稿子之外,還獲得參與鑒定收購古書畫的會議。在會上不僅飽了眼福,還可以親手展觀翻閱,連古書畫的裝潢制度,都得到進一步的瞭解,同時又獲聞許多老輩的議論,比若干年前初在故宫參觀書畫陳列時的知識,不知又增加了多少。

第一次收購古書畫的鑒定會是在馬衡先生家中。出席的有馬衡先生(故宫博物院院長)、陳垣先生(故宫理事、專門委員)、沈兼士先生(故宫文獻館館長)、張廷濟先生(故宫秘書長)、鄧以蟄先生、張大千先生、唐蘭先生。這次所看書畫,没有什麽出色的名作,只記得收購了一件文徵明小册,寫的是《盧鴻草堂圖》中各景的詩,與今傳的《草堂圖》中原有的字句有些異文,買下以備校對。又一卷祝允明草書《離騷》卷,第一字“離”字草書寫成“鷄”,馬先生大聲念“鷄騷”,大家都笑起來,也不再往下看就捲起來了。張大千先生在抗戰前曾到溥心畬先生家共同作畫,我在場侍立獲觀,與張先生見過一面。這天他見到我還記得很清楚,便説:"董其昌題'魏府收藏董元畫天下第一'的那幅山水,我看是趙幹的畫,其中樹石和《江行初雪》完全一樣,你覺得如何?"我既深深佩服張先生的高明見解,更驚訝他對許多年前在溥先生家中只見過一面的一個青年後輩,今天還記憶分明,且忘年談藝,實有過於常人的天賦。我曾與謝稚柳先生談起些事,謝先生説:"張先生就是有這等的特點,不但古書畫辨解敏鋭,過目不忘,即對後學人才也是過目不忘的。"又見到一卷緙絲織成的米芾大字卷,張先生指給我看説:"這卷米字底本一定是粉箋上寫的",彼此會心地一笑。按:明代有一批僞造的米字,常是粉箋紙上所寫,只説"粉箋"二字,一切都不言而喻了。這次可收購的書畫雖然不多,但我所受的教益,却比可收的古書畫多多了!

第二次收購鑒定會是在故宫絳雪軒,這次出席的人較多了。上次的各位中,除張大千先生没在本市外,又增加了故宫圖書館館長袁同禮先生和胡適先生、徐悲鴻先生。這次所看的書畫件數不少,但絶品不多。只有唐人寫《王仁昫刊謬補缺切韵》一卷,不但首尾完整,而且裝訂是"旋風葉"的形式。在流傳可見的古書中既未曾有,敦煌發現的古籍中也没有見到*。不但這書的内容可貴,即它的裝訂形式也是一個孤例。其次是米芾的三帖合裝卷,三帖中首一帖提到韓幹畫馬,所以又稱《韓馬帖》。卷後有王鐸一通精心寫給藏者的長札,表示他非常驚異地得見米書真迹。這手札的書法已是王氏書法中功夫很深的作品,而他表示似是初次見到米芾真迹,足見他平日臨習的只是法帖刻本了。趙孟頫説:"昔

---

* 蒙柴劍虹責編告知,巴黎藏敦煌 P.2129 號卷子即爲《王仁昫刊謬補缺切韵序》,姜亮夫先生曾論及。

人得古刻數行,專心學之,便可名世。”(蘭亭十三跋中一條)我曾經不以爲然,這時看王鐸未見米氏真迹之前,其書法藝術的成就已然如此,足證趙氏的話不爲無據,只是在“專心”與否罷了。反過來看我們自己,不但親見許多古代名家真迹,還可得到精美的影印本,一絲一毫不隔膜,等於面對真迹來學書,而後寫的比起王鐸,仍然望塵莫及,該當如何慚愧!這時細看王氏手札的收獲,真比得見米氏真迹的收獲還要大得多。

其次還有些書畫,記得白玉蟾《足軒銘》外没有什麽令人難忘的了。惟有一件夏昶的墨竹卷,胡適先生指給徐悲鴻先生看,問這卷的真假,徐先生回答是:“像這樣的作品,我們藝專的教師許多人都能畫出。”故先生似乎恍然地點了點頭。至今也不知這卷墨竹究竟是哪位教師所畫。如果只是泛論藝術水平,那又與鑒定真僞不是同一命題了。如今五十多年過去了,胡、徐兩位大師也早已作古,這卷墨竹究竟是誰畫的,真要成爲千古懸案了。無獨有偶,馬衡院長是金石學的大家,在金石方面的興趣也遠比書畫方面爲多。那時也時常接收一些應歸國有的私人遺物,有時箱中雜裝許多文物,馬先生一眼看見其中的一件銅器,立刻拿出來詳細鑒賞。而又一次有人拿去東北散出的元人朱德潤畫《秀野軒圖》卷,後有朱氏的長題,問院長收不收,馬先生説:“像這等作品,故宫所藏‘多得很’。”那人便拿走了。(後來這卷仍由文物局收到,交故宫收藏。)後來我們一些後學談起此事時偷偷地議論道:窑燒的瓷器、爐鑄的銅器、板刻的書籍等等都可能有同樣的産品,而古代書畫,如有重複的作品,豈不就有問題了嗎?大家都知道,書畫鑒定工作中容不得半點個人對流派的愛憎和個人的興趣,但是又是非常難於戒除的。

再後雖仍時時有商人送到故宫的東北流散書畫卷册,也有時開會鑒定,但收購不多,而多歸私人收藏了。

解放後,文物局成立,鄭振鐸先生任局長,王冶秋先生、王書莊先生任副局長,鄭先生由上海請來張珩先生任文物處的副處長。這時商人手中的古書畫已不能隨意向國外出口,於是逐漸聚到文物局來。一次在文物局辦公的北海團城玉佛殿内,攤開送來的書畫,這時已從上海請來謝稚柳先生,由杭州請來朱家濟先生,不久又由上海請來徐邦達先生,共同鑒定。所鑒定的書畫相當多,也澄清了許多"名畫"的真僞問題。例如梁楷的《右軍書扇圖》卷和倪瓚的《獅子林圖》卷,都有過影印本,這時目驗原迹,得知是舊摹本。

後來許多名迹、巨迹陸續出現,私人收藏的名迹,也多陸續捐獻給國家。除故宫入藏之外,如上海、遼寧兩大博物館,也各自入藏了許多《石渠》舊藏的著名書畫。此外未經《石渠》入藏的著名書畫也發現了不少,分藏在全國各博物館。

《石渠寶笈》所藏古代書畫,除流散到國外的還有些尚未發見,如果不是秘藏在私人家中,大約必已淪於劫火;而國内私人所藏,經過十年動亂,幸存的可能也無幾了。已發現的重要的多藏於故宫、遼寧、上海三大博物機關,散在其他較小的文物、美術機關的,便成了重要藏品。經過多次的、巡回的專家鑒定,大致都有了比較可靠的結論,但又出現了些微的新情況:即某些名迹成爲重要藏品後,就不易獲得明確結論,譬如某件曾經舊藏者題爲唐代的書畫,而經鑒定後實爲宋代,這本來無損於文物的歷史價值,却能引出許多麻煩。古書畫的作者雖早已"蓋棺",而他的作品却在今天還無法"論定"。後以在今天總論《石渠》名迹(包括《石渠》以外的名迹)的確切真僞,還有待於幾項未來的條件:(一)科學的鑒别技術,如電腦識别筆迹和特殊攝影技術;(二)全國收藏機關對於藏品不再有標爲"重望"的必要時;(三)鑒定工作的發展和其他自然科學研究一樣,後來的發明、補充、糾正如超過以前的成果,前後的科學家都不看做個人的高低、得失,而真理愈明;(四)歷史文獻研究的廣博深入,給古書畫鑒定帶來可靠的幫助。那時,古書畫的真名譽、真面貌,必將另呈一番繽紛異彩!

藍玉崧書法藝術的解剖

藍玉崧同志不但是一位老革命者,也是一位藝術上的多面手。他在中央音樂學院執教,是著名的二胡演奏家和音樂理論家。

他還擅長書法和篆刻,聽説也擅長繪畫。我從小就愛好書畫,雖然自己寫、畫都不成熟,但看到古今作品,還能分得出個高下。蘇東坡的詩句説:"我雖不善書,曉書莫如我。苟能通其意,常謂不學可。"誠然,寫字的人能通古代名家創作時的"意",便可得其貌,以至得其神;欣賞書法的人也要能通寫者的"意",才能看出他的作品中得失甘苦的緊要關鍵處。

我最先看到玉崧同志用小真書寫的幾頁花箋紙,那時還不認識他,只覺得他是用筆自然地寫出來的,而不是什麽"萬毫齊力"地用傻勁,覺得紙上的字是活的,不是以翻版石刻爲標準,追求那種半吞半吐的遲鈍筆劃。

後來陸續見到他的一些草書作品,回旋飛舞,而又有節有奏。他的書作,催促我不能不深入打聽這位寫者是個什麽人,對他的人,所知逐漸增多,對他的字的理解也就日益加深了。

音樂與書法的道理當然不應兩樣。我姑以音樂外行來妄論二者的關係:大約草書如演奏"快板",無論快到什麽程度,其中每一個音符並不因快而漏掉。所以"急管繁弦"和"雍容雅奏"實質上是没有差别的。人在短距離中聽到豐富的音節,譬如前人論畫所謂“咫尺有千里之勢”的,必然是一件佳作。那麽藍玉崧同志的草書,所以引人入勝的,恐怕即在這裏吧!

最近見到玉崧同志的新作品,又發現了新情況,他已在原有基礎上提高了一步。他從前寫的,還不免有古人帖上已成的藝術效果,或者説是古人已有的局面。這次看到的,則是另一種現象,仔細推敲起來,處處細節,包括字中的節奏,都是用古人已有的辦法寫出來的。另從全局來看,則是古人帖上所不曾見過的效果。這種又是又不是,又像又不像的效果,究竟是怎麽出來的呢?當然並不足怪,凡曾用功臨帖,揣摩古人的筆法、結構,都能得到百分之多少的像;但像中的不像,不像中的像,則是全靠消化,全靠見識。我也曾遇到不少人,用功不算不勤,臨寫不算不像,清代翁方綱即屬這種典型;可是又有誰見到翁方綱消化了古人的碑帖?不難理解,必須要有見識,這見識即是主要的催化劑。有了見識,才能知道向何處消化,怎麽消化,要化成什麽様子。

更使我欽佩的,是玉崧同志也是一位印人。無疑,那些刀鋒、剥痕,金石家認爲“古樸”的效果,必然深深地滲入印人的腦中。試看許多篆刻家中年以前的字,也都是筆劃清朗的,到了後來,爲了追求金石趣味,故意專用逆筆,似乎是在向觀者説:“寧可你看着不舒服,我也不能省力氣。”當然我絶不是否定那些篆刻家的創作精神和藝術效果,而是姑且借這個比喻來説明用筆的順逆問題。坦率地説,我不會用逆筆,所以也就喜愛順筆,因此更喜愛玉崧同志的用筆。尤其佩服他,用了若干年的刀,寫起字來,還能刀是刀,筆是筆,如果没有真見識,大本領,又誰能做得到呢?

總之,玉崧同志的書法,是從用功來的,但又能不受成法束縛。以天真的興會衝破舊有框框,而又並不“荒腔走板”。當然,玉崧同志的書法,還在發展,還蘊着無限的潛力,這是我們這一班和他往還的朋友共同的感覺。

一九八三年十二月七日

憶先師吴鏡汀先生

啓功年十五,從賈羲民先生學畫。年十九,經賈老師介紹入中國畫學研究會。從吴鏡汀先生問業。吴先生當時專宗王石谷,賈先生壁上掛有吴師所畫小幅山水,蒙賈師手摘命臨,並説:你没見過石谷畫吧,要知此畫與石谷無甚異處,如説有異處,即是去掉了石谷晚年戰掣筆道的習氣。功當時雖曾從影印本中見過些王畫,但還不能深入體會賈師的訓導。

後來親炙於吴師多年,比較多方面瞭解了吴先生畫詣的來龍法脈,大致是十幾歲從金北樓先生學畫。金先生創辦中國畫學研究會,廣收學員,並延請各科名宿協助輔導。如俞滌凡、蕭謙中、賀履之、陳半丁諸先生,都常蒞會,指授六法。後來金先生病逝,由周養庵先生繼辦,諸名宿多年高,或且病逝(如俞先生),吴師遂主講山水一科,造就人材,今年逾八十的,已五六家,若功這學不加進,有愧師門的,就不足數了。

先生對於持畫求教的,没有不至誠指導,除非太荒唐幼稚的,莫不循循然順其習性相近處加以指引。以功及身親受的二三小事爲例:點苔總是亂七八糟,先生説,你别把苔點點在皴法筆道上,先把應加苔點處,擦染糊塗了,然後再在糊塗部分去點苔,必然格外醒目。又畫松針總覺不够,而且層次不明,先生説,凡畫松針,都用焦墨,畫完如有必要,再加一些淡墨的,便既見蒼勁,又有雲煙了。又一次畫石青總嫌太重,先生説,你在裏邊加些石緑呀,果然青翠欲滴。同時又説,石緑不可往空白的山石面上塗,那樣永遠感覺不足,先在山石石面染上赭石以至草緑,再加石緑,即能有所襯托。諸如此類,不勝枚舉。雖然可説屬技法上的小節,但就是這類"小節",你去問問手工藝人以及江湖畫手,雖至親好友,他肯輕易相告嗎?

又在觀看古代名畫時,某件真假,先生指導,必定提出根據。畫的重要關鍵處是筆法,各家都有各自的習慣特點。元明以來,流傳的較多,比較常能看到。每見某件畫是仿本時,先生指出後,聽者如果不信,先生常常用筆在手邊的亂紙上表演出來,某家的特點在哪裏,而這件仿本不合處又在哪裏,旁觀者即使是未曾學畫的人,也會嘖嘖稱奇,感喟歎服。

(節録自《吴鏡汀先生示範畫稿後記》)

平生風義兼師友

——懷龍坡翁

從前社會上學技藝的人有一句名言:"投師不如訪友。"不難理解,"師道尊嚴","請教"容易,"探討"不容易。其實在某些條件下,"請教"也不完全容易。老師没時間、不耐煩,老師對那個問題没興趣,甚至没研究,怎能"請"得他的"教"呢!純朋友又不然,"羣居終日,言不及義",乃至"博弈飲酒",哪還有時間討論技藝、學問呢!只有益友、畏友、可敬的朋友、可師的朋友,才可算是"不如訪友"的友。也就是誼兼師友的友。

我在二十一二歲"初出茅廬"時,第一位相識的朋友是牟潤孫先生,比我長四歲;第二位是臺静農先生,比我長十歲。與牟先生在一起,也曾飲酒、談笑,誰又知道,他在這種時候,也常談學術問題。他從老師那裏得來的隻言片義,我正在不懂得,他甚至用村俗的比喻解剖一下,我便能豁然開朗。這是友呢,是師呢?臺先生則不然。他的性格極平易,即在受到沉重打擊之後,談笑一如平常。宋朝范純仁在被貶處見到客人來時,令僕人拿出兩份被褥,他與客人對床而睡;明朝黄道周在逆境中不願與客人談話,便令客人下棋,客人不會,他説你就隨便跟着我下棋子。不難比較,睡覺、下棋,多麽粘滯;談笑如常,又多麽超脱!臺先生對我也不是没有過有深意的指教,只是手段非常藝術。例如面對一本書、一首詩、一件書畫等等,發出輕鬆的評論,當時聽着還覺得"不過癮",日後回思,不但很中肯、很深刻,甚至是爲我而發的耳提面命。以一些小事爲例：

一次臺先生自厦門回到當時北平接家眷，我在一個下午去看他，他正喝着紅蒲桃酒。這以前他並不多喝酒，更不在非飯時喝酒，我幼稚地問他怎麼這時喝酒，他回答了兩個“真實不虛”的字：“麻醉”。誰不知道，酒是麻醉劑，但是今天我才懂得了，當我沉痛的失眠時，愈喝濃酒愈清醒。近年聽説臺老喝酒，愈喝愈烈，大概是“量逐年增”吧！

當年一次牟先生問臺先生哪家散文好，臺先生答是《板橋雜記》。清初，余淡心感念滄桑，寄情於“醇酒婦人”，牟先生盛年縱酒，有時也蹈余氏行踪，不言而喻，舉這本書，其意婉而多諷，豈是真論散文。

我寫字腕力既弱，又受宗老雪齋翁之教，摹臨趙松雪。臺先生一次論起王夢樓的字，説道“側媚”，我當時雖並不喜王夢樓的字，但對“側媚”的評語，還不太理解。後來屢見臺先生的法書，錯節盤根，玉質金相，固足使我驚服；並且因此而理解了王夢樓爲什麼側媚，更理解了趙松雪當然也難逃撻伐。而他對於我臨松雪的箴規，也就不待言了。作朋友，講“温恭直諒”，從這幾事中可證字字無忝吧！像這樣事理通達、心氣和平的襟度，我在平生交遊的人中，確實並不多見。

去年託朋友帶去我出版的一些拙作打油詩，那位朋友再來時告訴我：“臺老説：他（指啓功）還是那麼淘氣。”他給我寫了一個手卷，臨蘇東坡的蘇州寒食詩二首。

“自我來黄州，已過三寒食，年年欲惜春，春去不容惜。……何殊病少年，病起頭已白。”“春江欲入户，雨勢來不已，小屋如漁舟，濛濛水雲裹。……那知是寒食，但感烏銜紙。……也擬哭塗窮，死灰吹不起。”這是蘇東坡，還是臺龍坡？姑且不管，再看卷後還加跋説明，蘇書真迹以重價歸故宫收藏，所以喜而臨寫。我既笑且喜，趕緊好好裝裱收藏，彷彿我比故宫還富了許多。

今年春天，臺老託朋友帶來他的論文集、法書集等三本書，都有親筆題字，不是寫“留念”，而都是寫“永念”，字迹有些顫抖。我拿到不是三本書，而是三塊石頭。不久在香港好友家給他通了電話，他是在病榻上接電話，但聲音氣力都很充沛，我那三塊石頭，才由心中落到地上。

我衷心祝願龍坡翁疾病速愈，福壽綿長！

公元一九九〇年十月　書於北京

晉代人書信中的句逗

今年二月下旬,有一位兄弟院校的教師寄來一封信,説到王羲之寫的《快雪時晴帖》中有一處句逗難斷,據説問過兩位朋友,所説不一,因來函垂詢。帖文如下:

> 羲之頓首,快雪時晴,佳想安善。未果爲結力不次,王羲之頓首。山陰張侯。

這裏除後面寫信的人名和受信人張侯(侯是尊稱)外,“快雪”等八個字,也很明白。只有“未果”等七個字不易點斷。這正是那位朋友垂詢的問題。我學書法,也曾不止一次地臨寫這個帖,也曾對這七個字的句逗感到困惑。後來從“力不次”得到初步的解釋:回憶幼年時,家中有婚、喪諸事,有親友送來禮物,例由管賬的人填寫一張“謝帖”,格式是用一張信箋一樣的空紙,右邊印一個“領”字(如不能接受的禮物,即改“領”,寫一個“璧”字,表示璧還),中間上端印一個“謝”字,下半印受禮家的主人姓名,左邊空處由管賬者臨時寫“力若干(付給力的酬勞錢數)”。這個“力”即指送禮人。當時世俗稱賣勞力的人甚至稱爲“苦力”,文書上即寫一“力”字。聯想到帖中的“力”字,應該即指送信人。又按古代旅行,走到某處停下來,稱爲“次”,表示旅程的段落。杜甫詩有“行次昭陵”一首,即是“行到昭陵”。那麼“不次”當是不能停留,需要趕快回去，所以王羲之寫這短札作答覆。

再看“未果”，當然是未能達到目的，未能實踐約會一類事情的用語，事未實現，自然心懷不暢，那麽“結”字應是指心情鬱結。這樣繫聯的解析，大致可能差不多了。只是對方究竟要約王羲之做什麽？就無從猜測了。

又有傳爲王獻之寫的《中秋帖》墨迹，在清代曾被列入“三希”的第二件。帖文是：

> 中秋不復不得相還爲即甚省如何，然勝人何，慶等大軍……（勉强句逗，仍不解其義。）

這段話，從來没見有人給它點出句逗，也就無論讀懂語義了。按宋代米芾得到晉代謝安、王羲之、王獻之的手札各一件，是真原迹，不是嚮搨（用蠟紙勾摹）的，因題他的書室爲“寶晉齋”，又曾把這些字迹刻石搨，號稱《寶晉齋帖》。王獻之一帖被稱爲《十二月割至帖》，原文如下：

> 十二月割至不，中秋不後（或釋“復”）不得相未復還慟深反即甚省如何，然勝人何，慶等大軍……

這帖既經米芾鑒定不是勾摹本，也没説過帖有殘損情況，但語義仍然無法解釋。拿這帖的拓本和《中秋帖》相比較，非常明顯，《中秋帖》實是米芾自己摘臨這帖中的字。爲什麽摘臨？大約米氏也不全懂帖文吧。

摹刻古代法書，常只保留完整的字，删去有殘缺的字。例如宋代《淳化閣帖》卷九有王獻之《廿九日帖》。有一句“遂不奉恨深”,非常奇怪。按書面語詞,有“奉呈”、“奉贈”、“奉祝”、“奉賀”一類的“敬語”,却没見過“奉打”、“奉駡”、“奉仇”、“奉怨”一類反面詞匯的。那麽,“遂不奉恨深”究竟怎講?後來看到《萬歲通天帖》卷中有唐人摹搨這一帖,原來“奉”字下有“别悵”二字,但這二字殘缺了右半,只剩下“另”、“忄”兩個左旁半字。淳化刻帖時,便删去兩個殘字,把“奉”字和“恨”字接連在一處,便成了這等怪話。宋代法帖中摹刻二王的書札最多,有很多詞句難懂處,其中當然有書家自己的暗語,或習用的省略俗語不易解釋。此外,還有删除殘字以致詞句難通處,這裏的“奉恨”即是一證。

又《閣帖》卷三王洽《不孝帖》有一句云:“備□嬰荼毒”,“備”下有草書一字,字體既不一致,語氣亦不連貫。(有人釋爲“豫”字,也並不像。)後見唐摹王羲之《喪亂帖》中有南朝姚懷珍鑒定押字,“珍”字草書正與王洽帖中不可識的字相同,才得知原是帖中行間姚懷珍的押字,誤被摹帖人認爲句旁邊添加的字,便摹入句中。這與前邊删去殘字的“奉恨”恰相對照。從這類例證,可知古代法帖中晉人書札多難句逗的緣故之一了。

前面談了清代尊爲“三希”的《快雪》、《中秋》兩帖,還有第三“希”的王珣《伯遠帖》,這帖確非勾摹,也没有殘損的字,而且字句連貫,只是有些詞句偏於古雅,字迹有些潦草處,讀起來也頗費推敲。現在也試作句逗,就正於鑒賞方家。帖云:

> 珣頓首頓首:伯遠(人名)勝業情期,群從之寶(此字潦草),自以羸患,志在優游,始獲此出,意不剋(克)申。分(此

字微殘）别如昨，永爲疇（此字潦草）古。遠隔嶺嶠，不相瞻臨。（此帖尾原已不全。）

按伯遠不知是否王珣的弟兄，“群從”也可能指伯遠的弟兄，他在弟兄之間特别優秀。“此出”不知是説王珣遠遊，還是伯遠外出。“分别”當然是王珣與伯遠分别，“疇古”，如云“古昔”，説伯遠作了古人。當時的語言環境，我們無法瞭解，所以只能看帖文表面大意了。

二〇〇〇年三月

金石書畫漫談

金石書畫部分的内容比較多,這裏只能作一個簡括的介紹,談談個人的一點看法,研究方面的一點門徑,一點綫索。

偉大的中華民族文化,我認爲好比一朵花,花蒂、花蕊、花瓣等,都是它的重要組成部分。這個文化史講座的各個方面,好比是花的各個部分,金、石、書、畫也是其中的一個部分。

金、石、書、畫,本不是同一性質,同一用途,但在整個的中華民族文化中,這四項都成爲中華民族藝術的特徵,也可説是中華民族藝術所特有的。以下按次序作一些簡單的介紹。

一 金

金就是金屬,包括銅、鐵等。這裏是指用銅、鐵等金屬所製的器皿、器物,特别是古代的銅器。它們不管是作爲實用的或是祭祀的,都是銅及其合金所製的器物。這些在商、周,——人們往往説"三代",就是夏、商、周。其實夏到現在還没有十分弄清楚,一般認爲夏文化是相當於龍山文化這一系,但夏的文化究竟是什麽程度,還不甚清楚。所以"三代"文化,有把握的只能指商、周。古代把商、周的銅器叫做"吉金",就是好的金,吉祥的金。這種冶煉方法在當時已很發達,已能製造合金。製造出來的器皿,很多都有刻鑄的文字。現在一般説的“金”是指金文,又叫“鐘鼎文”。

商、周時代,諸侯貴族常常大批地製作銅器,上面刻鑄銘文,現在陸續出土的不少。有時一個人只能鑄一個器,有時又可一次鑄好幾個器。當時參與這種勞動的人民,大部分就是當時的奴隸。他們創作了千變萬化的器形、妝飾圖案,雕鑄了種種文字銘記(記載誰、在哪年、爲什麽事情而製作這器)。這些器物,從商周以後長期沉埋在地下。許慎有“郡國亦往往於山川得鼎彝”的話,可見漢朝時已有出土的。

這種陸續的出土,到清朝末年,成爲研究的大宗。拓本、實物,日呈紛紜,使人眼花繚亂,非常豐富多彩。到了現在,對於這方面的研究探討就更加繁榮,方法也更加科學。從前的收藏家,不是官僚就是有錢人,他們的收藏,往往秘不示人。偶然有拓本流傳出來,也不是人人可得而見之的。現在印刷術方便了,從器形到文字,大家都能看到,具有研究的條件,所以研究日見深入。發掘的方式,也愈有經驗,愈加科學。從前出土的器物,輾轉於古董商人與收藏家之間。它是哪裏出土的?不知道。甚至一個器的蓋子在一個人手裏,而器本身則到另一個人手裏。這種情況很多。一批出土有多少銅器?也不知道,都零零星星地散出去了。這在研究上是很費事的,因爲缺乏許多輔助證據。許多奸商爲了貪圖得利,多賣錢,還賣到外國去。我們現在從發掘到整理、考定、印刷、編輯,都是有系統的,對於研究者有莫大的方便。可以取各個角度:器形、花紋、文字,以至它的歷史背景、製作的人物、各諸侯封國的地理等等,或者是有人想學寫古篆字,也可以用來作範本。例如從製作來説,往往一個人所製的不止一件,我們只要看到各器上都有同一個人的名字,便可知道它們是屬於同一個人製作的一套器物。這樣,我們對於古代歷史、古代人的各方面(包括生活習慣),就能有更清楚、更詳細、更豁亮的瞭解。近年來在陝西發掘了許多成套成批的窖藏青銅器,大多是同一人或同一家族的,這樣研究起來就很方便了。

從宋代到清代,大都把這類器物叫做"古董",也叫"古玩",是文人鑒賞的玩物。即或考證點文字,也是瞎猜。我們當然不能否認他們的考證功勞,但那是極其有限,遠遠不够的,還有許多錯誤。稍進一步的,把它們當作藝術品。西洋人、日本人買去中國的古銅器,研究它們的花紋。中國人也有研究花紋的。這種情形,大約始於六十多年前,這仍是停留在局部的研究,偶然有幾個器皿作點比較。談到全面地着手研究,我們不能不佩服近代的容庚容希白先生,他對於銅器研究的功勞是很大的。他著有《商周彝器通考》,連器形、花紋帶銘文都加以研究;還著有《金文編》,把青銅器上的字按類按《説文》字序編排,例如不同器皿上的"天"字,都放在一塊。這是近代真正下大氣力全面地介紹和研究青銅器及金文的。此外,羅振玉的《三代吉金文存》,也是很重要的資料。現在已有人着手重新把至今出土的商周銅器銘文加以統編,這就更加全面了,只是現在還没有出版。

對於文字的考釋,能令人心服口服的,首推不久前故去的于思泊(省吾)先生。他的考釋最爲扎實,決不穿鑿附會。他還用古文字考證古書,成就比清末孫詒讓等人大得多了。到今天爲止,容、于兩先生的著作以及羅的《三代吉金文存》等,仍是我們研究銅器和金文的重要參考材料。隨着條件的改善,今後在這方面的研究一定會愈來愈完備,愈來愈深入。

甲骨文也被附在金文之後,講金石的書往往連帶講甲骨,不是附在前頭就是附在後頭。其實甲骨應和銅器同樣看待,甲骨文是金文的前身。商代刻在甲骨和銅器上的文字,往往有很大的相似,所以甲骨也應放在我們現在談“金”的範圍。現在出版了《甲骨文合集》,非常完備,研究起來不愁没有材料,不會被人壟斷了。但甲骨文我不懂,不能隨便説,只能談到這裏。

二 石

金、石常常並稱。事實上金、石的性質、作用並不完全一樣。古代的石刻有各方面的用途,所以它的形式和内容也就不同,文字因時代的關係也不同。漢朝也有銅器,但那上面的文字和商周銅器的文字迥然不同,一看就是漢朝的東西。此外,花紋和刻法也各不相同(商周銅器上的字,大部分是鑄的,少部分是刻的)。

大批石刻的出現,應該説是從漢朝開始的。漢朝以前有没有石刻? 有的,譬如説《石鼓文》。石鼓甭管它是什麽年代的,總是秦統一天下以前的産物。唐朝人説是周宣王時作的,也有人説是北周即宇文周時候製作的。後來馬衡先生經過全面考證,確定它是秦的刻石。這個秦,不是統一中國的秦朝,而是在西北地方未統一中國以前的秦國。可是還有問題:秦什麽公? 這個公那個公,衆説紛紜,到今天尚無定論。

漢以前的石刻,起碼石鼓是比較完整的,有一個石鼓的文字已經脱落,但是拓本還保留着。近年在河北滿城古代中山國的地區,發掘出古代中山王的墓,裏頭有中山王的銅器,外邊有一塊石頭,上面有兩行字,也是戰國時的刻石,比石鼓晚一些,但也是漢朝以前的刻石。所以古代石刻應追溯到石鼓和中山王墓刻石。《三代吉金文存》後面附有一小塊石刻,文字和銅器文字很相像。什麼時候刻的?不知道。這塊石頭現在也不知道哪兒去了。

現在所謂的"石",大致是指漢代及漢代以後的石刻。講求、探討的也比較多。漢朝的碑是比較多。其實,秦碑也有,只是不作碑形,常常是在山巖上磨平一塊石頭刻字。現在秦碑的原刻幾乎没有,流傳的大多是翻刻的。原石保留下來的只有《瑯琊臺刻石》,保存在歷史博物館,上面的每個字都已經模糊了。還有《泰山刻石》,只剩下了幾個字,殘石還在泰山的岱廟裹擺着。其餘的都已毁掉了,只有漢碑算是大宗。

什麼是碑?碑本來是墳墓竪立的一種標誌。碑石有大有小,記載着墓主人的生平事迹。後來推而廣之,不光是爲死者立碑,也應用到生人,譬如一個官員調離,當地有人立碑爲他歌功頌德。事實上這種大塊的碑,就是石頭做的大塊佈告牌,譬如修一座廟,前面立一塊碑,説明廟的緣起;皇帝辦了一件事,臣下恭維,或者皇帝自吹自擂,也刻一塊,豈不是佈告牌?像秦始皇、唐明皇,都曾經在摩崖上讓臣下給刻上大塊歌功頌德的文章,比後世大張紙貼的佈告結實得多,意在流傳千古,但事實上後來有的讓人鑿掉了,有的是山崖崩塌了。當初立碑的本意不過是歌頌、吹捧死者、官員乃至皇帝,但後來意料之外地被人注意,得以保存流傳的,却不在於它那歌功頌德的内容,而在於它書寫的文字。在於它保存了許許多多的書法。他們吹捧的内容,已無人注意。有人見到石刻殘損文字而惋惜。我説,字少了,美術品少了一部分是壞事,但文詞少了,念不全了,未必不是被吹捧者的幸事,因爲他可以少出些醜。從前人製作拓本,往往是爲了碑上頭刻的字寫得好,或者是時代早，寶貴得不得了。比如漢朝在華山立了一塊碑，叫《華山廟碑》，在清朝末年只保留下來三本拓本，後來又發現了一本，這四本都價值連城，後面有許多人的題跋。這也不在於它的内容（當然也有人考證），而在於它的字。許多古碑也是如此。以前人對於碑只是着眼於先搨後搨，多一字少一字，稍後對碑形、花紋、製作乃至於刻工等方面，也加以研究。這與上述對於商周銅器的研究過程很有相似之處。

漢碑這種字，不管它刻得精不精，畢竟是用刀刻出來之後，用墨搨下來的，從前得到一本都很難。今天我們看到出土的多少萬支竹木簡，都是漢朝人的墨迹，直接用墨寫的。這在書法藝術上、史料價值上，比起漢碑來又不相同了，這待下面再説。所以説，以前的人很可憐，看到一本墨搨，就那麼幾個字，多一筆少一筆，這裏壞一塊，那裏不壞，争論個不休。這是因爲時代和條件都有其局限，出土的東西也少。

還有一種叫墓誌，也是一大宗。墳裏頭埋塊石頭，寫上這人是誰，預備日後墳讓人不知道是誰了，挖開一瞧，知道是誰，人家好給他埋上。這用意是很天真的，没想到後來人家正因爲他墳裏有墓誌，就來挖他的墳，這種情形多得很。墓誌有長條的，也有方塊的，漢朝還没有這種東西，從南北朝一直到唐宋，都是很盛行的。墓誌也和碑的性質一樣，記載着死者的事迹，也屬碑刻的性質。

再有一方面是“帖”。什麼叫帖？本來很簡單，指的是一張紙條兒或紙片兒，多是彼此的通信。現在還有便條兒，隨便的紙條兒（今天的名片，也是紙條兒）。上邊的字，寫得比較隨便，不像寫碑那麼鄭重其事，確實另有趣味，大家比較重視，把這些有趣味的東西匯集起來。因爲古代没有影印技術，只好勾摹下來刻在石頭上或木板上，再用紙和墨搨下來，等於刻木板印書的辦法，這種印刷品被人稱作"帖"。事實上帖本來不是指墨搨的東西，而是指被刻的内容，即没刻以前的原件（紙條兒）叫"帖"。好比這是一部書，叫做《詩經》或《左傳》，不是説它這個書套子或部頭叫《詩經》或《左傳》，而是指它的文字内容。所以"帖"也是指的所摹刻的内容。這個意義擴大了，凡是墨搨的刻本，被人作爲字樣子來寫，作爲參考品的，都被稱爲"帖"。如有人説："我這兒有一本帖"，打開一瞧，是個漢碑。爲什麽也把它叫做"帖"？因爲它已經裁了條，裱成本，被人作爲習字的範本，所以也被稱作"帖"。因此説，"帖"的意義已經擴大了，凡是墨搨的、石刻的、裱成本的，大家都管它叫做"帖"。

帖寫的多半是行書，隨便寫的；而碑版多半是很規矩很鄭重的。所以一般又管寫行書一派的叫"帖學"，管寫楷書一派的叫"碑學"。這種説法，我認爲是不太科學的。

現在，印刷技術方便了，碑帖的印本也多起來了，這裏無法多舉例，因爲太多了。要論起整部的書來，比較方便查閲的，有清末民初的楊惺吾（守敬）編的一本《寰宇貞石圖》，把整篇整幅的碑文影印出來，可以使我們看到碑版的全貌，很有用處；但是它是縮小的，碑有一丈、八尺，它也只能印成這麽一張紙片兒，而且碑版的數量及文字説明也不多。近代趙萬里先生輯有一部《魏晉南北朝墓誌考釋》，都是墓誌，既影印拓本，也考釋文詞，是很好的。討論石刻，有一部書也很重要，就是清朝末年葉昌熾所編的《語石》，它從各個角度、各個方面來論述石刻：多少種類、多少樣子，多少用途，多少文字，多少書家……份量不多，但内容極其豐富，所遺憾的是没有附插圖，要是每談一個問題每舉一個例子，都附上插圖，就方便多了。今天要是想給《語石》補插圖，就有很大的困難，許多原石都已找不到了。我想將來會有人給它進行擴充的。《語石》這種書，現在的人不是不能做，因爲現在所出土的漢魏六朝隋唐的碑和墓誌極多，比當年葉昌熾所能看到的要多出若干倍，要是加以統編，細細研究，附上插圖，那就太好了。最近上海要出一本"擴大石刻文字彙編"之類的書（名字還未定），不久出版，最爲方便了。

葉昌熾在他的《語石》一書中說：我研究這些石刻，主要地是爲了它們的字寫得好（大意）。字好，是碑存在的一個重要因素。立碑刻碑的人是爲了歌頌他自己。人家保存這個碑，却是爲了它寫的字好。這是立碑、刻碑的人始料所不及的。由此可見，書法藝術自有它獨立的、不能磨滅的藝術價值。

三　書

"書"本是文字符號。現在提的"書"不是從文字符號講，也不是從文字學講，而是從書法藝術講。書法在中華民族有很深遠的影響，由於漢字不僅被漢族，也被少數民族不同程度地使用着，所以，書法在中華民族文化中佔很重要的位置。曾經有人提出，書法不是藝術，理由是西洋古代没有一個國家、一個民族把書法當藝術的。其實，中國特有而外國没有的東西太多了，難道都不算藝術了嗎？如《紅樓夢》是中國特有的，外國没有，就不算文學了嗎？現在，這種觀點逐漸糾正過來了。大家知道，書法是一種藝術,并且是廣大人民喜聞樂見、非常愛好的藝術。

中國的漢字(各個有文字的民族都一樣)一出現,寫字的人就有要“寫得好看”的要求和欲望。如甲骨文就是如此,不論單個字還是全篇字,結構章法都很好看。可見,自從有寫字的行動以來,就伴隨着藝術的要求,美觀的要求。

秦漢以來的墨迹,近年出土的非常多。這裏面豐富多彩,字形、筆法、風格,變化極多。從前只看到漢簡,現在可以看到秦代的了。如湖北睡虎地的秦簡,全是秦隸。從前人看見一本殘缺不全的漢碑拓本,便視爲珍寶。現在可以看見漢朝人的親筆墨迹。日本人用過一個詞,把墨迹叫做“肉迹”,即有血有肉,痛癢相關,我很欣賞這個詞,經常借用。現在可以看到成千上萬的秦漢人的“肉迹”,這是我們研究文學、研究書法、研究古代歷史的莫大的幸福。

不論是秦隸還是漢隸,都是剛從篆體演變過來的,寫起來單調而且費事。所以到了晉朝後,真書(又叫楷書、正書)開始定型。雖然各家寫法不同,風格不同,但字形的結構形式是一致的。各種字體所運用的時間都不如真書時間久,真書至今仍在運用。爲什麽真書能運用這麽久,因爲這種字形在組織上有它有優越性。字形準確,寫起來方便,轉折自然,可連寫,甚至多寫一筆少寫一筆也容易被人發現。真書寫得縈連一點就是行書,再寫得快一點就是草書。當然,草書另有一個來源,是從漢朝的章草演變而來的。但到東晉以後就與真書合流了,是用真書的筆法寫草書,與用漢隸的筆法寫章草不同。

真書行書的系統既是多有方便,所以千姿百態的作品不斷出現,風格多種多樣,出現了各種字體(藝術風格上被稱爲字體),

比如顔體、柳體、歐體、褚體等。爲什麽以前没有？因爲以前没有人專職寫字、專以書法著名的，就連王羲之也不是專職寫字的人。古代也没有“書法藝術家”這個稱呼。當時許多碑都是刻碑的工人寫的，到了唐朝才有文人寫碑。唐太宗自己愛寫字，自己寫了兩個碑《晉祠銘》、《温泉銘》，還把這兩個碑的拓本送外國使臣。當時的文人和名臣，如虞世南、歐陽詢、褚遂良、薛稷、薛曜以及後來的顔真卿、柳公權等人都寫碑。這樣，書法的風格流派也逐漸增多了。其實，今天看見的敦煌、吐魯番等地出土的文書、寫經等，其水平真有遠遠超過寫碑版的。唐朝一般人的文書裏，行書的書法也有比《晉祠銘》好得多的，但那些皇帝、大官寫出來的就被人重視。我們要知道，唐朝有許多無名的書法家的水平是很高的，寫的字非常精美。晉唐流傳下來的作品（不論是刻石還是墨迹）非常多，我們的眼福實在不淺。

附帶説一下名稱問題：古代稱好的書法作品爲“法書”，是説這件作品足以爲法；書法、書道、書藝是指書寫的方法，現在合二而一了，一律叫作“書法”。把寫的字也叫作“書法”，省略了“作品”二字，可以説是“約定俗成”了。

如把“書”平列在“金”、“石”、“畫”之間，那它的作用和用途就大多了，廣多了。生活中的各個地方，没有與書法無關的，没有用不上書法的。也可以説，書法已經出現在任何地方，也發揮着極大的效用。從書法作品、實用的裝飾品到書信往來，作爲交際語言的記録工具，兩人以至兩國的信用證明（簽字）都要用書法。書法活動既可以鍛煉藝術情操，又可以調心養氣，收到健身的效果。總而言之，今天看到書法有這樣廣大的愛好者，原因很簡單，就是它和人們生活的關係十分密切。這種密切的關係又非常長久,北朝人曾經説過“尺牘書疏,千里面目”。給人寫封信(尺牘)、寫個條(書疏)等於相隔千里之遠的兩個人見面。現在有傳真照相,可以寄照片,這是“千里面目”。但古代没有,看一封信,感到很親切,如見其人。書法被人作爲人格、形象的代表,自古以來就是這樣。

有人常常問到什麽是書法知識,説明需要抓緊編寫學習書法的參考書。碑帖影印的很多了,但系統的講解、分析是不很够的。怎麽去寫?大家很願意瞭解。各家有各家的心得,這裏就不多談了。大家瞭解了書法的沿革,再多參考古代的碑帖,多看古代的墨迹,這樣對書法的瞭解自然就會深刻,這樣對寫也有很多方便的地方。

四　畫

畫的起源,不用詳談。初民怎麽畫,只要看小孩怎麽畫就會明白。畫很簡單,可是有新鮮的趣味。看見什麽就畫什麽,生活裏面遇到什麽,就隨手畫、刻到墻上,這是很自然的。值得特别注意的是,自從繪畫成熟以後,形體逐漸地準確了,顔色也逐漸地豐富了。繪畫成熟在什麽時代?我們的估計往往是不對的。從近代科學考古發掘出的成果,可以看到這一點。畫成熟的時代應該很早。古代的文化,從商周以來,不知經過多少次毁滅性的破壞,使後世無法看到。商周的銅器的鑄造方法,近代很多人奇怪,那時就有那麽高的合金技術!透光鏡(銅鏡子,可以透出光照到墻上),經過多少人研究,現代才發現有兩種方案,但古人用哪一種方案，至今也不清楚。這説明我們有許多的科學發明、科學成就隨着毁滅性的破壞而消失了。古代的繪畫更脆弱了。一種是畫在墻上，以爲墻是結實的，但隨着墻的毁壞，畫也没有了。畫在帛上的也不延年。唐宋人没見過古代的繪畫，只看過武梁祠畫像，根據這些推測判斷漢朝繪畫，以爲漢朝繪畫就是這樣的。這樣推論的起點太低了。不止繪畫一種，我們對古代文化不瞭解的太多了。近代發現了漢朝墓壁裏的壁畫，大家的看法才有所改觀，覺得從前的推測是錯的。近年長沙馬王堆出土了帛畫，使人看到出喪幡上的帛畫，精致極了，比武梁祠的畫不知高出多少倍。假定帛畫是一百分，武梁祠的畫只能算不及格。人們看到馬王堆的帛畫，無不驚詫變色，這才知道古代繪畫水平已達到什麽地步。我們應該以這（西漢初年）作爲起點，往上推溯商周繪畫應該有什麽樣的成就。看到了馬王堆出土的帛畫以後，有人説，我們的繪畫史應重新寫，已寫出的全錯了。因爲起點（最低點）定錯了。

今天我們研究古代繪畫，有這麽豐富的材料，但我們必須有正確的看法，這才能進行研究。看法和起點要是錯了，研究就得不到正確的結論。唐以前和唐人的好畫，多畫在墻壁上，大多數已隨着建築物的毁壞而無存了。幸虧西北有許多乾燥的洞窟壁畫。首先是敦煌，敦煌壁畫給我們提供了極豐富的寶貴的材料。敦煌許多畫在綢帛上的畫被外國人掠奪走了。國内流傳下來的只是一部分。現在西北出土的一些殘缺的絹畫，即使是零塊，都是非常精美的。這些東西的保存，對今天探討古代繪畫的源流有很大的作用。現在有没有流傳下來的古畫算是唐代或唐以前的呢？有。但這些畫事實上都是經過第二手摹下來的，很少有真正的唐朝人直接畫了留下來的。即使畫稿、形象，是某名家的作品，但畫上的墨迹也不是作者本人的。古代没有别的辦法,幸虧摹下副本,否則今天一點影子也看不到了。

我們對待古畫要持科學態度:哪些是可信的古代人直接畫下來的,哪些是後代人的複製品。但許多古董商人,不是從學術出發,而是從價值觀念出發,順口説這是唐朝的,那是宋朝的,時代越早越貴,可以多賣錢。事實上與學術無關。我們參考畫風,研究畫派,看這些摹本、仿本、臨本不是不可以,但要知道是什麽時代人臨的、仿的,如果聽信大古董商的説法,把宋元的硬説成唐宋的,這樣科學系統就亂了。譬如看京戲,如果真承認那位男演員扮女角即是一個女子,一個花臉角色的演員本人真就長得臉上花紅柳緑的,這便成了小孩或傻子了。

宋朝人的畫,多半是室内裝飾品,很大的大張掛在屋裏,比畫在墻上進了一步。元朝才多卷册小品,在桌上擺着,作爲案頭玩賞的東西。這如同戲劇底本由舞臺到案頭一樣。原來劇本是舞臺唱的,實用的,後來成爲文人創作後擺在案頭欣賞,並不是在舞臺上演的。有許多只能在案頭看,是舞臺上唱不了的。我們明白了這個道理,知道哪是墻壁上的畫,哪是案頭上的畫,這樣才能探索宋元以來的畫派、畫風。大家總是談論宋朝畫如何,元朝畫又怎麽變,哪是匠人畫,哪是畫家畫,哪是文人畫,我們今天研究古代繪畫的沿革,必須考慮到這一點:在墻上畫是什麽樣子?畫在絹上貼在墻上是什麽樣子?案頭畫的小品又是什麽樣子?這些問題必須弄清楚。

到了元朝以後出現一種文人畫——案頭的玩賞的小品(不管它多大張幅也是這個系統)。墻壁上的畫,實際上和裝飾畫是一派。文人案頭畫是一派,對這一派也有許多争論,但它也有它的新趣味，不能一筆抹煞。這一種風格的影響有幾百年。宋朝已經開始了，如蘇東坡喜歡隨便畫點竹子，畫樹、畫塊石頭。現在還有一件真迹，樹畫一個圈兒，底下是石頭。按照畫家的要求，這畫畫得非常外行，非常不及格，但這是真的。米芾畫的《珊瑚筆架圖》，筆道七扭八歪。這是文人遊戲的筆墨。到了元朝才逐漸出現精美的文人畫，影響一直到現在。這一派，這種創作方法，至今尚佔很大的比重。

今天研究繪畫確實方便多了，印刷品越來越精了，越來越多了。我們現在要想研究，有幾點特别要注意。現在研究古代繪畫，研究繪畫沿革歷史，必須從實物出發，得看到真正的原作（包括影印品），客觀地比較，虚心地分析。只看書本上説的不够，只聽别人講的也不够，必須從實物出發，真正地客觀地作了比較，我們才能得出正確的論斷和新穎的見解。這種比較在古代，在從前印刷困難、地下出土的東西不多時是没有辦法的。在今天，我們確實是方便多了。

現在研究古代的繪畫，又出現了兩種困難。一是出現了太窄的現象。我認爲，研究繪畫，研究繪畫沿革，不論在中國在外國都出現了這樣一個現象；研究一家，只抱住一家，翻來覆去地考證探索。須知這個作家不能獨立存在，必須和當時的環境，當時的時代聯繫起來。“窄”還表現在只研究一家的一個方面，如一個畫家又會畫蘭竹，又會畫山水，又會畫松樹，却只是專門研究他畫的竹子。這樣就鑽進了牛角尖而不自覺。另一方面，論據必須是真品。有許多是假的，是古董商人瞎吹的。你根據的真僞還不分，不能“去僞存真”，又怎麽能“去粗取精”呢？首先要辨别真僞。這裏就出現一個問題，今天辨别真僞的標準，也被古董商人攪亂了。從明清以來就有這種情況:真畫兒换假跋,真跋配假畫兒,哪個名氣大,哪個大、哪個早、哪個值錢就寫哪個。後來研究者也常陷入古董商人的這個標準。如評論是紙本還是絹本,質地顔色潔白還是昏黑,黑了就用漂白粉拼命冲洗,畫兒的筆墨都不清楚了,底子可白了,那也要。因爲"紙白版新"。這是古董商的標準。常見著録的書上説"這是上品",但筆墨畫法並不高明。爲什麽是上品?就因爲"紙白",其實那是用化學藥品冲洗白的。又如完整還是破碎,中國藏還是外國藏等,有許多人認爲是外國藏的就好,其實這是令人很痛心的事。我雖然也忝被列入了"鑑定家"的行列,但我"知物不知價"。"'紙白版新'就好"、"這個值錢多"……,這些我一點兒也不懂,因爲我没做過古董商人。

總之,今天研究繪畫,必須根據可靠的、可信的資料,要辨别真僞;真到什麽程度,是作者親筆還是複製品?我們爲研究一種風格,複製品也有價值。當然,從古董的價錢説,複製品與原作不同,但如從學術上講,是有研究價值的。現在印刷品很多,有了彩色印刷,雖然比起原作還有差距,但無論如何比黑白的好多了。我們受近代科學的嘉惠,受近代科學之賜,研究繪畫更方便了。

今天研究金石書畫的條件已千倍萬倍地優於前人,我們研究的便利比古人要大得多。只要我們的觀點是正確的,從實物而不是從現象出發,博學、廣問、慎思、明辨,自己有一定的立脚點而不隨聲附和,我們的成績會是無限的。

《啓功書法作品選》自序

啓功生於一九一二年，幼而失學，提不到有什麽專長。從做童蒙師到在大學教書，已經過了五十年，中間做些“副業”，只是寫寫畫畫而已。

近年謬蒙許多朋友的擡愛和鼓勵，得以厠名於“書法家”之林，實在非常慚愧。現在北京師範大學出版社的朋友把我近些年寫的一些作品，搜集成册，將予出版，叫我自己寫幾句前言。我想這一堆“雪泥鴻爪”在拿出手來之前，至少應該把我學習書法的一點甘苦和編排上的一些經過，略加交代。

幼年看到先祖的書案旁邊掛着一大幅墨筆山水，是我一位已故的叔祖所畫，山川稠密，筆劃精細，我的印象，覺得這畫是非常雄偉的。先祖又時常拿過我手中的小扇子，在上面隨便畫些花卉竹石，信筆而成，使我感到非常神妙。從這時起，我常想，一個人能做一個畫家，應該多麽高尚啊。後來雖然得到些學畫的機會，但是“畫家”終没做成。

至於寫字，當然自幼也不例外地描紅模、寫仿影，以至臨什麽歐、顔字帖，不過是隨時應付功課，並没有學畫的那樣“志願”。在十七八歲時，一位長親命我給他畫一幅畫，説要裱成掛起，這對我當然是非常光榮的，但是他又説：“你畫完不要落款，請你的老師代你寫款。”這對我可説是一次“沉重的打擊”，使我感到“奇耻大辱”。從此才暗下決心，發憤練字。從這事證明，憤悱實是用功的起點。

現在回顧練習寫字的過程中,頗有些曲折。記出幾條來,既以向前輩方家請求印可,也以奉告不恥下問有同好的朋友們,或可省走一些彎路。

一、曾向書家求教,問從執筆到選帖的各種問題,得到的答案,却互相不同,使我茫然無所適從。

二、所學只是在石頭上用刀刻出的字迹,根本找不出下筆、收筆的具體情況。

三、後來得見些影印的唐宋以來墨迹,才算初步見到古代書家筆在紙上書寫的真像。好比見着某人的相片,而不僅是見到他的黑紙翦影了。

四、學習古代書家的墨迹稍微覺得有些入門時,又聽到不少好心的朋友規勸我説:"你的字缺少金石氣。"可惜那時我已六十多歲了,"時過而後學,則勤苦而難成"。再者,所謂"金石氣",實際就是刀刻的那些現象和趣味。雖然"恒言不稱老",但六十多歲,至少從腦到手,也僵化了許多,即使想再拿毛錐來追利刃,也已力不從心了。

五、練寫字總是在冷一陣熱一陣中過日子,怎麽講呢?臨帖有些相似了,另寫文詞或帖上没有的字,就非常難看。慢慢地能自尋辦法寫出一張另外的文詞,章法也算過得去了,但只能看整片,禁不起挑出任何一個字來看。

六、某段時間寫了些張字,覺得熟練些、美觀些了,過時再看,便發現"醜態百出"。於是加緊糾正、克服已發現的缺點。這樣又出現兩種情況:一是寫得更壞了,真使我"欲焚筆硯";一是覺得比前可算有些長進了;但旁人看時,又常有人説還是最前那段寫得較好。

七、有一次臨了兩本帖，一是《集王聖教序》，一是智永《千文》墨迹本。有一位青年朋友向我要，我送給他時説："這只是紀念品，你要臨學，我另送給你這兩種原帖。" 没想到他却説："這比原帖好。" 我只認爲他是專爲誇獎我的字，誰知他却鄭重地指給我説，哪些字，"帖上的不如你寫的"。我這才明白："下里巴人" 爲什麽 "和者" 那麽多。誰都明白，這是誤會。但誤會何在？有人説，"你翻成白話的古文，比原作易懂"，這非常恰當。在此，我的感想，還有一端，即是 "誇獎" 這一關，也是極嚴的考驗！應正確對待，謹慎而過。離奇的誇獎，還容易清醒，只怕略近情理而又偏高的誇獎，是最難冷静的！

這本 "泥爪" 册子竟然要出版了，我的心情正如俗語所説："小孩聽講鬼故事，又想聽，又怕聽。" 只有誠懇地請尊敬的讀者給予剴切的批評！

關於材料方面是這樣處理的：大致按尺度、形式、行數、字數以類相從。後附有舊作一本畫册，是在六十年代初期畫的。當時每頁都有對題。浩劫中，先妻章君寶琛把題字撕下燒了，畫片用紙包起。一九七五年她逝世後，我才發現這包畫片，重新裝裱題詩。這時浩劫還没有完，畫得本來幼稚，重題也很局促，過而存之，以作悲哀和憤怒的紀念！

最後要鄭重聲明感謝的是：趙樸初先生在百忙中爲書寫籤題；我校侯剛君、胡雲復君爲此册的搜集、編排，以至設計版面，都付出了極大的辛勞；賈鴻年君爲作品攝影，隨有隨攝，加緊洗印；都是我所衷心銘感不能忘的！

《書法常識》序言

我從幼小識字時,即由我的祖父自己寫出字樣,教我學寫。先用一張紙寫上幾個字,教我另用一張較薄的紙蒙在上邊,按着筆劃去寫。稍後,便用間隔的辦法去寫,這個方法是一行四個字,第一、第三處由我祖父寫出,第二、第四處空着。我用薄紙摹寫時,一三字是照着描,二四字是仿着寫。從此逐步加繁,臨帖、摹帖、背臨、仿寫……,直到二十多歲,仍然不能自己寫出一個略可看得過的樣子。

在十八九歲時,羡慕畫法,也希望將來做個"畫家"。拜師學畫,描個框子,還可算得一張圖畫。但往上一寫款字就糟了,帶累得那勉强叫做畫的部分也都破壞了。於是發憤練字,這個練字的過程,可比用鑽鑽木頭,螺旋式地往裏鑽,木質緊,鑽的鋼刃鈍,有時想往裏鑽,結果還在原處盤旋。這種酸甜苦辣,可説一言難盡。請教别人,常是各説一套,無所適從。遇到熱心的前輩,把某一種帖、某一方法,當作金科玉律,瞪着眼睛教我寫,這種盛意,既可感,又可怕。

及至瞎摸着學,臨這一家,仿那一體,略微可以題在畫上對付得過去一些了,也不過是自己杜撰的一些應付之法,畫上的東西向左歪些,題字就向右斜些。如此之類,寫了些時,但離開畫面,就不能獨立。

又遇到"體"的問題,什麽"顔體是根本"、"趙體最俗氣"之類的説法;"古"的問題,什麽"篆隸是來源"、"北碑勝唐碑"之類的説法;"方圓"筆法的問題,什麽"方筆雅"、"圓筆俗"之類的説法,等等。及至我去如此實踐,有的並不是那麽一回事,甚至所説與客觀事理完全相反。舉一極簡單的例,如:用圓椎形的毛筆,不許重描,來寫出《龍門造象題記》那樣方筆,又要筆筆中鋒。試問即使提出這個説法的本人,恐怕也没有解決的辦法吧! 我在誤信種種"高論"之後,從實踐中證明它們全屬"謬論",至少是説者對那些現象的誤解。此後,我的思想才從"迷魂陣"中解放出來。

再後,陸續看到歷代的墨迹,再和刻本相比較,才理解古代人寫的墨迹是什麽情況,用刀刻出後的效果又是什麽情形。好比臺下的某位戲劇演員是什麽面貌,化了裝後在臺上又是什麽面貌。他在臺上身材高是因靴底厚,肩膀寬是"墊肩"高,原來臺上的黑臉包公即是臺下的演員某人,從此"豁然心胸",我寫我自己的字了。中間又幾次看到出土的和日本保存的古筆實物,更得知有的點劃是工具決定的,没有那樣製法的工具,即屬同是不加刀刻的墨迹,也寫不出用那樣工具所寫出的點劃。於是注意筆劃之間的關係,注意全字的結構,注意字與字之間的關係,注意行與行之間的關係。臨帖時,經過四層試驗,一是對着帖仿那個字;二是用透明紙蒙着那個字,在筆劃中間劃出一個細綫,這個字完全成了一個骨骼;三是在這骨骼上用筆按粗細肥瘦加肉去寫;四是再按第一法去寫。經過這樣一段工夫,才明白自己一眼初看的感覺和經過仔細調查研究後的實際有多麽大的距離,因而又證明了結構比用筆更爲重要。當然没有用筆,或説筆没落紙時,又怎有結構呢? 但筆向何處落,又是先得有軌道位置。所以,用筆與結構是辯證的關係。趙孟頫説:"書法以用筆爲上,而結字亦須用功。"我曾對他這“爲上”和“亦須”四字大有意見,以爲宜以結構爲先,至今還没發現這個見解的錯誤,但向人説起來時,總有争議,後來了然:“結字爲先”,是對初學的人爲宜,老師教小孩拿鉛筆在練習本上抄課文,只是要他記住字的筆劃,並無“用筆”可言,已會寫字,有了基礎,所缺乏的是點劃風神,這時便宜考究用筆。趙孟頫説這話時,是中年時期,是題《蘭亭帖》後,這時他注意的全在用筆。譬如中國餐的習慣是吃飯之後,喝一碗湯;外國餐的習慣是先喝湯,後吃主食。但誰也知道,只喝湯是不會飽的。於是我對先喝後喝的問題,也就不再和人争辯了。

至於實踐,從題畫上的字稍能“了事”之後,如寫什麼條幅、對聯等等,又無不出醜。解放後有了新興的練字機會,抄大字報,抄大字標語。這時的要求,並不在什麼筆法、字體,而是一要清楚二要快,有時紙已貼上,補着往上去抄。大約前後三十年,把手腕、膽子都練出一些了,才使我懂得,不管學什麼,都要有一種動力,無論這動力從哪方來,從下往上冒、從上往下壓、從四面往中間衝,都有助於熟練提高。大字報現在已有明文廢止,也不能爲練字而人人去寫大字報,這裏所説,只是我的一段經過,並且説明放膽動筆的好作用罷了。

練書法要不要臨帖,如果要,爲什麼?這是常聽到的問題。我個人認爲,彈鋼琴要練名家的譜,誰也知道,不是爲將來演出時,只彈這個譜子,而是爲了練習基本功,從前人的創作中吸取經驗,自己少走些彎路。又有人提出説爲什麼臨帖總不能像,我的回答是永遠也不能像,誰也不能絶對像誰,如果一臨就像,還都一絲不差,那麼簽字就不會在法律上生效了。推而至於參考前人的論説,即使是自己認爲可取的論點,最好也通過實踐試驗,不宜盲從傻信。

我個人在練字過程中，也曾向書本請教，什麽《書法正傳》，什麽《藝舟雙楫》、《廣藝舟雙楫》等等，愈看愈不懂，所得的瞭解，是明白了從前聽到别人給我講寫字方法的那些論點，原來大都是從這類書裏來的。不過有些更加玄虚，有些引申創造罷了。於是我便常向朋友勸告：要學書法，有錢多買字帖，少買論書法的書；有時間多看帖、臨帖，少看論書法的書。要加聲明：這裏所説"論書法的書"，當然是指古代的，因爲它絶大多數玄虚難懂。如果擴大一些範圍，凡是玄虚難懂的都可以暫時節省些眼力！

近十年來，書法又被提倡，更加爲廣大群衆所喜聞樂見了。於是作爲常識讀物的參考書和提供借鑒欣賞的碑帖，也紛紛出版，愛好書法的同志找我們來討論門徑、切磋技法的也日見其多。因此浙江古籍出版社要求我們編寫一本小册子來補這個空白（當然在這本小册子編寫、出版以前已經有了好幾本這類著作，已是珠玉在前了。我們這本不過是拾遺補缺，只算補珠玉之間的小空隙罷了）。

秦永龍同志是我們同校、同系、宿舍毗鄰、日常相見的同好、同志，他是教古代漢語、古代文字的，他對書法的研究，一方由於愛好，一方無疑的是從研究文字變遷而來。他平時治學不苟，寫起字來也筆筆認真，一字一行以至一幅，也都各具匠心，絶不隨便。起草這本稿子，也是極費推敲，多次修改的。他還非常謙虚，因爲稿中所寫的有些問題，是我們平常議論過的，所以一定把我的名字列在前邊。這篇序言，也有借紙答覆讀者的意圖，因爲許多同好，常問我學書法的"經驗"，"經驗"哪裏敢説，只説"經過"，也是"甘苦"而已。因此我也順便想起，如果當代的各位老前輩、大書家,肯於各自談些“甘苦”,哪怕是小故事、碎評論,集在一起,也是我們後學借鑒的財富。抛磚引玉,借地呼吁,我想一定會有人起而做搜集編排工作的。

本稿所用插圖和圖版,一部分借自朋友所存,另外大部分是賈鴻年同志所拍攝,謹在這裏一併致謝!

一九八七年九月二日寫於北京師範大學

《啓功書畫留影册》自序

啓功自幼喜好繪畫,曾經希望長大了做個畫家。十五歲後從師學畫,終因畫藝不够成熟,無法藉以謀生,便做了童蒙師。陸續走上在中學、在大學教語文的道路,畫藝雖未完全抛掉,但進益不多。四十年前教育工作又要求“專業思想”,當然兼顧既不可能,同時也不許可了。

這時以後,寫字雖然不能拿出手去,但自己在家費紙亂塗,也還受賣紙的人歡迎。歷次滿墻貼大字報的時候,我更是“大顯身手”的一名“鈔寫匠”,或者竟成爲“鈔寫將”,總之,毛筆字總算没有間斷地寫。至今雖不够成熟,總還誤筆不多。至於册中那幾幅畫,更是臨時爲裝點展覽會場略增熱鬧的。抛荒了四十多年,臨陣磨槍的産物,焉能登大雅之堂!

我雖然寫了許多年的字,但手下並没留下什麽成品。現在印在這裏的一些件,都是已經饋贈出去了的。其中大部分是前年冬天爲募集“勵耘獎學助學基金”時,奉送給慨捐重資的仗義朋友作爲紀念物的一部分。爲什麽不説是售出的展覽品?因爲我的習作字畫,根本值不了那些錢。物輕誼重,不説是良朋義舉的紀念品,可又能算什麽呢?其次,是一次小展覽中的四十件非賣品中的一部分,那些作品於會後一半贈送給展出的團體,留作他們隨時展覽之用,一半贈給師範大學留作饋贈用的禮品。再次是一些平時臨碑帖的小幅,已被親友分存,這次是借回拍照的。由此原因,所以題目選用“留影”二字,大約可算比較恰當而且符合實際的。

人生“老”與“懶”常常密切聯繫着。今年夏天過後,我即够八十足歲了,即使自奮秉燭之勤,又能再寫多少呢?何況體力日見其衰,手眼日見其退,所以趕快印出這點點舊作來,爲的是早些求得高明指教,以便趁此餘光,努力争取鞭策。萬一得到糾正的機會而再有寸進,都是尊敬的讀者所賜,誠望批評,不勝企盼之至!

一九九二年元月

《啓功三帖集》前言

"碑"、"帖"這兩個"詞",是書法範圍中常見的兩項内容:碑是刊刻名山、廟宇沿革以及名賢、顯宦的事迹;帖是一些著名文人、書家給朋友的書札甚至便條,後人爲了欣賞他們的筆迹,把它刻在石上以廣流傳。所以碑的名稱是指石材,帖的名稱是指紙張。由於後人爲了保存,常常把碑、帖的拓本裱成卷、册,以便於展觀和臨習,又統稱之爲"帖",這是碑、帖的原名之外的第三種名稱了。

我從幼年習字,先摹先祖寫的字樣,後來上小學,習字課上也臨習過唐碑,但拓本中看不出行筆的輕重、用墨的乾濕,有人把魏代造像記那種刀斬斧齊的筆劃認爲是方筆,寫字時描頭畫角地描出方條的筆道。後來見到古代墨迹的影印本,才得知那些方條的筆劃是由於刻字的工匠按筆劃四周刻成,並非寫者用筆如此。後來做了些論書絶句,有一道説:

少談漢魏怕徒勞,簡櫝摩挲未幾遭。
豈獨甘卑愛唐宋,半生師筆不師刀。

近年刊刻"碑林"的風氣頗盛,原因有許多方面,其中一項因素是刊刻的方法有了進步。古代刻字,一種是寫者把字直接寫在石面上,刻工即在寫的字迹上用刀刊刻,宋元以來書家把碑文寫在紙上,刻者用薄紙從正面按筆劃周圍鉤出,再用白粉鉤那薄紙的背面,再把白粉筆劃軋在石面上加以刊刻。這類刻法都容易走却墨迹的原形。現在刻工用電力通到刻刀上,不用鐵錘錘那刀柄,省力與準確兩全其美,但筆劃中的乾濕濃淡仍不能傳出。但書法與繪畫究竟不同,爲了臨習,濃淡有所不足,也不致妨害筆劃結構的主要作用。

這册“三帖”前兩種是大塊石碑上所刻的,後一種是從一個卷軸寫本上影印出來的。成爲黑地白字,碑文也剪裝成册,所以就從俗稱爲三帖。刻成的、寫成的雖有不同,但它們的效果,如不仔細觀察,也幾乎看不出區别,足見今日刻法的進步。

北京師範大學出版社輯印拙書三種成册,又囑我寫此前言,即在這裏敬求讀者予以嚴格的指教!

《啓功書法叢論》前言

我上過小學,小學有一門書法課,我寫的成績雖不算最糟,也不够中上等。同學中寫得好的有幾位,他們有臨華世奎的顏體字的,有學魏碑體的,有一位叫白志銘的師兄,他在家中受到一定的文化教育,寫的字很有成熟的風貌。聽幾位優秀師兄們談起他們自己的心得,什麼方筆啦,圓筆啦,愈聽愈糊塗,感謝白師兄說了些執筆不要死,手腕不要有意懸空,臨帖不要死描點劃,等等,我才算初步開了竅。後來離開學校,從戴綏之先生學經史詞章,寫字也不那麼專心了。

在公元三十年代受教於陳援菴先生門下,初到初中教書,批改學生作文,又有字迹的像樣的要求了,這時影印碑帖已較風行,看到趙孟頫的膽巴碑和唐人寫經的秀美一路,才懂得"筆法"不是什麼特别神秘的方法,而是按照每筆的點劃在結字中的次序先後,長短、肥瘦、左右、圓轉,順序擺好,那麼筆法、結字,都會好看了。此後才明白"方筆"是刻字工人在字迹上直接按每一筆劃四周用刀直刻的刀痕,"圓筆"是刻字工人注意字迹點劃的每筆邊緣,宛轉用刀鋒去刻出的。

後來到了輔仁大學教書,陳校長非常重視學生的文筆,尤其重視學生作文卷上的批字,常說如果學生卷上的字比教師批的字好,教師應該如何慚愧!一次命我作一場關於書法的演講,用幻燈放映許多碑帖的樣本,命我按照碑帖的字迹作文評論。陳老師拿着一個長木板條(預備教師在黑板上劃直綫用的)在地上拍打,指揮應該换一個碑帖樣片了。看到、講到好的字樣,觀者大都贊嘆,看到龍門造像中那些難看的字,都有表示難看的笑聲。這次小講演之後,大家練寫字的風氣爲之一振。我怎麼知道?因爲常有師、生拿寫的字給我看,我才得知是那次講演的效果。

以上是我從幼年學寫字的初步經歷。現在北京師範大學秦永龍教授請李同志(洪智)把我以前關於書法的講演、筆記、題跋全都抄出來,請文物出版社印爲一册,使我既感激,又慚愧!我這垂暮之年,耳目俱衰,視聽之力鋭減,書寫更不成字。方家垂教,感戴之餘,徒增歉愧矣!

二〇〇三年七月

題陳奇峰篆刻集

中國的藝術、種類很多，屈指計算，十個手指絶不敷用。一般説來，很容易脱口而出的，是書畫篆刻。這三項本身固然各有千秋，都能獨立自成體系，而三者之間，又互相依存。合之則三美，離之則三不足。其理由不待多説，只要看看三項合成的作品，再看看只有一兩項的作品，哪個更美觀就不言而喻了。

許多書家、畫家、篆刻家，未必每人同時具備這三項藝能，但我們常見某一類風格的書畫家自用印章，都與他們的筆墨風格相調諧。印章雖然非盡自刻，却足見他們選擇的篆刻藝術標準。

近代同時兼長這三項藝術且負大名的，首推二人：一是住在上海的吴昌碩先生，一是住在北京的齊白石先生。齊先生壽更高，創作的時間也更長，他的書畫篆刻給後學開了許多廣闊而方便的門路，受到多少人的崇拜和追隨。人所共見，亦步亦趨者多，自立成功者少。原因是銷化了師法才能自立，深入師法而能銷化又談何容易！這正足以説明作祖師的偉大處，和學人真正瞭解祖師的難處了。

我的老朋友陳奇峰先生，既是書家，又是畫家，還是很有功力的篆刻家。他能畫傳統的中國畫，也能畫漫畫。聽説他在篆刻之外還曾刻木刻板畫。我這裏並非要開他的藝術清單，而是要説明博通的人，注意力必廣，才能不爲某一派成法所拘，對各項藝術，才容易具有冷静而客觀的見解。陳先生對於近代篆刻家，最佩服齊白石先生,他認爲齊先生的刀法自然,毫無拘束。風格變化,而又處處可見自己的性格。據我所知,齊先生不刻金銅牙角等等印料,但我曾見他爲吴心穀刻的兩大方岫陽石印,朱白文各一方。岫陽石堅硬不易下刀,齊先生却單刀直入,不借助寶砂磨礪。又不論田黄雞血什麼貴重石料,眼下手中,如刻塼瓦。好似大庖師作眼科手術,膽大心細,何等驚人。試問並世印人,誰有這樣膽力和腕力?而所刻印文,人都認得是什麼字,豈不可敬!

奇峰先生搜集齊先生的印拓六百方,按類分裝,訂成六册。分類方法很新,除早期作品爲一類外,其餘爲自用印、爲朋友和弟子所刻印、自抒胸臆的閒章等,都是齊先生身世和思想的可貴旁證。此外名人私印,齊先生許多自鈐印譜中並不爲諱,而此集中一律删除,足徵體例之嚴。

這部印集,不但選擇精、編法新,又經香港石景宜先生選工選材,自督精印,在近時所見許多印譜中,稱得起是一部上乘善本。使學者對於齊白石先生的藝術真諦得獲更新更真的認識,即在一般印藝愛好者來説,也平添了一份精神營養,又在愛好齊先生書畫的收藏家,也增加一批鑑定印章的參考依據,豈非一件多功能的藝術名著!

公元一九九二年夏日啓功讀後敬識,時年八十。

銅山張勺圃先生論書全集讀後記

張伯英先生字少甫，亦作勺圃，江蘇省銅山縣望族。早歲貢於鄉，中年已入民國，爲徐樹錚將軍延爲西北邊防軍編輯處某職。徐將軍擅筆墨，文好桐城，書擬北碑，此亦當時所尚者。勺翁文筆流暢，公餘臨六朝碑版。功聞於勺翁第三子，時居張宅廂房，告功曰：勺翁中年臨《龍門二十品》最多，翁之男女公子屢請擇一本影印以示後學，以見臨寫之勤苦。並言臨本用元書紙，每本紮成一卷，俱置老人之床下，直滿空處。男女公子欲抽出爲選印底本而不得見許。

勺翁尤好六朝墓誌，每得拓本一幅，必手臨一再。前年河北教育出版社影印勺翁書迹選本一大册，其中即印所臨墓誌若干幅。只見印本，竟不知是墓誌原拓抑爲臨本。足見臨帖之時，手眼精到，所謂“一絲不苟”，非謂石上刀痕，蓋爲寫者硃書之命意與刻者刀刃之存真，與夫臨者之全神所聚；不僅在拓本之黑白陰陽，而在攝取石上書家腦之所思，腕之起落，聚而爲拓本上之字迹剛柔開合，使今日觀者眼中所見之臨本不啻與千百年前書者筆下意中俱與觀者對語也。如此境界，始是臨學碑版之優秀結果。今觀勺翁之書，行書中自有剛健之骨，真書中自有生動之趣，此勺翁之書之所以爲妙也。

功每登堂求教，常恐勺翁指教勞神，即申紙求老人揮毫示範，以節語言之勞，藉瞻用筆之法。而先生却檢示案頭新收之帖，曰此某本,此某拓,其異同何在,優劣何在。功於石刻拓本素日只觀點劃結構,而未嘗留意其刻工刀法與夫紙墨時代,其意之所鍾,偏於筆鋒墨韵,故臨摹賞玩常在唐人墨迹。故所收集賞玩雖敦煌之碎紙零篇,亦必什襲觀摩,是以所收碑版拓本每爲行家笑其爲翻刻。一日,以所臨唐寫佛經呈勺翁,而蒙老人鼓勵,繼以所臨日本所傳智永千文影印之原本呈勺翁,此爲原本易主後之最新印本,勺翁見而大驚,曰:"此六朝人之墨迹也,子何從得之?"數日後以新得之精印本上呈,老人大喜,功亦大喜。蓋老人所喜在得見六朝人之墨迹,而功所喜在曩日以爲老人多臨石刻必以真迹爲河漢,庸詎知在勺翁目下手中之石刻拓本並非盡爲昔人之枯骨,實是栩栩然之金字塔中之木乃伊也。

平日所知勺翁喜古碑刻必等閑以待明清名家之迹,繼聞於勺翁門婿屠公質甫,言勺翁於明之董香光、清之劉石菴,非徒珍重,且常收購什襲。蓋漢字自篆隸草真以下字形雖有差異,而木桿兔毫之筆,右手執以書之,則古今固無異也。真知書者,又何用其軒輊哉!

自古讀書人,莫不以收藏著名版本相矜尚,古書中字句異同、篇目多少,固古版有時固是學術所關之根本,有時則是無關緊要處。清代黃蕘圃成了古書版本的專家,事實上真關文史的考證、判斷的問題,却不見他有什麽比較和發現。而勺圃先生於所收、所見的古刻、古拓,通過評論、題跋、考證、題咏、文章等種種不同文體,充分闡釋了老人的獨到見解。即如《閲帖雜咏》,數十年來,若干傳抄本中有詩章多少之異,此固由老人隨手增改所致,亦或由稿本之藏者先後所致,因而得知老人在稿紙、信箋、筆硯交遊之種種不同,以致稿本之多少遂現異同。今想此集所刊,在老人身後，藏者又是老人之内外子孫，恐今後即有斷簡遺篇之發現，亦如殷本、金石之罕遇矣。至於勺翁晚年，以法書易米，遺墨流傳更難勝計，後之藏家續有搜集、影印之舉，則遠易於金石刻搨，此我輩後學之眼福，可爲預卜者矣。又勺翁曾得明人張正蒙跋之《館本十七帖》（今在上海圖書館）及唐摹王右軍《此事帖》（今在北京文博研究所），曾影印爲《右軍書範》，流傳甚多，今後重印流傳，將更爲易事矣。

文革運動後，公所藏文物每遭遺棄。一日晤勺翁之外孫屠公式蟠，詢勺翁手稿，乃知俱爲勺翁之孫張公濟和與屠公式蟠所共寶。今經屠公收集，交河北教育出版社爲之排印，命功撰"讀後之記"。惜功自公元二〇〇三年終歲抱病，艱於執筆，二〇〇四年疾有略愈，謹爲屬草，所記容有失誤，幸張、屠二公惠爲改削！

公元二〇〇四年三月，後學啓功謹識。

書畫碑刻題跋選

跋董其昌臨蔡蘇黄米四家書字册

香光多見歷代法書真跡,發於筆端,雖至不經意之作,亦足以使人尋味無盡。此册臨宋四家書,譬如良工寫真,觀者如聞謦欬,正不在耳目口鼻之間也。紙墨相發,神觀飛越,把玩竟日,因識其後。時一九七七年元月,啓功寓首都小乘巷寄廬書。古法書不盡帶名,觀唐竇氏述書賦可知。此册殆當時一帙中之一册,其款在末册中,然真跡固不待款也。

跋劉元稷畫册

元稷不知何許人,觀慨庵跋語,殆即文氏從遊者。慨庵生於萬曆,卒於康熙,子穀之年代可得而推也。畫非至工,亦不鄙。

歐初同志得之屬題,因各拈韻語,以求指正。一九七七年五月一日,啓功。

一九七九年冬日來穗重觀此册。歐初同志見告曰:蘇耕春同志近爲檢得畫人小傳,元稷姓劉氏,吴人,字子穀,一作紫谷。於是疑滯豁然,且愧前歲之檢書不廣也,因補於後。

啓功書於流花賓館。

（編者案：啓功題此畫册韻語見《啓功叢稿·詩詞卷》之“啓功韻語”卷三《題明人畫册八首》）

跋董其昌行書小赤壁詩册

香光書不於結構争緊嚴，不於點畫争富麗，博綜古法以就我腕，故不觸不背，神存於心手之間。若以唐宋名家面目繩之，則所謂“蚊子叮鐵牛，無渠下嘴處”。其敢與趙松雪校短長者，自恃正在於此。或有病其滑易者，蓋酬應既多，潦草誠或不免。然善觀者必觀其率意處，方見其不爲法縛之妙也。此金箋上書小赤壁詩，紙滑筆柔，無意求工而浩浩然任筆之所之，具見心在得失之外，亦書人之樂境也。思政同志見示，因臨一本並識於真跡之後。一九七七年十月，啓功。

跋明趙左溪山無盡圖卷

世人豔説趙文度爲董香光代筆事，一若其畫。但依傍門户，未必能度越董法者。然余平生所見董畫之確出親筆者，不過如後來伊墨卿、翁松禪之文人遊戲筆墨，不能以六法求之也。而文度之作，工力湛深，識解超卓，不但無一筆文、沈，直無一筆宋石門，乃所謂見過於師者，與吴楚侯之效顰董氏親筆之畫者，不可同年而語。余昔撰董氏書畫代筆人考，曾詳論之。一九七七年十月得見此卷,乃思政同志所藏真跡,因再拈斯義,幸賞音有以教之。啓功書於首都小乘巷寓舍。

跋明鍾禮八仙圖卷

明代畫院名手,繼承宋人法度,視李希古、馬欽山諸家,雖或厚薄略殊,可喜其典型具在。當時文人點染水墨雲煙,綴以詩篇,書以行草,未嘗不淋漓滿卷,而求其運斤成風,穿楊破的,人形物態曲得其真者,則不免有上下床之别矣。此卷鍾欽禮畫八仙,精工俊爽,毫無拖沓之習,蓋用意之作,非率爾應酬之筆也。欽禮名禮,上虞人,弘治中直仁智殿。其畫傳世甚少,殆多遭割截款字以充宋畫耳。八仙故事,昔年浦江清教授曾爲文詳考之,載在《清華學報》,惜其未見此卷以校傳説仙人次第也。一九七八年五月,思政同志自粤來京,攜此見示。余每疑世傳宋畫中多明人之跡,而苦難索其誰某,見此而獲其一證焉。雨夜滌硯,快然題尾。啓功。

跋鐵嶺高且園先生松鷹圖真跡

且園翁意氣干雲,才情邁古,詩文翰劄,枉不超逸離群,於康雍之際,允推巨擘。其畫法特有情所寄而指畫尤其遊戲狡獪,聊舒鬱勃之思者。後世只稱其指畫,只知其指畫,淺乎其窺且園翁矣。一九七九年十月,友人自太原攜來見示,因識。鄉後學啓功書於北京。

跋鄭谷口隸書麻姑傳

明人八分書,多取方嚴,用筆如折刀頭。晚季時,《曹全碑》出土,於是筆法一變,谷口九沙,俱其上選,此卷尤爲穀口用意之作,後世惟金冬心得其心印,顧不恒作。所見皆扁筆一格,自號"擬漆書"者,幾不見其真詣矣。思政同志妙鑒玄賞,屢獲名家精品,此其一焉。卷後林氏書韓詩,字擬東坡,極爲得筆,遠邁吴匏庵,近勝張廣雅。道光間人有此勝詣,殊稱難得,其跡傳世不多,尤可寶也。一九七九年十二月五日,啓功識於羊城之流花賓館。

跋明王鐸草書詩卷

健筆孟津王,拈來逼晉唐。裂裙王子敬,懷硯米元章。結霧霏煙淡,奔雷墜石狂。迢迢三百載,依舊墨華香。思政同志得擬山真迹見示,命題,即希削定。啓功。

跋劉墉小楷字帖

劉崇如書悉本其庭訓,卷摺功深,故小楷爲勝,行草但師閣帖。其遒斂處,皆北宋棗板之真面,縮行草於卷面,行中彌有深厚之致。此真行草之體俱備,尤稱精品。一九八五年夏曆元旦,在羊城承德正同志出以見示,信開歲之眼福,因識其後。啓功。

跋明清書畫雜册

昔周櫟園好集名家小品成册,縱或尺度不齊,而筆墨紛披,體格各異,翻收奇效。德正同志鑒收選拔,合爲此册,倍難於櫟園之集時賢也。珍重珍重! 啓功。

跋董其昌溪山村舍圖

遥山留黛一痕顰,影落秋河夕照濱。小卷華亭傳法脈,慷齋低詠爾何人。

德政先生屬題,即次卷中舊韻博教。一九九零年三月,啓功。

題谷牧同志捐贈炎黄藝術館書畫卷後

谷牧同志政績懋著,久爲人民所愛戴,自奉樸素,暇日惟以書畫自娱,每與夫人牟鋒同志共同搜集朋友筆墨,公餘即披閱賞鑒,而朋友亦樂以所作求教。谷老於卉木獨喜梅花,而北地苦寒,難於培植,乃約畫家各作小幅。於是書齋客座、壁上案頭,長箋短紙,罔非梅也。積累既多，合裝成卷，粗堪盈握，已滿四軸，客至展觀，不啻身遊香雪海中，手自捲舒，其勞不減登山涉水，而愉悦之情有非蠟屐經行所能獲得者。主人自賞之餘，不欲久秘篋衍而思公之於衆。適值炎黄藝術館落成，館長黄胄、鄭文惠伉儷同志與谷老相稔多年，其館又爲谷老暇時每常遊憩之地，乃舉此四卷捐贈館中，俾國内外之嘉賓蒞止，共相欣賞。其用意之公，措置之善，足與卷中名畫同傳久遠，乃今日藝林一大盛事，不可不紀，爰識其後，並希賞音惠正焉。公元一九九三年秋日，啓功並書於炎黄藝術館。

跋查士標臨蘇東坡墨蹟卷

梅壑翁書，初宗華亭，繼入襄陽之室，長箋花幛，揮灑自如，所謂神融筆暢者，不獨於山水中見之。此卷隨手臨眉山書，毫無褊跛之習，遠在吴匏菴之上。吴匏菴摹蘇書，沈啓南擬黄書，劉石庵謂其没交涉，其言近謔，蓋未見梅壑得意筆，如此卷者也。梅壑之書，當時已爲畫所掩，無怪諸城之未嘗見也。五桂翁新獲之珍，信可寶重，承示命題，因附管見於紙尾。啓功。

跋劉墉小梅粹金書法卷

劉石菴書，以偃蹇爲古拙，蓋平生臨摹閣帖，追求棗石面目耳。所書長軸大幀，行氣每難聯貫，有時信手分割成塊而雜書之，張之堂壁，如懸百衲之衣，觀之令人氣索。每見零箋片紙，信筆作楷行各體,翻多逸趣,此卷其一也。五桂山房主人,獨具卓識,寶此精品,至堪欽服。一九九六年孟春,啓功獲觀因題。

跋劉墉楷草真跡卷

石菴書全出閣帖,蓋沿明季習尚,或謂兼師北碑,乃道光以後人,以其所尊者推而及之者也。此金箋短卷,摘臨鍾王諸帖,間論晉時事蹟,兼見史識,不止八法之可重也。此卷爲聽帆樓舊藏,稍有蛀損,五桂山房主人得之,重加裝池,煥然神明,彌自珍襲,又不獨以鄉邦文物爲足重也。一九九六年八月,啓功書於北京。

跋金俊明墨梅精品册

金耿庵冰清玉潔,可埒梅品。此册幽香疏影,最得仙葩之神。王元章後允推巨擘。南宋華光長老之跡,世已無傳;其次則楊補之四梅名卷,而微乏藹然之韻。如有人欲以補之巨跡易此一册者,吾知五桂翁必不許也。丁丑大暑初過,酷熱初減,啓功觀於京師寓舍。

跋洪亮吉篆書卷

篆書懸針,其來甚遠,殷墟甲骨手書未刻者,莫不如是。小篆之作懸針筆勢者,必推正始石經第二字爲最古;若語臺銘,蓋其次者。《大風歌》字欲盈尺,不知書人。疑金源黨竹溪亦優爲之,顧未可必耳。乾嘉時篆書名家,首推錢十蘭,而未見懸針之筆。今觀北江此卷,最具真實本領,有非其鄉賢孫淵如張臯文所能及處,宜乎五桂詩翁之什襲寶賞焉。丁丑夏日,啓功識於京華寓舍。

跋蔣溥緑玉芝圖册

巨柄靈根九朵芝,乾隆一代富文辭。峥嶸大册群公筆,多少名賢我未知。啓功獲觀敬題。

吴鏡汀先生江山勝覽圖卷跋

鏡汀先生山陰吴氏,諱熙曾,字鏡汀,生於光緒癸卯年(公元一九〇三),冠歲前受業於金鞏伯先生(紹城),習山水。金先生組中國畫學研究會,延聘名畫家任評議,協助指導青年會員,吴先生並得聞藝於蕭謙中先生(愻)。蕭先生受業於其鄉賢姜穎生先生(筠),姜先生專工王石谷畫法,故吴先生於王氏畫法研習最深。曾臨王石谷真跡長卷及王派名手長卷,尤以臨石渠所藏王石谷青山紅樹立幅爲最精。功學畫初受業於宛平賈羲民先生(爾魯),後經賈先生介紹問藝於吴先生。十八九歲時以習作呈吴師,蒙加獎掖之後,喟然召功曰,余十八九歲時藝事猛進,子今正當其年,宜自勉之!功自愧垂暮無成,有負先師誘掖焉!

昔年曾見吴師草創一長卷,方至洪波浩淼,青山矗立處,迄今六十餘載,未及拜觀全貌。一九九七年竟獲於拍賣會上,並承翰墨軒主人許禮平先生慨爲製版影印,以廣流傳。

此卷《江山勝覽圖》,作於壬申秋日,先生年正三十,其後曾嬰末疾,精神一時怔忡,經先生長兄念貽醫師(壽曾)多方醫治,痊癒後畫格遂變,不復作石谷風格矣。

先生書學董香光法,曾見案頭有董帖《釋迦如來成道記》,爲日常觀摩之本。其題畫每用小字,絶似石谷,蓋石谷書亦宗董法也,先生年近三十,獲識邵次公先生。邵先生博學多聞,尤擅填詞,書宗褚派。吴師從之學詞,不數日,即成菩薩蠻二十餘首,足見天賦相近者必有針芥之契。而吴師從此詩才大進,可惜遺稿盈册,身後與遺作寶繪同付凋零矣,此卷題字,已脱石谷面目,而近褚法,蓋習染於次公先生,不覺腕下亦呈别境矣。

先生身後,遺物由畫院變價,分與諸姪,卅餘年後,此卷經文物商店拍賣,爲功所收,承香港翰墨軒爲之出版,從此流佈人間,鏡汀先生六法絶詣,爲之不朽!敬綴當年見聞,以告世之獲鑒此卷者,並誌禮平先生之高誼也!一九九八年初冬,弟子啓功敬識,時年八十又六。

題李從軍同志《四藝圖》長卷

壬午仲冬,李從軍同志枉駕見訪,並賜示四藝圖巨卷,功時因目疾未瘳,莫辨畫上鬚眉;轉歲新春,復以腦疾就醫住院。上元以來,略能展卷諦觀:大筆縱横,不減宋人梁楷,以較石渠舊藏大册中《仙人》一幅,筆力千鈞,遠超何止倍蓰!拍案而呼,投杖難起。

其時目疾仍在,因以硬筆題於卷尾。幸有南宋初吳説"遊絲書"爲之解嘲,顧尚未見其塵點如此巨製也。即以奉呈,敢希教正。啓功時年九十又逾半歲矣。

題李孟東先生所贈八大山人法帖

李孟東先生,河北衡水人,入京學於琉璃廠隸古齋碑帖鋪。顧客多爲達官文人,嘗聞談論,勤於求問,故多識碑帖石墨及歷代書畫文物。後與友人共組織文物店,多到外地訪購書畫,曾遇元人倪雲林木石立軸,人多不能辨,李先生獨收之,竟爲故宫老專家所識。舊官員于右任先生擅書法,有印本行世,李先生戲仿之,與印本同陳案上,觀者莫辨何爲臨本。與一時書畫家往來,多爲道藝之友。蒙贈《八大山人法書》拓本,其籤猶爲先生當年手書,惜年不永,竟成遺墨也。啓功病目拜識。二〇〇四年三月二十日。

跋孟君郁先生所藏碑銘拓本

北朝銘石之字,每於真書中雜以篆、隸,即有體格純一者,亦常於横筆、捺筆作燕尾之波。高齊一代,此風尤熾,求其點畫安詳風格匀稱者,十無一二。此劉碑造像記,用筆結字,與東魏敬顯雋碑絶相似,在齊碑中允推上選。加之拓墨沉厚而不溢入字口,披閲之際,如對宋時氈蠟,不止首行未泐爲可貴也。君郁先生收集石墨,精品甚多,造像記中,此爲巨擘矣。一九七四年立秋日,啓功書於小乘寄廬。

王居士磚塔銘,既碎之後,殘石中《説罄》一石獨大,珍者號曰“説罄本”。不知何時有人於其背刻僞蘇書絶句一首,世遂並《説罄》一石而疑之。此册各殘石拓既精工,又以僞蘇書拓本附後,更爲可貴。蓋古刻真僞,比觀立見,不煩辯説,再見僞蘇跡之妄,益證其與原石無關,抑或僞蘇書原在《説罄》翻本之後,則更無害《説罄》原石之爲唐刻矣。此本爲吴江楊氏、虞山邵氏所遞藏,見於兩家四世題跋並載於《古緣萃録》。前有唐造像,乃因同爲顯慶年刻而合裝者,其拓墨更舊,並可寶翫。余幼年學書臨此銘,繼見石背蘇書之説,每難索解。君郁兄見示此册,所惑者涣然冰釋,信快事也。時公元一九七四年中秋,啓功識於首都小乘巷寓廬。

吾友孟君郁先生出示顔魯公與郭英乂書稿一册,展觀之際,精彩照人眉宇。審其紙墨,殆數百年帖,爲合肥蒯氏故物,若木翁署曰“宋拓”,蓋不誣也。余嘗謂古拓之可貴,在能傳昔人之筆法,其使轉出入,一一可尋,是謂下真跡一等。若世之徒矜某點某畫不泐,便詡爲一字千金,雖墨痕狼藉、面目全非在所不論者,僅好事家争奇鬥富之資,非學書人存精寓賞之玩也。此册借留案頭數旬,臨寫一再,題後歸之,不勝三宿桑下之感。時一九七七年四月,啓功識於都門小乘巷寓舍。

顔魯公與郭英乂書稿,北宋初搨,余未之見,所見俱有泐痕者,然其石固甚堅緻,自元明以來未嘗斷裂,新舊之搨所争僅在點畫肥瘦之間。今見早搨者點畫邊緣明晰,其後漸如用濕墨寫生紙,筆之周圍如有虚影,再後反歸清晰,而字口已瘦,蓋石面磨失極薄一層,刀痕漸至淺細處,再經洗剔,遂不爲世所重。然余嘗諦校之：所謂洗剔之後所搨，點畫姿態並無甚差異，絶非《醴泉銘》鑿空妄改者比也。此册有張則之藏印，林吉人觀款，字口堅確而點畫豐腴，所見未斷。《集王聖教序》，間有此種紙墨搨法。龔氏據鑒者言指爲南宋拓本，誠有據也。方小東所見未廣，其評殆不足論。張則之名孝思，京口人，其父名覲宸，字脩羽，爲董香光之友，家有培風閣，收藏甚富。黄子久《秋山圖》其尤著者，則之鑒定亦稱具眼。吾友孟君郁先生雅好金石，此帖亦有數本，必以此册爲甲觀焉。借讀經月，題後歸之，並求印可。啓功。

顔魯公與郭英乂書稿，帖石堅密，至今未有斷缺，搨之早晚，惟於點畫風采辨之。余初以爲顔書行草，多渴筆燥鋒，石刻必不能傳，後見宋元搴搨墨迹半卷本，乃知陜刻之精，天水石工誠不可及也。此册布墨偏厚而未淹筆鋒，其使轉縱横，一一可按，其爲明搨，信而不疑。君郁先生收藏石墨既富且精，僕每獲觀，罔非上駟，此其一焉。一九七七年夏日，啓功。

鶴銘墮水，殆及千載，水激沙礲，鋒鍛已頹，出水既久，復經剜剔，面目於是全非，然摩娑搨墨，猶足想見陶隱居輩捫崖捉筆時。李越縵有句云："名山如見六朝人。"又遑計其存字多少、點畫完闕乎？況此本皇字、遂字，偏旁較剜餘者或多，又經張磊堪題識品評，信足爲珍藏甲科。君郁先生寶之，宜矣。啓功獲觀因題。

（編者案：此跋與《啓功叢稿·題跋卷》所載《舊搨瘞鶴銘跋》後半段文字差異較大，故收録於此。）

此册爲孟君郁先生所藏第三本，椎搨已在同光之世，惟紙墨和潤，字口不湮，展閲之際，不致有霧裏看花之感，斯不失爲善本。或曰此石曾經剜洗，後搨多已失真。余嘗細校之，早晚氈墨所差，僅在幾微之間，非若《醴泉銘》之鑿空改字也。故知此石之洗，但爲剔其墨垢耳。書此以爲洗石者洗冤。啓功。

題董其昌疊巘秋雲圖

積鐵千尋插紫虚，雲端雞犬見村墟。秋光何處堪銷日，流水聲中把道書。此畫禪室絶句，極符畫境，因録於此。有清畫派，胥出華亭，淡墨輕煙，令人玩味無窮。一九八五年夏日，啓功。

跋董其昌書李青蓮行書神品

香光好於綾上作書，如馬射、冰嬉，奇蹤萬富，愈不經意處，愈見靈妙。不佞所見，何止數十百本。此卷其尤率意者，亦尤快意者，不能參畫禪室中機鋒者，不可輕以示之。

甲戌首夏，旅次香江，獲觀此卷，窗外海之澄碧，與法書境界相映發，今歲來第一快事。啓功，八十又二。

跋張大千溥心畬合作花卉

壬申二月，大千先生訪吾宗老心畬先生於萃錦園，釋堪李十三丈在座，每以長髯嘲大千，索畫鍾馗，又嫌髯短，舉座爲之絶倒。此幅兩先生合筆以贈釋翁者，敬釋猶言敬僧，李丈之别署也。六十五年駒光過隙，功亦垂垂老矣，拜觀斯圖，不勝依溯。歲此甲戌清和之月，旅次香江，借硯敬識。啓功，年第八十又三。

朱竹垞先生家書跋

右朱竹垞先生應博學鴻詞科前後之家報及昆田稻孫之家稟合裝一卷，唐長孺先生得之廠肆，考索甚詳。其稿尚未寫入卷中，去歲夏日出以見示，並指示其中故實。參讀諸劄，益增嚮往。案有清起於遼左，每稱以騎射爲根本。然其所以垂世祚近三百年，恢華夏封圻數萬里，乃至同光殘局尚持數十年者，莫不有書生之力在初，不盡關弓馬焉。入關前則達海、范文程；稍降，則西域經聖武親征；金川、臺灣諸役，則阿桂、姚啓聖；下迨同光則有曾、左。己未詞科，實文治斡運之鈞樞。惟自知天地古今之君，始知書生之有其用，亦愛新覺羅氏之所以綿延於奇渥温氏者也。昔宋太祖過朱雀門，見榜署“朱雀之門”，問“之”字何用？侍臣對以“語助”。宋太祖曰：“之乎者也，助得甚事！”庸詎知陸秀夫、文天祥能使趙氏塊肉無忝所生者，豈非之乎者也之助乎！竹垞早年曾參預復明之舉，中歲之後應鴻博之徵，吏議以孔目待詔用，特簡拔爲檢討，置之史局，進而爲南書房行走。後人曾無責竹垞失據而議聖祖失察者，蓋徵者應者相忘於大化之中，亦足覘夫時勢已。史册無情，口碑有據，康熙之治，今更爲人豔説，豈偶然哉！竹垞此卷，攸關論世如此，不徒以三百年文物爲足貴也。因題後以呈長孺先生,幸有以教之。一九八零年春日,啓功。

(編者案:此跋《啓功叢稿·題跋卷》曾收録,文字略有出入,故重收於此。)

題董香光粉本長卷無上神品

思翁教人作畫,以畫樹爲先,而山石次之。曾見摹古手卷多卷,但以摹樹爲先,坡石其次也。此卷有南田累跋,尤可貴也。思翁摹古之餘,隨手略記畫法,有昔時畫手相傳口訣,士夫多未傳承,猶如所謂行家戾家,文人多不解其義,而思翁筆下時一流露,猶如有清同光之間,士夫好皮黄劇,伶人口語、術語,士夫多效之。今觀思翁談畫之語,亦多引之,其可貴不在披麻、斧劈諸語之下也。思翁此類鉤摹粉本,世傳甚多,或屬真筆,或屬重摹,自多觀之,未必俱出真筆也。此卷有思翁自識,又有南田、重光諸跋,皆屬的筆,尤可貴也。癸未歲暮,啓功獲觀,衰年眼福,幸何如也。公元二千零三年十一月廿五日,功年九十又一。

題文徵明山水

瑞雪豐年兆,江山分外妍。青松伴桃杏,紅到五雲邊。　朝氣群山聚,行雲萬嶺涵。華滋新艸木,蒼翠擁松杉。　雲低樹影疏,峰峻嵐光映。時而過崇朝,一洗巉巁浄。　春至百昌蘇,花發千峰秀。讀畫笑眉開,欣增無量壽。　政通與人和,齊心同所願。將壽比南山，人比山多健。　廣廈畫圖寬，國手今李郭。山高水自長，仁智心同樂。　人壽復河清，山川萬里晴。春風歸巷陌，處處聽歡聲。　當年顧虎頭，語妙勝清謳。萬壑千岩頌，千秋更萬秋。

小詩八首，以千巖競秀萬壑争流爲韵。一九九八年元月雪窗，啓功並書。

題文徵明墨筆山水

幾疊清泉萬仞峰，精皴密點見奇蹤。林間定是停雲館，仰止高賢獨聽松。

一九八八年夏日旅次香江，獲見衡山妙迹，自喜老眼增明，欣拈二韻以紀勝緣。啓功並識，時年周七十又六。

跋徐燕孫畫集

下博徐燕孫先生操，博學工詩文。自幼嗜丹青，出手即具古樸之趣。壯歲作大幅古賢像，不啻陳章侯之圖關侯遺貌。值世多艱，遂以筆墨易米，得者珍同明季高手之迹。二十世紀五十年代以來，多作故實之圖，屢經影印行世。而先生遽嬰風疾，身後遺稿劫中盡失，真迹流傳，益同星鳳。香江藏家，獨具真鑒。收弆先生精意之作，彙印成册。不獨得賞名家妙墨，而近世藝林流派淵源，亦獲考鏡之資，其有功畫史，詎可勝道！先生中年曾著《人物畫範》一書，分刊於報紙，惜未竣而止。附志於此，俾世之留心畫家文獻者,倘或遇之。一九九四年孟夏,後學啓功識於燕市。時年八十又一。

賽尚阿真迹跋

外高祖鶴汀相國,諱賽尚阿,蒙古阿魯特氏,行誼具詳《清史》。暮年家居,雅好臨池,日課小楷,罔不點畫精妙,海内流傳。以功所見,無一潦草信筆之作。莊敬日强,先哲之言,固不我欺也。啓功獲觀謹題。

題八大山人海棠春秋圖軸

無端哭笑豈無端,點畫畸零出歲寒。小印明心何所負,枯毫和淚墨難乾。此傳綮上人真跡,何負白文小印尤爲希見。一九八七年夏日,啓功獲觀於堅浄居敬識。

跋姚鼐書法卷

宋人謂六一翁好以尖筆作方闊字,而膏潤無窮。吾於惜抱先生之書,亦以爲應屬六一同調。曾見明人楊繼鵬刻銅龍館帖,俱是董香光書,而惜抱筆仗絶似之,蓋刻於皖中桐城,薰習自深耳。此袖卷真迹,出於信手,彌見自然。六一不見草書,惜翁腕下云補其未備者。桐城古文號擬八家，惜翁秀整，獨與廬陵爲近，瓣香所拈，固不獨八法一藝焉。一九八八年夏，後學啓功觀識。

翁方綱信札手卷跋

右翁覃溪雜書一卷，銅山張勺圃丈論之詳矣。憶趙撝叔與魏稼孫書，言得見何子貞並謂老輩事事道地，惟不可與談書，談則必致忿争。其語可以移於覃溪，覃溪考訂精詳，文字講究，真可謂事事道地者，然微傷專固，轉有失於眉睫間者。李猛庵先生筆記中記乾隆時龔某一札，頗詆覃溪，容有偏見，而記朋輩謔謚曰"翁文厲公"，則堪一噱，亦足見其談藝之執著焉。不佞垂老而日漸自信，亦每與人忿争，書此亦足自警也。一九八八年四月，啓功。

邢侗自書詩稿卷跋

來禽才氣本縱横，鼓努雖强世所驚。南董但知持引躍，不如紙上聽弦聲。

白傅云："钃石破山，先觀鑱跡；發矢中的，兼聽弦聲。"此椿公案，可通書道。一九八八年三月獲觀邢子愿詩稿真迹，敬題尾紙，自幸附驥。曼殊啓功。

董其昌書法卷跋

此思翁極不經意之作,如夜半深池騁而過,旁觀者觸目驚心,執筆者怡然自適,亦書禪中之一境界也。每於廣坐間與客同觀,或笑其荒,或疑其贋,惟我路歆道兄獨賞其自然,以爲只此方見其不愧屋漏處。因舉以爲贈,幸勿示不可與言者。一九八九年夏,病暑目昏,書不成字。啓功。

題吴子玉唐人詩意圖

子玉先生系出筠清,望標南海,博綜衆藝,世守書香,於六法一道,尤具夙慧。昔賢有云:師古人不如師造化。雖然名論不刊,竊謂尚有未達之一間。蓋所謂“古人”乃指古之宗匠。唐若吴、王、二李之筆,今已不得而見;北宋若范寬、郭熙,南宋若劉、李、馬、夏,罔非當時高手。其所作,當時則千錘百鍊,至今則歷劫不磨;諦觀其景物,似曾相識,大地山河,不啻親歷之境。其筆墨,則如行文措語皆我腹中之所欲言。而所寫一樹一石,又各與一點一拂相融洽。如此之古人手筆,何一非古時之造化耶!譬之於物,古之高手蜜蜂也,古之山川花蕊也,高手之劇迹蜂蜜也。於今倘率易而言師造化,則如摘花蕊於杯盤而令人食之,其奈難於下嚥何!總之,師古人者,宜師古人之所以師造化;師造化者,宜師蜜蜂之所以醖釀花蕊。則畫山水者,不畫泥石流、龍捲風,未爲不師造化也。子玉先生畫,見者詫其天然,酷似石濤濟師。吾固未嘗一見其臨摹濟師畫本者,蓋能妙得濟師之所以師造化,此其所以爲張内江後獨步當代之吴南海歟！此册寫唐人詩意，觀者特服其不脱不粘，予則以爲古人詩意花蕊也，出於名家之筆者，已經醖釀之蜂蜜也，若宋人所記宋畫院以詩句試畫手故事，一似詩句之圖解，但可謂之畫謎耳。觀於子玉先生此册，乃知昔人輕視宋畫院中常流之作，不爲無故者也。公元一九九三年五月，啓功識於堅浄居，時年八十。

跋張大千行書中堂(贈遠岑)

此大千先生真迹，時在敦煌摹畫，以餘墨作書，遂與平日題畫之筆微異。遠岑姓范，隴右老進士也。乙亥歲暮，啓功識。

跋文徵明書琵琶行卷

右衡山先生草書琵琶行真迹，精熟流暢，一若無意於書而明珠走盤，白太傅似預贊先生書境者。自前歲獲觀，累縈夢寐，今幸再得寓目，益慰平生眼福。或以名號二印爲疑，然沈文諸老遣興之筆每不鈐印，而由後人補綴者往往而有，固無害於真迹也。後學啓功敬識。

跋李二曲背像圖

二曲先生遯居窟室，仁廟行尊，鑿坏而去，俯仰兩間，無所愧作,嗚呼仁矣。此圖締構,命意至深:頂心一髻,不欲顯違功令也;只寫背影,不欲見其真面也。且現半身,不欲見其襟袖也。戔戔片紙,苦心曲折,歷三百年而光輝不滅。貌真之術,是否出於波臣,抑其末也。至於程、朱、陸、王之辨,又其末之末也。展卷瞻拜,吾作頂相白毫,觀以高陽之苗裔,但見先生之背影,已云幸矣。先生有知,知不遐棄也。啓功敬識。

跋陳師曾山水中堂

一輪秋月照秋山,寄傲詩人自閉關。畫到簡時難再簡,直令一筆莫能删。此師曾先生興到之作,可寶也。啓功。

跋齊白石居燕京第二年畫荷花

此白石老人初來燕京時作,亦史料也。己卯冬日,啓功拜觀因識。

題董壽平畫竹

飽墨濃揮四座風,三湘雲物憶葱蘢。愛他拂日淩霄處,百尺竿頭萬玉叢。奉題壽老畫竹,啓功題艸。

題徐渭畫卷

宿雨新涼起研池，一庭花竹碧參差。南腔北調風流在，醉墨淋漓寫折枝。

無端祟兆厄畸人，異世名高四百春。難得一編三絶具，華歌墨舞認來真。

青藤道人中歲病狂易，自記行實，署曰“畸譜”，屢稱祟兆紛紜。蓋精神顛倒，至老未已也。遺迹中銘心之作，首推石渠所藏折枝石榴，山水則自寫青藤書屋圖，題云“兩間東倒西歪屋，一箇南腔北調人”者，妙趣横生，爲無上逸品。此卷雜寫花竹，各繫絶句，署曰三絶，誰云不宜。農曆辛卯夏五月獲觀于海王邨畔，時快雨新晴，乘興題詠，珠玉在前，殊堪自愧也。啓功。

跋黄均山水扇面

穀原繼體四王而出以瀟灑，以視董東山諸家，别有林下風度。或稱小家，則以官位論藝，不足與語。一九八六年初冬獲觀因識。啓功。

跋王雪濤花卉手卷

浮生歲月去無方，紙上唯留翰墨光。淡泊心胸寥落筆，曾緣咬得菜根香。

右王雪濤先生真迹，蓋爲友人示範之稿，稿留成束，都無題識。劫中散佚，此其一段也。老友俞公檢劫灰得之見示，因書紙尾，以紀獲觀真迹之幸。丁丑冬，啓功。

（編者案：跋王雪濤畫卷詩二首，曾收入《啓功贅語》，而跋語未收，兹予照録。）

跋王雪濤示範畫稿

卷中留得好春遲，造化隨心各入時。五十年前揮翰際，百花將放出牆枝。

王雪濤先生示範畫稿一束，劫中散落，此其一段也。視其筆迹，蓋當先生五十餘歲之作，涉筆成趣，是可寶也。丁丑冬日，啓功病目題尾，書不成字。

跋陳師曾松靈圖

師曾先生，近世畫壇耆宿，功生也晚，未獲瞻對，今觀真迹，想見前脩風采。後學啓功敬識。

跋董其昌書法中堂

懷素終朝醉，松間掛一壺。千年論草聖，有此嗣音無？

啓功獲觀，次韻題後，時居首都。一九八六年冬日。

跋黄小松五言對聯

秋盦先生隸書真迹極爲希覯，此聯信手所拈，頗近冬心逸趣，是可寶也。啓功觀識。

跋鄭板橋竹石圖

坦白胸襟品最高，神寒骨重墨蕭寥。朱文印小人千古，二十年前舊板橋。

此先生通籍後作，故有朱文此印。啓功。

跋黄小山七字聯

秋庵先生隸書雅穩，過於當時諸賢，此聯尤推精品。啓功敬誌眼福。

諦審裝池外籤，亦先生自題者，不待款識而筆法可按，彌可寶也。啓功再識。

跋司馬繡谷花鳥圖

繡谷畫功力甚深,出筆圓熟,雖奇變略少而平穩有餘,世常以小名家待,寧知其得意之筆,每有徒負虛譽者所不能及處。至於毀瓦畫墁之徒,忝稱軼古,其視繡谷又當何如?必有能辨之者。一九八八年冬,啓功觀識。

跋怡園雅集聚衆賢精品

藝事金閶踞上游,沈文一脈足風流。白陽奔放包山謹,點染從不讓瞎牛。盛集怡園聚衆賢,秋農雅韻最居先。缶翁旁出書排奡,妙絶題銘小硯塼。

先師戴綏之先生曾館於怡園顧氏側樓,女弟子以閨門必讀諸蒙書。心蘭先生見之曰:“此宜名閨門不必讀。”雖一時戲語,亦徵先生之卓見也。當日怡園招諸名家爲六法之會,吴秋農先生實爲祭酒,缶翁亦或偶預焉。此卷心翁墨梅之後,又集缶翁二長歌、一硯銘,俱屬絶精之品。按瞎牛先生名煉,字心蘭,喜畫梅,此卷作於辛丑,蓋庚子世變之翌年也。缶翁硯銘作於壬午,翁年卅九。贈秋農一段,作於庚寅,翁年四十七。贈疏香詩一段,則七十七歲老筆也。此等備文獻藝事於一卷者,最稱雅玩,展讀迴環,敬識於後。公元一九九一年夏日,後學啓功。

跋臺静農法書卷

劓犀筆勢倪鴻寳,踵武才學臺龍坡。寫得眉山絶世句,虹光騰上九霄多。

静翁書直逼晚明諸賢,沈雄鬱勃,尤近倪鴻寶。好寫前代名句,所選皆意致精深,何啻“六經注我”! 拈於卷尾,寧負豐干之過。啓功敬識。

日本南畫集跋

民族相鄰、語言相接之邦,其文化發展,必有互爲影響者。有清末葉,文人提倡拼音以代漢音者,畫家東渡留學遂有高劍甫、陳樹人之嶺南畫派,此中土與東西交流之在人耳目者。其東西各邦之受中華影響者,史册所載已指不勝屈。其在有清後葉者,六法一藝,尤爲顯著。如池大雅、賴山陽,筆墨流傳,號曰“南畫”。其筆情墨韻,極似明人風格,此瀛海神州文化交融之極堪稱道者。後來離合,豈可復言。今見此南畫集三大册,實東中文化之菁英,子孫紀念之模楷,藏之名山,傳之百世,不使大雅、山陽諸賢復有遺憾,是可稱瀛洲之寶也。壬午立冬,啓功獲觀因誌册後,時年九十。

致方懿枚信札跋

甲戌長夏,張君鐵英持此見示,拙札乃致方君懿枚(字子才)

者,竟獲流傳,且蒙賞音存録,愧怍奚似!筆濡額泚,以志其後。啓功。[附二信札原文]

一

子才老兄如見:前奉到大作山水,宛然黄賓老風範,擬題數字以志傾倒。隋寫佛經數行,謝謝!命臨草書《出師頌》,以近日無好筆(買不起了),容當續寄。昨奉户口殘紙背上大札,如見敦煌古籍,雅不可言。查札悉與人易物而去,所易者,兄所不喜,乃紅蘭居士荷花一幅也。蘇公,弟已經年不晤,雖住址甚近而過從不多。《公羊》殘卷,實爲珍籍,豈敢妄加貶抑耶!篋中經背,又是何等珍品耶!可惜小弟無此等好畫,用此等好紙裝頭,更無此好膽量,以此等好紙作書畫也,兄謂如何?尊寓仍在張相公廟否?何時在寓,可相訪乎?班上有無餘暇相談瑣屑無聊之事乎?多賜佳札,以便珍弆。專此即頌公安。弟功頓首。八月廿四日。尊處辦公地點是何地名?信皮所寫,恐不易找也。

二

前兩承枉顧,因俗事赴津失迎至歉。得暇惠臨,至所歡迎。《出師頌》影本已覓出,可奉法鑒也。匆此,敬頌子才道兄時安。弟功頓首。十日晚。

天馬賦跋

米海岳《天馬賦》墨迹,今世所傳多出臨仿。《三希》刻本原迹，近歲重現人間，槎枒醜怪且不及阮玉鉉、王鐸。米老評古人書，每稱醜怪惡札之祖。《三希·天馬》且不中作惡札之孫也。香光此卷自跋得米帖，不類刻本，見其摹勒精工，令人嚮往，乃知《天馬》一賦，世間故有真迹焉。今真迹與精鐫俱不可見，香光此卷遂如三生石上精魂不泯。再拜敬觀，覺米老去人不遠。先師勵耘老人於書，最好米、董二家，宜乎寶惜斯卷，不輕示人，晚年以付高弟廼龢學長，如黄梅衣鉢，慶得其所。一九九一年新秋，啓功謹識。

梅村畫中九友歌跋

梅村《畫中九友歌》，乃擬少陵《飲中八仙歌》而作。九家俱梅村所曾奉手者，故其品目獨至，絶非泛泛評畫之語所能相擬，且詩格精嚴，視少陵頹唐重韻不啻勝藍。湖帆先生，近代藝苑宗師，筆墨修潔，與梅村韻語正屬同調。吾聞湖翁用印多出巨來先生，鐵筆如斯妙迹，非有徇知之合者豈可得哉！復有彊邨、劍丞、遐庵諸老籤題跋尾，和璧隋珠，復經鏤金錯彩，雖有連城，莫之能敵！服膺讚歎，謹書其後。公元一九九一年夏日，啓功。

爲孫大光題章草書法藏品

羲之書始未有奇，殊不勝庾翼、郗愔，迨其末年，乃造其極。嘗以章草答庾亮，亮以示翼，翼歎服，因與羲之書云：吾昔有伯英章草書十紙,過江亡失,嘗痛妙迹永絶,忽見足下答家兄書,焕若神明,頓還舊觀。大光同志屬書,即希教之。啓功。

題謝稚柳健碧妙繪合卷

藝苑鷗波與道昇,一燈雙管撥賢聲。山明水秀苕溪派,七百年來有代興。

擺脱吴裝傳宋法,唱隨心印共新筌。一函寶軸收雙璧,四味書堂有勝緣。

一九九四年夏日,大光、張剛同志出示稚柳健碧妙繪合卷,因題小詩二首,以求儷教。啓功具草,時年八十又二。

宋拓十七帖題跋

此本摹勒頗精,方圓有致,在姜西溟本之上。姜本且有闕文。(張勺翁本、姜西溟本、吴宜常本、王穉登本,皆方筆一系者。)張勺翁藏本與此相近,而筆鋒已秃,亦有闕文(闕"櫻桃付給滕"二行五字)。王穉登本印刷用金屬版,泐痕不明,筆意近此而稍嫌板滯。姜西溟本實翻刻吴宜常印一本(亦翻刻)。樓蘭出土簡牘遺文中有一箋云"無緣展懷所以爲歎也",筆勢與館本十七帖絶相似。可相印證。

《朱子文集》十四跋十七帖云:官本法帖,號爲佳玩,然其真僞已混淆矣。惟此十七帖,相傳真的,當時雖已入官帖卷中,而元本故在人間,得不淆亂?此本馬莊甫所摹也,玩其筆意,從容衍裕而筆象超然,不與法縛,不求法脱,真所謂一一從自己胸襟流出者。竊意書家者流,雖知其美,而未必知其所以美也。讀者知十七帖宋時有馬莊甫刻本。莊甫何人未詳。黄伯魚所謂先唐石刻,果何指耶?此本便是宋人或宋以後人摹刻者。

館本十七帖,必以勺翁藏本爲最古,此本刊勒及紙墨雖精,究是重刻者。細校,自見此本與姜西溟本似同一石,此本可貴在文全,可補勺翁本之闕失處。

跋日本藏麓山寺碑舊拓本

《麓山寺碑》爲唐代李邕泰和撰書煊赫有名之碑,千載流傳,頗有剥蝕。世傳舊拓,無論爲宋爲明,其碑文之末,殘泐較多。存餘一字,價逾球璧,其爲世重,蓋可知矣。光緒三十一年,南豐趙聲伯先生世駿,偶獲舊本,以校諸家藏本,存字獨多,且無刓誤之筆。因延裝池名手於家,親自釐正錯簡,焕然神明,首尾可讀。乃付有正書局影印流通,與世共賞,鑒家莫不詫爲奇寶。其後轉入東瀛,歸於三井氏聽冰閣秘笈。前數年東瀛大雨,聽冰藏寶之地下倉庫竟遭湮漬。及雨止清理,多件珍品受損,或有粘連堅若磚塊者,此册其一也。高島義彦先生攜來見示,因爲介紹張明善先生精心揭褾,頓還舊觀,終無一點一畫之失,見者無不歎詫。明善先生爲燕生先生令嗣,燕翁有善本碑帖經眼録,記其平生所見南北乃至海外流傳石墨珍本,爲當今治金石目録者所必讀。明善先生克傳家學,鑒别之外,傳拓裝池之術,無不精能。余嘗見豐碑巨碣，聳構高架，攀登而拓之，字口分明，墨色匀稱。每歎爲淩空巨掌，摩天割雲；孰知薄紙相粘，堅如磐石之册，又能葉葉擘開，不啻庖丁解牛，刃入有間，是足奇也。謂其學其藝，與宋拓名碑無所軒輊，蓋無不可。三井氏嗣守主人見此重裝之妙，竟使古拓重生，不負義彦先生辛勤禹域之行，即以舉贈。此一册也，輾轉離合，奇緣有如此者。復承義彦先生之屬，誌其始末於右。時公元一九九五年歲次乙亥，暮春之初，啓功書於燕都寓舍，年第八十四歲矣。

跋懷仁集王書聖教序及眉批

一九七六年六月五日至十六日臨一通。自廿二歲初見此碑後，不時臨習，但從未臨成一通。臨得一通者，應自兹計，吾年六十五矣。啓功。

一九七六年七月卅日臨畢第二通。起日記不得了。

臨帖如飲食，貴能吸收消化，始收營養之益。昔片段臨習，常見效於腕底；今臨全碑首尾無遺已二遍矣，似仍無所進，固由年老頑鈍，亦有自炫之意（案：此處原寫作“爲人之見”，啓功先生改之，並在跋尾加注云：“‘爲人’二字有頭巾氣，以被宋元以來頭巾分子用臭故，亟改之。”）存焉。或問：何以知其然也？應之曰：昔臨片段者，隨手毁棄，已無一存。今此二通裝訂成册，且常持以示人，非其證歟！一九七六年八月十二日晨起記。

［眉批］貂尾續狗。下八字（懷仁集王書聖教序），碑中字也；上二字（宋拓），狗爪痕也。“正”字羲之家諱。“律”是“津”字所改。“疰”似裝、妝之借字，又或“莊嚴”之簡用。即取交

飾之義。妝,飾也。"莊"字字典引《韻會》:盛飾也。 "曠"字羲之家諱。 墨皇本"顯"字左半乃描成者。 "徇"是"徇"字所改。 此行"色"字亦是"包"字。 "至"字襟倒。 此行三"色"字俱是"包"字。 此行"般"字乃"股"字。 玄奘法師此譯日本傳本"遠離"下俱有"一切"二字,與中土諸本不同。 "般若多"或"多心經"俱不辭,懷仁之誤乃爾。 呪中兩"波羅"俱作"般羅",譯音用字不合。 曾見《玄秘塔碑》翻刻本,一字不缺,亦用硃拓,頗疑虛舟所見即此類物,以硃質較粗,易掩斧鑿之痕耳。 潤色者,《心經》譯本也。

跋博文堂影印安刻深慰帖

安廣居跋謂停雲翻摹入石,余以停雲初拓本校之,刻手固有不及此本處,然破鋒飛白多於此本,絶非翻摹所能杜撰也。近代壯陶閣帖所據,乃一摹本,今在徐氏石雪齋。黄紙雙鉤,無元人諸跋,鉤摹頗精,當出宋元名手。安氏底本已入《石渠寶笈》,存亡不可問矣。甲申秋七月,元白記。

葉調生《吹網録》記別本《深慰帖》云:林藻《深慰帖》,楓江袁氏五硯樓舊藏。此石不知何人手鐫,與前明文氏刻本毫髮無異。"印印川",少時曾見之,石質類碧玉,袁氏家落後歸於揚州江氏康山草堂。江後負鹺課籍没,石遂入官,不知所在,今搨本不可復得矣。按葉氏所記,豈即安家原石耶?抑安、文二家之外,尚有刻本耶?録此俟考。

僞星鳳樓帖中有《深慰帖》。五研樓本,余得舊搨一册,有

"印印川"小印及"徐子静藏"印，諦校之，與此非一石也。

題跋惲南田書詩札真蹟及眉批

贈王石谷雜書册。致黄帥先詩札六通。致馬扶曦札一通。致穗翁札三通(《甌香館集》卷三有哭吕穗九詩)。致若老札一通(集四有贈顧若思詩)。致楊大聲札一通(大聲名昌言，乃楊文言之兄)。無款札一通(似是致馬扶曦者)。跋五家共六段(俱跋手札者)。

南田生崇禎六年癸酉(一六三三)，卒康熙廿九年庚午(一六九〇)，年五十八。

烟客初見《秋山圖》時，至遲不晚於天啓七年，年三十六歲。若更早之使齋豫江右，則年應在三十左右。早年見地與晚年易有不同，且先入香光之言藏者，乍示旋收，求而不得，彌增嚮慕，及晚年再見，遂同嚼蠟。事理如此，無足怪也。南田以傳奇之筆宛轉書之，實以藉寓滄桑之感而已。

烟客於崇禎四年辛未以服闋赴補北行舟中仿《秋山圖》，跋云：往在京口張修羽家見大癡設色《秋山圖》。並云"不可復覩"。可知此次之出使必在天啓七年或更前，然其以尚寶丞出使諸藩，年月多不可考。

董香光卒於崇禎九年，時烟客年四十五。　三十年者，自順治元年至康熙十二年也。且三十者，不足三十也。看畫殆在撤藩前一二年乎！且"五六十年"，"六"字點去，諦觀"五"字亦改爲"三"。　烟客卒於康熙十九年，自順治元年計止三十七年，無從得五十年，殆當於“桑”字斷句，言自初觀圖時至此近五十年耳。　王永寧字長安，爲三藩某王婿。撤藩事在康熙十二年，王氏豪舉當在其前。　王永寧是吴三桂之婿。阮葵生《茶餘客話》卷八記吴門拙政園爲平西婿王永寧所有；又云：“滇黔逆作，永寧懼而先死。”知其看畫在拙政園，且先死也。

此雜書册書於壬子，見前秋堂叢桂諸詩後跋，是爲康熙十一年。此篇殆即撰於書册時，其事或在前一二年也。

石谷亟先諭意郡伯，郡伯諾乃入。　王圓照卒於康熙十六年。　至死不痞。　此札似是致馬扶曦者。　與楊大聲送潤筆札，此在致穗翁二札之後。　致穗翁札一。　言將索楊撰碑文。此楊兄即大聲，名昌言，武進人。　致穗翁札二。言楊索潤筆。

題閒窗逸興封面

此文記此僧俗姓郭，有祖名、父名而無僧之俗名，於其法名但稱邕禪師。而無上一字。全文千餘言，其中辭費者約十之八，乃知此類文風宜乎爲韓柳之派所代矣。

跋米元章草書帖殘本（草稿）

右群玉堂刻本米元章草書帖殘本。其文具載寶晉英光集，翁覃溪跋考訂頗詳。米老稱揚晉武帝帖“遠邁二王”，梁聞山跋遂謂其“字畫豐穠，結體絶似武帝《異趣帖》”。按：《異趣帖》王肯堂以爲王子敬,董香光以爲梁武帝,從無晉武之目。岳倦翁《寶真齋法書贊》卷二十:米元章臨晉武帝大水帖草書四行,云"去歲大水,城中大飢,撫劉君使常分南北諸軍耳。此索卒無所復箭已送。"尾記一行云:"右晉武帝書李太師瑋本。"岳跋略云:書史載李瑋家所得晉賢十四帖中有臣詹晉武帝批答一,豈此耶?今中秘群玉堂帖芾真迹有云"好事家所收帖有答篆籀者,回視二王,頓有慕意,晉武帝帖是也"云云。所引即此帖第一段。乃知武帝書爲《大水帖》也。翁跋云:"米老此帖所云晉武帝帖,不知何帖。"蓋是真迹,非閣帖内晉武帝書;或以梁武帝《異趣帖》當之,誤矣。倦翁之書,覃溪固恒舉之,而謂"不知何帖",得非失之眉睫乎?

跋米元章書某帖影本(草稿)

余初見此帖縮影二頁,驚其筆法神奇,摹勒精妙,爲米書石刻之冠,深以不得一窺全豹爲憾。諦視贉紙,有翔鸞閣印,知爲武進陶北溟所藏,因丐友人轉詢陶氏,則早歸烏程蔣穀孫。癸未三月廿五日赴藏園老人賞花之約,得晤陶君,云蔣氏又已脱手而歸某氏,不可復見;昔曾攝影,今亦希覯矣。遂妄意舊影本倘或遇之,則飢渴之懷庶幾一慰而平生古緣藉斯以卜。翌晚於冷攤上竟遇此册,始見籤題,疑信參半,自思事理未必有如斯巧合者。及揭視之,赫然米帖!欣快莫名,幾乎狂叫。夫此本原非至罕之物,惟余夢寐所求,應念而至,爲足異耳。米老自言見晉賢帖後,追寫數十幅,返想一二字以自慰。藏家秘吝,鑒賞艱難,於斯可見。此雖影本而毫髮無遺，與真帖入手又何以異？寢食與俱，臨摹賞玩，宜略可以仰企古人於萬一，何意筆墨陋劣，無少分相近，殊不如昔人寓目雖暫而會心彌深，頌山谷"欲換凡骨無金丹"之句，不禁悵然若失也。元白記。

大觀帖跋

一九七六年七月十五日於故宫獲觀所藏《大觀》八卷、《澄清》八卷、《絳帖》二十一卷。《大觀》淡拓三卷，即此三册。蟬翼拓極淡，與火前最初拓真賞齋、最初拓快雪堂絶相似，非此影印本所能表現。經摺褾半頁約十三公分。册中有"紹興"小印，僞印也。翁方綱亂題可憎。又五卷，裝爲四册，以六、八兩卷有殘處故合裝一册。墨較重，然較翁方綱藏之第六卷墨乾而潤，亦頗精美。五卷俱偶數者，當是某一藏者分産所析，其奇數五卷，不知猶存否也。既見《大觀》，《澄清》、《真絳》都成下駟矣。今日所知《大觀》僅存九卷。除神州國光社所印第十卷一册外，余已全獲寓目，不可謂非厚幸焉。此三卷中釋文諸字俱白粉書，有磨滅者，有正書局影印時有描寫處。

（本篇由柴劍虹根據侯剛等先生提供的照片、複印件認讀整理。）

論書散劄

一

劉墉於人無稱謂，上款每書某某囑，不得已而有稱謂者，又無求正之語。曾見其爲果益亭書聯，上款題“益亭前輩”四字爲識；冶亭書册上款，題“冶亭尚書鑒”五字。故余於劉宦，但呼其名。

二

北魏官職有“羽真”一稱，史籍及金石中皆見之。《高貞碑》記“貞字羽真”，則又非官名。余嘗疑其爲“烏珠”之譯音，如特勤臺吉太極，亦官職，亦名號耳。又“單於”，余亦疑其爲“達烏珠”之縮音，單之音禪，則後人妄注也。

三

趣真則滯，涉俗則流。此裴休撰《僧端甫塔銘》中語。塔銘諛墓、諛僧、諛閹，殊無足取，惟此八字通於書道。

四

嘗或歌從軍吟出塞，噭兮極關山明月之思，蕭兮得易水寒風之聲。傳之樂章，佈在人口。

《王之涣墓誌》，西河靳能撰此數語。蓋記其詩篇流佈之盛，可證旗亭畫壁遺事之不誣，明人曾疑之，得此可正其誤。

五

圓姿替月，潤臉呈花。唐沙門大雅集右軍書興福寺碑，不知何人撰文，其功德主爲宦官某，碑述其妻，作此二語。每展卷臨池，常爲絶倒。

此閹名文，碑斷失其姓氏。

六

洛神賦十三行：歎匏媧之無匹兮。以匏媧爲女媧耶？抑謂匏羲、女媧分别而無匹耶？且伏、匏同聲，互借用字，亦首見於此。

世行十三行有二種，玉版爲一類，柳跋爲一類。以筆意論，玉版卻有柳法。玉版有所謂碧玉、白玉之分，諦審之，白玉蓋屬複刻，碧玉原石黝黑，既不碧，更非玉也。

七

曹娥殉父,故曰孝女。其碑云:“哀姜哭市,杞崩城隅。”又云:“剋面引鏡,剺耳用刀。”又云:“坐臺待水,抱樹而燒。”繼之云:“於戲孝女,德茂此儔。何者大國,防禮自脩。”皆擬非其倫。蓋古之名媛,殉死從夫者多,以身殉父無事可徵。故牽附綴辭,勉成駢語。最可怪者,蔡中郎黄絹之題,直似未讀碑文者,乃知附會蔡題者,作賊心虚,設爲夜暗手摸之言,以防人問難,可代中郎答之曰:“未能看清耳。”

八

曹娥碑云:“撫節安歌,婆娑樂神。”《後漢書》云:“迎婆娑神。”未知爲范蔚宗偶誤,抑傳寫之訛也。世習稱碑誌證史,詎知法帖亦足證史耶!

九

昔新悲故,今故悲新。餘心留想,有念無人。

誌墓之文多濫調。隋蜀王秀爲其美人董氏撰墓誌有此四句,語妙得未曾有,余嘗一再書之。

十

寫今人的字容易似，因爲是墨迹，他用的工具與我用的也相差不遠，如果再看見他實際操作，就更易像了。但我奉告：這辦法有利有弊，利在可速成，入門快，見效快。但壞處在一像了誰，常常一輩子脱不掉他的習氣（無論好習氣或壞習氣）。所以我希望你要多臨古帖，不要直接寫我的字。這絶對不是客氣，是極不客氣，因爲我覺得你寫的字大可有成，基礎不可太淺，所以説這個話。……楷書要注意它的筆劃的來去顧盼，不宜一筆只當一個死道去寫。

寫帖主要抓結構。這是主要的。每筆什麽姿勢，如顔字捺筆有個杈，褚字下筆有個彎，等等，最易迷住眼睛，使人把注意力放在這裏，丢失了它的主要矛盾。如果結構對了，點劃的姿態即使全都删除，人家也會説像某家、似某帖。

（一九七五年十月七日給徐利明的信）

臨拙書甚似，但千萬不要再臨了。“取法乎上，僅得乎中；取法乎中，斯爲下矣”。也不知是誰的話，因爲他有理，就得聽他的。這並不是我自己謙遜，因爲咱們如果共同學習一些古代高手，豈不更好。學現在人最容易像，但一像了，一輩子脱不掉，以後悔之晚矣。我也常教一些最初入門的青少年，索性把我的字讓他臨，只一有些“得勁”了，立刻停止。看來你已並不是爲入門，直是喜愛這一路字，所以更不可再寫，千萬千萬！

……我認爲什麽都可以寫。譬如一個人吃飯，什麽主食副食都要吃,因爲這時想吃菠菜,當然是他需要鐵質了,想吃……都是一理。米面固然是主食,但只吃米飯,也不行。魚肝油是大補品,但吃幾天就膩了。學書固然要專,也要相對的穩定,但吃飯總要保持胃口開着的時候吃,如胃口不開,寧可餓些分鐘,寫字也是這樣。看哪種字、哪個帖好,有"會心"處,何妨拿起筆來寫它一氣!不管用什麽廢紙,也可以大寫一下,不要太拘泥。又我常勸人寫楷書要當行書寫,寫行書要當楷書寫。怎講呢?楷書各筆有映帶,才活。如每筆只"單打一"地寫,便死,於結構也無益。當行書寫是説每筆有顧盼,於是一個字便是生動的。行書譬如公共汽車或電車的"快車",並不是從另一條路走,更不是從房上越過,仍然是慢車所走的路綫,每站它也經過,只是有些站不停罷了。楷書在結構上的一些重點(或説據點、車站),行書必須經過。如果行書不經車站,便不好看。所以,你寫寫行書(甚至草書),都與楷書有益;寫寫楷書,也與行書有益。從前人(如清代人)看不見影印本,誰有一本帖,視如秘寶,寫一輩子,是條件使然。咱們的眼界大開,條件方便,所以切不要聽那些"保守派"的舊説……

執筆要鬆,自指尖、手腕、肘、肩,無一處用力才好。當然鬆到拿不住筆,使不開筆也不行,但不要有半分"僵勁"。……懸腕、懸肘等説也不必管,手無僵勁,寫熟了,自己也忘了手在懸着没有。古代有一個大鬍子的人,有人問他睡覺時鬍子在被裏被外,他原來並没注意過,經這一問,注意答案,一夜没睡着覺。用筆也是如此。

(一九七五年十一月十八日給徐利明的信)

……總之多臨帖,少看今人書迹,尤不宜心追目想某近人趣味（無論何人），多看古人墨迹（包括墨迹印本），則血脈俱活。

（一九七六年×月十一日給徐利明的信）

……我總想寫石刻本要看出未刻時的墨迹應該是怎樣的，哪些地方是刻走了樣的。當時的原迹雖已無從看到，但拿其他墨迹來比較，總有一個“理”，有一個規律，譬如人走路，到了轉彎時，臉必隨着方向轉，如果遇到一個人身已左轉而臉尚向右，必然是右邊有事物，他在回顧。如無可回顧，那必然是他的脖子壞了。石刻亦宜如此看去。

（一九七七年一月二十八日給徐利明的信）

漢人書，今有木簡；六朝人書，有高昌墓磚；唐人書有寫經及其他字迹；宋以來書，更有許多墨迹。字的間架和行筆的“用意”，都可自石刻上看出，但已隔了一層了。這是我很久的固執想法，……

（一九七七年二月二十二日給徐利明的信）

……仍宜多寫些楷書、行書，多臨帖，多臨古名家墨迹，此是營養要素，少看今人的字，少想今人的字；……如寫隸書，務必多看影印的竹簡墨迹；……

（一九七八年九月九日給徐利明的信）

書法入門二講

第一講　入門須知

不管從事什麽工作,都須先對它有一個正確的認識,學習書法、欣賞書法當然也如此,這似乎是一個無須多言的話題。但是這裏面有許多看似簡單的問題實際並不簡單,看似不成爲問題,實則大有問題。特别是有些"理論"、"觀點"是自古傳下來的,有很多還是出於權威的書法家、書法理論家之口,看似是金科玉律,頗能唬人,其實大謬不然,必須正名。否則必將被這些貌似權威的理論所欺,走入歧途。

一、書法的特點和特殊功能

這裏所説的書法指漢字書法。字是記録語言的,而漢字又是由象形等等的方塊字組成的,較之其他文字最具有圖畫性,因而它才能形成所謂書法這一門藝術。作爲文字,它有它基本的功能,即以書面的符號形式把語言詞匯記録下來給人看。這時文字就代表了語言,書面的功能就代表了口頭的功能。比如在古代,你要與遠方的朋友交流,就不能靠語言,因爲他聽不到,所以只能通過寫信靠文字傳達。又比如古人要與後人交流,也不能靠語言,因爲它不能保留,所以也只能把它們轉變爲能長期保留的文字符號。這是文字的一般功能和普通功能。

但文字,特别是漢字還有它的特殊功能,即它能非常鮮明地反映書寫者的個性。比如某甲所寫的字就代表了某甲的個性,具備某甲的特點,而某乙所寫的字就代表了某乙的個性,具備某乙的特點。二者決不會混同,即使互相仿效也決不會完全相同。比如某乙學某甲的簽名,雖然寫的同是一個"甲"字,但寫出來的效果總與某甲寫的"甲"字不同。這是爲什麽呢? 因爲文字只要是由人拿起筆寫出來而不是由統一的機器印出來的,它就必然帶有人的個性。人與人手上的習慣、特點總不會完全相同。比如結字、筆畫、以至用筆的力度等都會有所不同,再刻意地模仿也總會露出破綻,不會完全一樣。正像哲學家所説的,世界上没有絶對相同的兩片樹葉;刑偵學家所説的,世界上没有絶對相同的兩個指紋。所以用文字來簽字、簽押、押屬才會有法律效用。文字如果没有這種功能,銀行決不會憑簽字讓你領錢。否則,那豈不是亂了套嗎? 當然,不認真判别,有時確能蒙蔽某些人,但這不是文字本身所具有的不可混淆的個性出了問題,而是辨别文字時出了問題,其實只要認真辨别總會發現它們之間的差别。五十年代有人妄圖冒充某領導人的簽名到銀行支取巨額現金,最終還是没能得逞,就是一個很好的例證。同樣,契約、合同也都需簽字後才會在法律上生效,也是基於書寫的這種特殊功能。更有趣的是,對不會寫字的文盲,照樣可以讓他們簽字畫押,名字不會寫,就讓他們劃"十",比如連當事人、經辦人、保人一共有好幾個,但最後劃出的那些"十"字没有一個相同。"十"字尚且如此,何況較它們更複雜的文字了! 所以從這個意義上説,漢字所具有的這種獨特的個性尤爲鮮明。

明乎此,就可以明白臨帖時可能出現的一系列問題,臨帖的

人如此,教人臨帖的亦如此。其主要表現有三:

(一)常有人失望地問我:"我臨帖爲什麽總臨不像?"我總這樣回答他:"這就對了。不但現在像不了,再練一輩子也像不了。不像才是正常的;全像了,不但不可能,而且就不正常了,銀行該不答應了。你大可不必爲臨得不像而失去臨帖的信心。"這決不是安慰之語,更不是搪塞之語。試想,爲什麽自古以來書法流派那麽多?字的不同寫法那麽多?同一個"天"字能寫出那麽多樣?爲什麽一看便知這是這個書法家所寫,那是那個書法家所寫?爲什麽不會把某乙有意師法某甲的作品就誤作爲某甲的作品?其根本的原因就在於每個書法家手下都有自己獨特的習慣和個性。這些個性是永遠不能劃一的,正所謂"性相近,習相遠"也,這樣的例子非常多。

如蘇東坡的弟弟蘇轍蘇子由,以及東坡的兒子,都有幾件書法作品流傳下來,我們看他們的作品,雖與東坡有若干相近之處,但總是有明顯的不同。又如米友仁不但是著名的書法家,而且是著名的鑒定家,宋高宗特意讓他來鑒定秘閣所藏的法書,鑒定後都要在作品的後面留下正式的評語,足見其有極高的鑒賞能力,對書法流派爛熟於胸。但他寫字也未完全繼承其父米元章的風格,明眼人一看便知米元章就是米元章,米友仁就是米友仁。這正應了曹丕《典論·論文》中的那句話:"雖在父兄,不能以貽子弟。"因爲每個人寫文章的觀點和構思都不一樣,兄弟父子之間都很難完全傳授。寫字尤其如此。文章有時還可以偷偷地抄襲一番,但字却無法抄襲,因爲抄也抄不像。既然高明的古人想"貽"都貽不了,我們就大可不必爲臨得不像而苦惱了。當然對老師責怪你臨得不像,你也大可不必放在心上。

（二）有人常懊悔地對我説："我寫字没有幼功。"這就涉及到如何對待教小孩子學習書法的問題了。有的人索性認爲小孩子根本不必臨帖。説這種話的人都是自己已經臨過帖了，他已經知道帖上的筆畫是如何安排的了，所以他纔覺得再没必要了。但對小孩子却不然。比如你告訴他"人"字是一撇一捺，但他不看帖就可能寫成同是一撇一捺組成的"八"字、"入"字、"乂"字。所以必須讓他看看字様，這就是臨帖。臨帖的目的並不是讓他從此一輩子練那些永遠模仿不像的前人的字形字體，也不是讓他通過這種辦法將來當書法家，而是讓他熟悉字的基本結構、筆順等。如寫"三"要先寫上面一横，再寫中間一横，最後寫下面一横；寫"川"先寫左面的一竪，再寫中間的一竪，最後寫右面的一竪。讓他養成正確的習慣，寫得順手，寫得容易。這對剛剛接觸漢字的小孩子是必要的。我小時常遇到因寫字不對而遭到老師懲罰的時候，懲罰的辦法就是每字罰寫幾十遍，其實老師的目的不在這幾十遍，而是讓你通過反覆的練習去記住它應該怎樣寫。

於是又有些人認爲習字必須從小時開始，進而認爲必須天天苦練，打下"幼功"才行，這又是一種極端的認識。寫字不同於練雜技和練武術。雜技與武術確實需要有"幼功"，因爲有些動作只能從小練起，大了現學根本做不出來。但書法不是這麽回事，什麽時候開始拿起筆練字都可以，不會因爲你没有"幼功"，到大了手腕僵得連筆都拿不起來。不但不需"幼功"，我認爲小孩子没有必要花過多的時間去臨帖、練字。因爲一來如前所云，帖是一輩子也臨不像的，在這上面花死功夫，非要求像是没必要的。二來書法既然是藝術，就要對它的藝術美有所體悟才行，而這種體悟是需要隨着年齡的增加、見識的增長來培養的。小孩子連字還認不全,基本結構還弄不太清,他是很難體會諸如風格特點這些更深層次的内涵的。如果再趕上教小孩子"幼功"的是一位庸師,那就更麻煩了,那還不如没有"幼功"。

（三）隨之而來的問題是應該用什麽帖。這裏面又有很多誤解需要辨明澄清。有人説臨帖必須先臨誰,後臨誰,比如先臨柳公權,再臨顔真卿,對這種説法我實在不敢苟同。因爲所謂"帖",不過就是寫得準確好看的字樣子而已。只要它能達到這樣的效果即可,不在於筆畫的姿勢、特點。尤其是對小孩子更是如此,只要求其大致準確即可。相反,如果非執着學某一家,倒反而容易學偏。有人學柳公權,非要在筆畫的拐彎處帶出一個疙瘩,學顔真卿非要在捺脚處帶出虚尖。出不來這樣的效果怎麽辦?就只好在拐變處使勁地蹾、使勁地揉,寫出來好像是"拐棒兒骨";在捺脚處後添上虚尖,好像是"三尾蛐蛐"。殊不知柳公權、顔真卿這樣的效果是和他們當時用的筆有關係,後人不知,强求其似,豈不可笑!

還有人認爲要按照字體産生的次序練字,先學篆書,篆書學好後再學隸書,隸書學好後再學楷書(實際應叫真書,所謂"楷"本指工整,後來習慣用來代指真書),楷書學好了再學行書,行書學好了再學草書。這更是謬説。照這樣説,古人在文字産生以前靠結繩記事,難道我們在練字之前先要練好結繩才行嗎?再説什麽叫學好了?標準是什麽?這和一年級上完了再上二年級是兩碼事。以篆書爲例,它又分大篆、小篆、古篆等,有人寫一輩子篆書,如清代的鄧石如,更何况有些人寫一輩子也未見能寫好一種字體。照這樣推算,什麽時候才能寫上隸書和楷書?其實,在隸書之後,唐代的顔、柳那類楷書之前,已經有了草書。漢代與隸書並行的就有草書(章草),後來在真書、行書的基礎上才有了今草。古人並没有這樣教條,可現在有些人却如此教條,豈不愚蠢?總而言之,字體的發展次序與我們練字的次序没有必然的聯繫。

還有人更絶對地認爲臨帖只能臨某一派,並説某派是創新,某派是保守,只能學這一派而不能學那一派,學那一派就會把手學壞了。難道不學那一派就能把手學好了嗎?這樣只能增加無謂的門户觀。須知,臨帖只是一種入門的路徑,無須爲它成爲某派的信徒。你的風格喜好接近哪一派,你就可以臨摹學習那一派,如此而已,豈有他哉?千萬不要受這些所謂"理論"的擺佈。

二、關於寫字時用筆的方法

其實寫字的"方法"並没什麽一定之規,没什麽神秘可言,不過就是用手拿住筆在紙上寫而已。其實往什麽上寫都可以,比如移樹,人們習慣在樹幹朝南的方向寫一個"南"字,以便確定它移栽後的朝向;又比如蓋房,人們習慣在房柁上寫上"左"、"右",以便確定它上梁後的位置。不用"毛筆"寫也可以,只要用一個工具把字寫在一個東西上都叫寫字。所以一定不要把寫字看得太神秘。當然要把字寫好也要有一定的技巧。元代大書法家趙孟頫曾説:"書法以用筆爲上,而結字亦須用功。"玩其口氣,他雖然二者並提,但是把用筆的技巧放在第一位,而把結字的藝術放在第二位。這種排列是否恰當,這裏暫且不談,先談一談所謂的"用筆",因爲有些人一把用筆看得太高,就産生種種誤解,種種猜測,以此教人就會謬種流傳,貽害無窮。

(一)關於握筆的手勢

現在我們用毛筆寫字的握筆方法一般是食指、中指在外,拇指在裏,無名指在裏,用它的外側輕輕托住筆管。但要注意這種握筆方法是以坐在高桌前、將紙鋪在水平桌面之上爲前提的。古人,特别是宋以前,在没有高桌、席地而坐(跪)寫字時,他們採用的是"三指握管法"。何謂"三指握管法"?古人雖没有爲我們特意留下清晰的圖例,但我們還是可以根據一些圖畫資料推測出來:原來"三指握管法"是特指席地而坐時書寫的方法。古人席地而坐時,左手執卷,右手執筆,卷是朝斜上方傾斜的,筆也向斜上方傾斜,這樣卷與筆恰好成垂直狀態。此時握筆最省事、最自然、也是最實用的方法就是用拇指和食指從裏外分别握住筆管,再用中指托住筆管,無名指和小指則僅向掌心彎曲而已,並不起握管的作用,這就是所謂的"三指握管法",與今日我們握鋼筆、鉛筆的方法一樣。這樣的圖畫資料可見於宋人畫的《北齊校書圖》(現藏美國波士頓博物館),畫面上校書者執筆的形象即如此。另外,敦煌壁畫上也有類似的形象。日本學者根據敦煌壁畫所著的《敦煌畫之研究》就影印出敦煌畫上一隻手握筆的形象。現在有些日本人坐(跪)在席上寫字仍如此,我親眼看到著名的書法家伊藤東海就是這樣握筆,與唐宋古畫上一樣。

但有些人不知道這種握筆方法的前提是席地而坐,左手執卷;在宋初高桌出現以後,在高桌上書寫時,紙和筆本身已經成爲垂直的角度,所以這時握筆最自然的方法就是本節一開始所説的方法。如果仍堅持這種"三指握管法",反而不利於保持這種垂直的角度,這只要看一看現在拿鋼筆和鉛筆的姿勢都是與紙面成斜角就能明白。爲了使這種握筆的姿勢與紙保持垂直,就只好憑想像、憑推測,把中指也放在外面,死板地用拇指、食指、中指的三個指尖握筆。並巧立名目地把三指往掌心收,使其與掌心形成圓形稱之爲“龍睛法”,把三指伸開,使其與掌心成扁形稱之爲“鳳眼法”,十分荒唐可笑。最可笑的是包世臣《藝舟雙楫》所記的劉墉寫字的情景:劉墉爲了在外人面前表示自己有古法,故意用“龍睛法”唬人,還要不斷地轉動筆管,以至把筆都轉掉了。劉墉的書法看起來非常拘謹,大概“龍睛法”握筆在其中作祟是重要的原因之一吧。

(二)關於握筆的力量

由握筆的姿勢又引出一個相應的問題,即握筆需要多大的力量。這裏又有誤解。有人以爲越用力越好,還有根有據地引用這樣的故事:説王羲之看兒子在寫字,便在後面突然抽他的筆,結果没抽下來,便大大稱贊之。孫過庭的《書譜》就有這樣的記載。包世臣據此還在《藝舟雙楫》中提出“指實掌虚”的説法,這種説法本不錯,但也要正確理解。指不實怎麽握筆呢?特别是這個“掌虚”,本指無名指和小指不要太往掌心扣,否則字的右下部分寫起來很容易局促,比如宋高宗趙構的字就是如此,他字的右下角都往裏縮,就是因爲這造成的。但因此又造成誤解,有人説掌應虚到什麽程度才算够呢?要能放下一個鷄蛋。“指”要“實”到什麽程度呢?包世臣説要恨不得“握碎此管”才行。這又無異於笑談。其實兒子的筆没被抽出,是小孩子伶俐和專心的結果,有的人就誤認爲要用力,而且力量越大越好。對此,蘇東坡有一段妙談,他説:“獻之少時學書,逸少(王羲之)從後取其筆而不可,知其長大必能名世。僕以爲不然。知書不在於筆牢,浩然聽筆之所之而不失法度,乃爲得之。然逸少重其不可取者,獨以其小兒子用意精至,猝然掩之,而意未始不在筆,不然,則是天下有力者莫不能書也。”蘇軾的見解可謂精辟之至。

（三）關於懸腕

有些古人的字，盡管筆畫看起來不太穩，但並不影響它的匀稱靈活，其原因就是筆尖和紙是保持垂直的，不管是古人席地而坐的“三指握管法”，還是後來有如現在的握筆法。否則，把筆尖側躺向紙，寫出的筆畫必定是一面光而齊，一面麻而毛，或者一面濕潤，一面乾燥，不會匀稱。古人有“屋漏痕”、“折釵股”（有人稱“股釵脚”）之説，“屋漏痕”説的是筆畫要如屋漏時留在墻上的痕迹那樣自然圓潤，“折釵股”雖不知具體所指（大約指釵用得時間長了，釵脚的虚尖被磨得圓滑了），但意思也是如此。爲了達到這個目的，於是有人就特意强調寫字要懸腕，並認爲此也是古法。殊不知，在没有高桌之前，古人席地而坐，直接用右手往左手所持的卷上書寫，右手本無桌面可倚，當然要懸腕，想不懸腕也不行。但在有了高桌之後，情形就不同了。不可否認，懸腕運起筆來當然活，但也帶來相應的問題，就是不穩、易顫，因此要區别對待。在寫小一點字的時候，本可以輕輕地用腕子倚着桌面，只要不死貼在上面即可。寫大字時自然要把腕子離開桌面，不離開，筆畫就延伸不了那麽遠，特别是字的右下角部分簡直就無法寫，所以死貼在桌上當然不行。但也無須刻意地去懸腕，這樣只能使肩臂發僵，更没必要想着這可是“古法”，必須遵從。一切以自然舒服爲準則，能將筆隨意方便地運用開即可，即使用枕腕法——將左手輕輕地墊在右腕之下也無不可。

還有人在懸腕的同時特别講究“提按”。這也是由不理解古人是席地書寫而産生的誤解。古人席地書寫，用筆自然有提按，但改爲高桌書寫之後情況又有所不同。很多人不把提按當成是一種自然的力量，而當成有意爲之的手法，這就錯了。反正我個人有這樣的體會：如果想我這回要“提按”了，這字寫得一定不自然。

所以順其自然是根本原則，古代的大書法家並沒有我們今天這麽多的清規戒律，并不像我們今天這樣機械死板地非要懸腕，非要提按，都是根據個人的習慣而來。比如蘇東坡就明確地説過自己寫字並不懸腕，所以他的字顯得非常凝重穩健，字形比較扁；而黄庭堅就喜歡懸腕，所以他的字顯得很奔放，撇、捺都很長。蘇黄二人曾互相諧諷，黄譏蘇書爲“石壓蛤蟆”，蘇譏黄書爲“枯梢掛蛇”，但這都不妨礙他們成爲大書法家。

與此相關，宋人還有這樣一種説法，叫“題壁”，比如大書法家米元章就主張練字要採取題寫墻壁的方法，認爲這樣可以練習懸腕的功夫。其實，古人席地執卷書寫就類似題壁。只不過題壁的“壁”是垂直的，古人左手所執之卷是斜的，右手所執之筆也是斜的，而斜筆與斜卷之間又恰成垂直的，這種垂直是很自然的，便於書寫，即使寫很長的竪亦便於掌握；而題壁時，筆要與墻垂直，腕子就要翹起，難免僵直。特别是寫長竪時，筆就有要離開墻壁的感覺。所以這種練習方法也有問題，它帶給人的感覺與古人席地而坐的懸腕終究不太一樣。看來到了米元章時代，已經對唐和唐以前人如何寫字不甚了了，甚至有些誤解了。米元章的字有時給人以上邊重，下邊輕的感覺，如竪勾在寫到勾時就變細了，這可能與他平日的這種練習方法有關。

總之，千萬不要像包世臣在《藝舟雙楫》中所記的王鴻緒那樣，爲了懸腕，特意從房梁上繫下一個繩套，把腕子伸到套裏邊吊起，腕子倒是懸起來了，但又被繩子限制在另一個平面上，不能隨意上下提按了，這豈不等於不懸？這種對古人習慣的誤解，只能徒爲笑談。

我在《論書劄記》中有一小段文,可作這一觀點的總結:

> 古人席地而坐,左執紙卷,右操筆管,肘與腕具無着處。故筆在空中,可作六面行動,即前後左右,以及提按也。逮宋世既有高桌椅,肘腕貼案,不復空靈,乃有懸肘懸腕之説。肘腕平懸,則肩臂俱僵矣。如知此理,縱自貼案,而指腕不死,亦足得佳書。

(四)關於“回腕”和“平腕”

由懸腕又引出回腕和平腕。有些人不但强調懸腕,還强調“回腕”,且又錯誤地理解回腕。其實回腕是爲了强調腕子的回轉靈活,古人在席地而坐書寫時,由於自然懸腕,所以腕子可以自然回轉,有如我們現在炒菜,手都是自然離開鍋臺,所以手可以隨意來回扒拉,這就是回腕。但坐在高桌椅上之後,有些人不理解回腕的真正含義,就望文生義地把“回”理解爲盡量把手指往裏收,筆往懷裏捲,腕子往外拱。何紹基在他的書中還特意畫出這樣一幅示意圖。試想,這樣死板拘謹地握筆還能寫出好字嗎?如果和所謂的“龍睛法”、“鳳眼法”並列,我可以給它起一個雅號,叫“猪蹄法”。

還有人强調要“平腕”。古人席地而坐書寫,當然只能懸腕,而談不到“平腕”,改在高桌椅上書寫後,有人不但堅持要懸腕,而且還要把腕子懸平。這顯然是違反常態的。按現在正確的握筆方法,腕子是不可能平的,要想平,只能把肩臂生硬地端起來。有人教人寫字,要用手摸人的腕子平不平,更有甚者,訓練學生要在腕子上放一杯水,真是迂腐得可笑。試想,讓人手作"龍睛法"或"鳳眼法",掌中還要握一個鷄蛋;腕作"猪蹄法",還要翻平,上放一杯水,這是寫字呢?還是練雜技呢?

隨之而來的是如何正確理解所謂的"八面玲瓏"和"筆筆中鋒"。古人席地而坐時書寫都是自然地懸腕,寫出的字不會出現一面光溜,一面乾的現象,自然是八面玲瓏。到了後來米元章仍强調寫字要"八面玲瓏"。古人所説的"八面"本指東、西、南、北、東南、東北、西南、西北,米元章這裏是借以形容要筆筆流轉。米元章的字也確實有這一特點,如他的《秋深帖》"秋深不審氣力復何如也"十字,一氣呵成,真可謂"八面玲瓏"。他還曾臨過王羲之的七種帖,宋高宗曾讓米元章的兒子米友仁爲此作跋。米友仁跋中稱贊的"此字有雲烟捲舒翔動之氣",亦是從這種觀點立論,而他的這些臨本確實比一般的刻本自然流暢。能達到這種效果是因爲他能把筆懸起來靈活自如地使用,如果腕子死貼在桌面上,自然不會有這樣的效果。要只注意懸腕,寫起來靈活倒是靈活了,但掌握不好字體的美觀也不行。

還有人認爲要想達到"八面玲瓏"的效果,就要"筆筆中鋒",這又是一種誤解。只要筆畫有肥有瘦,就決不可能是純中鋒,瘦處是將筆提起來,只將筆的主毫着紙,這可叫"中鋒";但只要有肥處,就説明在按筆時,主毫旁邊的副毫落在紙上了。如果要筆筆中鋒,就只能畫細道,打烏絲格,就不成爲字了。這和刻字一樣,如果只拿刀刃正面刻,就只能刻細道。要想刻出粗道,只能用雙刀法。我曾看過齊白石刻字,他就是斜着一刀下去,結果是一面平,一面麻,但他名氣大,可以不管這一套。因此,對中鋒的正確理解是筆拿得正,不要讓它側躺,出現一面光一面麻的現象,而不是只用筆尖。但由此又生出誤解。當年唐穆宗問柳公權怎樣才能筆正,柳公權説“心正才能筆正”,這其實只是對唐穆宗心不要邪的勸諫,有人拿它大做文章就未免迂腐了。文天祥心最正,字未見有多好;嚴嵩心最不正,字不是寫得也很好嗎?

三、關於書寫的工具

書寫的主要工具不外乎筆、墨、紙、硯,即所謂的文房四寶。這其中最主要的當然是筆。

從出土文物中可知筆産生的年代相當久遠。筆一般都用動物毫(毛)製成,諸如兔毫,白居易有《紫毫筆》詩,描寫的就是兔子毛製成的毛筆,因此這種筆又稱紫毫筆;還有狼毫,這裏所説的狼毫指的是黄鼠狼(學名黄鼬)尾上的毛;還有鼠鬚及鷄毫;最常見的是羊毫。還有兼毫,如七紫三羊、五紫五羊、三紫七羊等,書寫者可以根據自己喜好來選擇。另外還有用特殊材料製成的筆,如茅草和麻等。也有在羊毫中加麻(苧麻)的,稱“筆襯”,可以使筆更加挺括。總之,這裏面的講究很多,但好的筆工往往秘而不宣。如果寫特别大的字,大到用現在的抓筆都寫不了,那也不妨用布團蘸墨寫,寫完之後再用筆描一描即可。對筆的選擇完全要看個人的喜好和需要,什麽順手就用什麽。蘇東坡有一句名言,使人不覺得手中有筆,就是最好的筆。比如我寫小字喜歡用硬一點的狼毫,寫大字喜歡用軟一點的羊毫。我有一段時間喜歡用衡水出産的麻製筆,才七分錢一支,也很好使。用什麽筆和學習書法的過程没什麽關係,與書法造詣的水平更没什麽關係。對此也有誤會,比如褚遂良曾説“善書者不擇筆”,於是有人就説不能挑筆,一挑筆就是水平低。這毫無道理,不同的習慣,不同的手感當然可以選擇不同的筆。又説某某能寫純羊毫,就好像多了不起;又説東坡的《寒食帖》是用鷄毫寫的,所以本事大,這是没有任何根據的。

現在我們可以根據有關的記載得知唐朝人製筆的方法:先選擇幾根最長的主毫,放在正中,然後選擇幾根稍短一點的做第一層副毫,紮在主毫周圍,再選一些稍短的做第二層副毫,再紮在周圍。在層與層之間還可以裹上一層紙。依次類推就製成了半棗核狀的筆,日本有《槿筆譜》一書,就記載了這一過程。筆的這種製造工藝直接影響到字的書寫效果。有人特意學顔真卿寫捺時的"三尾蛐蛐"式的虚尖,其實他的這種虚尖是與他所用之筆主毫較長的特點有關。有的人不明白這個道理,故意地去添虚尖,很可笑。有人對泡筆時,是否全發開也挺講究,認爲哪種就算高級的,哪種就算低級的。這也毫無根據,完全由個人習慣而定。

古代没有現成的墨汁,所以很講究用墨。現在有了墨汁還有人非要堅持磨墨,這似乎没必要。但墨汁的好壞直接影響到裝裱時是否湮紙,所以要有所選擇。現在北京出的一得閣墨汁,安徽出的曹素功墨汁都很好用。

紙的種類當然很多,難以一一列舉。用什麽紙與書法水平也没有關係。我是得什麽紙用什麽紙,有時覺得在包裝紙上寫似乎更順手,因爲没負擔;越用好紙越緊張。我這種感覺和很多古人一樣,當年很多人都不敢在名貴的印有烏絲格的蜀縑上寫,只有米元章照寫不誤,看來還是他的本領大。

至於硯就更無所謂了,如果用墨汁,它簡直就可有可無。硯對現在書法而言,大約工藝價值遠遠超過使用價值。

總而言之,這一講講的問題雖多,但中心思想却是一個,即不要被那些穿鑿附會、貌似神秘的説法所蒙蔽，不管這種説法是古人所説，還是權威所説。這些説法很多都是不瞭解古代的實際情況而想當然，然後又以訛傳訛，謬種流傳。不破除這些迷信，就會被他們蒙住而無法學好書法。

第二講　碑帖樣本

上講説過寫字不見得都需有幼功，臨帖也不必都求其全似，因爲本來就不可能全似，但對學習書法的人來説，臨帖是非常必要的。它是一種最基本的方法的練習。正像練鋼琴，没有一個不是從基本曲目開始的，總是隨手亂彈，一輩子也成不了鋼琴家；寫字也一樣，總是隨手寫來，即使號稱這是"創新"，也成不了書法家。書法中的横、竪、點、撇、捺、挑、折，就相當於西洋音樂中的1、2、3、4、5、6、7，中國音樂中的合、四、一、上、尺、工、凡、六、五，只有把每個音節都唱得很準了，音節與音節之間的組合變化掌握得都很熟練了，才能唱出優美的樂章；同樣，只有把基本筆畫的基本形狀及其組合掌握得都十分準確、十分自如，才能寫出好字。這就需要臨帖，因爲帖就是好的字樣子。小孩子臨帖，並不是讓他三天成爲王羲之，也不能奢求他對書法藝術有多高的理解，而是讓他熟悉筆畫的基本形狀、方向，以及字的結構佈局，從而打好基本功。大人也需要時時臨帖，即使達到了相當的水平也如此，正像鋼琴演奏家在演出之前也需練習一樣，它可以使你越練越熟。更何況它是一項很好的文化娱樂活動，是一項很好的審美創作練習，當你把寫出的字掛起來欣賞的時候，你會從中發現很多樂趣。

那麽臨帖需先搞清哪些問題呢？大概有以下幾點：

一、先要認清碑帖上的字相對原來的墨迹有失真之處。因爲碑帖上的字是我們模仿的字樣子，所以很多人就認爲它是最準確的了，認爲當時書法家寫到石碑或木板上的就是那樣，因而對碑帖上呈現出的每一細微處都覺得是必須效法的。其實並非如此。刻出來的字與手寫的字不但有誤差、有失真，而且有好幾層誤差與失真。這只需搞清碑帖的製作過程就能明了。

第一個過程是用筆蘸硃砂寫在石頭上，稱"書丹"，因爲硃砂比墨在石頭上更顯眼，便於雕刻。第二道工序是刻。刻的時候就以紅道爲據。我曾在河南的"關林"看到很多出土的碑，因爲書丹時有的筆道很肥，刻完之後，刀口的外面還殘留着硃砂的顔色。可見刀刻的痕迹與第一道工序——書丹的痕迹已不完全相符了，有的可能没到位，有的可能過頭了，這是第一次失真。再好的刻工也不能與書丹時完全一樣。在流傳下來的碑刻中，刻得最好的是唐太宗的《温泉銘》，現在見到的敦煌本《温泉銘》，筆鋒及其轉折簡直就和用筆寫的一樣，我在《論書絶句》中曾這樣稱贊它："細處入於毫芒，肥處彌見濃鬱，展觀之際，但覺一方黑漆版上用白粉書寫而水迹未乾也。"但這樣的精品終究是極少數，從道理上講，刀刻的效果總不能把筆寫的效果全部表現出來，比如不管是蘸墨也好，蘸硃砂也好，色澤的濃淡、筆畫的乾濕、以至筆勢的頓挫淋漓就是刀工所不能表現的。用筆寫的時候可能會出現"燥鋒"和"飛白"，即墨色比較乾時，筆道會隨運筆的方向出現空白，這就不好刻了。没辦法，所以定武本的《蘭亭序》就只好在這地方刻兩條細道，表明此處是由燥鋒所出現的飛白，其實原字的飛白並不止兩道。我曾拿唐人寫經中的精品來和唐碑加以比較，明顯感到寫經的筆毫使轉、墨痕濃淡一一可按，但碑經刻搨，則鋒穎無存。兩相比較，才悟出古人筆法、墨法的奥妙。又曾看到智永的《千字文》真迹，其墨迹的光亮至今還非常鮮明，這是碑帖無論如何也表現不出的。

第三道工序是搨碑，搨時先用濕紙鋪在碑上，然後墊上氈子往下按，這樣，碑上凹下的筆畫就在紙背上被按成凸出的筆畫了，再在上面刷上墨，凹下的地方因沾不上墨，所以就成爲黑紙白字了。但按的時候力量不會絶對匀，力量不到、按得不瓷實的地方就會使搨出來的筆道變細。這是第二次失真。刷墨的時候也不會絶對的均匀，再加上墨如果比較濕，或者紙比較濕，就會湮到凹下去的部分，這樣筆畫的粗細與形狀也會與原字不同，這是第三次失真。

第四道工序是把紙揭下來裝裱。裱時要將紙抻平，這樣一來筆道又會被抻開，這是第四次失真。碑帖流傳的時間過長會破舊損壞，需要重裱，這是第五次失真。

而更糟糕的是有的碑也會損壞，如毁於戰火、毁於雷電，或者被搨的次數過多而將碑面損壞，於是只好根據現有的拓片重新翻刻。拓片已經失真，根據失真的東西翻刻豈能不再次失真？這是第六次失真。當然，好的翻刻本也有。如乾隆年間無錫秦家，根據宋拓本翻刻《九成宫》，在當時可以賣到一百兩銀子一本。因爲當時的科舉考試非常重視書法，當時書法的標準爲"黑大光圓"，於是人們就不惜重金來買好碑帖。

試想，輪到你手中的碑帖不知已失真多少次。最好刻的真書尚且如此，不用説更富於使轉變化的行書與草書了，如果你還認爲古人最初寫的真書、行書、草書本來就如此，甚至把走形失真之處也揣測成是古人力求毫鋒飽滿、中畫堅實,於是一味地亦步亦趨、死板模仿,以至有意求拙,以充古趣,豈不過於膠柱鼓瑟?

碑如此,帖亦如此。好的帖講究用棗木板,硬,不易走形損壞。帖刻的工藝也有好有壞。有著名的宋代的淳化閣帖,本身刻得很粗糙,但宋徽宗的以淳化閣帖爲底本的大觀帖却刻得十分精致,幾乎和寫的一樣。但它們的製作工藝與碑大致相同,故而再好也無法表現墨色的濃淡、乾濕,並存在多次失真的情況。總而言之,不管碑也好,帖也好,我們千萬别以爲古人最初的墨迹即如此,否則就會把失真與差誤的地方也當成真諦與優長加以學習了。其結果只能像我在《論書絶句》中所云:"傳習但憑石刻,學人模擬,如爲桃梗土偶寫照,舉動毫無,何論神態?"

這裏需順便指出的是,有人對碑與帖的關係又産生了一些無意或有意的誤解,如認爲碑上的字是高級的,帖上的字是低級的;寫碑是根底,寫帖是補充。比如康有爲就特别提倡"尊碑",他所著的《廣藝舟雙楫》中就專有一章談這方面的内容。他寫字也專學《石門銘》。還有人從而又生發出所謂的"碑學"與"帖學",好像加上一個"學"字,就成爲一種專門的學問了。這是無稽之談。對於初學寫字的人來説,碑由於字比較大而清楚,且楷書居多,學起來容易掌握;帖行草居多,經常有連筆和乾筆帶來的空白,對連字的基本形狀結構都還不很分明的人來説,自然更難掌握。就這層關係而言,臨碑確實是根底,但有了一定的基礎後,二者就無所謂誰高誰低了。究竟是臨碑還是臨帖,全看自己的愛好。再説,碑裏面因刻工技術的高低,搨工水平的好壞,也有優劣之分。如柳公權的《神策軍碑》刻得非常好,雖然乾濕濃淡無法表現,但筆畫字形刻得極其精致周到;但同是柳公權的《玄秘塔》就刻得相對粗糙。又如顏真卿,楷書大字首推《告身帖》,所謂“告身”就相當於今日的委任狀,按情理説,顏真卿不可能爲自己寫委任狀,故此帖肯定是學他書法、且學得極其神似的人所寫,但此帖的風格與顏真卿的《顏家廟碑》、《郭家廟碑》等都屬一類,但我們隨便拿一本宋拓的碑,遠遠不如《告身帖》看得這樣分明真切。所以真假暫且不論,但從學習寫法來看,《告身帖》要優於一般的碑。又如古代有所謂的“響搨本”,所謂“響搨”是指用透明的油紙或蠟紙蒙在原迹上向着光亮處,將它用雙勾法將原迹的字勾出來,再填上墨。唐人已有這種方法,宋人也用這種方法,但不如唐摹的精細。有的唐摹本相當的好,如《萬歲通天帖》和神龍本的《蘭亭序》,連碑中不能表現的墨色的濃淡乾濕都能有所表現。但這都屬於“帖”類,誰又能説它比碑低級呢?

我雖然始終强調“師筆不師刀”——强調臨摹墨迹比臨摹碑帖要好,並在上文列舉了碑帖的那麽多問題,但並不是一概地反對臨摹碑帖。因爲一來好的墨迹原件終究不是所有人都能見到的,當年乾隆皇帝曾拿出過一次秘藏的王羲之的《快雪時晴帖》給大臣看,大臣無不感到受寵若驚。大臣尚且如此,何況一般的平民百性?二來即使有了好的墨本真迹,誰又捨得成天地摩挲把玩?三來好的刻本終究能表現出原迹的基本面貌,尤其是字様的美觀,結構的美觀,終不可被某些局部的失真所掩。但我們一定先要明白碑帖與原迹的區别。正如我在《論書絶句》中所云:“余非謂石刻必不可臨,唯心目能辨刀與毫者,始足以言臨刻本。否則見口技演員學百禽之語,遂謂其人之語言本來如此,不亦堪發大噱乎?”如果你看過一些好的墨迹本,並能在臨碑帖時發揮想像,“透過刀鋒看筆鋒”,——透過碑版上的刀鋒依稀想見那使轉淋漓的筆鋒,那就更好了。那就如我在《論書絶句》中所説:"如觀燈影中之李夫人,竟可破幃而出矣。"——當年漢武帝非常思念死去的李夫人,方士云能致將李夫人的魂魄來,屆時漢武帝果然在幃帳的燈影中見到李夫人——只要我們能將本來死板的碑帖借助感性的想像,把它看活,將它盡量變成一幅活的墨迹就成了。

以上所説都是以現代影印術尚未出現爲前提的。古時人們得不到真迹做範本,怎麽辦呢?最好的辦法是找勾摹的嚮搨本。但這也很難得,所以對一般人來説只好憑借好的刻本,再等而下之,就只好憑借翻刻本了。有的人稱好的刻本爲"下真迹一等",這已是誇奬的話了,陶祖光甚至更誇張地説好的拓本可"上真迹一等",因爲真迹已死無對證,無從查找了。但在現代精良的影印術發明之後,好的影印本確實可"上真迹一等",因爲一來它確實和原迹一模一樣,包括墨色的濃淡乾濕、枯筆的飛白效果與原件毫無二致,這一點是"嚮搨本"無法比擬的。二來便於使用,你可以將它置於案頭隨時把玩,不必擔心它的損壞,因此它的收藏價值雖不如真迹,但實用價值確實大於真迹。我家長年掛着影印的米元章和王鐸的作品,要是真迹,我捨得隨便掛嗎?因此現代影印術的發明,真是書法愛好者的一大福音,它爲我們輕而易舉地提供了最理想的範本,這可是古人夢寐難求的啊。

二、何謂碑、何謂帖

"碑"字從"石"、從"卑",原指墳前的矮石樁,最初上面還有一個窟窿,原用於下葬時繫棺槨用,也可以用來繫葬禮時的犧牲品,如猪羊之類。後來在上面刻上墓主的名字,碑石也變得越來越大,碑文也變得越來越多,内容也越來越豐富,不但可以用來記載死者的有關情況，而且凡紀念功德的紀念性文字都可以書碑。漢代就有著名的《石門頌》，北魏時有《石門銘》，記載褒斜一帶的有關情況。到唐代，開始多求名人書寫，甚至皇帝自己寫。唐太宗就寫過兩個碑，一爲《温泉銘》，歌頌他洗澡的温泉如何好，如何有利於健康，此碑早已不存，現有敦煌的孤本殘帖：一爲《晉祠銘》，紀念周成王分封其幼弟叔虞於唐之事，晉祠即指叔虞的廟。後來李唐王朝之所以稱“唐”，是因爲他們自視爲叔虞的後代，所以《晉祠銘》兼有歌頌大唐王朝立國之意。唐高宗效法其父，寫過《李勣碑》，武則天則爲其面首張昌宗寫過《昇仙太子碑》，硬説他是仙人王喬王子晉的後身，立於河南緱山。此碑現在還有，碑旁已砌上磚墻加以保護。

碑的歌頌紀念性質決定它多以鄭重的字體來書寫，這樣也便於讀碑的人都看得清。漢時多用隸書，唐時多用楷書。我們今天見到的虞世南、歐陽詢、柳公權、顔真卿的碑無一例外，全是用楷書來寫，字又大又清楚，所以便於成爲後來學習楷書的範本。只有皇帝例外，他們至高無上的地位可以不受這一限制，愛怎麽寫就怎麽寫，所以唐太宗、唐高宗就用行書寫，武則天甚至用草書寫，草得有些字都很難辨認。

帖，最初指古人隨手寫的“字帖子”，也稱“帖子”，實際上就相當於今天所説的便條、字條、條子，所以寫起來比較隨便，字往往很少，有的就一兩行，如著名的《快雪時晴帖》就三行。淳化閣帖中有很多這樣的作品。用於拜見主人時，稱“名帖”、“投名帖”，最初是折起來，因而也稱“折子”，裏面就寫一行字，説明自己的姓名、身份，後來變成單片的，稱“單帖”。我見過清朝人的單帖，官越大，頭銜多的，字反而越小，官越小的字反而越大。外邊還可以用一個皮夾子裝着,稱“護書”,由跟班的拿着。到了被拜訪人的家,由跟班的拿出來,交給門房,門房收下後,舉着到二門,朝上房喊“某大人(或某老爺)到。”主人聽到後説聲“請”。然後門房回來也向客人説聲“請”。便可以領着他去見主人了。如果是下級呈遞上級的公文,則稱“手本”,按一定寬度折成一小本。還有信,其實也屬於帖,比如現在流傳的王羲之的幾種帖,大部分都是他當時寫的信,《快雪時晴帖》實際上也是信。有時寫給大官的信,大官可能在信後隨手批幾句批語,有如皇帝在大臣的奏摺上批上“知道了”云云,那也屬於帖。《書譜》曾記載,王獻之曾鄭重其事地給謝安寫過一封信,並自認謝安“想必存録”,但没想到謝安只是於原信上“批尾答之”,令王獻之大爲失望。在古人看來,這些都屬於帖。《蘭亭序》雖然比較長,但它仍屬帖,因爲它是文稿子,上面還有改動塗抹的痕迹。因此我們可以給帖下一個廣泛的定義:凡碑之外的、隨手寫的都可稱帖。後來這些帖不管用勾摹的辦法,還是刻板的辦法保留、流傳下來,人們仍然稱它爲“帖”。有人説竪石叫碑,横石叫帖,這並不準確,其實,墓前的横石也叫碑。

既然是便條的性質,所以寫起來就比較隨便,文辭既很簡單,所用的字體也多屬行書或草書。當然,帖中也有用較正規的字體的,如王羲之的《快雪時晴帖》,正像碑中也偶爾有用行草的。因此碑與帖的區别,主要是當初用途的不同與由此而來的所選用的字體的不同。碑是樹立在醒目的地方供人看的,它惟恐别人看不清,所以字往往選用又大又清楚的楷書、隸書;帖多數是一個人寫給另一個人的,只要兩人之間能看懂即可,所以字體可以隨便。在秘而不宣時(這種情況是很多的,如有人在信中附上一句“閲後付丙”——閲後請燒掉,就是明證),恨不得寫出的字除對方外,誰也看不懂,不懂得像密碼一樣才好。

現在有人從碑中和帖中字體的不同引出"碑學"、"帖學"這一概念,這其實並不準確。如果我們把研究碑和帖是怎樣來的,又是怎樣發展變化的,裏面有多少種類,漢碑是怎麽回事,魏碑是怎麽回事,稱爲"碑學"、"帖學"尚可,但如果把研究碑上的字稱爲"碑學",把研究帖上的字稱爲"帖學",就不準確了。還有人把研究"寫經"上的字稱爲"經學"、"經體",這就更不準確了,經學哪裏是指這個?不管是研究碑上的字,還是研究帖上的字,或是研究寫經上的字,都是書法學。我們不能把碑上的字與帖上的字,或寫經上的字截然分開,然後一個稱"碑學",一個稱"帖學",一個稱"經學",這容易引起歧義。

三、對碑帖及臨寫碑帖時的一些誤解

在第一講中我已指出由握筆等書寫方法的誤解而造成的書寫時的一些錯誤,這裏我想再着重談談由對碑帖的誤解而造成的錯誤。這些錯誤大致又分兩類。

第一類是由於不知道碑帖的失真而造成的對碑帖死板機械的臨摹。

比如,你如果不知道墨迹本來是很圓潤的筆畫,只是經刀刻以後才變成方筆,於是不加分辨地機械模仿,把筆畫都寫成"方頭體",甚至把它當成古意和高雅來刻意追求,這就錯了。有人還因此把没搨秃的魏碑稱爲"方筆派",把搨秃了的魏碑稱"圓筆派",這就更屬無稽之談了,他們不知道像龍門造像中的那些方筆其實都是刀刻的結果。龍門那裏的石頭很硬,不好刻,比如要刻一横,只能兩頭各一刀,上下各一刀,它自然成爲方的了,古人用毛錐筆是寫不出來那麽方的筆畫的。清末的陶濬宣(心耘)就專寫這種方筆字。還有張裕釗（廉卿）寫横折時，都讓它成爲外方内圓的，真難爲他怎麽轉的筆，我把它戲稱爲“烟灰缸體”。碑帖中確實有這樣的字體，但外邊的方是刀刻所致，裏邊的圓可能是刀口旁邊有剥落所致。他不知道這一點而去機械地模仿就很無謂了。更令人遺憾的是，有些人還專門學張裕釗的這種寫法，他的一些學生，有中國的，也有日本的，就專跟他學這種寫法，至今已流傳兩三代了。我還曾遇到過這樣一件事。一天，一位自稱老書法愛好者的人駕臨寒舍，稱他收藏有最好的歐帖，並終生臨摹不已，邊説邊打開一摞什襲包裹的碑帖。我一看真爲他惋惜，他自認爲最好的這些碑帖，實際不過是專出《三字經》、《百家姓》、《千字文》（合稱“三、百、千”）之類的“打磨廠”（北京的一個地名，内有一些印製碑帖、年畫、紅模子的小作坊）一級的東西，粗糙得很，筆道都是明顯的刀刻的方頭，字形都已明顯變形。試想，以此爲範本用功一生，還自謂得到了歐體的精華，豈不可惜？

又比如有的碑上的字，字口旁有缺損剥落，於是搨下來的字便會在字口旁出現一些多餘的部分。有的人不明白這是怎麽回事，便在臨摹時在筆道旁故意頓挫出一些刺狀的虚道，我戲稱它爲“海參體”。又如碑上的細筆道在搨時因用力不匀或用墨過濃，都容易搨斷，有人認爲古人在寫時原本如此，在臨摹時也跟着故意斷。這種斷筆、殘筆在小楷的碑帖中更易出現。因爲原本刻得字就小，筆道就淺，搨多了自然更易模糊。如宋人刻過很多附會爲王羲之的小楷帖，像《黄庭經》、《樂毅論》、《東方畫贊》等。這些帖中，“人”字一捺的上尖往往拓不上，於是變成了“八”字，“十”字一横的左半部分搨不上，於是變成了“卜”字。我小時曾看到兄弟倆一起面對面地坐在桌子的兩旁認真臨帖，都用我前邊説過的自認爲頗具古意的“猪蹄法”握筆，而且每寫到碑上出現搨殘的斷筆時，哥兒倆就互相提醒，嘴裏還念念有詞：“斷，斷”，顯然是把它當成一種古人有意爲之的特殊筆法加以模仿。當時我還小，不知怎麽回事，只覺得很奇怪，後來弄清楚怎麽回事後，覺得這兄弟倆真可笑。其實，不用説一般人了，就連很多書法家亦如此，比如明代的祝允明、王寵等就有意這樣寫，因此他們的字往往有這樣的斷筆。

第二類是概念上的錯誤。有些人因看到碑上的字多是方筆，爲了刻意仿效它，就製造出一些莫名其妙的書寫理論和書寫方法，以期達到這樣的效果。還有人因看到碑上的字多是方筆，便誤認爲所有的字都應如此，不如此就連是否是真的都值得懷疑了。

如清朝的包世臣，在其所著的《藝舟雙楫》中記載，他曾從黄小仲（黄景仁字仲則之子）那裏聽説過一個關於用筆的很高深的理論，叫“始艮終乾”，當他想進一步向他請教何謂“始艮終乾”時，他則笑而不答，以示高深。其實這是一種想把筆畫寫成方筆的用筆方法。如果我們把一横看成是三間坐北朝南的大北房，古人心裏的地圖是上南下北，那麽按照八卦的排列它的西北角叫乾，正北叫坎，東北角叫艮，正東叫震，東南角叫巽，正南叫離，西南角叫坤，正西叫兑。所謂“始艮終乾”指從東北角艮位下筆，往上一提，然後描到東南角的巽位，然後平着從中間拉到西邊，把筆提到西南角的坤位，最後將筆落到西北角的乾位，這樣一來就能把筆畫描成方的了。這不叫寫字，這叫描方塊兒，比“海參體”更等而下之了。總之，想要硬用毛錐筆寫方筆字，必定會出現很多怪現象。

又如清朝還有一個叫李文田的人，專門學寫碑。他曾在浙江做考官，在回來路過揚州時，爲汪中所藏的《蘭亭序》作了一大段跋。其中心觀點是，《蘭亭序》不是王羲之所寫，理由是晉朝人的碑中没有這樣的字。他不知道晉朝的碑本來就不可能有這樣的行書字，因爲那時碑上的字都是恭恭整整的，一直到唐朝歐、柳等人莫不如此，只有皇帝老兒的碑才偶爾有行書字。不用説古人的碑了，就是現在人在門口上貼一個“閑人免進”的條，也要寫得恭恭整整的才行，才能達到讓人看清從而不進的目的，否則，寫得太潦草，豈不是還要在旁邊加上釋文？换言之，他們不懂得書寫的形狀和書寫的用途是有密切關係的。我們知道漢朝鄭重的字都用隸書，而現在看到的出土的漢代永元年間的兵器簿全是草書，敦煌發現的漢簡中，有關軍事的也全是草書。爲什麽？因爲軍中講究快，爲了這個目的，所以就要選用與之相適應的字體。直到今天亦如此，比如報頭爲了美觀醒目，可以用各種字體，但到了裏面的正文，必定還用最易辨認的宋體或楷體。《蘭亭序》本來是書稿，它當然會選用行書字，而不用當時恭恭整整的正體。正像我們今天隨便寫一個便條，誰會把它描成通行於書報上的宋體字呢？因而豈能用碑中没有這樣的字就説《蘭亭序》是假的呢？他還用《世説新語》所引的注與《蘭亭序》有出入爲據，來論證《蘭亭》爲假，殊不知古人以引文作注本來可以撮其原文之大意，他不説所引簡略，而反過來懷疑原文，更是無知。

這種觀點後來又得到某些人的發揮，他們看到南京出土的晉朝的《王興之墓誌》等都是方塊筆，認爲《蘭亭序》都應該是這樣的才對。還説如果真有《蘭亭序》，其筆法必定帶有“隸意”才對。如果没有“隸意”必定是假的。殊不知這些碑的方筆畫都是刀刻出來的效果,當然會是刀斬斧齊,但拿毛錐筆去寫,無論如何是寫不出這樣的效果的。再説唐人管楷書就叫“今體隸書”,《唐六典》中就有這樣的記載。唐朝的《舍利函銘》的跋中就有“趙超越隸書”之語,而所用之字,全是標準的楷書。雖然都叫隸書,但漢隸與唐楷(唐人稱“今體隸書”)是名同實異的。李文田要求晉朝的行書要有漢碑隸書的筆意,這也是一種誤解。我們不能死板地理解這些名詞,應該根據具體情況去正確理解。比如張芝曾寫過這樣的話:“草草不及草書”,這裏的草書實際應是起草的意思,如果把它理解爲草體書,説我來不及了,不能寫草書了,只能一筆一畫給你工整地寫楷書,這合邏輯嗎?又比如某人小時挺胖,大家都管他叫“胖子”,但到大了,他不胖了,我們能説他不是那個人了嗎?同樣的道理,如果還把這裏的“隸”理解爲蠶頭燕尾式的筆畫,硬要從《九成宫》甚至《蘭亭序》中去找這種隸意,找不到就瞎附會,看到那一筆比較平,就説那就是隸意,豈不可笑?

(趙仁珪根據録音整理)

破除迷信

——和學習書法的青年朋友談心

這回講的是有關書法的問題。書法一向有論著,包括從古以來的,到了近代像包世臣的《藝舟雙楫》,還有康有爲的《廣藝舟雙楫》。這些看來都比較神秘,比較文雅,用的詞都比較古奧。按照那些個詞句來實際用筆,練習寫字,就會感覺到有許多的問題,感到詞不達意,表現不出真實情況來。我現在講的,是我平常的一些理解,現在就分這十幾個項目來談一談。我的總題目叫作"破除迷信"。書法書上有許多的詞,有修養的人,讀過許多古書的人,對於所用的詞匯,所用的解釋都可以體會得出來,但到了實踐中未必能表現出來。那麼就有人將其穿鑿附會,就走上了岔路,就得越來越神秘,那麼操作也越來越神秘。因此,我所謂要破除的迷信,就是指古代人解釋書法上重要問題時那些個誤解。事實上人家原來的話都是比較明白的,只是被後人誤解了。我這裏有個副標題即小標題,是我想與學習書法的朋友談談心,就是談我的體會、我的理解是什麼。這是我要講的目的和内容。

第一章　迷信由於誤解

在這一章裏要講幾個問題。首先,文字是語言的符號,寫字是要把語言記録下來。但是由於種種的緣故,寫成了書面的語言,寫成書面語言組成的文章,它的作用是表達語言。那我們寫書法,學習寫書法所寫的字就要人們共同都認識。我寫完長篇大論,讀的人全不認識,那就失去了文字溝通語言的作用了,這是第一點。文字總要和語言相結合,總要讓讀的人看的人懂得你寫的是什麽。寫完之後人都不認識,那麽再高也只能是一種"天書",人們不懂。

第二點,就是書法是藝術又是技術。講起藝術兩個字來,又很玄妙。但是它總需要有書寫的方法,怎麽樣寫出來即在字義上讓人們認識理解,寫法上也很美觀。在這樣情況下,書法的技術是不能不講的。當然技術並不等於藝術,技術表現不出書法特點的時候,那也就提不到藝術了。但是我覺得書法的技術,還是很重要的。盡管理論家認爲技術是藝術裏頭的低層次,是入門的東西。不過我覺得由低到高,上多少層樓,你也得從第一層邁起。

第三點,文字本來就是語言的符號。中國古代第一部純粹講文字的書《説文解字》,説的是那個"文",解的是那個"字"。但是他有一個目的,一個原則,那就是爲了講經學,不用管他是孔孟還是誰,反正是古代聖人留下的經書。《説文解字》這本書,就是爲人讀經書、解釋經書服務的。《説文解字》我們説應該就是解釋人間日常用的語言的那個符號,可是他給解釋成全是講經學所用的詞和所用的字了。這就一下子把文字提高得非常之高。文字本來是記録我們發出的聲音的符號。一提至經書,那就不得了了,被認爲是日常用語不足以表達、不够資格表達的理論。這樣,文字以至於寫字的技術就是書法,就與經學拉上了關係,於是這個文字與書法的地位一下子就提高了,這是第一步。漢朝那個時候,寫字都得提到文字是表達聖人的思想意識的高度來認識的。

這樣文字的價值就不是記載普通語言的,而是解釋經學的了。

第四點,除了講經學之外,後來又把書寫文字跟科舉結合起來了。科舉是什麼呢?科,説這個人有什麼特殊的學問,有什麼特殊的品德,給他定出一個名目來,這叫"科";"舉",是由地方上薦舉出來,提出來,某某人、某某學者够這個資格,然後朝廷再考試,定出來這個人够做什麼官的資格。古代我們就不説了,到明代、清朝就是這樣的。從小時候進學當秀才,再高一層當舉人,再高一層當進士,都要考試。進士裏頭又分兩類:一類專入翰林,一類分到各部各縣去做官。這種科舉制度,原本應該是皇帝出了題目(當然也是文臣出題目),讓這些人做,看這些人對政治解釋得清楚不清楚。後來就要看他寫的字整齊不整齊。所以科舉的卷面要有四個字:黑,大,光,圓。墨色要黑,字要飽滿,要撑滿了格,筆畫要光溜圓滿,這個圓又講筆道的效果。這樣,書法又擡高了一步,幾乎與經學,與政治思想、政治才能都不相干了,就看成一種敲門的技術。我到那兒打打門,人家出來了,我能進去了,就是這麼個手段。這種影響一直到了今天,還有許多家長對孩子提出不切實際的要求。孩子怎麼有出息,怎麼叫他們將來成爲社會有用的人才不去多考慮,不讓小孩去學德、智、體、美,很多應該打基礎的東西。他讓小孩子幹嗎呢?許多家長讓孩子寫字。我不反對讓小孩子去寫字,小孩寫字可以鞏固對文字的認識,拿筆寫一寫印象會更牢固,讓小孩學寫字並没有錯處。但是要孩子寫出來與某某科的翰林、某個文人寫的字一個樣,我覺得這個距離就差得比較遠了。甚至於許多小孩得過一次獎,就給小孩加上一個包袱,説我的書法得了一個頭等獎,得了一個二等獎。他那個獎在他那個年齡裏頭,是在那個年齡程度裏頭選拔出來的,他算第一二等獎。過了幾年小孩大了,由小學到初中,由高中到大學,他那個標準就不够了。大學生要是寫出小學生的字來,甭説得頭等獎了,我看應該罰他了。有的家長就是要把這個包袱給小孩加上。我在一個地方遇到一個人,這個人讓小孩下學回來得寫十篇大字,短一篇不給飯吃。我拍着桌子跟他嚷起來,我説:"孩子是你的不是我的,你讓他餓死我也不管。那你一天要孩子寫十篇大字,你的目的是要幹什麽呢?"我現在跟朋友談心,談書法,但是我首先要破除這個做家長的錯誤認識。從前科舉時代,從小孩就練,寫得了之後,這科舉那些個卷摺,白摺子大卷子寫的那個字呀,都跟印刷體一個樣。某個字,哪一撇兒長一點兒都不行,哪一筆應該斷開没斷開也不行。這種苛求的弊病就不言而喻了。所以我覺得這第四點是説明書法被無限地擡到了非常高的檔次,這個不太適宜。書法是藝術,這與它是不是經學,與它够不够翰林是兩回事,跟得不得什麽杯,得不得大獎賽的頭等獎也是兩回事。明白了這一點,家長對書法的認識,對小孩學書法的目的,就不一樣了。

第五點,是説藝術理論家把書法和其他藝術相結合,因而書法也就高起來。比如現在有許多的藝術理論家來講書法,我不懂這個書法怎麽是藝術。我就知道書法同是一個人寫,這篇寫得掛起來很好看,那篇寫得掛起來不好看,説它怎麽就好看了,我覺得並不是没有方法解剖的。但是要提高到藝術理論上解釋,還有待將來吧。

第六點,封建士大夫把書法的地位擡高,拿來對别的藝術貶低,或者輕視,説書法是最高的藝術。這句話要是作爲藝術理論家來看,那我不知道對不對;要是作爲書法家來看,説我這個就比你那個高,我覺得首先説這句話的人,他這個想法就有問題。孔子説:“如有周公之才之美,使驕且吝,其餘不足觀也矣。”(《論語·泰伯》)説是像周公那樣高明的聖人,假如他做人方面,思想方面又驕傲又吝嗇,這樣其餘再有什麽本事也不足觀了。如果説一個書法家,自稱我的書法是最高的藝術,我覺得這樣對他自己並没有什麽擡高的作用,而使人覺得這個人太淺了。

第七點,是説最近書法有一種思潮,就是革新派,想超越習慣。我認爲一切事情你不革新它也革新。今天是幾月幾號,到了明天就不是這號了,不是這月這個日子了。一切事情都是往前進的,都是改變的。我這個人今年多大歲數,到明年我長了一歲了,這也是個記號,不過是拿年齡來記録罷了。事實上我們每一個人,過了一天,我們這個身體的機能、健康各方面,都有變化。小孩是日見成長,老年人是日見衰退,這是自然的規律。書法這東西,我們看起來,自古至今變化了多少種形式,所以書法的革新是毫不待言的,你不革它也新。問題是現在國外有這麽幾派思想,最近也影響到我們國内來,是什麽呢?有一種少字派,寫字不多寫,就寫一個字,最多寫兩個字,這叫少字派。他的目的是什麽?怎麽來的?怎麽想的呢?他是説書法總跟詩文聯繫着,我要寫篇《蘭亭序》,寫首唐詩,這總跟詩文聯着。我想把書法跟詩文脱離關係,怎麽辦呢?我就寫一個“天”,寫個“地”,寫個“山”,寫個“樹”,這不就脱離文句了嗎?不是一首詩了,也不是一篇文章了。這個人的想法是對的,是脱離長篇大論的文章了。但是一個字也仍然有一個意思,我寫個“山”,説這個你在書裏找不着,也不知這山説的是什麽?我想没那事,只要一寫底下一横上頭三根岔,誰都知道像個山。那麽人的腦子裏就立刻聯想起山的形象,所以這還是白費勁。這是一個。還有一派呢想擺脱字形,又是一個變化了。這個變化是什麽呢?就乾脆不要字形了,有的人寫這個"字"呀,他就拿顏色什麽的在一張不乾的紙上畫出一個圓圈來,或畫出一個直道來,然後把水汪在這個紙上,水不滲下去,把顏色往裏灌,一個筆道裏灌一段紅,灌一段緑,灌一段黄,灌一段白,灌一段什麽。這樣一個圈裏有各種顏色,變成這麽一個花環,這樣就擺脱了字形了。我見過一本這樣的著作,這樣的作品,是印刷品。還有把這個筆畫一排,很匀的一排,全是道兒,不管横道還是竪道,它也是各種顏色都有,還説這東西古代也有,就是所謂"折釵股"、"屋漏痕"。雨水從房頂上流下來,在墻上形成黄顏色的那麽一道痕迹,這本來是古代人所用的一種比喻,是説寫字不要把筆毛起止的痕迹都給人看得那麽清楚,你下筆怎麽描怎麽圈,怎麽轉折,讓人看着很自然就那麽一道下來,仿佛你都看不見開始那筆道是怎麽寫的,收筆的時候是怎麽收,就是自然的那麽一道,像舊房子漏了雨,在墻上留下水的痕迹一樣。這古代的"屋漏痕"只不過是個比喻,説寫字的筆畫要純出自然,没有描摩的痕迹。滿墻潑下來那水也不一定有那麽聽話,一道道的都是直流下來的。擺脱字的形體而成爲另一種的筆畫,這就與字形脱離,脱離倒是脱離了,你這是幹什麽呢?那有什麽用處呢?在紙上横七竪八畫了許多道兒,反正我絶不在墻上掛那麽一張畫,我也不知道是什麽。我最近頭暈,我要看這個呢,那會增加我的頭暈,有什麽好處呢?所以我覺得創新、革新是有它的自然規律的。革新盡管革新,革新是人有意去"革"是一種,自然的進步改革這又是一種。有意的總不如無意的,有意的裏頭總有使人覺得是有意造作的地方。這是第一章講的這些個小點,就是我認爲寫字首先要破除迷信。破除迷信這個想法將貫穿在我這十幾章裏頭。

第二章 字形構造應該尊重習慣

字形是大家公認的，不是哪一個人創造出來的。古代傳説，倉頡造字，倉頡一個人閉門造車，讓天下人都認得，這都是哪兒的事情呢？並且説"倉頡四目"，拿眼睛四下看，看天下山川草木、人物鳥獸，看見什麽東西然後就創作出什麽文字來。事實上是没有一個人能創作出大家公認的東西來的，必定是經過多少年的考驗，經過多少人共同的認識，共同的理解才成爲一個定論。説倉頡拿眼睛四處看，可見倉頡也不只是只看一點兒就成爲倉頡，他必定把社會各方面都看到了，他才能造出、編出初步的字形。那麽後來畫倉頡像也罷，塑造倉頡的泥像也罷，都長着四隻眼，這實在是挖苦倉頡。古書上説倉頡四下裏看變成了四隻眼看，你就知道人們對倉頡理解到了什麽程度，又把倉頡挖苦到什麽程度呢？所以我覺得文字不可能是一個人關門造出來的。這是第一點。

字形從古到今有幾大類，最古是像大汶口等這些地方出土的瓦器上那些個刻劃的符號，有人説這就是文字最早的初期的符號，那我們就不管了。後來到了甲骨文，還有手寫的。殷也罷，商也罷，只是稱謂那個時代的代號吧。甲骨上刻那些個字，現在我們考證出來前期、中期、後期，它的風格也有所不同，但是畢竟是一個總的殷商時期的文字。那麽殷商這個時代，後來和周又有搭上的部分，就是金文（銅器上的文字），跟獸骨龜甲上的不一樣。在今天看來，甲骨、金文，都缺一個統一的寫法，它有極其近似的各種寫法,可没有像後來的各類楷書、草書那樣一定要怎麽寫,還缺少那麽一個絶對的規定。但是現在研究甲骨金文的人,也考證出來,它在這種不穩定的範圍裏頭,還有一個相對穩定的“例譜”可以尋找,這個是我們請教那些古文字學家,他們都可以説得清楚的,這個東西是有共同之處的。甲骨文是先用筆寫在甲骨上,然後拿刀子刻,有的刻完了還填上朱砂,爲好看好認識;還有拿硃筆拿墨寫出來的字没刻的。這些你問古文字學家,他們也都能找出在不穩定的範圍裏頭所存在的共同的相對穩定的部分。爲什麽呢? 要是一點兒都不穩定,那後人就没法子認識這些個文字倒底是什麽字了,現在甲骨文、金文那些個字還是可以考得出來的。比方説,甲骨文現在有許許多多的考證,有許多認識了的字,還有許多字好多專家還在“存疑”,還有争論,可絶大部分現在都考出來了。又比如金文,像容庚先生的《金文編》,那也是個很大的工程,金文裏頭絶大多數的字基本上認識得了。至於説他那裏頭一點兒失誤、一點兒討論的餘地都没有了嗎? 那誰也不敢説,可總算是在不穩定的範圍裏頭還仍然有它使人共同認識的地方。這些共同可認識的地方緣何而來呢? 就是由於習慣而來。所以我説字形構造,它有一個幾千年傳下來的習慣。那麽我們現在要寫字,人家都用那麽幾筆代表這個意思,代表這個内容,代表這個物體,我偏不那麽寫,那是自己找麻煩。你寫出來人家都不認識,你要幹什麽呢? 我在門口貼個條兒,請人幹個什麽事情或者説我不在家,我出門了,請你下午來,我寫的字人家一個也不認識。我約人下午來,人家下午没來。我寫個條讓人家辦個什麽事情,人家都不認得,那又有什麽必要寫這個條呢? 我講這中心的用意,就是説字形構造應該尊重習慣。不管你寫哪一種字形,寫篆書你可以找《説文解字》,後來什麽《説文古籀補》、《續補》,三補幾補,後來還有什麽篆書大字典、隸書大字典等等,現在越編,印刷技術越高明,編輯體例也越完備,都可以查找。草書、真書、行書這些個印刷的東西很多。你不能認爲我們遵從了這些習慣的寫法,我們就是"書奴",寫的就是"奴書",説這就是奴隸性質的,盲從的,跟着人家後頭走的,恐怕不然。爲什麽呢?因爲我們都穿衣裳,上面穿衣裳,下面穿褲子。你説偏要倒過來,褲腿當袖筒,那腦袋從哪出來呢?這個事就麻煩了。無論如何你得褲子當褲子穿,衣服當衣服穿,帽子當帽子戴,鞋當鞋來穿。所以我覺得這個不是什麽書奴不書奴的問題。從前有人説寫得不好是書奴,是只做古人的奴隸,其實應用文字不存在這個問題。我寫字就讓你們不認得,那好了,你一個人孤家寡人,你愛怎麽寫就怎麽寫,與我没關係。那你就永遠不用想跟别人溝通意識了,溝通思想了。所以我覺得寫出字來要使看者認識,這是第二點。

第三點,長期以來,在不少人的頭腦中有一種根深蒂固的想法,就是古的篆書一定高於隸書,真書一定低於隸書,草書章草古,今草狂草就低、就今、就近,這就又形成一個高的古的就雅,近的低的就俗的觀念。這個觀念如不破除,你永遠也寫不好字。爲什麽有人把同是漢碑,就因爲甲碑比乙碑晚,就説你要先學乙碑,寫完了才能够得上去學甲碑呢?那甲碑比乙碑晚,他的意思到底是先學那個晚的呢,還是先學早的呢?他的意思是由淺入深,由低到高,先寫淺近的,寫那個俗的,再寫那個高雅的。我先問他同是漢碑,誰給定出高或低的呢?誰給定出雅的俗的呢?這個思想是説王羲之是爸爸,王獻之是兒子,你要學王獻之就不如學王羲之,因爲他是爸爸。我愛學誰學誰,你管得着嗎?王羲之要是復活了,他也没法來討伐我,説你怎麽先學我的兒子呀? 真是莫名其妙。從前有一個朋友會畫馬,他説他和他的學生一塊開一個展覽,説是學生只能畫趙孟頫,再高一點的學生只能畫李公麟,他只能畫韓幹、曹霸。韓幹的畫還留下來幾個摹本,那個曹霸一個也没有了。那他説,我應該學曹霸,你查不出那個曹霸什麽樣來,那我就是最高的了。如果有個學生説,我要學韓幹,這個師傅就説你不能學韓幹,我配學韓幹,你只配學任仁發、趙孟頫。真是莫名其妙。那個曹霸他學得究竟像不像,誰也不知道。如果説你是初中的學生,不能念高中的課本,這我知道,因爲他没到那個文化程度、教育的程度。但是這不一樣,藝術你愛學誰學誰,愛臨誰臨誰,我就臨那個王獻之,你管得着嗎,是不是? 所以這種事情,這種思想,一直到了今天,我不敢説一點都没有了。我開頭所説的破除迷信,這也是一條。

第四點,還有一個文字書,就是古代的字書,比如説《説文解字》,裏頭有哪個字是古文,哪個字是籀文,哪個字是小篆,哪個字是小篆的别體,哪個字是新附新加上去的,這本書裏有很多。到了唐朝有一個人叫顏元孫的,他寫了一部書,叫《干禄字書》,干禄就是求奉禄,做官去寫字要按那個書的標準,哪個字是正體,哪個字是通用,哪個字是俗體,它每一個字都給列出這麽幾個等級來。顏元孫是顏真卿的長一輩的人,拿顏真卿的一個個字跟他上輩的書來對照,可以看出顏真卿寫的那些碑,並不完全按他那個規範的雅的寫,一點没有通用字,也没有那個俗字,並不然。可見他家的人,他的子侄輩也没有完全按照他那個寫法。像六朝人,有許多别字,比方像造像,造像一軀的"軀",後來身子没了,只作"區"。六朝别字裏真奇怪,這個區字的寫法就有十幾種,有的寫成叵,有的寫成區。那麼這區字倒底是什麼呢? 不過它還是有個大概輪廓,人一看見這區字,或許會説這個寫字的人大概眼睛迷糊了,花了。多寫了一個口字,少寫兩個口字,還可以懵出來,猜出來,仍然是區。這種字有人單編成書叫《碑別字》,在清朝後期有趙之謙的《六朝別字記》,現在有秦公同志寫的兩本書叫《增補碑別字》,他就看古代石刻碑上的別字,但是他怎麼還認得它是那個字寫法呢? 可見在不一樣的寫法裹頭,還可以使人理解、猜想,認識它是什麼字,可見最脱離標準寫法的時候,它還有一個遵守習慣範圍的寫法。還有篆書,有人説篆書一定要查《説文解字》,有本書叫《六書通》,它把許多漢印上的字都收進來了。有人説《六書通》裏的字不能信,因爲許多字不合《説文》,他没想到《説文解字》序裏頭就有一條叫繆篆這樣一種字體,"繆篆所以摹印也",繆篆是不合規範的小篆,拿它幹什麼呢,是爲了摹印的。可見摹印又是一體,就是許可它有變化的。你拿《説文解字》裏的字都刻到印裏頭來,未必都好看。説《六書通》的字不合説文,那是没有讀懂這句話。還有後來《草字匯》,草字的許多寫法,比如説"天"是三筆,"之"也是三筆,"与"也是,不過稍微有點不同,可是那點不同它就説明問題。"之"字上頭那一點,寫時可以不完全離開,上頭一點,下面兩個轉彎,有的人也帶一點兒牽絲連貫下來。你説它一定不是之,你從語言環境可以看出來,所謂呼出來,懵出來,猜出來,你不用管怎麼出來,它也是語言環境裏應該用的字。既然這樣,可見那個語言環境也證明是習慣。現在寫字不管這個,説"我這是藝術",那不行! 別的藝術,比如我畫個人他總得有鼻子有眼睛。如果你畫一隻眼,畫幾隻眼,那是神是鬼我不管,問題你要畫人像總得畫兩隻眼,即使是側面你也是眼睛是眼睛的位置,不能眼睛在嘴底下。字還是得遵從書寫的習慣,那麽别人也會有個共同的認識,這樣才能通行。要不然你一個人閉門造車,那我們就管不了。這是第二章。

第三章　碑和帖

這兩個字需要解釋一下。什麽叫碑?碑本來是一個矮的石頭,在什麽上用呢?是墳墓前面立這麽一塊石頭,原來是爲拴繩索好把棺材放到坑裏去,這個用途先不管它了。這塊石頭椿子上刻上字,説明這是誰的墳,就是這麽一個意思。後來又擴大了,這人活着給他立個碑,因爲他在這兒做過官,拍這個官的馬屁,歌頌他這個官怎麽怎麽有德政,然後是又怎麽樣,這麽一個紀念性質的碑,這上面刻着的字就是碑文。爲什麽在這上刻字,就是爲讓過路的人看明白,這是爲誰立的碑。這樣碑上的字盡力要寫得讓大家都認得,都是當時通行的大家公認的字。在最初寫這碑的人並不一定是什麽名家,什麽書法家,什麽學者,什麽官,把它寫清楚了,就行了。如果寫出來人都不認識,那就麻煩了,就會發生誤會,所以碑上的字呢,都是當時正規的字體。到了唐朝初年,唐太宗愛寫字,學王羲之,他就寫行書字,他可能不大會寫楷書字,或者他寫楷書字不是他的拿手好戲。他寫了兩個碑,一個叫做《温泉銘》,一個叫《晉祠銘》,就用行書字書寫。他的兒子李治也用他這個字體給許多大臣寫碑,也都是行書字體。唐朝初年,李世民父子都用行書寫碑,這是用行書入碑的一個開始。武則天爲她的面首(什麽叫面首呢?就是她的情人吧)張昌宗立碑,説張昌宗是王子晉的靈魂脱生的，就在東山這地方把傳説是王子晉的墳給挖出來了，挖出來一瞧，也不能證明是王子晉，就在那兒立了個碑，叫《昇仙太子碑》，是完全用草書寫的，被稱爲草書寫碑的開端。從這以後，抄寫書，抄寫文章，抄寫佛經的論，都用草書來寫。孫過庭的《書譜》是草書寫的，慈恩宗的那個法象那些個論都是草書。雖然有這麽一個時代，有這麽一個風氣，就影響一段時間裏的字體。但是，碑還是以楷書爲主要的。爲什麽？他要寫了行書草書，就失去了廣大讀者認識的作用。後來趙孟頫寫楷書總帶點行書味道，他不是一筆一畫死猫瞪眼的那種楷書字，就是六朝的造像那種方頭方腦的字。再後來特别是清朝末年，就特别提倡寫碑，這個碑就是方頭方腦的字。把寫碑的叫碑學。打阮元起，就是道光年間，就有這種提法了。後來像葉昌熾，像楊守敬，一直到康有爲，都是講碑字好，是至高無尚的，完美無缺的。其實碑字本身的歷史也有變化。原來是楷書字，後來有行書字，有草書字，那碑字並不能純代表六朝的那些字體。可是他們這些講碑的，難道碑上字都是標準的嗎？那麽武則天的“昇仙太子碑”他怎麽看？《温泉銘》、《晉祠銘》又怎麽看呢？所以他叫碑學，這種説法本身就不完備，邏輯就不周密。

我們現在講帖，什麽叫帖？帖本來是一個“字條”，北京話叫便條，隨便寫的小紙條。我給某人寫一個簡單的小便條，説我什麽時候有工夫，咱們什麽時候見個面，就這麽幾句話，這種東西的名稱叫“帖兒”，原是給朋友看的，不是鄭重其事的，是很隨便的。六朝時，流傳下來許多王羲之的字條，三行兩行，甚至一行也有。有的“帖兒”甚至是給某人寫一封信送去了，他要是個大官呢，就在那信的尾上給你批回話，比如人家説請你來一趟，他批“即刻去”三個字,也就是答覆那個意見。這種東西叫“字帖兒”。這種東西本來和碑不是一回事,碑本來是讓人認識,起告訴别人作用的。字帖呢,無所謂。咱倆你寫給我我寫給你,兩個人心裏明白,心照不宣。多草的字,只要這兩人認識不就完了嗎?那麽帖流傳下來就一張紙片,很容易丢失。唐太宗喜歡王羲之的字,就搜集王羲之的字。其實打梁武帝那兒已經就喜歡搜集了。零七八碎的條給他裱成這麽一個卷兒。由於有這麽一個帖,一丈多長,是王羲之寫給四川一個地方官叫周甫的信,開篇有“十七日”,寫的是日子,今兒個幾號,後來管它叫《十七帖》,這就不通了。不是十七張字帖,而是十七日寫的帖兒,起頭一個名就叫做十七帖。這東西是許多小字條兒,兩行也有,三行也有,就打那兒起就有好些帖了。到宋朝有《淳化閣帖》,就是把許多的六朝人的字,漢朝人的字,還有倉頡的字編在一起。有的是假的,胡給你湊上的。這個東西原來是淳化年間刻在閣(皇帝秘密藏書的書館)裏的,叫《淳化閣法帖》,後來簡稱爲《閣貼》。這裏摹刻了許許多多連真帶假的古代人的字迹。《淳化閣帖》刻得既潦草,翻刻的又很多,越來越多,後來就説它没有一個刻得好的、逼真的、表現很美的那種字,都是大路貨。所以這個碑和帖的問題,並不是説帖就是低的,碑就是高的;也並不是説王羲之那個時候一定都得寫成那個方頭方腦的字才是王羲之。説《蘭亭序》是假的,前一段時間不是有過辯論嗎?有人説它是假的,就是因爲它的字不是方頭方腦的。這個咱就不談了。

碑和帖的作用就是這樣的。並不一定寫碑就是高尚的,就是正統的。有人把碑上字拿來寫信,寫便條,那非常可笑,一筆一畫地寫,寫了半天,人説你怎麽這麽費勁呀?還有清朝有個人叫江聲，他乾脆給人寫信都用篆書。給他的一個聽差寫個條，讓聽差的買東西去，他用隸書來寫，讓大師傅去買菜，開個菜單，大師傅説你這是什麽菜呀，我不認識。他説隸書呀，就是給你們奴隸們看的字，你們連隸書都不認得，那你不配給我做奴隸、做大師傅。江聲就有這樣一個笑話。你説我寫個便條“請你來一趟”，這五個字都要寫得跟六朝造像碑一個樣，那算幹什麽呢？帖本來就是兩個人認識，朋友之間，熟人之間互相寫，我寫得再草，寫成密碼，只要他認識不就完了嗎。當然，寫這種帖的草書便條也還有一個共同認識的標準、習慣。所以碑和帖没有誰低誰高的不同，只有用途上的不同。説是我要喝湯，拿着調羹拿着勺。我要夾個菜，我拿着兩根筷子夾。那不能説湯勺是高，筷子就低，問題是你吃飯時，是勺和筷子都要用的。這種事情多了。服裝上，用具上，下雨我打傘，不下雨我就不打傘，那麽説打傘就是高明的，不打傘就是俗人，没有這個道理。這裏只是一個工具、符號、用途的不同，比如説，記音樂的譜子，有簡譜，1、2、3、4，還有五綫譜，那麽後來有留聲盤，再後有録音帶，再後有光盤，有光碟，你説這誰古？可以説最早的是工尺譜，一個字旁邊注明唱工尺……，就代表這個字唱的時候是這個音。那麽工尺譜、簡譜、五綫譜、留聲盤、録音帶、光盤，你説誰古誰雅？工尺譜最古，是不是最雅？那麽現在唱古調，已經有光盤了，你非得回過去，用工尺譜給它記下來，就雅了嗎？我認爲這個高雅與低俗完全不能這樣往上套。

藝術風格是隨人的愛好而定的。我不反對已有的藝術風格，比如説，我們現在住在一個磚瓦房的四合院，上邊有瓦，底下有門窗，有柱子，跟洋樓不一樣。你説讓我住洋樓我也没意見。讓我住四合院，我也没意見。或者有人偏重愛好某種建築物，那也可以。說我穿個中式的小褂,中式的褲子,跟穿着西裝也没有什麽不同。看什麽時候用什麽服裝,没有什麽高低之分,没有什麽雅俗之分。有人喜歡看造像石刻,看那武梁祠,那很笨、很原始的刻法。有人特别喜歡木板畫,這本來無所謂。還有人喜歡戲劇人物的服裝、臉譜,我覺得還是平常人的臉好看一點,化裝自然可以美觀一點兒,可在臉上畫得花裏胡哨的,畫得亂七八糟的,紅的緑的一道道的,包公臉上還畫個太極圖,畫上許多圖案,是什麽意思呢?可有人對這特别喜歡,那我也不反對,他愛喜歡就喜歡,反正我不能畫個花臉上街。今兒個開個會,我畫出個逗哏的臉,《白水灘》那個花臉包公,你塗上滿臉墨,那人家不准你進來了,說這人幹麽呢?問題是你喜歡我不反對,你有自由,但是我没法按那個辦。實用跟個人愛好,跟個人偏好,那是兩回事。比如字,我們現在說寫美術字,寫招牌,我寫美術字,那更有自由了,你愛什麽寫什麽,但是寫美術字我得先拿尺子、鉛筆畫出道道來,哪一筆怎樣,得畫出美術字體的效果。反正我給别人寫個信,寫個便條,我不能用美術字,用美術字太費時間了。我不反對個人對藝術風格的愛好,我也不反對對於某個古代的某種不成熟的,或者在成熟過程中所經過的某種字體的偏愛,但是我們不能拿我所愛好的一種東西强加於人,說你必須這樣才高級,那樣就低級。

第四章　文房四寶

只要一提書法,就必定連上文房四寶。這種連法也不知是誰規定的。這四寶是什麽東西呢?這是紙、筆、墨、硯。

先説這頭一個紙。練字根本不存在一定要用什麽樣的紙的問題。我們現在拿報紙、包裝紙,或者硬紙殼都可以練字。有人還在練字也買成刀的宣紙來練,我説你好闊呀,練字還使那好講究的宣紙,那是不是太高級了。有人説練字一定要用元書紙,這也有點教條,什麽紙不能練呀! 報紙已經看過了,如果没有存留的必要,那你就拿來寫,一個已經過時的刊物,你拿來作練習不也一樣嗎? 我的意思就是説,紙不一定要什麽樣的紙,才算是練書法的紙。

筆,説是書法一定要用毛筆。現在又提出硬筆書法。硬筆指的是什麽呢? 指的是鋼筆、圓珠筆之類的筆。硬筆書法這是一個流派,好像是很新。其實呢,古代少數民族用的寫字的工具,就是一個竹子簽,竹子棍,拿刀削成一個斜坡,成爲鴨嘴型,中間拿刀劈開一個縫兒,它就吸取墨,然後再用人的頭發捆成那麽一撮,給它剪齊了,擱在一個罐裏頭,把竹筆往裏頭那麽一插,然後提出來就寫,跟現在西方用的鵝翎管是一個樣的辦法。現在的鋼筆頭也是用這個辦法演變過來的。這是一種。歐陽修的母親拿一個荻子棍,在土上畫字,教給歐陽修認字,那也是硬筆書法。我並不是"古已有之論",而是説我們現在有也不必大驚小怪。説你們使毛筆,我就使硬筆,那也不一定,中國地方大,民族多,用什麽筆都有。鋼筆、圓珠筆、鉛筆都是硬筆;毛筆裏頭有紫毫、狼毫、羊毫,還有麻(把麻捆上)。還有一種叫作茅龍的筆,就是茅草梗子扎成的,明朝人陳白沙(獻章)就是愛使這種茅龍筆。所以這筆也不一定要什麽樣才算書法專用筆。

墨,古代是拿製成的固體墨塊擱在石頭硯上研。與其現寫現研,不如現在的墨汁,現在有許多墨汁,一得閣的墨汁呀,什麽曹素功墨汁呀,這已很平常。把墨汁倒在硯臺裏,往裏頭加點兒水,讓濃度適當,就行了。寫鋼筆字還有鋼筆墨水,藍黑墨水、黑墨水等等。

硯,硯臺更不用説了。當然什麽石頭都可以。古人講究,是因爲拿它當個玩賞的工具,一邊研墨一邊觀賞,像一塊古玉似的,摸着又很光溜,上頭又刻着什麽字,比如什麽銘呀,是哪年買的呀,誰送的呀。硯臺也有各種硯材,端石啦,歙石啦,古瓦古磚也行。容庚先生有塊大硯臺,他會刻印,在硯臺背面刻字,他作一部書,就刻上一行字:某年月日,某部書編成了,又某年月日這部書又修改了。打開那一尺多大的大硯臺,背後一行行字縱横交錯。可惜當時没搨下來。那個東西很有意思,那是記功碑,曾經編過什麽什麽書,怎麽怎麽樣,這等於一個很有意思的紀念品。

紙筆墨硯在今天,不是説没有用,是用處遠遠不够了。比如説紙,必定得使宣紙,如果有人給我個金箋,上面壓着金子,或是某種有名的花箋,我準寫不好,我説你拿回去吧,還不如我這白紙,寫壞了我還可以另换一張,要拿一張好紙我準寫不好。他説你試試。我説試試,你的紙寫壞了你負責,我負不起這個責,我不寫。有人把整刀的宣紙拿來練字,我説實在是太浪費了。古人有幾種辦法,有把磚拿來,用濕筆蘸上香灰,或把香灰用水和好,用筆蘸上往磚上面寫,等乾了你看好不好,或者擦上再寫,或者都寫上,等於有灰的那一面,把筆蘸白水在上寫,也可以練習,這是一種。還有呢,古代懷素院子裏種有芭蕉,他把芭蕉葉子拉下來,當紙在上面寫字。這些足以説明什麽樣的紙都可以用。筆呢,也不一定是什麽毫,狼毫、紫毫、羊毫都可以。當然筆呀,有點關係,筆要是寫的不合手,還是不好受。蘇東坡説過,好受的筆,寫着讓人手裏拿着不覺着有筆,説明這筆很適合自己的習慣。紙也有這個問題,墨也有這個問題,墨稠了稀了,紙是生了是熟了,有的紙拿濕筆往上一擱,欻那麽一湮,這樣寫着也會使人興趣敗壞。怎麽樣寫適合自己的習慣,這只有個人的習慣問題,没有絶對的標準,一定得用什麽樣的紙,什麽樣的筆,什麽樣的墨,硯臺更不用説了。所以我覺得所謂四寶,没有一個絶對的好壞標準,只要你使得習慣,寫起來特别有精神的那一種,就是最好的。

第五章　入門練習

學寫字有次序,怎樣入門,從前有許多的説法。有些個説法,我覺得是最耽誤事情的。首先説是筆得怎麽拿,怎麽拿就對了,怎麽拿就錯了;腕子和肘又怎麽安放,又怎麽懸起來。再説是臨什麽帖,學什麽體,用什麽紙,用什麽格,等等的説法都是非常的束縛人。寫字爲什麽?我把字寫出來,我寫的字我認得,給人看人家認得,讓旁人看説寫得好看,這不就得了嗎!你還要怎麽樣才算合"法"呢?關於用筆的説法,我們下一章再解剖、再分析。現在我們先從入門得用什麽紙説起。從前有一種粗紙,竹料多,叫元書紙,又叫金羔紙。小時候用這種紙寫字非常毁筆。寫了没幾天,那筆就禿了、壞了。是紙上的渣子磨壞的。還有一種,是會寫字的人,把字寫在木板上,書店的人按照這字樣子,把它刻成版,用紅顔色印出來,讓小孩子按着紅顔色的筆道描成墨字,這樣小孩子就可以容易記住這個字都是什麽筆劃,什麽偏旁,都用幾筆幾劃。這種東西打從宋朝就有。這些字樣大都是"上大人、孔乙己、化三千……。”我小時候還描過這種紅模子。還有的寫着“一去二三里,烟村四五家”這類的詞語。都是用紅顏色印在白紙上,讓孩子用墨筆描。詞兒是先選那些個筆劃少的,再逐漸筆劃加多。這除了讓小孩子練習寫字之外,還幫助小孩熟記這些字都共有哪些個筆劃,這是一種。再大一點的小孩就用黑顏色印出來的白底墨字,把它擱在一種薄紙底下,也就是用薄紙蒙在上頭,搨着寫。這是比描紅高一點的範本。這種辦法無可非議,因爲小孩不但要練習筆劃,練習書寫的方法,還要幫助他認識這個字,鞏固對這個字的記憶。

再進一步就是給他一個字帖,把有名的人寫的,或者是老師寫的,或者家長寫的,或者是當代某些個名人寫出的字樣子,也有木版刻印出來的,也有從古代的碑上搨下來的。比方説歐陽詢《九成宫碑》、褚遂良《雁塔聖教序》,又比如像顔真卿《顔家廟碑》呀,《多寶塔碑》呀,柳公權《玄秘塔碑》呀等等,這種字多半不能仿影,因爲比較高級、珍貴,如果用紙蒙着描,容易把墨漏下去,把帖弄髒了,多半是對着帖看着它描,仿着它的字樣子來寫。這辦法人人都用。我們現在隨便來練字,也都離不開臨帖。比如我們得到一本好帖,或某一個人寫的我很喜歡,不妨把它擺在旁邊,仿效他的筆法來寫,可以提高我們的書法水平。但是這種辦法有一個毛病,總不能寫得太像,因爲眼睛看的時候,感覺上覺得是這樣,比如“天”兩横,我覺得這兩横的距離是多寬,頭一筆短一點兒,第二筆横長一點兒,第三筆這個撇兒撇出去從哪兒到哪個地方才拐彎,這個捺的捺脚又怎麽樣了,擺在甚麽地方,這都是看起來容易,寫起來難。趕到都寫完了,拿起來一比,甚至於把我寫的這個字與帖上那個字摞起來,對着光亮一照,那毛病就露出來了,相差太多了,幾乎完全不一樣了。這樣就有些人越寫越灰心,没有興趣了。説我怎麽寫得老不像呢?它總是不能够那麽逼真的。因此就有許多的説法。清朝有一個人特别主張讀帖,他説“臨帖不如讀帖”。臨帖是用眼睛看着效仿它的樣子來學,讀帖是拿眼睛看這個帖,理解這個帖,心裏想着這個帖,然後拿筆不一定照這個帖就能够寫出來。也許説這個話的人出這個招的人他能做到,但是他做到的時候是多大歲數,是他到什麽程度的時候才做到這樣的,這個誰也不知道。也許已經寫了多少年,自己成熟了,然後就説我就是這麽看一看就理解了這個字,那就是程度不同了。我們也有這個時候,比如説,我是在街上看到某一個牌匾,某個名人寫的一個牌匾,看着很好看,自己心裏也很想仿效他用筆的那個意味來寫,可是他那個匾掛在鋪子上頭,我不能説給人家摘下來,那個時候照相又不那麽方便,像現在拿個小照相機,老遠你都可以把它照下來,那時候不容易。那麽這個時候仿效,就等於讀帖之後背着來臨這個帖。這是不得已的事情,還要看什麽程度。你想小學生你就讓他去讀那個帖,這話都是不實際的。説這個話的人叫梁同書,是清朝乾隆時候的人。他寫的字你看不出來是有意臨哪一家哪一派,他就那麽寫,他有一個論書的文章,有兩句話,説“帖是讓你看的,不是讓你臨的”。這句話我給他改一個字,這個帖是讓“他”看的。他要看我管不了,他已經死了,他愛看不看我管不着,但是我只憑着看腦子記不住,我不拿手實踐一下,没法子印證這帖是怎麽回事情。

還有一個臨碑臨帖存在的問題。在從前印刷術還没有現在這麽普及的時候,不管多大的名家的筆迹,都仗着把它刻在木版或石頭上,然後椎搨下來,這就變成了黑底白筆劃的字,這時不管刻工刻得多麽逼真，一絲都不走、一絲都不損失、不差樣子，但是多高明的刻工、多講究的拓本，它也只有那個字的外部輪廓，裏邊墨色的濃淡，也就是用筆的輕重，墨的乾濕就無法看到了。拿筆一寫，拉下來之後筆就破開了。開始墨還多的時候，筆毛還攏在一起，到了筆劃末端筆頭就散開了，這種地方特有名稱管它叫"飛白"，因爲它不全是黑顏色了。乾筆破鋒所謂飛白的地方是最容易表現出（被學的人看出）寫字的人用力的輕重、墨醮的多少（這一筆醮的墨寫到什麽地方墨就没有了、少了）。這種地方是很有關係的。你要是照相製版，看起來就明白得多了。這一筆所用的力，是哪一點最重、哪一點輕，可以看得清清楚楚，但是在刻本上，你多大本領的人，你也没法子看出這些過程來。

不同的碑、帖，筆劃有刻得精致，有刻得粗糙的。我們看唐朝刻的碑，就非常地仔細，後來石頭磨光了、筆劃磨淺了，這樣的不在少數。看唐朝的碑最早的拓本，刻出不久時候的拓本那是比較精致的。魏碑，北魏的碑特别像龍門造像，那些造像記，在墻上在石洞裏頭刻的時候，是用力氣在上錘、鑿，這樣就費事很大。結果刻出來的筆道，現在我們看龍門造像，每一筆都是方方整整的，兩頭齊，都是很方很方的，一個一個筆劃都是方槽。這樣寫字的人就糊塗了，怎麽回事呢？他不知這個下筆究竟怎麽就能那麽方呢？我們用的筆都是毛錐（筆有個别名叫毛錐子，像個錐形，是毛做的），用毛錐寫不管怎樣，總不同於用板刷。用排筆、板刷寫字下筆之後就是齊的，打前到後這一横，打上到下這一竪，全是方的。但是寫小字，一寸大的字，他不可能用那麽點兒的板刷，像畫油畫的那種小的油畫筆來寫，若都用那種筆來寫，也太累得慌，太費事。所以就有人瞎猜，於是用圓錐寫方筆字又有説了，説是筆必須練得非常的方。我已經見過好幾個人,他們認爲這些個字必須寫得方了又方,像刀子刻的那麼齊。我心裏説,你愛那麼方着寫我也管不了,與我也没關係。别人每分鐘可以寫五個字,他是三分鐘也寫不了一個字,因爲他每一筆都得描多少次。這種事情我覺得都是誤解。碑上的字,給人幾種誤解,以爲墨色會一個樣,完全都是一般黑,没有乾濕濃淡,也没有輕重,筆劃從頭到尾都是那麼寫的。還有一種就要求方,追求刀刻的痕迹。清朝有個叫包世臣的,他就創造出一種説法來,説是看古代的碑帖,你把筆劃的兩端(一個横劃下筆的地方與收筆的地方)都摁上,就看它中間那一段,都"中劃堅實",筆畫走到中間那一段,都是堅硬而實在。没有人這樣用筆。凡是寫字,下筆重一點,收筆重一點,中間走得總要快一點,總要輕一點,比兩頭要輕得多,兩頭比中間重一些。在這個中段你要讓它又堅又實怎麼辦呢?就得平均用力,下筆時候是多大勁兒,壓力多大,一直到末尾,特别走到中間,你一點不能够輕,一直給它拉到頭,"中劃堅實"這東西呀,我有時開玩笑跟人談,我説火車的鐵軌,我們的門檻,我們的板凳,我們的門框,長條木頭棍子,没有一個不是中間堅實的,不堅實中間就折了。這樣子要求寫字,就完全跟説夢話一個樣。我説這是用筆的問題,而爲什麼會出現這樣胡造出來的一種謬論、不切實際的説法呢?都是因爲看見那刀刻出來的碑帖上的字,搨的石刻上的字,由於這個緣故發生一種誤解。這種誤解就使學寫字的人有無窮的流弊,也就是説所臨的那個帖它本身就不完備,這不完備是什麼呢,就是它不能告訴人們點畫是怎麼寫成的,只給人看見刀刻出來的效果,没有筆寫出來的效果,或者説筆寫出來的效果被用刀刻出來的效果所掩蓋。碑和帖是入門學習的必經之路,必定的範本,但是碑帖給人的誤解也在這裏。現在有了影印的方法就好多了。古代的碑帖是不可不參考的,但是我們要有批判的、有分析的去看這個碑帖。入門的時候不能不臨碑帖,而臨碑帖不至於被碑帖所誤,這是很重要的。

第六章　學書"循序"説

學習書法應該有次序,由淺入深,由近及遠,不管什麼學問都是這樣的。這個特别值得説一説。學寫字應該有個循序漸進的次序。這没問題。但是什麼是次序?什麼是淺,到什麼程度是提高、是深?説法就很不一樣了。許多人看見古代的字是先有篆,到漢朝有隸,魏晉以後有楷、有草、有行,於是有兩種誤説:一種認爲凡是古代的字的風格、形體就是高的,就是雅的。後來發展的那個字就是低的、俗的,就是近的,甚至不高的、不雅的、没價值的。有人就説學寫字你必須先有根底,先學篆,篆字好看了再學隸,隸學好了再學楷。我這一輩子總共才活幾十年,有人一輩子寫篆也還没寫好,那這個一輩子到了臨死也還没有寫隸書的資格,爲什麼?篆書還没寫好。按這種胡説八道的説法那只能是説,没有文字之前是結繩記事(今天我辦了個什麼事就在繩子上結個扣,明兒又一個什麼事再結一個扣,這是還没有文字之前的初民用的辦法)那麼我們請問,什麼時候有的篆?比篆還早的時候是結繩記事,那你學篆還得先學結扣,結成一個疙瘩一個疙瘩的然後你才能寫篆?説疙瘩都結好了才能學篆學隸。我請問他一句話:就是"好",怎麼樣才算好?恐怕説這話的人也没法回答。

因此篆和隸就難説有什麽高低、古今、雅俗等等差别了。

同是篆這一種字體，又有人給它定出來差别了，説你要學篆書，得先學某一個銅器。周朝的銅器，比如毛公鼎、散氏盤。其實在銅器裏頭，那個散氏盤的字是最不規範、最不規則的。那個毛公鼎字數最多，是周朝銅器裏頭很有價值的，問題是價值並不在字的樣子，而在於它記録了許多古代的歷史。散氏盤更是某一個部落（部族）記載它的事情的，那個字並不是周朝正規的那種字樣。我小時候有一位老先生，他專寫篆隸，寫得好。他自己發憤宣佈，説我要臨一百遍毛公鼎、散氏盤。因爲它是鑄出來的，這樣子再寫二百遍它也像不了。他爲什麽要寫一百遍毛公鼎、散氏盤呢？他認爲這是基礎，熟悉了毛公鼎再寫其他篆書就都可以通了。這個事情，我看見同是這位老先生，讓他寫秦朝的秦刻石就不如他臨毛公鼎的好。可見認爲臨某一個帖、某一個碑作基礎，就可以提高到寫一切碑、一切的字，這是不正確的説法。比如古代篆書的石刻石鼓文，確實是很正規，也很整齊，筆道都很匀實。但是你寫石鼓文，石鼓文裏的字是很有限的，石鼓文之前的字，比如《説文解字》裏的九千多字，那決不是石鼓文所包括得了的。並且《説文解字》是小篆，石鼓文與《説文》中的籀書很相似，所以也不能是寫了石鼓文别的就都懂得了。

篆書是這樣，隸書呢，也這樣。説你寫漢碑，你必須先寫《張遷碑》，《張遷碑》寫好了，再寫其他的碑就行了。據我知道，有人寫《張遷碑》，像清朝後期的何紹基，就專臨《張遷碑》。他臨《張遷碑》就爲湊數，他自己臨過多少本《張遷碑》，我看是越到後來的，比如他記録第五十遍，那越寫越不好，爲什麽呢？他自己也膩了，他是自己給自己交差事。我有一個老同學，跟一個老師念書，這個人他已經工作了好幾年,他父親有錢,三十多歲了回頭再跟老師來學,我也跟那個老師學。他在家每天要臨《張遷碑》幾張字,我到他屋裏去看,他寫的字用繩子捆了在屋角摞起來,跟書架子一般高,兩大摞,都臨的是《張遷碑》,每次用紙寫完之後拿繩子捆一下摞起來。我是熟人了,我把上頭的拿下來看,是最近臨的,我越往下翻越比上頭的好,越新的越壞,因爲他已經厭倦了。他自己給自己交差事:今天我可點了多少卷的書。也不用問他那個字點得對不對,我也不知道,也没法細看。他臨的那個《張遷碑》呢總可以一目了然。這樣寫只是爲給自己交差事,並不是去研究這個碑書法的高低呀,筆法呀,結體呀,與這些個毫不相干了。我看過商務印書館印的何紹基臨的十種漢碑,那真有好的,臨的《史晨碑》、《禮器碑》,爲什麽那樣便宜呢?已經没有買了,一大摞一大摞的。我還看過翁同龢臨的《張遷碑》,梁啓超臨的《張遷碑》,就是在琉璃廠那些字畫鋪裏看見的。都是他們自己用功的窗課,當時都很便宜。當時有一度我也想,這總算是名人用的功,爲什麽不買一本?後來回想我當時爲什麽没買,我瞧實在是一點意思也没有,所以我没買。後來追想,幸虧没買,買了也是廢物,擱那白擱着。

現在想來,有人説你臨某一個碑,把這個碑寫好了,打下基礎,然後再臨别的碑。我想這個人臨這個碑還没臨好呢,他腦子裏已經厭煩寫字了,一點兒興趣也没有了,你讓他再寫别的,他永遠也寫不好。比如説,何紹基後來晚年寫的字,那真叫不知是什麽,哆里哆嗦的全都是畫圈,那個時候他已經手也脹了,腫了,也没有精力再往好裏寫了。所以他那些個《張遷碑》的基礎究竟起了正面作用還是起了反面作用,我真是很懷疑。可見説哪一個碑、哪一個帖作基礎，你這個基礎會了別的都會了，這是不可能的。

這一章裏我還有一點兒補充。就是有人對於這個字體也有説法，説是歐陽詢在唐初，虞世南更早一些，顔真卿和柳公權晚一些，説你應該先學歐，再學褚，再學顔，再學柳。這個次序是他們這幾人（歐陽詢、褚遂良、顔真卿、柳公權）生存時間的先後，但是我們學他們，没有法子按他們生活年代、生活年齡來學。因爲我們畢竟比他們差一千多年。也不可能按這個次序去學。從前還有人説，柳字出於歐，"出於" 兩個字實在可怕得很。説歐陽通出於歐陽詢這我信，歐陽通是歐陽詢的兒子，他兒子出於父親那是真的；説顔真卿的字、柳公權的字就出於歐陽詢，他出不來，他離歐陽詢遠得很哪！歐陽詢想要生出柳公權來，他够不着，中間差着很多年，不能歐陽詢先生一個歐陽通，過了多少百年又生出一個柳公權來，没有這個事情。所以凡是這種説法，誰在先，誰在後，誰出於誰，你要先學會誰然後你才能再學誰，這種理論我覺得都是胡説八道！

第七章 "用筆" 説

本來筆是一種工具，就是畫道的棍，你拿這個棍前頭綁一撮毛，拿這蘸上墨或别的顔色往紙上畫道就完了，這有什麽神秘的講法呢？後來許多的書把用筆這個事情説得非常神秘，並且説只要是你會用筆呀什麽都解決了，用不着提字怎麽寫，什麽體，全都是説你只要會用筆就行了。你甭説用筆，你給我個樹枝，在地上畫不也可成字嗎?我寫的你也認得,那麼這有什麼可神秘的呢?這樣的議論,在許多古代講書法的書裏都可以見到。越往後這個問題講得越神秘。你比如像我前邊剛説過的包世臣,講用筆怎麼講,康有爲又怎麼講。還有奇怪的,像包世臣這類的書法理論家,他就講王羲之爲什麼愛鵝。説這鵝脖子是長的,腦袋上頭還有一個包兒,説王羲之手裏拿着筆呀,這個食指往上拱着,食指往上拱着很像鵝的腦袋那個包兒,王羲之寫字爲什麼愛鵝呀,就是愛鵝頭上那個包。到這份上他就不是講寫字了,那就是造謡了。王羲之愛鵝就是愛那個包兒,我愛鴨子没包兒,怎麼辦呢?這完全是越説越神。還有説王羲之愛鵝,他給人家寫《道德經》,寫完就把道士養的一群鵝用筐子拿回去了。拿回去王羲之究竟是吃了呢,還是養着下蛋呢?這歷史上也没交待。可是這個東西打這兒就越説越多了。説王羲之什麼都與寫字有關係,我看講這些事情的書是越看越生氣,恨不得把那些書都撕了。這些説法完全是造謡生事,完全是穿鑿附會。

我們就知道元朝趙孟頫寫字寫得真漂亮,寫得真講究,他也學王羲之,特别是學王羲之的《蘭亭序》。他得到一本刻本的蘭亭,後頭呢,作過十三段的跋,這裏頭提到過一句:"書法以用筆爲上,而結字亦需用功"這句話。我就説,書法以用筆爲上,當然你筆是要會用的,運用得好,筆毛聽話,當然寫出來效果是好。可是這個不是什麼神秘的事。你把筆蘸上墨,在硯臺上片得不出紕叉,寫起來這個筆畫就是圓的。這不很自然嗎?他認爲書法以用筆爲上,而加一個轉語,結字亦需用功,就把用筆放在第一位,把結字放在第二位。那麼我們稍微冷静想一下就可以知道,比如説,我寫一個"三"字,寫一個"士"、寫一個"王"、寫一個"土",這樣的字筆畫最簡單,“三”和“王”的筆畫有三横,我們普通寫法至少三横讓它勻,距離差不多,事實上前兩横靠近一點兒,後一横稍遠一點兒,這樣它就好看。如果你故意把前兩横拉得寬,後一横跟第二横離得窄,你這樣寫出來就不大好看。爲什麼不好看?它就是從來有這麼個習慣,大家就都這麼寫。這個“王”字,中間這一横要短一點兒,上下兩横要長一點兒,這樣這個字就好看了。你假定我偏把中間這個横寫長了,兩邊寬出了頭,這個就不是“王”,而是“壬”字了。“土”字和“士”字,“土”字底下這横長,“士”字底下這横短,那我故意把底下這横寫長了呢,它就不是“士”而是“土”字了。諸如此類。這個結字呢我覺得關係到這個字念什麼,代表什麼意思。甲音字跟乙音字的差别,在這點兒上至關重要。我光把點畫寫得非常好,而點畫的位置長短高矮全錯了,那我寫得再好,用筆十分的好,也不是那個字。這個道理是非常明白的。我們把王羲之的帖拿過來,拿剪刀把它鉸下來,每一個筆畫鉸成一個紙條,我把它擱在手裏,比如這個王字四筆,我把這四筆描出來,把它拿剪刀剪下來,剪成一筆一筆的單個筆畫,放在手裏頭摇一摇讓它亂了,往紙上那麼一扔。你再看這個字,這筆畫全是王羲之帖上的,用筆形狀一點兒都没有錯,都是王羲之的原樣,可是我這一扔在紙上,你再看絶對不是王羲之寫的“王”字了,甚至這字念什麼我們也不認識了,因爲已經完全變了。這個道理淺近極了。那麼究竟用筆爲主呢,還是結字爲主呢?這是不待言的了。可是你看許多講書法理論的書,没有不是把用筆兩字説得那麼神秘,那麼了不起,那麼難辨的,甚至這人寫了一輩子,你也不會用筆,如果你寫的字給人家專家看,他就説,你的字寫得還湊合,就是用筆不對。這樣的事我碰見過很多了。我把筆給他,説你就給我寫一個,用筆怎麽才對呢? 結果他寫出來比我還不對。現在我就把這個道理在這裏交待一下,想學字的朋友首先要破除迷信就是所謂用筆論。把這個用筆就的神秘得不得了,别人都不會,就是他一人會。王羲之死了,就他是惟一的會用筆的。至於結字的重要,隨後我們再説。

現在專説工具——筆。我們看到出土的,古代有三類的筆,到我們現在製造的筆,已經是第四階段了。可以説從殷商甲骨文一直到了戰國時期竹木簡、盟書,那時用的筆都比較簡單,一撮小細毛,綁在一個小細的竹棍上,然後蘸着墨往上寫很小的字。那時候大概做筆的工藝、辦法還比較簡單。漢朝又是一段。居延出土的文物中有一支筆,這支筆是一個竹棍的一端劈成四瓣,把一撮毛栓成一個毛錐子,然後把毛錐子嵌在四瓣的中間,拿一根細綫把它捆起來。這種筆頭是靈活的,很像現在可以换筆頭的蘸水鋼筆。這樣筆尖寫秃了,可以把筆毛揪下來,再换一撮毛。居延出土的這種筆,後來還有人仿做過一個模型。我們知道漢朝的隸書,它有頓、挫,所謂蠶頭燕尾,開頭下筆時重一些,末尾像一個燕子的尾巴,像是後來寫楷書的捺脚一樣。漢朝碑裏、木簡裏頭出現這種筆畫的姿態,就因爲它的工具有了進步。六朝到唐又是一階段。我們現在看見唐人的筆,日本人在唐代帶回國去藏在他們的正倉院有這樣的筆。那個筆頭呢肚子大,筆尖尖長,看起來像一個棗核那樣,可是半個棗核。棗核不是兩頭尖嗎? 它是套在筆管裏邊的那頭尖看不見了,就是筆管底下的這頭。肚子大筆頭尖,所以寫出來就有六朝、唐人寫字的那種風格。這種筆在日本也有仿製的模型。這種樣子的筆,比漢朝人的筆又進了一步。到了宋元明以後這一段就不再費這麽大事了。這時的筆多半是跟現代的一樣，就是筆根裹頭襯上一點兒短毛，是做的時候襯在裹頭的，前邊的毛一般是齊的。這種筆叫作“散卓筆”。這種筆你蘸了墨水前頭就攏起來了，也算有一點兒尖兒，可是筆根上很有力量。這種筆製作起來費事。現在買的筆特别好使的、帶有這樣講究做法的，也就不太多了。現在都講長鋒，那是誤解，從前講筆鋒長，鋒呀是指筆尖兒的部分，那個地方長一點兒，爲什麼呢？下筆的時候好有尖度。現在把這鋒呀理解爲從筆毛塞在筆管裹的那地方起始到筆尖這一段，都要很長很長，這越長它越没有力量。那麼蘸上水呀，這個筆就像一個拖地板的墩布，一個大木頭棍兒前頭栓着一堆布條子，你蘸上水之後，它完全垂着來回晃，只能拖地，不能寫字。現在新做的筆，往往只在筆桿上下很大功夫，或者給它畫上花刻上花，筆毛就是越來越長，全都是那麼一個細長條的筆毛，没有根，拿起筆來東倒西歪。這樣的筆就是會寫字的人恐怕也難寫出好字來。從前人有這麼一句俗話，善書者不擇筆，就是説會寫字的人拿起什麼筆都能寫。這話用在鼓勵人，説這人本事大，那也可以。比如拿刀切菜，有人善於切菜，不講究刀，也可以這麼講。但是你給他刀没有刃，就是一個鐵片，我看他也切不出什麼菜的樣子來，更不用説切這個肉片了。這完全是一種鼓勵的話，善書者不擇筆，這是一個有目的的、有策略的鼓勵人的話，而事實上，你給他没毛的筆，他不也不會寫字嗎？看來筆這工具還是很重要的。蘇東坡説過一句話，説好的筆是什麼？好的筆是在你寫字時，手裹不覺得有筆，這種筆就是最好的，就是他選筆要合他的手，合他的習慣，合他手的力量，不管是什麼毛的筆。從前有人喜歡使紫毫（兔子筆），或者是狼毫（黄鼠狼毛），或者是羊毫。其實呢，没有裹頭不摻麻的。有這麼一句話“無麻不成筆”。

筆裹頭總要墊上襯,襯這個筆毛,從筆頭中間裹頭的芯一層層往外裹。所裹的是各種毛,裹頭總要襯墊一點兒麻,它就挺脱。關於筆工的做法有很多説法,我們只能够懂得一點兒大意,自己没有去實際做過筆,我在這裏只是説一個大概。所以説用筆,你要看是什麽樣子的筆,什麽材料的筆,就剛才我説的拖地板的墩布形狀的筆,你給多麽善於用筆的人,他也寫不了字。你給他一個大墩布,説你給我寫個黄庭經小楷,你要寫不上來,那你就不善於用筆。你這樣説:如果你寫不來我就懲罰你。恐怕就是王羲之來了,他也只得認罰,没辦法。這是我第七章特别要講的道理。我特别强調這個道理,也就是想和想學書法的朋友們談一談,千萬别被用筆萬能論、用筆至上論、用筆決定論這些個説法所迷惑。若是非要這樣,你乾脆放棄,我不寫了。要是聽這樣的話你永遠寫不成。

第八章　真書結字的黄金律

楷書又叫真書。結字有個規律,規律就是合乎黄金分割即黄金率,這是我偶然發現的。我曾經看唐人和北朝著名碑版上的楷書字,我拿一個畫畫放大用的塑膠片(這種塑膠片現在街上有賣的,是爲畫畫放大用的,它分成兩部分,一部分是比較小的方格,一部分是長方片),我用那部分比較小的方格,就把這種坐標格罩在字帖上。比如一個字,我把它每一個筆畫都給延伸了,延長了。好比説左邊是個三點水,江、河、湖、海之類的字,頭一筆從左上往右下來點兒,我把它當作一個歪斜的道兒,第二筆又延長,第三筆從下往上去又延長,它們交叉的地方有一個交叉點。右半的字,比如“海”字每一筆都延長,又有幾個交叉點,(這些個交叉點,我們在這裏没法説了,只有在紙上畫出來才明白,這裏不妨簡單地口頭説一下。)我發現這些個交叉點中主要的有四個。或許有的字没有這些個筆畫,並不全都佔有每個交叉點,可如果佔有的話,總是這四個交叉點最要緊。這四個交叉點在哪兒呢?假定是一尺三寸這麼大的一個正方形,我每隔一寸就給它劃一條直綫,横竪都一様,就成了 169 個小方格。這樣在中心的部分,左邊的空格是五個,中間的空格是三個,右邊的空格又是五個,這是横着的;上下也是,上頭五個空格,中間三個空格,底下五個空格。這樣那個從左往右數第五個空格的右下角,那是一個交叉點,從這再往右數第三個空格的相同犄角又是一個交叉點。從上往下也是這樣。結果中間部分是九個小空格。於是上邊横着數是五、三、五,竪着往下數也是五、三、五。要是左上邊的交叉點我們管它叫 A 點,右上邊的交叉兒我們管它叫 B 點,左下邊這點兒叫 C 點,右下邊這點兒叫 D 點,那麼這四個交叉點就是古代字的結構所注重的地方。有的字不完全那麼準確,不那麼機械,但是它重要的結構以這四個點爲重點,是最要緊的地方。在從前有米字格,有九宫格,還特别説寫字要講中宫,中間那一宫,那結果呢,把米字格都給畫出來了,斜着對角兩道綫,横着竪着兩道綫,中心最多的交叉點把那當作中心。把這個中心當作字的重心來寫,那麼寫完之後,每一個字的末尾準侵佔到下一格的頭上來,總要往下推。假定這一片紙是三行九個格,那麼我寫三個字,第三個字的下半拉,準到那格子底下外邊來。我以前不知這是怎麼回事,自從我發現了這結字的黄金律,在下筆開始寫的時候,起首時注意左上角的A點,收尾時注意右下角的D點。這樣就絶不會出這個格了,它準都在格子裏頭。寫行書也是這樣。你對楷書字結體的重點要是理解了,寫行書也容易做到行氣貫通。行書字常常有左右搖擺的情形,寫出來龍飛鳳舞的,爲什麽有行氣?細看,它那個A點都在一行裏頭。這一行不管多少字,你把每個字中A的交叉點都給它畫出來,它基本上是一條垂直綫,雖然搖擺,也差不了太多。所以這一行行字叫氣貫。這氣在哪兒,你也摸不着,也感覺不出來,事實上就是這字的連貫性。那麽我們就看出來了,這一行字,它的A交叉點都在一條綫上。這個字不管左右搖擺到多厲害的程度,它的氣還是連貫的。

關於這個問題,還有些個筆畫的"副作用"的問題,就是説左緊右鬆,上緊下鬆。比如寫"川"字,三筆。第一筆第二筆靠得近。第三筆跟第二筆離開可以遠一點兒。剛才説三字,第一横跟第二横挨得要緊。第二横跟第三横距離可以鬆一點兒,這樣就好看。總之,凡是緊的密的要靠左邊靠上邊,可以鬆一點兒、可以寬一點兒的要靠在下邊,靠在右邊。這樣子寫出來就好看。

還有一種,是横筆,一定要寫起來自然向右上微微的斜一點兒。最害人的一句話叫"横平竪直"。你要寫字真正按這個横平竪直去寫是怎麽看怎麽難看。我小時候寫字,大人在旁邊拿個棍兒,拿個筆桿瞧着,我的筆往上歪一點兒,就梆的給我手指頭打一棍兒:"你横不平!"於是我就注意横平,結果怎麽寫怎麽不好看。其實這個横所謂的"平"是有條件的。我們若是把現在的報紙拿過來,頭版頭條大字,我們拿起來對着燈光反過來照,它的横畫還是有往右上走的一種趨勢。你正面感覺不到,再仔細瞧,每個横畫右邊總有一個小三角。你是不是想過那個三角爲什麽不畫在底下,爲什麼畫在横的上邊?它與毛筆寫字有什麼關係呢?平時我們寫字,停筆的時候總要駐一下,上頭就冒出一個尖來。給這個冒出的尖絶對化圖案化,就是這個横上邊畫着的三角。這個横畫,原本就微微向右往上擡一點兒,再加上一個三角,這樣子,這筆畫自然就形成了從左往右往上去的趨勢。再説竪,現在所謂宋體字。一個竪本來就是一個竪方條,上邊右上角斜着去一點兒,右下角斜着又去一點兒,上邊右半缺個角,底下右半缺個角。這使人感覺這種竪呀不是直的,它是彎的,微微的有一點兒彎。兩端右邊去個角,就讓人感覺像有一個弧度。這個弧度衝左,鼓的那部分向右。我問過人,你們製這個字模的時候爲什麼要這麼做,他也説不上來。我覺得這正是我們要打破横平竪直這個謬論的一個證明。以上説明我們在寫字時,第一,不要注意中宫,而要注意四個五比八的交叉點;第二,就是不要真正的横平竪直。凡是注意中宫這個觀念和一定要横平竪直觀念的,他再寫一輩子也寫不好。我敢下這個斷語。我鄭重地報告想練字的朋友,要特别注意這個問題。我這個説法曾發表在香港一個叫《書譜》的雜誌上。我們學校的秦永龍同志他編的一本書,叫《楷書指要》,他這書裏頭有一章,就完全引録了我的這些説法。我跟他提出來,請他就把我這一段我自己的一得之見,納入到他講楷書的這本專著裏。現在我不曉得還有哪位注意過這問題,大概還有别位的著作裏頭也引用過這些話。剛才我又説了這個事情,我在這裏是强調它的重要性,並不是因爲這是我説的它才重要,是經過實踐證明它是重要的,所以"實踐是檢驗真理的惟一標準"。我現在引用這句話,是想説明我的這些個説法,是經過實踐,受過檢驗的。

第九章　如何選臨碑帖

現在談一談如何選臨碑帖的問題。我常常遇到人説，你給我講講，我學哪個碑、哪個帖好啊。這使我很爲難。我説你手邊有哪個，你喜歡哪個就學哪個。往大裏説，好比我要找對象，我問人：你看我找胖子好，還是瘦子好？我找一個多大年紀、找哪一個省份的、找學什麼的好？你想要問人家這個，就是多麼有經驗的人也没法子給你解决這個問題。寫字也一樣，你看我學什麼好？我就碰見很多的人這樣説：啊，你要先寫篆書，篆書寫好了再寫隸書，隸書學好了再學楷書。我以前已經苦口婆心地説了若干回這個問題。我實在對這種説法深惡痛絶。我就問，我什麼時候才算學好了篆書？我又什麼時候才算寫好了隸書呢？我篆書得完全寫好了，老師判分及格、過關了，然後我再寫隸書，誰給我判分呢？有人寫了一輩子，也不算寫得多麼好。那這個人永遠一輩子也不能學第二種碑帖，這可怎麼辦呢？我認爲没有一定標準。那你要學寫字，先學結繩技術，學結扣，扣結好了，然後再學寫字。還有一種，有人拿着畫版不管是到哪去寫生，就比如説到公園裏去畫牡丹、畫芍藥。他問你過路的人，你看我是畫牡丹好，還是畫芍藥好？那碰到的回答一定是你愛畫什麼畫什麼，我管得着嗎？還有人到飯館去問服務員：你説我今天吃什麼？這服務員一定没法回答你。你想吃鷄、吃魚、吃牛肉、吃猪肉、吃羊肉，你自己想再要菜，我只能告訴你我這兒有什麼菜，我不能管你想吃什麼，就是這個道理。諸位是不是在聽了我這句話之後，你也回想一下，是不是咱們也曾拿這話問過别人，説：先生您看我臨什麼帖好哇？現在有一個最方便的條件。比如説我們到書店看，開架擺在上頭有各種各樣的碑帖,各種各樣的教人入門的東西。在各種字體的各種名家的碑帖中,歐體的也有好幾種,柳體的也有好幾種,我們可以去翻,去選擇。

人哪,苦於不自信,特别對於寫字,我遇到些人,多半不自信。爲什麼不自信？就因爲他覺得神秘。爲什麼他覺得神秘？是被某些個特别講得神秘的人,打開始就把他唬下去了,給他一個吹得絶對神秘的印象,説這可了不得,你可不能隨便寫,必須問人怎麼怎麼樣,説了許多神秘的話,使你根本就不敢下筆,也不敢自信。我説那麼你自己喜歡什麼呢？"依我看那個好。"我説你覺得好就是對了,爲什麼還要問别人呢？就如同説吃飯要菜,你覺得好吃的你就要。搞對象你覺得哪個好,覺得這人好,就可以跟他搞。那麼這也是很平常的。你到這時你偏不自信,爲什麼？就因爲許多講書法的,特别是著名的人,特别是他講要用什麼方法來學來寫,把你唬住了。實在説這些人有功勞(指導人當然算是功勞),當然他的罪過也不小。

我還碰見這樣的人,比如説不管年輕的,多大歲數的,他一進門對我畢恭畢敬,恨不得給我跪下,説是你得接受我這誠懇的要求,請你指點我怎麼寫。怎麼指點呢？這不像神仙,説有一個神仙拿手這麼一指,拿手一摸他腦袋,打這兒這人就完全頓悟了,這完全行了。有人點石成金,就拿手指一指,石頭就變成金塊了。他就是這樣想法。我只好説你太可憐了,你讓這樣的謬論給迷惑住了,以爲寫字簡直是神秘得不得了。你得先把這些個全給擺脱了。你到書店去看,桌上擺的,書架上陳列的,你拿過來,你够不着,就讓售貨員拿過來看看。不合我的胃口的我還給人家:勞您駕,再拿一本我看看。有什麼不可以呢？現在的碑帖比古代那個翻刻了多少遍的碑帖保持原樣太多了，它是照相製版印的，連這黑色，乾筆濕筆都看得出來，看起來和寫的原迹一樣，看上去心明眼亮，寫起來也有趣味。過一陣子覺得不滿意了，再買一本，價錢都不貴。你與其花很多錢買很多宣紙來練習，你不如拿那個錢買兩本帖，在手邊常常看，常常臨，常常寫，比看那些理論書要强得多，收到的效果快得多。我認爲選擇碑帖，哪個好、你最喜歡哪個就選哪個。也允許趣味變，我昨天喜歡這個，寫一段時間覺得不對路，那我再换一個，有什麽不可以呢。這是一種。可有的人説，你不要見異思遷，即便非常不願意寫，你也得硬着頭皮往下寫。如果我换一個帖，那豈不是見異思遷了嗎？有人就跟我説這話，我就拍桌子：我就見異思遷又怎樣呢？又有什麽原則、有什麽了不起呢？只不過是换一本帖，换一本書，有什麽不可以换着瞧呢？這是一種，帖可以由自己來選擇，可以换。

選帖來臨，又有一個新的問題出現。我臨了半天它怎麽老不像？我回答他，你永遠也像不了。我學我父親寫的字，怎麽也學不了；學我哥哥弟弟寫的字，也學不了；學我老師的字，我也學不了。可能有點兒像，旁人看了覺得有點兒像他老師的字，或者真有點兒像他父親的字，可你細分析起來，它畢竟還有點兒不同，爲什麽？因爲簽字畫押在法律上生效。就是張三簽的字，在契約上，在公文上，在什麽上簽的字，這個到法律上生效。有人仿造他的簽字，也會被法律專家辨認出來。你冒充别人簽字絶對不行，爲什麽？就是因爲某甲的字某乙學不像，學不了。也正因爲如此，對於古代的書畫，這是真迹，那是仿本，那是臨摹的，還可以看出來。爲什麽？因爲它有它的特殊規律。那我學不像，我幹嗎還學呢？這是又一問題。你學的是那種方法，照他那樣寫，我們看着就好看；違反那樣的規律來寫，我們看着就别扭。這是寫某一名家、某一流派是這樣的，换一流派呢，又有第二流派的特點。我們要明白，每個流派不同，每個古代書法家的特點不同，他們的書寫方法也有他們的規律。我們學的是他們的方法，怎麽樣寫就好看。不過是這樣罷了，並不是説要一定寫得完全和他們一樣。

從前的人得不到好的碑帖。趙孟頫在跋蘭亭序後頭有兩句，説："昔人得古刻數行，專心學之，便可名世。"從前人得到古的石刻，他没有影印本呀，只有摹刻下來的碑或帖，就剩下那麽幾行字。"專心學之"，一字一字都得細細地理解，要緊的是專心學之。"便可名世"，就可以得到社會的稱贊，社會承認他好。這兩句話呀，實在很重要。可見古人得到好的碑帖的困難。得到幾行字，專心學習，也可以出名，我們姑且甭管，説我幾兒出名也先甭管。我們現在容易買到的絶不是古刻數行，就是古人親自寫的墨迹，那個照片，那個影印本，與原樣一絲不差的，我們現在就可以完全拿到手。那寫得好寫不好，就看我們專心不專心了。

我現在要説的選臨帖，還有最後一條，有人拿來碑帖，把它擱在前邊或左邊，拿眼睛瞧一眼，這是"天"，拿筆就寫一個"天"，又一個"人"，拿筆寫一個"人"，有個"地"就寫個"地"。寫完了一瞧，一點也不像，那麽就很灰心，甚至於很惱火：我爲什麽寫不像？我覺得你缺乏一個調查研究。你可以拿透明的紙，或者塑料薄膜（筆蘸上墨，它不粘那薄膜，稍微刷一點兒肥皂，墨在薄膜上就粘了），你把帖放在底下，拿薄膜給它描一下，這有什麽好處呢？你就調查研究，看這個的"天"，兩横距離是多長多寬；這一撇下去，從兩横哪個位置到哪個地方往左往下，到哪個地方拐；然後這捺又到哪兒拐。這樣子你就調查明白了，原來這個"天"寫的時候是要這樣。我們爲什麼必須描着它那樣子呢？那我反過來問你，你爲什麼要臨這本帖呢？你拿筆愛怎麼寫怎麼寫，那就錯在你先要臨帖了。你不會不臨帖嗎？我就永遠自個兒闖，隨便這麼寫。我的"天"這兩横差一尺，左右一撇一捺差一寸，我偏這麼寫，你管得着嗎？那你愛怎麼寫怎麼寫，咱不擡杠。你既承認要學這個碑帖，那咱就説要過臨帖這頭一關。你拿眼睛看了就覺得印象準對，那不一定。你拿筆在紙上寫出來跟那帖不一樣。我曾經説最好你把帖擱在左邊。拿筆仿效它寫一回，第二回拿薄膜描一回，調查研究它這幾筆，究竟那一筆在什麼位置？這兩筆這四筆，它們是什麼關係，距離多寬，拉着多長，這樣實際調查。經過第二次調查，第三次再拿眼睛看一回這字再寫。第一次寫跟第三次寫是一樣的辦法，中間經過一個確確實實的調查研究，經過這樣一個階段，這樣子你每一個字都經過這三遍，假定限定一百字，你每一個字都這樣寫三回。你再寫第二遍，就截然不一樣了。所以我覺得你要臨碑帖就要明白：第一我爲什麼老臨不像？第二我又幹嗎要臨它。我覺得選碑帖臨碑帖可以有自己的創造性，也可以按照古代已有的方法去做，吸取其中最有效的成分，爲我們所用，爲我們創作做借鑒。

第十章　執筆法

剛才不是説，你不會用筆啦，等等，先拿"用筆"的大帽子一砍，這人就悶了。底下就全不會，我不會執筆，我不會用筆。打這就心灰意冷，那乾脆就退出這學習班，退出這練習班。我們就甭寫了,就放棄了,就完了。要知道執筆拿筆的辦法並不難。古代人拿筆跟現代人拿筆不同在哪兒?古代,就是打五代往上,唐朝還這樣子。唐以前,都是席地而坐,跟現在日本人的生活一樣。席地的“席”是什麽呢?爲什麽吃飯又叫擺席?這個席,就是地下鋪的涼席的席。一大塊席,幾個人坐,一小塊席一人坐。那麽這古人寫字席地而坐,筆硯也擱在席上。左手拿一紙卷,或者一竹簡(漢朝人用竹簡、木簡),右手拿毛筆,就這麽寫。隨寫左手就往下放這個紙卷,越寫越往後,所以中國的手卷是從右邊往左一行行寫的。這紙卷原來是卷緊的,寫完頭一行就鬆一點。一行垂下去就再寫第二行,再寫第三行,再寫第四行。這樣子寫,拿筆就像現在拿鉛筆、鋼筆一樣,用三個手指就這麽拿這個筆。這三個手指只能這樣拿,筆是斜着的,左手拿着紙卷或是木頭片,也是斜着的,筆對着紙卷是垂直的。就這麽寫下來,很靈活,要練熟了,筆畫靈活而不呆板。這是没有高桌子以前,拿筆寫字的情況。

到宋初以後有了高桌子、高椅子,人就坐在高椅子上趴在桌上來寫字。這樣就不可能也用不着左手拿紙卷了,這紙鋪在桌兒上。這筆也不能用三個手指斜着拿了,那不行了,這筆得立起來,才能跟紙垂直,怎麽辦呢?就得變爲前四個指頭拿筆,食指中指在管外頭,無名指貼在管裏頭,拇指在管裏頭,這樣就拿住這個筆了。筆與紙面(桌面)垂直,這麽寫。這樣高桌把腕子托起來了,腕子在桌面上,紙也是平放着。這樣就出現一個問題,看古代人寫的字爲什麽筆畫那麽靈,那麽活動,而現在我們平鋪在桌上寫,這筆畫爬在紙上很呆板,於是有人就想到像古代人那樣把手腕子、胳膊都懸空起來。可他這是有意的懸,胳膊也不自然,不能像真正的席地而坐的那麽靈活地寫。這時,就有人拿根繩子拴在房梁上,把右胳膊吊起來。把胳膊吊起來,這腕子、胳膊懸倒是懸起來了,可古代人懸呢可以上下左右四面動,他這個懸呢是平面的,他要有上下活動,就跟繩套脱離了。雖然這個"懸"字用對了,可是提按却没有了,因爲他已經不是那麽靈活的用法了。所謂的懸腕是宋朝人才給它想出來的説法,而古代没有懸不懸的説法。他們無所謂懸,他就是全空着。腕没處擱,肘也没處擱。他不想懸,手也得在半空中,在半空中操作。比如説,我們現在切菜,我們熬湯,拿一個勺子在鍋裏和弄,這個腕,你説這還用懸嗎?大師傅早已練會了。這胳膊没處擱,腕肘没處擱,懸是很自然的。切菜,右手攥着刀把切,這肘也没處擱,這腕子也没有東西托起來,那只有懸腕懸肘切。這時我要片這菜是横着走,切這菜是竪着走,我再想給它挖一個窟窿,還轉着走,這刀的走向是隨便的,那還要説得拿個繩子把肘和腕子懸起來嗎?自從有了高桌,才有了懸腕的説法。有了懸腕的説法,這個右臂完全僵澀,並没有真正發揮臂力自然地行使的力量。自從有懸腕説,這字就没有了自然的藝術效果。這是我的感覺。又比如説回腕,回腕就是這腕子來回轉,熬湯熬粥,拿勺子在鍋裏和弄,人人都會回腕。清朝有個何紹基,他的書前頭還刻着一個圖,這手拿起筆來呀,腕子回過來往懷裏這麽勾着,像個猪蹄。三個指尖捏筆管。拇指與食指中間形成一個圓洞,這叫龍睛法,像龍眼睛。若是捏扁了一點,中間並不是一個圓洞,這樣又叫鳳眼法。看何紹基那個圖,拿起筆來向懷裏拳起來,轉這麽一個圈,然後對着胸口。這樣一看就是猪蹄。在廣東,猪的前蹄叫猪手,猪的後蹄叫猪脚。這完全是猪手法。這些都是由於不明白大衆生活方式、用筆方法、書寫工具等等的變化,而産生的誤解,跟着誤解又造出許多不切實際的説法。這樣只能使人越發迷惑，並不能指導人真正地去探討這門藝術是怎麽形成的，所以我覺得這些説法都是故神其説，故作驚人之筆，故作驚人之説。

第十一章　求人指教

《論語》有句話："就有道而正焉"，找到一個有道之士，這個人對事情的研究有修養。找這些個人給指正，這本來是一個很好的辦法，也是求學人應該辦的事情。可是學寫字呀，我可是碰了許多的釘子。我也想求，人家因爲歲數比我大，名氣也很大，我總是畢恭畢敬地請人指教，請教人家我想入門應該學什麽帖，怎麽學等等問題，向人説明我的希望，而得到的結果是各種様子都有。有人他愛寫篆書，他就説，你要學寫字，你必須好好的先學篆書。他説了一套，什麽什麽碑，什麽什麽帖，應該怎麽學。又碰上一個人，他是學隸書的，他告訴你隸書應該怎麽怎麽寫。還有人專講究執筆的，説你的手長得都不合適，這手必須怎麽怎麽拿這個筆。還有説你這腕子懸不起來。怎麽辦呢，拿手摸摸我的腕子，究竟離開桌子没有，懸的多高了，諸如此類，真是什麽様情況都有，我聽起來就很難一一照辦了。比如我請教過五個人，這五個人我拼湊起來，他們結論並不一様，有的説你應該先往東，再往西；有人説你先往北，後往南，各種各様的説法。我寫得了字請人看，又一個様了，説你這一筆呀應該粗一點，那一筆應該細一點兒，那一筆應該長一點，那一筆應該短一點兒。那我趕緊就記呀，用腦子記。當時他也没拿筆給我畫在紙上。我聽了之後，回家再寫的時候，有時,我也忘了哪點兒粗,哪點兒細。還有呢,説了許多虛無飄渺的話,比如説你的字呀得其形,没得其神。哎呀,怎麽才得神呢?我真是没法子知道這神怎麽就得。我覺得形還好辦,它寫得肥一點兒,寫得瘦一點兒,形還有辦法,神呢,没有形,光有神。這樣説得我就十分的渺茫了,一點辦法没有了。後來我就因爲得到的指教全不一樣,我也没辦法了。我聽多了有一個好處,我發現多少名家,他們都没有共同的一個標準,是都要怎麽樣。我覺得每個人有每個人的愛好,每個人有每個人的習慣。他都是以他的習慣來指導我,並且説得非常玄妙。那我就更迷糊了。

後來,我得到一個辦法,我把我寫的字帖在墻上。當時貼的時候,我總找,今天寫十張字,裏頭有一兩張自己得意的自己滿意的把它貼在墻上。過了幾天再瞧,哎呀,就很慚愧了,我這筆寫得非常難瞧、難看、不得勁。我假定這筆往下或者擡一點,粗一點或者細一點,我就覺得滿意了。我就拿筆在墻上把這字糾正了,描粗了或改細了,這樣子自己就明白了。後來,我就一篇一篇地看,這一篇假定有十個字,我覺得不好,這裏頭可取的只有一兩個字,我就把這一篇上我認爲滿意的那一兩個字剪下來貼墻上。看了看,過了幾天,就偷偷地把這兩字撤下來了。過些天,又有滿意的又貼上。再過些天又偷偷地撤下來。這個辦法比問誰都强。假定王羲之復活了,顔真卿也没死,我比問他們還强呢。那怎麽講呢?他們按照他們的標準要求我,不如我按照我的眼光來看,我滿意或者我不滿意。從前有這麽兩句話:"文章千古事,得失寸心知。"做文章是千古的事情。有得有失,别人不知道,我自己心裏明白。那我套用這兩句話,寫字也是千古事,好壞自家知。這個東西呀,你問人家是没有用的,不如自己,求人不如求己。臨帖也是一樣,我臨完這個帖,我寫得這個字是臨帖出來的,我就把我這臨的這本帖,跟墻上我寫的那個字對着看,可以看出來許許多多的毛病。那麽,我再按照在墻上改正字的毛病的經驗,哪兒好哪兒壞,重新寫一遍。這個時候,我所收獲,那比多少老師對面指導,所得到益處多得多。這個事情是我自己得到的一個經驗,我也很有把握,經過實踐是有益處的、有效果的。

想學習書法,想練習書法,不管你是多大年紀都可以。有的人説你没有幼功,這個寫字呀不是要雜技,不是練習科班,練武戲,踢腿彎腰,不是這個東西。要練武功,那你非得從小時練不可,寫字没有那一套。因爲什麽?小時有小時的好處,他腦子記憶强,説一遍記一遍,寫了之後進步快。但是老年學寫字,他又有比小孩高明的地方。爲什麽?他理解力强,他雖然没有臨過帖,但是他寫了一輩子字呀。他年老了,雖然没用過寫毛筆字的功,但他寫過,“人”字是一撇一捺,“王”字是三横一竪,他總寫過。那麽這樣,老年人學寫字有老年人的長處。他認字多,寫字多,小孩寫字有記憶力强的長處,但是究竟小孩寫字算總數,他没有歲數大的、年長年老的每天寫的那麽多。比如這人是寫文章的人,這人是坐辦公室的人,是給人做秘書起草文稿的人,甚至於是大夫整天要給人開藥方的人,全一樣。他寫的字總數比小孩要多。他手拿筆寫這個字在紙上怎麽處理,讓它好看,這個經驗比小孩多。所以我覺得,第一:不要自卑,説我没有幼功。你要踢腿彎腰,那非幼功不可,你老年人勉强彎腰,彎完之後進醫院了。爲什麽呢,腰椎錯位了。練字這個事情呢跟那個不一樣,跟練武功不一樣。我們現在説的是實際的,有實際用處的,也方便的這個事情。這是我的不算經驗有得之談,但至少是我經過(不是經驗,而是經過),用過這番功夫,也吃過這番苦頭,上過這些個當,然後現在得出這結論。第二,不要亂問人。你問多了反倒迷糊了。我不是説,名家或者高明的教師他所説的經驗一點没有可取,我剛才説的不是這個意思。可取,但是我們應該怎樣理解他的可取。你要是盲目、教條地照抄,不但没有好處,而且會有毛病。向人請教,求人指導,這東西不是不應該,而是很應該,但是應該有所選擇,十個人説的話,我們不能每個人的都聽,聽了之後你就没法辦了。

第十二章　參考書

關於參考書,有人問我説:我學寫字,看什麽參考書好?求學看參考書,這是天經地義的,毫無問題。但是學書法,看參考書,從我的經驗來説,多半文不對題。我們看參考書,他告訴你拿筆該怎樣,甚至給你畫出圖來。我的手跟他畫的圖不一回事。按他畫的圖那樣拿筆能拿住了,但是我動彈不了,我在紙上寫,手就不聽話了。還有許多書,他都是文章寫得很高明,寫的文言的,詞藻很漂亮,這是古代的書。瞧了半天,姑且不管懂不懂這個古代漢語確切的講法,就算是我懂,他的比擬也非常玄妙。再看現代的,講書法美學的,這我也看過些。有許多新的理論、新的見解。可是實際拿來、在我們寫字的時候,我看的那些個理論一句也用不上。我是個笨人。有人説:你没看懂那些個高妙的哲學理論,我就能看懂。那你就請他表演,看他怎麽寫。反正要讓我把書法美學的理論,一樣一樣落實在我的手寫在紙上的字上,我是很困難的。我不曉得諸位朋友是不是也曾做過這種試驗。看古書,講書法理論,古代的像六朝、隋唐的關於書法理論的文章,我看他們都是很好的文學作品,更直接説是美文的作品,寫得漂亮,文采非常豐富。怎樣就能够實用到我手上,在紙上發揮直接的作用,我現在還没發現,没寫出來。就比如説“折釵股”、“屋漏痕”,這裏説法多得很。“折釵股”是把這個釵(銀釵、金釵)給掰折了,它那個劈茬的地方很硬,很脆。可是這句話呢,有的本子有的書上變成“古釵脚”,就跟“折釵股”不是一個概念。“古釵脚”就是磨秃的金簪銀簪子,它磨得那個尖都不尖了,這個跟那個折了的劈茬兒的概念不一樣。那麽究竟應該是“古釵脚”對呀,還是“折釵股”對呀?字還不一樣,寫出來,一是折了的“折釵股”,一是磨秃了的“古釵脚”,我到底應該寫成什麽樣呢?我反問他,恐怕他也没法回答。“屋漏痕”,我們前邊已説過一些個。房頂上漏了雨,墻上留下漏雨的痕迹。是説寫字看不見起筆駐筆的痕迹,就是很圓的這麽一個道,這個意思我們可以理解。可有人説“屋漏痕”就是寫字這筆畫呀,就是没頭没尾這麽一個圓棍。若這樣子,我可以把墨滴在紙上,把紙提起來往下一斜,這墨點上的墨它就流下來了。這不就是“屋漏痕”嗎?但是我拿筆去寫這“屋漏痕”,我寫不出來。

六朝、隋唐的論文都是比較典雅的美文。唐朝孫過庭的《書譜》講得比較接近實際,説“帶燥方潤,將濃遂枯”,這話很辯正,很有用。有意要全都是濃墨、都是汪着水寫,這樣寫出來是死的。但是筆醮飽了,注意筆畫全是匀的,有水份,没有任何一個字平均的都有那麽多水,那麽飽滿,“帶燥方潤”也有輕有重,先有濃墨,再有淡墨,甚至筆的末尾還帶着枯筆、乾筆。這樣它很自然。出於自然，它就比較潤澤。這個話，拿我們理解的來解釋並不難懂。可是他又説"古不乖時，今不同弊"，這就難了，寫古代字、學古代字體的風格，又不乖於現實時代，我寫出來又是當今的時代，這就讓我爲難了。我們今天已經不用篆書了，我寫篆書，寫完了，就像今天人的篆書。這我先要問問孫過庭"不乖時"的古字什麽樣呢？"今不同弊"，現在要寫現在風格的字，跟同時的人不同一個弊病。我現在要是寫的字不好，我寫的跟同班同學寫的你看都差不多，我要寫歪了，那些同班的同學寫得也不正。那麽還要"不同弊"，我寫的又合乎現在，可又跟現代的不同一個弊病。這話只有孫過庭説得出來。你讓孫過庭給我們表演一個，怎麽就"古不乖時"，怎麽就"今不同弊"，恐怕他也没辦法。諸如此類。"觀夫懸針垂露之異，奔雷墜石之奇，鴻飛獸駭之姿，鸞舞蛇驚之態，絶岸頽峰之勢，臨危據槁之形。"這些話比擬得都很有意思。但是，寫字奔雷墜石，我寫字在紙上，人聽像轟隆轟隆打雷一樣，又像一塊石頭掉下來。我真要拽一塊石頭在紙上，紙都破了，怎麽還能有字？所以像這種事情都是比喻。你善於理解，你可以理解他所要説的是比喻什麽，不然的話，他説得天花亂墜，等於廢紙一篇。我們要是用六朝駢體文做一篇《飛機賦》，然後我把這《飛機賦》拿來給學開飛機的人。"夫飛機者"如何如何，讓他背得爛熟，然後説你拿着我這篇《飛機賦》去開飛機去吧，那是要連他一塊墜機身亡的。這東西没用呀，它不解決問題。我們説的是一個開飛機的教科書，使用一個機器的説明書，不要用六朝駢體的賦的形式，更不要用像長篇翻譯的文章。翻譯美學的文章（我不是説他内容不對），要是翻譯得不好，我還是看不懂。現在有許多翻譯的文章是懂外文的人看着很理解，要是不懂外文的人，就跟看用中國的筆畫寫的外文差不多。宋朝以來,論書的文章有比較接近現時的實用的片語隻詞。不過總不免與深入淺出的指導作用有一定距離。

蘇東坡有篇文章説到王獻之小時幾歲,他在那兒寫字,他父親從背後抽他的筆,沒抽掉。這個事情蘇東坡就解釋説,沒抽掉不過是説這個小孩警惕性高,專心致志,他忽然擡頭看,你爲什麽揪我的筆呀?并不是説拿筆捏得很緊,讓人抽不掉。蘇東坡用這段話來解釋,我覺得他不愧爲一個文豪,是一個通達事理的人。這個話到現在還仍然有人迷信,説要寫字先學執筆,先學執筆看你拿得怎麽樣。你拿得好了,老師從後邊一個個去抽,沒揪出去的你算及格,揪出去的就算不及格。包世臣是清朝中期的人,他就説我們拿這個筆呀,要有意地想“握碎此管”,使勁捏碎筆桿。這筆桿跟他有什麽仇哇,他非把筆桿捏碎了,捏碎了還寫什麽字呀!想必包世臣小時一定想逃學,老師讓寫字,他上來一捏,“我要握碎此管”!他把筆管捏碎了,老師説你捏碎了,就甭寫了。除了這,還有一個故事,説小孩拿一本蒙書《三字經》上學來了,瞧着旁邊一個驢,驢叫張着嘴,他把他這本《三字經》塞在驢嘴裏了,到時候老師説:“你的書呢?”他説:“讓驢給嚼了。”驢嚼《三字經》,這是小時候聽的故事,感到非常有趣。老師怎麽説呢?“你那本讓驢嚼了,我這還有一本,你再去念去。”聽到這兒非常掃興。好容易讓驢把《三字經》嚼了,今兒個可以不念了,老師又拿出一本來,你還得給我念。包世臣捏碎筆管,老師可以説,你那管捏碎了,我這兒還有一管呢,你再捏。諸如此類,連包世臣都有這樣的荒謬的言論,那麽你説他那《藝舟雙楫》的書還值得參考嗎?還有參考價值沒有?我覺得蘇東坡説這個話是很有道理的。而現在這句話的流毒,還仍然流傳於教書法的老師的頭腦裏,他還要小孩捏住了筆管不要被人拔了去。總而言之,古代講書法的文章,不是没有有用的議論,但是你看越寫得華麗的文章,越寫得多的成篇大套的,你越要留神。他是爲了表示我的文章好,不是爲了讓你怎麽寫。

我們寫字是一種用手操作的技術。理論是口頭或紙上説的道理。多麽高明的辭賦也不能指導開飛機。我現在説的這句話,就算我强詞奪理,恐怕也不會被人隨便就給我駁倒。清代有幾本論書法的書,清朝前期,在康熙年間,有一個馮班,一家人做了一本書,叫《書法正傳》,這本書也較爲踏實一點,但終究是寫出來的文章,跟實際來操作畢竟隔着一層。到了中期,流行一時的是《藝舟雙楫》。《藝舟雙楫》本來是分成兩部分,一部分講作文章,一部分講的是寫字,所以叫雙楫,兩個劃船的槳。後來到了光緒年間,康有爲寫了一部書叫《廣藝舟雙楫》。《藝舟雙楫》説雙楫是兩個撥船的工具,“雙”是指一個文一個字。《廣藝舟雙楫》光廣大了書法部分,他没論到文章,這樣子呢,應叫《藝舟單櫓》,這個櫓就是船尾巴上摇的櫓,就是一個。所以有人説,《廣藝舟雙楫》就該改成《藝舟單櫓》。後來康有爲知道書的題目有語病,就改爲《書鏡》,書法的一面鏡子。他的文辭流暢得很,離實用却遠得很。他隨便指,一看這個碑寫的字有點像那個,他就説這個出於那個,太可笑了。比如説,他説趙孟頫是學《景教碑》。《景教碑》在唐朝刻得之後,也不知怎麽,大概是宗教教派不同,就給埋在地下了,根本没有人搨,到了明朝中期才出土。出土時一個字不壞,這説明是剛刻得就埋起來了。趙孟頫是元朝人,這碑是唐朝刻完就埋起來,到明朝才出土。説趙孟頫學它。趙孟頫什麽時候學它?是趙孟頫活到明朝中時,《景教碑》出土以後才學寫字的話,那趙孟頫得活三百多歲。如果説，趙孟頫學那個碑，唐朝刻得了就學，那唐朝刻得了就埋起來了，怎知道趙孟頫學過呢？他就是這樣，隨便看哪個像哪個，就瞎給它搭配。清朝有個阮元也有這毛病，他有個“南北書派論”，也是隨便説這是學那個，那個是那一派。我有一段文章，我就寫這阮元的“南北書派論”，好像一個人坐在路邊上，看見過往的人：一個胖子，説這人姓趙，那個瘦子就姓錢，一個高個的就姓孫，一個矮個的就姓李。他也不管人家真姓這個不姓這個，他就隨便一指，你看那胖子就姓趙，趙錢孫李，周吴鄭王往下排，人在路上走，他都能叫上姓什麽來。這不是很可笑嗎？實際這個毛病見於南朝的鍾嶸《詩品》。《詩品》也是張三出於從前哪一家，李四出於哪一家，他怎麽知道，也毫無理由，毫無證據。整個鍾嶸的《詩品》裏全是這一套。第一抄《詩品》辦法的是阮元，第二抄阮元辦法的是康有爲。這樣我就勸諸位，你要是想學寫字，就是少看這些書，看這些書，就是越看越迷糊。那麽有人説我應該看什麽參考書呢？我曾經説，你有錢可以買帖。現在的書多啦，到書店，琉璃廠好幾家書店他擺出攤開了，在桌上、櫃上，許許多多的成本成本的帖。你拿過來翻，我喜歡哪個（我前邊已經説過了），我喜歡這一家筆法，喜歡那一家流派的，我就買來瞧。有錢就買帖，有興趣就臨帖，再有富餘時間就看帖，那麽再看看人家介紹這個帖的特點，也可以從旁得一點啓發。可是成本大套的，特别是古代書法理論的書，現在我不知道哪個好，我看得很少。古代書法理論的書，頭一個，他的文辭美妙，但是翻成口語，很難找出恰當的詞句來表達。

那麽我什麽時候看那參考書呢？當你要寫書的時候，你再看參考書。那不就晚了嗎？我説不晚。爲什麽？你寫參考書，你不能憑空就這麽寫呀,總得抄點呀,你好拿古書東摘一句,西抄兩句。現在很多的書,你給他找一找,都有來源。從前説“無一字無來歷”,這是講韓文杜詩無一字無來歷。現在有許多講書法的書,我細看,這句話怎麽很眼熟呀,大概總是古代某些名家的議論,就更不用説抄現代人的了。這樣子,你如果要是寫文章、寫書,你不妨借鑒旁人作的書,豐富自己的著作。我這不是奚落,不是挖苦,不是告訴人你要抄襲,更不是這樣子。你總要有的可説,有的可比較,有一點趣味,有點兒引經據典(有點根據)吧。這個時候你再看古代的書,也增加自己對他句子的理解,也可以豐富自己的著作。

你要拿筆寫字時,你的腦子千萬别想那個“握碎此管”,或者説回腕法。要是那樣子,瞧何紹基書前頭那個插圖,我管他叫猪蹄法,我覺得那自己也太欺騙自己了,自己拿古人的東西欺騙自己了。昨天有一個人來問我,説這個書上教人寫字,畫許多箭頭,這一筆畫畫許多箭頭,打後邊繞到前邊繞一個圓球,再往後寫,你説是不是應該這樣? 我就拿過古代墨迹的照片給他看,我説你看他揉的球在哪兒呢? “没有揉的球,那爲什麽畫出那樣揉球的形狀呢? 我説:“誰讓你相信揉球的辦法呢?”這樣子,就可見真正的拿筆寫出來的圓的墨迹,不是後人給你畫出那許多箭頭,繞了八個彎,再拉出去那種所謂的藏鋒。藏鋒者是那個鋒不能露出很尖很尖的東西,有很長一個虚尖,那個不行。但是不是讓你把筆的尖都揉在筆塊裏頭,要那樣寫,這人也累壞了。所以我覺得參考書值得看,是要看在什麽時候看,怎麽去看。要是自己拿出筆來在紙上寫字時,腦子裏有參考書上畫的箭頭,照它去寫,我保證你這個字一定寫不好。

第十三章　如何才能寫好字

有人説：你説了半天應該怎麽寫字，破除那些個迷信的説法，不切實際的説法，那麽你説怎麽才算寫好了呢？我認爲這個“好”的標準又有又没有。有人看，説那個筆畫是方的，刀斬斧齊的那就是好；有人説，揉了多少球然後描出來的圓疙瘩這就是好。那都是誤解，是碑帖上刻出來的效果，誤解爲那些個現象。怎麽叫好，你寫的這篇字掛在墻上，你自己先看得過去，不至於自己先看着不敢給人家看，人家拿眼睛看，我自己捂着眼睛躲在一邊，這個就行了。尤其是要人家認得，我也認得，這樣子就是好。

宋朝有個人叫張商英。他做到丞相的官（這官很大了），他起草寫了文稿，讓家裹的子、侄去抄或者讓秘書幫他抄寫謄清。誰知抄寫的人第二天拿來問他，説這個字念什麽？他瞧了半天，一拍桌子：“早不來問，你要早來問我，我還没忘，我寫完了，交給你們抄去了，我也忘了是什麽字了。早來問我，我還没忘。”這樣的情況現在也不是没有。有一位老前輩，我也不提是誰了，寫出字來就是不大好認。他的稿子有人就怕認。他寫一條幅給人，我們看了不認得是什麽，據説有時候他也不大認得。這樣的事情也有。總而言之，我們寫出字來，第一先要自己能認識，讓抄寫的人過一天再來問你也不算太晚，自己也還認得，别人也還認得，這是最好的、最起碼的條件。第二如果再加上有特殊的美感，使人看起來，説怎麽那麽好看呀，這個就是好。

這好比我們看見一個人，不管是男的是女的，是老的是少的，老年人也有很美的，比如説，胡子頭發都白了，挺長的白胡子，可很精神。那你會説這老頭兒很漂亮。説一個婦女年輕的時候怎麽怎麽樣,就是老太太了她精神十足,不管是多大歲數,你看這老太太慈眉善目的,也讓人尊敬,讓人覺得可親近。你要問,説這個人美觀,他美觀在哪點上,恐怕不大好説。

我們看梅蘭芳演戲,演旦角,大家都説他演得好。你説他這人長相好不好看?你説他眼睛好,我就專門畫他這兩隻眼睛,與他的鼻子嘴全不配合,你説這眼睛好不好看?那也不好看。説這個鼻子好,就單畫他的鼻子,説這鼻子怎麽好法,我得照這樣找别人的鼻子去。要是這樣,不就成了笑談嗎?那麽好在哪,某一個人的美觀、好看,不管這人是雄偉的好看,還是柔媚的好看,他總有他相配合的整體,有一個好看的整體。絶不能挖出個局部來,説這眼睛好,這鼻子好,那嘴好看。説梅蘭芳好看,據説,他兩個耳朵比較衝前(我見過梅蘭芳,可我没注意)。耳朵比較往前搧,俗稱搧風耳,我也没注意。那麽梅蘭芳什麽都好,就是耳朵不太好,往前搧着,這可怎麽看?先看鼻子眼睛,注意到耳朵的還是很少。所以我覺得美不美、好不好,是在整體。我把每一個帖上的字,一筆一筆的挖下來。這是一個"天",我從王羲之那兒拉下一横,從顔真卿那兒拉下第二横,從褚遂良那兒挖下一撇,然後從柳公權那兒挖下一個捺。這四筆我都給它貼在一起,組合個天字,你看這個字還像個什麽樣?好看不好看就不言而喻了。你要是明白這個道理,就可以理解我所認爲寫字的好,它是整體的,尤其是要讓人認識的。不管寫草書、寫行書,草書有草書的法度、規則。有個《草字匯》,還有編草書的許多書;你看合乎那個大家公認的標準的寫法,那就是大家公認的好的。如果偏寫那隨便造出來的字,也不管《草字匯》還是《草韵辨體》,是怎麽講草書的書,説我跟他們完全不一樣，那你也甭想讓人認得。

還有一個問題，是没有百分之百的好作品。王羲之寫的字，我們要給他對比起來看，也有這個帖上這個字，比那個帖上那個字（同是那個字）寫得好看。那麽可見甲帖王羲之寫的這一個字就不如他乙帖上寫的那個同一個字好。所以名家、書聖，他也有寫糟了的時候。米元章寫過一個帖，他在夾縫裏，自己批上“三四次寫，間有一兩字好，信書亦一難事”。這是米元章親自寫的一個帖。這個帖呢，寫了三四次，是一首七言絶句，四七二十八個字。就算他寫四次，二十八個字乘以四，一百一十二個字，米元章總算是高手，你寫一百一十二個字之後自己看起來，間或有一兩字好，可信寫字也是一件難事。那麽你就知道，我們不是説自卑，不如米元章，但是我也不相信自己準比米元章寫的好。你也寫三四次，看你有没有慚愧的心吶。所以説，自己寫的字好不好，還是用這個辦法，你把它貼在墻上對比一下，就可以看出來了。

曹丕説過：“雖在父兄，不能以移子弟。”可見在魏（漢朝末年），曹操的兒子，他都説過，有許多事，寫文章父兄寫得好，兒子不一定能够都跟父兄寫得一樣的好。我們也不能太着急，説我幾兒就超過我的父親，超過我的哥哥，超過我的老師。志願不可没有哇，可我今天拿起筆來一寫就可以比老師比父兄寫得都好嗎？恐怕没有功夫不行。從前説鐵杵磨成針，功到自然成。你功夫不到，如何就想一寫就好？我聽過一個青年説，説起來誰誰誰寫得好，那算什麽！我寫三天就比他好。那好，這話我覺得他有志願。這個志願是好，只這個性子太急了。他三天，咱們一塊寫完三天，我看你好在哪兒，你寫得之後怎麽樣子就高於那一個人。這是説急性子，想我一句話就超過某個高明的人。這是不容易的。

有這麽一個故事,説這鳥呀,在烏鴉喜鵲的窩裏頭都有一根草。它有這根草,别人就看不見它窩裏有鳥没有鳥了。説在樹上人看不見,也掏不着它。這都是哄小孩的。因爲小孩他想爬到樹上够那鳥,到窩裏掏那鳥。大人告訴説不成,你看不見鳥,鳥都有一根隱身的草,所以你爬上去看不見窩裏有鳥没鳥。有這麽一個傻子,他就拆了許多鳥窩,拿着一根根草挨個讓家裏人看,説你看得見我看不見我?人人都説看得見。這個人呢,挺有耐心换着個試。有一天這個人問他的妻子,你看見我没有?他的妻子真膩煩了,就説看不見了。這人以爲真看不見了,就拿着這根草,以爲街上人也看不見他,走到街上鋪子裏、攤子上搶東西,拿東西,結果就讓人給捉住了,送到衙門裏去治罪了。他説你們都看不見我。看不見你怎麽逮着你呢?這種東西,要是自己騙自己,説我寫的這個一學就像,那你就等於是拿着那個隱身草。想學誰的字,其實誰也寫不像,張三寫不了李四的字。

在舊社會,不會寫字的人他怎麽辦呢?他畫個十字。你瞧那些個舊的契約,多少人作保,每個人都畫個十字。這是一般農民、市民不認字,就畫個十字。這畫個十字也有區别。説我跟人定個契約,請你擔保,人人都得畫上。在公常上辦案,辦完找來證人簽字。那不容他一人畫,每個人都得畫。所以我們一看就知道不是一個人畫的十字。仔細看,用筆的輕重長短,這一竪搭在横上是偏左,是偏右,這竪是上頭長,還是底下長,不一樣;有的下筆輕,駐筆重,有的下筆駐筆都輕;有的斜度不一樣;細看總是不一樣。所以我就説不要自欺。自己説大志可以,大志不能没有,可也别自己真信:説我三天就出精品,比那人好多了。那就跟拿一根隱身草到街上去拿東西一個樣,自己騙自己。

還有一種，寫得老不像怎麽辦。不一定要像，要學的是他的方法。他的辦法，我們吸取了没有，借鑒了没有？我們要借鑒要按他的辦法，就省事；我們不按他的辦法，就費事。就是這麽點東西。寫出來不就是自己看着比較滿意，然後再請别人來看，自己把好的貼在墻上，然後有客人來了，請你看我這怎麽樣。從前我有一個同學，他自己愛畫畫。畫得之後給人看："你看總有一點進步吧？"我告訴他："你没有一點進步。"他説："爲什麽？"我説："你自己覺得進步了，這個想法就是退步。"

有一回我住醫院，有一個年輕人到醫院看望我，他拿一張字讓我看，問寫得好不好。我説"不好"。爲什麽我要這樣説，你要告訴他好了，他就特别驕傲，所以我就給他潑冷水。這是成全他，我説不好，你還得努力。他挺不服氣地説："某某老先生説自愧不如。"我説："我看這位老先生是恭維你呢，還是説反話呢？什麽叫反話，你明白不？他都不如你寫的好，這不是挖苦你嗎？你連人家説反話都聽不出來，你還問什麽叫好壞呢。"這個人走了，同病房的人説："哪有你這樣説話的？"我説："我們教書的人哪，職業病，對學生就得負責。你恭維他，對他没好處。"所以我現在鄭重其事地奉告諸位，要學就有四個字："破除迷信"。别把那些個玄妙的、神奇的、造謡的、胡説八道的、捏造的、故神其説的話拿來當作教條、當作聖人的指導，否則那就真的上當了。

我這次所談的這些題目還没有想得很好。我的意思，是想敬告想學書法的朋友不要聽那些故神其説的話，我是和想學書法的朋友談談心，談我個人的看法、個人的理解，也可以説個人的經驗吧。我已經被那些故神其説的話迷惑了多半輩子。我今年已經八十四周歲了，就算再活也是一與九之比了，所以讓那些個迷惑的神奇說法蒙了大半輩子,今天我說些良心話。現在說完了,就是這一共十三章。現在的時間是一九九六年七月一日中午十二點。這些話,將來有機會還要把它變成文字。

（秦永龍根據録音整理）

在北京師範大學第一屆新年書法活動週中對書法專業師生的談話

我今天看了咱們這些位同學的作品,真好,我心裏感覺到實在是興奮。

現在有一種風氣,字寫得跟印版似的。明朝傅山傅青主先生,他説寫字與其寫得柔媚,取悦於人,不如乾脆寫得拙,寫得醜,寫得笨。他這個話是有感慨的,那個柔媚、秀氣、好看的字指的是什麼? 就是寫白摺子、大卷子那種字,寫得規規矩矩的。到了清朝就有四個字:黑、大、光、圓。墨要黑,字要大,要有亮光,要圓潤,那就叫做"館閣體",就是寫得跟印刷體一樣的字。據説,有人請功夫深的人寫個名片,寫完了他不滿意,再寫一個,一個人把他前後寫的兩個摞起來一照,一個樣,可見,他那手已經成了印刷機了。這種字就談不上什麼性格、風采了。事實上,這個傅青主先生是説,寧可寫得醜惡,也比寫他那個像印刷體一樣的字强得多,是這個意思,並不是讓人都有意寫得醜惡。

現在還有一派,説字要寫得塗塗改改。有人學習顔真卿《争座位帖》、《祭侄文稿》,都是塗塗改改的,這個《祭侄文稿》的墨迹咱們現在還有,他那個塗改不是有意的,是個底稿,他覺得這個字不好,换一個字,所以就塗改了。這個字從唐朝到現在一千多年了,大家還看他的用筆。那麼,有人就寫一張字,故意給塗了、改了就掛起來。我們要是給人寫一封信,塗塗改改,讓人家不認得,對人家是不敬,人家會説,你讓我看,又塗成那個樣子,我看不明白那是什麼意思,所以,這還有一個讓人能接受的問題,讓人覺得心裏踏實,人家看得起我。

我恭恭敬敬地寫,並不一定表明寫得跟印版一樣,所以傅青主説,寧醜不要太媚,這個是由於有感慨才説的。我今天看諸位的字很滿意,爲什麼? 頭一點我都認得寫的是什麼,這一點非常重要。文字代表一個民族的語言,民族的文化,我們得寫得正規,寫得讓人家看見都能認得,這才能溝通我們的文化,溝通我們的思想。我寫得了,你不認得,那就不是中國的文字,這個事情我覺得很重要。所以我今天看到咱們學校的風氣,我覺得非常好。

現在還有人説,我們要創新。現在一天一天地在過去,就説現在十點鐘吧,待一會見就不是今天的十點鐘了,那麼,待一會的那個時間就是新的二十三號的時間。那麼就是説,你要不前進、不創新,那不可能。我就在這兒坐着,一個鐘頭以後就不是一個鐘頭以前的我了,這個誰也扭轉不了。有人説,我們要創新,他們那樣寫,我偏不那麼寫:這個紙我得横着寫,這一個窄條的字,我都寫出圈去……其實,你不那麼寫,它也在變。今天二十三號,到了晚上十二點以後,假定我還没有睡覺,那會兒已經不是二十三號了。萬事萬物都在變,今天的老百姓跟"文革"時的老百姓生活大不一樣了,我們的時代,我們的環境,我們的領導,都在變。我這字寫出來人家都不認得,我就新了? 那更糟糕,我這話説得有點不像話:寫那種字,你們都不認得,就是我認得,那這個人比誰都糟糕!

我小時候學寫字,老師、同學都説魏碑最好、最高,筆畫都是刀斬斧切。有個説法叫做"始艮終乾","始艮",打這兒起,再"終乾",到那兒止,這筆這麼樣一來,往上一提,這麼一抹,再到這部位,幹什麽?把筆畫寫方了,據説古人的字筆畫都是方的。我怎麽寫,人瞧都笑,説你這不是寫字,是描字。所以説,這樣寫出來的字並不好看。後來,才明白這種筆畫都是有意做成方的。就拿我們現在的報紙來説,也都是這樣,横畫末端有一個三角,怎麽回事?這筆一頓,它出一個大疙瘩,刻的時候就自然出一個三角了。竪畫上頭這麽一個斜坡,也是這麽回事,他那個方也是不得已切出來的。那麽,我寫不方,老師同學們都説,你這種寫法不對,都得方。怎麽寫才能方?我就使勁揉這個筆,可怎麽也寫不方,筆是圓的,它怎麽能寫得方呢?所以我就寫過一首詩,開玩笑,我説:“救貧力不能,下策始賣字。碑刻臨習勤,莫會刀鋒意。及見古墨迹,略識書之秘。筆圓結體嚴,觀者嗤以鼻。”“救貧力不能”,窮,没錢,得想法子。“下策始賣字”,賣字可以救點窮,畫個扇面,寫個小條兒,攢到幾幅,賣出去,拿着兩塊錢,就鑽到對面書店去買本書回來。“碑刻臨習勤,莫會刀鋒意”,我臨那碑都是方筆的,臨得越多,就越不知道這方的筆畫是怎麽寫出來的,其實,刀刻和筆寫本來就是兩回事。“及見古墨迹,略識書之秘”,看見古代的那個墨迹這才明白,古人寫字並不那麽方,於是才知道古人那個筆的意思。“筆圓結體嚴”,毛錐它本來是圓的,我們没用那扁片的筆寫字,用扁片的筆寫天然就是方的,而這圓錐形的筆它怎麽也方不了。至於結體是怎麽回事,下面我們再説。“觀者嗤以鼻”,這叫什麽?這筆都是方的,你爲什麽寫成圓的?“哼”的一下子嗤之以鼻。我不跟他擡杠,你就老方着去,我不管。但我這種説法也有人相信,在座的各位也許覺得還有點道理。

關於這個字的結體,它有什麽辦法呢?我實驗過,古人結字是符合黄金分割律的……這兒没黑板,將來我們再説,有本書裏有這個。（秦永龍老師：您的"黄金律結字法"我們在課堂上給同學介紹過。）我不是在這賣弄我的發明權，我是偶然這麼對出來的。有個外國電視片，全是介紹黄金分割律：我這兒插支鋼筆，打這兒起是八，打這兒起是五；朝鮮族的婦女，裙子很高，繫在這兒，底下是八，上邊是五……這樣的事多極了。爲什麼？它好看。所以我就想，有些辦法是我們可以慢慢琢磨出來的。這個呢，我碰上了，蒙上了，我今天敢於在這再賣弄一次，因爲同志們用過，覺得可以推行。

還有一個事，就是這個"文"。我們要寫一首古詩，一段文章，總要稍微地瞭解這個文章的字句到哪兒可以截止。比如説，四句詩，我們要是寫三句，念的人就覺得怎麼像短了一句。有的碑帖的字是碎的，連不上，那麼我們臨的時候怎麼辦呢？就寫上"臨某碑殘字"，説明是"殘字"，讀的人也就不要求它連貫了。所以，秦先生説，咱們從師範大學書法藝術班出來，人家一看，這是有中國文學、文化的根基的。

我今天想到什麼就説什麼，耽誤大家很多時間，實在抱歉。以後有機會我要準備一點東西，請大家指正。

二〇〇一年十二月

在北京師範大學第二届新年書法活動週中對書法專業師生的談話

今天,我既然到這兒來,就有責任説幾句話,所以就説幾句,我到這兒來特別興奮。

我們不管學什麽,都得有個過程。不能説小孩剛生下幾個月,就瞧飛行員怎麽開飛機,他腦子也不會理解那飛機怎麽開,他就算有想要飛起來這種想法,我不曉得,幾個月的小孩,兩三歲、四五歲的小孩他就能够開飛機?我覺得不管是學習什麽,它都有一個步驟。我們上樓梯,打第一層一直到多少層,他也得由第一步邁起。我們學寫字也是如此,我們不能説一寫就超過古代,超過倉頡。那倉頡什麽樣,誰也没見過,倉頡寫的字什麽樣,也不知道,我就要超過倉頡,那倒很省事,瞎抹一陣子,倉頡也不認得。所以我覺得現在大家踏踏實實、由淺入深,我看着不管是一年級,還是幾年級,這些同志寫的字實在讓我驚訝。

昨天我看趙孟頫寫的《三清殿記》,那前邊的碑額,這麽大一個篆字,我瞧咱們這兒寫得都比趙孟頫那《三清殿記》的碑額好。爲什麽?他寫這麽大的楷書,就拿那毛筆隨便寫一個篆書的碑額。所以看見這個碑額我們不能説:"你看看,我比趙孟頫寫得好。"那也不實際,他没在意,就寫得差一點,這種情況也有。這可以鼓勵我們,趙孟頫那麽高明的書家,也有寫得差一點的時候。所以我們自己更增加鼓勵,我覺得這一點是我們值得自己安慰、值得自信的。由這個基礎再往上多邁一步,那就好得很了。你們秦老師一步一步跟着我看展覽，我眼睛有黄斑，看不清。我今天出來一忙，把那個放大鏡落在家裏了，但是大致還可以看出這個字來。這樣子呢，我覺得第一步十分滿意，第二步使我很興奮。那麽我們現在就在秦老師指導下繼續努力，這不是我有意來這發動大家高興，我不是這意思。

那麽自己有這個基礎，有這個環境，有這樣的老師，有這樣的樣本、碑帖，大家更應該好好努力。從前一個無錫姓秦的有一本歐陽詢的《九成宫碑》，他就找人細緻地翻刻了一本，翻刻的《九成宫》，明擺着是翻刻的，却叫"秦刻本"，這個碑賣一百兩銀子。那時，一個教書的人，在地主官僚家裏教小孩，一個月二兩銀子那就很了不起了。再高級，一個月要是四兩銀子，那就很不錯了，是一個很肥的待遇了。那麽，那時候一百兩銀子買一個翻刻本。後來我看見秦家這個底本，也值不了多少錢，當時就了不起了。一百兩銀子能買一個翻刻本，爲什麽？他就是想摹擬、臨寫。所以，我們現在有墨迹、照相，《九成宫碑》比那個"秦刻本"還要好得多的多，所以我們現在學寫字，那個工具，筆、墨汁都很好。我眼睛雖不好，寫大個的字還摸着寫。人家找我寫四個字，比如人家找我寫"正大光明"四個字，我得寫好多張，從中挑一張，因爲這眼睛不行了。

今天我心裏非常興奮，我就願意把我的情感表達出來：

第一，不用着急。現在有些青年——那不是青年了，寫得很不錯了，他也做到什麽博士生導師這樣的教授了，他們本來寫得很規矩的，但還想再進一步，想創新，寫了些自創的"書風"，拿去展覽。我並不是貶低别人，這意思就是説，有些位書家有一種心情是好的：我想一步就邁過他！這個志願是非常好的，但他採取的辦法不是説按部就班。人家一天寫成的,我三天寫成總會比他好。如果不是這樣,説我馬上想一個怪辦法,就超過他,想超過别人、超過前人。社會都是後人超越前人,這是毫無疑問的,問題在於你怎麽超,你用什麽方法超。你超了之後,今天我所管理的老百姓他們的生活是不是就比上代生活强,不一定。可是做父母的,做祖父母的,做師表的,都是想你馬上就超過前人。還是那句話,意思、志願都好,但是他不想北京這兒有句俗話,叫"胖子不是一口吃的"。别人吃四兩米飯,我一個人一頓就要吃八兩。好,吃! 勉强塞下去,胃壞了,這事多極了。從前在輔仁大學,有個小伙子吃刀切饅頭,人家吃三個、四個,他跟人家比賽,一頓吃了二十一個。壞了,手術拉開一瞧,胃撑裂了。把那些没消化的饅頭掏出來,把胃又縫上,危險極了。要没有這樣醫學的手術,他非死不可,没有那麽樣"努力加餐飯"的。"努力加餐飯"是好事,但是没有説努力撑着吃饅頭的,吃了二十一個,結果撑裂了胃。現在我不曉得有多少人就想:他吃二十一個,我能吃四十二個。你有那麽大的胃嗎? 所以我覺得,我們志願高是好事,也是應該有的,青年人没有志願,没有前景,這不行的,問題是我們應該想想怎麽樣才能辦得到。那飛機也不是一個人站在地上胳膊當膀子就那麽飛起來的,它也得有許許多多科學的條件、零件組成。我看見過一個氣球拉着一個小船一樣的東西在天上飛,我是民國元年生人,我幾歲的時候看見天上有這種氣球帶着一個筐子,一個人飛起來,那也不曉得是試飛呀還是什麽,後來就成爲飛機。所以,這種情形是逐步的,一步一步飛起來的。我還坐過一回英國飛到法國的那個協和式客機,八個小時的路程在空中飛三個小時就到了,快得厲害。可見快是有,但有它還是有一定的手段,一定的方法,一定的科學的條件。所以現在我就想,我們要想一步邁出去,要先想怎麽邁。比如人家長得個高、腿長,有九級的樓梯,他三步就上去了。我要一步一步地邁九步,我没有那麽高的個,也没那麽長的腿,那就没法子。所以我現在敬贈諸位同志一句話:欲速則不達。

現在同學們寫的我很滿意,我也寫不了了,可是你們自己不要滿意。自己今天寫的跟昨天寫的比有進步,這是值得滿意的,但是不要以爲我這就完全好了。我也有過這時候,寫着寫着就不滿意了,這是爲什麽?我昨天寫得比這好,我今天寫的還不如昨天的呢!有没有這時侯?諸位如果有這種時候,不要灰心,這正是自己眼力高於手的力量,這個時候不要灰心,凡是有今天寫的有不如昨天的地方的人,我向你祝賀,你是要有進步了。你發現毛病可以自己修改,所以自己寫着寫着進步了,滿意,高興。寫着寫着退步了,也不要灰心,那個退步正是進步的一個前兆。從前看不出怎麽不好,今天眼睛有進步了,才發現昨天寫得不好。我有些想法一時也説不盡,以後有機會,諸位願意,我們再找時間,再找地方,咱們隨便再聊一聊。

我也碰過釘子,自己覺得筆不好使,紙不好使,帖不好使,瞧瞧我寫歐陽詢這麽不好,换一個,换顔真卿。我寫篆書這麽不好,再寫個隸書……换是可以,但是你不要因爲寫不好,就懷疑那個帖不好。或者换一個帖,或者换一支筆,换一種紙,這都不是好辦法。那麽怎麽樣才能够换,自己要有個尺寸。我寫這個比如説寫了十遍,再换一個寫試一試,那行,寫第二種不合適,再拿起第一種再寫,這個情形的變化很多很多。所以自己當時覺得好、覺得不好也不足爲憑,那麽隨時有新的想法,新的看法,這個時候可以换,但是不要灰心,扔掉的那個帖也可以拿過來再寫一回,那就有所不同了。這是我自己的一個曾經遇到過的情況,我願意説一下,不要以爲現在我怎麽超不過他。

現在有些人寫出字來倉頡也不認得。我那兒有一本書,今天没拿過來。一個英國人向我徵集幾張字借去展覽,在大英博物館裏展覽,展完了還給我。他還印了别的幾篇,裏頭有個人是畫連環畫的。這個人畫得很有意思,他拿一張紙,拿像扁刷的筆這麽一抹,那個字倉頡也不認得,不知是什麽,他也不認得。那麽這樣就是中國字?我覺得就不好。讓西洋人覺得,中國人就這樣,中國字就這樣。這是騙西方人不認得中國字,這個行動,要一旦西方人知道中國字怎麽寫了,是一個什麽心情,什麽看法?所以説這是騙子,是欺騙我們。人家説這是創新,我們不去管它。不是我保守,連中國人都不認得,那能叫中國字嗎?這個本子就放在我家樓下,待會拿來讓大家看看。拿扁的板刷,這麽一筆,這麽一筆,不認得!外國人不認識中國字,但也知道哪是寫得好的中國字。現在西方拼命想學中國語言,想認中國字,趁他不認得,我就胡寫,這不行的,早晚會被戳穿的。

我覺得今天的路不好走,等過些天,天晴了,我還要繼續看同學們的展覽。我們現在正在前途無量的一個時間裏,一個年齡,一個精神,所以説這個時候不要着急,説我一步就邁過他去。邁過他去是準的,我們的社會比古代的社會不知道邁了多少步了,但却不是一步所能邁到的。

二〇〇二年十二月

在“啓功書法學國際研討會”開幕式上的講話

時間很短,我説話不敢多佔時間,因爲我們這有校領導,還有國家文物局的領導,還有文史典籍研究方面的各級領導,今天都光臨大會,都要賜教,所以我僅簡單説一下我自己的感想。

我二十幾歲被輔仁大學校長陳援庵先生提拔到輔仁大學教書。陳校長是我的恩師,他曾問我説:“你寫的字怎麽樣?”我説我寫字醜惡得很。拿來請老師看,老師還加以格外的鼓勵,説:“寫作俱佳。”我説我實在不敢當。陳先生就説:“你現在要教大學一年級的國文,學生要兩個禮拜寫一篇作文,是用毛筆蘸墨寫。你要在學生寫的作文後面和篇頭都寫上批示,哪個字錯了,哪句話不好,你來修改。”這後一句,我聽着就震動得厲害,因爲要是寫得不好,就會被學生的字比下去,那你怎麽能够對得起處於被教導、被修改地位的學員呢?所以這對我是極大的鞭策,極大的鼓勵。我因此就盡力寫好字,一個字、一個字地認真寫,總要至少比得過學員寫的。就這樣,我寫了好幾年,才可以作總的批語。批改學生的一篇篇作文,天頭上也要寫上那句話怎麽改,那個字要怎麽改才正確。這樣做了好幾年,然後還做過講演。有一次我把古代的碑帖拿來給觀衆看,當時,學生也有、教師也有。這也是普遍的對教師的宣傳,做語文教師都要注意。這樣,我講碑帖怎麽臨,怎麽寫。當時陳校長拿一個木頭片,在黑板上指著這個字怎麽樣,那個字怎麽樣。所以,我到現在還恍如當時,還記得那時的情景。這個就是我學習寫字、練習寫字，看古代人的碑帖墨蹟的一個道路。這就是老校長在課堂上的親自教導。當時有人用投影照在白幕上，用這個來看哪個碑、哪個帖、哪個筆怎麽寫，回憶起來，歷歷在目。所以，與其説我現在會寫幾個漢字，都是我二十幾歲開始到輔仁大學教大學一年國文時，陳老師扳着手，教導我怎麽樣的爲學生改卷子。

老師後來題了《禮記》裏的一句話“教學相長”。教人是教學生，學生是從教師學來。這互相都有刺激，都有提高。到現在，我始終記得。好好想這句話怎麽講。“教學相長”，教書的人跟學作文的人，跟看卷子的人互相都有提高。所以現在與其説我對漢字書法有什麽樣的心得，與其説我有心得，應該説是陳老師辛苦地用古書的這句成語來教導我，也讓我來教導同學。所以如果説我今天在這裏向諸位同志，諸位前輩，諸位學長述説我怎麽學，怎麽經過，我不配。事實上都是當時老師的教導和學員的鼓勵。“相長”這兩個字很重要。我教導學生，我給學生批改作文，我負着很大責任。我寫完了，總怕還不如同學的卷子面上的字。前年，有學員寫文章，把當年卷子上的批語裁下來，照了像，我一看，我大吃一驚，這個批語如果要有哪個字寫錯了，哪個字寫得不好，實在無地自容。後來看，勉强還够一個及格。但是可以跟同學寫的卷面不相上下。我心裏才稍微的踏實一點。

今天，我在這裏向各位同志，還有各位前輩，各位老師，怎麽樣地表達我的心情呢？我就希望在座的不管年齡大小，都是我的老師。希望給我懇切的教導，不管我現在寫的有多麽醜惡，但是希望還有進步的可能。現在我的眼睛患黄斑病變，看東西相當吃力,但我拿硬筆還可以寫漢字的結構。這樣,我希望、要求在座的師長、同志給我懇切的教導,使我能够再有一寸一分的進益,那我就感謝不盡了。謝謝!

二〇〇三年十二月二十日

（秦永龍根據録音整理）

河南文史館《翰墨石影》出版發佈會書面發言

將某人之生平事迹勒石刻碑，使其流傳永久；書法家借以推廣書藝，供人賞玩，此功德無量之事也。將碑石之字槌搨紙上，流佈天下，免去愛好者千里奔波之苦，躬身閱碑之勞，此又爲功德無量之事也。將各種優秀之碑搨彙爲一册，使觀之者一册在手，頃刻間即可遍覽諸多之豐碑，猶如"一日看盡長安花"，此尤爲功德無量之事也。今河南省文史館全體同仁，竭多年之努力，將館藏之碑搨彙集成册，付梓發行，正所謂功德無量之尤者也，可喜可賀。此亦我文史館責無旁貸之職責，貴館此舉必將帶動全國各館爲保存發揚祖國傳統文化作出更多務實之貢獻。

功自幼有觀碑閱帖之癖，今獲賜一份，時時展玩，不勝感激。所憾目力日衰，未能逐一拜閱。然功嘗記多年前河南博物館藏石曾在北京歷史博物館展出，後又將展出之碑文印成大開册頁，其中有後蜀孟昶墓誌一通。孟昶後降宋，按歷史之經驗，雖爲降臣，終難免受受降主之猜忌，而受降主慣用之伎倆便是在降主生日時賜毒酒令其自盡，故其喪日正其生日也。故此類碑誌一可觀其下場，一可知其生卒，頗有意義，孟昶碑自不例外。今翻閱此集，未見此碑誌，不知何故，抑或此碑誌本不在文史館館藏之内？此功或仁或智之一見也。

啓功　二〇〇四年三月三十日

附：二〇〇四年版出版説明

《啓功叢稿》前三卷(論文卷、題跋卷、詩詞卷)出版後,受到學術界與廣大讀者的好評。本卷所收爲啓功先生的書論、畫論(前三卷已收者,本卷不再重出)。其中考訂真僞、辨證作者、時代及風格的鑒定性題跋,多言簡意賅,嚴謹周密,關鍵處一語破的,確鑿不移。大量的講稿、文章則是爲青少年或初學者指示學藝門徑的。啓功先生早年學畫,曾得名師指點。他重視文字的書寫,認爲這是人際交往的基本工具。他經陳垣老推薦擔任教職以後,特别重視書寫的工整規範,無論是批改作業還是課堂板書,始終兢兢業業,一絲不苟。實踐出真知。他寫得多,畫得久,見得廣,在長期書畫藝術實踐和觀察比較中,通過苦心鑽研,細緻揣摩,得到不少體察實情的甘苦之言和總結經驗的獨得之秘,如刀鋒與筆鋒的辯證關係、結字上的黄金律等。啓功先生常常以親切務實的"過來人"口吻,循循善誘地引導人進入學習書畫藝術的正軌。他隨時隨地努力破除一些故弄玄虚的門户偏見,一些生搬硬套的教條陋規。他的講話切近實際,通情達理,能够化繁難玄虚、高深莫測爲簡易平實、淺近好學,真正做到提要鈎玄,深入淺出,不愧爲一位深造有得而又善於教書育人的藝術家、教育家。

本卷的編輯整理工作主要由責任編輯承擔。啓功先生的藝論作品很多,大篇較容易找到,零篇小劄則分散各處。啓功先生的内侄章景懷先生、文物出版社蘇士澍先生和北京師範大學的侯剛同志都慷慨熱情地協助我們四處尋覓搜采，提供了許多珍貴的照片、複印件，豐富了本卷的内容。

啓功先生自上世紀七十年代參加《清史稿》點校工作以後，即和中華書局結成生息相關、心神相通的患難知交。書局每有所求，啓功先生必慨然相助。書局發展近年遭遇一些困難，啓功先生也爲之焦灼不安，四處呼籲聲援。啓功先生得到全體中華書局人的衷心愛戴和敬仰。我們要把啓功先生的親切關懷變成我們改進工作奮發圖强的前進動力，切實做好古籍整理圖書和學術著作的出版工作。

今年七月二十六日是啓功先生九十二週歲華誕。古語云：仁者壽。我們衷心地祝願啓功先生身安筆健，目清神旺，四時吉祥。

中華書局編輯部

二〇〇四年六月

論文卷

中華書局

圖書在版編目(CIP)數據

啓功叢稿/啓功著. —北京:中華書局,2022.7
ISBN 978-7-101-15799-4

Ⅰ.啓…　Ⅱ.啓…　Ⅲ.啓功-文集　Ⅳ.C53

中國版本圖書館 CIP 數據核字(2022)第 112556 號

書　　名　啓功叢稿(全四册)
著　　者　啓　功
責任編輯　朱兆虎　楊延哲
責任印製　管　斌
出版發行　中華書局
(北京市豐臺區太平橋西里 38 號　100073)
http://www.zhbc.com.cn
E-mail:zhbc@zhbc.com.cn
印　　刷　三河市宏達印刷有限公司
版　　次　2022 年 7 月第 1 版
2022 年 7 月第 1 次印刷
規　　格　開本/920×1250 毫米　1/32
印張 38¼　插頁 16　字數 820 千字
印　　數　1-3000 册
國際書號　ISBN 978-7-101-15799-4
定　　價　280.00 元

作者留影（1996年）

碑誌中隽语

所见出土北朝隋唐墓志，其文词多是滥调。隋董美人墓志为蜀王杨秀撰文，大体亦未能免俗，惟铭词有云：『昔新悲故，今故悲新，余心留想，有念无人。』语妙得未曾有。

唐沙门大雅集王右军书《兴福寺碑》，其功德主为官宦某氏，其名曰『文』，姓氏之字已断泐。碑中记其妻云：『圆姿替月，润脸呈花。』临池开卷，常为绝倒。

柳公权书《僧端甫塔铭》，世称《玄秘塔碑》，其文为裴休撰，事迹无足云。惟铭文有云：『趣真则滞，涉俗则流。』其义却通于诸般艺术。即以书法言，摹古求似者必滞，方便图趣者必滑。刘墉书固无可论，惟其与伊秉绶书有云：『有我则无古人，有古人则无我，奈何奈何！』此语殆堪为塔铭二语注脚。

作者手稿

韓小窓

子弟書作家，世咸推羅松窓、韓小窓為巨擘。其身世俱不得詳。韓氏所作，好於起首處句中嵌入『小窓』二字，如『小窓筆墨也傷神』，『小院間窓潑墨遲』等，或整嵌，或分嵌，以代署名。一無可考。友人韓季和先生名忠悅，搜集各種曲詞極勤且富。與余共事大學。嘗談及家世，知小窓實四世祖。其言畧云：家世鑲白旗漢軍籍，隸內務府廣儲司，遠祖原居鐵嶺孟家寨地方，入關後，族分二支，一支供職北京，一支駐古北口虎什哈地方。入關後第四世名偉者，生存於嘉，曾供職於內務府，季和四世從祖也。道

作者手稿

退休之時）順利印行出版。記得啓功先生當時高興地跟我及其他書局同仁説："我有了書局這四本叢稿，可以不出全集啦！"由此可見他對《啓功叢稿》的看重。我也記得當時我去先生家送藝論卷樣書時，報告説我也辦理正式退休手續了。先生不無感慨地説："爲什麽要退休啊！"一再勉勵我在搞好學術研究的同時，應繼續爲書局多做些工作。由此亦可見他與中華書局的感情之深，對我們這些學生的關愛之切。我牢記恩師叮囑，要繼續爲傳承薪火貢獻綿薄之力。退休之後，協助書局編輯出版了《啓功給你講書法》、《啓功給你講宋詞》、《啓功給你講紅樓》、《啓功講唐代詩文》、《啓功談中國名畫》、《啓功韻語精選》（線裝一函二册）、《啓功三絶》（宣紙影印）、《啓功日記》等啓功先生著述，同樣取得了良好的社會效益。

今年元月是中華書局創辦 110 周年，也將迎來啓功先生 110 周歲華誕。書局領導欣然采納我的建議，安排得力的文字編輯、美術編輯及出版部人員，精心印製《啓功叢稿》四卷紀念版，於 7 月 26 日啓功先生誕辰前出版發行。需要説明的是，爲了適合書稿内容需要，又更適應於今天廣大讀者的閲讀習慣，紀念版採用繁體横排的形式，並非一般意義上的重印。這就給擔任本版書稿的責任編輯和校對人員加大了工作量，他們在相當緊迫的時間内認真掃描暨排原書，細心核改了原書難免遺留的錯訛漏校字詞；考慮到啓功先生有自己的行文風格與用字擇詞習慣，他在不同時期撰寫的文章中徵引的許多典籍版本各異，其中涉及的大量詩文及書畫、碑帖等文物，今日查尋不易，原則上都以保留原貌爲宜。

編輯出版四卷本《啓功叢稿》紀念版，這是書局守正出新、傳承文化學術之責任,也是責任編輯之榮,是我等學人及廣大讀者之幸。鑒此,遵書局領導之囑,不揣淺陋,敘述出版緣起和簡要説明,敬請識者不吝指正。

中華書局編審　柴劍虹

2022 年春夏之交

前　言

功年逾二十，始受教於勵耘先生，獲聞學術流别及考訂之學，得知無徵不信爲立言行文之根本。時私嗜書畫，試筆多就古書畫取材。一日勵耘師以志趣見詢，對曰願於藝術有所成就，師遂以諧語相鼓勵曰："吾初學醫，將來亦是方技傳中人耳。"

其後任教於中學、大學，所涉漸廣，旁耽詩詞，曾撰《古代字體論稿》。成書時，先師猶及寓目。殆辛苦撰著《詩文聲律論稿》，十年始就，師已不及見矣。

八十年代之初，中華書局老友傅璇琮先生囑自裒集零篇舊稿成册，幸有昔年預求先師題署"啓功叢稿"之籤，即以顔之。傅先生督爲從速印刷，出版部門術語曰"拔號"者，不日印成，此拙稿成書之第二册也。

歷年教書，俱屬古典文學。教古文之第一步，實爲譯古語爲今語，於是有探索詩文古今語法之作，其第一篇即收於《叢稿》中。其後探討漸多，陳萬雄先生囑輯有關漢語之論文，經香港商務印書館爲刊《漢語現象論叢》，此類篇目今遂不再收入此卷矣。

今距八十年代初，又將二十年，雜稿又復增多，舊編《叢稿》已難容納，乃分訂二册，一曰"論文卷"，二曰"題跋卷"，老友嘉惠，俾再得就正於尊敬之讀者，是可感也。

此次拙作《叢稿》再版，重編分卷以及篇目安排、文字校訂，多承劉石先生相與商酌，用力極大，謹此致謝！一九九九年新春，啓功自識。

目　録

《急就篇》傳本考

一 緒論

古小學書，如《蒼頡》、《爰歷》、《博學》、《凡將》諸篇，皆已散失，惟史游《急就》至今尚存。《漢志》曰："《急就》一篇。"又曰："史游作《急就篇》。"《四庫提要》據夏侯湛《抵疑》及《北齊書》之語，謂或有篇字，或無篇字，初無一定。又據《隋志》及《魏書》所稱《急就章》，謂改篇爲章在魏以後，其説是也。《魏書》三十五《崔浩傳》："浩既工書，人多託寫《急就章》，從少至老，初不憚勞。"又云："世寶其跡，多裁割綴連，以爲模楷。"可知指全篇者稱篇，指裁割者稱章。後世不知其别，誤以章代稱篇耳。所謂改篇爲章，謂其名稱，非謂裁篇成章也。拙撰此文，於篇字章字，亦隨分稱之，而不拘泥焉。其書《漢志》謂皆蒼頡正字，晁公武謂雜記姓名諸物五官等字以教童蒙者。後世所見，多爲章草寫本，於是原本字體，爲隸爲草，遂滋聚訟。

王愔曰："漢元帝時，史游作《急就章》，解散隸體而粗書之，漢俗簡墮，漸以行之。此乃存字之梗概，損隸之規矩，縱任奔逸，赴俗急就。因草創之義，謂之草書。"見張懷瓘《書斷》上。一似史游爲作草書始撰此文，懷瓘復執其説，謂史游即章草之祖。惟蒼頡正字，當非簡墮之體，而縱任奔逸，豈可以教童蒙。且篇中明言"用日約少誠快意"，可見急就之義，猶今言速成。顔注學僮急當就此奇好之觚，及晁氏所謂字之難知者緩急可就而求諸説，尚失命篇之旨，況指爲書寫之迅疾乎？此情理之未安者。至其言漢人草書之情狀，則確切不移也。

《玉海·急就篇》羅願跋謂："游當孝元時，去李斯等已遠，獨能取《蒼頡篇》中正字，類而韻之，使操觚小童，不隨俗迷誤。自東漢杜度、張芝善稾法，始用以寫此章，號爲章草，説者因謂草書起於游，蓋不察作書之意。"後署淳熙十年。其説雖較密，顧南宋去漢已遠，杜、張始用草體以寫《急就》，未之前聞。張芝殘字，無論真贋，黄伯思《東觀餘論》尚一稱之；杜度所寫，諸家著録從無及之者。蓋王愔嘗言："杜度善草書，見稱於章帝，詔使草書章奏，張芝喜而學焉。"亦見《書斷》。乃論章草名稱之源，非謂杜、張始寫此篇也。所疑固近理，所斷則終嫌無據。

近世西陲出土漢人木簡，其中《急就》諸簡，皆是隸書。然此數簡，固難概當時衆本，不得謂漢人寫《急就》絶無草書者，但足證漢有隸書之本而已。余妄度之，漢人所傳，或有二種，隸書本所以便童蒙之誦習，草書本則兼資以識草體。抑或有人欲集草字於一編，藉《急就》之文，以爲貫索，惟亦不出兩漢之世。不然後世迻寫，何以必作漢時解散隸體之章草，而罕作上下牽連之今草乎？

近世西域出土晉時文書殘紙，中有《急就》一紙，正面竪直行欄，欄内書《急就》首章，隸書草書各四行，見日本出版之《西域出土之木簡及殘紙》一書。可見二體並列之本，晉時已有。

唐時日本僧空海嘗以今草寫《急就》，墨跡尚存。觀其寫孫過庭《書譜》，草法字樣，與孫氏原本迥不相侔，乃知《急就》之作今草，亦非有所受，蓋但憑己意録文。《急就》之今草寫本，世傳只此一卷而已。至於真書寫本，近有吐魯番出土高昌人寫本殘紙數片有注，蓋北朝人舊注本，今藏新疆省博物館，尚未發表。今日所見，全文唯顔師古注本。顔注自稱舊得皇象、鍾繇、衛夫人、王羲之等所書篇本，備加詳覈，足以審定。是顔注正文，直四家草書本之綜合釋文耳。夫皇、鍾、衛、王，書家也，其寫此篇，未必用以誦習，殆亦以其爲草字之淵藪而書之，如後世習書，以今草寫《千字文》、《禮部韻》之意也。然則史游之書，不隨《爰歷》、《凡將》俱亡者，正賴書家習草，爲之傳寫。王愔、張懷瓘之誤以撰文及創作草書併爲一談者，殆由只見草書之本耳。

今世所傳，以章草寫本爲最多，故校訂所資，自以章草本爲用最巨。其本來源既古，居今視之，其用有二：一以考證漢人小學之書，一以研究書體沿革。蓋書契以來，古今數變，隸草之間，其變尤劇。趙壹所詆，"删繁省難，損複爲單"者，正草書之特點。簡墮俗中，視爲至便，無待勸勉，而風行無礙者也。況夫後世今草，又復淵源於此。藉使漢人隸書之本，一旦盡出，考訂《急就》文詞者，不復借重章草之本，而研究字體者，猶將有所取鏡也。

至於章草得名之由，亦有數説。章帝所作之説，固最無稽，起於寫《急就章》及通於章奏二説，古今學者多所辨駁。究以何説爲長，則更僕不能終，又非蒙撰此篇之旨，容别論列。總之漢人於粗書之字，但稱稾書、草書，其加章字，必在今草既行之後，爲其足以取别於今草，故至今猶沿用之。拙撰《古代字體論稿》中曾詳論之，可互證。

余嘗蒐求衆本，兼考舊説，見昔賢所校，往往但據一二古本，遽加論定。王静安先生《校松江本急就篇》刊入《觀堂集林》者，據舊本十二種，勘對最詳。惟寫以真書，於草字使轉，不能見其異同,而前賢釋文歧互處,亦未盡收取而付折中,蓋體例不同也。竊不自揣,嘗搜隸章真草若干本,爲合校本一卷,因於諸本存佚真僞,略有考索,撰爲此篇,以就正方聞。海内藏家,倘有古摹善本,惠示以爲校訂之資,則不啻百朋之錫矣。

二　已佚古本

《急就篇》歷代傳寫,非但字有異同,章數且屢見增益。今存最古之本,如漢人隸書殘簡,及宋人所傳皇象章草本,皆三十一章。顔師古注本三十二章,於第七章後多出一章。觀其自序所言,蓋嘗徧考衆本,並不專依一家。空海今草寫本其尾止於三十三章,馮漢彊作晉彊。觀堂校記以崔浩作代彊之例推之,謂其源出晉人是也。惟稱其臨晉人本,則未有確據。《玉海》所刊宋太宗本及所引黄山谷本,則三十四章,其末二章王應麟補注以爲後漢時人所續。觀堂校記依其"飲馬漳鄴及清河"、"遼東濱西上平岡"及"漢土興隆中國康"諸語考之,謂在魏武平冀州、破烏桓之後,而魏代漢以前。又以宋太宗本既出於鍾繇本,則二章當即繇所續。其説至確。今傳諸本,大抵不出此四類,而其中章草所寫者,僅存葉石林刻皇象本一種。至元明以來書家傳摹之章草本亦莫非三十一章,殆皆同出一源者。

若夫史游原本,是否即三十一章,殊費討論。蓋《急就》之文,例多偶句,兩章交替處,亦必隔章呼應,顔注所謂"前之卒章與後句相躡"者也。惟三十一章之本,其第六章末"耿潘扈"三字,畸零無偶,最爲可疑。顔注本及宋太宗本多"焦滅胡"一章,末有

"續增紀"、"遺失餘"之語，則又明言爲增補者。觀堂以爲顔本此章，取諸鍾本，續增亦出後漢人手，其説近之。又謂："漢殘簡銅鍾一章上署第十二，知史游原本固無此章。"復申之曰："西漢時本無此章。"是仞今出漢簡即史游原本，已頗可商。至云："耿潘扈三字雖係單句，然扈字獨與上奴、奢、都、胡等字爲韻，是三十一章，並無缺佚。"其説殊牽强，不敢苟同矣。

句法有呼無應，《急就》全篇絶無其例。謂原本如此，尤覺未愜。自元帝至獻帝，二百六十餘年，中經喪亂，舊籍未必毫無殘佚。況補者明言"遺失餘"，藉補章出後漢人手，是當時已知其遺失，故爲補之。安有千載之下，翻能斷其無缺乎！觀堂所以誤加判斷者，蓋由過尊所見漢簡。以爲即西漢時史游原本。夫同屬漢簡，寫時亦有先後之分。所見數簡，詎知其非原本已殘之後，補本未出之前所書者乎？以其少一章，正可見寫時之晚也。是以謂"焦滅胡"章諸字非原本則可，因其字爲續補，而謂原本此處並無殘缺，則不可也。今觀皇象本之缺一章，足徵章草本最初之源，當在後漢人未補以前，則亦僅亞於今出之漢簡而已。

章草本，自漢至宋，諸家所寫，皇象本外，皆不復存。其見於記載者，約有十家，今撮記之，以見古本亡失之衆，而倖存者之可珍。且冀其有爲故家秘藏者，萬一一見焉。

一、崔瑗　張丑《清河書畫舫》引《悦生别録》，法書中有崔瑗臨史游《急就章》，前稱"似道留心書畫，家藏名跡，多至千卷。其宣和、紹興秘府故物，往往乞請得之。今除烜赫名跡，載悦生古跡記者不録，第録其稍隱者著於篇。"見辰集"釋貫休"條。可見别録所載原多隱僻之物，此外未見著録者。

二、張芝　黄伯思《跋章草急就補亡後》云："今所傳惟張芝、索靖二家爲真，皆章草書，而伯英本祇有鳳爵鴻鵠等數行。”見《東觀餘論》卷下。然則其本在宋僅存中間數行，定爲伯英真跡，不知何據。

三、鍾繇　顔注序稱“舊得皇象、鍾繇、衛夫人、王羲之等所書篇本，備加詳覈”。知其本至唐尚在。《玉海》宋太宗本，首引《實録》云：“先是下詔求先賢墨跡，有以鍾繇書《急就章》爲獻，字多踳駁。”夫字既踳駁，則與詳覈有異，蓋已非顔氏所見之本矣。

四、索靖　索靖寫本宋人屢稱之，《宣和書譜》卷十四載其目，曰“晉索靖《急就章》”。《東觀餘論》卷下，《跋章草急就補亡後》云：“靖所書乃有三之二，其闕者，自毋縛而下，才七百五十字，此本是已，蓋唐人摹而弗填者。神韻筆勢，古風宛然。”按摹而弗填者，言其出於摹寫，非雙鈎廓填者，故筆勢得神也。又同卷《跋索靖章草後》云：“索將軍章草，下筆妙古今，《七月二十六日帖》、《月儀》、《急就篇》，此著名書也。”葉夢得《跋索靖章草急就篇》云：“右索靖章草《急就篇》一千四百五十字，闕七百五十九字，余聞世有此唐人硬黄臨本舊矣。紹興甲子，偶得故秘書郎黄長睿雙鈎所摹於福唐，不可無傳於世。閩無美石，乃使以板刻之，置之燕堂，以示好事者。”附載於《東觀餘論》卷下。葉氏既刻皇象本，復刻索靖本，而不言其文有異同，則索本殆亦三十一章之本也。其木刻拓本，世久無傳。嘉慶初孫星衍忽得一石刻拓本，有紹聖三年摹勒之款，據之以撰考異，號爲索本。余考其帖既非宋刻，而所刻者亦非索本，另章論之，而索本終不復傳。

五、衛夫人　見顔注序中，其後不見著録。

六、王羲之　陶弘景《與梁武帝論書啓》云：“臣昔於馬澄處，見《逸少正書目》一卷，澄云右軍《勸進》、《洛神賦》諸書十餘首，皆作今體，惟《急就章》二卷，古法緊細，近脱。憶此語當是零落已不復存。”見張彦遠《法書要録》卷二。隱居未得目覩真跡，故疑其不存，顔注稱之，知至唐尚在。

七、蕭子雲　張丑《清河書畫舫》子集“曹弗興”條，載周密《雲烟過眼録·蘭坡趙都丞與懃所藏書畫目》，張氏以刻本例闕，故詳録之。其中有蕭子雲《急就章》，此外不見著録。姑不論其果否子雲真跡，以其爲宋人傳寶之本，苟存於今，亦有足貴矣。

八、崔浩　史稱崔浩“既工書，人多託寫《急就章》，從少至老，初不憚勞。所書蓋以百數，必稱馮代彊，以示不敢犯國，其謹也如此。浩書體勢，及其先人，而妙巧不如也。世寶其跡，多裁割綴連，以爲模楷。”見《魏書》卷三十五本傳。夫百數之本，不爲不多，唐宋之世，已無人見之者，蓋當時即多遭割綴矣。至其所書爲真爲草，史文不明。考浩父玄伯傳云：“善草隸行押之書，爲世模楷。”又云：“玄伯祖悦，與范陽盧諶，並以博藝著名。諶法鍾繇，悦法衛瓘，而俱習索靖之草，皆盡其妙。諶傳子偃，偃傳子邈，悦傳子潛，潛傳玄伯，世不替業。”見《魏書》卷二十四。夫鍾衛之體，僅諶與玄伯各自取法，而索靖之草，則兩家子孫所共傳，故著其世次，以明不替。“浩書體勢及其先人”，蓋謂索靖草法也。

九、陸柬之　《宣和書譜》卷八：“唐陸柬之草書《急就章》。”

十、宋太宗　《玉海》刊王應麟補注本前録宋太宗御書本，首引《太宗實録》云：“端拱二年七月丙戌，以御書《急就章》藏於秘閣。帝留心字學，先是下詔求先賢墨跡，有以鍾繇書《急就章》爲獻，字多踳駁，上親草書一本，仍刻石分賜近臣。宋惟幹獻《御書急就章賦》，以一軸賜之。”篇末羅願跋云：“至道中，太宗皇帝嘗親書此篇。天水趙公汝誼，欲是正傳廣之，乃録至道御書三十四章，登於卷首云。”羅氏所跋，乃趙汝誼傳刻之顔注本，王氏據之而爲補注，則以真書録太宗草書者，蓋在淳熙以前，補注仍登諸卷首，復自取他本以校之。惟秘閣入藏，已在端拱。羅跋謂親書在至道中，如非羅氏誤記，則太宗必曾一再書之。石刻拓本，當日但賜近臣，流傳已鮮，今並墨跡，遂皆不存。於是三十四章之草書本，竟無一傳焉。宋釋文瑩《玉壺野史》卷一：“錢昱，忠獻王長子也。讀書强記，尤善翰牘。太宗深愛之，以御書金花扇及行草寫《急就章》賜之。”則太宗又有行草寫本也。標明行草，殆以别於章草耳。

羅跋尚有李燾所藏顔解本，黄庭堅手校本三十四章，當皆是真書所寫。至其所稱劉清之家本，及王應麟據校之朱文公刊於浙東本，今皆無傳，亦不知其字爲真爲草也。

三 皇象本

皇象本首見於顔注序中，《宣和書譜》卷十三皇象條云：“今御府所藏章草書一：《急就章》。”米芾云：“唐摹皇象《急就章》，有隸法，在故相張齊賢孫直清處。”見《書史》卷下。又曰：“皇象《急就》，唐摹奇絶，在故相張公齊賢孫名直清字汝欽處。”見《寶章待訪録》。葉夢得曾以摹本勒石，明正統四年，吉水楊政得葉刻拓本覆刊之於松江，石在松江府學，世稱松江本。葉跋云：“右章草《急就》二千二十三字，相傳爲皇象書，摹張鄧公家本。此書規模簡古，氣象沈遠，猶有蔡邕、鍾繇用筆意，雖不可定爲象書，決非近世所能僞爲者。此書有顔師古注本尚在，乃相與參校，以正書並列。

中間臨搨轉寫多,不無失實。好事者能因其遺法,以意自求於刻畫之外,庶幾絶學可復續也。"末署"宣和二年上巳日,知潁昌軍府事縉雲葉夢得題"。鄧公,張士遜也,此本是否即《書史》所記之本,固不可知,然今世所傳宋刻皇本《急就章》,僅賴此石存其遺影矣。

惟楊氏刻本中缺五段,補以宋克寫本,又散缺十八字。跋云:"余昔家居,見族伯顛道先生凡作詩文,多以章草書之。因問其字源,迺以《急就章》帖授與。惜前後缺落三百餘字,無别本倣補。他日仕游,博採善本完之,俾古帖復顯於時,名教中美事也。比典松江刑獄,始獲覩宋仲温之墨跡於翰林歸省編修楊廷瑞處,字體略小,格法亦少變,而筆筆皆有古意。將欲摹附帖後,其書竟爲好事者竊秘,蓋亦不知余有斯帖然也。而福建前参政任公勉之,以摹仲温之本出示,遂臨倣其缺者落者,以補其後。雖轉摹再四,脱真者多,當點畫波磔之間,梗概尚在。"按葉跋明著二千餘字,自是全篇,楊刻有缺文,蓋所據者爲殘帖耳。

南宋刻《澄清堂帖》卷十一殘本一册,明庫裝,商邱宋氏故物。繼爲固始張氏世守,余見之於鏡菡榭中。卷内有宋人《急就章跋》十一段,而正文不存,其跋語似亦不止十一段。即此十一跋觀之,帖中所刻《急就章》,即宋人所傳之皇象本也。爰詳録於後,以見皇本墨跡傳授始末。

章草《急就章》,世傳皇象書,然紙墨尚新,疑唐人善書者摹搨本也。近世書法幾廢,誰復能爲此?觀其結體遒勁,筆勢奕奕若飛動然,真可寶玩。元祐甲戌四月十日,信安山人謹記。

趙子晝、程俱、江褎、同觀于吴興之谿堂。政和癸巳九月十五日。

三衢程俱、同郡江褒、江褒，南京趙子書，政和乙未臘日，觀皇象書於吴興谿堂。

後十八年，歲在癸丑，暮春之初，子晝過致道山居，同觀于勝林堂，時二江下世久矣。

右故左轄鄧公聖求所藏章草《急就章》本，得于張鄧公家。後以予其婿紫薇舍人程公致道之父，所謂信安山人者也。致道在時，甚秘愛此書，既没，始爲其婿趙伯暘所取，最後予訪得之。故人尤延之嗜古書帖甚篤，乃以遺之。

乾道戊子十月乙未，信安毛开記。

頃歲嘗得刻本，寧有此飛動之勢。識其人於圖畫間，要豈若覿面之爲真也。張栻書。

陳騤、葉翥、劉焞同觀，乾道庚寅六月二十日。

乾道庚寅秋七月八日，吴興陶定觀。

蕭照鄰、李元翁、虞仲防，乾道庚寅季冬十一日同觀。

樓鑰敬觀。

右《急就章》一卷，先大父文簡公得之於三衢樵隱毛先生平仲，其傳授源流，具載跋尾。□□□□□□法度□□□□□□公□當承平時，石林葉公嘗刊於潁昌郡齋。紹興中，又有以潁昌本覆刊於三衢者。考其點畫，無復有此飛動氣象矣。焴挈來東淮，携此卷自隨，因刻諸石。又得今軍器監謝公愈修所書釋文，併刻於後，以貽好事者。距大父跋後八十年，當淳祐丁未仲秋十日，孫焴謹識。時毛公之孫佃，偶留東塾，相與共董刻焉。

觀夫諸跋，知葉本刻於潁昌郡齋，而紹興中又有以潁昌本覆刻於三衢者。今觀松江本葉氏結銜知潁昌軍府事，與尤氏跋合。顧千里《跋急就篇》云："葉夢得題史游《急就》，相傳爲皇象書，摹張鄧公家本。張必碑本，葉從而摹之。"見《思適齋集》卷十四。是未考張家之本，原爲墨跡，徒見《玉海》稱碑本，故謂張本爲碑。昔人於石刻稱碑稱帖，初不甚嚴。又如松江本行款雖爲帖式，而分層刻於碑石中，欲正其名，不亦難乎！惟《玉海》所據者爲潁昌，爲三衢，抑爲《澄清堂帖》，則不可知耳。

孫鑛《急就章跋》云："此但存章草形體耳，無論是皇象筆與否，古意總已全失。"見《王氏書畫跋跋》卷二。其筆意之失，葉石林固已言之，今古本日亡，即僅存之形體，以其足爲考辨之資，亦復可寶。

又松江刻本，缺幾字則空幾格，惟第一章"延"字至"方"字中缺三字，只空一格，殊不可解。及見徐鉉、趙孟頫本，篇首俱從"急就"字起，第二章以下始着章數，乃悟皇本篇首殆亦原無第一兩字，後人增之。以全篇行款移動匪易，故但改前數行，以其擠寫獨在真草各四行之末，又可測原帖必每頁八行，翻刻移行，只動首頁耳。於斯反證徐、趙諸本，自"急就"字起者，皆唐摹舊式也。

四　皇本異文及字數

《玉海》所引碑本，無論是否葉刻，既云皇象書，則與松江同源，似不應尚有異文。以浙局本《玉海》校之，其當松江覆葉本缺處不論外，尚有十字不同。因詳考其歧互之由，分别論之如後。

第十一章“鈇”下一字,葉釋“錐”,《玉海》引作“銍”,觀堂校記曰:“因錐草書與銍相似而誤釋”,此《玉海》誤辨草體也。

第十八章“椑梲”,《玉海》皆作“手”旁,字之從“手”從“木”者,昔人每混用之。又第廿九章“逮”,《玉海》引作“逮”,“逮”即“逮”之古文,此《玉海》以别體寫釋文也。以别體寫釋文,葉氏亦屢爲之,如第十一章“稟”釋“廩”,第十八章“錫”釋“錫”,第廿四章“莱”釋“楷”,第廿六章“絜”釋“潔”,第廿九章“忿”釋“惚”等是也。如但見釋文,而謂其草字偏旁原如是者,不亦傎乎!

第十二章“缶”下一字,左旁與“缶”字草法相同,葉釋“瓴”,是也。《玉海》宋太宗本作“甀缶”,注曰:“碑本作缶甀”,意在明其倒乙,而忽“甀”“瓴”之不同。第十九章“櫋”字,《玉海》宋太宗本作“軝”,注引碑本作“轉”,意在改“氏”爲“臱”,而忽略“車”旁未改也。第廿三章“棃盧”,《玉海》宋太宗本作“藜蘆”,注曰:“碑本作黎盧”,意在明其並無“草”頭,而忽略“黎棃”之有異也。此皆顧此失彼,牽連上文而誤者。

第廿一章“鷂”下一字,葉釋作“鳵”。《玉海》曰:“碑本鴇作鴘。顔注本作鴇,注曰字或作鴘。”觀堂校記曰:“唐人寫《毛詩·唐風》,鴇羽作鳵羽,《玉篇》鴇字亦如是作,作鳵者訛。”按其字草書左旁作“凡”者,“卂”中一畫起筆微缺也,釋文作“鳵”者,葉氏之誤仞也。顔注舉或作者,謂此字有此别體也。《玉海》引作“鴘”者,疑後人以从“凡”之字,字書所無,又不知其何以致誤,遂從顔注或作校改也。

第十四章“潰”,《玉海》引作“墤”,則誤仞“水”旁牽絲與中點相貫。第十二章“銒”,《玉海》引作“鉼”,“开”上有無兩點,俗書最多混淆,此皆傳鈔刊刻之誤也。

即此觀之，松江本與《玉海》所引碑本，昔人謂之皆合者固疏；而見此異文，不詳察其故，遽疑其非出一源者，亦屬癡人前不得説夢。《學津討源》刻《急就篇》出於《玉海》，“逯”、“棃”、“銂”、“樗”四字與松江本同，其所據《玉海》版本，蓋早於浙局底本。他日倘得元明舊刻《玉海》一校之，更當有所印證也。松江本中，灼然訛誤，及葉釋可疑者，亦有數字，列舉於後：

第二章“田廣國”之“田”字，與第三章“田細兒”之“田”字，草法不同，漢簡作“由”。“田”字者，蓋“由”字直畫上端剥落也。第廿三章“土人”，“人”字失韻，他本皆作“瓜”，“人”字者，蓋“瓜”字之下半剥落也。此皆墨跡壞字，葉氏從而誤釋者。

第廿四章“面目”下一字，左旁作“禾”，葉即釋“種”，於文義當是“腫”。草書“肉”旁與“禾”相近，蓋墨跡偶有賊毫，葉遂誤釋，而忘其不辭也。第廿八章“憐”下一字，葉釋“辭”，其字與“辭”絶不似，而形近於“城”，或釋爲“誠”，於義尚近。此則墨跡模糊，涉於疑似，葉氏釋文，因而未安者也。

第十四章“搣”字，从“威”，葉釋从“戚”。又同章刻晝之“晝”，葉釋作晝夜之“晝”，其草字分明，而釋文猶誤，則直松江翻摹之誤。吾且疑楊氏藏帖，未必潁昌原石，或出三衢覆刻者。羅願曰：“今世有一本，相傳是吴皇象寫，比顔解本無‘焦滅胡”以下六十三字，又頗有訛脱。”語見《玉海》本跋。所謂脱者，殆指散缺諸字，所謂訛者，又當别論，彼以至道御書爲正，故指異文爲訛耳。

龔自珍《最録急就》曰：“《急就》依王伯厚寫本所據碑本作某某者，頗疑之。趙孟頫嘗臨皇象矣，墨蹟貯大内，乾隆初，詔刻石嵌於西苑之閲古樓者是也。予家有拓本，以校王伯厚語，知其不然。豈趙臨皇象，而偏旁實不從之耶？抑皇象有二碑耶？”見《定盦文集補編》卷三。其所指趙本，即三希堂所刻者，趙氏固未明言臨皇象，即使果臨皇象，豈得以其與《玉海》刻書有異，而疑皇象原本哉！

上舉諸例，所以證《玉海》刻書及松江摹帖致誤之由，至全篇之文，應以何字爲正，前賢考訂，其説每不一致。又章草字體之源流，某生於篆，某生於隸，與夫何爲正體，何爲俗變，則孫氏考異，與近代李古餘先生《草説》，及玉烟堂帖本《急就章草法考》等書，所論頗詳，皆非本章所能盡述。

《急就》每章六十三字，以卅一章計之，得一千九百五十三字。再加章首第一、第念、第卅等八十一字，共二千零三十四字。諸家所舉，泰半參差，其得實者，殊不多覯。

索靖本，黄跋稱缺七百五十字，葉跋稱缺七百五十九字，有九字之差，索本無傳，莫得稽考。皇本葉跋稱二千二十三字，猶得謂不計缺文。鈕樹玉校定皇象本《急就章》，刊於《靈鶼閣叢書》者，跋中誤計全篇字數爲二千零五十字。松江翻葉刻殘本，實存一千四百字。惟嚴可均《鐵橋漫稿》卷九所記字數不誤。玉烟堂重翻，並未再缺。孫氏考異記紹聖帖本一千三百九十九字，鈕氏記松江本字數與孫氏同。觀堂校記於松江本類帖本字數又與孫鈕並同，紹聖本、類帖本皆即玉烟堂本，下章辨之。三家記四本，皆少一字，不解何故。

玉烟堂帖本《急就章草法考》謂玉烟帖存一千三百三十五字，乃指除去複字而言。王静安先生代友人作《重輯蒼頡篇》，其叙録謂《急就》全篇除去複字得一千六百十八字。按《四庫提要》謂《急就》無一複字固屬不然，而何字爲複，亦未易言也。如松江本之“由”字誤爲“田”，“腫”字誤爲“種”，究應視爲一字，抑爲兩字？其他形近而釋文不同者，亦屢見不鮮，胥憑釋文之人斷定之。然則今日之計複字者，但能謂某家釋文複若干，不能謂史游所作複若干也。

計數最誤者，莫過楊政，既以宋克寫本補葉本五段之缺文，每段之下必詳注"右自某至某若干字，補某章某字下至某章某字上"，其詳密無以復加。總計所補之字，已逾六百。而帖後跋云："惜前後缺落三百餘字"，則三家計數同遺一字，又不足訝。而僅依前人所舉字數，以定某爲何本者，其難信據，可想而見矣。

五　僞古刻二本

明末海甯陳氏刻《玉烟堂帖》，第一卷有《章草急就》一本，行款缺文以及點畫肥瘦，與松江本無一不同。董其昌序有結集歷代名跡與石刻佳本之語，知其翻自松江無疑，但删真書釋文及所補宋克書耳。

嘉慶三年孫星衍據一有紹聖款字之帖本，撰《急就章考異》一卷。序云："今所見法帖，有紹聖三年摹勒本，與《玉海》所載碑本文字異同皆合，即王應麟所引碑本也。葉夢得《石林集》云：'史游《急就章》二千二十三字，相傳爲皇象書。'又云：'索靖《章草急就篇》一千四百五十字。'今紹聖本纔一千三百九十九字，前題史游名，知即索靖本。"卷末記其款字云："紹聖三年春王正月摹勒上石。"又列徵引各本之目曰，帖本紹聖摹勒皇象本，自注："即《玉海》碑本。"其究爲皇爲索，竟不能自圓其説。

《鐵橋漫稿》卷九《急就篇跋》謂"華亭重刻與紹聖帖本對勘，字數悉同，行十一字亦同"。觀堂校記曰："岱南閣本孫序云出索靖,卷末復謂之紹聖摹勒皇象本。序又言其本存一千三百九十九字,與松江所刻葉本存字正合。則云出索靖者固非,即紹聖三年摹勒之款,亦不可信也。葉本摹於宣和二年,尚存二千二十三字,豈紹聖所刊之本,字反鋭減,乃與明刊葉本正合耶?又顧千里所録,洪筠軒所摹,皆出孫本,皆與葉本同,疑即松江本。”按此説至辨,顧校洪摹之本,吾未之見,疑皆原稿未刊者。惟《紹聖帖》實即《玉烟堂帖》,出於松江本者,非即松江本也。

竊其所以指爲索靖之故,殆有二端:一、其文字異同雖與皇象碑本相合,而不即定爲皇象者,以碑無缺文,而此有缺文也。二、葉夢得所記索本缺字之數,與此略近,故甯指爲索本耳。

卷尾復標皇象之名者,其來亦有所自。蓋考異正文雖稱用顔師古本,而實據帖本改其字,帖之所缺,則用《玉海》引碑本補之。所注諸本異文,亦多沿用《玉海》所校者。故《玉海》徵引各本之目,孫氏亦必照録之,始足見黄本、越本爲何物。比而觀之,則皇象二字之踪跡自見。

《玉海》	考異
碑本皇象書	帖本紹聖摹勒皇象本即玉海碑本 又梁相國國治臨本
顔本顔師古注	顔本顔師古注
黄本黄魯直	黄本黄魯直
李本李仁甫	李本李仁甫
越本朱文公刊於浙東	越本朱文公刊於浙東
	《玉海》本王應麟補注

其徵引之目，全襲《玉海》，不得獨改皇象之名，又欲舉其帖本爲證，糅而一之，不覺遂與序文矛盾。且黄本、李本、越本，乃王應麟所見者，今皆不傳，孫氏並不言爲轉引，帖缺何字又不詳注，於校勘之例，亦嫌未妥。至所引《石林集》二條，皇象條在松江本後，索靖條在《東觀餘論》中，《石林集》皆無，而《佩文齋書畫譜》卷七十載之，並注《石林集》。豈《書畫譜》所據，别有内府所藏足本，世所罕傳者耶？孫氏又何從而見之？殆從譜中轉引者也。

何以見爲《玉烟堂帖》乎？曰字數既合，標題又復同誤，紹聖款字，則從僞帖移裝者。試觀《玉烟堂帖》，卷首頂格總題"漢魏法書"四字，其後低格標"漢章帝"三字，後列《千字文》，再標"史游"二字，後列《急就章》。以次張芝名後列《八月九日帖》，皇象名後列《頑闇帖》。夫松江本之稱皇象書，其來已久，尊而上之，直稱此殘本爲史游書者，乃玉烟所獨，未之前聞者也。如云爲標撰人之名，則《千文》之前，何以不標周興嗣乎？帖本《急就章》，而前題史游名，非玉烟堂本而何？即此一端，不待目驗原拓，已足定讞也。

今世流傳僞本套帖，吾嘗見《絳帖》、《星鳳樓》、《戲魚堂》等數種，内容略同，首題及尾款各異。《星鳳樓》帖後有此十二字篆書之款。《星鳳》刻於南宋，則此款又别有來源，爲僞中之僞，蓋乾嘉時帖估所造以欺人者。錢泳記僞法帖云："吴中既有僞書畫，又造僞法帖，謂之充頭貨。舊有含翠亭僞帖，以宣城梅鼎祚《真娘墓詩》爲米南宫作。更有奇者，買得翻板《絳帖》一部，將每卷頭尾兩張重刻年月，以新紙染色搨之，充作宋刻。凡五部：一曰《絳帖》，二曰《星鳳樓帖》，三曰《戲魚堂帖》，四曰《鼎帖》，五曰《潭帖》。各省碑客，買者紛紛，遂取舊錦裝池，外加檀匣，取收藏家圖章，如項墨林、高江邨之類，印於帖上，以爲真宋拓。而官場豪富之家，不知真僞，竟以厚值購之。”見《履園叢話·碑帖類》。孫氏所見《急就》尾款，即從僞《星鳳樓帖》移裝者。或曰：安知其帖非北宋官刻之一乎？曰：北宋官刻有無《急就》，固不可盡考。惟史游真跡，宋人無一言之者。且紹聖刻帖，何獨與玉烟標題同誤，字數又與松江相等乎？

今既知紹聖帖爲玉烟堂本矣，“毋繜”以下，所缺纔四十七字，併後缺三段計之，尚不及三百字，即以缺字而言，亦無定爲索本之理。

《孫氏祠堂書目》卷一小學類：“《急就篇》一卷，漢史游撰。一玉海刊本，一明華亭石刻本，一星衍校刊本。”其序作於嘉慶五年，書刻於嘉慶十五年，皆在撰考異之後，不登紹聖帖本者，以其稱所見法帖，或非其家所藏。或既得松江本後，識帖之僞，而删去者。又考異第十章“撻韉”二字，獨異於《玉海》引碑，而與補宋克本同，殆見松江本而追改者，不得謂僞紹聖帖多此二字也。

其後莊世驥亦撰《急就章考異》，其篇首注曰：“篇内所列正文，以紹聖三年勒石本爲據。”其書屢稱孫淵如觀察之説，而正文皆同於孫本，蓋非以帖爲據，實以孫氏考異爲據耳。光緒間遵義鄭知同序云：“首題用紹聖石本爲據者，皇書舊有碑文，宋代重刊，莊氏蓋見其本云。”可謂耳食之談矣。

沈子培先生得一拓本，號之爲玉烟祖石，跋曰：“余收此，以爲玉烟堂刻，常賣楊生以爲非，謂紙墨鎸刻均不類，余無以折之。檢前後印記，有‘渤海陳氏珍藏’與‘此書曾藏玉烟堂’二印，世罕自刻自藏之例，此或玉烟堂祖石，元明舊刻未可知。”又云：“《急就章》自松江本外，世間遂無第二刻本。松江石在，而拓本亦至艱得。余求之有年，僅得江寧陳氏獨抱廬重刻書册本耳。集帖自玉烟外，亦無摹刻《急就》者。思元明書家盛習章草，所資以爲模範者，未必别無傳刻也。况玉烟蒐羅舊刻以成，固明見香光序文中，無庸疑也。”見《寐叟題跋》一集上卷，余嘗寤寐思之，以不得一見爲恨。

其帖後爲上海神州國光社影印，題跋俱在，帖前失二行，寐叟補書。後附張芝、皇象二帖，灼然玉烟堂帖。篇首二行，與史游之名在一頁中，必帖估撤之以滅跡，殆亦深知標題史游爲玉烟本之特徵也。惟石無損泐，乃拓本之舊者。叟既蔽於常賣楊生之説及陳氏二僞印，又未見松江拓本，遂疑董序所指，别爲古刻，至誤以玉烟舊拓當之。不思豈有古刻《急就》，而必附張皇之帖乎？想見得帖之時，乘興跋尾，故不及詳思博考耳。

此本觀堂校記稱之曰類帖本，云：“重摹葉本千三百九十九字，無釋文，無宋補字，嘉興沈氏所藏。”余初疑其有所迴護，及計其據校諸本，獨無《玉烟堂帖》。且於孫氏帖本，疑爲松江，而不疑爲玉烟。知觀堂於海寧陳氏之帖，蓋亦未嘗留意也。

六　傳世諸本綜述

甲　隸、真、今草寫本

一、漢人隸書本一　漢人隸書本《流沙墜簡》所印六簡外，近人張鳳氏《漢晉西陲木簡彙編》二編，亦載漢人隸書《急就》第十四章木觚三面。第一面首題第十四，下書“承塵户簾”七言三句，其他兩面各三句。以松江本校之，有異文十字。

二、漢人隸書本二　《彙編》二編復載隸書殘簡一段，在第三章“程”字至“終”字共八字，字體草率，與前觚不同，張氏題曰《急就姓氏兒笞》是也。

三、漢人隸書本三　隸書殘塼，自“急就”至“少誠”共三行，“觚”字下脱“寫與”字，右下角“列”字缺其半，左下角“誠”字全缺。乃塼未經火時信手所書，不能與簡册齊觀。自青榭宋克本羅跋中所言易州塼本第一章，即指此也。舊藏鄒氏適廬，聞近已易主。

四、魏刻古文殘字　字作三體石經古文體。存“觚”、“與”、“衆”、“異”、“羅”五字，首尾二字俱殘。此行之右尚有四殘字，不可辨讀。疑是刻三體石經之石工習刀法時所刻，以其左尚有空處，並無文字也。見孫海波編《魏三體石經集録·附録》。

五、晉人隸書殘紙　一紙上書六行，每行五六字不等，自“急就”至“務之”，共卅二字，見日本伏見沖敬所編《西域出土木簡及殘紙》一書。

六、晉人隸草合寫本殘紙　即前一紙之背，有竪闌，共九行。前四行隸書首章，自“急”至“憙”。次四行章草書首章。第九行隸書“鳳凰飛矣于高岡梧”八字。蓋亦習寫雜書，非録全篇者也。

七、吐魯番出土高昌真書寫本殘字紙數段，有延昌八年戊子歲題識。有注，或謂爲崔浩注本，藏新疆省博物館，尚未發表。延昌八年爲陳廢帝光大二年，公元五六八年也。

八、顔師古注本　傳鈔傳刻甚多，不具記。

九、空海今草寫本　日本僧空海今草寫本一卷，中有斷缺。有日本影印本。

十、趙孟頫真書本　刻入《安素軒帖》。

十一、俞和真書本 《三希堂》第廿七册刻俞和小楷書，首無“第一”兩字，末題“右漢史游《急就章》釋文，至正乙酉歲二月三日後學俞和録”。周鼎跋云：“□氏藏《急就章》三，子昂、仲温皆章草，俞和小楷。”舊所裝本，俞與趙每幅相間合爲一册，今已分裝。蓋紫芝患章草難讀，故爲之釋文，剪趙書數幅，而以己書間入，以便觀者。後人分裝爲二，使各成一家書。觀堂校記只引兩字，以爲三希趙書草字之證而已。其原合裝之趙書本，即藝苑真賞社所印之底本。

乙　章草寫本

一、松江本　明吉水楊政以葉夢得刻本重摹，石在舊松江府學，世稱松江本。其本以章草爲主，每行左方附真書大字釋文。昔人所謂皇象本者，即指其章草之底本也。中有殘缺，楊政以宋克寫二體本補之。

二、玉烟堂帖本　明海寧陳氏刻，即摹松江本之章草部分，而删其真書諸行，亦不存所補宋克諸章。

三、徐鉉本 《戲鴻堂帖》第十册，刻十二行，自“急就”字起，無“第一”兩字，至第三章“宜”字止。無款字，無題跋，董其昌標題“徐鉉《急就篇》”。鴻堂於古法書之長篇者，多節刻之，如徐浩《道經》上卷，僅摹九行，以見筆法於一斑而已。此本至十二行行末而止，前後不見殘損，疑亦節刻者也。

四、趙孟頫寫本一 《石渠》舊藏册頁本，全篇卅一章，篇首無“第一”兩字，其後每章章數皆具，款曰“大德癸卯八月十二日吴興趙孟頫”。後鮮于樞一跋、一詩，曾刻於《三希堂帖》第十八册。又康熙間人署更生翁者兩跋，三希堂帖删之。觀堂校記謂其“章草甚無法度,不似文敏書,蓋明人摹本”。按元人章草固不能與漢晉法度並論,松江補本且用宋克所書,此册縱屬明人所摹,而字樣猶在,固當不在宋書下也。校記謂葉本第一、第二兩章所缺十五字,此本有之,然他章缺字,此本亦缺,殆與葉本同源。

五、趙孟頫寫本二　册頁本,止於卅一章,首無“第一”兩字。項元汴舊藏,有諸藏印。前周壽昌題引首,後復跋尾二段。第十七章“尻”字之下,至第十九章“犂”字之上缺。周跋言缺兩段,蓋指兩頁也。上海藝苑真賞社影印。

六、趙孟頫寫本三　瀋陽博物館藏《石渠》舊藏趙孟頫寫本,有姚廣孝跋。此本筆力殊弱,疑出臨寫者。有文物出版社影印本。

七、鄧文原寫本　《石渠》舊藏一卷,即汪砢玉《珊瑚網》卷十著録者。款云:“大德三年三月十日,爲理仲雍書於大都慶壽寺僧房,巴西鄧文原。”有元明人跋六段。此卷前於三希趙書本三年,結構點畫與之悉同,而筆力較弱。趙本缺字此無不缺,更時有脱字誤筆。第十三、十四兩章之間,脱誤尤多。鄧氏書宗趙法,此必從趙書他本所臨者也。

八、宋克寫本一　《石渠寶笈》舊藏一卷,後有周鼎跋。今藏故宫博物院。有文物出版社影印本。

九、宋克寫本二　矮紙小卷,今藏天津藝術博物館。

十、宋克寫本三　《石渠》舊藏小卷,首缺一段,尾全,今不知所在,余曾見唐蘭先生臨本。

十一、宋克寫本四　花箋本一卷,首段書張懷瓘用筆十法,次段行書“急就章”三字,以下接寫章草《急就》本文,無每章章數,至“比倫”止。“倫”字在半行處,知爲隨手節書者。字跡與宋氏他書微異,或明初他人書者。閩縣卓氏自書樹得之,分裝成册,影印行世，題爲宋仲温書。

十二、乾隆御筆本　大方石上刻，小字章草全篇，自題臨鄧文原本。不知其石嵌於何處，亦不知今存否也。

十三、獨抱廬木刻松江本　道光丁亥，三山陳宗彝獨抱廬以寫刻書籍之法翻松江本，以所補宋克書填入行中，觀堂校記曰："此重刊松江本，間有校改之字，如土瓜瓜字，與松江本異。"按其首章"少"、"誠"、"快"、"意"、"卿"諸字又爲臆補，點畫復有訛誤者。翻刻本中，此爲下乘。今松江本傳拓復廣，羅氏《吉石盦叢書》中且影印之，此本已可廢。吾恐他日松江殘泐，如有據此以考楊刻舊拓者，則將爲所誤，故詳著之。後有陳氏跋，無關考訂，但知其底本借自顧千里而已。

十四、泰和館帖　近人歐陽輔氏《集古求真》卷八《急就篇》條曰："余所得本，首題泰和館帖，有舊跋謂爲宋内府刻，證以《珊網一隅》。余無此書，不知其説若何？"又曰："十五章'筑鉗'，余本作'錚'，與王伯厚注碑本作'錚'合。"按《玉海》並無此言，其帖源流不明，舊跋亦不足據。所舉某字正某字誤，皆草書釋文之歧互者，尤無足論也。按此余一九四六年初稿之文，其後見影印本，蓋以松江本翻刻，妄加宣和諸印，並補篇首諸缺字。以首章之首，松江加"第一"兩字，後有缺字，並不覺其多字。此本既補全諸字，章中遂少二字之地位，於是在"鄭子方"處，旁跨二小字，殊爲可笑。此本不待目驗影本，即觀歐陽氏語，已足見其可疑矣。

十五、《韜廬隸譜》本　光緒丙申歙縣汪宗沂撰《韜廬隸譜》，中有西漢槀書《急就章釋文》一篇，所釋與諸本頗多不同處。如"與衆異"釋爲"使衆異"，"屈宗談"釋爲"屈宗湘"。後附章草寫本一通，字迹拙劣，草法亦牽合其改釋之字，並有"焦滅胡"一章。篇末題“韜廬集各本,計二千零二十四字”。所謂各本,不知何本也。

七 後記

《急就》古本,出土日多,惜皆斷簡殘紙。元明人多臨章草本,當時蓋有石刻本流傳於世。鄧文原本後有袁華跋云:“今石刻相傳爲吴皇象書,比顔師古所注者,無“焦滅胡”以下六十三字,又頗有訛脱。”此跋書於洪武十二年,在松江刻石之前,則所謂石刻本或即楊政所據一類之本。然趙鄧諸家所臨,並無殘缺,知元代流傳古章草本,尚有他種完本也。俞和寫者,今只傳真書本,明王世貞曰:“錢唐俞和子中,頗得趙魏公三昧。此帖以宋藏經箋用章法書《急就章》,古色藹然,令人不忍釋手。”見《弇州山人稿》卷一三一。讀之使人嚮往。又昔人題跋著録,每見明清名家寫本,就中宋克寫本尤多。既未經親見,姑付闕如。

章草者,字體之名也。急就章者,書之篇章名也。章草得名之由,衆説多歧。或謂由於書寫《急就章》者,亦無確據。即使果然,字體名亦不足以代書篇名也。後世竟或有以章草二字代稱《急就章》,則誤矣。又《急就章》因歷代書家傳寫,又幾成法帖之名。昔余初稿發表於《輔仁學誌》時,友人之主編《學誌》者見首句“古小學書”,謂余曰:考《急就章》即考《急就章》可已,何必牽扯古小學書?余乃告之曰:“《急就》者,古小學書也,見於《漢書·藝文志》!”足見俗語不實,承訛藉舛,亦已久矣!

一九四六年初稿,一九八〇年修訂

《平復帖》説並釋文

西晉陸機《平復帖》，紙本，草書九行，前有白絹籤，墨筆書“□□（晉平）原内史吴郡陸機士衡書”，筆法風格與《萬歲通天帖》中每家帖前小字標題相似，知此籤是唐人所題。又有月白色絹籤，泥金筆書“□（晉）陸機《平復帖》”，是宋徽宗所題，下押雙龍小璽，其他三個角上，各有“政和”、“宣和”小璽。拖尾騎縫處還有“政和”連珠璽，知此即宣和内府所藏，《宣和書譜》卷十四著録的陸機真跡（明代人有以爲寫者是陸雲，甚至推爲張芝的，俱無確據，不復論）。

按陸機（公元二六一——三〇三年）字士衡，三國時東吴吴郡人，吴丞相陸遜之孫，大司馬陸抗之子。史稱其：“少有異才，文章冠世。”（《晉書》卷五十四本傳）年二十，吴被晉滅，家居勤學十年，與其弟陸雲被稱爲“二俊”。後入洛陽（西晉的首都），參加司馬氏的政權，又受成都王司馬穎的重用，爲平原内史，又加後將軍，河北大都督。爲司馬穎討司馬乂，兵敗，受譏，與弟陸雲同被司馬穎所殺。著述甚多，今傳有《陸士衡文集》。善書，爲文名所掩。

唐宋以來，講草、真、行書書法的，都上溯到晉人。而晉代名家的真跡，至唐代所存已逐漸稀少，流傳的已雜有摹本。宋代書畫鑒賞大家米芾曾説：“閲書白首，無魏遺墨，故斷自西晉。”而他所見的真跡，只是李瑋家所收十四帖中的張華、王濬、王戎、陸機和臣詹奏章晉武帝批答等幾帖(見《書史》卷上。《寶章待訪録》所記較略,此從《書史》)。其中陸機一帖,即是這件《平復帖》。宣和時,十四帖已經拆散不全。明張丑《清河書畫舫》子集引《宣和書譜》説:“陸機《平復帖》,作於晉武帝初年,前王右軍《蘭亭讌集叙》大約百有餘歲。今世張、鍾書法,都非兩賢真跡,則此帖當屬最古也。”(今本《宣和書譜》無此條,如非版本不同,即是張丑誤記。)宋岳珂《寶真齋法書贊》卷二十跋《米元章臨晉武帝大水帖》説:“西晉字,在今豈可復得!”明董其昌跋説:“右軍以前,元常以後,唯存此數行,爲希代寶。”其實明代所存,不但鍾帖已無真跡,即二王帖,亦全賸下唐摹本了。按先秦和漢代的簡牘墨跡,宋以前雖也偶有出土的,但數量不多,不久又全毁壞。可以説,在近代漢、晉和戰國的簡牘大量出土以前,數百年的時間,人們所能見到最古的,並非摹本的墨跡,只有這九行字。而在今日統觀所有西晉以上的墨跡,其中確知出於名家之手的,也只有這九行。若以今存古代名家法書論,這帖還是年代最早的一件,以今存西晉名家法書論,這帖又是最真實可靠的一件。

這一帖稱得起是流傳有緒的。米芾《書史》記載檢校太師李瑋收得晉賢十四帖,原裝一大卷,卷中有“開元”印和王涯、太平公主等人的藏印,卷前有“梁秀收閲古書”印,後有“殷浩”印。米芾説梁、殷都是“唐末鑒賞之家”,可知這一大卷的收集合裝是在唐末。今《平復帖》第九行下半空處(八行“寇亂”二字之左)有“殷浩”朱文印,因而可知就是李瑋所收的那一大卷中的陸機一帖。論起這《平復帖》的收藏者,就現在所知,最先的應推殷浩和梁秀。再據《書史》所記,那一大卷宋初在王溥家,傳至其孫王貽永,轉歸李瑋。後入宣和内府。但《宣和書譜》所載,並未完全包括那一大卷中的帖,可知大卷的拆散,是在李瑋收藏的時候。此後靖康之難,宣和所藏盡失,《平復帖》踪跡不明。到元代曾經張斯立、楊肯堂、郭天錫、馬昫等鑒賞,題有觀款(見吴其貞《書畫記》卷四)。還經陳繹曾鑒賞(見《清河書畫舫》子集)。明代萬曆年間歸韓世能,經董其昌題跋,傳至其子韓逢禧。轉歸張丑,著録於《清河書畫舫》、《真跡日録》二集、《南陽法書表》各書。清初歸葛君常,這時元人觀款被割去。又歸王際之。又歸馮銓(見吴其貞《書畫記》卷四)。轉歸梁清標,刻入《秋碧堂帖》。又歸安岐。後入乾隆内府,進給太后,陳設在慈寧宫寶座旁(見《盼雲軒帖》刻成親王題秋碧堂本《平復帖》)。太后逝世後,頒賜遺念,這帖歸了成親王永瑆,刻入《詒晉齋摹古帖》,並有記載的詩文(見《詒晉齋集》卷一、卷五、卷八),但未寫入卷中。後展轉流傳於諸王府,三十年前由溥儒先生手轉歸張伯駒先生。一九五六年歸故宫博物院。卷中各家藏印具在,流傳經過,歷歷可考。詳見《文物參考資料》一九五七年第一期王世襄先生《西晉陸機〈平復帖〉流傳考略》。

這一帖是用禿筆寫的草字。《宣和書譜》標爲章草,它與二王以來一般所謂的今草固然不同,但與舊題皇象寫的《急就篇》和舊題索靖寫的《月儀帖》一類的所謂章草也不同;而與出土的一部分漢晉簡牘非常相近。張丑《真晉齋記》(載在《真跡日録》二集)中只釋了“羸難平復病慮觀自軀體閔榮寇亂”十四字。安岐也説:“其文苦不盡識。”(《墨緣彙觀》“法書”卷上)我在前二十年也曾釋過十四字以外的一些字,但仍不盡準確(近年有的國外出版物也用了那舊釋文,隨之沿誤了一些字)。後得見真跡,細看剥落所賸的處處殘筆,大致可以讀懂全文。其中有些字必須加以説明,如：

第三行首二字略殘,第二字存右半“隹”,當是“唯”字。第五字“爲”起筆轉處殘損。末一“耳”字收筆甚長,摇曳而下。

第四行首字失上半,或是“吴”、或是“左”。

第五行“詳”下一字从“足”从“寺”,是“跱”字,“詳”是安詳,“跱”是竦跱。

第六行首“成”字,中直剥斷。“美”字或釋“異”。

第七行首字是“愛”,按《淳化閣帖》卷三庾翼帖“愛”字下半轉折同此。又《急就篇》中“争”字之首,筆作圓勢,可證愛字的“爪”頭。“埶”即“勢”字。“恒”字“忄”旁殘損,尚存竪筆上端。

第八行首字右上殘留横筆的左端。右下“刀”中二横亦長出,知是“稱”(稱)字。第三字張丑釋“閔”,但“門”頭過小,“文”字過大,且首筆迴轉至中心頓結,實非“閔”字。按《急就篇》“夏”字及出土樓蘭簡牘之“五月二日濟白”殘紙一帖中“夏暮”的“夏”字,俱同此。第四字右半殘損,存一小竪的上端,當是“伯”字。

第九行首字殘存右半,半圓形内尚存一點,知是“問”字。

詳觀帖文,乃是談論三個人,首先談到多病的彦先。按陸機兄弟二人的朋友有三個人同字彦先(陸雲與平原、與楊彦明書中也屢次談到彦先,而且是多病的。見《陸士龍文集》卷八、卷十):一是顧榮,一是賀循,一是全彦先(見《文選》卷廿四陸機詩李善注)。其中只有賀循多病,《晉書》卷六十八《賀循傳》記述他羸病情況極詳,可知這指的是賀循。説他能够活到這時,已經可慶;又有兒子侍奉,可以無憂了。其次談到吴子楊,他前曾到陸家作客,但没受到重視,這時臨將西行,又來相見,威儀舉動,較前大有不同了,陸機也覺得應該對他有所稱譽。但所給的評論,仍僅止是"軀體之美",可見當時講究"容止"的風氣和作用,也可見所謂"藻鑒"的分寸。最後談到夏伯榮,則因寇亂阻隔,没有消息。如果這帖確是寫於晉武帝初年,那時陸機尚未入洛,在南方作書,則子楊的西行,當是往荆襄一帶去了。

這一帖是晉代大文學家陸機的集外文,是研究文字變遷和書法沿革的重要參考品,更是晉代人品評人物的生動史料。

一九六一年九月,一九六四年修改

附録:

《平復帖》釋文

彦先羸瘵,恐難平復。往屬初病,慮不止此,此已爲慶。承使□(唯)男,幸爲復失前憂耳。□(吴)子楊往初來主,吾不能盡。臨西復來,威儀詳跱,舉動成觀,自軀體之美也。思識□量之邁前,執(勢)所恒有,宜□稱之。夏□(伯)榮寇亂之際,聞問不悉。

《蘭亭帖》考

東晉永和九年（公元三五三）三月三日，大文學家、大書家王羲之和他的朋友、子弟們在山陰（今紹興縣）的蘭亭舉行一次"修禊"盛會，大家當場賦詩，王羲之作了一篇序，即是著名的《蘭亭序》。這篇文章，歷代傳誦，成爲名篇。王羲之當日所寫的底稿，書法精美，即是著名的《蘭亭帖》，又是書法史上的一件名作。原跡已給唐太宗殉了葬，現存的重要複製品有兩類：一是宋代定武地方出現的石刻本；一是唐代摹寫本。

宋代有許多人對於《蘭亭帖》的複製作者提出種種揣測，對於定武石刻本的真僞也紛紛辯論。到了清末，有人索興認爲文和字都不是王羲之的作品。

這篇《蘭亭帖考》是試圖把一些舊説加以整理歸納，並對存在的問題進行一些分析，然後從現存的唐代摹本上考察原跡的真面目，以備讀文章和學書法者作研究參考的資料。不够成熟，希望獲得指正。

一

論真行書法，以王羲之爲祖師，《蘭亭序》又是王羲之生平的傑作，自南朝以來，久已成爲法書的冠冕。這個帖的流傳過程中，曾伴有種種傳説，而今世最流行的概念，大略如下：唐太宗遣蕭翼從僧辯才賺得真跡，當時摹搨臨寫的人，有歐陽詢和褚遂良。歐臨得真，遂以上石，世稱定武本，算作正宗；褚臨多參己意，算作別派。這種觀念，流行數百年，幾成固定的歷史常識。但一經鈎核諸説，比觀衆本，則千頭萬緒，不可究詰，而上述的觀點，殊屬無稽。如細節詳校來談，非數十萬字不能盡，兹姑舉要點來論，論點相同的材料，僅舉其一例。

甲、唐太宗獲得前的流傳經過：一、原在梁御府，經亂流出，爲僧智永所得，又入陳御府。隋平陳，歸晉王（煬帝），僧智果從王借搨不還，傳給他的弟子辯才（見唐劉餗《隋唐嘉話》卷下）。二、真跡在王氏家，傳王羲之七代孫僧智永，智永傳他的弟子僧辯才（見唐張彦遠《法書要録》卷三載唐何延之《蘭亭記》）。三、"元草爲隋末時五羊一僧所藏。"（宋俞松《蘭亭續考》卷一引宋鄭价跋。《蘭亭續考》以下簡稱《俞續考》。）

乙、唐太宗賺取的經過：一、"太宗爲秦王日……使蕭翊就越州求得之。"（《隋唐嘉話》卷下）二、唐太宗遣御史蕭翼僞裝商客，與辯才往還，乘隙竊去（見《蘭亭記》，趙彦衛《雲麓漫鈔》卷六引《唐野史》事略同）。三、"武德四年歐陽詢就越州訪求得之，始入秦王府。"（宋錢易《南部新書》卷四）

丙、隋唐時的摹搨臨寫：按雙鈎廓填叫做響搨，罩紙影寫叫做摹，面對真跡仿寫叫做臨，其義原不相同。而古代文獻，對於《蘭亭帖》的摹本，三樣常自混淆，現在也各從原文，合併舉之。一、智果有搨本（見《隋唐嘉話》卷下）。二、趙模等四人有搨本。何延之云："太宗命供奉搨書人趙模、韓道政、馮承素、諸葛貞等四人各搨數本"（《蘭亭記》）。三、褚遂良有臨寫本。張彦遠云："貞觀年,河南公褚遂良中禁西堂臨寫之際便録出。”(《法書要録》卷三載褚遂良《王羲之書目》後跋,“録出”者,指羲之各帖之文,其中有《蘭亭序》)四、唐翰林書人劉秦妹臨本。竇洎云:“蘭亭貌奪真跡。”(《法書要録》卷六載《述書賦》卷下)五、麻道嵩有搨本。錢易云:“麻道嵩奉教搨二本……嵩私搨一本。”(《南部新書》卷四)六、湯普徹等有搨本。武平一云:“(太宗)嘗令湯普徹等搨《蘭亭》賜梁公房玄齡已下八人。”(《法書要録》卷三載唐武平一《徐氏法書記》)七、歐、虞、褚有臨搨本。何延之云:“歐、虞、褚諸公皆臨搨相尚。”(《蘭亭記》)八、陸柬之有臨搨本。李之儀云:“一時能書如歐、虞、褚、陸輩,人皆臨搨相尚。”(宋桑世昌《蘭亭考》卷五引宋李之儀跋,按“陸”指陸柬之。桑世昌《蘭亭考》以下簡稱《桑考》)。九、智永有臨本。吴説云:“《蘭亭修禊前叙》,世傳隋僧智永臨寫,後叙唐僧懷仁素麻牋所書,凡成一軸。”(《桑考》卷五引宋吴説跋)十、王承規有模本。米友仁云:“汪氏所藏《三米蘭亭》……殆王承規模也。”(《桑考》卷五引宋米友仁跋)另有太平公主借搨之説,乃是誤傳,不具列〔一〕。後世仿習臨摹和展轉傳搨

〔一〕關於借搨之説,《唐會要》卷三十五:“《蘭亭》一本,相傳云將入昭陵。又一本長安神龍之際,太平安樂公主奏借出入(外)搨寫,因此遂失所在。”宋董逌《廣川書跋》卷六云:“《蘭亭序》在唐貞觀中舊有二本,其一入昭陵,其一當神龍中,太平公主借出搨摹,遂亡。”按太平公主借搨的事,見韋述所記,《會要》及董逌所謂又一本的,大概是另一個摹本,或是由於誤讀韋述的話。《法書要録》卷四載唐韋述《叙書録》云:“自太宗貞觀中,搜訪王右軍等真跡……凡得真行二百九十紙,裝爲七十卷,草書二千紙,裝爲八十卷……其後《蘭亭》一時相傳云將入昭陵玄宫。長安神龍之際,太平安樂公主奏借出外搨寫《樂毅論》,因此遂失所在。”蓋真行七十卷,草書八十卷,是總述全數。其後拈出二種:一時相傳將入昭陵的,是《蘭亭》帖;奏借出外搨寫而失的,是《樂毅論》。俱因其亡失而特加記述的。

的,也不詳舉。

以上甲、乙、丙三項中多屬得自傳説和揣度意必之論,並列出來,以見他們的矛盾分歧。宋以後人的話,更無足舉了。

丁、隋唐刻本:一、智永臨寫刻石本。《桑考》云:"隋僧智永亦臨寫刻石,間以章草,雖功用不倫,粗髣髴其勢,本亦稀絶。"(《桑考》卷五,未注出處。又卷七引宋蔡安强跋謂智永本爲正觀中摹刻)二、唐勒石本。《桑考》云:"天禧中,相國僧元靄曾進唐勒石本一卷,卷尾文皇署'勑'字,傍勒'僧權'二字,體法既臻,鎸刻尤工。"(《桑考》卷五,未注出處)三、唐刻版本。米芾云:"泗州山南杜氏……收唐刻板本《蘭亭》。"(《桑考》卷五引宋米芾跋)四、褚庭誨臨本。黄庭堅云:"褚庭誨所臨極肥,而洛陽張景元劚地得闕石極瘦,定武本則肥不剩肉,瘦不露骨,猶可想見其風。三石刻皆有佳處。"(《桑考》卷六引宋黄庭堅跋)這都是宋人所指爲隋唐刻本的,並未著明根據,大概也多意必之見。至於後世展轉摹刻,或追加古人題署,或全出僞造的,更無足述。而所謂開皇本的,實在也屬這類東西,所以不舉。

戊、定武本問題:定武石刻,宋人説的極多,細節互有出入,其大略如下。石晉末,契丹自中原輦石北去,流落於定州,宋慶曆中被李學究得到。李死後,被州帥得着,留在官庫裏。熙寧中薛向帥定州,他的兒子薛紹彭翻刻一本,換去原石。大觀中,原石自薛家進入御府(《桑考》卷三引宋趙桯、榮芑、何薳等跋,卷六引宋沈揆、洪邁等跋)。

這塊石刻,宋人認爲是唐代所刻,趙桯云:"此文自唐明皇(《桑考》云是"文皇"之誤。)得真跡,刻之學士院。"(《桑考》卷三引趙桯定武本)周勛引《墨藪》云:"唐太宗得右軍《蘭亭叙》真跡,使趙模搨,以十本賜方鎮,惟定武用玉石刻之。文宗朝舒元輿作《牡丹賦》刻之碑陰。事見《墨藪》,世號定武本。”(《桑考》卷六引宋周勛跋。功按“明皇”爲“文皇”之誤,已見趙桎跋,顯宗當即玄宗,宋人諱玄所改者。)

定武石刻出自何人摹勒,約有以下種種説法:一、出於趙模(見周勛跋)。二、出於王承規(見鄭价跋)。三、出於歐陽詢。李之儀云:“蘭亭石刻,流傳最多,嘗有類今所傳者,參訂獨定州本爲佳,似是以當時所臨本模勒,其位置近類歐陽詢,疑是詢筆。”(《桑考》卷五引李之儀跋)又樓鑰云:“今世以定武本爲第一,又出歐陽率更所臨。”(《桑考》卷五引宋樓鑰跋)又何薳云:“唐太宗詔供奉臨《蘭亭序》,惟率更令歐陽詢所搨本奪真,勒石留之禁中,他本付之於外,一時貴尚,爭相打搨,禁中石本,人不可得,石獨完善。”(宋曾宏父《石刻鋪叙》卷下引何子楚跋,子楚,薳之字)四、出於褚遂良。米友仁云:“昨見一本於蘇國老家,後有褚遂良檢校字,世傳石刻,諸好事家極多,悉以定本爲冠,此蓋是也。”(《桑考》卷五引宋米友仁跋)又宋唐卿云:“唐貞觀中……詔内供奉摹寫賜功臣,時褚遂良在定武,再模於石。”(《俞續考》卷一引宋宋唐卿跋)五、出於智永。榮芑云:“定武《蘭亭叙》,凡三本,其一李學究本,傳爲陳僧法極字智永所模。”(《桑考》卷七引榮芑跋)六、出於懷仁。米友仁云:“定本,懷仁模思差拙。”(《桑考》卷五引米友仁跋)

從以上諸説看來,定武本是何人所模,也矛盾紛歧,莫衷一是,所謂某人臨摹,某人勒石,同是臆測罷了。

定武石本,宋人已有翻刻僞造的,它的真僞的區别,自宋人到清翁方綱的《蘇米齋蘭亭考》,辨析已詳,現在不加重述。而歷代翻刻定武本,複雜支離,不可究詰,現也不論。

己、褚臨本問題:《蘭亭》隋唐摹搨臨寫的各種傳説,已如上述,綜而觀之,不下十餘人。北宋時,指唐摹本爲褚筆之説,流行漸多。米芾對於刻本,很少提到定武本,對於摹本,常題爲褚筆。例如他對於王文惠本,非常鄭重地題稱:“有唐中書令河南公褚遂良,字登善,臨晉右將軍王羲之《蘭亭宴集序》。”好似有十足的根據似的。但那帖上原無褚款,所據只在筆有褚法就完了。他説:“浪字無異於書名。”(見《寶晉英光集》卷七)浪字書名,是指“良”字。當時好事者也多喜好尋求褚摹,米芾又有詩句云:“彦遠記模不記褚,《要録》班班記名氏。後生有得苦求奇,尋購褚模驚一世。寄言好事但賞佳,俗説紛紛哪有是。”(見《寶晉英光集》卷三)則又否定了褚摹之説,米氏多故弄狡獪,不足深辨。但從這裏可見當時以無名摹本爲褚筆,已成爲一種風氣了。

自此以後,凡定武本之外唐摹各本,逐漸地聚集而歸列褚遂良一人名下。至翁方綱《蘇米齋蘭亭考》(以下簡稱《翁考》)卷二《神龍蘭亭考》説:“乃若就今所行褚臨本言之,則此所號稱神龍本者,尚是褚臨之可信者矣。何以言之?計今日所稱褚臨本,曰神龍本,曰蘇太簡本,曰張金界奴本,曰潁上本,曰鬱岡齋、知止閣、快雪堂、海寧陳氏家所刻領字從山本,皆云褚臨之支系也。”又説:“要以定武爲歐臨本,神龍爲褚臨本,自是確不可易之説。”功按化零爲整,這時總算到了極端。歐褚這兩個偶像,雖然早已塑成,但是“同龕香火”,至此才算是“功德圓滿”!

綜觀以上資料,我們得知,圍繞《蘭亭》一帖,流行若干故事傳説,而定武一石,至宋又成爲《蘭亭》帖的定型,自宋人至翁方綱,辨析點畫,細到毫芒,而搜集搨本的,動輒至百數十種。但是一經鈎稽,便看到矛盾百出。到了清末李文田氏,便連這篇序文和這帖上的字,都提出了懷疑,原因與這有一定的關係。現在剥去種種可疑的説法和明顯附會無關重要的事,概括地説來,大略如下:

王羲之書《蘭亭宴集詩序》草稿,唐初進入御府,有許多書手進行搨摹臨寫。後來真跡殉葬昭陵,世間只流傳摹臨之本。北宋時發現一個石刻本在定武,摹刻較當時所見的其他刻本爲精,就被當時的文人所寶惜,而唐代摹臨之本,也和定武石刻本並行於世。定武本由於屢經搥搨的緣故,筆鋒漸秃,字形也近於板重;而摹臨的墨跡本,筆鋒轉折,表現較易,字形較定武石刻近於流動;後人揣度,便以定武石刻爲歐臨,其他爲褚臨,《蘭亭》的情況,如此而已。

我又曾疑宋代所傳唐人鈎摹墨跡本,自然比今天所存的要多得多,以傳真而言,摹本也容易勝過石刻,何以諸家聚訟,單獨在定武一石呢?豈是這一石刻果然超過一切摹本嗎?後來考察,唐人摹本中的上品,宋人本來也都寶重,但唐摹各本中,亦有精粗之别。即看《桑考》所記,知道粗摹墨跡本有時還不如精刻石本,並且摹本數量又少,而定武摹刻精工,又勝過當時流傳的其他的刻本,再説搨本等於印刷品,流傳也容易廣泛,能够滿足學者的需求,這大概也是定武本所以聲譽獨高的緣故吧!

現在唐摹墨跡本和定武原石本還有保存下來的,而影印既精,毫芒可鑒,比較觀察,又見宋人論述所未及的幾項問題,以材料論,古代所存固然比今天的多,但以校核考訂的條件論,則今天的方便,實遠勝於古代,《蘭亭》的聚訟,結案或將不遠了。

二

清末順德李文田氏對於《蘭亭》的文章和字跡，都提出懷疑的意見，見於所跋汪中舊藏定武本〔一〕之後，跋云：

唐人稱《蘭亭》，自劉餗《隋唐嘉話》始矣。嗣此何延之撰《蘭亭記》，述蕭翼賺《蘭亭》事如目覩，今此記在《太平廣記》中。第鄙意以爲定武石刻未必晉人書，以今所見晉碑，皆未能有此一種筆意，此南朝梁、陳以後之跡也。按《世説新語·企羡篇》劉孝標注引王右軍此文，稱曰《臨河序》，今無其題目，則唐以後所見之《蘭亭》，非梁以前《蘭亭》也。可疑一也。

《世説》云：人以右軍《蘭亭》擬石季倫《金谷》，右軍甚有欣色，是序文本擬《金谷序》也。今考《金谷序》文甚短，與《世説》注所引《臨河序》篇幅相應，而定武本自"夫人之相與"以下多無數字，此必隋唐間人知晉人喜述老莊而妄增之，不知其與《金谷序》不相合也。可疑二也。

即謂《世説》注所引或經删節，原不能比照右軍文集之詳，然"録其所述"之下，《世説》注多四十二字，注家有删節右軍文集之理，無增添右軍文集之理，此又其與右軍本集不相應之一確證也。可疑三也。

有此三疑，則梁以前之《蘭亭》與唐以後之《蘭亭》，文

〔一〕 汪中藏的定武本實是宋人翻刻的。有文明書局影印本。

尚難信,何有於字。且古稱右軍善書,曰“龍跳天門,虎卧鳳闕”,曰“銀鈎鐵畫”。故世無右軍之書則已,苟或有之,必其與《爨寶子》、《爨龍顔》相近而後可,以東晉前書與漢魏隸書相似,時代爲之,不得作梁、陳以後體也。

功按這派懷疑之論,在清末影響很廣,因爲當時漢、晉和北朝碑版的發現,一天天地多起來,而古代簡牘墨跡的發現還少,談金石的,常據碑版的字懷疑行草各帖的字。各帖裏固然並非絶無僞托的,況且翻刻失真的也很多,但不能執其一端,便一概懷疑所有各帖。現在先從《世説》注文説起。

《世説新語·企羨篇》一條云:

王右軍得人以《蘭亭集序》方《金谷詩序》,又以己敵石崇,甚有欣色。

劉峻注云:

王羲之《臨河敘》曰:永和九年,歲在癸丑,暮春之初,會於會稽山陰之蘭亭,修禊事也。群賢畢至,少長咸集。此地有崇山峻嶺,茂林修竹。又有清流激湍,映帶左右,引以爲流觴曲水,列坐其次。是日也,天朗氣清,惠風和暢,娱目騁懷,信可樂也。雖無絲竹管絃之盛,一觴一詠,亦足以暢敘幽情矣。故列序時人,録其所述。右將軍司馬太原孫承公等二十六人,賦詩如左,前餘姚令會稽謝勝等十五人,不能賦詩,罰酒各三斗。

今傳《蘭亭》帖二十八行,三百餘字,乃王羲之的草稿,草稿未必先寫題目,這是常事,也是常識。況且《世説》本文稱之爲《蘭亭集序》,注文稱之爲《臨河叙》,已自不同,能够説劉義慶和劉峻所見的本子不同嗎?

至於當時人用它比方《金谷序》的原因,必有根據的條件,《世説》略而未詳。但絶不見得只是以字數相近,便足使右軍"甚有欣色"。譬如今天説某人可比諸葛亮,理由是因爲他體重若干斤、衣服若干尺和諸葛亮有相同處,豈不是笑話!《世説》曰"人"曰"方"是别人的品評比况。李跋改"方"爲"擬",以爲右軍撰文,本來即欲模擬《金谷序》,真可以説差之毫釐謬以千里了。且詩文草創,常非一次而成,草稿每有第一稿、第二稿以至若干次稿的分别。古人文集中所載,與草稿不相應和墨跡或石刻不相應的極多。且注家有對於引文删節的,也有節取他文或自加按語補充説明的。以當時的右軍文集言,序後附録諸詩,詩前有説明的話四十二字,亦或有之,劉注多這四十二字,原不奇怪。何况右軍文集《隋志》著録是九卷,今本只二卷,可見亡佚很多,劉峻所見的本子有這四十多字,極屬可能。又彙録《蘭亭詩》多有傳本,俱注明某某若干人成詩若干首,某某若干人詩不成,罰酒若干。劉注或據此等傳本而綜括記述,也很可能。總之序文草稿(《蘭亭帖》)對於全部修禊盛會的文件,僅僅是一部分,今本文集又不是全豹,注家又常有删有補,在這三種情况下來比較它的異同,蘭亭帖和《世説》注的不相應,自是必然的事。抓住這一種現象來懷疑《蘭亭序》文章草稿,在邏輯上,殊難成立。

以上是本證。再看旁證:三代吉金,一人同作數器,或一器底蓋同有銘文,其文互有同異的很多;韓愈的文章,集本與石刻不同的也很多;歐陽修《集古録》,集本與墨跡本不同也很多,並且今天所見墨跡各篇俱無篇題;蘇軾《定惠院寓居月夜偶出》詩二首,流傳有草稿本,前無題目,第二首末較集中亦少二句,蓋非最後的定稿。翁方綱曾考之,見《復初齋文集》卷二十九,這都是金石家、文學家所習知的事,博學的李文田氏,何至不解此例?於是再讀李跋,見末記此爲浙江試竣北還時所書。因憶當日科舉考試,雖草稿也必須寫題目,稿文必與謄正相應,否則以違式論,甚至科以舞弊的罪名。我才恍然明白李氏這時的頭腦中,正糾纏於這類科場條例,並且還要拿來發落王右軍罷了!

至於書法,簡札和碑版,各有其體。正像同在一個碑上,碑額與碑文字體也常有分别,因爲它們的作用不同。並且同屬晉代碑版,也不全作《二爨》的字體。如果必方整才算銀鈎鐵畫,那麼周秦金石、漢魏碑版俱不相副,因爲它們還有圓轉的地方。不得已,只有所謂歐體宋板書和宋體鉛字,才合李氏的標準。且今西陲陸續發現漢晉簡牘墨跡,其中晉人簡牘,行草爲多,就是真書,也與碑版異勢,並且也不作《二爨》之體,越發可以證明,其用不同,體即有别。且出土簡牘中,行書體格,與《蘭亭》一路有極相近的,而筆法結字的美帥,却多不如《蘭亭》,才知道王羲之所以獨出作祖的緣故,正是因爲他的真、行、草書,變化多方,或剛或柔,各適其宜。簡單地説,即是在當時書法中,革新美化,有開創之功而已。後來"崇古"的人,常常以"古"爲"美",認爲風格質樸的高於姿態華麗的,這是偏見,已不待言。而韓愈詩説:"羲之俗書趁姿媚。"雖然意在諷譏,却實在説出了真象,如果韓愈和王羲之同時,而當面説出這話,恐怕王羲之正要引爲知己的。

李跋稱何延之記"事如目覩",並且特别提出它收於《太平廣記》中,意謂這篇《蘭亭記》是小説家言,不足爲據,遂並疑《蘭亭帖》爲僞。不知小説即使增飾故實,和《蘭亭帖》的真僞是無關的。正如同不能因爲疑虬髯客、霍小玉的事情是否史實,便説唐太宗、李益並無其人。

三

世傳《蘭亭帖》摹本刻本,多如牛毛,大約説來,不出五類:一、唐人摹搨本。意在存真,具有複製原本的作用。二、前人臨寫本。出於臨寫,字形行款相同,而細節不求一一吻合。三、定武石刻本。四、傳刻本。傳刻唐摹或複刻定武,意在複製傳播,非同蓄意作僞。五、僞造本。隨便拼湊,妄加古人題署,或翻刻,或臨搨,任意標題,源流無可據,筆法無足取,百怪千奇,指不勝屈,更無足論了!

功見聞寡陋,所見的《蘭亭》尚不下百數十種,足見傳本之多。現就所見的幾件真定武本和唐臨、唐摹本,略記梗概於後。

一、定武本

甲、柯九思本

故宫藏,曾見原卷。五字已損,紙多磨傷,字口較模糊。隔水有康里巙巙、虞集題記,後有王黼、忠侯之系、公達、鮮于樞、趙孟頫、黄石翁、袁桷、鄧文原、王文治諸跋。有影印本。

乙、獨孤本

原裝册頁,經火燒存殘片若干,今已流入日本。我見到西充白氏影印本。這帖五字已損,趙孟頫得於僧獨孤長老的。帖存三片，字口亦較模糊。後有吴説、朱敦儒、鮮于樞、錢選跋，趙孟頫十三跋並臨《蘭亭》一本，又柯九思、翁方綱、成親王、榮郡王諸家跋。册中時有小字注釋藏印之文，乃黄鉞所寫。

丙、吴炳本

仁和許乃普氏舊藏，今已流入日本。我見到影印本。五字未損，搨墨稍重，時侵字口，還有後人塗墨的地方（如“悲也”改“悲夫”字，“也”字的鈎；“斯作”改“斯文”，“作”字痕跡俱塗失）。後有宋人學黄庭堅筆體的録李後主評語一段，又有王容、吴炳、危素、熊夢祥、張紳、倪瓚、王彝、張適、沈周、王文治、英和、姚元之、崇恩、吴郁生、陳景陶、褚德彝諸跋。

其他如真落水本確聞還在某藏家手中，惜不詳何人何地。文明書局影印一落水本，是裴景福氏所藏，本帖、題跋、藏印，完全是假的（其他僞本極多，不再詳辨。這本名氣甚大，故特提出）。

二、唐臨本

甲、黄絹本

高士奇、梁章鉅舊藏，今已流入日本。我見到影印本。其帖絹本，“領”字上加“山”字，筆劃較豐腴，有唐人風格而不甚精彩，字形不拘成式〔一〕（如“羣”字杈脚之類），是臨寫的，非摹搨的。後有米芾跋，稱爲王文惠故物。首曰“右唐中書令河南公”云云，末曰“壬午八月廿六日寶晉齋舫手裝”。款曰“襄陽米芾審定真跡秘玩”。再後有莫雲卿、王世貞、周天球、文嘉、俞允文、徐益孫、王穉登、沈威、翁方綱、梁章鉅等跋。

〔一〕 定武程式中尚有“崇”字“山”下三點一事，按各摹臨本“崇”字“山”下只有一横，並無一本作三點的，可知定武“山”下的左二點俱是泐痕。

故宫藏宋游似所題宋搨褚臨《蘭亭》卷，經明晉府、清卞永譽、安岐遞藏。原帖後連米跋，即是此段。但《蘭亭》正文與此黄絹本不同。且“領”字並不從“山”。裝潢隔水紙上有游似跋尾墨跡，云：“右褚河南所摹與丙袟第三同，但工有功拙，遠過前本爾。”下押“景仁”印，又有“趙氏孟林”印。可知黄絹之卷，殆後人湊配所成。不是米跋的那件原物。

乙、張金界奴本

故宫藏，曾屢觀原卷。《戲鴻堂》、《秋碧堂》等帖曾刻之。乾隆時刻《蘭亭八柱帖》，列此爲第一柱。原卷白麻紙本，墨色晦暗，筆勢時見鈍滯的地方，大略近於定武本，細節如“羣”脚杈筆等，又不盡依成式。帖尾有小字一行曰：“臣張金界奴上進。”後有揚益、宋濂、董其昌、徐尚賓、張弼、蔣山卿、楊明時、朱之蕃、王衡、王應侯、楊宛、陳繼儒、楊嘉祚諸家跋，前有乾隆題識。董跋云：“似虞永興所臨。”梁清標遂鑿實題籤曰：“唐虞永興臨《禊帖》。”此後《石渠寶笈》著録和《八柱》刻石，直到故宫影印本，俱標稱爲虞臨了。《翁考》云：“至於潁上、張金界奴諸本，則皆後人稍知書法筆墨者，别自重摹。”其説可算精識。我頗疑它是宋人依定武本臨寫者。如“激”字，定武本中間從“身”，神龍本從“皁”，此本從“身”，亦與定武本同〔一〕。

丙、褚臨本

故宫藏，曾屢觀原卷。此帖乾隆時刻入《三希堂帖》，又刻入

〔一〕 張金界奴，宛平人，張九思之子。元文宗建奎章閣時任爲都主管工事，又曾任提調織染雜造人匠，其父子事跡見虞集所撰神道碑。金界奴即如僧家奴之類。王芑孫《題秋碧堂蘭亭》曾爲詳考，見《惕甫未定稿》卷二十五。

《蘭亭八柱帖》爲第二柱。原卷淡黄紙本,前後隔水有舊題“褚模王羲之《蘭亭帖》”一行,帖後有米芾題“永和九年暮春月”七言古詩一首。後有“天聖丙寅年正月二十五日重裝”一款,乃蘇耆所題,又范仲淹、王堯臣、米黻、劉涇諸家觀款(以上五題共在一紙)。再後龔開、朱葵、楊載、白珽、仇幾、張澤之、程嗣翁等題(以上各題共紙一段)。再後陳敬宗、卞永譽、卞巖跋。前有乾隆題識。此帖字與米詩筆法相同,紙也一律,實是米氏自臨自題的。此詩載《寶晉英光集》卷三,題爲“題永徽中所模《蘭亭敘》”,末有“彦遠記模不記褚”等句,知米芾並不認爲這帖是褚臨本。後人題爲褚本,是並未瞭解米詩的意思。

《翁考》卷四云:“此一卷乃三事也。其前《蘭亭帖》及米元章七言詩爲一事,此則米老自臨《褚蘭亭》,而自題詩於後。雖其帖前有蘇氏印,然亦不能專據矣。此自爲一事也。其中間天聖丙寅蘇耆一題及范、王、米、劉四段,此五題自爲一事,是乃真蘇太簡家《蘭亭》之原跋也。至其後龔開等跋以後又爲一事,則不知某家所藏《蘭亭帖》之後尾也。”翁氏剖析,可稱允當。他所見的是一個油素鈎本,參以安岐《書畫記》所記的。今諦觀原卷,帖前“太簡”一印,四邊紙縫掀起,蓋後人將原紙挖一小洞,别剪這印,襯入貼補。年久糊脱,漸致掀起。曾見古書畫中常有名人收藏印甚至作者名號印都是挖嵌的,就在影印本裏也可以看出。這都是古董家作僞伎倆。至於《蘭亭帖》中“怏然”作“快(快慢之“快”)然”,米詩中“昭陵”作“昭凌”(從兩點水旁),都分明是誤字[一],或者是

〔一〕“怏然自足”的“怏”字,《晉書·王羲之傳》已作快慢的“快”,但帖本無論墨跡或石刻,俱作從中央之“央”的“怏”,知《晉書》是傳寫或版本有誤的。

米跡的重摹本。

其他宋代摹刻唐人臨摹（或稱褚臨、褚摹）的《蘭亭帖》，也有時見到善本，但流傳未廣，不再記述。至於明清彙帖中摹刻《蘭亭》的更多，也不復一一詳論。潁上本名雖較高，實亦唐臨本中粗率一路的，《翁考》中已先論及了。

三、唐摹本

所謂摹搨的，是以傳真爲目的。必要點畫位置、筆法使轉以及墨色濃淡、破鋒賊毫，一一具備，像唐摹《萬歲通天帖》那樣，才算精工。今存《蘭亭帖》唐摹諸本中，只有神龍半印本足以當得起。

神龍本，故宫藏，曾屢觀原卷。白麻紙本，前隔水有舊題"唐模《蘭亭》"四字，郭天錫跋説這帖定是馮承素等所摹，項元汴便鑿實以爲馮臨，《石渠寶笈》、《三希堂帖》、《蘭亭八柱》第三柱，俱相沿稱爲馮臨。帖的前後紙邊處各有"神龍"二字小印之半。又有"副騂書府"印（這是南宋末駙馬楊鎮的藏印）。後有許將至石蒼舒等觀款八段；再後永陽清叟、趙孟頫題；郭天錫跋贊；鮮于樞題詩；鄧文原、吴炳、王守誠、李廷相、文嘉、項元汴跋。前有乾隆題識。

這帖的筆法穠纖得體，流美甜潤，迥非其他諸本所能及。破鋒和剥落的痕跡，俱忠實地摹出。有破鋒的是："歲"、"羣"、"畢"、"觴"、"静"、"同"、"然"、"不"、"矣"、"死"各字；有剥痕成斷筆的是："足"、"仰"（此字並有針孔形）、"遊"、"可"、"興"、"攬"各字；有賊毫的是"蹔"字；而"每攬"的"每"字中間一横劃，與前各字同用重墨，再用淡墨寫其餘各筆。原來原跡爲"一攬昔人興感之由，若合一契"，後改"一攬"爲"每攬"。這是從來講《蘭亭帖》的人都没有見到的。

並且這“每”字在行中距其上的“哉”及其下的“攬”字,俱甚逼仄,這是因爲原爲“一”字,其空間自窄。定武本則上下從容,不見逼仄的現象。可知定武不但加了直闌,即行中各字距離亦俱調整匀浄了。若非見唐摹善本,此秘何從得見!(影印本墨色俱重,改跡已不能見。)惟懷仁《聖教序》中“聞”字、“跡”字,俱集自《蘭亭》,而俱有破鋒,神龍本中却没有,可知神龍本也還不是毫無遺漏的。

這一卷的行款,前四行間隔頗疎,中幅稍匀,末五行最密,但是帖尾本來並非没有餘紙,可知不是因爲摹寫所用的紙短,而是王羲之的原稿紙短,近邊處表現了擠寫的形狀。又摹紙二幅,也是至“欣”字合縫,這可見不但筆法存原形,並且行式也保存了起草的常態。若定武本界畫條格,四平八穩,則這種情狀,不復能見了。至於璽紙原跡的様子,今已不可得見,摹搨本哪個最爲得真,也無從比較,但是從摹本的忠實程度方面來看,神龍本既然這様精密,可知它距離原本當不甚遠。郭天錫以爲定是於《蘭亭》真跡上雙鈎所摹,實不是駕空之談,情理具在,真是有目共覩的。自世人以定武本爲《蘭亭》標準的觀念既成之後,凡定武所未能傳出的筆法細節,都以爲是褚臨失真所致。今觀“每”字的改筆,即屬定武本所無,而不能説是褚臨所改的,那些成見,可以不攻自破了。

這一卷明代藏於烏鎮王濟家,四明豐坊從王家鈎摹,使章正甫刻石於烏鎮,見文嘉跋中(卷中有“吴興”及“王濟賞鑒過物”諸印)。其石後歸四明天一閣,近代尚存,搨本流傳甚多,當是豐氏携歸故鄉的。摹刻很精,但附加了“貞觀”、“開元”、“褚氏”、“米芾”等許多古印，行式又調劑停匀，俱是美中不足。《翁考》糾纏於《蘭亭》流傳及太平公主借搨諸問題，至以翻本《星鳳樓帖》所刻無印章的神龍本爲正，都是由於豐氏這一刻本妝點僞印所誤。今見原卷，豐氏的秘密才被揭穿（翁方綱之説又見《涉聞梓舊》所刻《蘇齋題跋》卷下，他説翻本《星鳳樓帖》的無印神龍本圓潤在范氏石本之上，這是因翻本筆鋒已秃，遂似圓潤，比觀自可見）。這卷由王氏歸項元汴家，項氏之子德弘曾刻石，見朱彝尊跋（《曝書亭集》卷四十六）。未見搨本。

文嘉跋中，更推重荆溪吴氏所藏唐摹本，其帖有蘇易簡題“有若像夫子”一詩，並宋人諸跋，清初吴升尚見到，載在《大觀録》。是明清尚存，並且確知是一個善本，可與神龍本並論的。不知原帖今天是否尚在人間？倘得彙合而比校，則《蘭亭帖》的問題或者可以没有餘藴了。

《唐摹萬歲通天帖》考

王羲之的書法，無論古今哪家哪派的評價如何，它在歷史上的地位和影響，總是客觀存在的。又無論是從什麽角度研究，是學習參考，還是分析比較，那些現存書跡，總是直接材料。

世傳王羲之的書跡有兩類：一是木版或石刻的碑帖；一是唐代蠟紙鉤摹的墨跡本。至於他直接手寫的原跡，在北宋時只有幾件，如米芾曾收的《王略帖》等，後來都亡佚不傳，只剩石刻搨本。

木版或石刻的碑帖，從鉤摹開始，中間經過上石、刊刻、捶搨、裝裱種種工序，原貌自然打了若干折扣，不足十分憑信。於是，直接從原跡上鉤摹下來的影子，即所謂"雙鉤廓填本"或"摹搨本"，就成爲最可相信的依據了。這類摹搨本當然歷代都可製作，總以唐代硬黄蠟紙所摹爲最精。它們是從原跡直接鉤出，稱得起是第一手材料。字跡豐神，也與輾轉翻摹的不同。只要廣泛地比較，有經驗的人一見便知。因爲唐摹的紙質、鉤法都與後代不同。

這種唐摹本在宋代已被重視，米芾詩説"媪來鵝去已千年，莫怪痴兒收蠟紙"。可見當時已有人把鉤摹的蠟紙本當作王羲之的真跡，所以米芾譏他們是"痴兒"。到了今天，唐摹本更爲稀少，被人重視的程度，自然遠過宋人，便與真跡同等了。現存的摹本中，可信爲唐摹的，至多不過九件。

一　現存唐摹王羲之帖概觀

現存唐摹王羲之帖，在三十年前所見，計有：一、《快雪時晴帖》，二、《奉桔》、等三帖一卷（俱在臺灣），三、《喪亂》等三帖一卷，四、《孔侍中》等二帖一卷（俱在日本），以上俱帶名款；還有五、《游目帖》（在日本），雖不帶名款，但見於十七帖中。

近三十餘年中發現的重要唐摹本首推六、《姨母》等帖一卷（在遼寧），七、《寒切帖》（在天津），以上俱帶名款，還有八、《遠宦帖》（在臺灣），雖不帶名款，但見於淳化閣帖，九、《行穰帖》（在美國），無名款。

以上各帖，除《游目》聞已毁於戰火，《寒切》墨色損傷太甚，《快雪》紙色過暗外，其餘無不精彩逼人。有疑問的，這裏都不涉及。

在三十餘年前，論唐摹本，都推《喪亂》和《孔侍中》，因爲這二件紙上都有"延曆勅定"的印跡。延曆是日本桓武帝的年號，其元年爲公元七八二年。日本學者考訂這二件是《東大寺獻物帳》中著録的。按《獻物帳》是日本聖武帝卒後皇后將遺物供佛的帳目，聖武卒於公元七二九年，那麽傳到日本時至少在七二九年以前，摹搨自更在前，證據比較有力。自從三十餘年前《姨母》等帖出現後，所存唐摹王羲之帖的局面爲之一變。

二　《姨母》等帖

唐摹王羲之帖，不論是現存的或已佚的，能確證爲唐代所摹的已然不易得；如可證在唐代誰原藏、誰摹搨，何年何月，一一可考的，除了這《姨母》等帖一卷外，恐怕是絶無的了。

所説《姨母》等帖，是唐代鈎摹的一組王氏家族的字跡。現存這一卷，是那一組中的一部分。這卷開頭是王羲之的《姨母》、《初月》二帖，以下還有六人八帖。卷尾有萬歲通天二年王方慶進呈原跡的銜名。在唐代稱這全組爲《寶章集》，宋代岳珂《寶真齋法書贊》卷七著録，稱這殘存的七人十帖連尾款的一卷爲《萬歲通天帖》，比較恰當，本文以下也沿用此稱。

先從文獻中看唐代這一組法書的摹搨經過：唐張彦遠《法書要録》卷六載竇臮《述書賦》並其弟竇蒙的注，賦的下卷裏説：

> 武后君臨，舊翰時欽。順天經而永保先業，從人欲而不顧兼金。

竇蒙注云：

> 則天皇后，沛國武氏，士彠女。臨朝稱尊號，曰大周金輪皇帝。時鳳閣侍郎石泉王公方慶，即晉朝丞相導十世孫。有累代祖父書跡，保傳於家，凡二十八人，緝爲一十一卷。后墨制問方慶，方慶因而獻焉。后不欲奪志，遂盡模寫留内，其本加寶飾錦繢，歸還王氏，人到於今稱之。右史崔融撰《王氏寶章集叙》，具紀其事。

《法書要録》卷四載失名《唐朝叙書録》，亦述此事而較略。末云：

神功元年五月，上謂鳳閣侍郎王方慶曰……獻之以下二十八人書共十卷，仍令中書舍人崔融爲《寶章集》以敘其事。復以集賜方慶，當時舉朝以爲榮也。

五代時劉昫領修的《舊唐書》卷八十九《王方慶傳》説：

則天以方慶家多書籍，嘗訪求右軍遺跡。方慶奏曰："臣十代從伯祖羲之書先有四十餘紙，貞觀十二年太宗購求，先臣並以進之，唯有一卷現今存。又進臣十一代祖導、十代祖洽、九代祖珣、八代祖曇首、七代祖僧綽、六代祖仲寶、五代祖騫、高祖規、曾祖褒，並九代三從伯祖晉中書令獻之已下二十八人書，共十卷。"則天御武成殿示群臣，仍令中書舍人崔融爲《寶章集》以敘其事，復賜方慶，當時甚以爲榮。

按以上三條記載，"神功元年"當然不確，因爲現存卷尾分明是萬歲通天二年；人數不同，有計算或行文不周密的可能；卷數不同，有傳抄傳刻之誤的可能；都無關緊要。只有賜還王氏是原跡還是摹本？這個問題，竇蒙説的最清楚，是"遂盡模寫留内"。岳珂跋贊也依竇蒙的説法。或問這"賜還"、"留内"的問題，"干卿底事"？回答是：摹搨本若是"留内"的，則搨法必更精工，效果必更真實，我們便可信賴了。

三 《萬歲通天帖》的現存情況

王方慶當時進呈家藏各帖,據《舊唐書》所記有三組:

羲之爲一卷,是一組;
導至褒九人爲一組,分幾卷不詳;
獻之以下二十八人爲一組,分幾卷不詳。

至於摹搨本是否拆散原組重排的,已無從查考。但看命名《寶章集》,又令崔融作叙的情況,應是有一番整理的。

現存這一卷,爲清代御府舊藏,今在遼寧省博物館。所剩如下的人和帖:

羲之:《姨母》、《初月》
薈:《席腫》、《翁尊體》
徽之:《新月》
獻之:《廿九日》
僧虔:《在職》
慈:《栢酒》、《汝比》
志:《喉痛》
(今裝次序如此,與《寶真齋法書贊》、《真賞齋帖》微異。)

共七人十帖。原有人數,按《舊唐書》所記,三組應是三十九人,今卷所存僅五分之一强；如按竇蒙所説“凡二十八”，則今卷也僅存四分之一。帖數也不難推想，比原有的必然少很多，今存這卷内有北宋時“史館新鑄之印”，又曾刻入《秘閣續帖》。《續帖》今已無傳，清末沈曾植曾見張少原藏殘本，中有此卷，見《寐叟題跋》，所記並無溢出的人和帖。

到南宋時在岳珂家，著録於《寶真齋法書贊》卷七。缺了薈、志二人的銜名和《席腫》、《喉痛》二帖文。《法書贊》是從《永樂大典》中輯出的，可能是《大典》抄失或四庫館輯録時抄失。今卷中二人銜名及二帖俱存，可知岳氏時未失。《法書贊》中已缺僧虔銜名，岳氏自注據《秘閣續帖》補出，是“齊司空簡穆公”僧虔。又《翁尊體》一帖，列在《汝比》帖後，是王慈的第三帖。《真賞齋帖》列於王僧虔後、王慈之前，成了失名的一人一帖。今卷次序，與《三希堂帖》同，成爲王薈的第二帖。細看今卷下邊處常有朱筆標寫數目字，《翁尊體》一紙有“六”字，《汝比》一紙有“七”字，其他紙邊數碼次序多不可理解。可見這七人十帖，以前不知裝褾多少次，顛倒多少次。以書法風格看，確與王慈接近，岳珂所記，是比較合理的。

又原卷岳氏跋後贊中紙爛掉一字，據《法書贊》所載，乃是“玉”字。

還有竇臮的“臮”字，本是上半“自”字，下半横列三個“人”字，另一寫法，即是“洎”字。岳氏跋中誤爲“泉”字，從“白”從“水”。清代翁方綱有文談到岳氏跋贊都是書寫代抄上的，所以其中有誤字，這個推論是可信的。今存岳氏書跡，還有一個劄子（在故宫），只有簽名一“珂”字是親筆，可見他是勤於撰文而懶於寫字的。

清初朱彝尊曾見這卷，説有四跋，爲岳珂、張雨、王鏊、文徵明（見《曝書亭集》卷五十三《書萬歲通天帖舊事》，下引朱氏文同此）。今王跋已失，當是入乾隆内府時撤去的。乾隆刻帖以後，這卷經過火燒，下端略有缺筆處。

四 《萬歲通天帖》在歷史文物和書法藝術上的價值

《萬歲通天帖》雖是有本有源有根有據的一件古法書的真面貌，但在流傳過程中却一再受到輕視。明代項元汴是一個"富而好古"的商人，其家開有當鋪。一般當鋪只當珍寶，他家當鋪却並當書畫。於是項氏除了收買書畫外，還有當來的書畫。他雖好收藏書畫，却並没有眼力，也常得到假造的、錯誤的。所謂錯誤，即是張冠李戴，認甲成乙。舉例如元末楊遵，也號"海岳庵主"，與宋代米芾相重。有人把楊的字冒充米的字，他也信以爲真。他還常把得到"價浮"的書畫讓他哥哥項篤壽收買，所謂"價浮"，即是認爲不值那些錢的。這卷即是項元汴認爲"價浮"的，所以歸了項篤壽。事見朱彝尊文。按這卷煊赫法書，可謂無價之寶，而項元汴竟認爲不值，足見他並無真識，這是此卷受屈之一；又乾隆時刻《三希堂帖》，以《快雪時晴帖》爲尊，信爲真跡，而此卷則列於"唐摹"類中，這是受屈之二。

推論原因，無論明人清人何以不重視它，不外乎看到它明明白白寫出是"鈎摹"本，而楊遵被明人信爲米芾，"快雪"被清人信爲真跡，都因上無"充"字、"摹"字，所以"居之不疑"，也就"積非成是"了。可笑的是那麽厲害的武則天，也會錯説出一句"是摹本"的真話，竟使她大費心思製成的一件瓌寶，在千年之後，兩次遇到“信假不信真”的人。

《萬歲通天帖》的可貴處，我以爲有三點值得特別提出：

一、古代没有影印技術時，只憑蠟紙鈎摹，同是鈎摹，又有精粗之别。有的原帖有殘缺，或原紙昏暗處，又給鈎摹造成困難，容易發生失誤。即如《快雪帖》中“羲”字，筆劃攢聚重叠，不易看出行筆的踪跡。當然可能是書寫時過於迅速，但更可能是出於鈎摹不善。《喪亂》、《孔侍中》二卷鈎摹較精，連原跡紙上小小的破損處都用細綫鈎出，可説是很够忠實的了。但也不是没有失誤處。其中“遲承”的“承”字，最上一小横筆處斷開，看去很像個“詠”字，原因是那小横筆中間可能原紙有缺損處，遂摹成兩筆。“遲承”在晉帖中有講，“遲詠”便没講了。至於《萬歲通天帖》不但没有誤摹之筆，即原跡紙邊破損處，也都鈎出，這在《初月帖》中最爲明顯，如此忠實，更增加了我們對這個摹本的信賴之心。所以朱彝尊説它“鈎法精妙，鋒神畢備，而用墨濃淡，不露纖痕，正如一筆獨寫”。確是絲毫都不夸張的。

又王獻之帖中“奉别悵恨”四字處，“别悵”二字原跡損缺一半，這卷裹如實描出。在《淳化閣帖》中，也有此帖，就把這兩個殘字删去，並把“奉”、“恨”二字接連起來。古代行文習慣，奉字是對人的敬語，如“奉賀”、“奉贈”之類，都是常見的，“奉别”即是“敬與足下辭别”的意思。一切對人不敬不利的話不能用它。假如説“奉打”、“奉欺”，便成了笑談。“恨”上不能用“奉”，也是非常明白的。大家都説《閣帖》文辭難讀，原因在於古代語言太簡，其實這樣脱字落字的句子，又怎能使人讀懂呢？閣帖中這類被删節的句子，又誰知共有多少呢？

二、古代講書法源流，無不溯至鍾、張、二王，以及南朝諸家。

他們確實影響了唐宋諸家、諸派。碑刻大量出土之後，雖然有不少人想否定前邊的説法，出現什麽“南北書派論”啦、“尊碑卑唐”説啦、“碑學”、“帖學”説啦，見仁見智，這裏不加詳論。只是南朝書家在古代曾被重視，曾有影響，則是歷史事實。近百餘年來所論的“南”、“帖”的根據只不過是《淳化閣帖》，《閣帖》千翻百摹，早已不成樣子。批評《閣帖》因而牽連到輕視南朝和唐代書家作品的人，從阮元到葉昌熾、康有爲，肯定都没見過這卷一類的精摹墨跡。

從書法藝術論，不但這卷中王羲之二帖精彩絶倫，即其餘各家各帖，也都相當重要。像徽之、獻之、僧虔三帖，幾乎都是真書。唐張懷瓘《書估》（《法書要録》卷四）説：“因取世人易解，遂以王羲之爲標準。如大王草書，字直一百，五字（按此“字”字疑是“行”字之誤）乃敵行書一行，三行行書敵一行真書。”可見真書之難得，這二家二帖之可貴。

自晉以下，南朝書風的銜接延續，在王氏門中，更可看出承傳的緊密。在這卷中，王薈、王慈、王志的行草，縱横揮灑，《世説新語》中所記王謝名流那些倜儻不群的風度，不啻一一躍然紙上。尤其徽、獻、僧虔的真書和那“范武騎”真書三字若用刻碑的刀法加工一次，便與北碑無甚分別。因此可以推想，一些著名工整的北朝碑銘墓誌，在未刻之前，是個什麽情况。尖筆蠟紙加細鈎摹的第一手材料，必然比刀刻、墨搨的間接材料要近真得多。

又《快雪帖》偏左下方有“山陰張侯”四字，觀者每生疑問。我認爲這是對收信人的稱呼，如今天信封外寫某處某人收一樣。古人用素紙卷寫信，紙面朝外，隨寫從右端隨捲，捲時仍是字面朝外。寫完了，後邊留一段餘紙裹在外層，題寫收信人，因常是託熟人携帶，所以不一定寫得像今天那麽詳細。這種寫法，一直沿續到明代文徵明還留有實物。只是收信人的姓氏爲什麽在外封上寫得那麽偏靠下端，以前我總以爲《快雪帖》是摹者用四字填紙空處，今見"范武騎"三字也是封題，也較靠下，原封的樣子雖仍未見，但可推知這是當時的一種習慣。

三、明代嘉靖時人華夏把這卷刻入《真賞齋帖》，因爲刻的精工，當時人幾乎和唐摹本同樣看待。許多人從這種精刻本上揣摹六朝人的筆法。《真賞》原刻經火焚燒，又重刻了一次，遂有火前本、火後本之説。文氏《停雲館帖》裏也刻了一次，王氏《鬱崗齋帖》所收即是得到火後本的原石，編入了他的叢帖。到了清代《三希堂帖》失真愈多，不足並論了。

清初書家王澍，對法帖極有研究，著《淳化閣帖考證》。在卷六"袁生帖"條説：

> 華中甫刻《真賞齋帖》模技精良，出《淳化》上。按此帖真跡今在華亭王儼齋大司農家，嘗從借觀，與《真賞帖》所刻不殊毛髮，信《真賞》爲有明第一佳刻也。

他這話是從《袁生》一帖推論到《真賞》全帖，評價可算極高，而《真賞》刻手章簡甫技藝之精，也由此可見。但今天拿火前初刻的搨本和唐摹原卷細校，仍不免有一些失真處，這是筆和刀，蠟紙和木版（火前本是木版，火後本是石版）、鈎描和捶搨各方面條件不同所致，並不足怪。

現在所存王羲之帖，已寥寥可數，而其他名家如王獻之以下，更幾乎一無所存（舊題爲王獻之的和未必確出唐摹的不論）。近代敦煌、吐魯番各處出土的古代文書不少,有許多書寫的時代可與羲獻相當。如"李柏文書"僅比《蘭亭叙》早幾年,可作比較印證,但究竟不是直接的證物。南朝石刻墓誌近年也出土不少,則又不是墨跡,和這卷南朝人書跡真影,還有一段距離。我們今天竟得直接看到這七人十帖,把玩追摹,想到唐太宗得到《蘭亭》時的欣喜,大概也不過如此;而原色精印,更遠勝過蠟紙鈎摹,則鑑賞之福,又足以傲視武則天了!

一九八八年五月二十日

舊題張旭草書古詩帖辨

法書名畫,既具有史料價值,更具有藝術價值。由於受人喜愛,可供玩賞,被列入“古玩”項目,又成了“可居”的“奇貨”。在舊社會中,上自帝王,下至商估,爲它都曾巧取豪奪,弄虛作假。於是出現過許多離奇可笑的情節,卑鄙可耻的行徑。

即以僞造古名家書畫一事而言,已經是千變萬化,譎詐多端。這裏只舉一件古代法書的公案談談,前人作僞,後人造謡,真可謂“匪夷所思”了!

有一個古代狂草體字卷,是在五色箋紙上寫的。五色箋紙,每幅大約平均一尺餘,各染紅、黄、藍、緑等等不同的顏色,當然也有白色的。所見到的,早自唐朝,近至清朝的“高麗箋”,都有這類製法的。這個卷子即是用幾幅這種各色紙接聯而成的。寫的是庾信的詩二首和謝靈運的讚二首。原來還有唐人絶句二首,今已不存。也不曉得原來全卷共用了多少幅紙,共寫了多少首詩,也没保留下寫者的姓名。

卷中用的字體是“狂草”,十分糾繞,猛然看去,有的字幾乎不能辨識,紙色又每幅互不相同,作僞的人就鑽了這個空子。

爲了便於説明,這裏將現存的四幅按本文的順序和寫本的行款,分幅録在下邊,並加上標點:

第一幅:東明九芝蓋,北

燭五雲車。飄

飆入倒景，出没
上烟霞。春泉
下玉霤，青鳥下金
華。漢帝看
桃核，齊侯
第二幅：問棘（棗）花。應逐
上元酒，同來
訪蔡家。
北闕臨丹水，
南宫生絳雲。
龍泥印玉筞（策），
大火鍊真文。
上元風雨散，
中天哥（歌）吹分。
虚駕千尋上，
空香萬里聞。
謝靈運王
第三幅：子晉讚
淑質非不麗，
難之以百年。
儲宫非不貴，
豈若上登天。
王子復清曠，
區中實譁（此字誤衍）
聑（囂）諠。既見浮

丘公,與爾
共紛繙。
第四幅:巖下一老公
四五少年讚:
衡山采藥人,
路迷糧亦絶。
迴息巖下坐,
正見相對説。
一老四五少,
仙隱不別
可(可别二字誤倒)。其書非
世教,其人
必賢哲。

作僞者把上邊所録的那第二幅中末一個"王"字改成"書"字。他的辦法是把"王"字的第一小横挖掉,於是上邊只賸了竪筆,與上文"運"字末筆斜對,便像個草寫的"書"字。恰巧這一行是一篇的題目,寫得略低一些,更像是一行寫者的名款。再把這一幅放在卷末,便成了一卷有"謝靈運書"四字款識的真跡了。

這個"王"字爲止的卷子,宋代曾經刻石,明代項元汴跋中説:

> 余又嘗見宋嘉祐年不全搨墨本,亦以爲臨川内史謝康樂所書。

卷中項跋已失,汪珂玉《珊瑚網》卷一曾録有全文。又豐坊在跋中也説：

> 右草書詩讚，有宣和鈐縫諸印……世有石本，末云“謝靈運書”。《書譜》[一]所載“古詩帖”是也……石刻自“子晉讚”後闕十九行，僅於“謝靈運王”而止，却讀“王”爲“書”字，又僞作沈傳師跋於後。

按現在全文的順序，“王”字以後還有二十一行，不是十九行，這未必是豐坊計算錯誤，據項元汴説：

> 可惜裝背錯序，細尋繹之，方能成章。

那麽豐坊所説的行數，是根據怎樣的裱本，已無從察考。只知道現在的這一卷，比北宋石刻本多出若干行。它是怎樣分合的？王世貞在《王弇州四部稿》卷一五四《藝苑卮言》中説：

> 陝西刻謝靈運書，非也，乃中載謝靈運詩耳。内尚有唐人兩絶句，亦非全文。真跡在蕩口華氏，凡四十年購古跡而始全，以爲延津之合。屬豐道生鑒定，謂爲賀知章，無的據。然遒俊之甚，上可以擬知章，下亦不失周越也。

華夏字中甫，號東沙子，是當時有名的“收藏家”，豐坊字道生，號

〔一〕《書譜》指《宣和書譜》。

人叔，又稱人翁，是當時著名的文人，做過南京吏部考功主事，精於鑒别書畫，華家許多古書畫，都經過他評定的。從王世貞的話裏可以明白，全卷在北宋時拆散，一部分冒充了謝靈運，其餘部分零碎流傳。華夏費了四十年的工夫，才算湊全，但那兩首殘缺的唐人絶句，華夏仍然没有買到。不難理解，華夏購買時，仍是謝靈運的名義，買到後豐坊爲他鑒定，才提出懷疑的。賣給華夏的人，如果露出那二首唐人絶句，便無法再充謝書，所以始終没有再出現。華夏購得後，王世貞未必再見。至於是否王世貞誤認庾謝諸詩爲唐人句呢？按卷中現存四首詩，第一首十句，其他三首各八句，並無絶句。又都是全文，並無殘缺。王世貞的知識那樣廣博，也不會把六朝人的一些十句和八句的詩誤認爲唐人絶句。根據這些理由，可以斷定是失去兩首殘缺的唐人絶句。

這卷草書在北宋刻石之後，曾經宋徽宗趙佶收藏，《宣和書譜》卷十六説：

> 謝靈運，陳郡陽夏人……今御府所藏草書一：《古詩帖》。

從現存的四幅紙上看，宋徽宗的雙龍圓印的左半在“東明”一行的右紙邊，知爲宣和原裝的第一幅。“政和”、“宣和”二印的右半在“共紛緼”一行的左紙邊，知爲宣和原裝的末一幅。可見宣和時所裝的一卷已不是以“王”字收尾的了。這可能是宣和有續收的，也可能宣和裝裱時次序還没有調整。總之，自北宋嘉祐到明代嘉靖時，都被認爲是謝靈運的字跡。

以上是作僞、搞亂、冒充的情況。

下面談董其昌的鑒定問題。

在這卷中首先看出破綻的是豐坊,他發現了卷中四首詩的來源,他説:

> 按徐堅《初學記》載二詩二讚,與此卷正合。

又説:

> 考南北二史,靈運以晉孝武太元十三年生,宋文帝元嘉十年卒。庾信則生於梁武之世,而卒於隋文開皇之初,其距靈運之没,將八十年,豈有謝乃豫寫庾詩之理。

當時又有人疑是唐太宗李世民寫的,豐坊説:

> 或疑唐太宗書,亦非也。按徐堅《初學記》……則開元中堅暨韋述等奉詔纂述,其去貞觀,又將百年,豈有文皇豫録記中語乎?

這已足够雄辯的了。他還和《初學記》校了異文,只是没談到"玄水"寫作"丹水"的問題而已。

古代詩文書畫失名的很多,世人偏好勉强尋求姓名,常常造成憑空臆測。豐坊在這方面也未能例外,他説:

> 唐人如歐、孫、旭、素,皆不類此,唯賀知章《千文》、《孝

經》及"敬和"、"上日"等帖，氣勢彷彿。知章以草得名……棄官入道，在天寶二年，是時《初學記》已行，疑其雅好神仙，目其書而輒録之也。又周公謹《雲烟過眼集》〔一〕載趙蘭坡與懃所藏有知章《古詩帖》，豈即是歟？

他歷舉歐陽詢、孫過庭、張旭、懷素的書法與此卷相較，最後只覺得賀知章最有可能，恰巧周密的《雲烟過眼録》中曾記得有賀知章的《古詩帖》，使他揣測的理由又多了一點。但他的態度不失爲存疑的，口氣不失爲商量的。但"好事家"的收藏目的，並不是爲科學研究，而是要標奇炫富。尤其貴遠賤近，寧可要古而僞，不肯要近而真。豐坊的揣測，當然不合那個富翁華夏的意圖，藏家於是提出並不存在的證據，使得豐坊隨即收回了自己的意見，說：

然東沙子謂卷有神龍等印甚多，今皆刮滅……抑東沙子以唐初諸印證之，而卷後亦無蘭坡、草窗等題識，則余又未敢必其爲賀書矣。俟博雅者定之。

這些話雖是爲搪塞華夏而說的，但他並没有翻回頭來肯定謝書之說。豐坊這篇跋尾自己寫了一通，後又有學文徵明字體的人用小楷重録一通，略有删節，末尾題"鄞豐道生撰并書"。

這卷後來歸了項元汴，元汴死後傳到他的兒子項玄度手裏，又請董其昌題，董其昌首先說：

〔一〕"集"是"録"的誤字。

> 唐張長史書庾開府步虛詞，謝客[一]王子晉、衡山老人讚，有懸崖墜石急雨旋風之勢，與所書"烟條"、"宛谿詩"同一筆法。顏尚書、藏真[二]皆師之，真名跡也。

這段劈空而來，就認爲是張旭所寫，隨後才舉出"烟條"、"宛谿"二帖的筆法相同。但二帖今已失傳，從記載上知道，並無名款，前人也只是看筆法像張旭而已。董其昌又説：

> 自宋以來，皆命之謝客……豐考功、文待詔皆墨池董狐，亦相承襲。

後邊在這問題上他又説：

> 豐人翁乃不深考，而以《宣和書譜》爲證。

這真是瞪着眼睛説瞎話！豐坊的跋，兩通具在，哪裏有他舉的這樣情形呢？又文徵明爲華夏畫《真賞齋圖》、寫《真賞齋賦》和跋《萬歲通天帖》時，都已是八十多歲了，書法風格與這段抄寫豐跋的秀嫩一類不同。即使是文徵明的親筆，他不過是替豐坊抄寫，並非他自己寫鑑定意見，與"承襲"謝書之説的事無關。董其昌又説：

〔一〕"客"是謝靈運的小字。

〔二〕藏真，即懷素。

顧《庾集》自非僻書,謝客能預書庾詩耶?

他只舉《庾開府集》,如果不是爲泯滅豐坊發現四詩見於《初學記》的功勞,便是他以爲《初學記》是僻書了。他還爲名款問題掩飾説:

或疑卷尾無長史名款,然唐人書如歐、虞、褚、陸,自碑帖外,都無名款,今《汝南志》、《夢奠帖》等,歷歷可驗。世人收北宋畫,政不需名款乃别識也。

按歐陽詢、虞世南、褚遂良都有寫的碑刻流傳,陸柬之就没有碑刻流傳下來。陸寫的帖,《淳化閣帖》中所刻的和傳稱陸寫的《文賦》、《蘭亭詩》,也都無款。"自碑帖外"這四字所指的人,並不能包括陸柬之。他還不敢提出"烟條"二帖爲什麽便是衡量張旭真跡的標準,而另以其他無款的字畫解釋,實因這二帖也是僅僅從風格上被判斷爲張書的。他這樣來講,便連二帖也遮蓋過去了。

董其昌又説:

夫四聲始於沈約,狂草始於伯高〔一〕,謝客皆未有之。

"始於"不等於"便是",文字始於倉頡,但不能説凡是字跡都是倉頡寫的。沈約撰《宋書》,特别在《謝靈運傳》後發了一通議論,大

〔一〕 伯高,即張旭。

講浮聲切響。可見謝靈運在聲調上實是沈約的先導。這篇傳後的論,也被蕭統選入《文選》,董其昌即使沒讀過《宋書》,何至連《文選》也沒讀過?不難理解,他忙於要誣蔑豐坊,急不擇言,便連比《庾開府集》更常見、更非僻書的《文選》也忘記了。

董其昌後來在他摹刻出版的《戲鴻堂帖》卷七中刻了這卷草書,後邊自跋,再加自我吹嘘説:

> 項玄度出示謝客真跡,余乍展卷即定爲張旭。卷末有豐考功跋,持謝書甚堅。余謂玄度曰:四聲定於沈約,狂草始於伯高,謝客時都無是也。且東明二詩乃庾開府《步虚詞》,謝客安得預書之乎?玄度曰:此陶弘景所謂元常老骨再蒙榮造者矣。遂爲改跋,文繁不具載。

這是節録卷中的跋,又加上項玄度當面捧場的話,以自增重。跋在原卷後,由於收藏家多半秘不示人,見到的人還不多。即使一見,也不容易比較兩人的跋語而看出問題。刻在帖上,更由得他隨意捏造,觀者也無從印證。

宋朝作僞的人,研究"王"字可當"書"字用,究竟還費了許多心;挖去小横,改成草寫的"書"字,究竟還費了許多力。在宋代受騙的不過是一個皇帝趙佶,在明代受騙的不過是一個富翁華夏。至於董其昌則不然,不費任何心力,摇筆一題,便能抹殺眼前的事實,欺騙當時和後世億萬的讀者。董其昌在書畫上曾有他一定的見識,原是不可否認的。但在這卷的問題上,却未免過於卑劣了吧!

有人問，這椿展轉欺騙的公案既已判明，還有這卷字跡本身究竟是什麼時候人所寫的？算不算張旭真跡？我的回答如下：按古代排列五行方位和顔色，是東方甲乙木，青色；南方丙丁火，赤色；西方庚辛金，白色；北方壬癸水，黑色；中央戊己土，黄色。庾信原句"北闕臨玄水，南宫生絳雲"，玄即是黑，絳即是紅，北方黑水，南方紅雲，一一相對。宋真宗自稱夢見他的始祖名叫"玄朗"，命令天下諱這兩字，凡"玄"改爲"元"或"真"，"朗"改爲"明"，或缺其點畫。這事發表在大中祥符五年十月戊午。（見宋李攸《宋朝事實》卷七）所見宋人臨文所寫，除了按照規定改寫之外也有改寫其他字的，如紹興御書院所寫《千字文》，改"朗曜"爲"晃曜"，即其一例。這裏"玄水"寫作"丹水"，分明是由於避改，也就不管方位顔色以及南北同紅的重複。那麼這卷的書寫時間，下限不會超過宣和入藏，《宣和書譜》編訂的時間；而上限則不會超過大中祥符五年十月戊午。

這卷原本，今藏遼寧省博物館，已有各種精印本流傳於世，董其昌從今也難將一人手，掩盡天下目了！

孫過庭《書譜》考

唐孫過庭《書譜》,議論精辟,文章宏美,在古代藝術理論中,可稱傑構。其所論,於其他藝術,亦多有相通之理,不當專以書法論視之。原稿草書,筆法流動,二王以後,自成大宗。惟作者生平,各書記録甚略,名字籍貫,更多紛歧。其《書譜》卷數之存佚分合,墨跡與刻本孰真孰僞,種種問題,常有聚訟。至於釋文定字,亦有異同,於文義出入,所關甚大。功不揣謭陋,試加考索,兼抒管見,著爲是篇。敬俟讀者予以指正。

一 作者之事跡

唐竇臮《述書賦》下,竇蒙注云:"孫過庭,字虔禮,富陽人。右衛胄曹參軍。"唐張懷瓘《書斷》下《能品》云:"孫虔禮,字過庭,陳留人,官至率府録事參軍。博雅有文章,草書憲章二王,工於用筆,儁拔剛斷,尚異好奇。然所謂少功用,有天材。真行之書亞於草矣。嘗作《運筆論》,亦得書之指趣也。與王秘監相善,王則過於遲緩,此公傷於急速,使二子寬猛相濟,是爲合矣。雖管夷吾失於奢,晏平仲失於儉,終爲賢大夫也。過庭隸行草入能。"《四庫提要》卷廿一,論及竇、張二書關於孫氏名字問題云:"二人相距不遠,而所記名字爵里不同,殆與《舊唐書》稱房喬字元齡,

《新唐書》稱房元齡字喬，同一謁異。疑唐人多以字行，故各處所聞不能盡一。”功按：王秘監即王紹宗，字承烈，江都人。《書斷》亦列之於能品，其名緊列過庭之前。又唐陳子昂撰有《孫君墓誌銘》，雖簡而可珍，録其全文如下（《陳伯玉集》卷六，《四部叢刊》景印明刻本）：

率府録事孫君墓誌銘并序

嗚乎！君諱虔禮，字過庭，有唐之□□人也。幼尚孝悌，不及學文；長而聞道，不及從事禄。值凶孽之災，四十見君，遭讒慝之議。忠信實顯，而代不能明；仁義實勤，而物莫之貴。陻厄貧病，契闊良時。養心恬然，不染物累。獨考性命之理，庶幾天人之際。將期老有所述，死且不朽。寵榮之事，於我何有哉！志竟不遂，遇暴疾卒於洛陽植業里之客舍，時年若干。

嗚乎！天道豈欺也哉！而已知卒，不與其遂，能無慟乎！銘曰：

嗟嗟孫生！見爾跡，不知爾靈。天竟不遂子願兮，今用無成。嗚乎蒼天，吾欲訴夫幽明！

陳子昂又有《祭孫録事文》（《陳伯玉集》卷七），並録如下：

維年月日朔，某等謹以云云。古人嘆息者，恨有志不遂，如吾子良圖方興，青雲自致。何天道之微昧，而仁德之攸孤！忽中年而顛沛，從天運而長徂。惟君仁孝自天，忠義由己；誠不謝於昔人，實有高於烈士。然而人知信而必果。有不識於

> 中庸,君不慚於貞純,乃洗心於名理。元常既没,墨妙不傳。君之逸翰,曠代同仙。豈圖此妙未極,中道而息。懷衆寶而未攄,永幽泉而掩魄。嗚乎哀哉!平生知己,疇昔周旋。我之數子,君之百年。相視而笑,宛然昨日。交臂而悲,今焉已失。人代如此,天道固然。所恨君者,枉夭當年。嗣子孤藐,貧寠聯翩。無父何恃,有母惸焉。嗚乎孫子!山濤尚在,嵇紹不孤。君其知我,無恨泉途!嗚乎哀哉,尚饗!

據誌銘及祭文,約略可見孫過庭出身寒微,四十始仕,遭讒失職,述作未遂,卒於洛陽,壽僅中年。其官職與《書斷》同。其死因則曰暴疾,曰枉夭,似非善終者。所惜生卒年月,未有明文。

按《宣和書譜》卷十八《孫過庭傳》云:"文皇嘗謂:過庭小字(或作"小子"),書亂二王。蓋其似真可知也。"是其曾及見太宗。再觀所謂"將期老有所述,志竟不遂",參以《書譜》卷上,是其已有撰述,但尚未完成。又云"中年"、云"枉夭"。假定撰寫《書譜》卷上之後即逝世,其年歲姑且從寬以六十歲計,則當生於貞觀二年。此不過約略估計,以見孫氏生存大約當此一段時間而已。

或謂《書譜》自云:"余志學之年,留心翰墨。"又云:"極慮專精,時逾二紀。"以爲撰《書譜》時,僅過三十五歲。推其生於高宗永徽三、四年間,於《宣和書譜》所稱文皇之語,以爲傳聞之誤。功按《宣和書譜》引文皇之語,固未必可憑,惟《書譜》之撰寫,似非三十餘歲之人所作。蓋其中論列少年、老年之甘苦,如非親有比較體味,不能鞭辟入裏。且如撰譜在三十餘歲,是其"有述"不待"期"諸老年。至於"二紀"之説,當指其集中精力,鋭意用功之年，此“二紀”之後，至撰寫《書譜》之前，固可容有相當之時間。略記於此，以俟商榷。

《書譜》末段曾慨嘆知音難遇，又自解以爲“豈可執冰而咎夏蟲”。余初讀之，以爲不過文士之牢騷常談，繼觀《述書賦》曰：“虔禮凡草，閭閻之風，千紙一類，一字萬同。如見疑於冰冷，甘没齒於夏蟲。”正是針對《書譜》之言而發。或孫氏所致慨者，與竇氏一流有關，故作賦在七十年後，尚有意反唇相誣。今誦陳撰誌銘，再合《書譜》之語觀之，更悟孫氏必以寒微見輕，又以憤激遭嫉。竇氏指爲凡草，輕爲閭閻，正代表當時豪貴門第之見，則誌銘雖略，亦自有其可貴之史料價值在。

至於孫氏自題“吴郡孫過庭撰”，吴郡當是郡望，過庭或是以字行。唐人習慣，常以字行，他人不察，又以其名爲字。《述書賦》與《書斷》所記互倒，殆由於此。至於官職里貫，竇、張、陳三書不同。但《書斷》所記名字、官職等與誌銘多合，則陳留之里貫，或者可據！

二 《書譜》之名稱問題

《書譜》之名，不見於唐人著録。《書斷》卷下稱孫氏嘗著《運筆論》。然觀其卷末總評有云：“孫過庭云：元常專工於隸書，伯英猶精於草體。彼之二美，而羲、獻兼之。並有得也。”其語見於《書譜》，知張懷瓘所言之《運筆論》，即是《書譜》。

《宣和書譜·孫過庭傳》云：“作《運筆論》，字逾數千，妙有作字之旨，學者宗以爲法，今御府所藏草書三：《書譜序》上下二；

《千文》。”蓋以《運筆論》與《書譜》二名互用者。

《佩文齋書畫譜》卷廿六《孫過庭傳》引明王鏊《姑蘇志》云：“過庭書至能品，嘗著《書論》，妙盡其趣，即《書譜》也。”按《書論》之名更少見，不知所據爲前代何人所題之别名。

孫過庭自稱：“撰爲六篇，分成兩卷。”其六篇之目，今已不傳。包世臣《藝舟雙楫》卷二《自跋删擬書譜》曾推測爲“執使轉用擬察”六目，亦僅爲臆測。汪珂玉《珊瑚網》卷廿四上所節録之一段，標曰《執要篇》，乃明人妄題，不足爲據。

三 《書譜》墨跡之流傳

《書譜》墨跡在唐代之流傳，已不可考。只見張懷瓘《書斷》曾引用，日本僧空海曾傳録。至宋，米芾《書史》於墨跡始有記述，其後流傳，則大略可知。兹就載籍所見，羅列如下：

一、北宋時初在王鞏家，轉歸王詵家。見米芾《書史》。

二、後入宣和御府。見《宣和書譜》。

三、元初在焦達卿家。元周密《雲烟過眼録》卷上云：“焦達卿敏中所藏唐孫過庭《書譜》真跡上下全。徽宗滲金御題，有政和、宣和印。”

四、經虞集手。孫承澤《庚子銷夏記》卷一，記《書譜》墨跡，稱所缺之若干字，“虞伯生臨秘閣帖補之”。

五、明代上半卷爲費鵝湖（宏）藏，下半卷爲文徵明藏。見文嘉《鈐山堂書畫記》。

六、入嚴嵩家，兩半卷合爲一軸。見《鈐山堂書畫記》及《天水冰山録》。

七、嚴氏籍没後展轉歸韓世能。張丑《清河書畫舫》卷三云："孫過庭《書譜》真跡亦藏韓太史家，嚴分宜故物也。"又張丑《南陽法書表》云："孫虔禮《書譜》，前有斷缺，宣和政和小璽。"

八、清初在西川士大夫家，見孫承澤《庚子銷夏記》卷一。

九、自西川士大夫家歸孫承澤。見《庚子銷夏記》。今卷中有孫氏藏印。

十、孫承澤藏後，歸梁清標，有梁氏藏印。

十一、自梁氏歸安岐，曾摹上石。安岐跋其石刻後云："丙戌歲，從真定梁相國家得此真跡。"

十二、安岐藏後，入乾隆御府。刻入《三希堂帖》。後歸故宫博物院。

四　記墨跡本

今傳《書譜》墨跡本，前綾隔水上端有宋徽宗瘦金書籤"唐孫過庭書譜序，接押雙龍圓璽；下端押"宣""和"二字聯珠璽，又一大方印不可辨。後綾隔水上端押"政和"二字長方璽，下端押"宣和"二字長方璽。本身紙上前後尚有宋印二方，文不可辨（後一似是"李氏書印"。）尚有孫承澤、梁清標、安岐諸藏印及清代三朝寶璽。

本身首行標題"書譜卷上"下書"吴郡孫過庭撰"，次行正文自"夫自古之善書者"起。其後自"也乖合"至"湮訛頃見"十三行，共一百三十一字，誤裝於"心遽體"之下（故宫第一次影印曾移還原處)。再後"漢末伯英"以下,缺一百六十六字。再後"心不厭精"以下,缺三十字。最末題"垂拱三年寫記"一行。

卷身紙本,每紙高約今市尺(每市尺相當三十三釐米又三毫米)八寸餘,每紙邊有朱印邊欄痕跡,紙長今市尺一尺三寸。第一紙十三行,以下十六行至十八行不等。正文首行十一字,以下多者十二字,少者八字,每幅紙邊常殘存合縫印之邊欄。"漢末伯英"以下,以字數計之,且從曹本、薛本審視字形行氣,知所缺爲十五行,中有夾縫添注小字十字不以行計,"心不厭精"以下,所缺爲三行。大略如此。

孫承澤《庚子銷夏記》卷一《孫過庭書譜墨跡》條云:

> 甲申忽睹此卷,驚嘆欲絶,以市賈索價太昂,不能收,惜惋竟日。卷上有宋高宗、徽宗雙龍璽及宣和小璽。卷中"五乖也"下少一百三十字;"漢末伯英"下少一百六十八字,虞伯生臨秘閣帖補之。後越六年,復見於西川士大夫家,以予愛之特甚,乃許購得,已將虞所補並後跋割去,時一披閱,覺宋人所刻尚在影響之間,而停雲不足言也。

按"五乖"下原缺之一段,今卷中已重補還。且此段實爲一百六十六字。"漢末伯英"下實少一百六十六字。記數俱有小誤。其後"心不厭精"以下原缺三行,孫氏漏記,不得因此小異而疑孫藏之非此卷也。

由於翻刻諸本流行既久,遂有疑今傳墨跡本爲摹本者,如有正書局石印劉鐵雲藏搨本題爲《宋搨太清樓書譜》(實爲明曹驂刻本，辨詳後)。王寶瑩跋，據曹本而疑安刻底本(即墨跡本)爲宋人模寫者。余紹宋《書畫書録解題》卷三著録《書譜》，亦謂墨跡本爲摹本。按墨跡本有特點數端，試略言之。

一、宣和簽題璽印完具。

二、筆鋒墨彩，乾濕濃淡，處處自然，毫無鈎描痕跡。

三、筆法有一種異狀，爲臨寫所不能得者。即凡横斜之筆劃間，常見有一頓挫處，如竹之有節。且一行中，各字之頓挫處常同在一條直綫之地位，如每行各就其頓挫處畫一綫，以貫串之，其綫甚正而且直。又各行之間，此綫之距離，又頗停匀。且此綫之一側，紙色常有污痕，而其另一側，則紙色潔净。蓋書寫時折紙爲行，前段尚就格中書寫，漸後筆勢漸放，字漸大，常騎在折痕之上寫，如寫折扇扇面，凸棱礙筆，遂成竹節之狀，亦初非有意爲頓挫之姿，其未值凸棱之行，則平正無此頓挫之節。紙上污痕，亦由未裝背時所磨擦者。今敦煌出土之唐人白麻紙草書《法相宗經論》，所折行格之痕，有至今尚在者。明乎此，則頓挫竹節之異狀，可以了然。明代翻刻之本，或由不解其故，或由摹勒粗率，遂至失之(節筆之説，日本松本芳翠有《關於孫過庭〈書譜〉之節筆》一文，見《書苑》第一卷第七號)。

再觀墨跡行筆甚速，與《書斷》所言“傷於急速”之説相合，如謂此卷爲面對真跡臨寫而成者，則行筆既速，筆筆頓挫處又恰盡在同一直綫處，殊不可能。如謂爲雙鈎廓填者，其頓挫位置固易準確，但其墨之濃淡及側鋒枯筆，何以如此之活動自然？雙鈎古帖，雖精工如《萬歲通天帖》，其墨色濃淡、行筆燥濕處，亦終與直接寫成者有别。如謂爲宋人折紙爲行以臨者，其頓挫固可同在一行，行筆亦可不同於鈎填，但宣和籤印，事事的真，宣和何至誤收當代臨本。可知宣和御府所收,即爲此本。

近年見真宋刻殘本,其字形、頓挫,俱與墨跡吻合,知宣和入石,即據此墨跡。

五　其他墨跡異本

清吴升《大觀録》卷二曾記三種《書譜》墨跡本,其原物今皆未見,考其所言,蓋是臨摹之本,以尚未經目驗,姑用存疑,只稱之爲"異本"。吴升曰:

> 孫過庭《書譜》真跡,牙色紋紙本,七接,首有痕如琴之斷紋,古氣奕奕,草書指頂大,墨彩沉厚,而結體運筆,俱得山陰正脉。吴傅朋長跋六百餘言,小楷精妙,不負南渡書名第一。後宋元明題識歷歷。接紙處及前後隔水,傅朋收藏諸印粲列,騎縫又有秋壑封字方印,拖尾宋光箋極佳,北平孫少宰收藏物也。按此跡宣和曾經刻石,傅朋得之,又鑱置上饒署中。入明,黔寧王沐昕亦有刻本,字體小弱,與此迥異。别見黄信紙不全墨本,雖宋初人所臨,然殊精彩有骨力。又有黄箋一本,乃元人臨者,紙嫩薄,墨浮花,較對真跡,總若河漢耳。

按其所記之第一本,只有吴説(傅朋)藏印跋尾,及賈似道(秋壑)藏印,雖言宋元明題識歷歷,獨未有宣和簽印,其非《宣和書譜》之本甚明。至云爲孫少宰(承澤)收藏之物,倘非吴升誤記,則孫承澤曾並藏兩卷,而其《銷夏記》不著録此吴説舊藏之本,其故亦頗可研究。今試推測,此蓋爲一摹本。所謂筆法得“山陰正脈”者,殆與閣帖面目相近而已。《大觀録》於此段記述之後,繼録《書譜》本文,自“書譜卷上”起,至“寫記”止,與其他各本無異。釋文字有異同不足論。古跋一無所録。其所記第二本,所謂不全而有骨力者,余竊疑即今之墨跡本。彼以所謂“山陰正脈”者爲真,則當然視此爲臨本。即如清季王寶瑩曾以曹、薛之本爲中鋒、爲真本,以安刻本爲偏鋒、爲摹本,殆屬同類。所惜吴氏之言過簡,一時難得確證。

清吴其貞《書畫記》卷五記《孫過庭絹本書譜一卷》云:“前段缺去六行,係後人全者。書法縱逸,多得天趣,爲神品之書。識曰‘垂拱元年寫記’。此書已刻入停雲館。”按是另一種絹上摹本。

六 宋内府摹刻書譜之情況

《書譜》摹刻上石,最初在宋徽宗大觀年間。宋曹士冕《法帖譜系》、趙希鵠《洞天清禄集》、曾宏父《石刻鋪叙》、陳思《寶刻叢編》、元袁桷《清容居士集》(卷四十七《蘭亭跋》)等俱有記述,而以陶宗儀《輟耕録》所記最爲簡明扼要。兹録陶氏之説,以概其餘:

> 初,徽宗建中靖國間,出内府續所收書,令刻石,即今《續法帖》也。大觀中又奉旨摹揭歷代真跡,刻石於太清樓,字行稍高,而先後之次,與《淳化》則少異。其間數帖,多寡不同。各卷末題云:“大觀三年正月一日奉聖旨摹勒上石。”此蔡京

書也。而以建中靖國《續帖》十卷,易去歲月名銜,以爲後帖。又刻孫過庭《書譜》及貞觀《十七帖》。總爲廿二卷,謂之《大觀太清樓帖》(卷十五《淳化閣帖》條)。

今再排列其目於後以便觀覽。

大觀間太清樓所刻帖:

一至十卷,用《淳化閣帖》之原底本重新摹刻,略加改動。即世所稱之《大觀帖》。

十一卷至二十卷,以建中靖國《續帖》十卷,磨改舊題,以爲《大觀帖》之《續帖》。(此十卷摹刻始於元祐時,欲爲《淳化》之《續帖》,至建中靖國時畢工。原爲劉燾題籤,後經磨改,由蔡京重題。)

二十一卷,孫過庭《書譜》。

二十二卷,《十七帖》。(他書或列《十七帖》爲第廿一卷,《書譜》爲第廿二卷。)

據此知《秘閣續帖》中並無《書譜》,後世凡稱秘閣本《書譜》者,或由誤於未考;或由概稱宋内府太清樓爲秘閣;又或出於僞造及妄題。

宋内府摹刻之外,尚有吴説於上饒翻刻之本,見吴升《大觀録》,惜未見傳本。其餘大率以一再翻摹之本妄充太清樓刻,甚至僞造"元祐二年河東薛氏模刻"之款,以炫其更早於太清樓。

七　所見之各種摹刻本

一、宋太清樓刻本　《庚子銷夏記》卷一《宋太清樓書譜》條云:“太清樓《書譜》,視《秘閣》稍瘦(按《書譜》刻石,次於《秘閣續帖》之後,已見前,孫氏此説誤),其率意處,無不與墨跡相合。道君與蔡元長皆精於書法者,故工致至此。”此種真本,流傳極少。抗日戰争時,保定人家出殘本十四片,每片八行(其中一片七行),自“闇於胸襟”起,至“重述舊章”止,共一百一十一行,紙墨俱古,隔麻淡搨,筆鋒點畫,出入分明,刻法與《大觀帖》同樣精工,石高亦與《大觀帖》及河南本《十七帖》(又稱汴本,即太清樓中《續帖》後附之本,流傳者,以劉世珩舊藏本爲最知名)相同,故較墨跡行款略有移動。(《淳化閣帖》板式稍矮,以致誤將張芝帖中草書“處”字分在兩行,成爲“不可”二字,《大觀帖》刻石,爲之改正,帖石高度遂以此帖此行爲標準,此是翁方綱説,甚確。按太清樓《書譜》與河南本《十七帖》既與《大觀帖》石同高,故每行移多二三字。)張伯英先生一見驚喜,考爲太清樓真本。其筆法轉折頓挫,俱與墨跡本無異(孫承澤所謂率意處,殆即不解頓挫現象之故,而稱之爲率意)。此殘本旋歸吴乃琛,轉歸韓德清,後在陳叔通先生家,今藏故宫博物院。或謂此殘册字與墨跡既同,安知非近時用墨跡摹刻僞造者?答曰:姑且不言紙墨之舊,即起首“闇於胸襟”等十七字,真跡已缺(《停雲》刻石時,此處三行真跡已缺),刻者何從依據。如云據明刻補成,何以補字竟與其他諸字完全一類?如云帖是明初人據真跡所刻,何以又必依《大觀帖》石之高度?據此可知,諸疑俱難成立。故在今日談宋内府所刻《書譜》,當必以此十四片爲真龍。今有文物出版社影印本。

二、明顧從義舊藏宋拓本　今藏日本中村不折家,有晚翠軒影印本。首題“書譜卷上”,下署“吴郡孫過庭撰”,後至“寫記”止。正文首行十二字。刻法筆跡較方,亦間有誤刻之筆(如“少不如老”之“老”字等)。尾有沈曾植、王瓘跋。沈跋疑爲金源舊刻,然亦無顯據。

三、江陰曹驂刻本　石高與《大觀帖》相等,首有小楷一行曰:“唐孫過庭書譜。”帖文首行十四字,行式與宋太清樓刻真本殘册相同,推知源於宋刻。册之首尾各有蛀損痕跡,皆以細綫鈎出,蛀痕呈對稱狀,知底本爲半頁五行之裱册本。中有因筆劃殘損而成誤字者,如“務修其本”之“本”字,竪劃下半未刻,遂成草體“書”字,此蓋由底本墨淹不明所致。惟尾無“垂拱三年寫記”一行,後有嘉靖二十二年江陰曹驂小楷跋一段。曹驂跋泛論書法,未言底本出處。其中“得意忘言”後,石缺一角。“忘懷楷則”起六行之間有斜泐一道。有正書局曾石印劉鐵雲藏本,題稱《宋拓太清樓書譜》即此石也。缺泐全同,但撤去曹驂一跋(以下簡稱曹本)。道光間僧達受《小緑天庵遺詩》卷下《宋拓書譜歌》注云:“曹氏本末行‘垂拱三年寫記’佚,後跋亦未説及。今石在吴門。近人割去曹跋,僞宋刻也。”惟對其所題之本,只作泛咏,未言及有何特點,真僞不可知矣。

四、薛刻本　全帖與曹本俱同,惟尾多“垂拱三年寫記”一行。末有“元祐二年河東薛氏模刻”款字一行。此本筆劃僵直且瘦,頓挫俱無。元祐僞款,殊不值一辯(以下簡稱“薛本”)。

張彦生先生相告云,薛本第三十三行“實恐”之“實”字,“宀”之右鈎接連“宀”頭之首點,誤成一小圈,於後補刻更正之字。一般裱本,多未將更正之字裱入。曹本中此“實”字不誤。再以太清樓殘本校之,曹本是而薛本非者尚多,足證薛本翻自曹本,或同出一底本,曹工精而薛工粗也。惟薛本有“垂拱”一行尾記,而曹本無之,余竊意曹本之石並非曹氏所刻,殆如書籍板片,刻後易主,新主常改刻己名。曹驂跋語全是空論,於本帖無關。知其不過附庸風雅者。且末行正當一石之首,其後殆有原刻者之跋,曹氏删之遂失尾款一行耳。

五、《停雲館帖》本　明文徵明集刻法書,卷三爲《書譜》,前半卷與曹、薛之本相同,凡曹、薛之缺字,此無不缺(“本”字亦誤)。而曹、薛“本”之殘存半字處,此俱删之,篇首殘存“卷上”二字之標題亦删。度其用意,似待覓别本補足者。正文首行十二字,行式移動,與墨跡及曹、薛本俱不同。自“約理贍”起,行式、殘字,以至筆法頓挫處,無不與墨跡本相同。尾有“政和”、“宣和”二長方印,其後又有“政”、“和”二字連珠印及“内府圖書之印”九疊文大方印,蓋原卷後拖尾上所鈐,今墨跡本後隔水左邊尚存連珠印之右邊欄,而拖尾已失去。“心不厭精”之後三行(三十字)墨跡所缺,此刻亦是用曹、薛一類之本補成者。今日墨跡中紙邊損字又復增多,而《停雲》入石時尚間有存者。其帖刻於嘉靖三十七年,在曹刻之後。明章藻重刻停雲本將原刻缺字俱補足,後半摹法亦失真。

六、《玉烟堂帖》本　明海寧陳氏集刻古法書,中收《書譜》,出於曹、薛一類之本,卷首標題全删,其後各字及殘缺處與曹、薛之本俱同(“本”字亦誤)。尾有“垂拱”一行。正文首行十一字。全卷移行,筆法更失。翻刻本中,此爲最下。其帖刻於萬曆四十年。

七、安刻本　清安岐得墨跡本,精摹木板,當墨跡影印本未流行時,此搨最稱善本,然亦有失漏處,例如“懸隔者也”等處行式取直,頓挫之筆,遂失其一綫之位置。“五十知命”下删去旁注之“也”字。“心迷議舛”之“議”字,删去旁添之“言”旁。“誘進之途”之“途”字及“垂拱三年”之“三”字各改筆痕跡俱删去。不能謂爲毫無遺憾者。附有陳奕禧釋文。

八、《三希堂帖》本　據墨跡本入石,行式全改,筆意尚存。

九、翻安刻本　余所見有四本:甲、嘉慶庚午年長白毓興(字春圃)刻於揚州轉運使署者,乃囑錢泳所摹,附有錢氏所書釋文。錢跋稱校正陳香泉(奕禧)釋文,然亦有再誤者。乙、嘉慶己卯仁和黄至筠刻本。丙、道光二十三年包良丞刻本,並模陳書釋文。包跋稱引姚鼐批本所論釋文異同之字,可廣異聞。以上俱明著出處者。至於射利翻摹僞充安刻原本者,不具論。

十、《契蘭堂帖》本　謝希曾所刻叢帖,中摹《書譜》一卷,未言出處,諦觀乃翻自安刻。

十一、楊守敬激素飛青閣木刻書册本,未言所據,校對知出於安刻,但翻白字爲黑字耳。

八　未見之各種摹刻本

一、誤題《秘閣續帖》本　明王世貞《弇州山人四部稿》卷一三五《墨刻跋》《孫過庭書譜》條云:"《秘閣續帖》末未有宣政印記者,最爲完文,今不可復得矣。"又《庚子銷夏記》卷一《宋秘閣續帖書譜》條云:"《書譜》石本以《秘閣》爲勝,視墨跡稍肥,然神韻宛存,非他刻所能及也。予覓之經年,始得此本,惜首缺十餘行。"按宣和所刻《書譜》,乃與《秘閣續帖》同存太清樓中,《秘閣續帖》中並無《書譜》。王氏所言,似誤稱《太清樓本》爲《秘閣》;至於孫承澤已收有《太清樓本》,並見《庚子銷夏記》著録,此既稍肥,自是宋代一種別刻。

二、南宋吴説刻本　見吴升《大觀録》卷三《書譜》條。

三、明翻宋刻本　王世貞跋同上條云："余游燕中，有僞作古色以鬻者，其刻亦佳，而中有兩訛字，蓋《秘閣》之帖遺於後，而紙敝墨渝，刻者承之，賴以辨耳。"

四、明内府藏石刻本　王世貞同上條跋云："其一末有宣政印記，而前缺一二十字，蓋自内府出，而卷首稍刓破，然自真跡上翻刻，故獨佳。中間結構波撇皆在。"按此所謂自内府出者，謂其所見搨本是内府所藏而今流出者，抑謂石爲内府所刻因而搨本出自内府者，語義不明。所言缺字刓破，指搨本紙缺，抑指原石損泐，亦俱不明。王世貞又云："孫過庭《書譜》……石刻亦有二種，皆佳。其一宋時搨本，然再經石矣，故無缺文而有誤筆；其一國初從真跡摹石者，以故無誤筆而有缺文。"見《四部稿》卷一五四。按所言第一種當即前條"有兩訛字"之本，第二種當即此内府本。

五、明沐昕刻本　見吴升《大觀録》卷二《書譜》條。

六、孫鑛所見舊本　《王氏書畫跋跋》卷二云："在禮部時，沈瑞伯持一舊本見示，是背成册葉，首缺數幅。構體絶勁净，與《江陰》、《停雲》兩本絶不同。云是佳帖，余則尚恨其乏流動意。"

七、武進横野洲鄭氏本　清王澍《竹雲題跋》卷三《孫過庭書譜》條云："曩於武進見横野洲鄭氏本，神精韻古，爲《書譜》石刻第一。"按此本不知爲鄭氏所藏之舊搨本，抑爲鄭氏勒石之本。歐陽輔《集古求真》卷八舉明刻本中有此鄭氏本，殆亦曹、薛一類之本。

此外日本韓天壽復刻薛本，貫名海屋木板復刻薛本，三井子鑽復刻薛本。清代揚州、涿州復刻安本。耆英復刻薛本，並未見。實亦俱無關考訂者。

九 《書譜》已見各本系統表

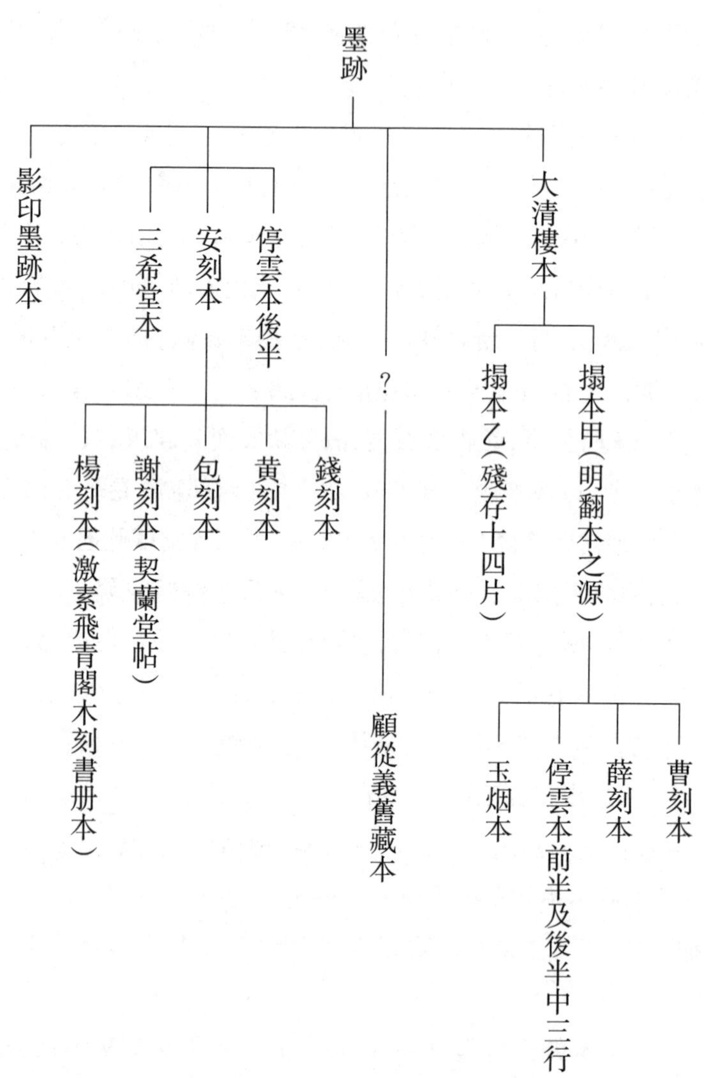
墨跡
影印墨跡本
三希堂本
安刻本
停雲本後半
?
大清樓本
揚本乙（殘存十四片）
揚本甲（明翻本之源）
楊刻本（激素飛青閣木刻書册本）
謝刻本（契蘭堂帖）
包刻本
黄刻本
錢刻本
顧從義舊藏本
玉烟本
停雲本前半及後半中三行
薛刻本
曹刻本

十 歷代引據傳録臨仿及釋文各本

一、唐張懷瓘《書斷》卷下總評中引文“元常專工於隸書”等四句，共二十三字（見前第二節）。

二、唐日本僧空海臨本 日本陽明文庫藏斷簡。自“五十知命”起，至“時然後”止，共三行。草書，是臨寫，但不甚逼似。其中“知命”下無“也”字，缺“夷”字，“險”字“阝”旁誤爲一直筆。

三、空海傳録本二段 甲、日本御府藏，自“互相陶染”起，至“假令薄解”止，共十三行，字體行草相間，乃録文，非臨摹也。“不悟所致之由”之“不悟”，此作“豈悟”，餘俱無異。見《書道全集》第十一卷（平凡社舊版）。乙、日本寬政年間北條鉉刻《集古法帖》，有空海寫本《書譜》，字與前本一類，殆同卷中分散者。《書道全集》第八卷（昭和三十二年新版）節印六行，自“形質使轉爲情性”起，至“草乖使轉不”止，其中較中國傳本，“使轉爲形質”下多六句，爲：“草無點畫，不揚魁岸；真無使轉，都乏神明。真勢促而易從，草體賒而難就。”共二十八字。《書道全集》特以其異文而節載之，未知原刻共存若干行。今日所知唐人徵引《書譜》者，惟張懷瓘《書斷》；而唐人臨寫傳録者，則當以空海諸段爲最早矣。且見過庭著作，唐代已流傳海外，固非竇臮輩一手所能掩。至於張懷瓘引文有異字及空海録文多出二十八字之問題，並不足異。古代詩文，其編集之本與手稿之本多有異同，今日所傳之墨跡本，不知爲作者第幾次稿，懷瓘所引、空海所録，亦不知各據作者第幾次稿本，其二十八字亦不知爲作者後增抑爲作者所删（《書斷》尚有傳刻板本訛誤之可能）。

四、宋刻楷書本（未見） 孫承澤《庚子銷夏記》卷一著録《宋刻楷書書譜》云:“孫虔禮《書譜》余所見墨跡及宋人刻本,皆草書也。然又有正書本,字法勁秀,大有鍾、王遺意,前人所絶未語及也。後有嘉定字,豈彼時上石乎?虔禮書有訛字,皆從旁注之。吴説一跋,書亦工,惜不全。”按此是宋刻一種楷書釋文本。所謂訛字,乃誤釋之字。吴説跋是墨跡抑是帖後所刻,其語不明,所謂不全,亦未知指正文抑指吴跋。

五、明顧從義舊藏宋刻楷書釋文本　小楷書,字體似宋人傳刻所謂“晉唐小楷”一路,首題“書譜卷上”,下署“吴郡孫過庭撰”,後至“寫記”止。中有誤釋之字,如“鍾、張云没”之“云”作“亡”,“伯英尤精草體”之“尤”作“猶”等等。自“體權變之”以下,搨本殘失六百四十四字,前有王文治、王瓘題籤。其帖今在日本中村不折家,附於顧藏舊刻草書《書譜》之後。有晚翠軒影印本。

六、南宋姜夔《續書譜》“情性”條引孫過庭曰:“一時而書”至“違鍾、張而尚工”一段(此據《百川學海》本)。

七、桑世昌《蘭亭考》卷九《法習類》引“右軍之書,代多稱習”,至“陽舒陰慘,本乎天地之心”一段,下注“孫過庭《書譜》”。

八、陳思《書苑菁華》卷八録《書譜》一通。首題“書譜”,下署“孫過庭”,後至“寫記”止。

九、宋末左圭輯《百川學海》叢書,中收《書譜》一卷,首題“書譜”,下署“吴郡孫過庭撰”,後至“寫記”止。正文有訛字,下加校注。如“鍾、張云没”訛作“亡没”,下注曰:“改作云。”“伯英尤精於草體”訛作“猶精”,下注曰:“改作尤”等等。末記一行云:“嘉定戊辰冬改正三十五字。”此書録文所據之底本,殆即孫承澤、顧從義所藏之楷書本。兹以三者合參,知孫承澤所云之嘉定字,乃校讀人之題識。孫藏之本,如非即左圭所見之一册,則孫藏與左據之本必有其一爲過録校本。且顧藏本與孫、左二本如非同搨自一石，亦必同出一源也（余頗疑此種楷書釋文本，即是吴升所記吴説在上饒所刻者，姑記於此，以待更新之證驗）。

十、元虞集臨補墨跡本缺文（已佚）。見《庚子銷夏記》。

十一、明初陶宗儀輯《説郛》，收《書譜》一卷。

十二、明初宋克節録本　文明書局影印。原跡首殘，自“體彼之二美”起，至“恬澹雍容”止。字作真、行、章草各體，間雜書之。末有自跋六行，後有孫克弘跋。

十三、明詹景鳳編《王氏書苑補益》，收《書譜》一卷。

十四、明汪珂玉《珊瑚網》卷二十三上，録一段。題曰《孫過庭書譜》，自“趨變適時”起，至“違鍾、張而尚工”止，又卷二十四上，録一段。題曰《孫虔禮執要篇》，自“今之所陳”起，至“安有體裁”止，共二段。

十五、清《佩文齋書畫譜》收《書譜》一通，出於《百川學海》本，注有改釋之字，删去嘉定尾款一行。

十六、《圖書集成·字學典》卷八十七收《書譜》一通。

十七、卞永譽《式古堂書畫彙考》收《書譜》一通。

十八、馮武《書法正傳》收録《書譜》一通。

十九、陳奕禧書釋文本。附安岐摹刻《書譜》後。

二十、吴升《大觀録》著録《書譜》，録釋文一通。

二十一、《四庫全書·子部藝術類》收《書譜》一卷。

二十二、《三希堂帖釋文》録《書譜》一通。

二十三、戈守智《漢溪書法通解》卷八録《書譜》一通。

二十四、朱履貞《書學捷要》録《書譜》一通。

二十五、錢泳楷書釋文本。附於其重摹安刻本後。

二十六、包世臣《删定吴郡書譜》。有二種本:一爲包氏草書本(有石刻本及影印墨跡本),二爲《藝舟雙楫》中録其删定之文。

二十七、僞蔡襄臨本　石刻本,筆法僵直,所臨者爲曹、薛一類之石刻本,"本"字亦訛作"書"字,後有僞蘇軾、米芾等跋。再後附宋克釋文乃作王寵筆體,並有祝允明跋,全屬僞造。前後刻有清代"天水趙氏咨雪堂"及"春喦審定珍藏"各印,知即趙氏摹刻入石者。此卷底本之僞造,不早於明清之際。

二十八、任愷臨本　同治十二、十三年寧夏任愷兩次摹刻其自臨《書譜》於南陽。其第二刻並於每行之右附小楷釋文。自跋稱未見太清、停雲之本,所據乃安刻本,安本所缺之三百餘字,乃"参以二王筆意補之"。又云:"秘閣停雲而外,不但石刻法帖不可多覯,即原文亦多未識。"而自以所刻可備"臨池之楷模",實一謭陋之本。

二十九、王寶瑩小楷釋文本　附於有正書局石印劉鐵雲藏《宋拓太清樓書譜》(即曹本)後。以陳奕禧、朱履貞二本合校,有王寶瑩自跋。

三十、日本平久信撰《孫氏書譜證法》。日本天明七年(乾隆五十二年)撰。日本刻本。《書苑》第二卷之各册中曾分載之。近代坊間影印薛本、影印墨跡本,多附釋文,大致展轉鈔録,無關考訂,不復詳及。其他書家隨手臨寫之本尚多,其無所考訂或無釋文者,亦俱不録。

十一　卷數問題

今傳《書譜》,無論墨跡、石刻,以及録文,俱自"書譜卷上"四字標題起,至“垂拱三年寫記”六字尾記止,未見所謂下卷也。而此篇之末,作者自稱“撰爲六篇,分成兩卷”,是固應有下卷。其下卷之文如何,何時亡佚?昔人所稱,每有不齊。

《宣和書譜》曰:“唐孫過庭《書譜序》,上下二。”或據此謂下卷北宋時尚存。

南宋陳思《書苑菁華》録《書譜》之文亦僅自首至“寫記”止。或據此謂下卷亡於南宋之初。見包世臣《藝舟雙楫·論書二》、余紹宋《書畫書録解題》卷三。

元初周密《雲煙過眼録》卷上,記焦達卿藏“真跡上下全”。或據此謂下卷元初尚存。張丑《清河書畫舫》卷三云:“元初焦達卿敏中所藏,上下兩卷全,今已缺其一,上卷亦不能全。”余氏《書畫書録解題》卷三信此説。余嘉錫先生《四庫提要辨證》卷十四亦信之。

按以上三説,俱有可疑,北宋刻石及所傳翻刻及記録,從未見序文以外之下卷。張丑亦云:“此帖宋時已刻石,亦只此一卷。”如宣和並藏序及序以外之下卷,何以只刻序文一卷?如其下卷至元初尚存,何以宋元人記録無一言及序文以外之下卷内容者?且吴升所記三本中,亦未言與今本有殊,可知亦俱爲序文一卷。

余反復詳觀墨跡本及《宣和書譜》,恍然悟得其故,試申言之:

今本一篇,叙述書法源流及撰寫《書譜》之旨,篇末自稱“撰爲六篇,分成兩卷”,實爲序言之體。其下卷當爲種種之譜式。故《宣和書譜》稱之爲“序”;瘦金題籤亦稱之爲“序”;所謂“序上下二”者,謂此篇序文分裝上下二軸。故不言“譜上下二”,以别於“序”與“譜”之二卷。

今墨跡本自“漢末伯英”之下斷缺一段,恰是半卷之處,其下“約理贍”等三行,紙色既污,每行下脚又各缺二三字。觀於敦煌所出古寫卷子,其起首之處,紙常污損,蓋舒卷所致者。又墨跡本此處有騎縫印,邊欄獨寬,與卷内各騎縫印邊欄不同,因知上下二軸實自此處分開者。或問整篇之文,中分爲二,有無他例?應之曰:唐許渾自書其詩五百餘篇,蟬聯寫去,不分卷第。至宋米芾、劉涇、杜介、王詵諸人,分而藏之。《宣和書譜》卷五載“今體詩上下,烏絲欄”不記篇數。至南宋岳珂得其一百七十一篇,分裝爲上下二卷,皆有紹興御璽。語見寶真齋《法書贊》卷六。俱是因篇幅過長而分爲上下者,此例一。又《宣和書譜》卷二十,于僧翰條:“今御府所藏八分書二:千文上下。”當是因字大卷長而分軸者。此例二。又唐竇臮《述書賦》二卷,《四庫提要》謂其下卷“文與上編相屬,蓋以卷帙稍重,故分爲二耳。”此例三。俱足爲《書譜》分軸之旁證。宣和所藏墨跡,分裝二軸,而摹勒入石,則無需再分,故所傳石刻俱合成一卷。陳思熟於金石,曾撰《寶刻叢編》(其中亦著録《書譜》),其《書苑菁華》之録《書譜》,當據石刻,非必見墨跡始能録文。至於元初,《書譜》二字早已成此篇序文之定名,故不待加“序”字已爲人所共喻。即如陳思所録,前亦只標《書譜》二字,並“卷上”二字俱已删之。且焦氏所藏,明著有“徽宗滲金御題”及“政和宣和印”,是即宣和之本無疑。則其所謂“上下全”者,即《宣和書譜》之“序上下二”。余嘉錫先生謂《宣和書譜》衍“序”字,今按實是周密省“序”字耳。

《停雲館帖》刻本,拼湊之跡,已如前述。張丑云:“前半真跡已亡,翻刻入石;後半真跡具存,勾填入神,故《停雲》所刻,筆氣相隔若此。”按《停雲館帖》後半卷自“約理贍”以下,恰與墨跡本全合，知張丑之説不謬。再按文嘉於嘉靖四十四年檢閲官府籍没嚴嵩家藏書畫，著爲《鈐山堂書畫記》。其記《書譜》云："孫過庭《書譜》一，上下二卷全，上卷費鵝湖本，下卷吾家物也。紙墨精好，神采焕發，米元章謂其間甚有右軍法，且云唐人學右軍者無出其右，則不得見右軍者，見此足矣。"（據《知不足齋叢書》本）又《清河書畫舫》卷七附載文嘉别本《嚴氏書畫記》，其《書譜》條云："孫過庭《書譜》一，真本，惜不全。"當時籍没嚴氏財物之帳簿題曰《天水冰山録》者亦云："孫過庭《書譜帖》一軸。"（《知不足齋叢書》本）可證所謂"上下二卷"者，即指分裝二軸。所謂"《書譜》一"者，此時已合裝爲一軸。所謂"惜不全"者，殆指卷中有缺文耳。《停雲》刻石在嘉靖三十七年，蓋刻後不久，真跡下軸即入嚴家，而二軸合裝爲一，即出嚴氏之手。張丑所謂"焦達卿敏中所藏，上下兩卷全，今已缺其一，上卷亦不能全"者，蓋只見文氏所藏，未見費氏所藏，更未見嚴氏合裝者也。

又今墨跡卷前宋徽宗瘦金題籤"唐孫過庭《書譜序》"，"序"字之下隱約有"下"字痕跡，當是合裝時上軸之籤或失或殘，故將下軸之籤刮去"下"字，移裝於前。

至於日本平安時代所編之《日本國見在書目》，曾云"《書譜》三卷"，此或爲唐人抄録之本，卷數别經析出，惟"分成兩卷"，明見原文，此處"三"字或直是"二"字之誤。

余頗疑孫過庭此序以外之下卷，或竟未成書。蓋唐宋人寫録記述既無一言及下卷，而《書斷》又爲之更名曰《運筆論》，殆以既無譜式而稱之爲譜，義有未合，故就序文所論，爲立此名，俾副其實而已。《墓誌銘》稱"將期老有所述，志意不遂"，則其撰而未竣，僅成一序，亦非毫無可能者。

十二　墨跡缺失諸行之臆測

今墨跡本自“漢末伯英”以下缺一段,“心不厭精”以下缺一段。嘗思“約理贍”以上雖爲分軸處,而“漢末伯英”處,並未見斷爛之痕。且其前自“又云”起爲一紙,此紙今僅存字二行。分處甚齊,明爲割截餘此二行,其故何在?按宋人每割晉唐法書以相博易,如米芾《書史》等書所記甚多。然此卷全文,不比簡札之易分,割則兩敗,想好事如焦達卿未必如此魯莽(米芾雖曾割許渾詩卷,但詩以首分,尚可自爲起止,與此整篇之文不同)。偶爲排比其紙數行數及字句文義,始得其故。姑申管見於下。

按未缺之原卷,自首行至“貴使文”止,爲宣和所裝之上軸,共一百九十九行。自“約理贍”至末行“寫記”止,爲下軸,共一百七十行。當時以原紙縫爲分軸處,以致“貴使文約理贍”一句分在兩處,殊不整齊。古代某一藏者嫌其文句分裂,思爲調劑,乃自上軸之末割十五行以附下軸,則上軸爲一百八十四行,下軸爲一百八十五行,且上軸至“若漢末伯英”,文詞恰爲一句,行數亦復停勻。但不知是否黏附下軸之後脱落,抑或割而未黏。至於“心不厭精”以下,何以失彼三行,則殊難測。惟此處前後各行,紙頗有斷爛處,或由舒卷扯斷,或由偶遭污損,因而割截取齊,俱未可知。

至於前半“五乖三合”之處十三行何以錯簡?按《庚子銷夏記》謂“‘五乖也’下少一百三十字”,今觀“五乖”之下,自“也乖合”起至“湮訛頃見”止十三行,共一百三十一字,誤裝於前。此段即孫承澤所記之缺文。蓋孫藏之時尚缺,其後爲某一藏家獲得,歸入卷中。惟原應插入“五乖”之下,而誤插入“心遽體留”之下耳。然如裝時不誤插,則未有不疑孫承澤爲誤記者矣。亦或由孫氏只注意到此處少十三行,因而記之,未注意其誤裝於前也。

十三 論添注塗改剥損諸字

《書譜》中有作者用墨筆即時删點添注及改寫之字,不具論。又有淡色筆添改之字,自影片觀之,其字與本文各字顏色不同,當是硃書。廿年前雖曾見墨跡原卷,惜已不能記憶。此類字,有屬釋文性質者,如"龜鶴花英之類"之"類"字;"稽古斯在"之"稽"字;"更彰虚誕"之"彰"字;"恬淡雍容"之"雍"字等,皆有淡筆楷字旁注,乃出他人手,亦俱無關於文義。此外尚有數處須特論者:

一、"心迷議舛"之"議"字,原寫"義"字,左旁添一大竪(草書"言"字旁),今此筆劃上半磨損,下半紙破一塊,然全筆之形固在。此筆安刻已删,安氏之前各種刻本俱有之,宋人録文及引文亦作"言"旁之"議"。

二、"五十知命也,七十從心"之"也"字,是小字從旁添注於"命"、"七"二字之間,宋刻及明翻宋刻各本俱有,空海三行斷簡中無,宋人録文俱有。今墨跡本此小"也"字已磨損中間竪劃,僅存"乜"形。安刻遂删之,而珂羅版各本,亦有修改塗失者。

三、"包括篇章"之"章"字,因繼草頭"篇"字之後,遂亦誤書一草頭"䒑",後又在"丷"上横改一大横,其頂上再加一點,乃成草書"章"字之起手二筆。惟明刻本大横較細,遂成"开"形,故或釋爲"乘"。今墨跡分明,是"章"非"乘"。

四、墨跡尚有因紙質剥損而筆劃斷缺者,如"奇音在爨"之

“爨”字，中間“林”字部分，紙傷一横痕，轉折之筆遂斷，宋明以及安刻本此筆俱未損。或有誤認墨跡此字爲訛字，因而疑墨跡爲贋本者，諦觀影片，剥痕自見。正如“思慮通審”之“通”字中“甬”字上半，因紙裂而移動，其字竟不成形，俱此類之顯例。

五、又有墨跡敗筆，而翻刻致誤者，如“少不如老”之“老”字，其長撇因值紙棱而下端特肥，且筆劃中間墨色剥落，宋刻真本尚能傳其剥落情狀。而翻刻本便成撇筆向上迴折，遂成長圈。顧從義藏本如此，曹薛本亦如此。

六、又“知與不知也”之“也”字，末筆自左上向右下斜劃時，中遇紙棱，其筆遂轉而向下，成一細直綫。又重自左上再寫一筆，竟成長圈。宋刻真本此處甚分明，與墨跡一致，而曹薛翻本因見所據宋刻底本此字適當行末，誤以爲是收束之筆，刻作向上迴鋒，遂成長圈。此俱紙棱所致之敗筆，而爲案驗刻本之佐證。

十四　論釋文異同諸字

《書譜》釋文，各家大致相同，惟有廿餘字互有歧異，兹略論之。不詳舉某家釋作某字，以省篇幅。

“私爲不忝”之“忝”字，各家多釋爲“惡”，按墨跡第二筆緊頂横劃中間，實爲“天”字，加“心”爲“忝”。

“有乖入木之術”之“術”字，陳奕禧釋文並列“微、術”二字，且謂“本是術字，於文理作微爲順”。模棱無當。

“殊衂挫於毫芒”之“衂”字，或釋“劒”，誤。

“詎若功宣禮樂”之“宣”字，或釋“定”，按釋“宣”是也。字形既是“宣”字(卷中“宣”、“恒”等字下部與此同),且於文有徵:“功宣於聽”(《宋書·武帝紀》),“世彌積而功宣”(《頭陀寺碑》),“功宣一匡”(《晉書·陶侃傳》),“功宣清廟”(《舊唐書·劉仁軌傳》)等皆是。

“互相陶染”之“染”字,或釋淬鍛之“淬”。按日本藏智永《千文》墨跡本“墨悲絲染”之“染”字,真書作“泎”,草書與《書譜》同。

“自閿通規”之“閿”字,陳謂“字是閿而文應是闕”,按非但字形是“閿”,且“閿”則不通,於文義亦不應作“闕”。

“趨變適時”之“變”字,或釋“事”或釋“吏”,俱非。按此字是改寫而成者,且紙有破痕,故點劃不甚明晰,實爲“變”字。

“題勒方畐”之“畐”字,借作“幅”,或釋作“富”,非。

“殆於專謹”之“謹”字,或釋“塗”,謂借爲“途”。按智永《千文》“勞謙謹勑”之“謹”字草書,唐林藻《深慰帖》末“謹空”之“謹”字,唐人《月儀帖》中“謹”字,俱與此同。且《書譜》中“道途”之“途”字俱作從“辵”之“途”,不作從“土”之“塗”。

“包括篇章”之“章”字,或釋“乘”,誤。辨已見前。

“義無所從”之“義”字,或釋“蒙”,據上文“手蒙”、“筆暢”之文義而言也,按字形實是“義”字。

“中畫執筆圖三手”之“手”字,或釋作“年”,非。手者,所畫執筆之手形也。

“徒彰史諜”之“諜”字,釋文或書作“片”字旁,非。

“歷代孤紹”之“孤”字,或釋爲“脈”,非。按孤紹猶言“專宗”,謂右軍成爲唯一之宗師也。其前之崔、杜,後之蕭、羊,多已散落,惟右軍之法獨行耳。

“心迷議舛”之“議”字,應有“言”旁,辨已見前。

“規矩闇於胸襟”之“闇”字,借作“諳”。

“斷可極於所詣矣”之“詣”字,或釋“臨”,或釋“論”,俱不合。或釋“治”,“治”爲唐諱,更誤。又或釋“詒”。按章草《急就篇》之“詣”字,正如此作。

“終爽絶倫之妙”之“爽”字,或作“奏”,非。宋人引文及録文各本俱作“爽”。按《閣帖》卷六末右軍《二謝帖》云:“知喪後問”之“喪”字,與此形同,疑是“喪”字。姑拈於此,以待續考。

“輕瑣者染於俗吏”之“染”字,與前“陶染”之“染”字相同,或釋“流”。按卷中各“流”字俱不如此作,仍應釋“染”。

“便以爲姿質直者”之“便”字,近人柯逢時先生釋文遺稿,釋爲“浸”,其説可從。

“垂拱三年”之“三”字,中有一斜劃,乃誤筆,似初欲寫“元”字,未寫末鈎,已覺其誤,遂改爲“三”。曹驂刻本雖缺此一行,而其跋中稱“作於垂拱之五年”,是誤釋“三”爲“五”也。

一九六四年

論懷素《自叙帖》墨跡本與宋刻本

唐僧懷素擅狂草書，流傳草書帖甚多，有墨跡，有石刻，必以《自叙帖》長卷爲第一名品。這卷字大卷長，筆勢流暢變化，縱横馳騁，比起那些少則二三行、多也不過十幾行的字跡，要痛快得多。

《自叙帖》流傳石刻本很多，自公元一九二四年稍前延光室（出版社）出版了《石渠寶笈》所藏真跡本長卷的照片和珂羅版本，世人大開眼界，嘆爲希有之觀。再後有故宫博物院在《故宫周刊》内分期影印各段，又有影印單行長卷，於是社會上公認這是一卷懷素的巨跡，和孫過庭的《書譜》長卷真跡，共屬書法至寶。《書譜》墨跡本還偶見有人懷疑它是摹本（當然不確），而《自叙》墨跡只見馬衡先生曾根據詹景鳳的話一度提出疑問外，不見什麽異議。現在從見到的一些文獻材料和石刻善本中綜合考察，提出問題，分别闡述於下：

一　原跡、真跡、真本、摹本的名稱問題

從文獻上看，宋代特别是米芾以前，對於"真跡"這一觀念並不十分嚴格。梁武帝拿出王羲之的字跡令陶弘景鑒定，因爲那時許多古法書没有寫者簽名，這種鑒定，不僅是辨别是原跡或是摹

本,還有辨認是誰寫的這個問題。唐人竇洎的《述書賦》裏就提出“帶名”、“不帶名”的問題,所謂“帶名”即指那件書法作品上寫着寫字人的姓名,寫了名字的可以證明是某人寫的,没寫名字的,就要另憑判斷了。

再後鑒定的注意力就着重在是否某個書家的風格,例如《淳化閣帖》中有許多帖列入王羲之、王獻之名下,蘇軾、黄庭堅、米芾、黄伯思等專家多有批評,指出某一帖是真王羲之的,某一帖是假托的,《淳化閣帖》都是木板、石板上刻出的,用墨搨出的黑地白字的“搨本”,從邏輯上講,即屬是他們認爲真王羲之字的,也是摹刻了的影子,只能算真跡的影子,或説“真本”,不能説是“真跡”。只有米芾還有另一角度的觀點,他把原紙原寫的字跡才叫作真跡。他有詩説:“嫗來鵝去已千年,莫怪痴兒收蠟紙。”他認爲用蠟紙鈎摹的名家字跡不能歸入真跡範圍,只能算是真跡的摹本。後來文人用詞,牽連混用,題跋上、記載中隨便使用,誰也不詳細追究哪件是鈎摹本,哪件是書家本人原紙寫的字跡。事實上那也太囉嗦了。所以後人對於古法書多用“真跡本”、“石刻本”這兩類來分稱,今天有了影印法,又多出一個“影印本”的名稱而已。本文以下稱《石渠》舊藏一大卷《自敘帖》墨跡爲“墨跡本”,以别於石刻本。

二　墨跡大卷是宋代流傳的哪一本

《石渠》所藏這一大卷墨跡本後有紹興二年曾紆題跋一段,他説:

藏真《自叙》，世傳有三：一在蜀中石陽休家，黄魯直以魚箋臨數本者是也；一在馮當世家，後歸上方；一在蘇子美家，此本是也。元祐庚午蘇液携至東都，與米元章觀於天清寺，舊有元章及薛道祖、劉巨濟諸公題識，皆不復見。蘇黄門題字乃在八年之後。

説明了這卷是北宋蘇舜欽（字子美）家藏的一卷。他並没説出當時那三卷是别人從原跡上鈎摹出的真本，更没説明蘇家這一卷是原紙原寫的真跡。從此這墨跡大卷便被認爲是蘇氏家藏的一卷了。

這卷墨跡本後還附有明代文徵明跋一段，是從一個明人石刻本上割下來附裝於後的。文氏跋的要點如下：

余按米氏《寶章待訪録》云："懷素《自叙》在蘇泌家，前一紙破碎不存，其父舜欽補之。"又嘗見石刻有舜欽自題云："素師《自叙》前紙縻潰不可綴緝，書以補之。"此帖前六行紙墨微異，隱然有補處，而乃無此跋，不知何也。

文徵明具體地引了蘇舜欽跋中的原話，可見他是親自見過蘇舜欽跋的（蘇氏寫在《自叙帖》後的跋文，宋以來的有關法書記載都未曾見）。文氏又曾補寫蘇軾自書《赤壁賦》真跡卷前殘缺的一些字，後加小楷跋語説：

謹按蘇滄浪（舜欽的别號）補《自叙》之例，輒亦完之。

夫滄浪之書,不下素師而有"極愧糠秕"之謙。

這裏又多引出蘇跋有"極愧糠秕"四字,今墨跡卷中全都没有。是這個墨跡大卷原來曾有,在文徵明以前被人割去的呢?還是這墨跡大卷並非蘇家那一卷呢?如説根本不是蘇家那卷,所以没有蘇跋,而曾紆跋中首先確指這就是蘇家的一卷;既是蘇家那卷,而前一紙補痕並不明顯,後來許多跋語中如文徵明、高士奇都曾閃爍其詞地説它又有補處,又有原紙,種種矛盾,怎麽解釋?這姑不必詳論。姑且簡單説曾紆跋不誤,這卷墨跡本便是蘇家藏本,只是蘇跋在文徵明前已被割失,也没有什麽不可以。但其中存在的其他矛盾,並未由此而完結。

三 蘇家本和今傳墨跡大卷有什麽異同

蘇家本在宋代曾被摹刻上石,宋搨本已不得見,幸而有一個宋刻本的真影存留。它就是嘉慶六年(公元一八〇一)吴門謝希曾刻的《契蘭堂帖》中的一卷。這部叢帖,刻得很精,但流傳甚少,它摹刻的宋搨本《自叙帖》是其中的第五卷。

謝氏有小字題識一段。刻在懷素正文"八日"之下空隙處。他説:

素師《自叙》真本失傳久矣。辛酉秋偶得唐荊川所藏宋搨本。爲淳熙時從墨跡刻石,筆法精妙絶倫。衡山文公謂素書如散僧入聖,雖狂怪弩張,皵不合度,信不誣矣。(下鈐

"曾"、"安山"二小印)

按卷首有"荆川"二字印,是謝氏指爲唐氏舊藏的根據。又卷尾蘇跋"補其前也"下有高士奇長方收藏印。文爲"江村高氏巖耕草堂藏書之印"。得知從唐氏藏後,還經過高氏收藏。

這卷宋刻本真影,也就是蘇家本的面目有什麼特點?分列於下:

一、有蘇舜欽跋云:"此素師《自叙》,前一紙糜潰不可綴緝,僕因書以補之,極愧糠秕也。"(此四行草書)

"慶曆八年九月十四蘇舜欽親裝且補其前也。"(此三行真書接寫於草書四行之後)

二、懷素自書尾款"八日"之後緊接有"昇元四年……邵周重裝"押尾一行。再接"王紹顔"的押尾一行。再後才是"大中祥符三年……蘇耆題"一行,更後是"四年……李建中看畢題"二行。

三、全卷只在邵周押尾一行的上端有"建業文房之印"一印,其他處全無印章。

四、卷首自"懷素家長沙"起各行筆跡一致,與蘇舜欽自書跋尾草體不同。

五、懷素全卷的筆法位置與墨跡大卷完全一致。

從以上的現象,與墨跡大卷相比較,發現以下一些情形:

一、蘇舜欽所補的一紙占正文幾行,刻本上看不出,墨跡大卷跋中説是六行。即以這六行論,筆法與後邊正文絲毫没有兩樣。可知蘇氏只是根據另一個本子描摹的,而不是放手臨寫的。

二、邵周、王紹顔押尾二行在前。蘇耆、李建中題三行次後,蘇舜欽跋在最後。這是合理的。墨跡大卷蘇耆、李建中三行翻在邵王二行之前是不合理的。

三、真跡大卷中有許多宋印，宋刻本只有“建業文房之印”是刻帖的體制，當時不可能多摹刻藏印（明清匯帖也不能全摹藏印）。

四　根據以上情形，可以得出以下幾項推斷

一、蘇舜欽的補全，只是據另一底本摹全的，而不是臨寫的。

二、墨跡大卷後現存的宋人各跋，曾紆明説是跋的蘇補本，可見它是蘇本原有的。

三、墨跡大卷正文是另一個摹本，押尾次序摹顛倒了，大概是爲就原紙空處，擠入三行，没顧到順序的不合。

四、墨跡大卷摹法極精，飛白乾筆，神彩生動，而全卷正文，使轉彎曲處，又有遲鈍之感。

五、蘇氏本筆筆與真跡本相合，雖可説經過刻石，打了折扣，但它每筆的軌跡全都毫無逾越處，遲純處也同樣，大概蘇家本也仍是一個摹本。真跡大卷，早入《石渠》，謝希曾不可能見到，謝氏重刻還能體現宋刻的面貌，而兩本正文竟很少差異處，可説各有所長，足以互相驗證。

六、墨跡中許多宋人藏印，不能以宋刻未摹入，便認爲墨跡卷中的宋印一概毫無根據。

七、大約在文徵明以前，有人分割蘇本後宋人各跋，裝在今天這個墨跡大卷之後，以提高它的聲價。蘇家本既有蘇跋，不待其他宋跋已自使人可信了。於是蘇家原卷、另一摹本（墨跡大卷）、

蘇卷後的宋人原跋，三部分重新組合，而蘇卷原跡今天都只剩下重刻本了。

八、經過以上的分析，我們應該對這一大卷重新正名，只稱它是"墨跡大卷"了。

五　蘇卷原跋改配另一卷後引起的餘波

古法書在收藏家手中，便是他的財産。凡有這種財産的人，不是有錢的就是有勢的，被請來鑒定、題跋的人，誰又肯輕易地批評真僞，惹人不快呢？所以若干名人題跋的古書畫有種種遁詞，或故意露些馬脚，使内行的觀者，可以"心照不宣"地領略出跋者的不負責任。這在只有財勢的收藏家往往是不會了然的。在墨跡大卷上發生疑問的，有明人也有清人。明文徵明、詹景鳳、文嘉，清高士奇，都曾不同角度、不同程度地玩弄曲折手法來表示懷疑，分述於下：

文徵明說：

> 此帖（指墨跡大卷）前六行紙墨微異，隱然有補處，而乃無此跋（指蘇舜欽跋），不知何也？

按蘇跋說"一紙糜潰，不可綴緝"，不是補幾個窟窿的事。又提出既叫做蘇家本，又無蘇跋，疑問已很明顯了。

詹景鳳說：

懷素《自敘》,舊在文待詔(按即文徵明)家。吾歙羅舍人龍文幸於嚴相國(按即嚴嵩),欲買獻相國,托黄淳父、許元復二人先商定所值,二人主爲千金,羅遂致千金。文得千金,分百金爲二人壽。予時以秋試過吴門,適當此物已去,遂不能得借觀,恨甚。後十餘年,見沈碩宜謙於白下,偶及此,沈曰:此何足罣公懷,乃贋物爾。予驚問,沈曰:昔某子甲,從文氏借來,屬壽丞(按即文彭,文徵明的長子)雙勾塡朱上石。予笑曰:跋真,乃《自叙》却僞,奚爲者?壽丞怒駡:真僞當若何干?吾摹訖掇二十金歸耳。大抵吴人多以真跋裝僞本後,索重價,以真本私藏,不與人觀,此行逕最可恨。

詹景鳳在此後又接寫道:

二十餘年爲萬曆丙戌,予以計偕到京師。韓祭酒敬堂語予:近見懷素《自叙》一卷,無跋,却是硬黄,黄紙厚甚。宜不能影摹,而字與石本毫髮無差,何也?予驚問今何在?曰:其人已持去,莫知所之矣。予語以故,謂無跋必爲真跡。韓因恨甚,以爲與持去也。(《詹東圖玄覽編》)

此兩條説得最直截了當,因爲私人筆記可以無所顧忌。但他以爲紙厚的那一卷必是真跡,這就未免出于揣測了。今文彭摹刻本已不可見,我頗懷疑墨跡大卷後邊的墨搨小楷文徵明跋,是從文彭摹刻本上割來的。

文嘉説:

> 懷素《自敘帖》一，舊藏宜興徐氏，後歸陸全卿氏，其家已刻石行世。以余觀之，似覺跋勝。（《鈐山堂書畫記》）

“似覺跋勝”，措辭多麼巧妙！换句話説，即是“正文不真”。文嘉鑒定的是查抄嚴嵩家藏書畫。抄的東西，都要歸官，所以他也不敢直説。

高士奇跋説（原跋冗長，這裏只摘取要點）：

> 一、今前六行紙色少異，然亦莫辨其爲補書，正是當時真跡。
>
> 二、王峰徐公（按即徐乾學）積總裁堂巽銀半千得之。
>
> 三、其紙尾第四跋崇英副使知崇英院事兼文房言檢校工部尚書王紹顔當是南唐人，失紹顔二字。
>
> 四、余所藏宋搨秘閣本有之（按指“紹顔”二字）。

前六行紙色既然“少異”，又看不出補書的跡象，便要定爲“當時真跡”，像是抬高了一層，其實便連“是蘇家本”也否定了。

王紹顔的名字，在墨跡大卷中殘失“紹顔”二字，他據他藏的宋搨秘閣本知爲“紹顔”二字，提出根據，還算應該。但他説王紹顔“當是南唐人”，他忘了前一行邵周押尾的行首明明白白地寫着“昇元四年”，何用“當是”的揣度。

康熙時徐乾學的勢力極大，高士奇依附他，捧場還唯恐不及，何能直接指出其疑竇，他没想到慌張中出了“當是南唐人”的笑柄。

六　小結

考證懷素《自叙》蘇家本、宋人諸跋、墨跡大卷的種種關係和各項問題，是文獻方面的事；哪一本鈎摹得靈活，臨學的人參考哪一本容易入手，是藝術方面的事。平心而論，墨跡大卷的藝術效果遠遠勝于石刻本，這是有目共睹的。但其中被蘇家本、補紙等等問題攪得莫名其妙，蘇氏跋又看不着，愈發增加了觀者的猜想。今天印出蘇家本的真影，不但這樁公案大白，而墨跡卷的藝術上的參考價值也愈可以得到公正的評估。石刻本與墨跡本合觀，懷素全卷草書筆劃軌跡的强處、弱處也可得到密合的印證了。

現在我個人所知《自叙》的本子還有幾個：一、明人翻刻《淳熙秘閣續帖》中有一本没有南唐押尾和蘇舜欽跋。（謝刻所據，唐順之、高士奇藏和謝希摹刻的本子何以知爲秘閣本和淳熙時刻，已不可究詰。）二、日本影印半卷摹本墨跡。三、《蓮池書院帖》刻一卷，全是放筆臨寫的，與懷素無關。四、四川大學藏竹紙臨本半卷，與蓮池本一類。五、其他單刻本字形有據，源流不詳的，可不計了。

附識：我在一九八三年曾寫了一篇《論懷素〈自叙帖〉墨跡本》，發表在《文物》本年第十二期上，起草匆忙，筆舌也實在冗蔓。後來用墨跡本和石刻本並列臨摹，發現墨跡本確實比石刻精采，這原是法書傳本的通例，但蘇本面目也亟需鑒家共賞。所以重加修改，寫成此稿，再求讀者指教！

一九九一年五月廿五日

從《戲鴻堂帖》看董其昌對法書的鑒定

古代没有影印技術，書畫鑒賞家只得用文章記録下所見所藏的書畫作品。今天存在古代對書畫的記録，最早的有《貞觀公私畫史》，其次較詳細的像《宣和書譜》、《宣和畫譜》，也不過是開列書畫名目的賬單，讀者無從知道每件作品的面貌。米芾的《書史》、《畫史》等，則是夾有評論的賬簿。到了清代高士奇的《江村銷夏録》，始創詳細記録書畫之體例，但只能記録法書的正文、題跋、印章及名畫的款字、題跋、印章，至於法書的筆法、風格，名畫的描繪技巧，書畫的一切形狀，都無法加以表達。

自從北宋淳化時正式摹刻十卷法帖《淳化閣帖》，若干古代字跡才得以本身的面貌呈現於讀者眼前。後來陸續出現摹刻的法帖，有私人刻自家藏品的，也有私人搜羅、借摹所遇的名品的。這種法帖常有若干卷（册），所以常被稱爲"叢帖"、"匯帖"或"集帖"。清代把内府所藏的古代法書摹刻成《三希堂帖》三十二卷、《墨妙軒帖》四卷，這無異於把《石渠寶笈》中法書部分的佳品向人展出。雖然看不到原跡上的一切細節，但至少字跡的書寫形狀還不太差。

所説私人刻帖，明代最著名的有文徵明的《停雲館帖》、董其昌的《戲鴻堂帖》、明末清初馮銓的《快雪堂帖》等等。這些叢帖所收的底本，未必都是真品。馮刻的自藏之品居多，文、董刻的則明白顯示是陸續搜羅借摹而來的，當時流行即很廣，學書法的人見善即學，很少有人作詳細評論的。至近代張伯英先生撰《法帖提要》，才有了最有系統的評帖專著。

法書摹刻成帖，等於有形的帳簿，觀者可以從筆跡風格上看它們的真僞優劣。一家所藏的可以看出藏者的鑒賞水平，有錢有勢的藏家，多半不可能再有太高的鑒賞眼力和考訂的知識。至於有學問、有修養的書畫家像文、董諸人，選擇底本時，應該有别於“好事家”的盲目亂收。我們也見到過他們明明收了僞品，例如《停雲》收唐李懷琳草書《絶交書》，這是李懷琳僞造王羲之帖；由於李懷琳的書法水平本已很高，即算他個人的作品也值得寶貴，這不能算誤收僞帖。又如《戲鴻》收的米芾《蜀素帖》，是一個鈎摹的“復製品”，但刻搨出來的效果，也足以表達米字的形態。如果不是董氏自己在真跡卷内提出這件事，誰也無從看出《戲鴻》所刻的底本是一個“復製品”。這類情況，可以説是“雖僞亦真”或“雖僞亦佳”。

文、董二人都是大書家，都有湛深的學問和精美的書藝，都有鑒定的修養。文氏没留下什麽專評書畫的著作，《停雲》帖中也没有很多的題識評語，《停雲》帖中僞品也不太多。董氏則不但有《容臺别集》等等評論書畫的專著，還在法書名畫上隨手題跋以評論真僞優劣，這是與文氏不同處之一；董氏的官職高、名聲大，當時所寫對古書畫的評論真可説“一言九鼎”，後世更是“奉爲圭臬”，至於他所評判的是否都那麽準確無誤，則屬另一回事。當時人固然不敢輕易懷疑他；清初康熙皇帝又喜愛並臨習他的字，在康熙一朝時，書法風格幾乎全被“董派”所籠罩，這時其人雖逝，其餘威尚在，也就依然没有人敢懷疑他。其人生存時“居之不疑”，逝世後還能“在邦必聞”，他刻的《戲鴻堂帖》也就無人細核其各件底本的真僞了。

在三百年前的時代，用手工摹刻各種法書，絶非短促時間所能完成。一部叢帖中的許多件底本，也非同時所能聚集。主持編訂的人如文氏、董氏，也絶非同時或短時便可決定全部底本的選擇。那麽刻帖的過程中，可能經歷了一個人半生的時間。一個人的見解，前後會有差異，眼力也會有進退。一部大叢帖中夾雜了僞跡，並不奇怪，而且也是情理之中的事。但董其昌的《戲鴻堂帖》是他成名後所刻，出現了明顯的失誤，就不能不負鑒定眼力不高和學識不足的責任了，至少也要算粗心大意的！下面舉帖内幾件失誤爲例：

一、拼湊失誤。卷三刻王獻之《十二月割至帖》四行半，接着又取王獻之《慶等已至》帖，去其起首“慶等”二字，續在下邊。董氏自跋説：“寶晉齋刻此帖，‘大軍’止，余檢子敬别帖，自‘已至’至末，辭意相屬，原爲一帖，爲收藏者離去耳。二王書有不可讀者，皆此類也。”

按《十二月割至帖》中字體，絶大多數是行書，三十二字中只有“復”、“得”、“如何”、“然”、“何”六字是草體。所補二十一字自“已至”以下全是草體，並無行書。古代書疏，本有行草相雜之作，但少有自一半之後全用另外一體之例。此兩半拼合之後，前後風格迥異，更極明顯。又“大軍”與“已至”之間空缺二字，曾見舊搨本，空處原有兩字，後被刮去，刮痕尚清晰可見。後搨便全磨平，搨出便成完全黑色。《戲鴻》原有兩次刻本，初刻是木版，再刻是石版，大約石版刻時，即只成空地，不見刮痕了。所謂“子敬别帖”乃《淳化閣帖》卷十中一帖，行首開端是“慶等已至”，《戲鴻》初刻即把“慶等已至”推移到行中，頂接“大軍”之下，後來發覺“慶等”二字不能上接“慶等大軍”,才將下半的“慶等”二字刮去,“大軍”和“已至”雖然接上了,但中間却空了二字,如果有人問董氏,下半的“慶等”二字哪裏去了?也能説是“收藏者離去”的嗎?風格全不調和,一望可見,又屬何故?

董氏在《中秋帖》墨跡卷尾又跋云:“又‘慶等大軍’以下皆闕,余以《閣帖》補之,爲千古快事……古帖每不可讀,後人强爲牽合,深可笑也。”現在看《戲鴻》所刻,真不知快在何處。所謂“可讀”,只有補後的“大軍已至”四個字可連,上下其他字句,實在不知説的是什麽。究竟是誰“强爲牽合”,又是誰“深爲可笑”呢?

二、不管避諱缺筆。卷八刻草書《景福殿賦》,董氏自寫標題“孫虔禮書景福殿賦”,帖是節摹的,自“冬不淒寒”至“兆民賴止”部分。其中“玄軒交登”的“玄”字缺末筆,因爲是草書,連筆帶過,不太明顯。按全文中“眩真”、“不眩”都明顯缺末筆,“玄軒”、“玄魚”的“玄”也是不寫末筆;“列署”的“署”字缺最下邊的“日”字;“增構”的“構”字,缺右下邊二小横劃;“克讓”的“讓”字缺末筆一捺。凡此各字,都是明明白白的宋諱,難道孫過庭能預先敬避後一朝代的“聖諱”嗎?這分明是一卷南宋人的草書,作僞的人僞造曾肇的題跋,冒充孫過庭的筆跡而已。

三、既不管避諱的改字,又公然誣蔑他人。卷七刻草書庾信《步虚詞》等,帖前董氏自書“張旭長史伯高真跡”標題一行,帖文是幾首五言古詩,第二首開端是“北闕臨丹水,南宫生絳雲”。按庾原文是“北闕臨玄水,南宫生絳雲”。宋真宗大中祥符五年十月戊午夢見他的“始祖”告訴他説自己的名字叫“玄朗”,次日早朝他告訴大臣,並令天下避諱這兩個字(見宋李攸《宋朝事實》卷七)。古代避諱或用代字或缺筆,這裏把玄水改寫爲丹水,就是代字。古代把五行分屬四方,東方屬木,是青色;西方屬金,是白色;南方屬火,是紅色;北方屬水,是黑色;中央屬土,是黄色。這卷草書的寫者把"玄水"改爲"丹水",下句仍舊是"南宫生絳雲",豈不南北二方都屬火,都成紅色了嗎?這當然是一位宋代書家在大中祥符五年十月以後所寫的。鐵證如山,董氏不注意也就罷了,却又在所刻帖尾題跋一段,説:

> 項玄度出示謝客("客"是謝靈運的小字)真跡,余乍展卷即命爲張旭,卷末有豐考功跋,持謝書甚堅。余謂玄度曰:"四聲始於沈約,狂草始於伯高,謝客時都無是也。其東明二詩乃庾開府《步虚詞》,謝安得預書之乎?"玄度曰:"此陶弘景所謂元常老骨,更蒙榮造者矣。"遂爲改跋。文繁不具載。

這一段話,極不誠實。按此帖第十九行是"謝靈運王"四字,恰在一紙之尾,第二十行是"子晉讃"三字。在歸華夏之前,"謝靈運王"一紙被移在卷尾,因"王"字最上一小横寫得太短,可以令人誤看作草體的"書"字,大約從前有人故意騙人,這樣可以冒充謝靈運所書的字跡。華夏請豐坊(即董其昌所稱的豐考功)鑒定,豐氏跋中即指出這些矛盾,主要是謝靈運不可能預先寫庾信的《步虚詞》。至於是誰的筆跡,他猜測可能是賀知章,但仍不敢作確定結論,並無"持謝書甚堅"的任何表示。豐氏自寫跋語之後,又有一段失名人用文徵明風格的小楷重抄豐跋一通。後邊便是董其昌的跋語,只猜測是誰所寫的。他認爲"狂草始於伯高",即定爲張旭(字伯高)所書。此卷現藏遼寧省博物館,有許多影印本。董其昌刻《戲鴻堂帖》時，大約認爲一般人看不到原卷，自然不會知道豐坊是怎麽鑒定的，便説他"持謝書甚堅"，然後顯出自己眼力之高明。董氏不知自己的話，已犯了邏輯上的毛病：狂草始於張旭，不等於凡是狂草體的字跡便都是張旭所書，好比説倉頡造字，於是凡是字跡便是倉頡所書，豈非笑柄！

我們現在看看豐坊主要還有哪些論點，他説："按徐堅《初學記》載二詩連贊，與此卷正合。"這是豐氏首先指出是庾信的詩贊，不是謝靈運的作品；接着豐氏還辨别"玄水"不能是"丹水"。關於書者可能是誰，豐氏以爲唐人如歐、孫、旭、素皆不類此，"唯賀知章《千文》、《孝經》及《敬和上日》帖氣勢仿佛"。這是他不相信謝靈運書的正面論斷。豐氏還從周密的《烟雲過眼録》中看到記載趙蘭坡（與懃）藏有賀知章《古詩帖》，曾猜想到"豈即是歟"？但豐氏最後還是持存疑的態度説："而卷後亦無蘭坡（趙與懃）、草窗（周密）等題識，則余又未敢必其爲賀書矣。"難道這種客觀存疑的態度便是"持謝書甚堅"嗎？更可笑的是董其昌把豐氏自書跋尾後邊那篇用文徵明小楷字體重抄的豐跋認作文徵明的跋，在他自我吹捧的那篇跋尾中説："豐考功，文待詔（徵明）皆墨池董狐，亦相承襲。"所謂"承襲"，即指共同認爲是謝靈運書，這種無中生有的公開造謡，至於此極，竟自騙得鑒賞權威的大名，歷三百年而不衰，豈非咄咄怪事。

四、把臨本《集王羲之聖教序》認爲是懷仁刻碑的底本。卷六刻《聖教序》一段，自"皇帝陛下"至"比其聖德者哉"，行筆比碑上刻的流暢些，也油滑些，字比碑字略小，是出於某人用黄絹一手所臨。刻帖收好手臨本，本無妨礙，但董氏據這卷臨本即指碑上字是懷仁習王羲之字體而成，便又發生了邏輯的錯誤。董氏跋中否定宋代人記載懷仁集摹王字成文刻碑的事，根據是，他藏的這卷臨本比碑上字"特爲姿媚"。並説他藏有《宋舍利塔碑》，署款是某人"習王右軍書"。我得到一本宋大中祥符三年建的《汧陽縣龍泉山普濟禪院碑》，書者是"京兆府廣慈禪院文學沙門善僊習晉右將軍王羲之書并篆額"。不知是董氏隨手誤書"禪院"爲"舍利塔"，還是另有舍利塔碑。如非筆誤，則可見宋人"習王書"寫碑的很多。我們已知宋代"集王書"的碑不止一個，雖然摹刻的遠遜《聖教序》、《興福寺碑》，但畢竟和"習王書"的並不相同。按"習書"正如畫家題"仿某人筆意"，怎能説"習"當"集"解釋呢？又"集句詩"怎能解爲"習句詩"呢？宋人自稱"習王書"，正可見書家的忠實，絶不以仿學冒充"集字"，董氏隨便造謡，竟至捏造訓詁，真可謂無理取鬧了！我曾見兩本宋搨碑本《聖教》有董氏題，都搬出他藏的這卷黄絹臨本，來判斷碑上刻的字是懷仁一手所寫，不是逐字摹集而成的。但我們看碑上有許多相同的字，不但字形一樣，大小分寸一樣，即破鋒賊毫處也一樣，試問放手自寫，能够那麽一致嗎？董氏有些措詞閃爍的地方，好像説碑上的字即自這卷上摹出，再量度字形分寸，碑上的大些，卷上的小些，那麽刻碑時又是怎麽逐字放大的呢？總之，懷仁集字，實在巧妙，不免令人發生疑問，以爲是懷仁一手所臨。又懷仁所集有許多王羲之的"家諱"字（如"曠"字、"正"字），王羲之不可能自己寫，懷仁又從何處集來的？退一步説，懷仁所集，即使攙有僞跡，也不會是摹自董氏所藏的這一卷，這是絶無疑義的。

五、楷書《千字文》不是歐陽詢的原跡。卷四刻楷書《千字文》，後有南宋末葉書家金應桂的題跋，説："右率更令所書千文，楊補之家藏本，咸淳甲戌歲九月三日，錢唐金應桂。"按金應桂字一之，擅長楷書，今傳姜夔《王獻之保母磚誌》長跋卷每紙都有金應桂的印章，即是金氏手録本。還有廖瑩中所刻世綵堂本《韓昌黎集》、《柳河東集》，相傳都是金氏手寫上板的。那些字跡，都和這本《千字文》非常相似。《千文》中没見宋諱，金應桂名下也没有"臨"字，使人不免疑惑這本《千文》已是從金氏臨本上再摹出的，所以宋諱添全了缺筆，金氏名下删去了"臨"字。即使退幾步講，這本果然是楊補之藏的原本，但拿它和《九成宫》、《皇甫誕》、《温虞公》、《化度寺》諸碑比起來看，真如幼兒園中的小孩和"千叟宴"中的老人站在一起，老嫩懸殊，不難有目共睹。

六、其他筆跡風格有疑點的。《戲鴻》帖中所刻的名家字跡還有許多風格不相近的，前舉歐陽詢《千文》之外，還有《離騷》。褚遂良的帖如《樂志論》、《帝京篇》等，雖然没有充足的證據，也可存疑。至於張旭的《秋深帖》"秋深不審氣力復何如也"等字，世傳有米芾臨寫本，比此帖筆力遒勁流暢得多。當然米氏臨古帖，常比原帖生動，像《寶晉齋帖》所刻米臨王羲之諸帖，就比刻本王帖精彩。但《戲鴻》所刻《秋深帖》中許多字極似趙孟頫，張旭帖像起趙孟頫來，就未免有些奇怪了。還有米芾的《易義帖》也漏洞很多，書法藝術水平很差，不用多加比較，只和《戲鴻》帖中所刻其他米帖對看，其結字用筆的不合米氏分寸處，即已不勝枚舉，這裏也不必詳説了。

董氏刻《戲鴻堂帖》的馬虎，還在當時留下過笑柄。沈德符所撰的《萬曆野獲編》卷二十六《小楷墨刻》條曾記一事説："董玄宰刻《戲鴻堂帖》今日盛行，但急於告成，不甚精工。若以真跡對校，不啻河漢。其中小楷，有韓宗伯家《黄庭内景》數行，近來宇内法書，當推此爲第一。而《戲鴻》所刻，幾並形似失之。予後晤韓冑君（即長子）詰其故。韓曰：'董來借摹，予懼其不歸也，信手對臨百餘字以應之，並未曾雙鈎及過朱，不意其遽入石也。'因相與撫掌不已。"按韓宗伯名世能，其子名朝延。沈氏所記"數行"、"百餘字"未確，實爲十七行，殆記述時回憶有誤。今天我們不能因其字數有誤便疑此事是虛構的。

總之，董其昌官職高，名氣大，書法和文筆都好。評書論畫有專著，古書畫上也多有題跋，於是即使偶有失誤，也没有人敢於輕易懷疑，更談不上提出指摘了。現在古代法書陸續公之於世，有不少的影印本流傳，欣賞法書的人獲得很多的比較機會，於是董氏所刻的《戲鴻堂帖》中的問題也就逐漸被人發見。除了亂拼王獻之帖、硬把"集"字解爲"習"字、捏造豐坊的言論外，其他差錯都可算容易理解的，這對於他做一派的"祖師"還是並無太大影響的。

從河南碑刻談古代石刻書法藝術

最近，我國應日本的邀請，選擇河南省保存着的漢畫像石和古代碑刻的部分搨本，到日本展出。這些都是具有代表性的精美作品。現在就其中碑刻部分談一談古代的石刻書法藝術。

石刻文字，是中國歷史文化中的一大宗寶貴遺産。在中國的古代石刻文字中，碑誌佔了絕大多數。人們常常統稱爲“碑刻”。這種碑刻遍佈全國各個地區，從中原腹地到遥遠的邊疆，幾乎没有哪一個省、區没有的。

這些古代的碑刻，絕大多數是歷代封建統治者按照他們的需要而寫刻的。它的内容，我們自然需要批判地對待。但是，它也保存了不少有價值的古代階級鬥争和生産鬥争的歷史資料。更普遍爲人重視的，是由這些碑刻保留下來的極其豐富的古代書法藝術。我們試看宋代歐陽脩的《集古録》，這是古代著録金石最早的一部書，其中固然談到了有關史事、文詞等等方面，但有很多處是涉及書法的。又如清末葉昌熾的《語石》，是從種種角度介紹古代石刻的一部書，其中談到時代、地區、碑石的形狀、所刻的内容、書家、字體以及摹搨、裝裱，可稱詳細無遺了。但在卷六的一條中，作者説：

> 吾人搜訪著録，究以書爲主，文爲賓……若明之弇山尚書（王世貞）輩，每得一碑，惟評騭其文之美惡，則嫌於買櫝還

珠矣。

可見他收藏石刻搨本的動機,仍然是從書法出發的。

中國自商周至現代,各種書法一直在發展、變化、革新、進步。從形式方面講,有篆、隸、草、真、行種種字體。在藝術風格方面,各個不同時代乃至各個不同的書家又各有其特點,這便構成了書法藝術史上繁榮燦爛的局面。可是,由於年代的久遠,這些書法的真跡存留到今天的已經極少,有些只有從一些碑刻中才能見到它們的面目。所以,碑刻不但是珍貴的歷史文物,而且又是一座燦爛奪目的藝術寶庫。

特别值得提出:在看碑刻的書法時,常常容易先看它是什麽時代、什麽字體和哪一書家所寫,却忽略了刻石的工匠。其實,無論什麽書家所寫的碑誌,既經刊刻,立刻滲進了刻者所起的那一部分作用(搨本,又有搨者的一部分作用)。這些石刻匠師,雖然大多數没有留下姓名,却是我們永遠不能忽略的。

古代碑刻的寫和刻的過程是:先用硃筆寫在石面上(因爲石面顔色灰暗,用硃筆比較明顯),稱爲“書丹”;然後刻工就在字跡上刊刻。最低的要求是把字跡刻出,使它不致磨滅;再高的要求便要使字跡更加美觀。因此,書法有高低,刻法有精粗,在古代碑刻中便出現種種不同的風格面貌。這種通過刊刻的書法,一般有兩種類型:一種是注意石面上刻出的效果,例如方稜筆劃,如用毛筆工具,不經描畫,一下絶對寫不出來。但經過刀刻,可以得到方整厚重的效果。這可以《龍門造像》爲代表。一種是盡力保存毛筆所寫點劃的原樣,企圖摹描精確,作到“一絲不苟”,例如《昇僊太子碑額》等。但無論哪一類型的刻法,其總的效果,必然都已和書丹的筆跡效果有距離、有差别。這種經過刊刻的書法藝術,本身已成爲書法藝術中的另一品種。它在書法史上,數量是巨大的,影響是廣泛而深遠的。

河南地區,是殷、東周和後來的東漢至北宋王朝的政治文化中心,這裏留下的碑刻也是比較豐富的。按碑刻的種類,隨着它的内容和用途,本有多種,但其中主要以碑銘、造像記、墓誌銘爲大宗。下面所談河南地區自漢至元的各體書法,即從筆寫與刀刻結合的效果來考查。所舉的例子,也涉及展品以外的碑刻。

古代碑誌,在元代以前都是在石上"書丹",大約到元代才出現和刻帖方法一樣的寫在紙上,摹在石上,再加刊刻的辦法。古代既然是直接寫在石上,那末原來的墨跡和刻後的搨本便永遠無法對照比較了。相傳曹魏《王基碑》當時只刻了一半就埋在土中,清代出土時發現另一半還是未刻的硃筆字跡,這本是極好的對照材料。但即使這半個碑上硃書字跡幸未消滅,也仍然不能代替其他石刻的比較研究。所以我們今天作這方面的研究,只好就字體風格相近的古代墨跡和石刻作品來比較了。

在河南的碑刻中,篆、隸、草、真、行五種字體都各有精品。下面試按類作初步的評述:

篆類中所謂"蝌蚪"一體,原是"古文"類手寫體的,它的點劃下筆重,收筆尖,這在《正始石經》中的"古文"一體表現得最突出。但我們從近代出土的許多殷代甲骨、玉器上硃筆、墨筆書寫的字跡和戰國竹簡上墨寫的這類"蝌蚪"字跡來比較,不難看到《正始石經》上的"古文"筆法的靈活變化方面,當然有不如墨跡的地方,但每字之間風格是那麽統一,許多尖鋒的筆劃,刻在碑石上,經過多年的風雨侵蝕和捶搨磨損,仍然不失它的風度,這不能不使我們欽佩這些寫者和刻者手法的精妙。

至於“小篆”一體的特點，在於圓轉匀稱。它的點劃，又多是一般粗細。寫的碑版中，似乎不易表現什麼宏偉的氣魄，其實却並不如此。例如《袁安碑》，即字形並不寫得滚圓，而把它微微加方，便增加了穩重的效果。這種寫法，其實自秦代的刻石，即已透露出來，後來若干篆書的好作品，都具有這種特點。像《正始石經》中小篆一體，也是如此。後來的不少碑額、誌蓋，這種特點常常是更爲突出。河南石刻中還有特别受人重視的一件篆書，即是李陽冰所寫《崔祐甫墓誌蓋》。李氏是唐代篆書大家，被人稱爲可以直接秦代李斯筆法的。唐人賈耽題李陽冰碑後云：

> （李）斯去千載，（李陽）冰生唐時，冰今又去，後來者誰？後千年有人，吾不得知之；後千年無人，當盡於斯。嗚呼郡人，爲吾寶之！

可見他的篆書在當時聲價之高。但他傳世的篆書碑版，多數已經磨損，或經翻刻。這件嶄新的誌蓋，却是光彩射人，筆法刀法都十分精美。傳世李陽冰的篆字，以福州《般若臺題名》爲最大，以張從申書《李玄静碑》中“李陽冰篆額”款字一行爲最小，至於北宋的《嘉祐二體石經》，裏邊“小篆”一體，和《李碑》那幾個字大小相等，而它的氣勢開張，並不縮手縮脚，這比之李陽冰，不但並無遜色，而且是一種新的境界。《嘉祐二體石經》中篆書中有章友直所寫的一部分，我們再拿故宫所藏唐人《步輦圖》後章氏用篆書所寫的跋尾墨跡來比，更覺得石刻字跡效果的厚重。從前講書法的人，常常以爲後人趕不上前人，現在從《袁安碑》、《崔祐甫墓誌蓋》到《宋石經》來看篆書的發展,分明見到後者未必遜於前者。對舊時代的評書觀點,正是一個有力的反駁。同時也算給那位賈耽一個滿意的答覆,即"後千年有人"!

隸書,最初原是小篆的簡便寫法。把圓轉的筆跡,改成方折。原來連續不斷處,大部分拆開;再陸續加工。點畫都具備了固定的樣式和輕重姿態。這便是今天所見的"漢隸"。河南原有許多漢碑,像《孔宙碑》、《韓仁銘》等,常爲書家所稱道,但解放後出土的《張景碑》從書法藝術水平上講,實屬"後來居上"。按漢隸字體的點劃,多是在定型中有變化,因字立形,並没有死板的寫法,又能端重統一。今天我們看到的漢代簡牘墨跡極多,也有許多和某些碑刻字體一致的,但它們之間的藝術效果,是究竟有所不同的。往下看去,曹魏時的《受禪表》、《上尊號碑》等,便漸趨方整,變化也比較少了。這大概是因爲這個時期日常通用的字體,已漸漸進入真書(又稱"今隸"、"正書"、"楷書")的領域,漢隸是在特定的場合應用的,所以也是作爲一種特定的字體來書寫的。到了晉代人所寫漢隸字體,又有變化,大的像《三臨辟雍碑》,小的像《徐義墓誌》那一類的晉隸,雖然筆劃比較靈活,但似用一種扁筆所寫,這大概是爲了達到某種效果而改製了書寫工具。到了唐代,隸體出現了一次大革新,它的點劃盡力遵用漢碑的筆法,要求圓潤而有頓挫。結字比漢隸稍微加高,多數成爲正方形。在用筆和結體上,都成爲唐隸的特有風格。後世喜好"古樸"風格的,常常輕視唐隸。但一種字體,隨着時代的變遷,是不能不變的。自漢代以後,各時代都有新的探索。從具體的作品看,也有較優較差的不同。唐代人用隸書體,是使用舊字體,但能在漢隸的基礎上開闢途徑,追求新效果,不能不説是一種創新。我們試看徐浩寫的《嵩陽觀碑》和他的兒子徐珙寫的《崔祐甫墓誌》,這些碑和誌的書法就給人以整齊而不板滯,莊嚴而又姿媚的感覺。如果按漢隸的尺度來要求唐人,當然不會符合,但從隸書的發展來看,唐隸畢竟算是一種創造。

草書原有"章草"、"今草"之分。"章草"是漢代人把當時的隸書簡寫、快寫而成的。"今草"是晉代以來的人逐步把"真書"簡寫、快寫而成的。章草不但字形結構和點劃姿勢與今草有不同,而字與字之間常常獨立而不牽連,也是章、今差别中的一種突出的現象。

草書到了唐代,已是今草的世界,唐人寫章草本來只是模擬一種古體罷了。河南的《昇僊太子碑》却有出人意表的現象。首先,用草體寫碑文,在這以前是没有的,它是一個創例。其次這碑上的草字從偏旁結構到點劃形態都屬於今草的範疇,而從前却有人誤認它爲章草,或説它有章草筆法,這是爲什麼呢?按這個碑文有横竪方格,每字納入格中,因而字字獨立,並無牽連的地方,便與章草的體勢十分接近;其次是字形分寸比一般簡劄加大,又是寫碑,用筆就更不能不特加沉重;最後看到刻工刀法的精確,每筆起伏俱在,搨出來看,白色一律調匀,那些光滑石面上墨色濃淡不匀的痕跡一律改觀。我們試把日本保存着的唐代賀知章草書《孝經》和這個碑中字跡相比,可以看出二者之間是多麼相似。但《孝經》的藝術效果却遠遠不如碑字的雄厚。這固然由於《孝經》字跡較小,墨色濃淡不匀,而碑字既大,又經刻、搨,所以倍覺醒目。可見刻工的作用,不能不列入每件碑刻藝術品的成功因素之内。

真書是從隸書演變來的。結構比隸書更加輕便,點畫比隸書更加柔和。從較繁密的筆劃中減削筆劃，也非常方便，而其形體並不因減筆而有所損傷。端莊去寫，便是真書；略加連貫，便是行書。在如此優越的條件下，真書一體從形成後直到今天，一直被用作通行的字體。

真書的藝術風格，每個時代都有不同，但在它作爲一種特定的文字形態也就是一種“字體”來講，成熟約在晉唐之間。

這種字體的藝術風格的發展，大體有兩大階段，一是南北朝到隋，一是唐代和以後。前一時期，真書的結構寫法，逐步趨於定型，例如横畫起筆不向下扣，收筆不向上挑等等。但這時究竟距離用隸書的時間尚近，人們的手法習慣以至書寫工具的製作方法上，都存留前代的影響較深，所以雖然是寫真書，而這種真書字跡中往往自然地含有隸書的澀重味道，甚至還有意無意地保存着某些隸書筆劃。我們仔細分析它們的藝術結構，是常常隨着字形的結構而自然地來安排筆劃的，例如：哪邊偏旁筆劃較多，便把它寫密一點。並不把一字中的筆劃平均分配，所以清代鄧石如形容這類結體説：“字畫疏處可以走馬，密處不使透風。”我們又看到北碑結字常把一個字的重心安排偏上，字的下半部常使寬綽有餘，架勢比較莊重穩健。再加上刻工刀法的方整，又增添了許多威嚴的氣氛。這在北魏的碑銘墓誌中是隨處可見的。例如《嵩高靈廟碑》、《元懷墓誌》、《元詮墓誌》、《龍門造像》以及宋代重摹的《弔比干文》等等，都可以充分地説明這一點。

在清朝中葉以來，許多書家由於厭薄“館閣體”的書風，想從古碑刻中找尋新的途徑，於是羣起研習北朝書法，特别是北魏的書法。包世臣著《藝舟雙楫》更作了大力的鼓吹。當時古代墨跡發現極少，大家所能見到的只有碑刻，於是有人在北碑中經過刀刻的筆劃上尋求“筆法”。例如包世臣在《藝舟雙楫·述書上》裏記述他的朋友黄乙生的話説:“唐以前書,皆始艮終乾,南宋以後書,皆始巽終坤。”我們知道古代把“八卦”配合四方的説法是西北爲乾,東北爲艮,東南爲巽,西南爲坤。這裏説“艮乾”,不言而喻是代表四角中的兩個角,不等於説從東到西一條細綫。譬如築牆,如果僅僅築一道北牆,便只説“從東到西”就够了,既然提出“艮乾”,那麽必是指一個四方院的牆。這不難理解,黄氏是説,一個横劃行筆要從左下角起,填滿其他角落,歸到右下角。這分明是要寫出一種方筆劃,但圓錐形的毛筆,不同於扁刷子,用它來寫北碑中經過刀刻的方筆劃,勢必需要每個角落一一填到。這可以説明當時的書家是如何地愛好、追求古代刻石人和書丹人相結合的藝術效果。這種用筆方法的嘗試,在包世臣的字跡中表現的還不够明顯(黄乙生的字跡,我没見過),到了清末的陶濬宣、李瑞清等可説是這種用筆方法的實行者。後來有不少人曾對於黄乙生這種説法表示不同意,以爲北朝的墨跡與刀刻的現象有所不同。但我們知道,某一個藝術品種的風格,被另一個藝術品種所汲取後,常使後者更加豐富而有新意。舉例來説:商周銅器上的字,本是鑄成的,後人把它用刀刻法摹入印章,於是在漢印繆篆之外又出了新的風格。又如一幅用筆畫在紙上的圖畫,經過刺繡工人把它繡在綾緞上,於是又成了一種新的藝術品。如果書家真能把古代碑刻中的字跡效果,通過毛筆書寫,提鍊到紙上來,未嘗不是一個新的書風。同時我們試看今天見到的北朝墨跡,例如一些北朝寫經、北魏司馬金龍墓中漆屏風上的字跡,以及一些高昌墓磚上的字跡,它們的筆勢和結體,無不足與北碑相印證,但從總的藝術效果看,那些墨跡和碑刻中的字跡,給人的感受畢竟是不同的。

這裏附帶談一下搨本的效果問題。我們知道,石刻必用紙墨搨出才能更清楚地看出字跡,那麽一件碑刻除書者、刻者的功績外,還要算上搨者和裝褾者的功績。至於古代石刻因年久字口磨禿,搨出的現象,又構成另一種藝術效果。世行影印清代楊澥舊藏的《瘞鶴銘》有何紹基題識二段説:"覃溪(翁方綱)詩云:'曾見黄庭肥搨本,憬然大字勒崖初。'此語真知《鶴銘》,亦真知《黄庭》者。"按《黄庭經》字小而多扁,《瘞鶴銘》字大而多長,筆勢也並非一路,翁、何二人何以這樣比例?拿這兩種搨本對看,也就憬然而悟,何氏所謂"真知",只是真知它們同等模糊而已。明代祝允明、王寵等所寫的小楷,即是追求一些搨禿了的"晉唐小楷"帖上的效果,因而自成一種風格。這些是古石刻在書寫、刊刻之外,因較晚的搨本而影響到書法藝術創作和評論的一個例子。

到了唐代,真書風格漸趨匀圓整齊,在藝術結構上,疏密漸匀,上下左右也常以匀稱爲主。每個點畫,出現有意地追求姿媚的現象。行筆更加輕巧,往往真書中帶有行書的顧盼筆勢。清末康有爲在《廣藝舟雙楫》中特别提出"卑唐"一章,大約是嫌唐人書法的"古樸"風格不如北朝。但事物是發展的,唐人的真書我們無法否認有它的新氣象。河南的碑刻中,如《伊闕佛龕記》的方嚴,《夏日遊石淙詩》的爽利,《少林寺碑》的緊密,《八關齋記》、《元結墓碑》的渾厚,如此等等,各有特殊的境界。回頭再看北朝的字跡,又覺得不能專美於前了。

宋代的真書,除某些人的個人風格上有所不同外,大體上並未超出唐人的範圍。但也不是没有新風格出現。例如《大觀聖作碑》,把筆劃非常纖細的"瘦金體"刻入碑中。與"大書深刻"恰恰相反,然而它却能撑得起碑面,並不覺得單薄,這固然由於書法的筆力健拔，而刀法的穩準深入也有絶大關係。

至於行書，自唐代僧懷仁所謂“集王羲之書”的《聖教序》出來以後，若干行書作品都受它的影響。即唐人“自運”的行書，也同樣具有這種格調。這裏如褚庭誨寫的《程伯獻墓誌》便可算是唐代一般行書的代表。到宋代“集王”行書成了御書院書寫詔令、官告的標準字體，被稱爲“院體”。於是蘇米一派異於“集王”的字體，便經常出現在宋代碑刻中，也可以説是一種革新和對“院體”熟路的否定。

至於刻法刀工，到了唐宋以來比唐以前也有新的發展。刻工極力保存字跡的原樣，如有破鋒枯筆，也常盡力表現。當然這種表現方法與後世摹刻法帖來比，還是比較簡單甚至可説是比較粗糙的，但從這點可以看到刻碑人的意圖，是怎樣希望如實地表現字跡筆鋒的。所以唐宋碑中儘管有些纖細筆劃的字跡，例如《大觀聖作碑》，雖經八百多年的時間，却與古碑面磨損一層的例如隋《常醜奴墓誌》舊搨本那種模糊效果絶不相同，這不能不説是刻法的一大進步。雖然説刻法這時注意“存真”，但我們如果把唐人各種墨跡和碑刻搨本來比，它的效果仍然不盡相同，這在前邊草書部分裏已經談到。唐人真書流傳更多，如果一一比較，真有“應接不暇”之感，現在舉一件新出土的唐《程伯獻墓誌》來看。書者褚庭誨的字跡，我們除了在《淳化閣帖》中見到幾行之外，這是一個新發現。這種行書體和舊題所謂《柳公權書蘭亭詩》非常相似。但《蘭亭詩》寫在絹上，筆多燥鋒，它的輕重濃淡處我們是一目瞭然的。而這個墓誌刻本，當然無法表現燥鋒，也不知褚氏原跡有没有燥鋒，但誌石字跡在豐滿勻圓中却仍然表現了輕重頓挫。由此知道不但唐代書人寫行書是非凡地擅長，而唐代石工刻行書也是異常出色的。只要看懷仁的《聖教序》、李邕《李思訓碑》以至這個《程伯獻墓誌》等,便可以得到充分的證明。

最後略談北宋的《十善業道經要略》和《嘉祐石經》中的真書部分,寫的字體横平竪直,刻的刀法也方齊匀整,這樣寫法和刻法的風格,已開了"宋板書"的先路,這是時代風氣所趨,也不妨説宋代刻書曾受這種刻碑方法影響的。我們從這裏可以看到今天每日印刷若干億字的"宋體字",是怎樣從晉唐真書中發展而來的,這也是字體、書法的發展史上一項重要的資料。

談南宋院畫上題字的“楊妹子”

一 引言

鑒定古代書畫的真僞,所須辨别的,不止一端,應當最先著眼處,無款的辨别時代,有款的辨别姓名。倘若不知道款字是誰,又怎能判斷它的真僞?即使能判斷時代,也無法判斷是這個人的親筆還是别人僞充。宋元以來,名作如林,竟自有流傳數百年,款印具在,那些人也並不是潛耀埋名之士,況且累經名家鑒藏題跋,却一直地以訛傳訛,終不能知道究竟是個什麽人,像南宋“楊妹子”就是其中顯著的一例。

世所傳南宋畫院馬遠、馬麟的畫跡中,常有宫人楊氏的題字,這人是誰,前代各家著録題跋每指稱之爲“楊妹子”,並且多説是寧宗皇后楊氏之妹,其名爲“娃”。又或指題字爲楊后。及至細考各件的題字印章以至各書記載,那些所謂“楊娃”、“楊妹子”的説法,多屬展轉傳説,竟在模糊影響之間,本文試申其所疑。

二 書畫文獻中關於“楊妹子”的記載

最早提出的是元人吴師道,他的《仙壇秋月圖》詩見《禮部集》卷五,自注云:

宫扇，馬遠畫，宋寧宗后楊氏題詩，自稱楊妹子。

這是説“楊妹子”即是楊皇后。後來明初陶宗儀《書史會要》卷六，先出“恭聖仁烈皇后楊氏”小傳，又出“楊氏”小傳一條云：

寧宗皇后妹，時稱楊妹子，書法類寧宗。馬遠畫多其所題，往往詩意關涉情思，人或譏之。

這是説“楊妹子”是楊后之妹。明代王世貞又提出“楊娃”之説，《四部稿》卷一三七跋馬遠畫水十二幀云：

畫凡十二幀……其印章有楊娃語，長輩云，楊娃者，皇后妹也……按遠在光寧朝後先待詔藝院，最後寧宗后楊氏承恩執内政，所謂楊娃者，豈即其妹耶？

看他説“印章有楊娃語”，可見是據印文釋爲“楊娃”。又云：

題畫後，考陶九成《書史會要》，楊娃者，果寧宗恭聖皇后妹也，書法類寧宗。

《書史會要》並没稱楊娃，這是王世貞據印文與陶氏所記合而言之的。又厲鶚《南宋畫院録》卷七引明項鼎鉉《呼桓日記》云：

馬遠單條四幅，俱楊妹子題……其一緑萼玉蝶……再題

“層疊冰綃”四字,後有楊娃之章一小方印。

這也是釋印文爲“楊娃”的。

至於認爲題字即是楊皇后的,像前引元人吴師道詩注爲最早,其後明人淩雲翰有題“馬麟《長春蛺蝶》並楊太后《撲蝶圖》二小幅成一卷”七絶一首,見《南宋畫院録》卷八引《柘軒集》。《長春》、《撲蝶》二圖,載在汪珂玉《珊瑚網》名畫卷五。吴升《大觀録》名畫卷十四,俱未記畫上款印,而圖後有宋濂跋云:“舊時曾在宫掖,故其間有上兄永陽郡王及楊妹子之字。”可以見其題款大概。淩雲翰既稱撲蝶圖是楊太后作,便是認爲款字是楊后所題,也就是認爲楊妹子即是楊后,這是近於吴師道之説的。清人王士禛《香祖筆記》卷四復駁吴師道詩注説:“以楊妹子爲楊后,誤。”吴其貞《書畫記》卷一記馬麟雪梅圖云:

上有楊妹子題五言絶句一首,有坤卦印,此乃楊后印,后即妹子姊也。

又卷三記馬麟《梅花圖》云:

上有楷書題五言絶一首,用坤卦圖書,蓋楊妹子奉楊后所題也。

又卷五記馬麟《梅花圖》云:

上有楷書詩句,用坤卦圖書,不知是楊后、楊妹子也。

合三條來看,吴氏似乎也没明白妹與姊的字跡分别究竟何在?文獻中關於楊氏的説法,至此可算紛糾到了極點了。

三　楊氏的題字和印章

馬遠畫水十二幀,現藏故宫博物院,即王世貞所鑒藏題跋的。每頁題四字,如“雲生滄海”等,四字後各有小字一行,作“賜大兩府”,這行小字的上端,鈐“壬申貴妾楊姓之章”朱文長方小印一,篆文多不合《説文》,才知王世貞致誤之由,看他只説“其印章有楊娃語”,而不詳記印文,大概他是不能完全認識印文奇字。印中“姓”字“生”旁筆劃較繁,近似“圭”字,以致誤爲“娃”字。按宋人好稱某姓,米芾的題跋及印章中每自稱米姓,可以爲證。

又曾見宋院畫長方小横册八片,合裝一册,方濬頤舊藏,《夢園書畫録》卷二著録。册中五片有題字,多是先題四字或五字的圖名標目,如“緑茵牧馬”等,後各書小字一行,都是“上兄永陽郡王”,在這六字的字跡上,罩蓋“癸酉貴妾楊姓之章”朱文長方小印。

又故宫藏馬麟畫梅花直幅,上有楊氏題詩,另有“層叠冰綃”四字標題,詩後有“賜王提舉”小字一行,這行上端鈐“丙子坤寧翰墨”朱文長方印,這行下端鈐“楊姓之章”朱文方印。

其他題畫之作還很多,並且有本是别人題字而被人誤認爲是楊氏題的,俱不一一列舉。

即就以上數件的字跡看來，筆法一致，不似出自兩手。其中壬申、癸酉、丙子等干支，以南宋宫廷題字習慣看去，乃是紀載作書之年，常見南宋諸帝書字，在"御書"一印外，常有干支一印，足爲旁證。諸件中究竟哪件是姊書，哪件是妹書，恐怕是没人能够分出的。

四　楊氏的身世

考《宋史》卷二四三《恭聖仁烈楊皇后傳》説："少以姿容選入宫，忘其姓氏，或云會稽人……有楊次山者，亦會稽人，后自謂其兄也，遂姓楊氏。"又以《宋史》本傳及《朝野遺記》、《四朝聞見録》、《齊東野語》諸書合看，楊氏本是宫廷樂工張氏的養女，十歲入宫爲雜劇孩兒，受到吴太后的寵愛，把她賜給寧宗，歷封郡夫人、婕妤、婉儀、貴妃。寧宗的韓后死後，繼立爲皇后，理宗立，尊爲太后。她工於權術，殺韓侂冑，用史彌遠，以持朝政。其初自耻家世卑微，引楊次山爲兄，周密《齊東野語》卷十説："密遣内璫求同宗，遂得右庠生嚴陵楊次山，以爲姪(按此"姪"爲"兄"之誤)，既而宣召入見，次山言與淚俱，且指他事爲驗，或謂皆后所授也。"后初姓某，至是始歸姓楊氏焉。次山隨即補官，循至節鉞郡王云。又《宋史》稱次山二子，長名谷，次名石，俱位致通顯，而没有人談到楊后有妹的。那麽這"妹子"之稱，究從何來？我反復尋繹，明白了她既引楊次山爲兄以自重，賜畫題字，都稱"上兄永陽郡王"，那種尊崇的情況可見，那麽所謂"妹子"，就是自其兄楊次山推排行第而言的。是"兄妹"之妹，不是"姊妹"之妹。吴師道的説法並未錯。陶宗儀望文生義,以“妹子”爲皇后的妹妹,於是沿訛了數百年,其間王士禛以吴師道的不誤爲誤,吴其貞又由妹來推姊,都是“妹子”一稱所造成的混亂。

所謂“大兩府”,乃指她的長姪楊谷,宋人以中書、樞密爲兩府,楊谷的官階,《宋史》只説“至太傅、保寧軍節度使、充萬壽觀使、永寧郡王”。中間必曾經歷兩府的職銜。楊氏題畫,對於兄説“上”,對於姪説“賜”,尊卑的表示,是很清楚的。

壬申是嘉定五年,癸酉是六年,丙子是九年。這時已在開禧三年殺韓侂胄之後,所以楊次山獲郡王之封,而楊谷位至兩府。《宋史》稱楊后卒於紹定五年,年七十一,那麽壬申年題畫水時年五十一。

五　前代人對於“永陽郡王”的誤認

“上兄永陽郡王”的款字,曾引起許多誤解:馬麟《蝶戲長春圖》,上有“上兄永陽郡王”的字樣,已見前引宋濂跋語中,這卷中還有元人張愚題詩云“親王墨未乾”;楊維楨題詩云“留得親王綵筆題”;至於宋濂所云“舊時曾在宫掖,故其間有上兄永陽郡王及楊妹子之字”,也是認“永陽郡王”爲趙氏的諸王之一。

清錢大昕《潛研堂文集》卷十八,有《記趙居廣畫》一則,略云:“觀宋元人畫二十餘種彙爲一册,着色皆工妙,中有《櫻桃黄鸝》横幅,長不盈尺,廣半之,題云‘上兄永陽郡王”,覆以長印,不著年月。或詢以永陽爲何人,予偶憶周益公《玉堂雜記》有淳熙三年……永陽郡王居廣並加食邑事,因舉以對。歸檢益公集,則有乾道六年……皇兄岳陽軍節度使……永陽郡王……制，又有乾道七年賜皇兄……永陽郡王居廣生日勑。宋時封永陽郡王者固非一人，此稱上兄，其爲居廣無疑矣。”又云：“宋之宗室能畫者，如令穰、伯駒、伯驌輩，世多稱之，獨居廣不著於陶宗儀、夏文彦之録，一藝之傳，亦有幸有不幸哉，予故表而出之。”按畫上所題“上兄”，乃是“上給兄”，不是“上的兄”，由此一讀之誤，竟使居廣忽得能畫之名，可算是“不虞之譽”，但這錯誤也是自元人開始的。

《櫻桃黄鸝圖》，現在上海吴湖帆先生家，印文也是“癸酉貴妾楊姓之章”，潛研只説“覆以長印”，大概也是因爲印文的字怪難辨吧？畫無款，作者當仍不出馬氏父子之外。

楊后能詩，有宫詞一卷，毛晉刻在《五家宫詞》中，繆荃孫曾見元人鈔本一卷，與刻本頗多異同，見《雲自在龕隨筆》書畫類中。黄丕烈士禮居曾校元人鈔、毛氏刻重刻一卷。我曾想她的題畫之作可能有見於宫詞中的，容再校對。

一九六四年

戾家考

——談繪畫史上的一個問題

今人對於技藝的事,凡有師承的、專門職業的、技藝習熟精通的,都稱之爲"内行",或説"行家"。反之叫作"外行",或説"力把"(把,或作"班"、"笨"、"辨"),古時則稱之爲"戾家"(戾,或作"隸"、"利"、"力")。

"行"、"戾"的標準,約有三類角度:"行"指行業,"行家"指屬此行業的人,相對的"戾家",則指非此行業的人,這是最初的命義,乃甲類角度;專業的人,技藝必自習熟,而有師承法則,所以引申之以稱具有此等修養的人,所以俗語説:"行家不是力把幹的",又説:"行家看門道,力把看熱鬧。"店鋪、作坊的學徒稱爲"小力把兒"。學徒在職業上,已算入行,但仍蒙"力把"之名的緣故,也是因爲他尚未學成罷了,這是乙類角度;還有以技藝流派的來源是屬於"行"或屬於"戾"而分的,這是丙類角度。

在前代文學技術理論中,這三類角度的採取,常有不同,於是哪家爲"行"哪家爲"戾",遂致發生歧異的争論。更有由於不解"戾家"一辭的意義而妄生附會的。現在試就見聞所及,略爲考索如下。

按"戾家"一辭,宋代已有,張端義《貴耳集》卷上説:

> 掖垣非有出身不除……自嘉泰、嘉定以來,百官見宰相,盡不納所業……三十年間,詞科又罷,兩制皆不是當行,京諺

云“戾家”是也。

“非詞科出身”，是行業角度的“戾家”，屬前舉的甲類；“不納所業”，是修養角度的“戾家”，則屬前舉的乙類。

元代戲曲行業中也有“行家”、“戾家”之稱，職業演員的團體謂之“行院”，引申以稱職業演員，也説“行家”；子弟客串的則稱爲“戾家”。《永樂大典》卷一三九九一“宦門子弟錯立身”戲文，題目是：“衝州撞府妝旦色，走南投北俏郎君，戾家行院學踏爨，宦門子弟錯立身。”劇中寫宦門子弟完顔延壽因戀散樂王金榜，爲父所責，逃出與王金榜同走江湖賣藝。其題目所云“戾家行院學踏爨”者，乃謂子弟在行院中學踏爨的事。而當時文人士夫却曾有翻案的議論，認爲當時社會上稱職業演員爲“行家”的説法不對。《太和正音譜》卷上“雜劇十二科”條説：

> 雜劇，俳優所扮者，謂之倡戲，故曰勾欄，子昂趙先生曰：“良家子弟所扮雜劇，謂之行家生活，倡優所扮者，謂之戾家把戲。良人貴其耻，故扮者寡，今少矣。反以倡優扮者謂之行家，失之遠也。”或問其“何故哉”？則應之曰：“雜劇出於鴻儒碩士騷人墨客所作，皆良人也。若非我輩所作，倡優豈能扮演乎？推其本而明其理，故以爲戾家也。”

這裏“以倡優扮者謂之行家”的話，是社會上已流行的普通論點，“問其何故”的話，是怪其與普通論點不同，這類普通的原有論點，乃是甲類的角度；“失之遠也”的話，是趙子昂對舊説之反駁。趙氏所持的角度，略近乙類角度，但有私見存在裏邊，他意在抬高子弟所演的劇,並以劇本創作的功勞來替子弟標榜,不過想爲士夫增重而已。按士夫對於戲劇,固然未必没有勝於行院中人之處,如果能具體分辨工拙,品評優劣,也可以取信於人,必要自争"行家"之名又推却"戾家"之名,未免無聊。但也可見"行家"榮譽的可重了。

明臧晉叔《元曲選·序》又擴大趙氏這種論點説:

> 曲有名家,有行家。名家者,出入樂府,文彩爛然,在淹通閎博之士,皆優爲之。行家者,隨所妝演,不無摹擬曲盡,宛若身當其處,而忘其事之烏有,能使人快者掀髯,憤者扼腕,悲者掩泣,羨者色飛。是惟優孟衣冠,然後可與於此。故稱曲上乘者,首曰當行。不然他雖窮極才情,而面目愈離,按拍者既無繞梁遏雲之奇,顧曲者復無輟味忘倦之好。此元人所唾棄而戾家畜之者也。

這是以士夫爲"名家",以演員優秀的爲"行家",而以演員的技藝不高的爲"戾家"。他的用意,不外是想爲士大夫擺脱"戾家"之名,而把這種惡謚轉嫁給技藝不高的演員。這種論點,與趙子昂似異而實同。大概他也感到趙氏翻案失於勉强,所以另立"名家"一稱,以資彌縫罷了。

趙子昂不但在戲劇方面持論如此,在繪畫方面亦曾替士夫争"行家"之名。《唐六如畫譜》有標題"士夫畫"一條,下題"王繹",(《唐六如畫譜》,乃明人抄集舊説的劄記,無真僞之可言,只是唐六如序或是後人僞加的。王繹論寫像之文章,見於《輟耕録》,其中無此條,王繹亦未聞有别種論著,大概是抄集傳寫時誤注王繹之名。)這段話說：

> 趙子昂問錢舜舉曰:"如何是士大夫畫?"舜舉答曰:"隸家畫也。"子昂曰:"然,觀王維、徐熙、李伯時皆士夫之高尚畫,蓋與物傳神,在盡其妙也。近世作士夫畫者,其謬甚矣。"

按"隸家"即是"戾家"。錢氏所取是哪類角度,雖然不易看出,但這裏並非尊重之意,則可以領略,所以趙氏給他另下轉語。但趙對於錢,似不敢明說他"失之遠也",只可爲之抽梁换柱,歷舉古代士夫中技藝精妙的,再評"近世作士夫畫者"之"謬"。話很委婉,而意實反駁。簡單說來,即是說"隸家"的士夫畫並非"高尚"的士夫畫,乃是"作士夫畫者"所爲。譬如假李逵爲真李逵招致謗議,並非真李逵之罪,這實際上和他在戲劇方面的議論,同一動機,想爲士夫洗刷"戾家"之名,不過是彼爲明駁,此爲暗换而已。

畫家"行"、"戾"之辨,明何良俊《四友齋叢說》中所談的最爲明晰,舉其三條如下：

> 我朝善畫者甚多,若行家當以戴文進爲第一,而吴小仙、杜古狂、周東村其次也。利家則沈石田爲第一,而唐六如、文衡山、陳白陽其次也。戴文進畫尊老用鐵綫描,間亦用蘭葉描。其人物描法,則蠶頭鼠尾,行筆有頓跌,蓋用蘭葉描而稍變其法者,自是絶技。其開相亦妙,遠出南宋已後諸人之上。山水師馬、夏者亦稱合作,乃院體中第一手。

戴進、吴偉諸人，是職業畫家，稱之爲“行家”，是甲類角度；贊其絶技，是兼乙類角度；而溯其師法馬、夏。按馬、夏爲畫院中人，那就是丙類角度了。

又説：

> 石田學黄大癡、吴仲圭、王叔明皆逼真，往往過之，獨學雲林不甚似。余有石田畫一小卷，是學雲林者，後跋尾云：“此卷仿雲林筆意爲之，然雲林以簡，余以繁。夫筆簡而意盡，此所以難到也。”此卷畫法稍繁，然自是佳品，但比雲林覺太行耳。

“太行”等於説“太能”，這是屬乙類角度的。

又説：

> 衡山本利家，觀其學趙集賢設色與李唐山水小幅皆臻妙，蓋利家而未嘗不行者也。戴文進則單是行耳，終不兼利，此則限於人品耳。（三條俱見卷二十九）

大小李將軍及趙伯駒、伯驌兄弟，是院派所從出，趙集賢設色的畫實是學他們；李唐更是畫院中人；文衡山以“外行”身份學他們，遂成了以“利”兼“行”，這是丙類角度。看這條所論，除了説戴進“限於人品”似稍薄“行家”外，其餘的話，對“行”、“戾”都無所抑揚。

明王世貞《弇州山人四部稿》卷一五五有一條説：“畫院祇

候，至宣宗朝始盛。宣宗亦雅善繪事，而是時戴文進被徵，獨見讒放歸，以窮死。文進名璡，錢唐人，死後人始重之，至以爲國朝第一。文進源出郭熙、李唐、馬遠、夏珪，而妙處多自發之，俗所謂行家兼利者也。”源出宋代行家，而稱之爲“行家”，是丙類角度，“妙處多自發之”，是其“兼利”的條件，因此也可證明“利”的特點，“自發”是其一項。

明詹景鳳跋元饒自然《山水家法》一書説：

清江饒自然先生所著山水家法，可謂盡善矣。然而山水有二派：一爲逸家，一爲作家，又謂之行家、隸家。逸家始自王維、畢宏、王洽、張璪、項容，其後荆浩、關仝、董源、巨然及燕肅、米芾、米友仁爲其嫡派。自此絶傳者，幾二百年，而後有元四大家黄公望、王蒙、倪瓚、吴鎮，遠接源流。至吾朝沈周、文徵明，畫能宗之。作家始自李思訓、李昭道及王宰、李成、許道寧。其後趙伯駒、趙伯驌及趙士遵、趙子澄皆爲正傳，至南宋則有馬遠、夏圭、劉松年、李唐，亦其嫡派。至吾朝戴進、周臣，乃是其傳，至於兼逸與作之妙者，則范寬、郭熙、李公麟爲之祖，其後王詵、趙□□、翟院深、趙幹、宋道、宋迪與南宋馬和之，皆其派也。元則陸廣、曹知白、高士安、商琦庶幾近之。若文人學畫，須以荆、關、董、巨爲宗，如筆力不能到，即以元四大家爲宗，雖落第二義，不失爲正派也。若南宋畫院諸人及吾朝戴進輩，雖有生動，而氣韵索然，非文人所當師也。大都學畫者，江南派宗董源、巨然，江北則宗李成、郭熙，浙中乃宗李唐、馬、夏，此風氣之所習，千古不變者也。時萬曆甲午秋八月。

按這條議論實是董其昌所標“南北宗”説的先河,而又加“兼逸與作”的折中一派。這不是本文範圍的事,當另作討論。現在所注意的,在其“行家”、“隸家”之説。按他行文排列次序看來,前列“逸家”、“作家”,後列“行家”、“隸家”,好似以“逸家”爲“行家”,有如趙子昂在戲劇方面的以子弟爲“行家”那樣論點。及觀下文“逸家始自王維”及“文人學畫,當以荆、關、董、巨爲師”云云,乃知他所謂的“逸家”乃指士夫。又詹氏在他所著的《東圖玄覽》卷二曾説:

北宋人畫人馬二筴(策,即册),不着色,其描法精能,本自作家。衣折用濃墨,而傍寫枯木一株,弱柳五六株,乃純用淡墨,草草不着意點成,乃又力家。可謂文矣。

又可知他所謂“力家”乃指“用淡墨”、“不着意”的“文”派,可證跋中的“逸家”即“隸家”,而“作家”即“行家”了。他對於南宋畫院及明朝戴進的畫,雖説“非文人所當師”,而於大小李將軍等“作家”一派,也没有明顯的鄙薄。

至於明趙左,則以“行家”身份,曾暗諷“利家”。張敔園先生家藏紙本山水卷,題云:

溪山無盡圖,戊午秋九月,偶寓浦東寒花館中,雨窗漫作,輒似利家山水也。趙左。

這卷畫筆法疏淡,近於董其昌親筆生拙一路,可知他所謂“利家”山水，即指這樣畫風。看他的語意，實是自己解嘲的態度，並不是以得似“利家”爲榮的。

更有雖不明抑“行家”，但自獨尊“隸家”的。明屠隆《畫箋》“元畫”條説：

> 評者謂士大夫畫，世獨尚之，蓋士氣畫者，乃士林中能作隸家畫品，全法氣韵生動，不求物趣，以得天趣爲高。觀其曰寫，而不曰畫者，蓋欲脱盡畫工院氣故耳。此等謂之寄興，但可取玩一世，若云善畫，何以上擬古人，而爲後世寶藏？如趙松雪、黄子久、王叔明、吴仲圭之四大家，及錢舜舉、倪雲林、趙仲穆輩，形神俱妙，絶無邪學，可垂久不磨，此真士氣畫也。雖宋人復起，亦甘心服其天趣，然亦得宋人之家法而一變者。

“隸家”一辭的意義，此後漸不爲人瞭解，於是望文生義，歧誤愈多。《佩文齋書畫譜》卷十六引明董其昌《容臺集》一條（爲今通行四卷本《容臺别集》所無，或在五卷本中，待再覓校），題爲“元錢選論畫”（按這條乃是董引錢語而加以申論的，這標題不恰當）説：

> 趙文敏問畫道於錢舜舉，何以稱士氣？錢曰：隸體耳。畫史能辨之，即可無翼而飛，不爾便落邪道，愈工愈遠。然又有關捩，要得無求於世，不以贊毁撓懷。吾嘗舉似畫家，無不攢眉，謂此關難度，所以年年故步。

此條所稱趙子昂、錢舜舉問答之語，即《唐六如畫譜》中所載者。而“隸家”一辭，誤爲“隸體”，又再引申附會，因而更加紛淆。

後來清王翬又誤爲“隸法”。歷史博物館藏山水直幅，款云：“膏雨初晴，歲次壬午中元前三日奉贈東皋先生清鑒，海虞耕烟散人王翬。”自題云：

子昂嘗詢錢舜舉曰：“如何爲士大夫畫？”舜舉曰：“隸法耳。”隸者以異於描，所謂“寫畫須令八法通”也。元人以米元章父子與高房山侍郎畫爲士夫畫，然倪元鎮嘗爲米顛配享，雖功力不同，遠韵則一。大都元季皆以董、巨爲師。如陸天游、趙善長、柯九思、徐幼文，潑墨點染，各有秀色；如姚彦卿、唐子華、朱澤民學郭河陽者，不能與逸品争長矣。

又清錢杜《松壺畫訣》説：

子昂嘗謂錢舜舉曰：“如何爲士大夫畫？”舜舉曰：“隸法耳。”隸者有異於描，故書畫皆曰寫，本無二也。

其誤與王翬相同。此後又有人從而穿鑿，再在“寫”字上發揮。清王學浩《山南論畫》説：

王耕烟云：有人問：“如何是士大夫畫？”曰：“只一寫字盡之。”此語最爲中肯。字要寫，不要描；畫也如之。一入描，便爲俗工矣。

不但“隸家”演變直爲“寫”字,錢舜舉且爲王耕烟所代替了。

至於力圖分辨“士夫畫家”非“外行”者,趙子昂之後,明、清亦多有其人。明沈顥《畫麈》“遇鑒”條説:

> 今人見畫之簡潔高逸,曰士夫畫也,以爲無實詣也。實詣,指行家法耳。不知王維、李成、范寬、米氏父子、蘇子瞻、晁無咎、李伯時輩,士夫也,無實詣乎?行家乎?

又“位置”條説:

> 行家位置稠塞不虚,情韻特減,倘以驚雲落靄,束巒籠樹,便有活機。米芾謂王維畫見之最多。皆如刻畫,不足學,惟以雲山爲墨戲,雖偏鋒語,亦不可無。

這雖意在爲士夫争“行家”的榮譽,但在他的言論中,正足以窺見當時社會上一般見解,原是以士夫畫爲“無實詣”、“非行家”、“不稠塞”的。又方薰《山静居論畫》也説:

> 士人畫多卷軸氣,人皆指筆墨生率者言之,不禁啞然。蓋古人所謂卷軸氣,不以寫意、工致論,在乎雅、俗。不然摩詰、龍眠輩皆無卷軸矣。

從這裏也可窺見當時社會上曾以“筆墨生率”爲士夫畫的特點。方氏這裏説士夫畫原不生率,而人自誤指生率的爲士夫畫,這與趙子昂的抽梁换柱,是同一手段。俱足見士大夫自争“行家”榮譽、洗刷“戾家”惡謚的苦心。

總之,在藝術事業中,“隸家”與“行家”,各有短長,决不是片言所能盡。其中究竟何優何劣?士夫畫究竟有無實詣?實詣的程度及範圍又應如何劃定、如何理解?都有待於進一步的考辨。又每一畫家的造詣既各不同,其每一作品的優劣,亦復不同。“行”、“戾”互有交叉,殊難籠統著論,並且不是此文範圍所及,現在都不談。只是元、明以來,世人常把士夫畫家歸於“隸家”這一事,以及元、明以來士夫爲此而發的斷斷争辯,則從以上資料中可得證明,或足爲繪畫史研究之一助吧。

一九六三年

山水畫南北宗説辨

我們繪畫發展的歷史,現在還只是一堆材料。在沒得到科學的整理以前,由於史料的真僞混雜和歷代批評家觀點不同的議論影響,使得若干史實失掉了它的真象。爲了我們的繪畫史備妥科學性的材料基礎,對於若干具體問題的分析和批判,對於僞史料的廓清,我想都是首先不可少的步驟。在各項僞史料中比較流行久、影響大的,山水畫"南北宗"的謬説要算是一個。

這個謬説的捏造者是晚明時的董其昌,他硬把自唐以來的山水畫很簡單地分成"南"、"北"兩個大支派。他不管那些畫家創作上的思想、風格、技法和形式是否有那樣的關係,便硬把他們説成是在這"南"、"北"兩大支派中各有一脈相承的系統,並且抬出唐代的王維和李思訓當這"兩派"的"祖師",最後還下了一個"南宗"好、"北宗"不好的結論。

董其昌這一沒有科學根據的讕言,由於他的門徒衆多,在當時起了直接傳播的作用,後世又受了間接的影響。經過三百多年,"南宗"、"北宗"已經成了一個"口頭禪"。固然,已成習慣的一個名詞,未嘗不可以作爲一個符號來代表一種内容,但是不足以包括内容的符號,還是不正確的啊!這個"南北宗"的謬説,在近三十幾年來,雖然有人提出過考訂,揭穿它的謬誤〔一〕，但究竟不如它流行的時間長、方面廣、進度深，因此，在今天還不時地看見或聽到它在創作方面和批評方面起着至少是被借作不恰當的符號作用，更不用説仍然受它蒙蔽而相信其内容的了。所以這件“公案”到現在還是有重新提出批判的必要。

一 “南北宗”説的謬誤

“南北宗”説是什麽内容呢？董其昌説：

> 禪家有南北二宗，唐時始分；畫之南北宗，亦唐時分也。但其人非南北耳。北宗則李思訓父子（思訓、昭道）著色山水，流傳而爲宋之趙幹、（趙）伯駒、（趙）伯驌，以至馬（遠）、夏（珪）輩；南宗則王摩詰（維）始用渲淡，一變鉤斫之法，其傳爲張璪、荆（浩）、關（仝）、郭忠恕、董（源）、巨（然）、米家父子（芾、友仁），以至元之四大家。亦如六祖（慧能）之後有馬駒、雲門，臨濟兒孫之盛，而北宗（神秀一派）微矣。要之摩詰，所謂“雲峰石跡，迥出天機，筆思縱横，參乎造化”者。東坡贊吴道子、王維畫壁亦云：“吾於維也無間然。”知言哉！

〔一〕 滕固《唐宋繪畫史》、《關於院體畫和文人畫之史的考察》，童書業《山水畫南北分宗辨僞》、《山水畫南北宗説新考》，拙著《山水畫南北宗説考》（即本篇的初稿）都曾較詳地討論過，也都有不够的地方。

這段話也收在題爲莫是龍著的《畫説》中，但細考起來，實在還是董其昌的作品[一]，所以“南北宗”説的創始人，應該是董其昌。董其昌又説：

> 文人畫自王右丞始，其後董源、巨然、李成、范寬爲嫡子。李龍眠、王晉卿、米南宫及虎兒皆從董、巨得來。直至元四大家——黄子久、王叔明、倪元鎮、吴仲圭皆其正傳。吾朝文、沈，則又遠接衣鉢。若馬、夏及李唐、劉松年又是大李將軍之派，非吾曹所當學也。

陳繼儒是董其昌的同鄉，是他的清客，他們互相捧場。《清河書畫舫》中引他的一段言論説：

> 山水畫自唐始變，蓋有兩宗：李之傳爲宋王詵、郭熙、張擇端、趙伯駒、伯驌，以及於李唐、劉松年、馬遠、夏珪皆李派；王之傳爲荆浩、關仝、李成、李公麟、范寬、董源、巨然，以及於燕肅、趙令穰、元四大家皆王派。李派板細乏士氣，王派虚和蕭散，此又慧能之禪，非神秀所及也。至鄭虔、盧鴻一、張志和、郭忠恕、大小米、馬和之、高克恭、倪瓚輩，又如方外不食烟火人，另具一骨相者。

〔一〕《畫説》舊題莫是龍撰，又全見董其昌著作中，近人多疑董書誤收莫文，近年陸續見到新證據，知道是明人誤將董文題爲莫作。又本文所引董其昌的話都見《容臺集》、《畫眼》和《畫禪室隨筆》。

比董、陳稍晚的沈顥,是沈周的族人,稱沈周爲“石祖”。和董家也有交誼,稱董其昌爲“年伯”(見《曝畫記餘》)。他在這個問題上,完全附和董的説法。他的《畫麈》中“分宗”條説:

> 禪與畫俱有南北宗,分亦同時,氣運復相敵也。南宗則王摩詰,裁構淳秀,出韻幽淡,爲文人開山,若荆、關、宏、璪、董、巨、二米、子久、叔明、松雪、梅叟、迂翁,以至明興沈、文,慧燈無盡。北則李思訓風骨奇峭,揮掃躁硬,爲行家建幢。若趙幹、伯駒、伯驌、馬遠、夏珪,以至戴文進、吴小仙、張平山輩,日就狐禪,衣鉢塵土。

歸納他們的説法,有下面幾個要點:一、山水畫和禪宗一樣,在唐時就分了南北二宗;二、“南宗”用“渲淡”法,以王維爲首,“北宗”用着色法,以李思訓爲首;三、“南宗”和“北宗”各有一系列的徒子徒孫,都是一脈相傳的;四、“南宗”是“文人畫”,是好的,董其昌以爲他們自己應當學,“北宗”是“行家”,是不好的,他們不應當學。

按照他們的説法推求起來,便發現每一點都有矛盾。尤其“宗”或“派”的問題,今天我們研究繪畫史,應不應按舊法子去那麽分,即使分,應該拿些什麽原則作標準?現在只爲了揭發董説的荒謬,即使根據唐、宋、元人所稱的“派别”舊説——偏重於師徒傳授和技法風格方面——來比較分析,便已經使董其昌那麽簡單的只有“南北”兩個派的分法不攻自破了。至於更進一步把唐宋以來的山水畫風重新細緻地整理分析,那不是本篇範圍所能包括的了。現在分别談談那四點矛盾:

第一，我們在明末以前，直溯到唐代的各項史料中，絶對没看見過唐代山水分南北兩宗的説法，唐張彦遠《歷代名畫記》中“叙師資傳授南北時代”與董其昌所談山水畫上的問題無關。更没見有拿禪家的“南北宗”比附畫派的痕跡。

第二，王維和李思訓對面提出，各稱一派祖師的説法，晚明以前的史料中也從没見過。相反地，在唐宋的批評家筆下，王維畫的地位還是並不穩定的。固然有許多推崇王維的議論——王維也確有許多可推崇的優點——同時含有貶意的也很不少。即是那些推崇的議論中，也没把他提高到“祖師”的地位。我們且看那些反面意見：唐朱景玄《唐朝名畫録》把王維放在吴道子、張璪、李思訓之下。《歷代名畫記》以爲“山水之變”始於吴道子，成於李思訓、昭道父子，對於王維只提出“重深”二字的評語。到了宋朝，像郭若虚《圖畫見聞誌》以及《宣和畫譜》等，都特别推重李成，以爲是“古今第一”，説他比前人成就大，是具有發展進化的觀念，不但没把王維當作“祖師”，更没説李成是他的“嫡子”。王維和李思訓在宋代被同時提出的時候，往往是和其他的畫家一起談起，並且常是認爲不如李成的。

我們承認王維和李思訓的畫在唐代各有他們的地位，也承認王維畫中可能富有詩意，如前人所説的“畫中有詩”。但他們都不是什麽“祖師”，更不是“對臺戲”的主角。

至於作風問題，“渲淡”究竟怎麽講？始終是一個概念迷離的詞。從“一變鈎斫之法”和“着色山水”對稱的綫索來看，好像是指用水墨輕淡渲染的方法，與鈎勒輪廓填以重色的畫法不同。我們承認唐代可能已有這樣所謂渲淡的畫法，可是王維是否唯一用這一法的人，或創這一法的人，以及用這一法最高明的人，都成問題。張彦遠説王維“重深”，米友仁説王維的畫“皆如刻畫不足學”更是董其昌自己所引用過的話，都和“渲淡”的概念矛盾。董其昌記載過董羽的《晴巒蕭寺圖》説“大青緑全法王維”。又《山居圖》舊題是李思訓作，董其昌把它改題爲王維，説：“圖中松針石脈無宋以後人法，定爲摩詰無疑。向傳爲大李將軍，而拈出爲輞川者自余始。”又《出峽圖》最初有人題籤説是小李將軍，後有人以爲是王維，陸深見《宣和畫譜》著録有李昪的《出峽圖》，因爲李昪學李思訓，也有“小李將軍”的諢號，又定它爲李昪畫（見《佩文齋書畫譜》引陸深的題跋）。我們且不問他們審定的根據如何，至少王和李的作風是曾經被人認爲有共同點而且是容易混淆的，以致董其昌可以從李思訓的名下給王維撥過幾件成品。如果兩派作風截然不同，前人何以能那樣隨便牽混，董其昌又何以能順手撥回呢；舊畫冒名改題的很多，我却從來没見過把徐文長畫改題仇十洲的！

第三，董其昌、陳繼儒、沈顥所列傳授系統中的人物，互有出入，陳繼儒還提出了“另具骨相”的一派，這證明他們的論據並不那麽一致，但在排斥“北宗”問題上却是相同的。另一方面，他們所提的“兩派”傳授系統那樣一脈相承也不合實際。前面談過唐人説張璪畫品高於王維，怎能算王維的“嫡子”？再看宋元各項史料，知道關仝、李成、范寬是學荆浩，荆浩是學吴道子和項容的，所謂“採二子之長，成一家之體”分明載在《圖畫見聞誌》，與王維並無關係。董、巨、二米又是一個系統。即一個系統之間也還各有自己的風格和相異點。郭若虚又記董源畫風有像王維的，也還有像李思訓的。並且《宣和畫譜》更特別提到他學李思訓的成功，又怎能專算王維的“嫡子”呢？再看他們所列李思訓一派，只趙伯駒、伯驌學李氏畫法見於《畫鑒》，雖屬異代“私淑”，風格上還可説是接近，至於趙幹、張擇端、劉、李、馬、夏，在宋元史料中都没見有源出二李的説法。夏文彥《圖繪寶鑒》記宋高宗題李唐的《長夏江寺》雖有過“李唐可比唐李思訓”的話，但“可比”和“師承”在詞義上是不能混爲一談的。相反地《圖繪寶鑒》又説夏珪“雪景全學范寬”，説張擇端“别成家數”。即以董其昌自己的話來看，他説夏珪畫“若滅若没，寓二米墨戲於筆端”。陳繼儒也隨着説：“夏珪師李唐、米元暉拖泥帶水皴”（見《畫學心印》），董又説：“米家父子宗董、巨，稍删其繁複，獨畫雲仍用李將軍鈎筆，如伯駒、伯驌輩。”又説：“見晉卿瀛山圖，筆法似李營丘，而設色似李思訓。”至於影印本很多的那幅《寒林重汀圖》，董其昌在横額上大書道：“魏府收藏董源畫天下第一”，我們再看故宫影印的趙幹《江行初雪圖》，樹石筆法，正和那“天下第一”的董源畫極端相近。這些矛盾，董其昌又當怎樣解嘲呢？僅僅從這幾個例子上來看，他們所列的傳授系統，已經可以不攻自破了。

第四，董其昌也曾“學”過或希望“學”他所謂“北宗”的畫法，不但没有實踐他自己所提出的“不當學”的口號，而且還一再向旁人號召。他説：“柳則趙千里，松則馬和之，枯樹則李成，此千古不易。”又説：“石法用大李將軍《秋江待渡圖》。”又説：“趙令穰、伯駒、承旨三家合併，雖妍而不甜；董源、米芾、高克恭三家合併，雖縱而有法。兩家法門，如鳥雙翼，吾將老焉。”他還説仿過趙伯駒的《春山讀書圖》。大李將軍、趙伯駒，正是他所規定的“北派”吧！既“不當學”，怎麽他又想學呢？可見另有緣故，我們應該作進一步的探討。

二 "南北二宗"的借喻關係

至於董其昌所説的"南北",他究竟想拿什麽作標準呢?我們且看董其昌自己的説法:"禪家有南北二宗,唐時始分;畫之南北二宗,亦唐時分也,但人非南北耳。"好像他也知道南北二字易被人誤解爲畫家籍貫問題,因此才加了一句"人非南北"的聲明。雖然聲明,還没解決問題。

綜合明清以來各家對於"南北宗"的涵義和界限的解釋,不出兩大類。一是從地域來分,一是從技法來分。第一類中常見的是以作者籍貫爲據,這顯然與"人非南北"相牴牾。或以所畫景物的地區爲據,這與董其昌等人所提出的原意也不相符,至少没見董其昌等人説到這層關係上。第二類在技法、風格上看"南北宗",是從董其昌等人所提出的那些"渲淡"、"鈎斫"、"板細"、"虚和"等概念來推求的。研究古代繪畫的發展和它們的派别,技法、風格原是可用的一部分綫索。但是這些誤信"南北宗"謬説而拿技法、風格來解釋它的,却是在"兩大支派"的前提下着手,替這個前提"圓謊",於是矛盾百出。最明顯的馬遠、夏珪和趙伯駒、伯驌的作品,擺在面前,他們的技法風格無論怎樣説也不可能歸成一個"宗派"——"北宗"的。我們把誤解和猜測的説法拋開,再看董其昌標出"南北"二字的原意是什麽?他分明是以禪家作比喻的,那麽禪家的"南北宗"又是怎樣一回事呢?

禪宗的故事是這樣的:菩提達摩來到中國,傳到第五代,便是弘忍。弘忍有兩個徒弟,一個是神秀,一個是慧能。他們兩人在"修道"的方法上主張不同。慧能主張"頓悟",也就是重"天才";神秀主張"漸修",也就是重"功力"。神秀傳教在北方,後人管他那“漸修”一派叫作“北宗”;慧能傳教在南方,後人管他那“頓悟”一派叫“南宗”。

我們不是談禪宗的“教義”怎樣,也不是論他們“頓”和“漸”誰是誰非,只是説“南頓”、“北漸”這個禪宗典故是流行已久的,那麼董其昌借來比喻他所“規定”的畫派是非常可能的了。再看他論仇英畫的一段話:

> 李昭道一派爲趙伯駒、伯驌。精工之極,又有士氣,後人倣之者,得其工不能得其雅。若元之丁野夫、錢舜舉是已。蓋五百年而有仇實父……實父作畫時,耳不聞鼓吹闐駢之聲,如隔壁釵釧戒顧,其術亦近苦矣。行年五十,方知此一派畫殊不可習,譬之禪定,積劫方成菩薩:非如董、巨、二米三家,可一超直入如來地也。

他認爲李、趙“一派”用功極“苦”,拿“禪定”來比,是需要“漸修”而成的;董、巨、二米,是可以“一超直入”,即是可以“頓悟”的。那麼拿禪宗典故比喻畫派的原意便非常明白。他或者想到倘若即提出“頓派”、“漸派”,又恐怕這詞彙不現成、不被人所熟習,因此才借用“南北”的名稱。但禪宗的“南北”名稱是由人的南北而起,拿來比畫派又易生誤解,所以趕緊加上“人非南北耳”的聲明,也更可以證明它本意不是想用禪家兩派名稱表面的概念,而是想通過這個名稱“南北”借用其内在涵義——“頓”、“漸”。當然學習方法和創作態度是否可能“頓悟”,董所規定的“南宗”裏那些人又是否果然都會“頓悟”,全不值我們一辯,這裏只是推測董其昌的主觀意圖罷了。

必須注意的是即使我們承認李、趙是一派,也不能即説他們和董、巨、二米有什麽絶對的對立關係。李、趙派需要吃功力,董、巨、二米派也不見得便可以毫不用功,更不見得便像董其昌所説的那麽容易模倣,容易立刻徹底理解——"一超直入"。但在董其昌的繪畫作品中常見有"倣吾家北苑"、"倣米家雲山"等類的題識,可見他主觀上曾希望追求董、巨、二米諸家作品的氣氛却是事實。

在清代畫家議論中,觸及禪家兩宗問題的,只有方薰一人説:"畫分南北兩宗,亦本禪宗南頓北漸之義,頓者根於性,漸者成於行也。"算是説着了董其昌的原意,但可惜過於簡略,没有詳盡的闡明。所以《山静居論畫》雖很流行,而在這個問題的解釋上,還没發生什麽效果。

三 董其昌立説的動機

董其昌爲什麽要創這樣的説法呢?從他的文章中看,他標榜"文人畫"而提出王維,他談到王維的《江山雪霽圖》時説:

> 趙吴興小幅,頗用金粉……余一見定爲學王維……今年秋,聞王維有《江山雪霽》一卷,爲馮宫庶所收,亟令友人走武林索觀……以余有右丞畫癖,勉應余請,清齋三日,展閲一過。宛然吴興小幅筆意也。余用是自喜。且右丞云:"宿世謬詞客,前身應畫師。"余未嘗得覩其跡,但以想心取之,果得與真肖合,豈前身曾入右丞之室,而親覽其槃礴之致,故結

習不昧乃爾耶?

這樣的自我標榜,是何等可笑! 再看他一方面想學“大李將軍之派”,一方面又貶斥“大李將軍之派”,爲什麽呢? 翻開他的年姪沈顥的話看:“李思訓風骨奇峭,揮掃躁硬,爲行家建幢。若……馬遠、夏珪,以至戴文進、吴小仙、張平山輩,日就狐禪,衣鉢塵土。”原來馬、夏是受了常學他們的戴文進一些人的連累。戴、吴等在技法上是當時相對“玩票”畫家——“利家”而稱的“行家”。我們知道當時學李、趙一派的仇英也是“行家”。那麽緣故便在這裏,許多凡被“行家”所學,很吃力而不易模倣的畫派,不管他們作風實際是否相同,便在“不可學”、“不當學”的前提之下,把他們叫作個“北宗”來“並案辦理”了。

“行家”、“利家”(或作“戾家”、“隸家”)即是“内行”、“外行”的意思。在元明人關於藝術論著中常常見到。董其昌雖然不能就算是“玩票”的,但我們拿他的“親筆畫”和戴進一派來比,真不免有些“利家”的嫌疑,何況還有身份問題存在呢! 那麽他抬出“文人”的招牌來爲“利家”解嘲,是很容易理解的。當然,“行家”們作畫也不一定不學董其昌所規定的那一批“南宗”的畫家,即那些所謂“南宗”的宋元畫家,在技法上又哪一個不“内行”呢? 因此並不能單純的拿“行”、“利”來解釋或代替“南北宗”的觀念。這裏只説明董其昌、沈顥等人在當時的思想。

從身份上看戴進等人是職業畫家,在士大夫和工匠階層之間,最高只能到皇帝的畫院裏作個待詔等職。文徵明確是文人出身,相傳他作翰林待詔時——還不是畫院職務,尚且被些個大官僚譏誚説:"我們的衙門裏不要畫匠"〔一〕那麽真正畫匠出身的畫家們,又該如何被輕視啊! 因此有人曾想拿"院體"來解釋"北宗",這自然也是片面的看法,不待細辯的。

董其昌等人創説的動機中還有一層地域觀念的因素。詹景鳳《東圖玄覽編》説:"戴(進)畫之高,亦在蒼古而雅,不落俗工脚手,吴中乃專尚沈石田,而棄文進不道,則吴人好畫之癖,非通方之論,亦習見然也。"又戴進一派的畫上很少看見多的題跋或詩文,這可能是他們學宋代畫格的習慣,也可能是他們的文學修養原來不高。明刻《顧氏畫譜》有沈朝焕題戴進畫:"吴中以詩字粧點畫品,務以清麗媚人,而不臻古妙。至姗笑戴文進諸君爲浙氣。"這真是"一針見血"之論。因此,龔賢在他的《畫訣》上所説:"大斧劈是北派,戴文進、吴小仙、蔣三松多用之,吴人皆謂不入賞鑑。"也成爲有力的旁證。再看董其昌自己的話:

> 昔人評趙大年畫謂得胸中着千卷書更佳……不行萬里路,不讀萬卷書,看不得杜詩,畫道亦爾。馬遠、夏珪輩不及元四大家,觀王叔明、倪雲林姑蘇懷古詩可知矣。

應該讀書是一回事,拿不會作詩壓馬夏,又是"詩字粧點"的另一證據。由於以上的種種證據,董其昌等人揑造"南北宗"説法的種種動機,便可以完全瞭然了。

總結來説,"南北宗"説是董其昌僞造的,是非科學的,動機是

〔一〕見明何元朗《四友齋叢説》,這裏只引述大意。

自私的。不但“南北宗”説法不能成立,即是“文人畫”這個名詞,也不能成立的。“行家”問題,可以算是促成董其昌創造僞説動機的一種原因,但這絶對不能拿它來套下“南北宗”兩個僞系統。不能把所有被稱爲“南宗”的畫家都當作“利家”。我們必須把這臆造的“兩個縱隊”打碎,而具體地從作家和作品來重新作分析和整理的工夫。我們不否認王維或李思訓在唐代繪畫史上各有他們自己的地位,也不否認董其昌所規定的那一些所謂“南宗畫家”在繪畫史上有很多的貢獻。不否認戴進、吴偉一派中有一定的公式化的庸俗一面,也不否認沈周、文徵明等,甚至連董其昌也算上有他們優秀的一面(我們辨“南北宗”説,不是爲站在戴進一邊來打倒董其昌)。但是,這與董其昌的標榜完全不能混爲一談,而需要另作新的估價。

“南北宗”説和伴隨着的傳授系統既然弄清楚是晚明時人僞造的,但三百年來它所發生的影響却是真的。我們研究繪畫史,不能承認王維、李思訓的傳授系統,但應承認董其昌謬説的傳播事實。更要承認的是這個謬説傳播以後,一些不重功力,藉口“一超直入如來地”的庸俗的形式主義的傾向。

宗法這個東西,本是封建社會的意識形態之一,山水畫的“南北宗”説,當然也是這種意識在藝術上的反映。我們從整個的藝術史上看,這一個“南北宗”僞説的問題,所佔比重原不太大,但它已經有這些齷齪思想隱在它的背後,而表面上只是平平淡淡的“南北”二字,這是值得我們嚴重注意的。

一九五四年初稿,一九八〇年重訂

附録:董其昌《論畫》與《畫説》之作者關係

《畫説》十六條,刊入《寶顔堂秘笈》續函第二十帙,又明人刻《閒情小品》及《續説郛》卷三十五亦收之。俱題莫是龍撰。

但許多書籍、法帖、書畫著録,以及所見許多董其昌的墨跡中,常有與這十六條中文詞相同的條目,於是這十六條的作者究竟是誰,就有了問題。我曾校輯各條,逐一比對,以過於繁瑣,不便詳録。現在撮舉大要,寫在這裏。

甲、把十六條合刊題爲莫撰的,有前舉三者,零星引舉稱爲莫撰的,有《清河書畫舫》等。

乙、書籍、法帖、書畫著録,及所見董氏墨跡中,收論畫之語,屬於董氏名義的,有十二種。每種中的條目,此多彼少,有與那十六條重複的,有不重的。彼此牽連,打成一片,那十六條混在其中。

屬於董氏名義的有下列十一種:

一、"論畫瑣言" 十一條(《續説郛》卷卅五)

二、"閒窗論畫" 十一條(《媚幽閣文娱》)

三、"閒窗論畫" 八條(墨跡,東莞容氏頌齋藏)

四、"閒窗論畫" 八條(陳邦彦臨本)

五、"閒窗論畫" 三條(《石渠寶笈》三編第十九函第二册)

六、"董文敏論畫卷" 十五條(《吴越所見書畫録》卷五)

七、"董玄宰論畫" 十九條(郁逢慶《書畫題跋記》續紀卷十二)

八、"畫旨" 七條(賈鉝刻《百石堂帖》摹董書墨跡)

九、“明董其昌論畫” 十一條(《石渠寶笈》三編第十三函第一册)

十、論畫語三條(李若昌刻《盼雲軒帖》摹董書墨跡)

十一、論畫語二條(邵松年《古緣萃録》)

以上十一種共載論畫之語不重者卅三條,其中包括《畫説》十六條。頌齋藏本(陳邦彦臨本略同)後有董氏自跋云“舊有論畫一卷,久已失之。適君甫(陳本作“君敷”)録得不全本(陳本作“以録本視余”),更書一通”云云。

我初見明人刻的書中有《畫説》,以爲可信爲莫作。尤其陳繼儒和莫、董都有交誼,他刻的《寶顔堂秘笈》中有《畫説》,題爲莫撰,更覺可信。後來陸續見到以上這些材料,其中董氏一再聲明舊稿遺失,所以重寫,足見他是在有意更正《寶顔堂秘笈》等書。那麽陳繼儒究竟爲什麽如此的張冠李戴呢?情理大約是這樣:莫是龍死在萬曆己亥以前,見董題郭熙谿山秋霽卷。己亥年董其昌四十五歲。大約陳繼儒爲了紀念亡友,一時又找不著莫氏遺著,便將董氏的十六條舊稿拿來充數。董氏在書畫上本來多受莫氏的影響,這十六條的論點可能即是莫氏的唾餘。及至刊出,董氏不願割讓,又不便正面聲明更正,便用一再給人書寫的辦法來作消極的更正。這種連幾條散碎筆記都不肯割讓以成死友之名的品質,正不待“民抄”,已自可哂。有人評論説:車馬衣裘可與朋友共者,以其爲身外之物也;而詩句拙劣至如“一一鶴聲飛上天”,亦惟恐旁人竊去者,以其出於自家心血也。真可算一針見血!可惜的是大力争來的那些條中,最重要的南北宗説一條,却正是憑空編造、毫無根據的一條,豈不是枉費心機了嗎?

董其昌書畫代筆人考

董其昌,字玄宰,號思白,華亭人,官至禮部尚書,謚文敏,是明末著名的書畫家。他在創作和理論上,都曾起過極大的影響。成爲三百年來美術史上的一個重要人物。他創作的優劣,理論的利弊,俱不是簡單幾句話所能説完的,現在不作詳論。他的書畫作品中,有許多是他自己委托别人代筆的,這對於他平生藝術成就的真象和評價,便發生了問題。本文專就他的"代筆人"方面作一些考索。謹具初稿,就正於讀者。資料續有發現,再爲訂補。

董其昌以顯宦負書畫重名,功力本來有限,再加酬應繁多,所以不能不乞靈於代筆,圖利的又乘機僞造,於是董氏書畫,越發混淆莫辨了。有人問:時隔三百年,這事你是怎樣知道的?回答是:我們從前代人記述直到董氏自作的書札中得若干條,再來印證他的書畫作品,是分明易見的。因爲一切技藝的事,造詣生熟,一覽可見,在同一類的藝事中,已經真"能"或真"熟"的人,必不可能復有真"生"或真"拙"之作。至於書畫,一個作者年齡的老幼,工具的好壞,興會的高低,甚至遇病臂傷指之類,也都有其規律可尋,絶不能同一時期的作品,筆性竟全然如出兩人之手的。在董氏的繪畫則不然,今舉通行影印本爲例:如吴榮光藏《秋興八景》册(文明書局影印)、《董香光山水册》十頁(有安岐、王鴻緒、石渠寶笈、定府行有恒堂諸藏印,中華書局影印)等爲一類,雖亦各有所長,但"生拙"之處,明顯可見。而"峒關蒲雪"等没骨設色的畫,以及煙雲渲染極工緻的畫爲一類,都精能熟練,與二册一類之筆,判若兩人。若説“由熟返生,大巧若拙”,那麽“返”必有其過程,“若”必帶其本色,而董畫這兩類之間,並未見相通之處。再證以各條文獻,其中消息是不難探索的。

我們又常見並世名畫家之有代筆的(非經常的,或有其他一時原因的,不詳論),不出二類:其一,自有本領,而酬應過多,一人的力量不足供求索的衆多;其二,原無實詣,或爲名,或爲利,僱傭别人爲幕後槍替。董氏的找人代筆,這兩類原因中,是各有一部分的。

兹先舉旁人所記的間接證據。

姜紹書《韻石齋筆談》卷下“書家餘派”條:

元宰門下士則有吴楚侯。楚侯名翹,後改名易,以能書薦授中翰。爲諸生時,思翁頗拂試之,書稱入室弟子。崇禎癸酉,余游燕都,適思翁應宫詹之召,年八十餘矣。政務閒簡,端居多暇。余時過從,而楚侯恒在坐隅。長安士紳祈請公翰墨無虚日,不異素師鐵門限。公倦於酬應,則倩楚侯代之,仍面授求者,各滿其志以去。楚侯之寓,堆積綾素,更多於宗伯架上焉。雖李懷琳之擬右軍,不是過也。惟知交之篤,及賞鑑家,公乃自爲染翰耳。

姜紹書《無聲詩史》卷四:

趙左,字文度,雲間人。畫法董北苑、黄子久、倪雲林,超然元遠。與董思白爲翰墨交,流傳董跡,頗有出文度手者。

兩君頡頏藝苑,政猶魯衛,若董書而出於文度,縱非床頭捉刀人,亦所謂買王得羊也。

朱彝尊《論畫絶句》:

隱君趙左僧珂雪,每替香光應接忙。涇渭淄澠終有别,漫因題字概收藏。

自注云:

董文敏疲於應酬,每倩趙文度及雪公代筆,親爲書款。(《曝書亭集》卷十六《論畫絶句十二首》)

顧復《平生壯觀》"圖繪類"卷十:

先君與思翁交遊二十年,未嘗見其作畫。案頭絹紙竹箑堆積,則呼趙行之泂、葉君山有年代筆,翁則題詩寫款用圖章,以與求者而已。吾故不翁求,而翁亦不吾與也。聞翁中歲,四方求者頗多,則令趙文度佐代作,文度没而君山、行之繼之,真贋混行矣。

顧大申《董尚書畫卷歌贈朱子雪田》:

尚書(原注:董文敏其昌)雅得鍾王真,畫通書理空前人。

下筆森瘦秀徹骨，吴振趙左（原注：振字竹嶼，左字文度，皆同時工畫者）皆逡巡。左之淡逸得天趣，振也瀟灑工枯樹。董公墨妙天下傳，潤飾特資兩君助。（李響泉先生濬之《清代畫家詩史》甲卷下引）

程庭鷺《篛庵畫麈》卷上：

曾見陳眉公手札與“子居老兄”，“送去白紙一幅，潤筆銀三星，煩畫山水大堂，明日即要，不必落款，要董思老出名也。”今贋董充塞宇内，若沈子居、趙文度作，已爲上駟矣。文度雖爲香光捉刀，然其生秀處，能自成一家。

趙左、沈士充的畫，流傳較多，面目易見，董款畫的精能的，大率是二君之筆。珂雪法名常瑩，傳畫不多，有影印本的，如風雨樓印《繪林集妙》册中一頁，水墨濕潤，董款畫中稍較疏拙的即似他的風格。吴振畫曾見掛幅册頁二件，近於趙、沈畫派。

張敔園先生（瑋）藏趙左紙本淺絳山水卷題云：

溪山無盡圖。戊午秋九月，偶寓浦東寒花館中，雨窗漫作，輒似利家山水也。趙左。

這卷筆墨，正是程庭鷺所謂“生秀”，以其略近董氏親筆一路，所以用“頗似利家山水”來自作解嘲，這在趙氏，實爲故意弄筆的作品，譬如魯智深裝新婦，仍露英雄本色的“利家”又作“戾家”，即

“外行”之義(余别有考)。

梁紹壬《兩般秋雨庵隨筆》卷一“代筆”條:

古書名家,皆有代筆……董華亭代筆門下士吴楚侯。

鄧文如先生(之誠)《骨董瑣記》卷四“董思白代筆吴易”條:

董思白門客吴楚侯,名翹,改名易,以能書薦授中書,思白官京師,率令楚侯代筆。

以上梁、鄧二條,俱未著出處,實皆出於《韻石齋筆談》。吴易畫,《故宫周刊》第三五四期曾印一幅,題曰“磵户松濤”,字體既似董字的板重一路,畫也似董畫親筆生拙的面目,吴易可能並不止書法代筆,董畫“不搭調”一派的作品裏,恐怕正有吴氏的筆跡在。

趙、沈之畫,深造自得,實自成家,董氏請他們代筆,不過是在趙、沈畫上自署董其昌名款罷了。至於吴易這樣作風,捧心效颦,描摹董畫的“稚態”,如果是爲董代筆,還可以説是要必求似真,而自己出名書款的畫,仍作這樣面目,豈不可憐。但試看“側帽”“洛詠”,一時尚且成爲風氣,董氏達官畫家,雖然病態也必有仿效的,那麽吴易這樣作風,也就無足怪了。

唐志契《繪事微言》“畫要明理”條:

凡文人學畫山水,易入松江派頭,到底不能入畫家三昧,蓋畫非易事,非童而習之,其轉折處,必不能周匝。大抵以明

> 理爲主，若理不明，縱使墨色煙潤，筆法遒勁，終不能令後世可法。〔一〕

這話很明顯正是對董其昌而發的，“墨色煙潤”而“畫理不明”，既非“童而習之”的行家，自不能“轉折周匝”，以今天的俗語來説，就是“客串”而已。

董其昌《畫禪室隨筆》卷二“畫訣”類一條：

> 潘子輩學余畫，視余更工，然皴法三昧，不可與語也。畫有六法，其氣韻必在生知，轉工轉遠。

什麽是皴法三昧，怎樣便有氣韻，是否必須不工而後才有氣韻？俱不是片語所能盡的。惟這“潘子輩”的“工”與“不工”實是與董氏比較而言。潘子不知何名，畫是什麽樣也不得而知。如果是作趙、沈一派的“工”，那麽董氏的話便是自掩其拙之詞；如果是作吴易一派以似董親筆爲“工”，那麽邯鄲之步，理應爲董氏所笑。我們常見許多專仿某家的，往往只得一些皮毛習氣，甚且變本加厲，使他們的師傅看見，反覺慚愧。所以“轉工轉遠”之評，也可能是由於這類緣故。唐孫過庭《書譜》説：“或藉甚不渝，人亡業顯；或憑附增價，身謝道衰。”趙、沈雖以傭畫爲董氏代筆，而他們的藝術實自有成就，所以至今其畫其名，流播不替；而吴易輩的

〔一〕 唐志契生存年代不詳，余氏《書畫書録解題》卷十二“著者時代及著書年分表”於唐志契下云：“四庫列項穆、趙宧光前，約嘉隆時人。”功按《繪事微言》中“名人書畫語録”條首引董其昌語，則至早是董氏同時的人。

畫,幾乎不傳,也是可以理解的。

倪燦《倪氏雜記筆法》:

余見董先生刊帖,戲鴻堂、寶鼎齋、來仲樓、書種堂正續二刻、鶺鴒館、紅綬軒、海漚堂、青來館、蒹葭室(堂)、衆香堂、大來堂、研廬帖十餘種,其中惟戲鴻堂、寶鼎齋爲最。先生平生學力皆在此二種内,其餘諸帖妍媸各半,而最劣者則青來、衆香也。此二帖筆意酷似楊彦沖,疑其僞作也。〔一〕

董其昌《容臺别集》卷三:

楊彦沖者,余友楊彦履宫諭之弟,庶常元章之叔。善詩畫,尤好余書。常從余爲玄真釣舫之游,所得余行楷甚真,又時有摹本,且十卷矣。余既入長安,而彦沖盡以入石,念余書多贋本,又懶役手腕,以此爲馬文淵銅馬之式,命之曰銅龍館帖云。

銅龍館帖確屬楊彦沖所刻,爲倪氏所未談及的。

現在再舉董其昌自己筆下的直接證據。

曾見蒯若木先生(壽樞)舊藏董札一册,共四札,第二、第三兩札云:

〔一〕《倪氏雜記筆法》,原書未題作者姓名,倪濤《六藝之一録》卷三所引"倪蘇門書法論"各條出於此書,知其爲倪燦撰。燦字闇公,號蘇門,康熙時人。據他書中所記,早歲曾見過董其昌。

唐茂宰炫才無忌,不肖往年聞之,已知有不終之理,今果然矣。老姪熸然自遠,不及於議,尤見清謹,大用之基也。不肖將往長安,又聞遼警,恐道路爲梗,尚在維谷。友人楊彦沖精於書畫,嘗爲不肖代勞,今不肖且有遠出,此君素善新安諸君子,是以游新安,若至休邑,幸老姪吹噓於所知,彼以力自食,亦人所欲求,無奢望,不妄干也。幸老姪勿置無事甲中。不一。三月十三日,叔名正具。左沖。(此札首行存騎縫半印,文曰"其昌"。)

聞曹中丞且至,老父母必於月末集於金閶,冀得一奉光霽也。春間貴同年楊方壺曾以其族叔楊彦沖書畫友奉薦,蓋山人之謹慎有藝能者,向有遠游,未曾伏謁,兹特造候,幸命閽者,並有培植。至於方醫,雖索不佞八行,然其人虚誕,非楊生之流,不佞不敢不直告也。不一。名正肅。左沖。

這札後有翁方綱跋云:

此札内所云楊彦沖者,嘗爲董文敏代筆,蓋當日書畫,倩友代作者,非一二所能盡也。昔王右軍嘗亦倩人代書,其人姓任名静,今人罕有知之者矣。若此楊君者,非文敏自言,其誰知之。方綱。

按《無聲詩史》卷七:

楊繼鵬,字彦沖,松江人。畫學師資於董思翁,頗能得其心印。思翁晚年酬應之筆,出於彦沖者居多。(《無聲詩史》

卷七:“方洛如,失其名,松江人。體質清癯,丰骨傲岸。精岐黄之術。寫山水,林壑葱秀,氣韻藹然。”董札所云方醫,殆即其人。)

董將遠出,薦代筆者於他人,足見這位楊君平日生計仰給於董,他所代之作,定非少數。又翁氏説“其誰知之”,不知姜紹書、倪燦早已説過了。又見黄賓虹先生舊藏董札一册,一札云:

暑中以襏襫爲嫌,不能相過從爲念。久不作畫,時以沈子居筆應求者,倘得子居畫,不佞昌可題款,否則使者行期有誤,奈何奈何!全幅奉納,以省往來之煩。弟名正具。左沖。

撕開假面具,可並“潤筆銀三星”亦省,足見董的老辣手段,官僚與江湖的作風,兼而有之。至於這人求畫必用“全幅”紙絹,所求又爲達官,這是怎樣的一個人,不問可知。這樣人受到這樣對待,也算是咎由自取的。

日本中村不折藏董札十通,與董書古詩卷合印一册,標題曰《董其昌書詩卷尺牘》(孔固亭真跡法書刊行會印),其中一札云:

米卷即携來看,汪丈索畫大幅,足下過我一談何如?壽甫丈,其昌頓首。

汪丈索畫,而須壽甫來談,實在也是找他代筆罷了。我曾疑“壽甫”是葉有年的字,確否尚待續考。

裴景福《壯陶閣書畫録》卷十二,“明董香光寒林小幀”董自題云:

> 受之太史示余李營丘《寒林落日圖》,精妙絶倫,因篝燈仿之,但不耐設色,留置案頭,適文度過訪,遂足成之。遜之璽卿於余畫有昌歜之嗜,並舊摹九册寄呈,尚有《泛沵圖》,當續請教也。玄宰。

裴景福記云:“絹本,寒林濃翠欲滴,以胭脂烘落日,真奇麗之觀。”功按這雖是代筆與親筆的混合物,但足證絢麗設色的畫多出捉刀人。

樊增祥《樊山集》卷十四題《趙文度爲吴澈如畫南岳山房圖》七古一首,自注云:“王伯穀、董文敏題。”自注又録董跋云:

> 文度作此圖,三年始成,未書名款,亦如北宋諸名手,自負甚高,待人暗中摸索耳。庚午爲拈出。

這件畫大概也是“不必落款,要董思老出名”之物,王百穀題之在先,乃設“權辭”自解的。還記得先師賈羲民先生(爾魯)曾談,董常購買沈士充的畫而把它撕毁。當時没有請問出處,並且以爲這僅是因爲妬能。現在明白,可能是恨沈士充自署了名款。

繆曰藻《寓意録》卷四,《董元宰杜陵詩意圖》董氏自題四段,其第三段云:

> 正字趙使君數徵余畫,久已閣筆,而僞本甚多,不敢以應。青谿雷山人大綸爲公門下士,收得此圖,俾題以贈。

書畫的僞作與代筆不同,僞作是他人僞造某人之作,某人完全不知,也没有責任可負;代筆是請别人代作,而自己承名,責任應由承名的人自負。這條所謂“僞本甚多,不敢以應”,是説市肆流傳僞本多,不敢收購來贈朋友嗎? 那麽自己慎重鑑選,有何不可? 如果並指代筆之作爲僞本,那便是將自己應負責任的一併推卸。没想到實際已經自曝平日的欺人,“遁辭知其所窮”,此之謂也。

又錢謙益《列朝詩集》丁集下,董其昌小傳,曾記他繪畫代筆的事。世行各畫家傳記的書,很多都引了這一條,我從前讀它,不甚明白,現在才有所理解。小傳云:

> 玄宰天資高秀,和易近人,不爲崖岸。庸夫俗子,皆得至其前,臨池染翰,揮灑移日。最矜慎其畫,貴人巨公,鄭重請乞者,多倩他人應之。或點染已就,僮奴以贋筆相易,亦欣然爲題署,都不計也。家多姬侍,各具絹素索畫,稍有倦色,則謡諑繼之。購其真蹟者,得之閨房者爲多。

錢謙益是董氏的朋友,即上文所見的“受之太史”。他的話自然不是無據的。

按貴人巨公所需要的畫,必須是堂皇富麗之作,這是自古而然的。宋代黨太尉命人畫自己的像,畫成一看,大怒,説:“我前畫大蟲,猶用金箔貼眼,我便消不得一對金眼睛?”(見宋江休復《鄰幾雜誌》)董氏畫筆技能有限,爲貴人巨公作畫而請人代筆，是自有緣故的。當他的代筆面目既已行世了，而親筆生拙之作，無論是爲藏拙，還是爲自珍，都不便於再公開拿出來了。而當深居技癢，或要“驕其妻妾”的時候，偶然親自動手，却又没想到這裹便是一個漏洞，終於流傳出去，給人作了比較“工拙”的資料。

至於“欣然”在那些“贋筆”上“題署”，也必有一定的緣故。推測起來，可能有以下幾種：一、市恩於“僮奴”；二、僮奴中有能爲他代筆的，把他令僮奴代筆，説成了僮奴主動作僞；三、董氏被迫爲人當面作畫，但又不願把真面目傳出去，所以用代筆作品换掉親筆作品，而使僮奴替罪挨駡。諸如此類，是不難從情理上想到的。

還有爲“庸夫俗子”當面“揮灑”的事，按錢氏所記，很有分寸。我們看，董氏慷慨爲人當面揮灑的，是書法方面。對於繪畫，則是採取秘密行動的。這種分别，讀起來不可忽略。當面寫字的事，也有文獻可徵，同時也是個笑柄：

葉廷琯《鷗陂漁話》卷一“董思翁論書示子帖”條，記二事，其一引自康熙時蕭張翀《淞南識小録》云：

> 新安一賈人欲得文敏書而懼其贋也，謀諸文敏之客，客令具厚幣，介入謁，備賓主之禮。命童磨墨，墨濃，文敏乃起，揮毫授賈，賈大喜拜謝。持歸懸堂中，過客見之，無不嘆絶。明年，賈復至松江，偶過府署前，見肩輿而入者，人曰董宗伯也。賈望其容，絶不類去年爲已書者。俟其出，審視之，相異真遠甚，不禁大聲呼屈。文敏停輿問故，賈涕泣述始末。文敏笑曰：君爲人所給矣！憐君之誠，今可同往爲汝書，賈大喜

再拜,始得真筆。歸以誇人,而識者往往謂前者較工也。

葉氏云:"此又可見名家隨意酬應之筆,常有反出贋本下者,可遽定真僞於工拙間乎?"

其二引自方蘭坻《書論》云:

思翁常爲座師某公作書,歷年積聚甚多。一日試請董甲乙之,乃擇其結構綿密者,曰:此平生得意作,近日所作,不能有此腕力矣。某公不禁撫掌曰:此門下所摹者也。乃相視太息。

葉氏説:"此事正可與前事相印證,思翁自賞且如此,人安能以鑑别無訛自信乎!"

我從前頗疑這是傳奇家言,未免增飾。後見張敔園先生藏董氏雜書一卷,有董自跋云:

此卷官諭爲史官時北上置余舟中,適余携至荆溪,書以贈别。官諭不以覆醬瓿,而藏之書簏,今長公子固屬余重題,以别於吾里之贋鼎,贋鼎多有勝余漫筆者,當重余愧耳。崇禎七年中秋,董其昌識。

僞作有勝於真跡的,葉氏按語已論及了。如以董氏的邏輯來講,"贋鼎"包括"代筆"之作,則代筆勝於親筆,在董氏原屬常事,覺得葉氏所論還未免漏此一義。

《容臺别集》卷二：

> 余書畫浪得時名，潤故人之枯腸者不少。又吴子贋筆，借余姓名，行於四方，余所至士夫輒以所收視余，余心知其僞而不辯，此以待後世子雲。

這“吴子”不知是吴易、是吴振，還是其他吴姓的？從所知兩個吴姓的來看，吴振没聽説善書，這裏書畫並言，很像是指吴易。用之“代筆”，而諉稱“贋筆”，這是董氏的狡獪。但又有可能，是不是吴氏由受命代筆進而自動僞造呢？至於“心知其僞而不辯”，就不免是爲自家失於鑑别解嘲，這大概是爲掩飾對他的座師“相視太息”的事情吧！

還有既非作僞，又非代筆，而董氏竟自坐享其名的。寶蘊樓（前古物陳列所）藏一明人縮摹宋元名畫大册，摹了自李成、范寬至倪瓚二十餘幅，其中各圖，我曾見過宋元原畫的，像范寬谿山行旅圖，巨然雪圖，王蒙林泉清集圖等。看到所摹的不但結構吻合，筆勢也能在方寸之中表現原作磅礴淋灕之趣，而色澤墨彩更是相似的。册前有董其昌題“小中見大”四大字，每幅副頁上又有董題，即宋元原畫上董題之文，或楷或行，與原畫上所題的也都一致。寶蘊樓影印行世，題爲《董玄宰仿宋元名家山水册》，上下二册，共二十二圖（以下簡稱“縮本大册”）。觀者無不驚歎摹繪的逼真，而又疑董氏未必有這等妙技，也未必有這等的閑暇。

後見王保譿輯王原祁題畫之作叫作《王司農題畫録》的，其卷上“仿設色大癡巨幅李匡吉求贈”條説：

> 余先奉常贈公彙宋元諸家,定其體裁,摹其骨髓,縮成二十餘幅,名曰縮本,行間墨裏,精神三昧出焉,此大父一生得力處也。華亭宗伯題册首云"小中見大",又每幅重題賞鑑跋語,以見淵源授受之意。先奉常於丁巳夏初,忽以授余,其屬望也深矣。余是年三十五,拜藏之後,將四十年。

才知道這個縮本大册乃王時敏所摹的。但新問題又出來了:我們看王時敏的著名真跡,像畢瀧舊藏仿宋元六家山水九頁一册,乃縮摹黄公望、王蒙、米友仁、吴鎮、趙孟頫、倪瓚之作,副頁並有王氏自記宋元原畫之源流。其册後歸張葱玉先生(珩)韞輝齋,經涵芬樓影印行世,題爲:《王煙客山水册》。其中所摹趙孟頫《洞庭山圖》、《水村圖》、倪瓚《幽澗寒松圖》等,我都曾見趙、倪原畫,王臨的技巧和縮本大册比較,大有此生彼熟、此拙彼工之别。並且世傳王時敏的作品,題款字跡確真無疑的,而畫法筆性及技巧,工拙却往往各有不同,可見也多是請人代筆而自己題款的。因此可知縮本大册之是否果出王時敏手,也很可疑的。

後來見到王鑑仿宋元山水十二頁一册,亦畢瀧舊藏(今在上海博物館),其中有八張畫稿見於縮本大册裏。後有王鑑自跋云:

> 董文敏嘗謂書畫收藏家與賞鑑家不同……前輩風流,零落欲盡,惟吾婁太原煙客先生,魯靈光巍然獨存,其清秘閣中,尚存墨寶,然不遇知者,亦不輕示。曾將所藏宋元大家真跡屬華亭故友陳明卿縮成一册,出入携帶,以當卧游。余今歲偶來南翔,締交文庶社長……余因復臨陳本贈之,枕中之

秘，不敢獨擅……壬寅嘉平月望三日。〔一〕

看這段跋才恍然知道縮本大册的真實作者是華亭陳明卿。

又王時敏"題陳明卿廉雪卷"云：

初以趙文度爲宗，既從余家縱觀宋元真跡，多有悟入，所詣益深。爲余摹諸名圖，以尋丈巨軸，縮爲方册，能使筆墨酷肖，毫髮不遺，真畫史之絶技。

又"題陳明卿仿黄子久卷"云：

明卿爲趙文度高足弟子，初至婁時，尚守其師法，既爲余臨宋元諸名跡，縮爲小本，因此大有悟入，畫格遂爲一變。（此二條俱見《王奉常書畫題跋》卷上）

陳畫流傳不多，大概多致力於摹古了。我常慨嘆明卿摹古直逼宋元，縮摹妙技，又那樣精妙，而名姓却翳然不彰，因念古代良工埋没無聞的，正不知多少！寶藴樓把縮本大册題爲董作，是出於未考；王原祁的題畫語，則是有意爲他祖父攘人之善，而他祖父自己却並未自諱的。

又二十多年前我在琉璃廠畫店見一大幅絹本設色山水，筆法頗像沈士充，山的主峰在畫上右方，左上角天空處題："花苑春雲，

〔一〕王鑑此册中有四頁畫稿不見縮本大册中，知今存之縮本大册曾有散失之頁。

葉有年。”下押二印。此題之右有董其昌題:“故人家在桃花岸,直到門前溪水流。玄宰。”下押二印。這幅畫實是葉畫董題的。當時店中標爲董畫葉題,以求高價,《藝林月刊》第八十七期載之,題曰“明董其昌山水”,又注云“絹本立幅,右(原誤,應作“左”)端有葉有年題‘花苑春雲’四字”。這是董其昌坐享意外之名的又一個例子。

平心而論,董其昌在書畫一道中,自有他的特識。以功力言,書深,畫淺。所以他平生的作品中,書之非親筆的,别人僞造爲多,董氏的責任較輕;畫之非親筆的,代筆爲多,董氏的責任較重。至於後世射利僞作,又不在此論之列了。

一九六二年

《石濤上人年譜》商榷

石濤是明末清初的人，他的作品，久已受到書畫界的重視。可惜的是這位偉大畫家名僧元濟（石濤）的行實，雖然凡見到他的作品的人都願意知道，却没想到三百年來，竟自没有一篇比較詳細的傳記來供人研究參考，甚至連他的生卒也找不出確切年代，豈不是個遺憾！

名畫家新喻傅抱石先生，對於這位藝壇大師的生平，曾輯成一本《石濤上人年譜》，總算約略地給石濤的生平畫了一個輪廓，這對於研究石濤、研究繪畫史的人都有相當幫助和便利。但其中百密一疏和還有待更加補充的地方也存在不少。我願意把一些不成熟的意見提出來，供這本《年譜》的著者和讀者來研討。

一　年齡及頭髮問題

《年譜》中對於石濤的年齡有所考訂，又認爲石濤是没有落髮的，根據是石濤致八大山人的信札，求山人作《大滌草堂圖》，中有言及二人年齡的話。這札舊藏李梅庵家，八大應約所畫的圖，則藏日本永田織治家。圖上有石濤自題長歌，後來信札也展轉歸了永田。圖札影本見永田氏所編《清代六大畫家展覽圖録》裏。又日本八幡關太郎撰《支那畫人研究》，也引這首長歌和原札漢文譯文。傅先生没見到原札，僅從日本橋本關雪氏的日文譯本，復譯成漢文，重譯之餘，失真已多。按此札、此圖都是仿本，其真本見《大風堂藏畫集》，文字有不同處，這裏姑就永田氏所印的來談，因他是傅先生所據的。譯文説：

聞先生七十四五，登山如飛，真神仙中人也。濟將六十，諸事不堪。

譜中便據所譯，定此札爲石濤五十九歲寫的，編在康熙三十八年條，説這年八大山人尚在，年八十四五。今按原坊本信札説：

聞先生年逾七十，而登山如飛，真神仙中人，濟方六十四五，諸事不堪。

石濤生年，載籍無考。傅先生據題畫詩考爲崇禎三年，八大山人自題小像時康熙十三年甲寅，山人自記年四十九，蓋以週歲計年，實生於天啓五年乙丑。康熙卅八年山人週歲七十四。邵長蘅《青門旅稿》卷五有八大山人傳，稱他"弱冠遭變"，這"變"是指甲申。上推二十年，正生於天啓五年；那麽二公年齡，相差實在僅僅五歲左右，康熙三十八年時，八大還不及八十歲。

《大滌堂圖》畫成，石濤自題長歌，款署戊寅，是康熙三十七年，石濤六十九歲。離着石濤六十四五歲致書求畫的時間，不過四五年，並不是像譜裏序文所説的"十二年後，方才畫好寄來"的。

至於石濤有無頭髮問題，傅先生譯文説：

平坡之上老屋數椽，古木樗散數株，閣中有一老叟，此即大滌子大滌草堂也。若是不多，餘紙求法書數行列於上，真濟之寶物也（原注：數字不明）。勿書和尚，濟有冠有髮之人也（原注：數字不明），只恨身不能迅至西江，一睹先生顏色。

今按原札：

平坡上老屋數椽，古木樗散數株，閣中空諸所有，即大滌堂也。此事少不得者，餘紙求法書數行，真濟寶物也。款求寫大滌子大滌草堂，莫寫和尚。濟有冠有髮之人，向上一齊滌，只不能還身西江，一睹先生顏色爲恨。

再看《大滌堂圖》，屋宇中並無一人，與"空諸所有"的話相符。譯文誤"勿寫"爲"勿書"，它的意思還不相遠。序裏又把"書"字誤爲"畫"字，便據以立論説：

這封信上有一句可以研究的話，就是"勿畫和尚，濟有冠有髮之人也。"這與所傳順治十四年丁元公爲石濤所造，僧服無髮，道貌岸然的二十八歲時造像不同。難道年紀老了，石濤改了行者的裝束嗎？

這真是望文生義了！

石濤信中稱八大爲"先生",八大畫款稱石濤爲"宗翁",是表示雖然"同處外方",仍以本來面目相見。所謂"有冠有髮之人,向上一齊滌",是屬於禪宗機語,意思是説原爲士大夫身,已而逃禪落髮而向上,今則真俗齊泯,連向上也一齊滌了,即六祖惠能所謂"本來無一物"和原札中"空諸所有"的意境。至於"向上一齊滌"五個字,在傅先生譯文裏,適當"數字不明"的地方,以致僅知他"曾有",不知他"已滌"了!

石濤的身分確是和尚。怎麼説呢?《龍池世譜》舊題《濟宗世譜》的書,是禪宗南嶽下龍池一派的宗譜,裏面載"石濤濟"爲"木陳忞"的徒孫,即"旅菴月"的徒弟,實是南嶽下第三十六代。《五燈全書》卷九十四,也有他的"機鋒語句"。我們知道當時禪宗派系的矛盾和鬥争非常厲害,怎能有蓄髮著冠的人反許他"升堂嗣法"呢!這和丁元公所畫的像,並不矛盾。且康熙三十一年石濤《懷張笨山詩》,有"念我無髮貧"的句子,這年石濤六十三歲。又康熙三十年九月畫册題詩,有"無髮無冠決兩般"的句子,這年石濤六十六歲,都可證明他雖然"年紀老了",仍然是無髮啊!

二 北行蹤跡問題

石濤曾到北京,這在他的生平是一件重要的事。"年譜"在這個問題上考訂是不够的。石濤題跋中每言長安,傅先生以爲是關中長安,便説石濤自康熙二十八年己巳北上,曾至陝西,凡例第八條説:

上人晚歲北上，曾至長安、北京兩地，據資料，往還達五年之久。惟北上究循何途？沿運河由魯先入燕，抑溯大江經鄂豫先入陝，今尚不能定。

又以各條資料都說長安没說北京，而癸酉年便南歸，以致京師這一行竟没有處安排，於是拿揣度的口氣，把它放在辛未夏間說：

石濤山水題云，"壬申夏，長安天津大悲院與月翁世先生一别"，則上人離長安當在此頃，又上人曾至北京，與博問亭晤，癸酉春盡即南下，則離陝必赴燕也。

石濤北上，不赴京師，先到陝西，事情很可疑。他賦别金臺諸公的詩，自述經行地方説："吾身本蟻寄，動作長遠游。一行入楚水，再行入吴丘。乘風入淮泗，飄來帝王州……三年無返顧，一日起歸舟。"這詩並没有説到陝西。而且自"淮泗"即至"帝王州"，又"三年無返顧"，他對於"金臺"，必不是夏來春去的。再看全詩，"帝王州"即指"金臺"，不是杜詩"秦中自古帝王州"的意思。那麽他的行踪究竟怎樣呢？今姑且相信"年譜"中這五年内的各條資料没有僞晝，來略加推論。

最先決的，是"長安"這一地名。陝西長安是宋以前累代建都的地方，一般文人辭藻，慣稱都城爲長安。宋人用它稱汴梁，明人用它稱北京。據這項常識，可見石濤筆下的長安，實指京師。

庚午年冬《年譜》説，"在長安作長安雪霽圖呈人翁先生"，原詩是：

> 君不見,長安市上走車馬,漁樵牧豎共肩摩……忽驚夜半玉龍退,曉來銀甲散長安。……蓬門父老咸歎息,嘖嘖稱道大司農。是謂精誠格天意,澤及四海非神工……特來一展經綸地,世外烟霞紙上逢。

看他的詩意,“人翁”必是當日的户部尚書王騭,字辰岳,一字人岳。所以父老見瑞雪,而歎息“大司農”的“精誠格天”,這大司農“一展經綸”的地方,斷乎没有不在京師而遠在關右的道理。

辛未年二月,石濤有與王原祁合寫寄博問亭的竹石。這畫著録於《石渠寶笈》卷十八,影本見《故宫周刊》第一八三期。石濤款署“寄上問翁老維摩”,王原祁款署“麓臺補坡石”。石濤所寫蘭花,有畫於麓臺所寫坡石後邊的,知是同時合寫,並非他日另添坡石的。按王保譿輯校《王司農題畫稿》卷下,“爲孟白先生壽”條,題説:“余至維揚,客於延陵之館……歲之十月,爲尊甫孟白先生八秩壽,預作此圖奉祝,時庚午七月朔。”又卷上“畫贈石谷山水”條説:“辛未後在京邸相往來。”庚午七月即預祝孟白的壽,似乎是因爲不及待到十月。那麽麓臺這次北行,當在庚午秋天,所以辛未得與石濤合畫竹石。可惜問亭這時行踪,不得詳考。如果不是問亭没在京師,即是石濤麓臺曾短時内往别處去,而在那個地方合作寄到京師。

辛未冬,石濤在天津,有贈張汝作詩,題説:“辛未冬日雪中,張汝作先生見招,才人傑士,擁坐一時,公來日有都門之行,賦詩兼贈。”考光緒《畿輔通志》卷二三六列傳,載天津縣人物,引《津門詩鈔》小傳説:

> 張霖字汝作，號魯菴，自號卧松老衲。由貢生歷官福建布政使，署雲南巡撫，緣事落職。家居遂閒堂、一畝園、問津園、思源莊、篆水諸勝。園亭甲一郡。集江南北諸名士唱和其中……文酒之讌無虚日。有《閒居堂稿》。弟霔，字帆史，號念藝，一號笨山。貢生，官中書舍人，累試不第。歸里築小室曰“帆史”。

張氏兄弟既然好客，麓臺未必不被他們延接招待。京津不遠，一年中也未必不一再地聚會。那麽春間合作畫寄問亭，也有同在天津的可能。

壬申三月，爲伯昌先生作畫，款署“長安之海潮閣下”。是離津還京，當在冬春之間。又康熙三十八年夏，題畫有追述舊游的話，他説：“壬申夏，長安天津大悲院，與月翁先生一别到八載。”大悲院在天津縣境，有朱彝尊撰碑文，見《畿輔通志》卷一八一《古蹟略》。京師疑有它的下院，所以説“長安天津大悲院”。冬天有《雪中懷張笨山》的詩，即指張霖的弟弟張霔，所以有“燕山北道張天津”的句子。

又《年譜》中在康熙二十八年條説：“考庚午上人在長安，癸酉春盡已還廣陵。”康熙三十一年條又説：“癸酉春盡即南下。”康熙三十二年條則説“秋始買舟沿運河還廣陵”。也不免是自相矛盾。

三　從題識上看僞畫

傅先生在《年譜》凡例第九條説：

是編所據詩跋,録自著録之書者居多,影本次之,真跡甚少,均分别注明,俾供研討。以上人贋跡日出不窮之今日,自知危險泰甚,然未睹原物,亦難遽言,精神物力環境習慣,俱無可如何事也。

對於材料之去取,可稱謹慎了。著録的書,固然有它的原撰人負責,但若因爲負責有人,便不再擇别考辨,拿來便用,也還是相當危險的。通觀《年譜》全書,除凡例第十三條所舉四件,略辨真僞之外,其餘各條考訂很少。一般的著録書裏既不能没有僞畫,而《年譜》中所據的影印本,雖然曾加慎擇,但是仍有贋品。各條影本,我們固然没有全看到,即看題識,已有足以發現漏洞的。倘若全見到傅先生所據各影本,對它們的筆墨作風等方面詳加鑒定,容或還能有所發現的。

畫上題跋,自有體例,在大手筆,尤其謹嚴。如題畫直抄古人舊句,在近代畫家雖是常事,但以前名家却不這樣。他們用舊句,如非膾炙人口的名句,很少不加以聲明。何況石濤詩才是那樣豐富,性情又那樣倔强,哪有襲用舊句而不提出其出處的呢！如康熙三十八年條,《年譜》引程霖生輯《石濤題畫録》青緑山水畫册,題云:

嚴公仲夏枉駕草堂,兼攜得寒字。己卯冬日風雪中,以此爲聞家句老年公日課不可少。

詩是“竹裏行厨洗玉盤”七律一首,這是杜甫的詩。所謂“以此”,是用此首詩意作畫題。不標杜甫之名氏,是因爲這是膾炙有名的作品。既屬膾炙有名的作品,而還標出“以此”二字,實是深恐別人誤爲他自己的作品。石濤題畫文字體例的嚴格,竟至如此。而《年譜》説:“仲夏,嚴公訪上人於大滌草堂。”又説:“冬日風雪中,以仲夏嚴公過訪時撰得寒字,題青緑山水,贈聞家句老年公。”此册中此頁題字曾影印於峰青館古畫集中,杜詩及詩題用倪雲林楷書體。己卯冬日云:用本色行書體。杜詩題作兼携酒饌,與《草堂集》中字句全同。“聞家”原跡是“閒家”,“日課”是“課日”。

石濤題識中,自“嚴公”至“寒字”,乃是杜詩原題。“嚴公”即是“嚴武”。傅先生誤看成石濤的話,以爲嚴公夏間曾訪石濤,而石濤冬日就拿他的詩爲畫題,這實在是很大的疏忽。並且杜詩題乃是“兼携酒饌”,程霖生録石濤題語没有“酒”字,“饌”字從“食”,傅先生誤併“携饌”二字爲一“撰”字,所謂“歧路之中,又有歧也”!

康熙二十一年有疏林夕照圖,款題:“壬戌仲春之望,知友欒亭先生,出示錢霅疏林夕照圖共賞之,因客倣其意寫此。”題詩云:“山居幽賞夕陽多,處處丹楓映黛螺。欲寫江南風景好,霅川一派出維摩。”這是董其昌的詩,見《容臺詩集》卷四,“夕陽”作“入秋”,“風景好”作“好風景”,餘字全同。石濤題畫文字,體例既嚴,而這裏獨不著明,頗爲可疑,但這僅僅是可疑,還不是積極的證據。康熙三十三年條,有“過平山精藍畫山水軸”,題詩三首,全抄米芾的苕溪詩,而改頭換面,詞理不通,真可稱是點金成鐵。這必定是僞畫,絶無疑問。有人説:古畫剥蝕,劣手描補弄錯的,也往往有的呀!是的,但是辨訂真僞,究是修譜人的責任。並且《年譜》中這一條,實據影印本,假使果然由於描補,而詞理既不通,那麽這個描補人的程度也就可知了,所補的字體,又怎能與殘存的真跡各字一致呢? 既見到影本豈可無所判斷呢? 現在把僞題畫詩和米詩並列於後,比較看看。

題畫詩:

松竹留因夏,溪山去爲秋。久賡白雪詠,更"喜"采菱謳。縷玉鱸"爲"案,團金橘滿"州"。"此行"無限"樂","曳杖上溪頭"。

米詩:

松竹留因夏,溪山去爲秋。久賡白雪詠,更"度"采菱謳。縷玉鱸"堆"案,團金橘滿"洲"。"水宫"無限"景","載與謝公游"。

題畫詩:

半歲依修竹,三時看好花。嬾傾惠泉酒,點盡壑源茶。主席"交問"好,"伴"峰"静"不譁。朝來還蠹簡,"快"起"那須"嗟。

米詩:

半歲依修竹,三時看好花。懶傾惠泉酒,點盡壑源茶。

主席"多同"好。"羣"峰"伴"不諱,朝來還蠹簡,"便"起"故巢"嗟。

題畫詩:

旅食緣"多友","幽齊"爲興來。句留荆水話,襟向"下"峰開。"度嶺因求友",遊梁定賦枚。"樵"歌堪"玅"處,又有"石"公陪。

米詩:

旅食緣"交駐","浮家"爲興來。句留荆水話,襟向"卞"峰開。"過剡如尋戴",遊梁定賦枚,"漁"歌堪"畫"處,又有"魯"公陪。

米詩墨跡,屢見石刻,如《戲鴻堂》、《三希堂》等帖,都曾摹勒。原跡且有影印本,《寶晉英光集》補遺也載入。題目是"將之苕溪戲作呈諸友",共五律六首。

近年研究石濤、八大生卒年問題的論文很多,因不是本文所要探討的,故不具論。如果得出確切的年月,那麼這本《年譜》中逐年排比的,也未必都没問題的。

一九五四年

碑帖中的古代文學資料

古代銘功紀事的石刻(包括墓誌題名等)稱爲碑,尺牘書疏(包括詩文卷軸等)稱爲帖,也即是簡帖的帖。把簡帖摹刻上石,也稱爲帖。碑帖中的材料,門類不一,例如除可供研究文字學和書法藝術的資料之外,還有許多關於古代歷史、文學史和工藝美術等等方面的資料。現在只就其中有關古典文學方面的資料來談談。爲了篇幅關係,只截取魏晉到唐宋這段時間,特别多取唐代的作家和作品爲例。

這些材料大約可分三類:一、文學家所書自己的文學作品;二、書家所書他人的文學作品;三、有關作家和作品的考證資料。

第一類:現存魏晉時的,如鍾繇和王羲之自寫的表啓、雜文和手札;南北朝的,如謝靈運、鄭道昭的詩刻〔一〕;唐代名家撰寫的碑銘和其他詩文很多,專就著名的大作家論,像李白、杜甫、白居易、劉禹錫、杜牧諸家,都傳有他們自寫的詩文。宋代學者、文人手寫的作品原稿,所存又多多了。

第二類:現在流傳的,晉人中如王羲之寫的《樂毅論》、《曹娥碑》等。唐人中如褚遂良書庾信的《枯樹賦》等;韓愈著名的文章如《羅池廟碑》有沈傳師寫本,《南海神廟碑》有陳諫寫本;李白和杜甫的詩,都有名家的寫本;至於宋以後的名家書寫其他名家的詩文就更多了,即從趙孟頫一人的寫本來搜羅,現存的篇目恐怕

〔一〕 北魏鄭道昭曾在雲峰山刻石多處,其中有一部分是他題的詩。

早已超過百篇,現在只得從略了(其他名人碑銘和新出土的名家撰寫的墓誌還不計算在内)。

第三類:古代"仕宦顯達"的著名作家,多有表墓的碑版或埋幽的墓誌。有趣味的如左棻的墓誌、王之涣的墓誌等,不但可以考訂生卒行履等,還可以印證某些作品中的故事内容。

從以上三類材料中看,大約具有四項作用:一、作品的校勘;二、集外作品的補編;三、作家、作品的史實考證;四、創作技巧的研究。前三項明顯易見,第四項例如作家的手稿,塗塗改改,固然可以看到他創作的思路、修改的過程以及最後的去取;即以没有塗改、不是草稿的清寫本言,除和今傳的集本對校誤字之外,還可以比較"異文",看出修改的跡象。今在四項中各舉一些例來談談。

一　有助於校勘的資料

王羲之的《蘭亭序》各選本多依據《晉書》,"怏(從中央的"央")然自足"誤作"快(快慢的"快")然自足",還有些本子把徐僧權署名的"僧"字,誤成"曾"字,成爲"曾不知老之將至"。從唐摹本和定武本中都得到訂正,這是前代人常談到的。再如謝靈運的"石門新營所住"一詩石刻,雖然被後人在詩上加刻了大字題名,但没有掩住的字和集本仍有異同〔一〕。又如傳爲歐陽詢寫的

〔一〕謝書《石門新營所住》詩的異文,如題中有"修竹茂林"字樣,今《文選》和《謝集》本都作"茂林修竹",當是習慣於王羲之《蘭亭序》中的句子因而誤寫的。中間還有異文。

《離騷》、《九歌》[一]，李懷琳寫的嵇康《與山巨源絶交書》[二]，陸柬之寫的陸機《文賦》[三]，李商隱寫的謝莊《月賦》[四]等等，雖然都無款字，也未必果屬這些位書家的筆跡，但至少是宋以前的寫本。其中字、句的異同，都有可校勘用處。

唐人詩歌方面的材料也很多，像巴州摩崖所刻嚴武和杜甫的詩，相傳是杜甫所寫（杜詩一首下有杜甫的名字），也有人疑爲宋人所刻，至少也是一個宋本。蘇軾所寫的杜詩，像習見的《榿木詩》和《奉和嚴鄭公廳事岷山沱江畫圖十韻》[五]等等，特别是後者，和集本異同很多，蘇軾選取的字句，總該值得我們考慮吧！再如杜牧自書《張好好詩》[六]、顔真卿自書《竹山堂連句》[七]等等，都可供印證和校勘。晚唐詩人許渾的自書詩卷，現雖亡佚，尚有

〔一〕歐書《離騷》，刻入《戲鴻堂帖》，見《文物參考資料》一九五七年第一期，史樹青先生《談法帖中所保存的歷史資料》文中。歐書《九歌》，清代出土石刻殘本，存六章。與今本有異文。

〔二〕《與山巨源絶交書》，宋代刻于《元祐秘閣續帖》，明代如《鬱岡齋帖》、《停雲館帖》都有刻本。有正書局曾影印一個舊摹本。這本不但與《文選》和《嵇集》本有異文，並且全篇也比較簡括。似是一種古代的删節本（或説簡本），而不純是由於殘缺。

〔三〕近代學者校勘《文賦》，多用日本古寫本《文鏡秘府論》，那個寫本時間相當南宋，陸本也是較早的。例如文章開始"喜柔條於芳春"，《文選》作"喜"，《文鏡》本作"嘉"，陸寫本即作"嘉"，其中異同還多。陸本墨跡，故宫所藏，有影印本。

〔四〕李書《月賦》刻於《淳熙秘閣續帖》，我曾見明代金壇翻刻本。異文例如"擅扶光於東沼"，李善注説"扶光，扶桑之光也"，實在不免迂曲。帖本正作"扶桑"。其他異文還多。

〔五〕蘇書《榿木詩》即《堂成》詩，有墨跡影印本。《三希堂帖》曾刻石。《岷山詩》見宋搨《西樓帖》，有文明書局影印本。

〔六〕杜書此詩墨跡藏故宫，有影印本。《戲鴻堂帖》、《秋碧堂帖》俱曾刻石。

〔七〕顔書此詩墨跡藏吴興張氏。《秋碧堂帖》曾刻石。

《寶真齋法書贊》録下原文。和許詩卷同類的，今傳有李郢詩卷，一部分刻入《壯陶閣帖》，這卷墨跡共存詩四十一首，和《全唐詩》本相重只有七首(《全唐詩》和《補遺》共收李詩八十一首)。即以這七首校對，《全唐詩》本即有許多缺字和誤字。其中一個缺字，墨跡中是“曙”字；還有一首中“欲曉”的“曉”字，墨跡中也是“曙”字。可以知道《全唐詩》所依據的底本，是傳自一個宋英宗趙曙即位以後的寫本(唐人荆叔題雁塔“漢國山河在，秦陵草樹深”一詩，有的本子“樹”作“木”。宋人摹刻雁塔題名中有此詩，作“樹”不作“木”，知“木”字也是宋人避趙曙的“嫌名”而改的)。

再談談李白。宋刻帖裏收有“鏡湖流水春始波”一首、“處世若大夢”一首、“天若不愛酒”一首。胡震亨《唐音癸籤》卷卅三，認爲“天若不愛酒”一詩，出秘閣帖，是馬子才僞作。按此詩早見《文苑英華》，也見敦煌唐寫本。即使字跡是僞的，詩句仍有所據。各詩從題目到字句和集本都有異同。

還有南唐後主李煜所寫《臨江仙》詞和李白詩三首，即陳鵠《耆舊續聞》所記，宋蛣中曾刻之，宋帖搨本不可見，我只見到董其昌臨本(《劍合齋帖》)，兹將李白詩三首抄在下面：

好鳥巢珍木，高才列華堂。時從府中歸，絲竹儼成行。但苦隔遠道，無由共銜觴。江北荷花開，江南楊梅熟。正是縱酒時，懷賢在心曲。掛席向海色，當風下長川。多沽新豐醁，滿載剡溪船。中塗不過人，直到爾門前。大笑同一醉，取樂平生緣。

月色不可掃，客愁不可道。玉露生秋衣，嚴霜飛百草。日月終銷盡，天地同枯槁。蟪蛄啼青松，安見此樹老。金丹寧誤人,昧者難精討。爾非千歲翁,多恨去世早。飲酒入玉壺,藏身以爲寶。

涉江弄秋水,愛此荷花鮮。攀條折其珠,蕩漾不成圓。佳期彩雲重,欲贈隔遠天。相思無由見,悵望涼風前。

“好鳥”一首,集中是《叙舊贈江陽宰陸調》的後半,這裏是作爲獨立的一首古詩。這首詩,集中有很多異文。“涉江”一首,集中重出(擬古十二首中收之,又有“折荷有贈”一首,亦此詩之異文)。得此又是一種新的異本。

其他像《憶舊游寄譙郡元參軍詩》,有黄庭堅的草書寫本,異同也不少。《蜀道難》詩蕭士贇注曾引黄魯直爲周維深草書此詩,下注“諷章仇兼瓊也”,可見黄書李詩很多,前人也曾用來校勘印證,而這“憶舊游”一詩,校注《李集》的人却還没有利用過。

再如後人常在古代詩人曾游的名勝處補刻上一些名作,李詩例如《登單父陶少府半月臺》詩,有紹聖年間鄭億刻的碑本,也有異文,這類如以版本相比,也可稱是北宋本。至於詩人劉禹錫自撰自書的《乘廣禪師傳》,也是直接校勘資料。

二　有助於補充的集外詩文資料

宋以前的這方面的資料,近代發現日益增多。即以石刻言,有大批新出土的墓誌,其中有可資校訂的,也有可資補充的。最突出的例如樊宗師是韓愈非常推重的古文家,他有文集二百九十一卷,但傳至今天的只剩下《絳守居園池記》等兩篇,都是幾乎没法句讀的怪文。近年出土的有《樊涚墓誌》,是樊宗師撰文,文理平正通達,絶不那樣艱澀。這個墓誌,不但可以補充《樊紹述集》的不足,而且使我們見到唐代這位古文家的真面目,對他的文學成就,可以重新評訂。

葉昌熾《語石》卷六説:"余欲取鄉先賢之無集傳世者,或有集而散佚者,都其文爲一編……錢竹汀舉雲居寺兩詩爲《全唐詩》所未收,不知東南摹崖,唐人詩刻可采者尚不少,宋元明家如石胡、劍南、遺山諸詩,零璣碎璧,亦可補全集之遺。"按錢、葉兩家之言,自然也是舉例的,如果搜羅起來,並不止此。即如"石淙"、"棲岩寺"、"美原神泉"等處,各有成批的詩刻,對於《全唐詩》來説,有的可校,有的可補。

李白有《上陽臺帖》墨跡一卷,詞句是"山高水長,物象千萬,非有老筆,清壯何窮。十八日上陽臺書。太白。"乾隆題説:"太白此帖語,文集所不載。"但後來官編的《全唐文》仍然漏掉了。其他唐宋名家詩文集外的作品,還大有可采,不及詳舉了。

三 有助於作家作品史實考證的資料

晉人中,如《左棻墓誌》裏即載有她哥哥左思的兩個女兒,即是《嬌女詩》的兩個主人。唐人方面更多了,先從作家的名字談起,如孔穎達是字仲達還是字沖遠,在《孔祭酒碑》中可以得到證明(碑中爲"字沖遠"),詩人張祜(從古今的"古"),又作張祐(從左右的"右"),《桂苑叢談》和《雲溪友議》等書,曾記"冬瓜生瓠子"的諧音字,可知張祜的名字應是和"瓠"字同音的"祜"。若舉旁證,《絳帖》刻宋太宗趙光義草書唐詩,張祜的"祜"字正從古今的"古"字,這也是地道的北宋寫本。又如近代出土的《王之涣墓誌》,除可以訂正補充詩人的名字、年齡、官職等外,即如"旗亭畫壁"的故事,由於明人胡應麟對《集異記》提出懷疑(見《少室山房筆叢》卷四十一)〔一〕,後人對詩人這件盛傳的遺事也發生了動摇。今觀墓誌上説:"嘗或歌從軍,吟出塞,曒兮極關山明月之思,蕭兮得易水寒風之聲,傳乎樂章,布在人口。"按"黄河遠上"一詩,各本或題爲《涼州詞》,《樂府詩集》正作《出塞》,可見詩人這些題材的作品曾受人熱烈贊賞和廣泛傳唱,《集異記》所説的,恐怕不能隨便推翻,何況胡氏所舉的理由還不盡充足呢?

《淳熙秘閣續帖》刻有白居易給劉禹錫的一封長信,不但是集外文,而且可以考證白居易和他朋友的種種關係,是一篇很重要的資料。抄在下面:

> 冬候斗寒,不審動止何似?居易蒙免。韋揚子(旁注"遞中"二字)、李宗直、陳清等至,連奉三問,並慰馳心。洛下今年旱損至甚,蠲放太半,經費不充,見議停減料錢,公私之況可見,蓋天灾流行也。承貴部大稔,流亡悉歸,既遇豐年,又

〔一〕唐薛用弱《集異記》曾記詩人王之涣和高適、王昌齡同飲於旗亭(驛站附設酒樓),旁有歌妓唱時人的詩歌,三人互賭誰的詩歌被傳唱的多,各在壁上劃道記數,結果王之涣勝利了。這故事被稱爲"旗亭畫壁"。明代胡應麟曾舉三個反證來懷疑它,但那三證都很薄弱,例如他的一、二兩證都是根據高適五十歲才學作詩的説法,認爲不能和少年同飲,其實從高適的作品考證,五十始作詩的説法即不確。其三證則因爲《高集》没有與王唱和的詩,即認爲不能有同飲的事,這更不值一辨了。

加仁政，否極則泰，物數之常。且使君之心，得以與衆同樂，即宴游酣咏，當隨日來。

前月廿六日，崔家送終事畢，執紼之時，長慟而已。況見所示祭文祭微哀辭，豈勝悽咽！來使到遲，不及發引。及虞之明日申奠，亦足以及哀。因覩二文，並録祭敦並微志文同往，覽之當一惻惻耳！平生相識雖多，深者蓋寡，就中與夢得同厚者，深、敦、微而已。今相次而去，奈老心何！以此思之，遂有奉寄長句。長句而下，或感事，或遣懷，或對境，共十篇，今又録往，公事之暇，爲遍覽之，亦可悲，亦可哂也。

微既往矣，知音兼勍敵者，非夢而誰？故來示有"脱膊毒拳，腦門起倒"之戲，如此之樂，誰復知之？從報白君騌榴裙之逸句，少有登高之稱，豈人之遠思，唯餘兩僕射嘆詞？乃至金環翠羽之悽韵，每吟皆數四，如清光在前。或復命酒延賓，與之同咏，不覺便醉便卧。即不知拙句到彼，有何人同諷耶？

向前兩度修狀寄詩，皆酒酣操簡，或書不成字，或言涉無端，此病固蒙素知，終在希君恕醉人耳。所報男有藝，雌無容，少嘉賓，多乞客，其來尚矣。幸有家園渭城，豈假外物乎？昨問李宗直，知是久親事，常在左右，引於青氊帳前，飲之數杯，隅坐與語。先問貴體，次問高墻，略得而知，聊用爲慰。即瞻戀饑渴之深淺可知也，復何言哉！沃洲僧往，又蒙與書，便是數百年盛事，可謂頭頭結緣耳。宗直還，奉狀，不宣。居易再拜，夢得閣下。十一月日，謹空。

從這封信裹可以看到詩人白居易交游聚散的踪跡，和論藝談諧的風趣。崔羣卒於大和六年，這信作於這年的冬日，白氏六十一歲。信裏可資考證的事很多,現在只舉幾點來談。像開篇談到第一個作“寄書郵”的是另一韋應物(劉禹錫有《舉揚子韋中丞自代表》。唐人寫揚字“手”旁“木”旁常相混用)。其中還談到已故的好友崔羣(字敦詩)、李絳(字深之)和元稹(字微之),又説劉禹錫給他的信中有“脱膞毒拳,腦門起倒之戲”,這種戲謔,他們之間是常有的,如《全唐文》卷六七四有白居易《與劉蘇州書》,也提到“書中有攘臂痛拳之戲”。

孫光憲《北夢瑣言》卷六説:“白太傅與元相國友善,以詩道著名,時號元白……洎自撰墓誌云:‘與彭城劉夢得爲詩友。’殊不言元公,時人疑其隙終也。”宋人所撰白居易的年譜辨駁這個説法,以爲與劉夢得爲詩友的話是《醉吟先生傳》中句,不是墓誌中句,正如所舉酒友,不及死的,此舉詩友,亦屬同例。其實如果看到這封信,那種臆説,已經不攻自破了。

還有一件小事,也見劉白兩家的戲謔。錢易《南部新書》戊卷説:“白樂天任杭州刺史,携妓還洛,後却遣回錢唐。故劉禹錫有詩答曰:‘其那錢唐蘇小小,憶君淚染石榴裙。’”這即是信中所謂“黦榴裙之逸句”。劉詩見於《劉賓客集》卷二,題是《樂天寄憶舊游因作報白君以答》,結尾即此二句。自注云:“白君有妓近自洛歸錢唐。”“淚染”《劉集》宋本正作“淚黦”。此外從信中也可以看到詩人的生活、風度等等,豈非重要的資料。

四 有助於研究創作技巧、修改過程的資料

從詩文手稿上看那些塗改的踪跡,可以悟出作家構思和寫作

的過程,這是前人久已提出過的,在法書碑帖中,還要從《蘭亭序》説起。《蘭亭序》中添注“崇山”、“癸”三字;改寫“因”、“向之”、“夫”、“文”五字;塗“良可”二字;神龍本中還可以看到“一攬”改爲“每攬”的痕跡。唐人中如顔真卿的“祭伯”、“祭侄”文,“争坐帖”等,添注塗改,都是綫索分明的。宋人如歐陽修、蘇軾、黄庭堅、陸游、朱熹等等,都有草稿墨跡流傳,不及詳舉。

碑帖中有關文學的資料豐富,已如上述,搜羅的工作固然重要,而辨僞的工作,也是重要的先決條件之一。所謂“僞”,有幾種情況:一、根本捏造的;二、古代的複製品;三、無名款的作品被題上姓名或張冠李戴的作品;四、用舊本拼湊添改的另製品。

上述第一、二兩種不待言;第三種情況在《淳化閣帖》中已經屢見。如果善於辨别,剥去僞題,還他本來面目,作品本身的價值,仍然存在。以唐人詩跡論,《淳熙秘閣續帖》刻有標題歐陽詢的幾個帖,其一云:

已惑孔貴嬪,又被辭人侮。花牋一向榮,七字誰曾許?不下結綺閣,空迷江令語。琱戈動地來,誤殺陳後主。

胡震亨《唐音癸籤》卷三十三説:“江令總,詢父紇友也。紇之死,詢當從坐,總以故人子,私養之,教以書記,得成名。恩義不薄,載詢傳甚明,乃忍出此等語耶?作僞者既漫不考,而董復信而收之(胡據董其昌刻《戲鴻堂帖》而言,董刻實翻自宋帖),可怪也!”其實此帖並無名款,乃失名的唐人詩帖,因字作歐體,遂被收入歐的名下,亦可作訂補《全唐詩》的資料。

又如草書《聖母帖》,因有貞元九年的年款,又是草書,所以舊題爲懷素書,其中故事的主角是一個女巫,事跡見《太平寰宇記》卷九十二、《輿地紀勝》卷九引劉遴之《神異録》〔一〕(又見《列仙傳》、《太平廣記》等書)。内容全是神仙家言,"九聖"字樣還抬寫。文中又稱"從叔父淮南節度觀察使禮部尚書",錢大昕考之爲杜佑,而懷素俗姓錢,可知這篇文詞並不是懷素作的〔二〕。懷素這個和尚雖然飲酒吃肉,但他在宗教上並没有兼跨道教。神仙家言何以要請和尚來寫?也很可疑。所以這個帖究竟是否懷素寫的也大成問題。陸心源《唐文拾遺》收録了這帖,但仍列在懷素名下,是不無可商的。

第四種情況,《閣帖》中已有之,又前引《唐音癸籤》同條還舉出《戲鴻堂帖》《帝京篇》截去原序一半,冒作褚遂良語氣。再如《汝帖》刻有唐明皇李隆基的《鶺鴒頌》,是據一殘本,重行拼湊的。這些帖,如爲欣賞筆法,固然無妨。而搜集文詞,却爲有礙了。

所以在利用這批材料時,審訂真僞的工作,是十分重要的。

一九六一年

〔一〕故事内容是東晉時廣陵縣有一個姓杜的女子,貌美,有"道術"。縣以爲妖,桎梏之,忽變形不知去向。當地人給她立廟,號爲"東陵聖母"。

〔二〕撰和寫原不必須是同一人,但並不能以此即爲書寫的人一定是懷素的證據。

談詩書畫的關係

首先説明，這裏所説的詩是指漢詩，書指漢字的書法，畫指中國畫。

大約自從唐代鄭虔以同時擅長詩書畫被稱爲“三絶”以後，這便成了書畫家多才多藝的美稱，甚至成爲對一個書畫家的要求條件。但這僅止是説明三項藝術具備在某一作者身上，並不説明三者的内在關係。

古代又有人稱贊唐代王維“詩中有畫、畫中有詩”，以後又成了對詩、畫評價的常用考語。這比泛稱三絶的説法，當然是進了一步。現在擬從幾個不同的角度，探索一下詩書畫的關係。

一

“詩”的涵義。最初不過是徒歌的謡諺或帶樂的唱辭，在古代由於它和人們的生活有着密切的關係，又發展到政治、外交的領域中，起着許多作用。再後某些具有政治野心、統治欲望的“理論家”硬把古代某些歌辭解釋成爲含有“微言大義”的教條，那些記録下來的歌辭又上昇爲儒家的“經典”。這是詩在中國古代曾被扣上過的幾層帽子。

客觀一些，從哲學、美學的角度論的“詩”，又成了“美”的極高代稱。一切山河大地、秋月春風、巍峨的建築、優美的舞姿、悲歡離合的生活、壯烈犧牲的事跡等等,都可以被加上“詩一般的”這句美譽。若從這個角度來論,則書與畫也可被包羅進去。現在收束回來,只談文學範疇的“詩”。

二

詩與書的關係。從廣義來説,一個美好的書法作品,也有資格被加上“詩一般的”四字桂冠,現在從狹義討論,我便認爲詩與書的關係遠遠比不上詩與畫的關係深厚。再縮小一步,我曾認爲書法不能脱離文辭而獨立存在,即使只寫一個字,那一個字也必有它的意義。例如寫一個“喜”字或一個“福”字,都代表着人們的願望。一個“佛”字,在佛教傳入以後,譯經者用它來對梵音,不過是一個聲音的符號,而紙上寫的“佛”字,貼在牆上,就有人向它膜拜。所拜並非寫的筆法墨法,而是這個字所代表的意義。所以我曾認爲書法是文辭以至詩文的“載體”。近來有人設想把書法從文辭中脱離出來而獨立存在,這應怎麽辨,我真是百思不得其法。

但轉念書法與文辭也不是隨便抓來便可用的瓶瓶罐罐,可以任意盛任何東西。一個出土的瓷虎子,如果擺在案上插花,懂得古器物的人看來,究竟不雅。所以即使瓶瓶罐罐,也不是没有各自的用途。書法即使作爲“載體”,也不是毫無條件的;文辭内容與書風,也不是毫無關聯的。唐代孫過庭《書譜》説:“寫《樂毅》則情多怫鬱,書《畫贊》則意涉瓌奇,《黄庭經》則怡懌虚無,《太師箴》又縱横争折。暨乎蘭亭興集，思逸神超；私門誡誓，情拘志慘。所謂涉樂方笑，言哀已歎。”王羲之的這些帖上是否果然分别表現着這些種情緒，其中有無孫氏的主觀想象，今已無從在千翻百刻的死帖中得到印證，但字跡與書寫時的情緒會有關係，則是合乎情理的。這是講寫者的情緒對寫出的風格有所影響。

還有所寫的文辭與字跡風格也有適宜與否的問題。例如用顔真卿肥厚的筆法、圓滿的結字來寫李商隱的“昨夜星辰昨夜風”之類的無題詩，或用褚遂良柔媚的筆法、俊俏的結字來寫“殺氣衝霄，兒郎虎豹”之類的花臉戲詞，也使人覺得不是滋味。

歸結來説，詩與書，有些關係，但不如詩與畫的關係那麽密切，也不如那麽複雜。

三

書與畫的關係問題。這是一個大馬蜂窩，不可隨便亂捅。因爲稍稍一捅，即會引起無窮的争論。但題目所逼，又不能避而不談，只好説説純粹屬於我個人的私見，並不想“執途人以强同”。

我個人認爲“書畫同源”這個成語最爲“書畫相關論”者所引據，但同“源”之後，當前的“流”還同不同呢？按神話説，人類同出於亞當、夏娃，源相同了。爲什麽後世還有國與國的争端，爲什麽還有種族的差别，爲什麽還要語言的翻譯呢？可見“當流説流”是現實的態度，源不等於流，也無法代替流。

我認爲寫出的好字，是一個個富有彈力、血脈靈活、寓變化於規範中的圖案，一行一篇又是成倍數、方數增加的複雜圖案。寫字的工具是毛筆,與作畫的工具相同,在某些點劃效果上有其共同之處。最明顯的例如元代柯九思、吴鎮,明清之間的龔賢、漸江等等,他們畫的竹葉、樹枝、山石輪廓和皴法,都幾乎完全與字跡的筆劃調子相同,但這不等於書畫本身的相同。

書與畫,以藝術品種説,雖然殊途,但在人的生活上的作用,却有共同之處。一幅畫供人欣賞,一幅字也無二致。我曾誤認文化修養不深的人、不擅長寫字的人必然只愛畫不愛字,結果並不然。一幅好字吸引人,往往並不少於一幅好畫。

書法在一個國家民族中,既具有"上下千年、縱横萬里"的經歷,直到今天還在受人愛好,必有它的特殊因素。又不但在使用這種文字的國家民族中如此,而且越來越多地受到並不使用這種文字的兄弟國家民族的藝術家們注意。爲什麽?這是個值得探索的問題。

我認爲如果能找到書法藝術所以能起如此作用,能有如此影響的原因,把這個"因"和畫類同樣的"因"相比才能得出它們的真正關係。這種"因"是兩者關係的内核,它深於廣於工具、點劃、形象、風格等等外露的因素。所以我想與其説"書畫同源",不如説"書畫同核",似乎更能概括它們的關係。

有人説,這個"核"究竟應該怎樣理解,它包括哪些内容?甚至應該探討一下它是如何形成的。現在就這個問題作一些探索。

一、民族的習慣和工具:許多人長久共同生活在一塊土地上,由於種種條件,使他們使用共同的工具;

二、共同的好惡:無論是先天生理的或後天習染的,在交通不便時,久而藴成共同心理、情調以至共同的好惡,進而成爲共同的道德標準、教育内容;

三、共同表現方法：用某種語辭表達某些事物、情感，成爲共同語言。用共同辦法來表現某些形象，成爲共同的藝術手法；

四、共同的傳統：以上各種習慣，日久成爲共同的各方面的傳統；

五、合成了"信號"：以上這一切，合成了一種"信號"，它足以使人看到甲聯想乙，所謂"對竹思鶴"、"愛屋及烏"，同時它又能支配生活和影響藝術創作。合乎這個信號的即被認爲諧調，否則即被認爲不諧調。

所以我以爲如果問詩書畫的共同"内核"是什麽，是否可以説即是這種多方面的共同習慣所合成的"信號"。一切好惡的標準，表現的手法，敏感而易融的聯想，相對穩定甚至寓有排他性的傳統，在本民族（或集團）以外的人，可能原來無此感覺，但這些"信號"是經久提煉而成的，它的感染力也絶不永久限於本土，它也會感染别人，或與别的信號相結合，而成新的文化藝術品種。

當這個信號與另一民族的信號相遇而有所比較時，又會發現彼此的不足或多餘。所謂不足、多餘的範圍，從廣大到細微，從抽象到具體，並非片言可盡。姑從縮小範圍的詩畫題材和内容來看，如把某些詩歌中常用的詞彙、所反映的生活，加以統計，它的雷同重複的程度，會使人吃驚甚至發笑。某些時代某些詩人畫家總有愛咏、愛畫的某些事物，又常愛那樣去咏、那樣去畫。也有絶不"入詩"、"入畫"的東西和絶不使用的手法。彼此影響，互相補充，也常出現新的風格流派。

這種彼此影響，互成增減的結果，當然各自有所變化，但在變化中又必然都帶有其固有的傳統特徵。那些特徵，也可算作"信號"中的組成部份。它往往頑强地表現着，即使接受了乙方條件的甲方,還常能使人看出它是甲而不是乙。

再總括來説,前所謂的“核”,也就是一個民族文化藝術上由於共同工具、共同思想、共同方法、共同傳統所合成的那種“信號”。

四

詩與畫的關係。我認爲詩與畫是同胞兄弟,它們有一個共同的母親,即是生活。具體些説,即是它們都來自生活中的環境、感情等等,都有美的要求、有動人力量的要求等等。如果没有環境的啓發、感情的激動,寫出的詩或畫,必然是無病呻吟或枯燥乏味的。如果創作時没有美的要求,不想有動人的力量,也必然使觀者、讀者味同嚼蠟。

這些相同之處,不是人人都同時具備的,也就是説不是畫家都是詩人,詩人也不都是畫家。但一首好詩和一幅好畫,給人們的享受則是各有一定的分量,有不同而同的内核。這話似乎未免太籠統、太抽象了。但這個原則,應該是不難理解的。

從具體作品來説,略有以下幾個角度:

一、評王維的“詩中有畫,畫中有詩”這兩句名言,事實上已把詩畫的關係縮得非常之小了。請看王維詩中的“畫境”名句,如“山中一夜雨,樹杪百重泉”、“竹喧歸浣女,蓮動下漁舟”,“草枯鷹眼疾,雪盡馬蹄輕”,“坐看紅樹不知遠,行盡青山忽見人”等等著名佳句,也不過是達到了情景交融甚或只够寫景生動的效果。其實這類情景豐富的詩句或詩篇,並不止王維獨有,像李白、杜甫諸家,也有許多可以媲美甚至超過的。李白如“朝辭白帝彩云間”、“天門中斷楚江開”,《蜀道難》諸作;杜甫如“吴楚東南坼”、“無邊落木蕭蕭下”,《奉觀嚴鄭公廳事岷山沱江畫圖十韻》諸作,哪句不是“詩中有畫”?只因王維能畫,所以還有下句“畫中有詩”,於是特别取得“優惠待遇”而已。

至於王維畫是個什麽樣子,今天已無從得以目驗。史書上説他“云峰石跡,迥出天機;筆思縱横,参乎造化”。這兩句倒真達到了詩畫交融的高度,但又誇張得令人難以想象了。試從商周刻鑄的器物花紋看起,中經漢魏六朝,隋唐宋元,直到今天的中外名畫,又哪一件可以證明“天機”、“造化”是個什麽程度?王維的真跡已無一存,無從加以證實,那麽王維的畫便永遠在“詩一般的”極高標準中“缺席判决”地存在着。以上是説詩與畫二者同時具備於一人筆下的問題。

二、畫面境界會因詩而豐富提高。畫是有形的,而又有它的先天局限性。畫某人的像,如不寫明,不認識這個人的觀者就無從知道是誰。一個風景,也無從知道畫上的東西南北。等等情況,都需要畫外的補充。而補充的方法,又不能在畫面上多加小注。即使加注,也只能注些人名、地名、花果名、故事名,却無從注明其中要表現的感情。事實上畫上的幾個字的題辭以至題詩,都起着注明的作用,如一人騎驢,可以寫“出游”、“吟詩”、“訪友”甚至“回家”,都可因圖名而唤起觀者的聯想,豐富了圖中的意境,題詩更足以發揮這種功能。但那些把圖中事物摘出排列成爲五、七言有韻的“提貨單”,則不在此内(不舉例了)。

杜甫那首《奉觀嚴鄭公廳事岷山沱江畫圖》詩,首云:“沱水流中坐,岷山到北堂”,這幅畫我們已無從看到,但可知畫上未必在山上注寫“岷山”,在水中注寫“沱水”。即使曾有注字,而“流”

和"到"也必無從注出,再退一步講,水的"流"可用水紋表示,而山的"到",又豈能畫上兩脚呢！無疑這是詩人賦予圖畫的內容,引發觀畫人的情感,詩與畫因此相得益彰。今天此畫雖已不存,而讀此詩時,畫面便如在眼前。甚至可以説,如真見原畫,還未必比得上讀詩所想的那麽完美。

再如蘇軾《題虔州八境圖》云:"濤頭寂寞打城還,章貢臺前暮靄寒,倦客登臨無限思,孤雲落日是長安。"我生平看到宋畫,敢説相當不少了,也確有不少作品能表達出很難表達的情景,即此詩中的濤頭、城郭、章貢臺、暮靄、孤雲、落日都不難畫出,但蘇詩中那種迴腸蕩氣的感情,肯定畫上是無從具體畫出的。

又一首云:"朱樓深處日微明,皂蓋歸來酒半醒。薄暮漁樵人去盡,碧溪青嶂繞螺亭。"和前首一樣,景物在圖中不難一一畫出,而詩中的那種惆悵心情,雖荆、關、李、范也必無從措手的。這八境圖我們已知是先有畫後題詩的,這分明是詩人賦予圖畫以感情的。但畫手竟然用他的圖畫啓發了詩人這些感情,畫手也應有一份功勞。更公平地説,畫的作用並不只是題詩用的一幅花箋,能引得詩人題出這樣好詩的那幅畫,必然不同於尋常所見的污泥濁水。

三、詩畫可以互相闡發。舉一個例:曾見一幅南宋人畫的紈扇,另一面是南宋後期某個皇帝的題字,筆跡略似理宗。畫一個大船停泊在河邊,岸上一帶城牆,天上一輪明月。船比較高大,幾占畫面三分之一,相當充塞。題字是兩句詩,"泬寥明月夜,淡泊早秋天",不知是誰作的。也不知這兩面紈扇,是先有字後補圖,還是爲圖題的字。這畫的特點在於詩意是冷落寂寞的,而畫面上却是景物稠密的,妙處在即用這樣稠密的景物,竟能把"泬寥"、

“明月夜”和“淡泊”、“早秋天”的難狀内容,和盤托給觀者。足使任何觀者都不能不承認畫出了以上四項内容,而且了無差錯。如果先有題字,則是畫手善於傳出詩意,這定是深通詩意的畫家;如果先有畫,則是題者善於捉住畫中的氣氛,而用語言加工成爲詩句。如詩非寫者所作,則是一位善於選句的書家。總之或詩中的情感被畫家領悟,或畫家的情感被題者領悟,這是“相得益彰”的又一典範。

其實所見宋人畫尤其許多紈扇小品,一入目來便使人發生某些情感的不一而足。有人形容美女常説“一雙能説話的眼睛”,我想借喻好畫説它們是一幅幅“能説話的景物,能吟詩的畫圖”。

可以設想在明清畫家高手中如唐六如、仇十洲、王石谷、惲南田諸公,如畫泬寥淡泊之景,也必然不外疏林黄葉、細雨輕烟的處理手法。更特殊的是那幅畫大船紈扇的畫家,是處在“馬一角”的時代,却不落“一角”的套子,豈能不算是豪傑之士!

四、詩畫結合的變體奇跡。元代已然是“文人畫”(借用董其昌語)成爲主流,在創作方法上已然從畫幢上貼絹立着畫而轉到案頭上鋪紙坐着畫了。無論所畫是山林丘壑還是枯木竹石,他們最先的前提,不是物象是否得真,而是點劃是否舒適。换句話説,即是志在筆墨,而不是志在物象。物象幾乎要成爲舒適筆墨的載體,而這種舒適筆墨下的物象,又與他們的詩情相結合,成爲一種新的東西。倪瓚那段有名的題語説他畫竹只是寫胸中的逸氣,任憑觀者看成是麻是蘆,他全不管。這並非信口胡説,而確實代表了當時不僅止倪氏自己的一種創作思想。能够理解這個思想,再看他們的作品,就會透過一層。在這種創作思想支配下,畫上的題詩,與物象是合是離,就更不在他們考慮之中了。

倪瓚畫兩棵樹一個草亭,硬説他是什麽山房,還振振有辭地題上有人有事有情感的詩。看畫面只能説它是某某山房的"遺址",因爲既無山又無房,一片空曠,豈非遺址?但收藏著録或評論記載的書中,却無一寫它是"遺址圖"的,也没人懷疑詩是抄錯了的。

到了八大山人又進了一步,畫的物象,不但是"在似與不似之間",幾乎可以説他簡直是要以不似爲主了。鹿啊、貓啊,翻着白眼,以至魚鳥也翻白眼。哪裏是所畫的動物翻白眼,可以説那些動物都是畫家自己的化身,在那裏向世界翻着白眼。在這種畫上題的詩,也就不問可知了。具體説,八大題畫的詩,幾乎没有一首可以講得清楚的,想他原來也没希望讓觀者懂得。奇怪的是那些"天曉得"的詩,居然曾見有人爲它詮釋。雅言之,可説是在猜謎;俗言之,好像巫師傳達神語,永遠無法證實的。

但無論倪瓚或八大,他們的畫或詩以及詩畫合成的一幅幅作品,都是自標新義、自鑄偉辭,絶不同於欺世盜名、無理取鬧。所以説它們是瓌寶,是傑作,並不因爲作者名高,而是因爲這些詩人、畫家所畫的畫,所寫的字、所題的詩,其中都具有作者的靈魂、人格、學養。紙上表現出的藝能,不過是他們的靈魂、人格、學養昇華後的反映而已。如果探索前邊説過的"核",這恐怕應算核中一個部分吧!

五、詩畫結合也有庸俗的情況。南宋鄧椿《畫繼》記載過皇帝考畫院的畫手,以詩爲題。什麽"亂山藏古寺",畫山中廟宇的都不及格,有人畫山中露出鴟尾、旗竿的才及了格。"萬緑叢中紅一點",畫緑葉紅花的都不及格,有人畫竹林中美人有一點絳唇的乃得中選。"踏花歸去馬蹄香",畫家無法措手,有人畫馬蹄後追隨飛舞著蜜蜂蝴蝶,便奪了魁。如此等等的故事,如果不是記録者想像揑造的,那只可以説這些畫是"畫謎",謎面是畫,謎底是詩,庸俗無聊,難稱大雅。如果是記録者想像出來的,那麼那些位記録者可以説"定知非詩人"(蘇軾詩句)了。

從探討詩書畫的關係,可以理解前人"詩禪"、"書禪"、"畫禪"的説法,"禪"字當然太抽象,但用它來説詩、書、畫本身許多不易説明的道理,反較繁徵博引來得概括。那麼我把三者關係説它具有"内核",可能辭不達義,但用意是不難理解的吧?我還覺得,探討這三者之間的關係,必須對三者各自具有深刻的、全面的瞭解。在瞭解的扎實基礎上再能居高臨下去探索,才能知唐宋人的詩畫是密合後的超脱,而倪瓚、八大的詩畫則是游離中的整體。這並不矛盾,引申言之,詩書畫三者間,也有其異中之同和同中之異的。

一九八五年四月十八日

"絶妙好辭"辨

——談曹娥碑的故事

漢代有個少女曹娥,投江尋找父屍,人稱孝女,這是歷史上一個著名的故事。曹娥死處,當時人曾爲立碑紀念,還有人用八個字的隱語來評價碑文,解釋出來即是"絶妙好辭"。後來這八字隱語或四字釋文成了流傳稱讚好文詞的習用典故。再後出現碑文全篇的小楷寫本,成爲楷書法帖,這寫本的摹本、刻本,又流傳了千餘年,儼然成了史實。但經過仔細考察,這中間存在着許多有趣的問題。下面試談我的看法:

曹娥的事跡,現在見到最早的記載,要屬東晉虞預的《會稽典録》,原書已佚。南朝宋代劉峻在《世説新語·捷悟》注中曾引此書一段説:

> 孝女曹娥者,上虞人。父盱,能撫節安歌,婆娑樂神。漢安二年,迎伍君神,泝濤而上,爲水所淹,不得其屍。娥年十四,號慕思盱,乃投瓜於江,存其父屍。曰:"父在此瓜當沈。"旬有七日,瓜偶沈,遂自投於江而死。縣長度尚悲憐其義,爲之改葬。命其弟子邯鄲子禮爲之作碑。

魯迅《會稽郡故書雜集》曾據《藝文類聚》、《太平御覽》等書校了異文:"漢安二年"之下,類書引有"五月五日於縣江"七字,"號慕思盱"至"瓜偶沈"廿七字,類書引作"緣江號哭,晝夜不絶聲,七日"。今按宋本《世説新語》亦作"爪",他書所引或作"瓜",《水經注》作"衣"。按"衣"字較近情理。

在封建社會裏,以殉父爲孝,本是一般的封建道德觀念,況且父親被淹,女兒打撈致死;或因父死無所依靠,也就跟隨一死,都是情理之常。封建統治階級爲了提倡殉死,藉此便立碑宣揚,更是常事。所以這個事件的存在,是完全可能的。

度尚是怎樣命他的弟子邯鄲淳撰寫碑文的呢?《後漢書·曹娥傳》李賢注引《會稽典録》的另一段説:

> 上虞長度尚弟子邯鄲淳,字子禮,時甫弱冠,而有異才。尚先使魏朗作曹娥碑,文成未出。會朗見尚,尚與之飲宴,而子禮方至,督酒。尚問朗碑文成未?朗辭不才,因試使子禮爲之,操筆立成,無所點定。朗嗟嘆不暇,遂毁其草。其後蔡邕又題八字曰:"黄絹幼婦外孫齏臼。"

這裏説了蔡邕題辭,"其後"是指以後的時間,還是指稿本的後邊,雖不明確,但還没説是在碑石上邊。兩段中並没有離奇的情節,雖然歷史上的邯鄲淳不字子禮,也可算是同名異字的人。只是用隱語作評語,不够爽快罷了。

至於度尚立的碑,確有其物。《水經注》卷四十:

> 浦陽江……江水東逕上虞縣南……江之道南有曹娥碑,娥父盱,迎濤溺死。娥時年十四。哀父屍不得,乃號踴江介,因解衣投水。祝曰:"若值父屍,衣當沈,若不值,衣當浮。"裁(纔)落便沈,娥遂於沈處赴水而死。縣令杜(度)尚使外

甥邯鄲子禮爲碑文，以彰孝烈。

這段所記，與《會稽典録》最爲接近。只是"縣長"作"縣令"，"弟子"作"外甥"。"弟子"也可解爲女弟之子。值得注意的是，"外甥"一詞，不可能是酈道元杜撰而來的，而後世所傳碑文中，却並不見"弟子"、"外甥"的字樣。

到了劉義慶時，這個故事的枝葉就加多起來。《世説新語·捷悟》説：

魏武過曹娥碑下，楊脩從。碑背上見題作"黄絹幼婦外孫齏臼"八字。魏武謂脩曰："解不？"答曰："解。"魏武曰："卿未可言，待我思之。"行三十里，魏武乃曰："吾已得。"令脩别記所知，脩曰："黄絹，色絲也，於字爲'絶'；幼婦，少女也，於字爲'妙'；外孫，女子也，於字爲'好'；齏臼，受辛也，於字爲'辭'；所謂'絶妙好辭'也。"魏武亦記之，與脩同。乃嘆曰："我才不及卿，乃覺三十里。"

這裏，八字隱語已明確地到了碑上，猜謎的人是曹操和楊脩。劉峻也感覺到不妥，在注裏説：

按曹娥碑在會稽中，而魏武、楊脩未嘗過江也。

古代注釋之文，照例不能否定所注的内容，所謂"疏不破注"，疏尚且不能破注，注又怎能破正文呢？所以只好"有案無斷"。他同時在注中又引了《異苑》一段説：

> 陳留蔡邕避難過吴，讀碑文，以爲詩人之作，無詭妄也，因刻石旁作八字。魏武見而不能了，以問群僚，莫有解者。有婦人浣於汾渚，曰：第四車解，既而禰正平也。衡即以離合義解之。或謂此婦人即娥靈也。

蔡邕怎麼會去題字，這裏交代了，是避亂過吴，不存在南北的距離問題。題寫變爲刻石，就不致使人有字跡爲何經久不滅之疑了。楊脩换了禰衡，仍然是當時聰明出衆的人。少女曹娥的“靈魂”也長大成爲“婦人”了。

故事到了這時，發展並未停止。度尚所立，邯鄲淳所撰的碑文，究竟内容如何，還没有下落。再後，碑文出現了。一卷小字抄本的碑文，卷中上邊、左邊、右邊都有唐代名人題字，所署的年代，最早的是大曆。宋朝人屢次摹刻在法帖裏，有的刻了那些唐人題字，有的只刻正文。還有一卷絹本墨跡，唐人題字俱全，清代刻入《三希堂帖》。這些本子，至今都還流傳着。各本筆跡並不完全一樣，也有個别形近而異的字，大約是傳摹時造成的。唐人那些題字，都是記載觀賞的經過，屬於“觀款”一類，還可説是重在法書。到北宋時就不然了，蔡卞重書碑文，刻了一塊碑，立在當地，意在彌補原碑亡佚的缺憾。這卷碑文，此時算是受到正式承認。

這篇碑文果然當得起“絶妙好辭”嗎？現在不妨逐段細讀。

孝女曹娥碑

> 孝女曹娥者，上虞曹盱之女也。其先與周同祖。末胄景沈，爰來適居。盱能撫節安歌，婆娑樂神。以漢安二年五月時，迎伍君，逆濤而上，爲水所淹，不得其屍。時娥年十四，號慕思盱，哀吟澤畔。旬有七日，遂自投江死，經五日，抱父屍出。以漢安迄於元嘉元年青龍在辛卯，莫之有表，度尚設祭誄之。

這段叙事，大致與前邊所引各書相同，而年月加詳，情節加多。只是没露出邯鄲淳，可説是縣長度尚令弟子代筆，仍由自己應名，所以無須寫出代筆人的姓名。首題“孝女曹娥碑”，而文中只説“誄之”，可説是把誄辭刻作碑文，如後世蘇軾撰《表忠觀碑》即以奏劄作爲碑文之類。都還説得過去。下邊的誄辭説：

> 伊惟孝女，曄曄之姿。偏其返而，令色孔儀。窈窕淑女，巧笑倩兮。宜其家室，在洽之陽。待禮未施，嗟喪慈父。彼蒼伊何，無父孰怙。訴神告哀。赴江永號，視死如歸。是以眇然輕絶，投入沙泥。翩翩孝女，乍沈乍浮。或泊洲嶼，或在中流。或趨湍瀨，或還波濤。千夫失聲，悼痛萬餘。觀者填道，雲集路衢。流淚掩涕，驚動國都。

《詩經》的句子，在古代“賦詩斷章”，已經亂作比附，這裏雖有不甚恰當的地方，也難責備本文的作者。接着是：

> 是以哀姜哭市，杞崩城隅。或有刻面引鏡，剺耳用刀。坐臺待水，抱柱而燒。於戲孝女，德茂此儔。何者大國，防禮

> 自修。豈況庶賤,露屋草茅。不扶自直,不斸自雕。越梁過宋,比之有殊。哀此貞厲,千載不渝。嗚呼哀哉!

這裏問題就多了。既够稱爲"絶妙好辭",必有其絶妙之處。我們知道,古代撰文,講究隸事用典,所用之典,又講究貼切。當然也有過許多東拉西扯的,但那都被人輕視,不够"好"的標準。這篇文中所用的典故怎樣呢?

首先是"哀姜哭市"。《左傳》文公十八年:

> 冬十月仲殺惡及視,而立宣公。夫人姜氏歸於齊,大歸也。將行,哭而過市,曰:天乎!仲爲不道,殺適立庶。市人皆哭,魯人謂之哀姜。

仲是襄仲,魯國的權臣,殺了太子惡及其胞弟視,把他們的母親即是文公夫人姜氏趕回齊國娘家。姜氏哭而過市。這件事與曹娥搭得上的地方,只有一個"哭"字。

其次是"杞崩城隅"。漢劉向《列女傳》四:

> 齊杞梁妻,齊杞梁殖之妻也。莊公襲莒,殖戰而死……乃枕其夫之屍於城下而哭……十日而城爲之崩。既葬,曰:吾何歸矣……遂赴淄水而死。

這段有"哭",有"赴水而死",但那是哭夫殉夫而死,與殉父毫無關係。

再次是“刻面引鏡，劈耳用刀”。《列女傳》四：

高行者，梁之寡婦也。其爲人，榮於色而美於行。夫死早寡不嫁。梁貴人多爭欲取之者，不能得。梁王聞之，使相聘焉。高行……乃援鏡持刀，以割其鼻。

這是夫死不肯再嫁的“節婦”的事，與殉父投江而死的“孝女”何干？況且人家割的是鼻子，又與耳朵何干？

再次是“坐臺待水”。《列女傳》四：

貞姜者，齊侯之女，楚昭王之夫人也。王出遊，留夫人漸臺之上而去。王聞江水大至，使使者迎夫人，忘持其符，使者至，請夫人出。夫人曰：王與夫人約，令召宫人必以符。今使者不持符，姜不敢從，使者行……使者取符，則水大至，臺崩，夫人流而死。

這段，人的身分是楚昭王夫人，事的情節是等待水來，都與曹娥渺無關係。所搭得上的，只一“水”字。

再次是“抱柱而燒”。《列女傳》四：

伯姬者，魯宣公之女，成公之妹也。其母曰繆姜，嫁伯姬於宋恭公……恭公卒，伯姬寡……伯姬嘗遇夜失火，左右曰：夫人少避火……伯姬曰：婦人之義，傅母不至，夜不可下堂。越義求生，不如守義而死。遂逮於火而死。

這段仍是"節婦"的故事,與"孝女"無關。尤其奇怪的,伯姬只是不肯下堂避火,被火燒死,她當時是否"抱柱",並無明文。抱柱典故,古代以尾生的事爲最著名。尾生與女子訂約會,在橋樑下邊見面,女子不來。水來了,尾生不走,抱樑柱而死。見《莊子·盜跖》。不難理解,作者尋找被水淹死的典故,當然見到尾生一事。但他是個男子,無從比附,而又棄之可惜,便把抱柱二字移到伯姬身上。

又次,這段有句云:"何者大國,防禮自修。"這話如果是指以前各條典故中人,則性質與曹娥並無關係;而娥的投江,是爲殉父,又與"禮防"何干?總之,比擬不倫,離"好"甚遠。

再下是:

> 亂曰:名勒金石,質比乾坤。歲數歷祀,丘墓起墳。光於后土,顯昭天人。生賤死貴,義之利門。何悵花落,雕零早分。葩艷窈窕,永世配神。若堯二女,爲湘夫人。時効髣髴,以招後昆。

這篇碑文中最足令人憤慨的,要數"生賤死貴,義之利門"八個字了。這二句是説:一個卑賤的人,只要一死,立刻可以高貴。曹娥的死,當然不是爲了身後高貴,但封建統治階級可以利用來作宣傳資料,説:這是達到"義"的最便利的門徑。在歷代文章中,鼓吹殉死的説法雖然很多,大都還戴上面具,轉彎抹角,不敢直説。像這樣直截了當地以"貴"作可恥的利誘,還是少見的。蔡卞大約嫌"利門"二字生疏,改寫爲"利之義門",却成了談利益的合法性。不但文不對題,且非作者本意。

這篇碑文,不僅是用典不切,修辭也很有問題。例如前邊用到的"剺"字,《説文》:"剺,從刀𠩺聲,剥也,劃也。"也就是用刀割東西。這個字中本已包括了刀的作用。而碑文説"剺耳用刀",這與説"吃飯用口"有什麼不同?又如"丘"字、"墳"字。《説文》:"丘,土之高也。""墳,墓也。"段注引《禮記·鄭注》:"土之高者曰墳。"可見丘墳本是同義字。碑文説"丘墓起墳",又與"天地乃宇宙之乾坤"有什麼兩樣?如此等等,疊床架屋,真是"廢辭",而非"好辭",又怎能算得"絶妙"?

碑文後邊還有一段附加語:

> 漢議郎蔡雍(邕)聞之來觀,夜闇以手摸其文而讀之。雍題文云:黄絹幼婦外孫齏臼。又云:三百年後,碑當墮江中。當墮不墮逢王匝。昇平二年八月十五日記之。

這段似乎不算碑文正文之内的話,而是傳抄碑文的人附録的。"黄絹"等八字是從前記載已見的,"三百年後"等十六字則是這故事中初見的。"昇平二年"等十一字表示本文是在這時抄寫的。這都像是並無問題,但問題是仍然掩蓋不住的。"蔡邕聞之來觀",當然觀的是碑,碑已立在那裏,何以來不及等到天明,而必要在夜間暗中摸着來讀呢?

原來作者是非常細心的。他説了許多不貼題的典故之後,立刻跟上兩句説:"嗚呼孝女,德茂此儔。"説曹娥的"德"比那些人都高,如果誰嫌他用典不切,他可以説講的是"德",不是講的事跡。但既講抽掉事跡的"德",而古代够上有"德"的女子很多,又何以專選"哭"的和"死"的呢?其實這都是打埋伏,用"德茂此儔"可以掩過用典的不切,用"夜闇手摸"可以掩過蔡邕評論的不妥,顯得他所以把"極多廢話"當作"絶妙好辭"是情有可原的。

至此,碑文的公案,大部已竣。"三百年後"的讖記又是哪裏來的?按這條讖記末句各帖本或作"逢王�",或作"逢王叵",關係不大。問題是這個讖記也不是此碑特有的。宋邵博《河南邵氏聞見録》卷三十云:

《隋唐嘉話》:將軍王果於峽口崖側見一棺將墜,遷之平地,得銘云:後三百年水漂我。欲墮不墮逢王果。

按今傳本劉餗《隋唐嘉話》下,記這銘文云:

更後三百年,水漂我。臨長江,欲墮不墮逢王果。

又五代晉李翰《蒙求》上,"王果石崖"條注引《神怪志》説:

將軍王果爲益州太守,路經三峽,船中望見江崖石壁千丈,有物懸在半崖,似棺槨……令人懸崖就視,乃一棺,骸骨存焉。有石誌云:"三百年後水漂我,欲及長江垂欲墮,欲墮不墮遇王果。"

民間傳説,常有異文,不足爲奇。曹娥碑文後的讖記,就是這種東西。碑文的作者順手牽來,把它聯在"黄絹幼婦"的謎語之後,於是又一次裝飾了這個故事。

至於碑陰題隱語,也不僅這一件事。宋吴處厚《青箱雜記》七云:

> 徐鉉父延休博物多學,嘗事徐温爲義興縣令。縣有後漢太尉許馘廟,廟碑許劭記,歲久字多磨滅。至開元中,許氏諸孫重刻之。碑陰有字云:"談馬畢礪,王田數七。"時人不能曉。延休一見爲解之曰:談馬言午,言午許字;礪畢石卑,石卑碑字;王田乃千里,千里重字;數七是六一,六一立字。此亦楊脩辨齏臼之比也。

這碑重立於開元中,當然可以説是受蔡邕故事的影響。但也可見這類題語唐代還在流行,是並不希罕的。

碑文末尾,由於有"昇平二年"一行字,宋代很多叢帖便把它歸到王羲之名下,與《黄庭經》、《樂毅論》等帖合在一起。只有南宋《群玉堂帖》標題作"無名人"。究竟是何時何人所書,至今還莫衷一是。

在這故事流傳的歷史中,最吃虧的是蔡卞。他在元祐八年正月,在上虞縣曹娥廟立了一塊碑,末題:"右朝奉郎充龍圖閣待制知越州軍州事蔡卞重書"。他把碑文中的字句改了許多,如前舉的"利之義門"和把"亂曰"改爲"銘曰",即是最顯著的地方,其餘尚多,不再詳舉,但他對度尚和邯鄲淳的關係却不好處理。他在碑題的次一行寫道:"漢上虞令度尚字博平",下邊空了一塊地方相當一個字又半個字的大小,再寫"弟子邯鄲淳字子禮撰"。照這寫法,究竟度尚是幹什麽的?如果僅僅是爲表明他是邯鄲淳的師長,那又何必留出那塊空地?可見這篇文的立碑、撰文、應名、代筆種種含糊不清的説法，把蔡卞攪得已無所措手了。還有“黄絹”等八字，使他也不易安排，他在撰人一行之後另起一行，作：“蔡邕題其碑陰云黄絹幼婦外孫齏臼。”把碑陰上的字移到碑陽撰人之後，是金石中罕見之例，也看出他没有辦法才硬擠在這裏的。那“三百年後”的讖記竟使蔡卞再也想不出安插的地方，不得不割愛了。古代刻帖是印刷出版名家法書，内容真僞，刻帖人往往不負責任，自《淳化閣帖》已然如此。地方官重立古碑，性質則有不同，必是認爲原有此碑，後來毁壞或亡佚，所以重書重立。蔡卞重立此碑時，却未仔細考察度尚當時所立的碑，原文是否就是這篇？同時還寫錯了度尚的官銜。漢代縣的長官，大縣的叫“令”，小縣的叫“長”。度尚是上虞縣的“長”，他却寫成了“令”。如果説他是按照《水經注》的記載，又何以不寫“外甥”，而寫“弟子”呢？這也見得蔡卞的鹵莽從事。至於《嘉泰會稽志》卷六，記載曹娥廟説：“有晉右將軍王逸少所書小字，新安吴茂先師中嘗刻於廟中，今爲好事者持去。”這是一塊小楷帖石，算不得立碑了。

故事到了這裏，可算告一段落。總之：曹娥投江殉父，在當時社會中，是一個動人的事件，因而輾轉傳述，造成了異説紛紜。以這件事爲主幹的故事，在流傳過程中，陸續旁生枝葉，成了一個熱鬧的故事。無論那些細小情節異同，即抱父屍出水，邯鄲淳撰文，蔡邕題碑，曹操猜謎，小楷寫本，王羲之書等等事項，都不過是這棵茂密扶疎、干霄百尺的故事大樹中幾個長大枝柯而已。

説《千字文》

以“天地玄黄”爲起句的《千字文》，名頭之大，應用之廣，在成千累萬的古文、古書中，能够勝過它的，大約是很少很少的。只看它四字成句，平仄流暢，有韻易誦，没有重字（没有重複寫法的字），全篇僅僅一千字，比《道德》五千言這本著名的“少字派”書還少着五分之四。它便利群衆，啓發童蒙。其功效明顯，流傳廣遠，難道不是理所應得的嗎？

在它流傳千餘年的歷史中，發生過或説存在着不少問題。有的問題“人云亦云”，“習而不察”。有的雖經人推論，而未得要領，也就“以訛傳訛”。

大約在三十年代初，法國的伯希和氏發表過一篇考訂《千字文》的文章，馮承鈞先生把它翻成漢文，題是《千字文考》，發表在《圖書館學季刊》中（第六卷第一期）。伯氏着力在周興嗣這篇《千字文》的撰寫過程，並討論流傳各種本子的真僞，對所謂“王羲之書鍾繇千字文”進行辨僞，費了很多筆墨。這本“千文”見於明代《鬱岡齋帖》和清代《三希堂帖》、《壯陶閣帖》，近數年原卷出現，有影印本。這本“千文”，首句是“二儀日月”，末句是“焉哉乎也”，中間全不成話。伯氏認爲它是宋徽宗時人造的僞古物。其實書風還不够唐人，其爲憑空捏造，望而可見，仔細考證，心力未免可惜。而其他有關《千字文》的問題，由於着力點不同，反倒未暇談及。

我在五、六歲時，正是家庭或私塾裏仍念《三字經》、《百家姓》、《千字文》（所謂“三百千”）的時候，但我只念過《三字經》後就被授讀别的書了。接觸《千字文》，實從習字臨帖開始。既是一字字地臨寫，就發現了許多異文。如“敕”或“梁”，“玄”或“元”，“召”或“吕”，“樹”或“竹”等等，不免發生哪個對、爲什麽不同諸多疑問。後來逐漸留心有關《千字文》問題的資料，隨手摘記，又幾經散失，只剩寫在一本帖後的一些條。由於借書困難，一時無法再加查閲覈對，就先初步寫出這篇大綱性的小文。目的只是想説出我對這些問題的看法。遺漏和錯誤，自知不少，誠懇希望讀者惠予指教。

周興嗣《千字文》的産生

在南朝梁、陳（公元五〇二——五八九）這不到一百年中間，忽然有一股“千字文熱”，産生過至少四本（只説撰文，不論寫本）。

一、蕭子範本

《舊唐書·經籍志》：“《千字文》一卷，蕭子範撰；又一卷，周興嗣撰。”又《梁書》卷三十五《蕭子範傳》：“南平王……使制《千字文》，其辭甚美，王命記室蔡薳注釋之。”

二、周興嗣本

《舊唐書·經籍志》著録緊次蕭子範本之後，已見上文。又《梁書》卷四十九《周興嗣傳》：“高祖以三橋舊宅爲光宅寺，敕興嗣與陸倕各制寺碑,及成俱奏,高祖用興嗣所制者。自是《銅表銘》、《栅塘碣》、《北伐檄》、《次韻王羲之書千文》,並使興嗣爲文。每奏,高祖稱善。”又《隋書·經籍志》:“《千字文》一卷,梁給事郎周興嗣撰。”

三、失名人撰,蕭子雲注本

《隋書·經籍志》著録周興嗣本後云:“又《千文》一卷,梁國子祭酒蕭子雲注。”

四、失名人撰,胡肅注本

《隋書·經籍志》蕭子雲注本後接書:“又《千文》一卷,胡肅注。”

當時還有梁武帝撰的《千字詩》。《陳書》卷十八《沈衆傳》:“是時梁武帝制《千字詩》,衆爲之注解。”又《南史》卷五十七《沈約傳》:“約孫衆……時梁武帝制《千字詩》,衆爲之注解。”記載這些爲的是説明沈衆的學識,而不是著録《千字詩》。看《隋書》、《舊唐書》的著録中,都已没有《千字詩》,大約唐代已經亡失無存了。既稱爲詩,是幾言的?其他都稱文而不稱詩,又爲什麽?我非常懷疑周興嗣次韻,“次”的就是梁武帝《千字詩》的“韻”,但這將永遠是個“懷疑”而已(記得唐初某類書中曾引梁武帝《千字詩》的零句,現已無暇詳檢,即使查出,也解決不了這一篇的問題)。如果連梁武帝《千字詩》算上,當時這種千字成篇的作品,就有五本之多了。

以上各條資料中,最不好懂的是“次韻王羲之書千字”。這八個字可以作許多解釋,事理上也有許多可能。例如:

一、王羲之寫過千個字的韻語,周興嗣依韻和作;

二、王羲之有千個零字,周興嗣把它編排成爲韻語;

三、周興嗣撰了千字韻語,然後摹集王書把它寫出,像懷仁集《聖教序》那樣;

四、周興嗣次某篇文的韻成爲此文,用王體字寫出,因而誤傳爲王羲之書,等等。

總之,這八個字,與現傳智永寫本對不上。智永本上有"勑"、有"次韻",没有提出"王羲之書"。如果真是集王羲之字而成,則應寫出"集"字,如唐人集王書、金人集柳(公權)書,以至集唐句、集杜句等等。問題在於周興嗣撰、智永寫本的《千文》究竟與王羲之書有關無關?次韻二字是編次成爲韻文呢,還是依某些韻字順序押成的呢?

"王羲之書"和"次韻"問題

我們知道,每個故事都是愈傳愈熱鬧。枝葉由少而多,已是普遍規律。《千字文》故事中有王羲之這個角色。除《梁書》外,還有較後的何延之《蘭亭記》,載在張彦遠《法書要録》卷三。張彦遠爲憲宗、僖宗之間的人,何氏當在中唐之世。《蘭亭記》説智永禪師爲王羲之七代孫,還説他:"克嗣良裘,精勤此藝,常居永欣寺閣上臨書……於閣上臨得真草千文好者八百餘本,浙東諸寺各施一本,今有存者,猶直錢數萬。"不待詳細交代,智永所臨,當然是王羲之的字,那麽智永所臨《千字文》中的字樣,即是王羲之的字樣了。

其次是此後的韋絢所撰《劉賓客嘉話録》:“《千字文》,梁周興嗣編次,而有王右軍書者,人皆不曉其始。梁武教諸王書,令殷鐵石於大王書中搨一千字不重者,每字一片紙,雜碎無叙。武帝召興嗣謂曰:‘卿有才思,爲我韻之。’興嗣一夕編次進上,鬚髮皆白,而賞錫甚厚。右軍孫智永禪師自臨八百本。”

日本聖武天皇死後,其皇后藤原光明子在天平勝寶八年(相當唐肅宗至德元年)把他的遺物獻給東大寺盧舍那佛,記録的帳簿,稱爲《東大寺獻物帳》。帳内有一段記載:“書法廿卷搨晉右將軍王羲之草書卷第一(下注:“廿五行,黄紙,紫檀軸,紺綾褾,綺帶。”以下各條俱如此式)。同羲之草書卷第二……同羲之書卷第五十七(下注:“真草千字文二百三行,淺黄紙,紺綾褾,綺帶,紫檀軸”)。”今存二〇二行,前兩行俱糜爛,想登帳時其前只爛一行,至今則又爛一行矣。

所謂“同”,指的是同爲“搨”本。這裏已抛開了智永,直説搨自王羲之,而歸入了王羲之名下。《蘭亭記》在《法書要録》中,緊次於徐浩有建中四年紀年的《古跡記》後,則還應晚於《獻物帳》。但海外流傳,耳治易多。略去智永,抬高聲價,原是無足奇怪的。

可見王羲之這個角色在《千字文》故事中不但實有,而且曾霸佔了“真草千字文”。於是《梁書》中那條矛盾,就被韋絢大肆彌縫,什麽“爲我韻之”、“編次進上”,把最費解的“次韻”二字,分别落到實處。但是事情果真就是這樣嗎?矛盾之處,並未能由此彌縫便得解決。癥結所在,實爲“次韻”二字,還值得探索下去。

按清初趙吉士《寄園寄所寄》卷四《撚鬚寄·詩原》中引《稗史》云:

> 梁武帝宴華光殿聯句，曹景宗後至，詩韻已盡，沈約與以所餘“競、病”二字，景宗操筆而成……初讀此，了未曉賦韻韻盡爲何等格法。偶閲《陳後主集》，見其序宣猷堂宴集五言曰：“披鈎賦咏，逐韻多少，次第而用。”座有江總、陸瑜、孔範三人，後主詔得“迮、格、白、易、夕、擲、斥、折、唶”字，其詩用韻與所得韻次前後正同，曾不攙亂一字，乃知其説是先（此處疑脱“以”字）詩韻爲鈎，座客探鈎，各據所得，循序賦之，正後世次韻格也。唐之次韻，起元微之、白樂天二公，自號元和體，古未有也，抑不知梁陳間已嘗出此，但其所次之韻以探鈎所得，而非酬和先唱者，是小異耳。

《稗史》不知誰撰，其他引《稗史》處有一條記正統間處州生員吟詩事，知其書爲明人之作。所引《陳後主集》，張溥、馮維訥所輯本中已不見了。趙翼《陔餘叢考》卷廿三《聯句》條亦述此説，但未注出處。

至於“勑”，無疑是梁武帝所勑了。所次之韻，是按梁武帝《千字詩》的韻呢，還是另選韻字令周興嗣去次呢，就無法知道了。宋人楊億的《文公談苑》所説“勑”爲“梁”字之誤，則純屬臆測，毫無根據。又梁武帝的千字叫作詩，别人的都叫作文，爲什麽，也無法知道了。

王羲之零字和智永寫本問題

周興嗣編《千字文》既與王羲之寫的字有關係，那麽是先有文還是先有字?"王羲之書千字"倘若真在撰文之前已有了,又何以那樣巧,正有一千字都不重複呢?梁武帝固然收藏過許多王羲之的法書,挑出不重複的,難道恰恰正有一千字嗎?其實現在文中也並不是完全没有不重複的字,而實有不同寫法的重字,也有"借字"。摘出如下:

"絜"與"潔"　　"雲"與"云"

"崑"與"昆"　　"實"與"寔"

在古書中不同的地方,曾被兩用,但它們之間並非是截然不同或意義懸殊的兩個字。像《易經》裏的"无"字,即是"無"字。如引《易經》把"无咎"寫成"無咎",當然算不準確,但一般使用這二字,並没有什麽區别。因此《千文》中上舉的八個字,實際是不同寫法的四個字,並不能算嚴格的不重複。又"銀燭煒煌"的"煒"字,智永寫本,真書作"瑋",草書才作"煒"。按"煒煌"的"煒",應是"火"旁,不應是"玉"旁,而文中真書部分用了個借字,可見當時王書千字中,實缺少火旁的"煒";也可看出所集的王字,是以真書爲主,而草書各字是相對配上去的,所以真書借字,草書不借。

哪裏來的那麽些方便的零字?即使果真是殷鐵石集搨,但搨字細細描摹,不能很快辦到。梁武帝要周興嗣撰《千文》,殷鐵石立即能够搨出千字,那只是故事誇張。其實古代對名人法書實有平常編集單字的事,唐韋述《叙書録》(載在《法書要録》卷四):"開元十六年五月,内出二王真跡及張芝張昶等真跡,總一百五十卷,付集賢院,令集字搨進。尋且依文搨兩本進内,分賜諸王。後屬車駕入都,却進真本,竟不果進集字……其古本,亦有是梁隋官本者。”所謂“集字”,當是摹集單字,爲了編成備查的“工具書”。宋人、清人編排漢隸單字,明人、清人又曾編排草字,清末人又曾編排楷字,都是查尋各字不同寫法的工具書。開元中令集賢院搨進的“集字”,無疑即是這種性質的。又章述總述唐代内府收藏許多件古代法書,談到其中攙有“梁隋官本”(所謂“官本”可能指官藏本,或官摹本)。唐代摹搨法書既承梁隋舊法,集字之法自也未必是開元時始創。令我不禁想到懷仁集王字的《聖教序》,豈非就是得到這類集字呢?這次編集《千文》的活動,如果不是先有了集字工具書,也許即是編集單字工具書的開始。又古人寫字並非爲後人集字預先準備的,每字大小豈能一律相近,《聖教序》中字的大小基本差不多,可見懷仁在放大縮小上作了手脚。由此也可明白智永寫本《千文》,無論是摹(指鈎描)、是臨(指按照字樣倣寫),每字大小相同,也必然是經過了加工手續的。懷仁加了工的《聖教序》既可被認爲是王羲之書,那麼智永加了工的《千字文》被題爲“搨王羲之書”也就不足奇怪了。臨王書也罷,搨王書也罷,智永寫本的周興嗣《千字文》應是這篇文今存的最早的本子,是毫無疑義的。

智永《真草千字文》寫本、臨本和刻本

一、智永墨跡本

流傳下來的智永寫本《千字文》,距今七十七年以前的人,只見過西安碑林宋大觀年間薛氏摹刻本,捶搨年久,風采俱頹。

一九一二年日本小川爲次郎氏把所得到的一個墨跡本交聖華房（出版社名）影印行世，後有日本内藤虎次郎氏跋尾，從此許多人才見到一個可靠的墨跡本。内藤氏考訂認爲這即是《東大寺獻物帳》中所謂"搨王羲之書""真草千字文二百三行"那一卷（現在已改裝成册），所考極其正確。但内藤氏也有被一個字困擾處，即是那個"搨"字。《獻物帳》上分明寫着"搨"，自然應該是雙鈎廓填的摹搨所成，而這本筆劃，却又分明是直去直來地寫成的。保險些，説它是"唐摹"，再保險些，説它"摹法已兼臨寫"。七十七年前，可資比較的材料發現還不太多時，作此模棱兩可之説，也實有可被理解處。

此後幾年，上虞羅氏重印此本，後有羅叔藴先生跋尾，便理直氣壯地説它多力豐筋，實是智永八百本之一的真跡。從此時以至今日，智永的書寫權愈來愈被確認了。

二、貞觀十五年蔣善進臨本

敦煌發現的唐初人臨本殘卷，今藏巴黎，紙本，自"帷房"真書一行起至"乎也"止，真草共三十四行。尾題真書一行爲"貞觀十五年七月臨出此本蔣善進記"，只有一個真書字和幾個草書字與日本藏本稍有小差别外，其餘無一不似。在面對原本臨寫（不是影摹）的法書中，這已是極够忠實的了。重要的是草書"煒"字真書作"瑋"字，與日本藏本完全一樣，使我真要喊出"一字千金"了！

三、宋薛嗣昌摹刻本

陝西西安碑林中有一石刻本，爲宋大觀三年薛嗣昌所刻，其中各字都與日本藏墨跡本相同，有些宋諱字缺末筆，則是刻石時所缺。只有“煒”字真書不作“玉”旁。或是薛氏所據底本上所改，或是薛氏自作聰明，在刻石時當做“明顯錯字”所改，於是也“不出校記”（在跋中也不加説明以表示他改了字）。薛氏摹刻有功，却又功不掩過！

四、南宋《群玉堂帖》刻殘本

南宋韓侂胄刻的《閲古堂帖》被查抄入皇宫，改名爲《群玉堂帖》。其中刻了一個殘本，自“囊箱”真書起，至“乎也”止，真草共四十二行，後有智永小字款，是否蛇足，可以不論。“煒”字是否“玉”旁，已記不得。字跡與日本藏墨跡本十分一致，只是略瘦些，這是刻搨本的常情。此本在張效彬先生家，浩劫中被掠入一大官家，今失所在，也没留下影本。法書誨盜，自古而然，真令人欲焚筆硯！

五、寶墨軒刻本

日本藏墨跡本後有楊惺吾先生跋尾，提到“寶墨軒本”，其本有影印本，首題“寶墨軒藏帖”，下刻朱文“山陰張氏世珍”長方印，次行題“唐智永禪師書”。大約是明末不學的坊賈所刻，字跡較弱，中多缺字未刻，似由底本損缺。真書“瑋”字作“火”旁。“律召”召字真書缺，草書仍是“召”字。此本書法未佳，也無關考證。只因楊氏所曾提及，故爲列出。

《千字文》各本中的異文問題

《千字文》在流傳過程中，特別經過宋代，被“避諱”改字搞的七亂八糟。有的由於和諱字本字相同,有的由於是音近的"嫌名",一律加以避改。或缺筆劃,或用代字,那些字雖然很亂,但還有跡可尋。只有一個"召"字被改爲"吕",最不易解。

"律召"作"律吕"的寫本,最早見於懷素小草書寫本,卷尾題"貞元十五年",如果這卷是真跡,則"召"字改"吕",在晚唐就開始了。但在詞義的關係上,畢竟不合。《千文》這裏相對的兩句是"閏餘成歲,律召調陽"。按地球轉行,古代陰曆算法,一年三百六十日,總有餘數,積累多了,够一個月,放在年末,號稱"閏月"。又古代以竹製各種"律管",對應各時的節氣。管裏放入葭灰,據傳説到了立春,陽氣初昇,這相應的一個律管裏的灰就自己飛出(説見《後漢書·律曆志》)。這種引動的作用,叫作"召"。《吕覽》十七"以陽召陽,以陰召陰"。綜合看來,"律"與"閏"對,是名稱,是實字;"召"與"餘"對,是説明作用的,是虛字。如果作"律吕",則是平行的雙字詞,與上句不能成對了。所以我總懷疑這個字也是宋人避諱"嫌名"而改的。宋代有一個祖先名叫"朓","朓"字從"兆"得聲,與"召"音近又同部。唐代李賀家諱"晉肅",他應進士科舉,就有人以爲他犯了諱。這種音近嫌名,無理取鬧,本没有實理可講的。不管"朓"、"召"的音究竟有别無别,即使有别,在要避時,還是不許不改的。有人反問:如按宋諱之説,則懷素小草書《千文》又該怎講?回答是:如宋諱是實,則懷素字即假;如懷素字是真,則召字是宋諱説就不能成立了。謹待高明學者來判斷吧。

宋諱見於薛氏刻本中的有:

玄(缺末筆)　　讓、樹(缺末筆)　　貞(缺末筆)

敬(缺末筆,後又被人補刻上,宋搨本缺筆)　　匡(缺末筆)

又紹興二十年御書院中人寫的行書《千字文》一本，刻入《三希堂帖》，誤題爲宋高宗，原跡有影印本。其中改字最多，列舉如下：

玄（改作“元”）　召（吕）　讓（遜）

殷（商）　樹（竹）　貞（清）　竟（罄）

桓（齊）　匡（輔）　恒（泰）　紈（團）

丸（彈）　朗（晃）

只有“敬”字找不出合適的仄聲字來代替，就用缺筆辦法了之，可謂“技窮”了。

還有智永寫本中“温凊”的“凊”字寫成三點水旁作“清”，與《曲禮》的“凊”字不合。按北魏正光年間的《張猛龍碑》“温清”的“凊”字也作“清”，可見南北朝時，“温凊”一詞，還是寫“清”讀“凊”，比唐碑和宋板《禮記》作“凊”的早的多多！

餘　談

上文曾提到故事愈傳愈熱鬧，枝葉由少而多的事，來説明周興嗣編撰《千字文》，智永書寫《千字文》的事也不例外。有趣的是捏造故事的人，有時只顧熱鬧，却忘了事實上的不合理。例如爲了説明智永臨書功夫的深厚，便説他用了多少枝筆。古人毛筆是活筆頭，可以换頭不换管。何延之説他“所退筆頭（用秃了换下來的筆頭），置之大竹簏，簏受一石，而五簏皆滿。凡三十年”。到了韋絢的《劉賓客嘉話録》則説他積年學書，後有筆頭十甕，每甕皆數萬。清代章學誠《知非日札》説：“永師學書雖勤，斷無每日換退數十筆頭之理。人生百年,止得三萬六千日耳。十甕筆頭,每甕數萬,是必百年之内,每日換數十筆頭,豈情理哉!"造謡言、吹大氣的韋絢,却没想到一千一百多年後還有人跟他算帳!

這篇稿寫完了,拿着向一位朋友請教。這位朋友看完了,輕鬆地一笑。我急忙問他笑在何處,他説:"你費了許多無用之力!王羲之的《蘭亭序》'怏然自足'無論唐摹本、宋刻本,都是'怏然','怏'字從'心'從'央',而世行一般古文讀本中却都作'快(快樂的"快")然'。'怏然'二字在唐宋以來文章中不常用,'快然'則普通流行,易懂常用,其中並無足深求的。'律召'成爲'律吕',恐怕也只是由於常見易懂罷了。《千字文》是以蒙書的身分被傳習的,教蒙書的人,自以普通文化程度的爲多,因此'快然'、'律吕',就都流行起來。你的詳考,豈不是'可憐無補費精神'嗎?"我心悦誠服地上了一堂"常識"課,趕緊把這個看法寫入稿内。

總之,現行這卷以"天地玄黄"爲首句的《千字文》,是梁武帝勑令周興嗣撰作的;所稱"次韻",可能是次梁武帝《千字詩》的韻。當時曾用王羲之寫過的字集摹一卷,中間有借"瑋"爲"煒"的字,也有重文異體的字。智永曾對着這種集字本臨寫過八百多本。日本《獻物帳》從書法角度説,稱它爲"搨王羲之千字文",史書經籍等志從文章角度説,稱它爲"周興嗣撰千字文"。

一九八八年七月

附記:

一、日本今井凌雪教授惠贈便利堂原色影印本《真草千字文》

一函，從硬黄紙色上看，前數行中間横斷有些處紙色較淡，當是褾帶勒繫的痕跡，是爲原是卷子，後改成册之證。

二、“正”字“曠”字都是王羲之的“家諱”，他把“正月”都寫成“初月”，又怎能直寫這些字呢？可知當時“集字”的底本中也有僞跡，或把非王氏的字誤認爲王字處。

三、日本傳本千文墨跡原件原爲小川爲次郎先生所藏，今爲其子小川正字廣巳先生繼藏。余於一九八九年四月廿九至日本京都小川氏家，獲觀原本，裝册褾手不精，每半頁四邊鑲以綾條，其風格似清末褾工，殆即明治末年所裝，計其改卷爲册，當亦即在此時。硬黄紙本，黄上微泛淡褐色，蓋敦煌一種薄質硬黄紙經裝褾見水時即呈此色。其字每逢下筆墨痕濃重處時有墨聚如黍粒，斜映窗光，猶有閃亮之色，更可知絶非鈎描之跡矣。

南朝詩中的次韻問題

中華書局出版的《文史知識》雜誌，是一種日益風行、受人歡迎的文史刊物。從命名四字來看，似是爲初學文史的人提供的一種輔助讀物，及至詳細翻閲，便知道裏面的文章雖然有淺有深，但都是深入淺出和括繁爲簡的。大家都知道，不論研究什麽問題，在得到成果後，發表論文或報告時，寫繁寫深易，寫簡寫淺難。《文史知識》的受歡迎，我想即由於其中文章多是具有深入淺出的和馭繁於簡的特點。

這個刊物的編輯同志，曾屢次下徵拙稿，我都没敢拿出，膽怯就在難於達到上述水平。雖然也曾刊印過拙作兩篇，那都是由幾個小册中摘録而來的。

大概是編輯同志爲了鼓舞我的投稿膽量，去年第七期中忽然刊出李侃、趙守儼、傅璇琮、程毅中、陳金生五位先生的文章，都是給我的一些作品判高分數的誇獎評語。我曾在中華書局參預校點《清史稿》的工作約七年之久，經常受到書局中許多位同志的幫助和鼓勵。這次同時出現幾位老朋友的大手筆，必然是受雜誌的負責同志請求對我鼓舞而寫的，所以文中都有誇獎，無批評。我才知道他們不但是文史專家，還都是教育老手。因爲施教是以鼓勵爲主的。

轉瞬一年了，提筆想向《文史知識》交一篇稿子，最先想到的是向我的幾位友中之師致以感謝之忱，謝他們給了我提筆的贍量。

我在這一年中忙忙碌碌,許多朋友都没得會晤。有一次遇到程毅中先生,在短暫的時間裏,急忙向他請教"次韻"問題,立即蒙他如數家珍地告訴我某版本的某書中某條談到什麽,次日還給我開了一份詳單賜下。我就依次研讀,寫了這篇札記,交給負這個刊物主要編輯責任的柴劍虹同志,也算繳了一篇試卷吧!

前些年我作了一篇《説千字文》,發表在《文物》雜誌一九八八年第七期,其中研討了《千字文》中一些有關問題。還有一些没能弄清的地方:首先是題目稱"文",而全篇四言爲句,隔句押韻,又换韻轉押,分明是一首四言長詩。其次,撰者銜名是"勑員外散騎侍郎周興嗣次韻","勑"是梁武帝所勑,見《梁書·周興嗣傳》,這容易懂。其中次韻的具體情況,我還弄不清楚。

當時我就姑且認爲《千字文》的"次韻"只是南朝流行的作詩次韻之法。其法如何?我當時只記得清代乾隆時趙翼的《陔餘叢考》卷二十三有一條講到"次韻"問題,他引了《陳後主集》,而《陳集》明代人已見不到了,趙翼當時是轉引的。隨後見到清初趙吉士的《寄園寄所寄》卷四也有一條,與《叢考》的話完全相同,而《寄園》這條下注《稗史》。又在同書中其他注《稗史》的條目中有記載明代人的事跡的,我便認爲《稗史》是明代人著的一部書。它究竟比趙翼的書早些,就姑且了事,引以爲據。在得到程毅中先生的指教後,知"稗史"不是專書的名稱,而是趙吉士引用説部的泛稱。

現在按程先生所示的宋人材料排列討論如下:

各項有關"次韻"問題的宋人文獻中,以北宋末人葉夢得的《玉澗雜書》爲最早,收在涵芬樓排印本《説郛》卷八。其中一條云：

> 唐以前人和詩，初無用同韻者，直是先後相繼作耳。頃看類文，見梁武同王筠和太子《懺悔詩》云"仍取筠韻"，蓋同用"路"字十韻也。詩人以來，始見有此體。筠後又取所餘未用者十韻，所謂"聖德比三明，聖德光四方"，比次頗新巧。

按："路字十韻"，今已無傳。王筠詩仍在，首二句作"一聖智比明，帝德光四海"。與葉氏所記合校，應該是"聖智比三明，帝德光四海"。葉氏此條，於"次韻"之法，語焉未詳（本篇所據以考察的梁陳君臣的詩，都是據逯欽立氏輯校的《先秦漢魏晉南北朝詩》）。

南宋洪邁《容齋續筆》卷五《詩先賦韻》條云：

> 南朝人作詩多先賦韻，如梁武帝《華光殿宴飲連句》，沈約賦韻，曹景宗不得韻，啓求之，乃得"競病"兩字之類是也。予家有《陳後主集》十卷，載王師獻捷，賀樂文思（按："文思"殿名）；預席群僚，各賦一字，仍成韻。上得"盛、病、柄、令、横、映、夐、並、鏡、慶"十字。宴宣猷堂，得"迮、格、白、赫、易、夕、擲、斥、坼、啞"十字。幸舍人省，得"日、謐、□、瑟、畢、訖、桔、質、帙、實"十字。如此者凡數十篇，今人無此格也。

按："各賦一字"似是説各分得一字爲韻，但梁陳皇帝每次都得十韻，曹景宗以韻字已大部分分完，只剩二字，才賦二韻。何以陳代群僚却各分一韻？“仍成韻”三字亦不可解，此處當有脱誤。

南宋人程大昌《程氏則古》有《古詩分韻》一條，載涵芬樓排印本《説郛》卷四十八。所記與洪邁之説合觀，南朝次韻問題，更可得到較多的瞭解：

> 梁天監中，曹景宗立功還。武帝宴華光殿連句，令沈約賦韻，獨景宗不預。固請求賦詩，韻已盡，惟餘“競病”二字，景宗操筆而成，所謂“歸來笳鼓競”者也。

按：曹詩今存，乃“去時兒女悲，歸來笳鼓競。借問路旁人，何如霍去病”四句。此條接着説：

> 初讀此，未曉“賦韻”爲何等格法。偶閲《陳後主集》，見其序《宣猷堂宴集五言》曰：“披鈎賦咏，逐韻多少，次第而用。”座有江總、陸瑜、孔範等三人。後主韻得“迮、格、易、夕、擲、折、啃”字。其詩用韻，與所得前後正同，曹不攙亂一字。乃知其説是先書韻爲鈎，座客探鈎，各據所得，循序賦之，正後世次韻格也。

按：程、洪二家所舉陳後主三次探韻之詩，今俱不存。

綜觀洪邁、程大昌二家所記兩條中，有三項“術語”，試作解釋：

一、賦韻：此處“賦”字是“分配”之義，但賦的方法未詳。可能由賦韻的人從韻書某一韻部裏挑選若干字，來供分配。賦詩人各自探鉤得字,以爲押韻的韻脚字。但挑出的若干字,是賦韻人按己意挑選的,還是先用探鉤的方法所得的,已不得而知。

二、韻鉤:鉤不可能是帶鉤、釣鉤等物,應是鬮字的同音字,古今用字不同,所指實即一物。否則鉤上怎麽"書韻",又怎麽去"披"。可知鉤即是小紙卷、小紙團的鬮。"探鉤"即是"抓鬮","披鉤"即是展開紙鬮。

唐代李商隱詩"隔坐送鉤春酒暖,分曹射覆蠟燈紅",送鉤即是送鬮,但所送的鬮不一定是分韻的字,也有酒令題目一類的可能。

三、次韻:即指把抓得的某些韻字按抓得的先後次序來作押韻的韻脚字。可惜的是宋人所見到的南朝作品,今已極其殘缺,陳後主今存的詩中,只有一首注明韻字的,是《五言畫堂良夜履長在節下歌管賦詩列筵命酒十韻成篇》,下注"得沓、合、答、雜、納、颯、匝、欱、拉、閤"十字。全詩二十句,韻脚却是自一"颯"至十"拉",次序與題下所注完全不同。按題中的語義不可解,似有脱誤,那麽題下注字的次序也有舛錯的可能。宋人親見陳後主全集,又曾説韻字有順序,我們今天完全有理由懷疑題目和注字有錯誤處,未必另有一種探鉤得韻却不按順序的押韻法。

以上是南朝次韻的方法,可算是歷史上第一種次韻方法。

我們已知後世的次韻法已變成首唱之作即是和者的韻字次序的標準,與抓鬮排隊的次韻法已完全不同了。而前引程氏一段話的末尾説"正後世次韻格也",和他前邊所説自相矛盾。程氏在前段後接着談後世唱和次韻問題,那麽"正後世次韻格"句,應是行文承接處的疏忽。

程氏《古詩分韻》條的最後一段説：

> 唐世次韻，起元微之、白樂天二公，自號元和體，古未之有也。抑不知梁陳間已嘗出此。但其所次之韻，以探鈎所得，而非酬和先唱者，是少異耳。《洛陽伽藍記》載王肅入魏，舍江南故妻謝氏而娶魏元帝女，其故妻贈之詩曰："本爲箔上蠶，今爲機上絲。得路遂騰去，頗憶纏綿時？"其繼妻代答見（按："見"字疑是"寄"字之誤）謝，正是"絲"、"時"兩韻，則亦以唱和爲次矣。

唐代元、白二家唱和的詩，常常幾十韻，和者一一同押，即是首唱者兼有"賦韻"和"探鈎"的權力，和者一律被動。比起南朝的次韻法，難處不知加了多少倍。古代有人稱比賽押韻和争押"險韻"（難押的韻字）爲"鬥韻"，可謂妙於形容。

以上是歷史上第二種次韻方法。也是唐代以來沿用最多最久的次韻之法。

唐代以詩賦取士，即是用詩、賦作科舉考試的文體。當時考試用的詩體，是五言六韻，稱爲"試律詩"（清代改爲五言八韻，稱爲"試帖詩"），以一個字爲所用韻部的代表字，限以此字爲韻，詩中必有一句的韻脚押上此字。後世"分韻賦詩"，也常用抓鬮辦法，抓得的一字即是所作詩的韻部，其中必有一句以這個字爲韻脚。這是既抓韻部又抓了一句的韻脚。

這是歷史上"限韻"而不"次韻"之法。

唐代考試所用的“賦”體,逐漸要求嚴格,成爲“律賦”。無論什麽題目、什麽性質的内容,一律限用某幾個字爲韻。南宋洪邁的《容齋續筆》卷十三有《試賦用韻》一條,列舉唐宋考試作律賦的情況。限韻計有三韻、四韻、五韻、七韻、八韻諸式,幾韻中還有幾平幾仄的講究。所謂韻,也是兼指韻部和韻脚。譬如以“天地玄黄”爲韻,這篇賦中即要用這四個字所屬韻部爲篇中的韻部,每韻若干句不加規定,但在用“天”字韻部的各句中須有一句押上“天”字,全篇用韻部的次序有限制的,有不限制的,全看出題者的要求。

這是歷史上“限韻”而可次可不次的方法。

次韻限韻等法,已如上文所述,但周興嗣《千字文》的“次韻”又是用哪種方法?已知周興嗣是奉梁武帝的“勑”來作文的,但“次韻”是次梁武帝《千字詩》的韻,還是次梁武帝另指示的韻字,都已不得而知。如果武帝另示韻脚字,那麽《千字文》共有二百二十五個韻脚,真没見過歷代皇帝出題有瑣細指示這麽多韻脚字的。最多的可能是指示韻部,令周氏去押,這就很接近律賦的限韻之法。

《千字文》共有“黄荒、聖正、卑隨、京涇、穡稷、寥遥、箱牆、嘯鈞、者也”九個韻部,“者也”兩句是補足千字的尾巴,如果不計入,便是唐宋和後世律賦所常用的八個韻部。只是不知當時指給周氏的韻部代表字是哪些字,也不知是否還指出韻部次序的。但看既標明“次韻”,必然這些韻部是按規定次序的。

如果以上推論不誤,那麽《千字文》的“次韻”之法便同王肅繼妻和詩次韻方法一樣,是在抓鬮次韻最普遍的時代中,所孕育的另一種次韻的方法。

至此,周興嗣《千字文》的次韻問題,只能説推論到一半。事實上還有一個問題存在:《梁書・周興嗣傳》中提到梁武帝命他撰寫的文章有《銅表銘》、《栅塘碣》、《北伐檄》、《次韻王羲之書千文》。這個《次韻王羲之書千文》,語義極欠明白,我在《説千字文》那篇拙稿中曾有幾種設想,大概來説,最可能是已次韻成文之後,又按字集摹王羲之寫的字,這裏無須詳述。從文章上看,是周氏次韻所撰;從書法上看,是一卷王羲之的字。由於這個語義欠明的漏洞,遂使宋人造出那卷"鍾繇千字文王羲之書"一卷僞物,使人覺得周興嗣次韻的就是這卷《千字文》。其實這卷鍾文王書的《千字文》完全不成語句,更無韻脚可次,真可以説作僞心勞日拙了!

一九九三年四月十八日

讀《紅樓夢》劄記

《紅樓夢》一書寫了四百多個人物，寫了一個封建大家庭十幾年過程的生活史，中間有無數離合悲歡，矛盾衝突。它的形象鮮明，能使讀者眼前呈現着榮、寧二府和大觀園的巍峨景物，以及那些男男女女、老老少少的音容笑貌。書中也直接寫出了許多生活制度、人物服飾、器物形狀等等。特別是清代旗籍裏上層人物的家庭生活，更寫得逼真活現。

但是如果仔細追尋，全書中所寫的是什麽年代、什麽地方，以及具體的官職、服裝、稱呼，甚至足以表現清代特有的器物等等，却没有一處正面寫出的。這不能不使我們驚咤作者藝術手法運真實於虛構的特殊技巧。所以從程偉元、高鶚所刻一百二十回本的插圖以來，若干以《紅樓夢》人物故事爲題材的圖畫、雕刻等等藝術品，所描寫的服裝都不能確切一致，有些方面，簡直可以説無法畫出，還有一些戲劇服裝，也同樣感到難於處理。

由於時代的變遷，以及對於清代旗籍人生活習慣的不熟習，對於書中所寫的生活事物，究竟哪些是真實，哪些是虛構，也不太容易分出。從前有些人曾感覺到書中没有確切寫出地點是南京還是北京，如果是北京，何以有妙玉櫳翠菴中那種大樹紅梅？如果是南京，却又分明常提從南京來、到金陵去等等的話。還有人覺察出書中從來没寫出人物的脚，那些婦女究竟是纏足的還是不纏足的？其實作者不但没有正面寫地方，也没有正面寫年代；不但没有寫脚,也没有寫頭。雖然有三次寫到寶玉的辮子,但都非常具體地交代出是小孩辮髮的特徵,小孩的辮髮,便不僅清代專有的了。諸如此類,真是不勝枚舉。

後四十回出於續作,似乎已成定論,但也還有人懷疑其中可能有曹雪芹的某些殘稿、資料或創作提綱,我也覺得還有這樣探索的餘地。並且還覺得前八十回中也不見得毫無後人修補甚至改動的筆墨。即使後四十回全出於後人續撰,其撰者也並不止高鶚一人,這不屬於本篇所談的範圍,所以暫不詳及。現在只就這種有意迴避的方面看,前八十回是相當嚴格的。後四十回就不免有露出馬脚的地方。雖然如此,後四十回的撰者實已領會了曹雪芹在這方面的意圖,所以在這方面絶大部分能和前八十回合拍。本篇既探索曹雪芹這種手法的精神,也一併舉出後四十回裏的例子。它的前後相一致處或露馬脚處,也可以供研究前八十回修補和後四十回續撰問題的資料。

現在即從書中所寫關於年代、地方、官職、服裝、稱呼及其他幾點生活細節幾個方面來舉例説明。

一 年代與地方

古代許多小説,無論唐代傳奇、宋元話本、明清一些長篇或短篇小説,常常首先交代故事出於某朝某代,某郡某縣,甚至還要提出是作者親歷親見親聞,以資取信於人。當然其中也有許多可能是真實的和寫得好的,但也確實有些作品的故事内容、生活制度、人物形象與那些時間地點的特色並不吻合,徒然成了一套“例行公事”,不起什麽作用。《紅樓夢》一書却不然,它首先提出“年代無考”、“真事隱去”,但從書中的人物形象中却十足鮮明地表現了時代特徵。作者在第一回寫“太虚幻境”的石坊對聯説:

假作真時真亦假,無爲有處有還無。

這恐怕也是作者爲自己這種寓真實於虚構的寫作手法來發的一個聲明吧!

先看書中所寫的年代:

第一回假託僧道二人與頑石對答中提到:

只是朝代年紀,失落無考。

又説:

第一件,無朝代年紀可考。

到了七十八回《芙蓉誄》中,因爲文體的格式關係,不得不具備年月日,于是提出:

太平不易之元,蓉桂競芳之月,無可奈何之日。

這一方面表現寶玉對晴雯悲念追悼的心情,又好似游戲文章用不着鄭重寫出年月的樣子,其實仍然是巧妙地避開真實年代。

至於第七十八回賈政述説恒王的事跡時,只説:

當日曾有一位王爵,封曰恒王,出鎮青州。

這恒王分明是明代的王爵,何以不説“明朝”,而只説當日呢?這只要看了下文便好明白。下文述説異代之後朝廷“褒獎”前代人物時説:

昨日因又奉恩旨,着察核前代以來應加褒獎而遺落未經奏請各項人等。

在明代之後,當然是清代。這裏前邊用“當時”,後邊用“前代”,這兩朝關係便無形地交代過去了。

至於地方,常是真假參半。有些著名地方,並不止清代特有的,常用真名。例如:

蘇州城(第一回)、蘇州(第五十七回)

湖州(第一回)

金陵(第二回)、南京(第七十五回)

京口(第六十九回)

大同府(第七十九回)

元墓(第一一二回)

還有明代特有的地方建置,清代已然改變了的,例如:

金陵應天府(第三回)、應天府(第三回)

還有根本即假的,例如:

大如州(第一回)

鐵網山(第十三回,脂本作"潢海鐵網山")

孝慈縣(第五十八回)

平安州(第六十六回)

太平縣、李家店(第九十九回)

急流津(一〇三回)

即書中那些地名真實的地方,其地理位置也非常含糊。

在佛教經典中,認爲世界有四大部洲,中國屬於"南瞻部洲",所以道場中寫給神像的疏表,必須寫出是世界上哪一部洲、哪一國家,然後才寫什麼年月,這是那些疏表的特有格式,在第十三回秦可卿喪事的疏表中寫道:

> 四大部洲至中之地,奉天永建太平之國。

仍然没有"大明"或"大清"等類具體的朝代字樣。

還有書中屢次提到"京城",但一律都用"長安"。

例如:

長安城中(第六回)、長安縣(第十五回)

長安都中(第五十六回)

長安(第七十九回)

此外也有很多處提到"進京"、"來京"等話的地方,但翻遍了全書,從來没有一個"京"字上有"北"字的。因爲單提一個"京"字便相當地籠統,如説"北京",則標識了清代的首都。固然明代的首都也是北京,未嘗不可以强辯,但作者終於把它躲開了。

二　官職

《紅樓夢》一書中所有的官職名稱,有歷史上曾經有過的,也有完全信手虛構的。即以歷史上曾經真有的官名來説,却常常不是同一朝代的,或者那個官職,在古代並不管轄那種事務。也有清代的官名,但那些往往是清代沿用前代的官名,並非清代所特有的。例如:

蘭臺寺大夫(第二回)

欽差金陵省體仁院總裁(第二回)

九省統制(第四回)

龍禁尉(第十三回)

永興節度使(第十三回)

六宫都太監(第十六回)

都尉(第二十六回)

京營節度使(第四十四回)

九省都檢點(第五十三回)

粤海將軍(第七十一回)

鎮海總制(第一百回)

總理内庭都檢點太監(第一〇一回)

雲南節度使(第一〇一回)

太師、鎮國公、蘇州刺史(第一〇一回)

京兆府尹(第一〇三回)

樞密院(第一〇七回)

鎮海統制(第一一四回)

這都是些信手拈來、半真半假或名稱殘缺不全的官名。讀者也可能由某一官名聯想到清代某一官名,以爲作者有意影射,但那只是讀者的事,作者並不負責的。明清實有的,例如:

鹽政(第二回)

額外主事(第二回)

員外郎(第二回)

國子祭酒(第四回)

通判(第三十五回)

太醫院(第四十二回)

大司馬(第五十三回,周官,歷代借稱)

禮部(第五十三回)

光禄寺(第五十三回)

太傅、翰林掌院事(第十三回)

都察院(第六十八回)

翰林、侍郎、員外(第七十八回)

指揮(第七十九回)

錦衣、刑部(第八十一回)

太醫院御醫(第八十三回)

巡撫(第八十五回)

工部郎中(第八十五回)

吏部尚書、兵部尚書(第九十二回)

内閣大學士(第九十五回)

江西糧道(第九十六回)

府尹(第一〇七回)

以上這些,有的是明代官名(例如錦衣),其他大多數是明清同有的,甚至是古代通有官名。

還有“營繕司郎中”(第八回),脂硯齋本作“營繕郎”,一百二十回本改成“營繕司郎中”,乍看去好似一個清代内務府七司中的官名,但清代内務府只有“營造司”。明代工部却有“營繕清吏司”、“營繕提舉司”。又“知貢舉”(第一一九回)雖是清代也有的官名,但書中却説:

知貢舉的將考中的卷子奏聞,皇上一一披閲。

清代知貢舉只是古代監臨官的職務,並不能直接奏呈皇帝,這裏只是作爲主管科場考試的官員來稱呼的。

第一〇七回有“臺站”一稱,略着清代跡象,但已是後四十回中的話了。

其他像宫主、郡主、才人、贊善、太妃、少妃、皇親、駙馬、國君、太君、夫人等等,也都在若即若離之間。只有一些“親王”、“郡王”,確是清代封爵中頭兩等,但書中所寫的那些“親王”、“郡王”的封號,却又是無一真實,如什麽“忠順親王”、“北静郡王”之類。在第十一回、十四回等處,曾集中地寫一批王、侯,但第十一回中只寫郡王,第十四回中只寫公侯,仍然看不出親王在前、郡王在後的痕跡。又如“鎮國公”確是清代曾有,但與太師、蘇州刺史合併提出,便又落空了。

又如“侍衛”官,明清兩代都有,但是“防護内廷紫禁道御前侍衛龍禁尉”便哪一朝也没有。作者似乎還嫌“御前侍衛”這一官名太真,所以在第十三回裏兩次寫“侍衛”,第五十四回裏一次寫“侍衛”,但第十四回裏舊抄本却作“侍值”(甲戌、庚辰、乾隆抄本一百二十回本),這不見得是偶誤,按照以上規避真實官名的例子來看,恐怕“值”字却是原稿所有,“衛”字反是整理者所改的,也未可知。

還有王府屬官,清代有王府長史,第三十三回中只提“忠順府長府官”,仍然含混,而第一〇五回、一〇六回却提出“王府長史”,這也仍在後四十回的範圍中了。

三 服裝

本書中人物的服裝,有實寫的,有虛寫的。大體看來,是男子的多虛寫,女子的多實寫。女子中又是少女、少婦多實寫,老年、長年婦女多虛寫。女的官服禮服更多虛寫,實寫的只是些便服。寶玉雖是男的,但書中所寫他的年齡,只不過是幾歲到十來歲的小孩。凡能代表清代制度的官服,一律不見。

先看那些虛寫的。第一回縣令賈化是“烏帽猩袍”。第六回賈蓉是“美服華冠,輕裘寶帶”。第五十三回“榮寧二祖遺像,皆是披莽腰玉”。第八十五回“北静王穿着禮服”。這些已然令人無法捉摸,寫了等於沒寫。

還有提到官服時,寫的更爲似具體而實籠統。第十六回賈母等入朝時,是“都按品大妝起來”。第十八回賈母等迎接元妃時,也是“俱各按品大妝”。第四十二回王太醫是“穿着六品服色”。第五十三回新年祭宗祠之先,“由賈母有誥封者,皆按品級著朝服”,進宫朝賀行禮。又同回寫“元旦日五鼓,賈母等人按品上妝”進宫朝賀。第七十一回賈母壽辰,北静王等人來賈府祝賀,“賈母等皆是按品大妝迎接”。第六十三回還寫“按禮換了凶服”。凡此等等的“按品大妝”、“按禮凶服”究竟是什麽樣子,作者一字未加描述。讀者却也不難體會到是一片華美莊重的官服和各種特定制度的喪服。

實寫的是一些少婦、姑娘、丫環、小孩。第三回寫王熙鳳的妝束是:

頭上戴着金絲八寶攢珠髻,綰着朝陽五鳳掛珠釵,項上戴着赤金盤螭瓔絡圈,身上穿縷金百蝶穿花大紅雲緞窄褃襖;外罩五彩刻絲石青銀鼠褂,下着翡翠撒花洋縐裙。

第八回寶釵妝束是:

頭上挽着黑漆油光的鬢兒,密合色的棉襖;玫瑰紫二色金銀綫的坎肩兒,葱黄綾子棉裙。

第四十九回黛玉、李紈、寶釵、邢岫煙在雪天裹的服妝是:

黛玉換上掐金挖雲紅香羊皮小靴,罩了一件大紅羽縐面白狐狸皮的鶴氅,繫一條青金閃緑雙環四合如意縧,上罩了雪帽,二人一起踏雪行來,只見衆姊妹都在那裏,都是一色大紅猩猩氈與羽毛緞斗篷,獨李紈穿一件哆囉呢對襟褂子,薛寶釵穿一件蓮青斗紋錦上添花洋綫番羓絲的鶴氅。邢岫煙仍是家常舊衣,並没避雨之衣。

第五十一回寫鳳姐看襲人的妝束是：

頭上戴着幾支金釵珠釧，倒也華麗。又看身上穿着桃紅百花刻絲銀鼠襖，葱緑盤金彩綉綿裙，外面穿着青緞灰鼠褂。

例子不必多舉，這裏邊的服裝大部分是具體的。因爲清代初期的服裝，有很多部分沿習或局部改變明朝的形式，而婦女的便服中像大坎肩、外褂、襯裙等等，都分明是明代習慣，這在清宫某些妃嬪、宫人的便裝畫像裏還能看到，只是一樣，絶對没有右掩大領和寬袖的。我們不難理解《紅樓夢》裏這些婦女服裝的風氣。同時這種裝束，也常常只是少婦少女所用，書中賈母除了第五十回寫“圍了大斗篷，帶着灰鼠暖兜”之外，並没有正面描述過什麽穿戴。不但賈母，即王夫人、邢夫人、李紈（前舉第五十回所述，只是説明臨時防寒防雪衣物）、尤氏等等，也一律未曾有過關於裝束的全面描寫。即鳳姐等人裝束那麽具體，其中仍有迷離之處。例如清代婦女在“鈿子”上插挂珠小鳳釵，皇族命婦用九個，其他命婦用五個，號稱“九鳳朝陽”和“五鳳朝陽”，這裏略微一露，仍又含混其詞。

至於寶玉的服妝，第三回寫道：

頭上戴着束髮嵌寶紫金冠，齊眉勒着二龍戲珠金抹額，一件二色金百蝶穿花大紅箭袖，束着五彩絲攢花結長穗宫縧，外罩石青起花八團倭緞排穗褂，登着青緞粉底小朝靴。

第四十五回又寫道：

> 黛玉看他脱了簑衣，裏面只穿半舊紅綾短襖，繫着緑汗巾子，膝上露出緑綢繖花褲子，底下是掐金滿綉的綿紗襪子，靸着蝴蝶落花鞋。

還有其他若干次寫寶玉的裝束，也是紅紅緑緑，絶不似成年男子的服飾，何況還寫他帶着“寄名鎖”、“護身符”（第三回），“長命鎖”、“記名符”（第八回），也更標識了是嬌養的小孩。“紫金冠”又名“太子冠”，也是小孩游戲裝束，所以後邊第二十一回説：“寶玉在家並不戴冠”，即是這個縁故。後世許多圖畫上、舞臺上，寶玉必戴太子冠，似與書中所説不符，但也實在没有其他辦法的。

還有髮辮是清朝特有的裝束，但小孩的髮辮却不止清朝獨有。本書中曾有三處寫辮子。第三回寫寶玉：

> 一回再來時，已换了冠帶：頭上周圍一轉的短髮，都結成小辮，紅絲結束，共攢至頂中胎髮，總編一根大辮，黑亮如漆，從頂至梢，一串四顆大珠，用金八寶墜脚。

第二十一回湘雲爲寶玉梳頭：

> 湘雲只得扶過他的頭來梳篦，原來寶玉在家並不戴冠，只將四圍短髮編成小辮，往頂心上歸了總，下面又有金墜脚兒。

第六十三回寫芳官：

> 只穿着一件玉色紅青駝絨三色緞子拼的水田小夾襖,束着一條柳綠色汗巾,底下是水紅灑花夾褲,也散褲腿,頭上齊額編着一圈小辮,總歸至頂,結一根粗辮,拖在腦後,……越顯得面如滿月猶白,眼似秋水還清。引得衆人笑説:他兩個倒像一對雙生的兄弟。

寶玉的衣褲這段前邊已經表過,寶玉的辮子,前些回已寫過,這裏所説,自然不僅止是二人面貌相似,自然也包括裝束的相似了。

按清代辮髮制度是小孩初生,先剃胎髮,中間留一個小小的辮頂,日後頭髮逐漸長長了,又把小辮頂以外其餘的頭髮梳成許多短的小辮,但這圈小辮之外,仍然剃去一圈。當四周小辮再長長了,歸到一總,最後梳成大辮。這個過程,女孩和男孩一樣,只是女孩在年齡漸長,髮已長長後,便不再剃最外周圍的一圈,這叫做"留滿頭",再大到成年待嫁時,便梳起髮髻,不再梳辮了。

本書中只有這幾處正面寫出髮辮,寫的也似非常具體,但其中仍然藏頭露尾,並不寫全。首先説男孩寶玉有髮辮,但又説女孩芳官和他一樣。既寫了髮辮,又僅止是小孩的髮辮,成年男人的頭髮如何?却一字未提。又雖詳寫了小孩的髮辮,而並未提四周的剃髮。真所謂"故弄狡獪"了。書中果然没寫剃髮嗎?却又寫了,在第七十一回説:

> 未留髮的小丫頭。

所謂未留髮絶不等於剃"光頭"或剪"背頭"、只是指未"留滿頭"

而言的。因爲這在從前口耳相傳的語彙中,"留頭"、"留髮"、"留滿頭",是人所共喻的。又有小男孩髮未長長時,留一辮頂,欲稱"楊子蓋",第六十一回柳家的對一小么兒説"別叫我把你的楊子蓋揪下來",即指這種髮型。

又第七十八回寫寶玉:

> 靛青的頭。

頭髮顏色是烏黑、黑亮,不是靛青,這裏所説,正是指剃去的周圍。但是這些描寫地方並不在一處,而相離故意很遠,讀者可以總看全貌,而得"心照",但作者是並不負實寫之責的。

本書中既把清代特有的服裝迴避的如此乾净,但北静王這個人物又不能忽略不詳寫。所以作者便給他一身"戲裝"。第十五回:

> 北静王世榮頭上戴着净白簪纓銀翅王帽,穿着江牙海水五爪龍白蟒袍,繫着碧玉紅鞓帶。

這與第一回的"烏帽猩袍"正是同一手法。再次書中究竟寫没寫纏足呢?一百二十回本中只有一處透露了一件事,即第六十二回寫香菱:

> 連小衣、膝褲、鞋面都要弄上泥水了。

按“小衣”即褲子,又稱“中衣”。“膝褲”即纏足婦女在小脛上繫的一種飾物,又稱“褲腿”,這是纏足裝束所特有的。脂本第六十九回曾寫鴛鴦揭起尤二姐的裙子給賈母看;第七十回曾寫晴雯的睡鞋;一百二十回本全部刪去。即使不刪,也並無妨,因爲清代旗人妻女雖嚴禁纏足,但婢、妾是不在此限的。

又第三十三回寫湘雲看見襲人做鞋,以爲是襲人自己的,經襲人説明,知是寶玉的。清代青少年男子穿花鞋的原是常事,這裏也透露了襲人並非纏足的。

四　稱呼

《紅樓夢》中的親屬稱呼都很通俗,也是北方普通的習慣。例如:哥哥、兄弟、姐姐、妹妹、姨媽、舅舅、嬸子、姥姥等等。

只有對於直系尊親屬的稱呼,始終含糊。例如:王熙鳳、賈蓉等等稱賈母爲“老祖宗”;賈政、賈璉、寶玉、黛玉、秦氏、賈蘭等稱賈母爲“老太太”。尤氏稱賈敬爲“老爺”。王夫人、賈珍、李紈、賈璉、寶玉等稱賈政爲“老爺”。王熙鳳、秦氏、探春、寶玉等稱王夫人爲“太太”;賈璉稱邢夫人爲“太太”;史湘雲稱她自己的母親爲“太太”。

還有賈母對寶玉説他父親賈政、他母親王夫人時,常説“你老子”、“你娘”,這是祖母對孫子稱述他的父母的常事,但也竟自有説“你老爺”、“你太太”的時候。還有賈母令寶玉對王夫人説話時,教他説:“你説:太太……”又賈代儒對寶玉稱賈政時也説“你老爺”。

這種種地方,看來似乎平常,但仔細推敲,便容易發現它的不合情理。按前代封建官僚家庭中的稱呼是非常嚴格的。子女對父母或是稱“爸爸”、“媽媽”,或是稱“爹”、“娘”;對祖父母多是稱“爺爺”、“奶奶”,總之都不許用“官稱”,何以本書中却一律用“官稱”呢?我曾懷疑這裏邊必定關涉到清代制度、習慣的特點問題。

按清代旗下人,包括漢軍、内務府,稱呼父母多用滿語,即稱父爲“阿瑪”,稱母爲“額涅”(用漢語時稱“奶奶”),稱祖父爲“瑪法”(用漢語時稱“爺爺”),祖母爲“媽媽”(用漢語時稱“太太”),與漢人普通稱呼不同(也有小孩偶然稱父親爲“爸爸”的,也有妾生子女稱其生母爲“娘”、爲“媽”以别於嫡母的)。在後期大致上對於小孩要求不嚴,對成年的晚輩,即不許違背習俗。

像本書作者曹雪芹的家庭,是皇帝親近的内務府人員。遠祖雖是明臣,但降清編入旗籍,在遼東已有相當長的時間,隨清入關,又幾代做了内務府旗人特定的重要官職。他們家庭中的稱呼,作者耳濡目染的,必定是旗人的習慣。書中所寫的既是當時旗籍中上層人物的生活,稱呼自然不能採用非旗人的習慣,但如果用旗人的習慣稱呼,又必然露出清代的特點。他之盡量採用“官稱”,想必與此問題有密切的關係。這雖是出於揣度,但也只有這一種理由爲最有力。

有人説這是否大官僚家庭中對於主要的家長所施的尊稱呢?我覺得這不太可能的。因爲清代大官僚家庭習慣既如上述,即使清初與後來偶有不同,但絶不會無故地混淆了行輩或等級。試看宋代皇子稱他正在做着皇帝的父親爲“爹爹皇帝陛下”(見宋陳世崇《隨隱漫録》卷四),清代皇子稱父皇爲“汗阿瑪”,可見皇帝雖號稱爲“至尊”,甚至如果他是繼承了伯叔的皇位的,他的本生父對他也要稱臣,似乎是只有“國”或“公”的關係、没有“家”或“私”的關係了,但他的兒子稱他時,在“皇帝”之上還要加上“爹爹”,在“汗”之下仍要加上“阿瑪”,難道大官僚家庭中便可以有“老爺”無“爸爸”了嗎?

再説賈蓉稱述他的外祖父母時説“我老爺、我老娘”(第六十四回),這正是北方普通的稱呼,外祖母又稱“姥姥”,即如書中劉姥姥也是因她的女婿和王家認同宗,她便被指着板兒稱爲“劉姥姥”。又奴僕對老一輩的男女主人稱“老爺”“太太”,這種“官稱”在封建大官僚的家庭中,子女和其他晚輩如果一律稱呼,便混淆了行輩和等級的關係,所以常有嚴格限制的。由於這樣緣故,所以我們不難看出作者在書中稱呼方面,也用了前邊所舉的同樣手段。

五　其他

清代旗下人,見面禮節,稱爲“請安”(大禮是叩頭)。男子見面的禮節形式有兩種:皇族對直系尊長是雙膝跪下(又稱“跪安”);一般人則是單膝半跪(又稱打千,即打跧)。但無論半跪全跪,原是古代都有的,所以書中屢次提到“半跪”、“打千兒”。

旗下婦女的見面禮節都是扶膝半蹲。行大禮時是跪下舉右手扶髮髻的右翅,俗稱磕“達兒頭”。《紅樓夢》中寫賈珍對鳳姐作揖,寫鳳姐只説“還禮”,並未寫如何還禮。其他地方也從没詳寫過賈家婦女行禮的形式。

清初諸王極其尊貴,大臣見他們也要行“長跪請安”的禮節,後來曾有明令廢止。書中第十四回寫賈珍和賈赦、賈政見北静王時“以國禮相見”,究竟“國禮”是什麽?也不具體寫出,這與“按品大妝”是一樣手法。

旗人習慣對生存的長輩行大禮時一跪三叩(皇族對直系尊輩兩跪六叩,祀祖先時三跪九叩)。百日喪服之内的孝子對人是一跪一叩,而謝賞時也只一跪一叩。所以第七十五回寶玉給賈母謝賞“磕了一個頭”。無論何時從不用四叩,而寫當寶玉出家以後,在船外向賈政“拜了四拜”,這却是第一百二十回裏的事。

又全書中絶不露滿語詞彙,只有後邊寫鶯兒端了一盤給賈母上供之後撤下來的供品瓜果,説“這是老太太的克什”。按“克什”是滿語“恩賜”的意思,也指“餕餘”,所以祭神、祭祖所撤下的供物,叫做“克什”,甚至皇帝撤賜的“御膳”也稱“克什”。這在全書中幾乎是唯一的孤例,也是在後邊第一百十八回中出現的。

書中所寫的許多事物使人迷離,例如又有大樹梅花,又“籠地炕”(第四十九回),地方南北,使人莫辨,這是讀者常常感到的。但不着痕跡的地方,還有許多。例如,書中兩次寫賈母坐了“八人大轎”(第二十九回、五十三回)。按清代民間嫁娶可用八人轎外,在京官員最大只許四人轎,小則二人小轎,外省官員可用八人轎。不但後期如此,即雍乾時代也是這樣(可參看清福格《聽雨叢談》)。那麽賈母的坐八人大轎,又是在什麽地方呢?

讀者看到太虛幻境、十二釵册、秦氏之死、真假寶玉等等地方,都極容易感到作者手法的迷離惝怳,其實作者這種手法,並不止於這些地方,而是隨處俱有,屢見不鮮的。當然,以上所談的各部各條裏,也不見得没有作者出於信手拈來的地方,不能條條字字都認爲是有多大的“深文奥義”;但作者這種用心的傾向,在書中實是極其明顯的。

作者爲什麼必須要這樣費盡苦心來運真實於虚構呢?我初步推測可能有以下幾種原因:

一、自古的統治者都不肯讓人知道他們的真實生活,所以漢代孔光口不言温室樹,宫庭院中的樹都不敢説出,那麼皇帝的其他生活之保密可知。至於和皇帝最親近的皇族貴爵們,某些生活也和皇帝有共同之處,如果有人無意寫出,也會引起誤會,何況其中原本具有諷刺意味的呢?所以白居易的《長恨歌》分明是寫唐明皇,但開頭必須寫"漢皇重色思傾國",道理是一樣的。

二、作者生存在清代康熙後期到乾隆初期,這時正是清朝政權盛衰的關鍵階段。歷史告訴我們,封建統治者們愈到衰弱的時期,忌諱愈多。官僚貴族的生活,完全寫出,已經要遭忌,何況本書又有若干揭露、批判和譴責,那麼禍患必然是會招致的。在當時所謂"文網嚴竣"的時期,作者何至於那麼必要自投羅網呢?

三、作者既以他自己的家族、親戚的生活爲主要模型來創作這部小説,作者在狠狠地揭露、批判和譴責的背後,實在還有一定程度的惋惜和"恨鐵不成鋼"的心情。甚至作者似乎有意站在榮府一邊,提出"禍首"是寧府,而處處加重譴責他們。因此在"吐之爲快"的同時,又不願十分露出模型中的真人真事。

四、在封建社會裏,撰寫通俗的小説、戲曲已然被認爲是"背禮傷教",至少是"不登大雅之堂"的事,再説小説、戲曲如果涉及婦女生活,更要被駡爲"議人閨閫"、"應下拔舌地獄",何況又是以自己家人親戚作模型呢?

作者在這種種的封建壓力之下,所以不得不屢次聲明是"假語村言”（第一回），又鄭重提出“將真事隱去”（第一回），都是這個原因。現在所舉各例，正是作者“隱去”“真事”中最巧妙不易察覺的地方，探索出來，對於曹雪芹藝術手法的研究上，或者可以增加一些資料吧！

一九六三年

《紅樓夢注釋》序

——爲北京師範大學中文系古典文學組合編本作

每部文學作品,無論在生活背景、語言詞彙各方面,都有它的時代和地區的特點,《紅樓夢》自然不會例外。但《紅樓夢》由於作者的水平高,成書的時代近,用的語言又基本是北京話,因此今天廣大的讀者並不覺得難懂。但也有些容易發生問題的地方,我常聽到讀者提出的問題大致有以下幾個方面:

一、某些北京俗語;

二、服妝形狀;

三、某些器物的形狀和用途;

四、官制。

這些當然是一般讀者容易不太熟習的,但此外的是否就都易懂呢? 不然。我每遇到有人向我提出關於書中問題時,我總預料必將包括一些詩歌、駢文的内容。但常常與我所料相反,一般並無這方面的問題。是一般讀者都理解了嗎? 未必,大多數是把它們翻過去。我還有時進一步向問者提出,他認爲明白的某些部分怎麼講? 得到的答案,往往並不確切,可見那些認爲"不成問題"的部分,也未必没有問題。因此在前舉四個方面之外,至少還有四個方面值得探討的:

五、詩歌駢文的内容;

六、生活制度和習慣;

七、人物和人物的社會關係;

八、寫實與虚構的辨别。

大家都知道,除了法律的爰書、醫療的病歷之類以外,一切文學藝術作品,都不能無所加工、無所虚構,這原是事理之常,無須聲明交代的。而《紅樓夢》一書中,作者却屢次發出關於真假問題的宣言,讀者容易看作是對故事、對人物虚構時的聲明,免得當時被人懷疑他有所諷刺,因而産生什麽文字之禍。其實我們在書中許多天花亂墜、逼真活現的場面中,不難推敲出若干關鍵的東西全是"子虚烏有"。或"以假作真",或"以真作假"。因此《紅樓夢》這部和白居易詩一樣可使不識字的老嫗都能聽得懂的作品,而許多飽學的老公却未必都能理解得透。於是"横看成嶺側成峰,遠近高低各不同",也就成了新舊"紅學"千猜萬考的廣闊園地。

《紅樓夢》既需要注釋,注釋起來,又不是那麽省事的。一個典故的出處,一件器物的形狀,要概括而準確地描述,頗爲費力。即極平常的一個語詞,在那個具體的環境中,究竟怎麽理解,也常常不是容易的。推廣到前舉八個有待注釋的方面,也都如此。現在試各舉例來談談:

一、語言問題:全書基本用的是北京話,這是人所共見的,但也運用了古代漢語,並吸收了其他舊小説的成語。由於作者取精用宏,信手拈來,化他人所有的爲自己固有的,讀者便毫無生硬的感覺。因此有人一一加以追溯,某一語詞,某地曾有,於是作者的籍貫被猜得忽南忽北。如果以這點爲衡量古書作者産地的唯一根據,那麽李白、杜甫將不知同時有多少家鄉了。本書中語言方面有待注釋而又難於注釋的約有二類:第一類是有些俗語詞彙,現在已經消失的:例如"不當家花拉的"一詞(二十八回),前於本書的,《金瓶梅》和《醒世姻緣》中有過;後於本書的,《兒女英雄傳》中也有過。我在五十年代初注釋本書時曾經望文生義,以爲是“不瞭解”的意思。後讀明人劉侗《帝京景物略》才知道“不當家”即是“不應當”、“不應該”、“不敢當”的意思。“家”是詞尾,“花拉的”是這個詞的附加物,是爲增加這個詞的分量的。類似本書中所説“没事人一大堆”(十六回),“没事人”即指没關係了,“一大堆”是附加物,增加“没事人”的分量而已。又如“積古”一詞(三十九回),也已失傳,至今我還没有找到精確的解釋和用法。第二類是常見的詞彙,例如“嬷嬷”和“媽媽”,一般讀起來,很容易認爲是同義詞,但在北京的習慣上,奶姆稱“嬷嬷”,保姆稱“媽媽”。又如黛玉所説的“呆雁”(二十八回),是諷刺寶玉看寶釵出了神時説的,這個詞本是形容發獃的,雁有何獃,獃何必雁,這都没有什麽理由可講,但北京人都懂得,這是諷刺癡心,形容發愣,但又分量不重的一個詞。在本書中這個人物,這個場合,這個情節中,便具有既冷峭又温柔、既尖酸又甜蜜的作用。精密符合這時三個人的關係。試問這在注釋中應該怎麽去寫呢?

二和三、即服妝和器物的問題:在不知本書作者底悉的人,一定以爲什麽名稱的東西,即有什麽樣的形狀,只要照樣描述,或用筆一畫,即可解决。這好像清末的一個故事,有人應考作“廉吏爲民之表論”,不知題目怎講,便寫道:“夫表者,有攝氏表,有華氏表,而獨未見有廉吏爲民之表。”最後他説:“因畫圖以明之。”我們現在的畫家最困難的是畫《紅樓夢》人物圖,某個人物的服妝,在書中寫得花團錦簇,及至動筆畫起來,又茫然無所措手了。例如“俱各按品大妝”(十八回),什麽品,每品又是什麽樣?怎樣叫“大妝”,另外還有没有“中妝”、“小妝”,它們之間又有什麽區別?

又如“金絲八寶攢珠髻、朝陽五鳳掛珠釵”（三回），我從前也曾强不知以爲知地注過一番，事實上是畫了一次“廉吏爲民之表圖”，後來明白作者是在暗寫清代命婦戴的“鈿子”，寫得却天衣無縫，使讀者覺得眼前有一個珠圍翠繞的青年貴婦的髮髻，但誰也説不出它具體是什麽樣子。這樣迷離惝怳的髮髻，又教注者怎麽去寫呢？

至於其他物品，如蓮葉羹（三十五回）等稀奇古怪的食品，固然今天誰也不易看到它是什麽樣子，但只看作者的描述，讀者也會理解它是一種“富極無聊”的人們折騰出來的一種吃法，也就够了。至於“瓟爮斝”、“點犀盉”（四十一回）又是什麽東西？有一位老先生曾向我説：“瓟爮斝即是壺蘆器，故宫陳列着許多，你看見過嗎？”其實不止故宫，從前我在我祖父的案頭也看見過，但作者同時並舉的點犀盉又在哪裏去找呢？後來我恍然，又上了當，這裏仍是作者故弄狡獪，和什麽武則天、楊貴妃用過的什麽器皿（五回）正是一類的“調侃”手法，一下筆描述它的形狀，便等於又畫了一次“廉吏爲民之表圖”。

四、官制問題：作者所避忌露出的清代的特點中，官制方面尤爲嚴格。凡是清代以前有過而清代也沿用的，便不屬清代特有，才出本名稱；凡清代特有的，一律避開。像“龍禁尉”、“京營節度使”等等，不但清代没有，即查遍《九通》、“二十四史”，也仍然無跡可尋。又書中説明“五品龍禁尉”，下文則説“秦氏恭人”（十三回）。各種八十回抄本（即所謂“脂批本”）都如此。有人因爲清代五品命婦稱“宜人”，六品命婦稱“恭人”，認爲作者這裏是筆誤。於是高、程刻本一系的版本都直接改爲“宜人”。要知作者用意正是要使品級和封號差開，才露不出清代官制的痕跡。改爲“宜人”,於清代官制雖對了,而於作者本意却錯了。

五、詩歌駢文的問題：書中有不少古、近體詩和駢體文,似乎只有詞藻、典故的問題,至多需要加一些解題和串講也就够了。其實本書中這方面的作品,和舊小説中那些“贊”或“有詩爲證”的詩,都有所不同。同一個題目的幾首詩,如海棠詩(三十七回)、菊花詩(三十八回)等,寶玉作的,表現寶玉的身份、感情;黛玉、寶釵等人作的,則表現她們每個人的身份、感情。是書中人物自作的詩,而不是曹雪芹作的詩。换言之,每首詩都是人物形象的組成部分。作者曾爲王熙鳳安排了一次聯句場面,使她被逼得脱口説出一句眼前的景物“一夜北風緊”(五十回)。這句中既没有華麗的詞藻,也没有深奥的典故,又恰是唤起下文的聯句首唱。宋代歐陽修、蘇軾曾作過“禁體雪詩”,所謂“禁體”,是“不以鹽玉鶴鷺絮蝶飛舞之類爲比,仍不使皓白潔素等字”。王熙鳳這一句,不正是絶好的禁體雪詩嗎?王熙鳳又怎能作出呢?讀者都知道,王熙鳳不識字,但她聰明、機智,具有潑辣、大膽的性格和遇事滿不在乎的作風。所以她能作這一句,也只能作這一句。這樣一句,又絶不能换到寶釵、黛玉等人的口中、筆下。諸如此類,又不是詩選、文選注釋辦法所能負擔的了的。

六和七、即生活習慣和人物的關係問題：這方面看來像是書中最容易瞭然的部分。我十幾歲時看到母親那裏有一套《紅樓夢》,但不許我看。偷着看了幾次,怕被發現,都是匆忙地翻閲,没頭没腦地打開快看,只覺得都是一些“家常里短”,人物是些姥姥舅媽之類,情節是些吃飯喝酒之類,真使我廢書而嘆。認爲這有什麽看頭,還值得那麽神秘?後來知道,即是吃一桌飯,其中也有不少文章。例如“壽怡紅”的“夜宴”(六十三回),哪個人坐在哪裏,本是毫無可注的,也是並不須注的。但如果有人問起某個人爲什麽坐在某處,恐怕許多讀者未必都考慮過。又如趙姨娘已生兒育女,在賈府是妾而非婢,她的娘家弟兄,當然是探春、賈環的親舅舅,爲什麽探春在她親娘面前却不承認,而説王子騰是她舅舅呢(五十五回)? 按清代皇帝選妃是從内外各旗人的家中挑選,而貴族官僚則向他們的莊頭家挑選。姨娘的父母兄弟,在主人家具有兩重身份:在主人面前,甚至包括他們的外甥、外甥女或外孫、外孫女面前,他們是奴才;他們的家眷,在他們的女兒或姊妹的房中,不當着家長面,仍可以暫時按家人關係見禮。探春不承認莊頭身份的親舅舅,不但説明了階級制度,即從探春的性格言,這一席對話,也正是探春的完整形象的一個組成部分。又清代貴族官僚家庭中,以至親戚之間,“嫡出”的子女比“庶出”的子女被重視,常常有庶出子女生下後在旗下衙門報檔子(即檔案,這裏即户口簿)時冒稱嫡出。探春公然自稱是王子騰的外甥女,也就是庶出子女公然自居是嫡出的,有時也實有這種根據。還有旗人家庭中(恐不止旗人,我見到許多漢人官僚家庭也是如此),未出嫁的姑娘身份最高貴;大伯子對小嬸必須十分有禮貌;嫂子對小叔子和侄輩,年齡儘管大不了幾歲,她都可以老氣横秋地對待他們,生活細節上,有時也不太按“禮防”來避忌。所以鳳姐可以那樣對待寶玉,也可以那樣對待賈蓉。當賈蓉和鳳姐糾纏時(六回),在程偉元、高鶚的再版刻本中(即所謂“程乙本”),不知誰在“那鳳姐只管慢慢吃茶,出了半日神”之下給加上了“忽然把臉一紅”一句,大概修訂者認爲這樣可以暗示她們之間有些曖昧,其實作者並不須要這類“廉價標簽”來貼“意淫”情節。因爲在習慣上,她們之間本是許可接近的。即使面貌蒼白,了無血色,要曖昧仍可曖昧。又如薛寶釵終於做了寶玉的配偶,這固然有悲劇故事情節的必要安排,也實有封建家庭的生活背景。黛玉是賈母的外孫女,寶釵是王夫人姊姊的女兒。封建家庭中,祖父祖母儘管是最高權威人物,但對“隔輩人”的婚姻,究竟要尊重孫子的父母的意見,尤其他母親的意見,因爲婆媳的關係是最要緊的。賈母愛孫子寶玉,當然也愛外孫女黛玉,何況黛玉父母已死,賈母對她的憐愛,不言而喻會更多些。如果勉强把她嫁給寶玉,自己死了以後,黛玉的命運還要操之於王夫人之手,賈母又何敢魯莽從事呢?寶玉的婚姻既由王夫人作主,那麽寶釵中選,自然是必然的結果。這可以近代史中一事爲例:慈禧太后找繼承人,在她妹妹家中選擇,還延續到下一代。這種關係之强而且固,不是非常明顯的嗎?另外從前習慣“中表不婚”,尤其是姑姑、舅舅的子女不婚。如果姑姑的女兒嫁給舅舅的兒子,叫做“骨肉還家”,更犯大忌。血緣太近的人結婚,“其生不蕃”,這本是古代人從經驗得來的結論,一直在民間流傳着。本書的作者賦予書中的情節,又豈能例外!不管後四十回的作者是誰,我們也應該承認他處理得完全合乎當時的生活背景,而不是專爲悲劇性質硬行安排的這種情節。瞭解這類的種種問題,對於讀這部書是有幫助的。但又豈是注釋體例所能擔負得了的呢?

八、寫實與虛構的問題:前邊已經提過,作者虛構的手法,實是隨處可見的。我曾把書中的年代、地方、官職、服妝、稱呼、器物等等方面虛構的情況加以分析和統計,見《讀紅樓夢劄記》,現在不必重複。我們據此可以瞭解作者由於有所避忌,所以他不但要把“真事隱去”,即在其他方面,小到器物之微,也不肯露出清朝特有的痕跡。從作者這個原則來看,又有一個問題值得研究了:大觀園在哪裏？作者是否敢於實寫，或願意實寫呢？大觀園如果確是某一家第宅園林的樣子，難道作者就不怕那一家主人向他問罪嗎？如果説是大觀園偶合某家的園林，又怎能那麼巧呢？無論南北，各處的園林都有它的特點，很少重複的。即如頤和園的諧趣園，大家都知道是模擬無錫寄暢園建造的，但游人共同見到，兩個園子畢竟不同。像漢初建造了新豐，把豐邑原來的鷄犬搬去，它們仍一一認得自己的家。這只是誇張了的故事，而不會是生活中的事實。那麼今天北京某個殘存的某府第園林，又怎能便指爲即是大觀園呢？如果説大觀園即是作者自己家的園林，這固然無需作者有什麼避忌。但北京幾個殘存的府第，遞傳的主人，都班班可考，没有哪一處是曾經曹氏居住過的。我有一位搞古建築的朋友曾畫大觀園的平面圖，按書中所寫，排列各個房屋，始終對不起位置。比方説：乙處在甲處之右，丙在乙之後，丁在丙之左。找來找去，丁之前却又是乙。大觀園爲什麼竟成了迷魂陣？不難理解，這正是作者有意的安排，如果今天有一處現有的園林完全符合大觀園，或説太觀園完全符合某一處現有的園林，那麼大觀園便不是曹雪芹所寫的了！

自從脂硯齋批語發現之後，多少讀者在其中尋找作者初稿的意圖，例如秦可卿之死，“淫喪天香樓”如果算是實寫，那麼現在傳本的寫法便是虚寫。但前邊所舉的那些問題，即使查遍各本的“脂批”，又怎能從中一一得到辨別呢？書中這些被作者所設的“障眼法”遮蓋的東西，又是注釋中最難處理的。

以上對八項問題的探討，主要是想説明《紅樓夢》一書需有注釋，而注釋爲體例所限，又不易把曲折複雜的事物一一詳細説透。在一些分析批判思想性、藝術性的文章中，這類“細節”又常是"無關輕重"的。再加本書作者有許多故意隱晦的筆墨,半真半假的言詞,越發不易尋根究底了。雖然有這些困難,我們並不能就此放下手,尤其不能眼看着青年讀者看不懂而置之不理。在我們能力所及和現有的條件下,要儘先寫出可以初步供青年讀者或在校的學員閱讀這部偉大古典文學作品急需的參考用書。這部《紅樓夢注釋》即是爲了這個目的編寫的。

創造性的新詩子弟書

一 引言

唐詩、宋詞、元曲、明傳奇,在韻文方面,久已具有公認的評價,成爲它們各自時代的一"絶"。有人談起清代有哪一種作品可以和以上四種杰出的文藝相媲美?我的回答是"子弟書"。

子弟書是一種説唱文學形式,篇幅可長可短。各短篇聯起來,又成爲"成本大套"的巨著。它很像南方的評彈,在敷陳演説歷史故事方面,又與《廿一史彈詞》那一類作品相似。但子弟書又有它自己的特點,比評彈簡潔細膩,比《廿一史彈詞》又句式靈活而不失古典詩歌的傳統特色。

子弟書的版本,在清代多是民間抄本。清末的"百本張"、"聚卷堂"等抄本流行最多。偶然有些刻本,比重幾乎只是抄本的幾萬分之一。清末、民國初年有了石印、排印的出版物,所以一些"唱本"、"大鼓書詞"等,又多粗製濫造,亂加作者姓名。由於出版者不在行,弄錯了曲藝品種,妄標調名等等現象,不一而足。這些毛病,當然不止出現在子弟書作品上,而若干子弟書好作品被混在這些雜亂唱本中,也蒙受了許多不白之冤。

鄭振鐸先生早年編印《世界文庫》,後邊有《東調選》、《西調選》兩部分,傳播了許多好作品。但有些失去作者姓名的作品,却被題上姓名,可能是沿自坊本之誤。像《西調選》中大多數題羅松窗,即是一例。但子弟書在出版物上首次列於世界名作之林,不能不歸功於鄭先生!

二　來源

我們偉大的中華國土上,自古以來,各兄弟民族一直是互相學習,互相影響。各民族的文化不斷交流,不斷融合,又一直在不斷融合的過程中,吸收多方面的新血液,形成了永不凝固的中華民族文化。

東北地區,由周到今,肅慎、勃海、女真、滿洲,東三省中兄弟民族,世代融合,互相吸取,出現過若干文化上的奇花異草。而這些文化遺産無論是用漢文寫的,還是用少數民族文字寫的,隨時隨處,無不顯現出各民族相互影響的痕跡,子弟書即是這樣的産物之一。它的發源以及提高,都與清代山海關内外的旗下子弟密切相關。

所謂子弟,廣義的是對“父老”而言的,如説“子弟兵”;狹義的,在曲藝方面,是相對職業藝人而言,類似後來北方所稱的“票友”,南方所説的“客串”。而職業藝人,則稱爲“老合”。

子弟當然比職業藝人有文化,但學的程度不深,而陷進框子也不深。那些半文半白的語言,無可多用的典故,正幫助了作品形成一種通俗而又新鮮的風格。

子弟書最早的作品不可考,可見到的刻本都刊行於清代中晚期。但這並不等於清代前期一定没有這種文學形式,正像古經典到了漢初才“著於竹帛”,我們不能説古經典出現於漢初一樣。

三 形式和題材

子弟書的形式，基本上以七言詩句爲基調。每句中常常襯墊一些字數不等的短句，比起元人散曲，在手法靈活上有相同之處，而子弟書却没有曲牌的限制。元散曲句式靈活而不離開它的曲牌，子弟書句式靈活而不離開七言句的基調。

它不分章節，起首處先用八句七言律詩，有“引子”的性質，很像“快書”前八句的“詩篇”，但没有“詩篇”的名稱。以後接寫下去，每四句或八句在語氣上作一小收束，百句左右爲一回，是一次大收束。每回也没有回目小標題，只標“第幾回”就完了。一本書自一回至幾回，也没有一定的限制，回與回之間情節可分可聯，非常方便。

它的内容，大抵取材於著名小説的爲多，也有歷史故事，民間傳説。佳人才子、兒女情長的固然占絶大數量，而慷慨動人的英雄故事也並不少。以諷刺世態炎涼爲題材的也有一些，且有“入木三分”的佳作。至於黄色淫穢的，也曾秘密地授受流傳，但收藏家不便登於目録，本不值得一提。這是市民文學的通病，亦不足怪。知此，也可有助於瞭解子弟書的文學屬性。有一特點值得注意：子弟書中絶對没有“如油入麪”的混合物，黄色作品，都獨自爲書。明清小説中《金瓶梅》不待言，即《紅樓夢》中也不免混入泥沙，子弟書却是“弊絶風清”，這大約與登場演唱有關吧。

四 唱法

藝術不能逃乎時代，文詞接受“目染”，曲調接受“耳濡”。“小口大鼓”後稱“京韻大鼓”,早期的民間腔調,到了劉寶全一變。他融入了皮黄的韻味,以及一些戲劇中的“發頭賣相”,於是成了一派。到了現代,有些演員不知有意或無意地吸收了花腔女高音的唱法,又是一變了。

我在十歲以前,所見“雜耍”場面上已經没有子弟書的位置了,只有家裏常來的兩位老盲藝人能唱。這種盲藝人,稱爲“門先兒”,即是做門客的先生。當時對盲人統稱“先生”,説快了成爲“先兒”。這些門先兒常在書房、客廳中陪着賓主坐着,有時參加談天,有時自彈自唱。他們多能喝酒,會説笑話,會哄着小孩用骨牌“頂牛兒”,可以説是一些“盲清客”。每當他們拿起樂器來唱,我聽到如果是唱子弟書,立即跑開玩去,可見這種唱法的沉悶程度。在我幼年時,北京能唱子弟書的老藝人,只剩了兩位,現在這種曲調在北京絶響已經六十餘年了,又没有譜子傳下來,只能憑我的記憶回味它的大概。

可以説,當時有幾個曲調品種接近子弟書;也可以説,它們是屬於這一大類的。如“硬書”、“贊兒”等。石玉昆唱硬書出名,自成一派,於是硬書又分出“石玉昆”一調。這都和子弟書是“一家眷屬”,也即是唱腔基調屬於同類。多舉幾個相近的綫索,可以幫助尋找一些“綫頭”,提供一些聯想,這也是極不得已的辦法。

子弟書唱起來每一字都很緩慢,即使懂得聽的人,有時也找不準一個腔中的每一個字。我親眼看見我先祖手執曲詞本子在那裏聽唱,很像聽昆曲的人拿着曲本聽唱一樣。我聽昆曲,就拿着曲本,由於唱腔紆曲轉折,時常聽的腔對不上看的字。到了聽硬書、贊兒等,覺字句之間,畢竟比子弟書緊湊。拖長腔、使轉折的地方，並不隨處都是，所以那時我還比較能够接受，這恐怕也是子弟書“廣陵散絶矣”的因素之一。

因此悟得，皮黄腔、女高音，一再地變了小口大鼓，才使得小口大鼓得以存在。又悟得子弟書在今天竟和宋詞、元曲同成案頭文學，同爲“絶調”，却又同成“絶響”的道理了。

還有所謂“東調”、“西調”，又稱“東韻”、“西韻”，這種區分只不過是流派風格的差异，其間並没有截然分開的鴻溝。東、西的含義，是指北京的東城、西城，極像“清音大鼓”的南板、北板一樣。清音大鼓本稱“清音”，今稱“梅花調”，南城唱腔變化較多，北城唱腔較爲平順重複。何以西城南城唱腔多繁音？憑我個人猜想，當時西城磚塔胡同一帶多曲班妓館，南城有八大胡同，更不待言。産生繁音縟節，是可以理解的。若論它們的基本腔調，其實並無大异。東調較低沉而剛勁，宜唱英雄悲壯故事；西調則較纏綿而又稍爲開朗，宜唱兒女情長的故事。我幼年聽西調，曾説它咩咩地像羊叫，雖遭到大人的哂笑和申斥，却也反映了它給人們的直覺印象。東調伴奏用三弦，西調也用三弦，有時也用琵琶，我記憶中的差别，如此而已。

清末有一位文人名果勒敏，譯音無定字，又作果爾敏。他字杏岑，旗下人，聞曾官遵化州馬蘭鎮總兵。會作詩，有《洗俗齋詩集》。他對於子弟書的腔調有許多創造，教了幾個盲藝人，我幼年所聽那兩位門先兒所唱的，已是果杏岑的再傳。可以肯定，他的創造無疑是向“雅”的方嚮去改的，事實證明極不成功，所以不到三傳，就連整個的子弟書都“全軍覆没”了。

五 平仄、用韻和句法基調

子弟書和元代北曲一樣，平仄是按北方音來讀的，特别是"入派三聲"，也有些字是故意用方音去讀、去押，那是個别的例外。後邊所録曲詞中，入作平聲的加括號標出，作上去的不標。

韻脚是"十三轍"，只有一些較詼諧的作品，才用"小人辰"、"小言前"等兒化的"小轍"，一般莊重的作品多不用小轍。

元曲是曲子的格式，所以三聲通押；子弟書因是七言基調，所以一回中一韻到底，都是平聲韻。如果换韻，只有待到另一回。

所謂基調，是指子弟書的基本句型和調式。它們主要是用七言律詩句子，再用些其他字數的碎句做襯墊，這在下文還要詳談。現在先舉一個起筆處來看：

《出塞》一篇，是寫昭君的故事，首先八句律詩，直用杜甫的《咏懷古跡》一組詩中咏明妃的一首。詩是：

群山萬壑赴荆門，生長明妃尚有村。
一去紫臺連朔漠，獨留青塚向黄昏。
畫圖省識春風面，環佩空歸月夜魂。
千載琵琶作胡語，分明怨恨曲中論。

相傳一個故事：有人見黄鶴樓上有崔顥題的詩，不敢再去題詩，因寫一詩説：

一拳捶碎黄鶴樓，一脚踢翻鸚鵡洲。

眼前好景道不得,崔顥題詩在上頭。

足見文人對前輩名家的態度,可以説尊敬,也可以説迷信。以一般的對聯來説,一句如用古人成句,另一句也必要配古人成句。倘若用自己的句子去配古句,一定要被人恥笑。在杜詩之後,緊接自己續作的句子,這在修養深的正統文人,恐怕誰也不敢。而這篇《出塞》子弟書的作者,舊題爲“羅松窗”的人,却毫無顧慮,放膽高歌地接着寫道:

傷心千古斷腸文,最是明妃出雁門。
南國佳人飄雉尾,北番戎服嫁昭君。
……

豈不正是因爲修養不深,也就是較少地受框子的限制,才能有這樣的膽力嗎?其實杜甫作詩時也未必像解詩的人想的那麽多。曹丕“受禪”後説“舜禹之事,我知之矣”,真是最坦白的至理名言,只苦了那些戰戰兢兢的文人。子弟書的成就,恰在於膽,也恰在於淺。

從這裏看到它們的句法基調,擴而大之,也可以理解它們的藝術風格的基調。下邊以《憶真妃》爲例,看這種文藝作品“一回書”的全貌。

六 刻本《憶真妃》

前邊已經説過,子弟書的刻本極少。十年浩劫前,我從老友韓濟和先生處借閲過一個刻本子弟書,抄下了一個副本。浩劫中這本書已和韓先生所藏的大量曲藝册子(藝人稱曲本爲册子)同付劫灰,於是我的這個副本,真不亞於“影宋善本”了。

此書刻本序文是寫刻行書體,書口上端一“序”字,下端“會文山房”四字。序文半頁八行,行十五字。本文宋體字,半頁四行,行二句,書口上書“憶真妃”,下書“會文山房”。眉批每行四字,正文行間附刻圈點。

子弟書的句式行款,無論是抄本、刻本,都是每行兩句,每句占七格,兩句之間留出空隙。每句字數不少於七字,不超過十四字。每七格中如安排多於七字的句子,就用夾行和單行並用的辦法來處理。八字句如:

孤燈兒照我人單影　雨夜兒同誰話五更

(按:這類曲詞中,除非兒化小轍處的兒字外,都作一個音節或補墊的半個音節讀。)

十字句如:

再不能太液池觀蓮並蒂　再不能沉香亭譜調清平

十一字句如:

莫不是弓鞋兒懶踏三更月　莫不是衫袖兒難禁五夜風

十三字句如:

眼睜睜既不能救你又不能替你　悲慟慟將何以酬卿又何以對卿

舉這一些,可概其餘。後邊附録全文,就只能單行橫寫了。

這本《憶真妃》未寫刊刻年月。前有隆文序,首稱“乙未夏”,是道光十五年。刻板也不會遲得過多。老友吴曉鈴先生也惠示一份刻本,計曲本三種:一是《蝴蝶夢》子弟書,刻於同治甲戌;二是《謗可笑》單出影卷,亦同治甲戌刻;三是《金石語》單出影卷,刻於同治庚午。這三種都是春澍齋的作品。據二凌居士跋,知這時作者已死。可知作者生存的大略時代,也可見這時這類曲本才得有序有跋,登於梨棗。

"影卷"是皮影戲的劇本,《金石語》附有《上場人物表》,後書"二凌居士未儒流編輯"。按二凌當然是指大凌河、小凌河,説明他是遼東人;未儒流即未入流的諧音,他一定是一個沉於下僚而略有文學教養的人。子弟書的提高一步,大約也即在這段時間裏。

七 《憶真妃》的作者

子弟書絶大多數没有作者可考。羅松窗和韓小窗並稱二窗,但人們對羅松窗的身世幾乎一無所知,他的作品也没有什麽標誌。韓小窗是韓濟和先生的旁支遠祖,我們還有些傳聞可稽。他的作品,喜好在開端幾句中嵌上"小窗"二字。

惟一有姓字可據的,是這本《憶真妃》的作者。從前的無作者姓名,正是一般文學藝術品的初期現象。到了有作者姓名,便已入了文人手中,處於提高的階段了。

《憶真妃》刻本前有隆文的序,説:"乙未夏,余由藏旋都,駐蜀之黄華館,適澍齋同年以别駕來省。……以近作諸本賜觀。"又説:"曾記共研時,霜橋孝廉戲澍齋句云:'前有袁子才,後有春澍齋。'"款署"愚兄雲章隆文拜讀"。從這裏得知作者春澍齋是隆文的同年,曾任四川某州的同知。按隆文字質存,號雲章,正紅旗滿洲人。嘉慶十三年戊辰翰林,散館改刑部主事,官至軍機大臣、户部尚書,謚端毅。

《蝴蝶夢》有二凌居士跋云:"愛新覺羅春澍齋先生,都門優貢生,宦遊奉省年久,與余筆墨中最爲知己。所著各種書詞,向蒙指示。公壽逾古稀,精神健壯。臨終先時,敬呈楹聯十四字云:'公正廉明真學問,喜笑怒駡皆文章。'夫子賞鑒,遂以此書相贈,梓付手民,以志不忘云爾。二凌居士謹跋。"從這裏得知春澍齋姓愛新覺羅,都門優貢生,(隆文所稱同年,應是生員同年。)曾在奉天做官多年。年逾七十還精神健壯。臨終以前,二凌居士得到書稿。《蝴蝶夢》刻於同治甲戌,假定春澍齋卒於這年,年約七十五,上推約生於嘉慶五年,在四川做同知時年約三十五,而《憶真妃》正是在蜀中所作。

清代旗下人的漢名,多是二字,並不連姓。普通即以名的上字代姓氏,如春某,字澍齋,即被人稱春澍齋。他既姓愛新覺羅,當然可在《星源集慶》宗譜中查出,從水旁的"澍"字可以推出他名的下字不離什麽"霈"、"潤"、"霖"、"澤"之類的字樣。但還有特殊的情況:清代皇族都姓愛新覺羅,本無差别。但清初即曾經官定,本支稱"宗室",旁支稱"覺羅"。覺羅人士可以署名某某,也可署名覺羅某某。宗室則署某某或宗室某某。覺羅人士爲了表示他也"系出天潢",有時也寫"愛新覺羅某某",而宗室反倒不這樣寫。婦女稱某氏,覺羅稱"覺羅氏",宗室則稱"宗室氏"。到了民國成立,袁世凱在所謂"優待條件"中曾有一條是要旗人名上冠以漢姓,清代的宗室人士爲表示自己原有姓氏,因而自署"愛新覺羅某某"的,但這只在行文上出現,社會交際的名帖上並不這樣寫,别人口頭也不這樣稱。以上是清初到清末和自民國初到一九四八年兩段的情况。

春澍齋的這個“愛新覺羅”的姓，很可能標誌着他是覺羅。如是覺羅，則須到《僊源集慶》宗譜中去查。問題還不止此，二凌居士跋中的齋上一字却是從木旁的“樹”字，這就更加不可捉摸了！

八　創造性的新詩體

子弟書雖然是歌唱的，但因爲它是敷陳故事，屬於鼓書一類性質，所以叫做“書”。當時這些“書”的作者，極像宋元之間的戲曲作者“書會先生”。他們創作作品，稱爲“著書”，所以隆文序中說春澍齋“尤善著書”，即指撰寫子弟書。

我對這個“書”字却有些意見，並非以爲只有經史子集才配叫書，必作議論考據才配叫著書，而是覺得它應叫“子弟詩”才算名副其實。這個“詩”的含義，不止因它是韻語，而是因它在古典詩歌四言、五言、七言、雜言等等路子幾乎走窮時，創出來這種“不以句害意”的詩體。我們知道白居易的作品在唐代總算够自由和大膽的了，那些《長恨歌》、《琵琶行》，通俗性並不減於春澍齋、韓小窗的子弟書，但他還出現過把周師範這個人名在詩句中只稱周師，自注“去範字叶韻”，直成了“殺頭便冠，削足適履”。當然由於冠履小於頭足，才去殺削，若有人能製出能伸縮、有鬆緊的冠履，頭足也就無須殺削了。

古代詩從四言到雜言，字數由少到多，句式由固定到不固定，都是冠履由緊到鬆。但每放開不久，就又成了定型。雜言到了李白《蜀道難》，總算句式相當自由了，三、四、五、七、九言雜用，思路、形象跳躍，當然與句型的變化是盡力相應的。但由於時代差异，語言習慣發展，今天讀起來，未免仍稍有生硬之感。歐陽脩的《明妃曲》，出現“胡人以鞍馬爲家，狩獵爲俗，泉甘草美無常處”的句式，實是以三四四的句子對七言句，但念起來遠不如子弟書流暢，主要應由於“胡人以”處頓不開，便成了七四七的兩句，相當拙澀了。

詞、曲解放了一步，因爲它們可以有襯字，但終究有曲牌的鎖鏈鬆鬆地套着。到了襯字辨不出來時，就都變了正文，那鬆鏈又變成了緊鏈。偶然遇到蘇軾的《水龍吟・楊花》、李清照的《聲聲慢》，能在緊鏈中任情高唱，大家不禁喝彩，可惜就只有這麽幾首中的幾句。

到了元明劇曲中，襯字活的，能“不以詞害句”；而定型了的，則多以文雅的詞藻、典故來堆襯，以救其“不成話”之窮，造成了“皮厚”（藝人稱易懂的唱詞爲“皮薄”，難懂的唱詞爲“皮厚”）的唱詞。西皮二黄唱詞似乎可以無多顧忌了，但也出現了“翻身上了馬能行”一類的句子。馬而不能行，上它何爲？實際“能行”只是湊數湊韻而已。

子弟書以七言律句爲基調，以其他的長短碎句爲襯墊，伸縮自如，没有受字數約束的句子，也就没有受句式約束的思想感情。雖也有打破三字脚的句子，但總以並列的四言鎮住句尾。在其他作品中，也有一句中以一個四言爲句尾的，但這種句中上邊總以鬆活的襯句領先，而且對句也必配得相稱。絶没有“胡人——以——鞍馬——爲家”那樣乾巴巴的句子。至於：

似這般，不作美的金鈴、不作美的雨，

怎當我,割不斷的相思、割不斷的情。

當然“不作美的雨”和“割不斷的情”是五言句,實際上這兩句是“作美金鈴作美雨,不斷相思不斷情”。加上襯墊,就把五言、七言句子變得有如烟雲舒卷、幻化無方了。又如蚯蚓有一般的長度,但禁得起切成碎段。斷了再長,又成幾條。這種既具有頑强的生命力,又具有多變的靈活性,歸結還不離一般的長度和形態。這種詩,襯墊自然,不必用很多的“啊”、“哦”來烘托,才够詩的氣氛;節約版面,也不必用階梯式的寫法,才成詩的形式;密咏恬吟,更不必用大力高聲,才合朗誦腔調。

另一方面,它的曲詞又可隨處移植:在演唱的場面上,從前聽到清音大鼓拿它作唱詞,後又聽到小口大鼓拿它作唱詞。可見它又没有唱法唱腔上的狹隘局限,豈不是一舉數得的民族的、民間的、“雅俗共賞”的新體詩作嗎!

九　子弟書與八股文

《憶真妃》隆文序中説:“余卒讀之,純是八股法爲之。以史遷之筆,運熊、劉之氣,來龍去脈,無不清真,而出落處,更屬井井。至於意思新奇,字句典雅,又其餘事。”

眉批不知出誰手,與隆文的序相印證,似即爲隆氏所批。在“忙問道”二句上批:“此等度法,純是天、崇、國初。”在“説這正是”句上批:“一‘説’字入口氣極妙。”

這裏須要加以説明的,首先是“清真”。按八股向以“清真雅正”四字爲標準。我所見到的最早露面處是在清代《欽定四書文·序》中,從此嚷了二百多年,誰也没能給這四字舉出定義。從字面上講,“清”當然是清楚,不雜亂;“真”應是對僞而言的,也就是不做“歪體”、“僞體”(即歷史上文藝評論家所反對的不合正統的詩文),或指不説假話。“雅正”是俗邪的反面,比較易懂了。在八股家的評語中,提出清真二字,便是肯定文章合乎標準的同義語。至於“度法”一詞,是指“度下”之法。何謂“度下”?比如題爲“甲乙”,先説了甲後,過度到説乙時,這個過度部分的話,叫做度下(回顧上文,連繫上文的話,叫做“挽上”)。“入口氣”也是八股的術語,例如題爲“子曰什麽”,在作者用自己的、客觀的説明交代完了之後,應該闡明孔子説什麽的時候,即應用孔子的口氣來説。開始用題中人物的語氣來説話處,叫做“入口氣”。

八股文曾爲什麽人服務及其功過是非等等,都是不待言的,也是這裏所不能談得全的。而它的邏輯周延,推理精密,一個問題必須從各面説深説透,這種種文筆的技巧,則又是讀過八股的人所共見的。作子弟書的人,生在科舉考試用八股文的時代,必都學作過八股文,也是可以想見的。但子弟書並不等於八股文,運用八股文的某些技巧,也並不等於作八股文,這也是不言而喻的。清代中期學者焦循,曾因八股文代題中人物説話,把八股比做戲劇;還有人作不好八股,因讀《牡丹亭》而文筆大進,這也都是八股技巧與戲曲有關的旁證。

這篇《憶真妃》還有一項最明顯合乎八股文法處,却未被隆文指出的,即是這段故事内容是寫楊妃死了以後,唐明皇在入蜀途中回憶楊妃的心情。所以有些傳抄本題作《聞鈴》或《劍閣聞鈴》。這未必全出抄者臆改,可能是作者某次稿的舊題。有涉及楊妃死前事跡處，都是明皇心中悔恨的追憶，而不是作者客觀的記述。如果實寫了以前的事，叫作“犯上”。又末尾只寫到天明起程，如用作者語氣寫出起程以后的事，便成了“犯下”。也不知是作者有意爲之，還是習慣使然，居然絲毫未犯這種戒條。

有趣的是全篇想唐明皇之所想，細膩入微，面面俱到，幾乎是滴水不漏了，然未免猶有令人遺憾處。如此心思玲瓏剔透的作者，却没留下從楊妃那一面設想的作品。

十 《憶真妃》全文

乙未夏，余由藏旋都，駐蜀之黄華館，適澍齋同年亦以别駕來省。他鄉遇故知，誠爲快事。澍齋詩文，固久矣膾炙人口，而尤善著書。如《憶真妃》、《蝴蝶夢》、《齊人嘆》、《罵阿瞞》，及《醉打山門》諸作，都中争傳，已非朝夕。兹長夏無事，欲解睡魔，澍齋因以近作諸本賜觀。余卒讀之，純是八股法爲之。以史遷之筆，運熊、劉之氣，來龍去脈，無不清真，而出落處，更屬井井。至於意思新奇，字句典雅，又其餘事。曾記共研時，霜橋孝廉戲澍齋句云："前有袁子才，後有春澍齋。"雖曰戲之，實堪贈之云。愚兄雲章隆文拜讀

通首詩文，尚未之見。今觀此本，已誠爲文壇捷將矣。拜服，拜服！曉瞻弟張日晸拜讀。

（按以上是序文和題辭，以下是全部曲詞和批語）

馬嵬坡下草青青，

今日猶存妃子陵。

題壁有詩皆抱憾，
入祠無客不傷情。

批：源源本本，高唱而入。（按：眉批原在上端，現爲閱讀方便，先出曲詞，下注“批”字，再録批語。又正文句旁圈點，多爲映照批語，今删。）

三郎甘棄鸞凰侣，
七夕空談牛女星。
萬里西行君請去，
何勞雨夜嘆聞鈴。

批：“甘棄”二字、“談”字、“請去”字、“何勞”字，春秋筆法，是老吏斷訟，盲者焉知。

楊貴妃，梨花樹下香魂散，
陳元禮，帶領着軍（卒）才保駕行。
嘆君王，萬種淒涼，千般寂寞，
一心似醉，兩泪如傾。
愁漠漠，殘月曉星初領略，
路迢迢，涉水登山那慣經。
好容易，盼到行宫，（歇歇）倦體，
偏遇着，冷雨淒風助慘情。

批：如此落題，是大家手段。

劍閣中，有懷不寐的唐天子，
聽窗兒外，不住的叮咚作響聲。

批：天衣無縫。

忙問道，外面的聲音是何物也，
高力士奏，林中的雨點，和檐下的金鈴。

批：蒼老。此等度法，純是天、崇、國初。（按：從前習慣“此和彼”的“和”，多寫作“合”，今改。）

這君王，一聞此語長吁氣，
説，這正是，斷腸人聽斷腸聲。

批：一“説”字入口氣極妙。

似這般，不作美的金鈴、不作美的雨，
怎當我，割不斷的相思、割不斷的情。

批：絶妙好詞。

灑窗欞，點點敲人心欲碎，
摇落木，聲聲使我夢難成。
鐺鋃鋃，驚魂響自檐前起，
冰涼涼，徹骨寒從被底生。

批：句句是情，句句是景。情中景，景中情，雙管齊下，横掃五千。

孤燈兒，照我人單影，
雨夜兒，同誰話五更。
怎孤眠，豈是孤眠眠未慣，
慟泉下，有個孤眠和我同。

批：匪夷所思。

從古來，巫山曾入襄王夢，
我何以，欲夢卿時夢不成。

批：非情天孽海中人不能如此設想。

莫不是，弓鞋兒懶踏三更月，
莫不是，衫袖兒難禁五夜風。
莫不是，旅館蕭條卿厭惡，

莫不是，兵馬奔馳你怕驚。
莫不是，芳卿意内懷餘恨，
莫不是，薄幸心中少至誠。

批：六“莫不是”是六層，一層深似一層。雅人深致，繡口錦心。

既不然，神女因何，不離洛浦，

批：三字有千鈞力。（按：三字指“既不然”，正文旁有密圈。）

空教我，流乾了眼泪，盼斷了魂靈。
一個兒，枕冷衾寒，卧紅蓮帳裏，
一個兒，珠沉玉碎，埋黄土堆中。
連理枝，暴雨摧殘分左右，
比翼鳥，狂風吹散各西東。

批：“連理枝”、“比翼鳥”用在此處，確乎不拔。

料今生，璧合無期，珠還無日，
就只願，泉下追隨伴玉容。
料芳卿，自是嫦娥歸月殿，
早知道，半途而廢，又何必西行。

批：“何必西行”，不錯不錯。

悔不該，兵權錯付卿乾子，
悔不該，國事全憑你令兄。

批：此等巧對，却在目前，他人萬想不到。

細思量，都是奸（賊）他誤國，
真冤枉，偏説妃子你傾城。
衆三軍，何恨何仇，和卿作對，

可愧我,要保你的殘生也不能。

批:冤枉真冤枉,可愧真可愧。

可憐你,香魂一縷隨風散,
致使我,血泪千行似雨傾。
慟臨危,直瞪瞪的星眸,咯吱吱的皓齒,
戰兢兢的玉體,慘淡淡的花容。

批:肖神之筆,寫得怕人。

眼睁睁,既不能救你,又不能替你,
悲慟慟,將何以酬卿,又何以對卿。

批:無地自容。

噯,最傷心,一年一度梨花放,
從今後,一見梨花一慘情。
妃子呀,我一時顧命,就耽擱了你,
好教我,追悔新情憶舊情。

批:"顧命"二字,口氣太毒,作書人應減壽十年。

再不能,太液池觀蓮並蒂,
再不能,沉香亭譜調清平。
再不能,玩月樓頭同玩月,
再不能,長生殿裏祝長生。
我二人,夜深私語到情濃處,
你還説,但願恩愛夫妻和我世世同。

批:愈轉愈曲,愈曲愈靈。

到如今,言猶在耳人何處,
幾度思量幾慟情。
那窗兒外,鈴聲兒斷續,雨聲兒更緊。

房兒内,殘燈兒半滅,冷榻兒如冰。

柔腸兒,九轉百(結),(結結)欲斷,

泪珠兒,千行萬點,點點通紅。

　　批:到底不倦,何等力量。

這君王,一夜無眠,悲哀到曉。

猛聽得,内官啓奏,請駕登程。

　　批:"曲終人不見,江上數峰青。"

一九八三年八月八日

説八股

一　引言

“八股”二字,現在已幾乎成爲“陳腐舊套”、“陳詞濫調”或説“死套子”、“濫調子”的代稱,使人厭棄、遭人反對的一切壞事物的“諢謚”、“惡謚”。我曾遇到過用這二字爲貶義詞的人,有的竟不知它是一種文體的名稱,更不用説八股爲甚麽那麽壞的理由了。

其實“八股”是一種文章形式的名稱,它本身並無善惡之可言。只是被明清統治者用它來做約束士子思想的工具,同時他們又在這種文章形式中加上些個繁瑣而苛刻的要求。由積弊而引起的諢謚,不但這種文體不負責,還可以説它是這種文體本身被人加上的冤案。

譬如有人用苛刻的不能忍受的條件挾制别人,俗稱給人“穿小鞋”。做服裝的單位、賣鞋的鋪子,都有功而無過,鞋的本身也無善惡的分别。即使是小尺寸的鞋,小孩需用,何壞之有!用挾制人的手段去虐待别人,好比給大脚的人穿小鞋,使他不能走路,那屬於挾制者的罪惡,與鞋無關。八股之成爲諢謚、惡謚,雖不像“尺寸小的鞋”那樣本身毫無責任,但形式太死板,苛刻條件太多,那究竟是限定型、設條件者的責任,實與文體基本形式或説各個零件無關。近代有人嘲笑作律詩好比帶着脚鐐跳舞,但跳芭蕾人穿的硬尖鞋,也不比脚鐐舒服多少!況且古今作律詩的人有多少,作品有多少,它們是否從來未曾有過文學藝術的作用?是否只是一堆用過了的廢脚鐐?恐怕也不見得。外國有“十四行詩”,爲甚麽必須十四行,爲甚麽十三、十五就不可以,恐怕也禁不得追問。

八股的基本形式很簡單。開頭“破題”,是説出這次要講的主要的内容是甚麽,性質也就相當於今天所謂文章的“主題”,次是“承題”,即簡單地進一步作主題的補充,類似“副標題”的作用;三是“起講”,是較深入地説明這個題目的用意所在,或説是内容大意。以下逐條分析,正面如何,反面如何,反覆羅列優點缺點,利處弊處。最後收場結束語。無論一百分鐘的“兩節課”、三小時的“大報告”、小組會的即席發言,乃至酒席之間評論一項菜肴的烹調做法,或運動場上解説員對某項比賽的實況解説,假如有人給它録下一段一段全部的原詞,然後分出局部,各立一個名目,恐怕並不少於“破承起講,提比後比”之類。因爲文體來自語言次序,某種常見的次序又多是實踐中選擇出來的。選擇的標準又常是由效果好而定的。用久用多了,成了傳統,成了套子,沿用的人也忘了它的所以然。假如我上兩節課,講一篇文章或一項問題。每段之後,有人在旁邊高唱“破題”、“承題”、“第一股”、“第二股”,不但要全場哄堂而笑,我自己也會苦笑着“心悦誠服”。這只説形式的自然形成,誰也不會認爲每人每次的“兩節課”、“三小時”所講内容必然都是“毒草”吧?

再舉個具體例子:導遊者向旅遊人介紹:“今天遊燕京八景”(破),“八景是本市的名勝古跡,已有幾百年的歷史”(承),“它們有的在市内，有的在近郊，遊起來都很方便”（講）。a景、b景（提比），“太液秋風不易見，金臺夕照已迷失”（小比），c景、d景（中比），“盧溝加了新橋，薊門換了碑址”（後比），“今天天氣很好，六景全都看了”（收）。哪個旅遊人會向這位導遊抗議説他作了八股呢？

有人曾提出：爲甚麽股必須“八”？回答是：是這種文章形式中常見用八條論點來講明問題，或説用八條的比較多。至於必須八條，那屬於發命令挾制人時所規定的苛刻要求之一，在早期考場中也不完全這樣。相題作文，題中兩項論點，即作兩大扇；題中三項論點的，即作三大扇，也被允許，並非從來未見的。只是愈往後來，要求愈苛，應考作文的人誰也不敢冒險去作罷了。更有只有六股的，童生（青少年初次應考的）的考卷，作不出八條的只作六股也可以。還有些偏僻小縣，文化教育很差的地方，根本找不出甚麽能作文章的人。但全國各縣都有“學額”，需要湊够數目。因此能作破、承幾句，即算及格。一次遇到一個考生在承題之後寫了“且夫”二字，考官就批道“大有作起講之意”，把這人列在第一名。這便是一股都没有，不是也算及格了嗎？

又有人提出：爲甚麽八爲標準？這我也答不出，但知八數在民族習慣中非常習見。爲何習見，我也説不清。且看《易》有八卦，肴有八珍，淮南八公，蓬萊八仙，漢末清流有八顧，周代賢人有八士，舞有八佾，塔有八角，荀子説螃蟹六跪二螯，總算破了八數，但校勘家根據生物實際現象，還是把它校改成爲八跪了。最壞的，駡人的話有“胡説八道”一詞，八道怎講，究竟道之爲八，又何壞之有？用這詞的人也説不明白吧？

二　八股文的各種異稱

（一）八股文

這種文體中首先是“破題”、“承題”、“起講”三個小部分，這三小部分合起來也被統稱爲“冒子”，只是爲説明題意。重要的在後部，逐條逐項去發揮，把那個主題從上下、前後、正反、左右，講得面面俱到，常常要説好多條，但常用八條。由於每條怕單説不够，常變换地、相對地配上一條陪襯，用以輔助加强前邊那個論點，使它不致孤立。既配上了一條，便成了一副對聯，一篇中便有四聯。兩條相對，好比人有兩股（腿），一篇最多不過八條，所以稱爲八股。八條的限制，也不是這種文體最初所有的。

（二）八比

每兩股既然必要相襯對比，所以每兩股叫做“一比”，那麽每篇中實際只容下四比。大約有人嫌股字不雅，便稱八股爲“八比”，殊不知八比便是十六股，名實不符了！

（三）制藝、經義、制義

科舉考試是皇帝命令去考試“士子”的事，皇帝的命令稱爲“制”，皇帝命作的文藝便叫做“制藝”。考試的内容是要士子講明所學的某種經書中的某項道理。講解經書中道理的文章叫做“義”，今天的教科書、教材還叫“講義”，以經書中某項道理爲題目去考試士子，這種試卷文章叫做“經義”。古代作經義還没有“八股”體裁，明清科場也有考《五經》題目的“經義”，文體並不全用八股,這屬於狹義的“經義”。《四書》既被列爲經書,在《四書》中出題作八股文,也曾被廣義地稱爲“經義”。廣義的“經義”,既是皇帝命作的,也曾被稱爲“制義”,與“制藝”一稱有時混用。舉人、貢士、進士的“舉、貢、進”,都是向皇帝舉薦、貢奉、進呈的意思,所以科舉又稱制舉,科舉的文章又稱制舉文章。古代考取人材,分科分類去選拔,所以稱爲科舉、科考等。明清以來,試多科少,混稱科舉,已名不副實,講解經義更流爲濫套了。

(四)時文、時藝

八股文相對兩漢唐宋的“古文”來説,是後起的文體。很像律體詩在唐代是新興的詩體,所以唐代稱律詩爲“近體詩”,以别於以前的“古體詩”。八股文對待“古文”稱爲“時文”也是同樣道理。八股既稱“制藝”,牽連也稱“時藝”。

(五)《四書》文

明清科舉考試的文體種類很多,殿試用“對策”;特别考試如康熙、乾隆時曾舉行的“博學鴻詞”科則考“律賦”和“排律詩”。還有皇帝對翰林院範圍的文官隨時進行“大考”,題目、文體也常由皇帝臨時指定。清末廢除八股後改用其他文體,這裏都不去説它。清代絶大部分的時間、絶大範圍的考試中,最主要的考試内容是《四書》,所用的文體是八股。所以從起碼的童生進學考試到最高的殿試之前,即縣、府、院試,鄉試,會試三大級的考試主要部分都離不開《四書》題的八股文,所以八股文又稱爲《四書》文。按講《四書》的文章並不是都是八股文,而用八股文形式作的文章也不全是《四書》的題目内容。但是習慣已久,“心照不宣”,

《四書》題目,八股體裁,已經牢不可分了。清代乾隆時皇帝命方苞選明清人所作《四書》題目的八股文共四十一卷,名爲《欽定四書文》,照樣有總批有夾批。從此《四書》題的八股文稱爲"《四書》文"更加"名正言順"了。

三 八股文形式的解剖

(一)題目

八股文既以《四書》題爲主要内容,以下俱以《四書》題爲例。

少數字的題,又稱"小題",多句或全章的題稱爲"大題"。有一字至一句的,如"戰"(《論語》)、"妻"(《孟子》)、"是也"(《論語》)、"匍匐"(《孟子》)、"少師陽"(《論語》)、"去其金"(《孟子》)、"節彼南山"(《大學》引《詩經》)、"子路不説(悦)"(《論語》),至於五字或再多的,不再舉例。有一句的,如前舉"節彼南山"、"子路不説"都是整句,如"戰"、"妻"等就是句中摘出的一字了。

還有兩句三句以至全章的,全章中有的可分幾節,例如"學而時習之,不亦説(悦)乎;有朋自遠方來,不亦樂乎;人不知而不愠,不亦君子乎"即是一章中分三節。出題爲了簡單,只寫"學而時習一節",或"學而時習二節"(即至"樂乎",或寫"學而至樂乎")。若寫"子曰學而全章",則是自"子曰"至"君子乎"了。

"戰"是摘"子之所慎齊戰疾"句中的一字,"匍匐"是截去"匍匐往"的"往"字,還有整句中截去半句的,固然都等於兒戲;

即使那些一章中取一節或兩節的,也已不是孔子、孟子諸人當時的完整意思了。

還有更荒唐的是截搭題,即截取句子的頭尾,或前一句的尾搭上後一句的頭,或截前一章的尾搭後一章的頭,更有隔篇截搭的。舉例來看:

“王速出令,反其旄倪,止其重器”是孟子對齊宣王説的。有人止取“王速出令反”五字,於是考生都作成王快出命令使人造反,成了笑柄。這是上下句的截搭。“異邦人稱之亦曰君夫人”是《論語》中《季氏》篇的末句,“陽貨欲見孔子”是《陽貨》篇的首句。有人截成“君夫人陽貨欲”,就更不像話了。

大家習知截搭題爲兒戲,却不想即出單句,原意也不完整。但這類出截搭題法是怎麽來的呢?因爲整段整章的題,前代人幾乎都作過了,考生念過,遇到同題,可以抄用。考官很難記得那麽多,辨别那麽快。於是出這種缺頭短尾、東拉西扯的題,可以杜絶考生抄襲的弊病。這也是清代後期這種現象才漸漸多了的緣故。不難想象,如果在雍乾時代,法令嚴苛,像那出“王速出令反”之類兒戲題的人,後果就不堪設想了。

(二)破題

顧名思義,“破”即是解開、分析的意思,翻譯密碼叫做“破譯”,猜謎語叫做“破謎”。文章開篇先把題義點明,叫做“破題”。從唐代人作律賦、宋代人作經義,直到明清人作八股文,開始點明題義的那幾句話,都被稱爲破題,只是唐宋人作法没有明清人在八股文中那樣死板罷了。

怎説死板?八股文的破題,規定只用兩句。也有三句的,多半是有一個長句中有略頓處,像是三句的。這兩句主要是概括題義、解釋題義,但又不能直説題義。直説的等於重複説一下,叫做"罵題"。作得好的,常是既透澈又概括。很長很複雜的題目,要用簡單的兩句把它點明;短到一兩個字的題目,也要用比題字多幾倍字數的兩句話把它説透。

在科舉考場中,考卷數多,閲卷人少。題目一律,文體一律。閲卷的時限又短促,每日要看若干本。閲卷人的精神情緒,不問可知。所以有人閲卷,一看破題已可預見到全文的水準。很簡單,一本卷子,頭兩句即不通順,下文怎能忽然變好?況且即使後邊較好,而開頭不通,一座没頂的房屋,也難算合格。因此閲卷者的注意力很自然地多投在破題部分。作者對破題部分也多費煞苦心,極力把它作好。還有倉卒之間測驗一個人才智,出一題令被測驗的人去"破",破得好,便過了這一關。可以算是最短最快的考試,前人記録的也非常多。

從實質上説,這種破題的作法,和作謎語極其相似。有謎面,有謎底。破題兩句即是謎面,所破的題目各字即是謎底。進一步講,整篇的八股文幾百字就是謎面,題目那些字即是謎底。因爲少數的幾個字或幾句孔孟的話,翻來覆去地硬敷演成篇,不過是用變着花樣的字面(字、詞)、挖空心思的論點,上下左右正反前後地開闢通道或堵塞漏洞。從其中看出被考的人對《四書》和朱熹的注解念得熟不熟,鑽得透不透,想得全不全。出題人拿出一字半句,類似零頭碎塊,作者也能把它説全,説圓,説得天花亂墜。這樣的士子"説謊"和"圓謊"的技能才算及格,才是可靠的官員材料。甚麼是"圓謊",比如説"惟天爲大,惟堯則之",堯學天,誰知道,誰看到?如遇此題,也要寫得逼真活現,豈非圓謊!下面舉些破題的例子：

“子曰”二字題，破説：“匹夫而爲百世師，一言而爲天下法。”這是不露出謎底的任何一字而把“子”（孔子，至聖先師）、“曰”（孔子所説，至理名言）二字説得不但非常透澈，而且絶對不能移到别人身上，這是最標準的破題。又因爲不露謎底題字，可以叫做“暗破”（各種巧立名目的破法不必詳舉了）。

“大學之道”、“天命之謂性”、“學而時習之”、“孟子見梁惠王”，這是《大學》、《中庸》、《論語》、《孟子》每部書的第一句，合起作題目。這四句毫無關連，破説：“道本乎天（切題中前二句），家修而庭獻也（切後二句，在家裏學習，在朝廷貢獻）。”又如“周有八士，伯達、伯适、仲突、仲忽、叔夜、叔夏、季隨”（《論語》記了八人，題目截去末一人季騧）題，有人作了破題的上句説：“紀周士而得其七”，缺一個下句。有人續出來説：“皆兄也。”毫無聯繫的七個人名，還故意缺少一個，用三字湊成了兩句“廢話”。少數字也破兩句，多數字也破兩句，有情理的破兩句，没情理的也破兩句。以上都是鄭重的場合中所作的冠冕堂皇的廢話。

還有公然作游戲的破題：“君命召，不俟駕而行”（《孟子》），破曰：“王請度之。”這也是《孟子》的一句，本意是請王自己忖度，這裏當作“王請”、“度之”講，度又是徒步行走的意思。“君命召”即是王者邀請，“不俟駕而行”即是不等得車來就徒步走了。這是特意作少數字的破。又有人看到一個秃頭人走過，指向另一人説：你能以這秃頭爲題，作一個字的破題嗎？回答説：“鞟。”《論語》“虎豹之鞟”朱熹注解鞟字説：“皮去毛者也。”

也有故意作長破的，如題“禦人以口給，屢憎於人”（《論語》），破説：“聖人憎禦人之人，惡其以善爲惡、以惡爲善、以是爲非、以非爲是、以賢爲不肖、以不肖爲賢者也。”三十七字,實只兩句;“之人”爲一句,“者也”爲第二句。其中頓號處,都是小停頓,不能算句。又有出“三十而立”題的,破云:“兩當十五之年,雖有椅子板櫈而不坐也。”

以上都是公開取笑的事,如真在考場中作,必然要被罰的。但鄭重的考卷中所作破題,它的原則和技巧,與這類遊戲是並無兩樣的。

還有誤解題義,作成不合理的破題的。一考官出“非帷裳必殺之”題,這是《論語》的一句話。帷裳是朝、祭用的禮服,尺度可寬。如非帷裳,寬了必須削剪。“殺”即削剪之義。一人作破題云:“服有違乎王制者,王法所必誅也。”把殺字解爲殺人的殺。雖然錯了,但考官因爲他維護王制、王法,就許可算他及格。

又一考官出“征商自此賤丈夫始矣”,這句出於《孟子》,是説開始徵收商旅税的人,爲統治者聚斂錢財,是個賤丈夫。考者誤解爲征討殷商的周武王,作破題説:“以臣伐君,武王非聖人也。”考官因爲他侵犯了周武王這位統治者的偶像,就把他判入劣等。

更有對題目字面亂作解釋的,如題爲“子之燕居,申申如也,夭夭如也”,作破題的人説:“記聖人之鳥處,甲出頭而天側頭也。”把燕破鳥,把居破處,申破甲出頭,夭破天側頭,可算荒謬而離奇的了。又有一位學政考一省的生員,出“鼈生焉”題。這是把《中庸》“黿鼉蛟龍魚鼈生焉”句,截去前五字,已不成話。生員作破題説:“以鼈考生,則生不測矣。”字多雙關,令人失笑。以鼈考生,可以講作用鼈的問題來考生員,也可講作派鼈來考生員。則生不測,可講作生員莫測高深,也可講作則發生不測事件了。結果學政被革了職。

（三）承題、起講

在破題後，用三句承接破題所説出的意思，這部分叫做“承題”，它具有承上啓下的作用。以三句爲標凖。

承題以下，引申、講明題義，或並説明題目内容的背景等等，這部分叫做“起講”，又稱“小講”，最多不得超過十句。

所謂的句，比較靈活，有時一句中的許多頓處，可以不被算做一句。如上文談破題中那個“禦人以口給，屢憎於人”題的長破，有許多小頓處都不認它爲句。爲了説明一篇中各部分的關係緊密，下邊聯貫舉一篇爲例，分出各部分來談：

狗　吠（出《孟子》“鷄鳴狗吠相聞而達乎四境”，是孟子對齊宣王説的話，見《公孫丑·上》）

清　蔣栻之

物又有以類應者，可以觀齊俗矣。

（以上是破題。“狗吠”上有“鷄鳴”一詞，所以説出“又有”。孟子當時是説齊國富庶，不是憑空爲説狗吠，用“觀齊俗”可以籠罩全題。）

夫狗，亦民間之常畜也，乃即其吠而推之，其景象果何如耶？

（以上是承題。大意是狗本是民間常畜，其吠有何可説？孟子所以提出狗吠，是爲説明齊國富庶，而富庶的景象究竟何如呢？這樣寫，既承上講明爲何提出狗吠，又引起下文的地步。因爲只抱“狗吠”二字而説，必然只表現狗吠的聲音；這裏擴展到狗吠的背景範圍，就不愁没有可説的了。）

若曰：

辨物情者，所以觀國俗；睹畜産者，所以驗民風。吾嘗入齊之疆，而竊歎其聚俗之盛也。

（以上是起講。從齊國之内，民風國俗説起，民生富庶，當然養的狗就多了。這樣寫，先鋪開齊國的環境，狗所生存的背景就不致落空。起講即可開始"入口氣"。"若曰"即是説孟子當時即是這樣説起的。從此以下，全要體現孟子的口氣，也就是所有議論，都是孟子説的。八股文這種特殊的講解經書義理的文體，要"代聖賢立言"，文中所論，都必須是替聖賢説話。從破承到起講，總起來是一大部分，也被統稱爲"冒子"。）

豈但徵之鷄鳴已哉！

（這種單句或小段都是文中的引子、楔子或黏合劑。用在前邊的叫"領題"、"出題"，用在中間的叫"過接"，用在後邊的叫"收結"，還有下文的或暗藏下文的叫"落下"等等。這裏"豈但"一句即是第一比以前的"領題"。明代曾把這部分的話稱爲"原題"。八股的苛刻要求之一，是不許"犯上"或"犯下"。例如孟子原話是"鷄鳴狗吠相聞而達乎四境"，而題目只出"狗吠"，如果文中講了鷄鳴如何，就算"犯上"；如講了達乎四境如何，就算"犯下"。這裏寫豈但鷄鳴就完了嗎？下句潛臺詞是還有狗吠呢！又可引出狗吠。如説它犯上，但它却是否認鷄鳴的。）

（四）八股、四比

以下接用《狗吠》一文的中間部分爲例：

自功利之習既成，而人争誇詐。故鬥鷄之外，尤多走狗之雄。

（以上第一股，從狗吠問題上想起走狗，走狗問題上又配上作陪襯的鬥鷄。這裏只提出狗，並不沾吠。）

自山海之資既啓，而户饒蓋藏。則吠夜之聲，不減司晨之唱。

（以上是第二股，與第一股合爲對聯。從人民收入富裕説到養狗的漸多，狗吠之聲，不減鷄鳴。仍没正面露出狗吠，又仍在暗中用鷄鳴陪襯。）

分瀝粒之餘甘，而馴擾優游，不過與彘豚並畜。乃暮柝相傳，而人爲之守望者，狗亦共之儌巡。蓋風雨晦冥之間，嘊嘊者終宵而未静矣。

（這是第三股，也是第二比的上聯。進入了全篇要正面發揮的重要部分。瀝粒餘甘指洗米的賸餘，與彘豚並畜是説養狗和養猪一樣簡單。人在晚間或守望或巡夜，狗亦隨着出力。嘊嘊是狗叫之聲，因此常常整夜可以聽到。這裏既説出狗的用處，也説出狗的叫聲。）

撫胎伏之無傷，而麀麌角逐，亦只與牛犢同群。乃夜扉既闔，而人樂其安居，狗尚嚴其戒備。蓋草露零瀼之際，狺狺者達旦而未休矣。

（這是第四股，是第二比的下聯。説狗的繁殖增多，可與牛犢同群奔逐。每到人家入夜關門之後，人已安居，狗還在戒備。露水滿地的草叢中，發出狗叫聲音，到曉不停。狺狺也是狗叫聲。這兩大股，從狗的生活、繁殖、功用，歸到吠聲。嘊嘊、狺狺更是形容狗叫的常用專詞。）

瞻之以影，聽之以聲，非其見聞習熟而狰獰欲噉者，一若有異言異服之譏。

（這是第五股。狗從人的影、人的聲，辨别是否熟習的人。如是生疏的人，便兇猛地去咬。這時它的作用很像古代國境上遇有特殊語言、特殊服裝的人要加以稽查一樣。譏在這裏是審查之義。前邊兩股已正面説出狗的功能和吠聲的廣泛，似乎已無可多説的了。這裏又提出狗能識别熟人生人，對生人進行攔阻、又吠又咬的情形。）

深巷之中，蓬門之下，苟其一唱嘷然而嘈雜齊喧者，並若有同聲同氣之助。

（這是第六股。前邊説了狗在較遠範圍能加守護。這裏説一個小户人家的門前,一狗一叫,衆狗齊叫,真有“同聲相應、同氣相求”的態度。）

由是國風十五,而盧令誌美,獨誇東海之强。

（這是第七股。從今天的狗追溯到古代的狗。《詩經》十五國風的“齊風”裏説到“盧令令”,盧是田犬,令令是犬帶的鈴鐺聲音。齊國在東海之濱,盧令載在齊風,可以説爲東海地方增强了聲譽。）

甚而食客三千,而狗盜爭雄,嘗脱西秦之險。

（這是第八股。説齊國的孟嘗君有三千門客,曾用鷄鳴狗盜的手段,逃出了秦國。前三比把狗的能力、功勞、譏查、咬人、吠影、吠聲、乃至嗺嗺、狺狺的聲音特色都寫得既詳且盡,到了最末,好像已無可再説了。作者忽然抬出狗的光榮歷史,輝煌地載於《詩經》、《戰國策》,有根有據,可以説是毫無遺憾了。只是還有一個小漏洞,是作者忽略了的,下一章裏再作詳説。）

苟使民居寥落,安能群吠之相呼;倘非萬室雲連,豈必村尨之四應也哉!

（這是用對句作結束,説明“相聞而達乎四境”的原因。即是説,如果齊國國内居民寥落,即有狗吠也不能連成一片。正因爲齊國富庶,萬家相連,才有吠聲相應的盛況。這是中間暗藏着“達乎四境”的下文。這種收結,稱爲“落下”。明代在篇末有一段可以自己發揮見解的話,叫作“大結”,清代取消了。）（此篇引自《目耕齋偶存》）

四　八股文的基本技巧和苛刻的條件

在前邊各項叙述中,已經可以見到八股文中一些個苛刻的要求，現在在介紹作八股文的基本技法中，也會隨處遇到。這真如佛書所謂“如油入麵”，無法專項去提煉了。說到基本技法，也即是初學入門者的基本練習，不是八股專家所評論的甚麽風格、甚麽義法，“大家”如何、“名家”如何的問題。專家的評論，常常比較玄虛、抽象，有時有些具體的指點，又常是文章中間的夾批。問題在於有些是作者自己已刊刻的作品，印出來表示向人求教，其實這些無異於請人注意的自我宣傳。另有些是中試之後把考中的文章刻印出來向人誇耀，這種作品多半經過修改或另作，原篇中的毛病已然不存。又次是書坊把中試的作品搜集刊印以供其他應試人作樣本去學習。像《儒林外史》中馬二先生等人所選所批的，即是這種坊刻本。以上這些刊刻本中的批語當然都是說好不說壞，所選的作品也必是優秀的，至少是合格的。因此，如果想找修改錯誤、批點瑕疵的樣品，是極難得到的。所以在廢除八股文後已達一百多年的今天，要想真正談出這種文體作法中的甘苦和竅門，其難也是不言而喻的。現在只能據我個人耳食所得的一鱗半爪加以介紹而已。

（一）换字

宋代傳説有人應考，題目是“圜壇八陛賦”。應考人文思枯竭，只寫道：“圜壇八陛，八陛圜壇。即圜壇而八陛，又八陛以圜壇……”如此寫了些句交卷，考官在後嘲笑性地批曰：“可惜文中尚不見題。”故事見於宋人筆記，大約並非揑造。因爲這類笑柄直到清代嘉慶中還有具體的例子。有一個八十餘歲的老童生應考，題爲“周公謂魯公曰”（出《論語》）。老童生寫道：“不觀周公乎，不觀魯公乎，不觀周公謂魯公乎？”考官照顧他年老，算他及格入學。可見"死於句下",對題面各字之外束手無策,是初學作文者的第一難關。於是善於誘導的塾師多半從換字教起。

我見到一本村塾啓蒙的書,名曰《八股啓蒙》,作者署名譚鵬霄,作了些各式的小題,詞句也都淺顯易懂,純粹是向童蒙示範的作品。可貴的是書的前面附了一部分《字眼便用》。大致介紹如下:

> 破各聖賢稱名
> 破虛字(此條漏刊標題)
> 從師教學考古好問類
> 詩書易象禮春秋類
> 禮樂制作類
> 致知力行言語事功類……
>
> (以下還有十九類,内容包括倫理、天地、器物、草木、鳥獸、戰争、政事、名人等等,大都幾項事物合成一條標題,亦無精確分合的原則,大約隨手拈出,只是向童蒙示範而已。)

看他所謂的破,只是代字。例如他首先説:"破題有一定破法,如孔子則破'聖人',或單破'聖'字,如'聖心'、'聖訓'之類是也。與群聖比論處,則破'至聖',所以别於群聖也。顔子、曾子、閔子、子思、孟子則破'大賢',其餘子貢、子張、子夏、子游諸賢,凡注稱孔子弟子者俱破'賢者'或'賢人'……惟子路或破'勇者',子貢或破'達士',須相題而用之……"

又如:

> “姑言”,意未盡而姑且言之,宜用於次句。“慨世”,慨歎世事單用“慨”字。“轉核”,核,考核也。核字略實。“首”,凡書中第一事用之,如“首舉”、“首論”、“首推”之類是也。

又如:

> “天”破蒼、蒼昊、天心、維皇、於穆、帝載…… “日”寅賓、寅餞、出日、納日…… “日月”升恒、薄蝕、出暘谷、入虞淵、積陽之精、積陰之精、昭回雲漢、昭臨下土、晦明嬗代、居諸遞更。

不必多舉,已足看到它的淺陋可笑。但是這本書的可貴處即在展示出從前教童蒙入手學作文,特别是學作八股文最初入門的真實情況。譬如在舞臺後面參觀初學武功和舞功的男女幼童,那些彎腰抬腿的功夫,相當殘酷。恐怕一般看戲觀舞的人,是不易見到的。我想宋代那位作《圜壇八陛賦》的人,如果曾遇譚鵬霄這樣的塾師,學過一些换字方法,也不致只翻覆四字留爲笑柄了。又這本書的作者雖然首先説“破題有一定破法”,好像這部分《字眼便用》只是專爲作破題的,其實不然。只要看《狗吠》那篇例子,不難瞭然,貫串全篇處處都在用替换字面的手法,尤其在兩股相對偶的部分,更不容雷同重複,於是愈可見出换字的重要作用。從這本《字眼便用》裏又可看出少數字换成較多數字的例子,當然反過來題中有較多字數的典故、成語處,也可用少數字的詞來替换的。這書裏講虚字的部分,連某個虚字宜用在上句下句、第一句第二句都加以注明。這並不是過分輕視童蒙,實是指示在文中“口氣”的問題,這真是教作八股的入門秘訣。

（二）對偶

漢語中爲甚麼有對偶，對偶是怎麼興起的，它的利弊何在，應不應該廢除，都不是我個人此刻所能解答的，也不是這篇文中所負的責任。現在談八股文，八股文中有對偶，是歷史的事實，對偶也是八股文技巧中極其重要的組成部分。以下只談怎麼對和怎麼樣學作對的問題。

八股文從"破、承、起講"以後，進入文章的主要部分後，即要分股，每兩股成爲一副對聯。單看一股（上聯或下聯），句子和散文一樣，並不都成駢文、律賦那樣"駢四儷六"的句式。但再看另一股，就必定與和它平行的那一股字句長短、虚字實字、人名地名等等都完全相當。這在前舉《狗吠》那篇例子中已經看到。以下要談談初學作文的童蒙，怎樣作入門的練習。

大家都知道對聯是實字對實字，虚字對虚字。例如天對地，人對物，是對非，去對來等等，很容易明白，只是它們還有一個附加條件，那是平聲對仄聲，仄聲對平聲。前文談過，有時有人突然向學生或别人出個題，令作"破題"，倉卒之間，有人便能作出很巧妙的破題，可算是最快的考試，最短的考卷。對對聯也常有這樣的情況，塾師出詞句令學生作相對的聯語，自然是功課的組成部分。有時家長親友也常向子弟出對令對，朋友談笑中也常出難對的詞句找人去對。這比只作破題的短小考試更短更小了，可算是微型的考試。

一個詞、一句詩找出可對的字句，究竟還比較簡單，若是長篇大套的句子，句句都對上對聯，就不太容易了。無韻的駢文，或有韻的賦，看起來句句對偶，初學人自然望而生畏。其實八股文對偶的一比一比中，散語較多，運用也較隨便，寫完了一股，還須比照着前股的尺寸，給它去配出下一股，豈不是自己找麻煩？有時兩邊湊合長短，真要費許多力量。當然也有些一股中有駢句，和下股的駢句字數不太相同的（參看後邊尤侗的文中第五六兩股）。當時的塾師們創造了一種歌訣一類作對聯的啓蒙書，下邊介紹一些例子：

康熙時有一位車萬育作了一本書，叫做《聲律啓蒙》，按照《佩文詩韻》分韻部，上平聲十五韻、下平聲十五韻，每韻作歌訣三段。如把那一段當作一首長短句的詩來看，便是每韻三首，三十韻共九十首。這種書有的刻本書名中有"撮要"二字，可見初稿可能段數要多，大概在傳習中，這種簡本也够用的，所以還没見到過不"撮要"的本子。試看：

一東（上平）

雲對雨，雪對風，晚照對晴空。來鴻對去燕，宿鳥對鳴蟲。三尺劍，六鈞弓，嶺北對江東。人間清暑殿，天上廣寒宫。兩岸曉烟楊柳緑，一園春雨杏花紅。兩鬢風霜，途次早行之客；一簑烟雨，溪邊晚釣之翁。

十五咸（下平）

冠對帶，帽對衫，議鯁對言讒。行舟對御馬，俗弊對民喦。鼠且碩，兔多毚，史册對書緘。塞城聞奏角，江浦認歸帆。河水一源形瀰瀰，泰山萬仞勢巖巖。鄭爲武公，賦緇衣而美德；周因巷伯，歌貝錦以傷讒。

這種歌訣,念起來非常順口,易背誦,易記憶。童蒙讀起來可以懂得字、詞、句怎樣相對,又可從長短句的配搭受到聲調和諧的啓發。不但有三字、五字、七字句,也有四字、六字句。念熟了,背慣了,就無形中打下了作詩作賦的基礎。再結合换字方法,運用這裏的任何句式都可以翻出不同的對聯。韻脚都是平聲,作爲歌訣比較好念,而其中每個"上句"又都是仄脚,倒過來就是仄韻的句子,把仄脚的句子用在"下聯",便是仄韻的對聯或仄韻的詩文的句子。

從唐朝的考試就有作詩一項。唐朝用"試律詩",是五言六韻(每句五字,每兩句爲一韻,共十二句)。清代用五言八韻詩,叫作"試帖詩"(每首共十六句,本文最後附帶介紹)。《聲律啓蒙》這類歌訣既對於學作詩、賦、駢文有用,即對於學作八股中的對偶句子也有用。在今天既不再有人作狹義的八股文,但還有人作舊體(或説古典體)詩詞,熟讀它們,也會受到有益的啓發。有人研究古典詩詞時,在解剖那些作品的技巧問題上,也不見得没有幫助的。

類似《聲律啓蒙》的書,著名的還有康熙時李漁的《笠翁對韻》等,不再詳舉。還有一種叫作《時古對類》的書,失作者名。從二言類起到十七言類止,全是對聯。例如"太乙、長庚"、"雨綫、風梭"等等。中間四言、五言、六言、七言的對聯都是不可分開的整句。至於八言常是兩個四言拼成,九言常是四五言或五四言拼成的。其餘如十言常是四六言的,十一言常是四七言的,不必多舉。最後十七言,有五五七的句子,還有長短句的如:"二老海濱居,一在南,一在北,不期同歸西伯;八元應運出,或爲兄,或爲弟,何意均成帝師。"則純粹是八股中的一比了。

（三）相題

這裏的“相”字是“瞭解”、“端詳”的意思，也就是“相面”、“相術”的相。有了題，必須先仔細揣摩題的出處，即是作爲題目的這個詞、這句話，乃至這些話是誰説的，對誰説的，在甚麽環境中説的，有没有不同的解釋等等方面都考慮到了，然後再揣摩這個人、這些話的語氣神情。例如有人作“知之者不如好之者，好之者不如樂之者”題，第一股立論寫從旁人看出“不如”的道理，第二股是寫從自己看出“不如”的道理（原文從略）。又如“學而時習之一章”題，一般看來，是平列的三條道理，有人偏要把它們分出次序，以爲“學而時習”的“悦”是根本，以下的“樂”和“不愠”，不能與之相等。因爲有些“游心物外”的人也會樂，“放達自恣”的人也會不愠，究竟全不如學習的“優游涵泳不期然而然”所得的悦（原文從略）。這真是挖空心思，無中生有，甚至可説是牽强附會的“胡説”，但在八股這種“没話找話”的文體中又不得不佔滿篇幅。早期的八股文本無字數的嚴格限制，有人作二三百字的短文，有人作一千餘字的長文。到了清代後期，嚴格限制到七百字，超出了就算不及格。因此有的説也須寫那些字，没的説也須寫那些字，又不是僅僅换字所能敷衍的了。

這種鑽空子的相題辦法，愈鑽愈奇，有時也能言之成理。例如有人出“伯夷隘”題（見《論語》），一考生卷有一股云：“隘又莫隘於絶兄弟之倫，中子既已承祧，何以不還奏壎篪之雅。弱弟早偕出遯，何以不同甘薇蕨以終。則父命天倫，亦兩無據。”考官感覺其説可怪，問他這説法的根據。回答是：春秋時人皆稱伯夷叔齊偕隱首陽，至戰國時，乃只伯夷孤行，而叔齊中途而返了。再問出於何書,回答是:"想當然耳。"考官認爲亂説,要加撲責。考生説:凡《論語》中皆夷齊對舉,至《孟子》中則單言伯夷,無一連及叔齊的,請告訴我是何原因。考官也無辭以答,就算他過了關。這種真是"讀書得間",找到了縫子。

前邊舉了學作换字法和學作對偶法的書,而這種揣摩經書題旨、鑽研古人語意的書,也頗不少,著名的如《五經備旨》、《四書備旨》等等,專琢磨《四書》的還有《四書味根録》等等。它們的形式是在木版刻的每頁書面上横分幾層,無論甚麽書的正文(連注)佔最下一層,甚至有些被壓到板面的三分之一的,上邊無論三層四層,每層各自排列着某方面的資料,從詞句的解釋、典故的原委、故事的背景、哪句話的精神、哪條道理的講法、哪一章的綜合宗旨、哪一節的部分論點等等,各自納入某些個横欄中。因此這種書的板面必然是頭重脚輕,頭長身短,俗稱叫做"高頭講章"。這種書的用處是預先把書中的某字句以至某章節都設想周密,分析細膩。擺在那裏,供作文章的人去吸取,甚至去抄襲。因爲這類"高頭講章"中從詞藻、典故到原話的意旨、所講的道理等等都給預備好了。在今天看來比有些"賞析"還全面,只是缺少今天的"文藝理論"而已。

在當時有一種口號,包括了"作學問"的重要内容,就是"義理、詞章、考據"。乾嘉時雖具有科學頭腦、不信宋儒理學的"樸學大師"戴震這樣的人,也居然舉過這三大項,更不用説一般打着桐城古文旗號的八股先生了。這三大項仍是爲應科舉作文章而説的。所謂"義理",即是琢磨出孔孟以至宋儒的思想論點;"詞章"即是作文章的技巧,從詞句、辭藻、章法、層次以至邏輯推理等等的鍛煉;"考據"的作用即是對歷史故事、典故出處不要弄錯。清代學者江永作的《鄉黨圖考》一書剛剛刻出,有人偶然先得到一讀,在應考時遇到出《論語》中《鄉黨》篇的題,他便抄用了許多論點,考官也没有看過江永的書,就對這本考卷大加讚賞。這便可以證明“考據”在科舉考試中的重要性了。

當時的導師,從塾師至學政等等指導後學作科舉文章的人,常提出平日要“積詞”、“積理”的口號。平日多積累有用的詞藻,作文時可以不致枯燥;平日多積累對某些“義理”的論點,以免作文時没有那麽多用以“分析”的説法。所謂“義理”,不過是《五經》、《四書》中古代聖賢所説的道理,最古有伏羲畫卦、文王演易、周公制禮等等的傳説,較後除《論語》直接記述孔子所説的話,還有許多關於孔子的傳説,甚麽删詩書、作春秋等等。翻看《五經》、《四書》,古代人的語言簡單,歷代解釋有許多異同,從元代至清代都以朱熹的注解爲標準,到了末後,如果曲解了孔孟的論點(如鑽了孟子未提叔齊事的空子),都能過關,而朱熹的解釋權,却是絲毫不許動揺的。

(四)口氣

八股文的“體制”,是要“代聖賢立言”,所以題目的話是哪個聖賢説的,作文者從“起講”起就要站在那個聖賢的立場,“設身處地”地想,替他把題目的那句話再加闡發、分析,説出幾十幾百句那個聖賢没説過的話。雖然那個聖賢没説過具體的那些話,而替他説話的人所説的又句句説得“逼真活現”,體會出符合(也就是“迎合”)那個聖賢意旨的話來,而所根據的解釋,又必定要出於“朱注”的。

清代學者焦循曾把科舉八股比作演戲,又有一個士子作不好八股,有一位老師給他一本《牡丹亭》劇本看,於是他作的八股水平大大的提高。因爲戲劇臺詞,都要深刻表現劇中人物的性格,正和作八股“代聖賢立言”的道理一樣。

代言、模擬口氣的辦法,最常用的是“若曰”(當然並不只用這二字)一詞,像前舉《狗吠》一篇的入口氣處即用這二字,是代孟子説的。“若曰”二字見於《書經》,八股用來作交代關係,表明身份,説明以下是某人説的,但又是作者替他説的。古人怎麽説的呢?“像是這麽説的”。即此二字,就包含這些層的作用,還具有退步餘地。如果有人質問説古書中並沒見那位古人説過這樣的話,作者還可以搪塞説:古人是“像這麽説的”呀。

用濫了時,也會用亂了。一個考官出“虎負嵎”(見《孟子》)的題,一考生在起講後分三段來説,全是虎的口氣。第一段開始説:“虎若曰,我所積畏者婦(指馮婦)也,今爾衆,其奈我何!”第二段是“虎若曰,我所甚懼者搏也,今徒逐,其奈我何!”第三段是“虎若曰,我所失勢者野也,今在嵎,其奈我何!”真是“匪夷所思”。考官要加懲罰,幫着閲卷的人説,這人一定怕老婆,所以説“我所積畏者婦也”,互相大笑,這生員也過了關。

(五)磨勘

與“口氣”問題相鄰或相聯的就是時代問題。比如説,代孔子説話時,用了秦漢唐宋人的典故或成語,就不算合格,理由是孔子怎麽能説出或運用他死了以後的人的話呢?其實這不過是苛刻挑剔的一個環節而已,孔子所説的只有那幾個字,凡是作文者加以“代言”的任何話,豈不都是孔子死後的話嘛!即使中試以後的文章,還有一關要過,即是“磨勘”。“磨勘官”(官名)逐一仔細檢查,從字的筆畫規範與否查起,哪句語法(當然不是按葛郎瑪的標準)通不通,哪個典故錯不錯,皇帝名諱避没避,"丘"、"軻"、"熹"字避了没避,直到口氣的合不合等等,都在檢查之列。當然這些問題在考官閲卷時已在留意範圍之内,但誰也不能没有疏忽的時候,這種補充檢查自然也是勢所必有的了。也有考官學識不够,因此誤加挑剔的。有作文者用了"佛時"(見《詩經》)一詞,考官誤以爲"西土經文",看見"佛"字即以爲與佛教有關;又有人用"貞觀"(見《易經》)一詞,考官批説:"貞觀是漢朝年號。"他不但不懂貞觀一詞,還把唐代説成漢代。這些笑柄既反映了八股文無理取鬧的挑剔,又反映了考官的没知識,足以説明了科舉"選拔人材"只不過一句空話而已。

前邊《狗吠》一文末一股的按語中曾説到有一漏洞。不知蔣栻之這篇文章是自己練習作的"窗課",還是考場中的試卷。如是試卷就有被磨勘的危險。原因是孟嘗君入秦被留,用門客鷄鳴狗盜的手段得以逃出這件事與孟子説齊宣王的時間誰先誰後。孟子書中記齊宣王的事,史書記載都是齊湣王的事,於是孟子的説"鷄鳴狗吠"這事的確切時間已有問題,成了疑案。萬一孟嘗君的事在孟子的事後,那麼"鷄鳴狗盜"的典故就不許用在孟子語氣之中,這是漏洞之一;又"鷄鳴狗盜"都是真人假裝的,這文裏當作真狗的歷史,便成了以假當真,這是漏洞之二,也會有被磨勘的危險啊!

又周鎬作"我將去之"題(見《孟子》),起講説到太王將去邠時,對其耆老的惜别的心情:"天下黯然銷魂者,别而已矣。""黯然"二句是南朝江淹的《别賦》中的句。這文大概是自己的習作,如果遇到磨勘,必定被挑剔出來(周鎬此文見《犢山文稿》)。

（六）釣、渡、挽

這類名詞，是作八股文時某些特定手法的術語。這些手法，都是作"截搭題"中用的。例如前邊舉過的"王速出令，反"的截搭題，現在已不知當時人怎麼作的文章，姑借此作例來説，文中應該包括兩個重要層次，一層是王速出令，一層是反（返）甚麼。從破題起，就要概括這兩層的五個字，直到分股闡發之前，也就是在"領題"的地方遠遠地暗示或提醒，"出令之後還有反呢"，這個伏筆好比釣魚，所以叫做釣。渡是從上文引起下文，挽是從下文關照、回顧上文。由出令怎麼就會引出反的論點呢，當然要有一些引起的話，就叫做"渡下"；説完了反，再説這是王令教作的，即是"挽上"。關於這種啓下承上的部分，流傳有名的有三個故事：

一是"可以人而不如鳥乎？詩云穆穆文王"，兩句毫無關係，如何寫在一篇文裏，還要使它們互相聯繫（截搭題絶大多數是截取相連的字句，像這裏還可以截"乎詩"，但不可以截"鳥文王"。前舉用"學、庸、論、孟"每書的首句合起爲題令人做破題的事，是一種臨時測驗借用的題目）。這個作者在作了"夫人不如鳥，則真可耻矣"，正在没法接上，反覆朗誦這句時，隔壁有人聽到後説"如耻之，莫若師文王"，他便用上了。這件事，記録者説是在承題部位黏合上下文義的，也即渡挽的手法。

二是"以仗叩其脛。闕黨童子將命"題，作者寫道："一叩而原壤痛，再叩而原壤仆，三叩而原壤死矣。三魂渺渺，七魄沉沉，一陣清風，化爲闕黨童子。"如果説作這種文的是向出這種題的人開玩笑，那也是出題人"咎由自取"。

三是"王如好色，與百姓同之，於王何有。孟子謂齊宣王曰，王之臣有託其妻子於其友”（寫題時，即簡化成“王如好色至有託其妻子於其友”）題，作者寫道：“王之好色，與百姓同之，而不與王之臣同之者，王之臣自有其妻也（一作“自有其妻子故也”）”。以上是渡下。再後邊寫：“王之臣託其妻子於其友，而不託於王者，以王之好色也。”以上是挽上。出兒戲題，作兒戲文，到這個地步，也就足以説明八股考試的没落、墮落。但反顧那些就算“一本正經”的題和文，“没話找話”和“東拉西扯”，與這類的本質上又有甚麼不同！

（七）附談純粹的兒戲題

前談兒戲題，還是偶一出現的，基本上還是《四書》上原有的文詞，只不過是胡作截搭罷了。至於乾隆皇帝，屢次出題，文臣都知道出處，一次出了一個“燈右觀書”的題，用來“大考翰（林）詹（事）”。彭元瑞算是最爲博學的，也不知出處，就請示出處，皇帝大笑説：“今天可難倒彭元瑞了。”原來是昨晚皇帝在燈右看書，想起用這四字爲題。如此難倒文臣，未免近於撒賴了。

彭元瑞作學政，考四個府屬的學生，出“洋洋乎”、“洋洋乎”、“洋洋乎”，各注其出自某篇。主管人説還少一個題，彭元瑞説“少則洋洋焉”（《孟子》）。這不是集中地作出題遊戲嗎？彭氏還有許多用若干題中若干個首一字拼成一句話，切合當時某一事的，更屬無聊，他被那樣“難倒”，也算毫不冤枉吧！

同時的鮑桂星（字覺生，號雙五）也曾集中地出遊戲題：把《四書》中的話任意割取少數字爲題。如“顧鴻”（“顧鴻雁麋鹿”見《孟子》）、“驅虎”（“驅虎豹犀象而遠之”見《孟子》）、“及其廣大草”（“及其廣大，草木生焉”見《中庸》）、“見牛”（“見牛未見羊也”見《孟子》)、“禮云玉”(“禮云禮云,玉帛云乎哉”見《論語》)、“十尺湯”(“交聞文王十尺,湯九尺”見《孟子》)、“七十里子”(“伯七十里,子男五十里”見《孟子》)、“穀與魚”(“穀與魚鱉”見《孟子》)、“下襲水”(“上律天時,下襲水土”見《中庸》)、“寶珠”(“寶珠玉者”見《孟子》),這分明是無理取鬧。有考生每題作詩一首,但不知是以詩代文寫在卷上,還是另外作詩來進行嘲笑,大概還是屬於後者。今舉六首:

“顧鴻”詩云:

禮賢全不在胸中,扭轉頭來只看鴻。一目如何能四顧,本來孟子説難通。

“及其廣大草”詩云:

廣大何容一物膠,滿場文字亂蓬蒿。生童拍手呵呵笑,渠是魚包變草包。(鮑字拆開是“魚包”二字,“草包”諷鮑氏無知。)

“見牛”詩云:

屠刀放下可齊休,只是當年但見牛。莫謂龐然成大物,看他觳觫覺生愁。(“覺生愁”,可解爲“覺得生愁”,實因鮑氏字覺生,雙關諷刺鮑氏。)

“穀與魚”詩云：

秋成到處穀盈堆，又見漁人撒網回。不是池中無别物，恐防現出本身來。(“本身”指鱉，亦即指鮑氏。)

“下襲水”詩云：

真成一片白茫茫，無土水於何處藏。侮聖人言何道理，要他跌落海中央。(按：不但這種割裂題是“侮聖人之言”，即那些鄭重其事似的一詞半句乃至單句半章的題，又何嘗不是“侮聖人之言”呢！)

“寶珠”詩云：

揀起明珠玉任沉，依然一半是貪心。旁人不曉題何處，多向紅樓夢裏尋。

以上舉出許多話柄和笑柄，並非僅只供讀者一笑，而是爲説明死套子中也有漏洞和八股文題目割裂的不合理。一詞、半句、單句等割裂的小題固然不合理，即使不完全的半章或不相同的連章大題，又何嘗合理？不用等到光緒三十一年，豈不早已該廢了嗎？奇怪的是，康熙曾經下令廢除八股和禁止婦女纏足，却遭到大詩人王士禛(漁洋)的堅決請求，才“收回成命”，可又怎麽講呢？

五　選和批

我們都看過《儒林外史》,裏邊寫了許多應舉的士子們的故事,還寫了馬二先生和匡超人爲書鋪選文、批文的事。這是科舉生活和八股流行過程中的一個重要環節。

選,當然是指選取可資學習的模範作品,它不但包括明清各大名家的八股名篇,最受讀者歡迎的更在於當時考取中試的文章。古今一理,文學藝術作品都有一時的風氣,科舉考試所用的八股文更具時代性、時期性。某一科被取中的文章作風,尤其是正要應考者所必須注意掌握的。它們反映這時期考官閲文的標準,也就是即將應試者的投機對象。所以當時新被録取的中試文章,被稱爲“新科利器”。“新科”指的是最近這次考試,“利器”是指這類文章好比打仗的刀槍、開鎖的鑰匙,也即是正符合這時期考官胃口的特效藥。

當時的“書坊”,包括今天的出版社、編輯部、印刷廠、售書店,只是缺少今天的固定編輯成員。書坊老闆出版這種選本,自然成爲暢銷書,但須有高手來選、編、評、點,要求的條件是選得符合投機之用;編得有吸引力,名列鼎甲,做了高官的當然列前,有些名次雖然低而名頭較大的也應編入;評和點是緊密相聯的一件事,評的恰當明顯,説出真正優點所在,對參考者説哪裏是最應注意處,這是讀者所最需要的。出版還要快,當時没有版權法,誰先出誰賺錢,所以匡超人批的快,大受老闆歡迎。評語寫在紙上的叫做“批”,有對應文句夾在行間的叫做“夾批”,寫在横欄上邊的叫做“頂批”,寫在篇後的叫做“總批”。輔助批語的標誌是圈點,當然文中有句讀,停頓處用逗(是扁點),整句處用圈。較好的句子,在逗處重一個扁點和句處重一個圓圈。再好的,在句中每個字旁加一扁點,再好的每個字旁加一圓圈(注意,每句中連用點或圈時,首一字不加點圈,以顯示那是句首。如“夫天地者”,“夫”字旁絶不加圈點)。這種圈點更富於直觀性,除了語言評論之外,還有圈點的標誌,一目瞭然,哪是最好處,哪是次好處。專從技巧方面講,它們比今天長篇的賞析文章,還較多地富有直觀性。從前也有許多人用這種方法、方式去選評古文,評點小説,甚至有評點全部《史記》的,被稱爲“評點派”。

至於所用的評語也很靈活。比如文中議論虛實處,評論點出,即寫一“虛”字或一“實”字。或評其主賓處,即寫“此處是正面著論,是主”,“此處是反面作襯,是賓”,乃至更多更詳,就可以類推了。後邊的總評,不但要總體指出文中的好處何在,令人信服,還要詞句典雅,顯出評者的文筆水平。現在不再舉例,因爲這種評點因文而異,又因評者而異,並且必連原文才能説清,如果舉例,太費篇幅,所以例子從略。

六　八股文體的源流

八股文的遠源,一般地常追溯到北宋的王安石、蘇轍諸家的“經義”,南宋陳傅良諸家的“奥論”内容也即是“經義”。還有從破題等技術方面,又追溯到“律賦”等文體。還有從明代篇後用“大結”,借發揮經義引到陳述、評論政治問題,又牽涉到“策問”等等。總之,可以追溯比附,却又都不全像,其實不難理解:皇帝需要層層的官員,招來自己可用的“人材”,重要的不外乎兩方面條件,一是思想合乎要求,一是能有政治頭腦。招來的方法之一即是科舉考試。思想的標準,要統一於孔孟之道,那就是看被招來的人能不能合標準地理解“經書”的思想,便用講解經書的辦法來測定,講解形式即是“經義”。瞭解被招來的人有無政治頭腦,便用“策問”的辦法,考他們對於某些政治問題的見解和有甚麼處理辦法。根據策問所作出的答案,即是一條條的“對策”、或成大篇的“策論”。應考作文章的人都必然具有許多古代文章技巧的素養,在作文或答卷時隨手運用出來,就自然形成了多項功能、多種形式或拼合而成的綜合文體,逐漸定型於八股文,成了明清科舉考試各種文體中的最主要的部分。

八股文在反映思想上,吸取了“經義”的原則,即主要的是講解經書中孔孟的道理。文章自然都要有次序、有條理、又有邏輯性,也就要有主題、有發揮。這就形成有破題、有起講,到分條議論的分股。對偶、聲調是古代文章的藝術手法,也是漢語文學技巧的一些重要組成部分,也逐漸納入八股的做法中。又要瞭解應考人的政治頭腦,就在文章最後安排一個“大結”,以起政策答案的作用。

這種合成的過程很長,到了明代初年剛有雛形,到了弘治以後,才漸漸具備八股文的各項條件而成了定型。《明史・選舉志》:其試士之法,專取《四子書》及五經命題,代古人語氣爲之,“體用排偶,謂之八股”。一般説,好像定了型就穩定了,但並不然。各個部分有先無後有的,也有先有後無的。各部分的字句也有由多轉少的等等。例如破承起講部分,句數隨着各時期而變動;大結由痛快發揮經過逐漸縮短,以至完全取消。後人追論八股文的源流,往往抓不準。這條相合了,那條又不合了。譬如拿一家祖孫三代的照像來看,必然有共同點,也必然有相異點。要知按模型軋出來的瓷器,機器生産的用品,如果極仔細地檢查,也必都有一些不同處,即使有極小的一點,也算不得完全相同,何況逐漸形成的一種文體呢?

總而言之,八股文體是由陸續沉澱積累而成的。當它剛剛沉澱形成,又被人嫌它的密度不够,又再加以擠壓,加上更多的苛刻條件,並再削去大結,以箝制議論之口,接着減少破承起講的句數,又再限制全篇的字數。初期童生習作的"六股",到了很後時期,正式試卷中六股也被默許了。概括説來,自北宋到明中葉,是八股逐漸成形時期,自明中葉至清末葉是擠壓以至萎縮時期。光緒三十一年,這位姓八名股先生的肉體,正式壽終,但他祖先傳給他的遺傳基因,却並未由於他死而斷絶,在他子女内外孫輩子女身上仍然潛伏着,從藝術形式和技巧上或隱或顯地不時冒將出來。

講八股文的專書,清代有阮元的《四書文話》(未刊行),梁章鉅的《制藝叢話》。又有一九三〇年章中如的《清代科舉制度考》、一九五八年商衍鎏先生的《清代科舉考試述録》中附帶談八股部分(本篇拙作除注出者外,事例資料都是根據以上各書。只爲説明問題,不再詳注卷頁)。

阮元的書未見傳本,内容不可知。梁章鉅的書有刻本,内容多是品評優劣、舉出利弊,没有全面基本法則的介紹。因爲當時凡讀書應舉的人都必然學過八股,所以並不需要從頭講起。後兩種講科舉制度,連帶講到八股文,並不佔主要位置,因而也不求詳細。此外像清初顧炎武的《日知録》中曾有意識地記過八股文的源流,以後其他人的筆記書中也間或有談到的。凡涉及八股文形成過程的,都追溯來源,但比起來看,又都有對不上、套不全的感覺,甚至成爲疑案。八股文究竟從哪裏掉下來的?所以這裏不嫌辭費地作些説明。

以上是説八股的來源。任何文體流行久了,没有不生流弊的。明代中葉有些自命會作"古文"的人不屑以八股自居,而標榜能以古文筆法作八股。其實他們所謂的古文筆法,只不過是在一股中用古文句調去作罷了。但八股不可能没有相對的另一股,那麽兩股相對,必然又是一雙長聯。清代中葉阮元有一段話説:

> 時文曰八股者,宋元經義四次駢儷而畢,故八也。今股甚長,對股倣此,偶之極矣。震川(歸有光)輩矜以古文爲時文,耻爲駢偶。孰知日坐長駢大偶之中而不悟也。出股數十字,對股一字不多,一字不少,起承轉合,不差一毫,試問古人文中有此體否?

以上一段見揚州博物館藏阮氏手寫條幅墨跡,不見於《揅經室集》,但集中另有《書梁昭明太子文選序後》一篇,略謂:

> 明人號唐宋八家爲古文,爲其别於四書文也,爲其别於駢偶文也。然四書文之體,皆以比偶成文,不比不行,是明人終日在偶中而不自覺也。且洪武、永樂時四書文甚短,兩比四句,即宋四六之流派。弘治、正德以後氣機始暢,篇幅始長,筆近八家,便於摹取。

足見明代茅坤等人的特别標舉唐宋八家古文，實際也是不滿八股的一種表現。只是以唐宋八家來反對八股，未免不够徹底罷了。

再後，發生了濫調的弊病。有人諷刺性地作了一段空話的濫調説：

> 天地乃宇宙之乾坤，吾心實中懷之在抱。久矣夫，千百年來，已非一日矣。溯往事以追維，曷勿考載記而誦詩書之典要。元后即帝王之天子，蒼生乃百姓之黎元。庶矣哉，億兆民中，已非一人矣。思入時而用世，曷弗瞻黼坐而登廊廟之朝廷。

這兩大股中，全是空洞而且重複的詞句，但平仄抑揚，深合八股的腔調。當時被稱爲“墨派”（考場中的試卷，應考人在卷子上用墨筆寫，爲了防止考官認出應考人的筆跡，所以專派人用硃筆抄出考卷上的文章，讓考官去評閱。墨筆寫的叫做“墨卷”，硃筆抄的叫做“硃卷”。考場外私自練習的作業，當然也屬墨卷範疇。隨便運用濫調，常被稱爲“俗調”，有人用“反話”稱它爲“脱俗調”，也就等於説“俗調”，又簡稱“墨派”）。濫調的形成，多數由於模倣或套用。例如有一塾師作“魯衛之政兄弟也”題，説：“謂魯之政即衛之政可也，謂衛之政即魯之政可也。”其徒倣效來作“彌子之妻與子路之妻兄弟也”題，説：“謂彌子之妻即子路之妻可也，謂子路之妻即彌子之妻可也。”見者無不大笑。（見《堅瓠集》）這時八股文體已正式破産了。

七　八股文的韻律

八股文既然是吸取古代若干項文體綜合而成，它又用了駢體文中長聯式的對偶，那麼駢文的韻律手法，自然會附帶引進。乾隆中曾一度明令不許用駢體，大概指的是四六形式的純粹駢體，並未禁止在對偶中和諧聲調。下面舉乾隆時人周鎬的一篇爲例，同時也解釋了篇中的大意，爲層次技法的參考。

逸民伯夷叔齊　　　　　　清　周鎬

有逸於商周之際者，民之望也。

（以上破題）

夫夷齊之遇，不爲民不可，同爲民而又不忍也。民而稱逸，此其所以爲夷齊乎。

（以上承題）

且自古聖人並起，莫盛於商周易姓之交。生文武以爲君也，生三仁又生十亂以爲臣也，天生夷齊何爲也哉？曰以爲民也。夫君臣不易得，民則滔滔皆是，安用聖人？不知有易代無易民，苟任其互興互廢於其間，民彝之性先亡，君臣之統愈亂。聖人適遭其變，不敢自外於民，而又不忍自混於民，於是有逸之一法，所以立民極存民心也。故魯論叙逸民而首舉兩人焉，曰伯夷叔齊。

（以上起講。這篇起講做的較長。"故魯論" 等十七字有人稱它爲 "原題"，也可稱爲 "領題" 或 "出題"，聯在起講之尾，又可成起講的一部分。）

仄平　平仄平平　仄仄平平　平平仄仄　平平平仄　　平平平

首陽之薇蕨誠甘，則北海高棲，奚爲引領就岐山之養。知姬宗行

仄　平平平仄平平　　　仄仄　平平　仄仄平平　平平仄仄　平

善，夷齊非有違心也。載木主而東征，死父難欺；三分服事之孤

平 仄仄平平仄仄
忠,入地應傷扣馬。

（以上第一股。説明夷齊並非原來就想隱居,也並不反對文王,只是認爲武王伐紂的行爲不太合理。）

仄仄 平平仄仄 仄平平仄 平仄平平 平仄平平 仄仄平
鎬洛之屏藩可慕,則墨胎華胄,奚不承祧襲孤竹之封。知蓋世功
平 平平平仄仄平平 仄平 平仄 平平平仄 仄仄仄平 平
名,夷齊不屑縈懷也。告武成而班爵,桓裳雖貴;八百會盟之侯
仄 仄平平仄平平
服,戴天宜愧從龍。

（以上第二股。説明夷齊原來就没有做官求榮的心,受武王酬勛封爵的人,比起夷齊,應該有愧。這一比是從夷齊正式去做逸民之前説起。）

且夫

（這是“出題”,也就是進入正面題旨的起手處。）

平仄仄仄
不得已而逸者,其逸最苦;

（以上第三股）

平仄仄平
不必逸而逸者,其逸更奇。

（以上第四股。這是一小比,也起着引入正面題旨的作用。）

平仄平平 平仄 平平 平仄平平平仄 仄仄仄平
謂夷齊生不逢時,時則何害於夷齊也。千古非常之舉,數見則安。
仄仄平平 平仄仄平仄仄 平仄仄平 仄仄 仄平仄仄 平平
放桀南巢,來世不聞口實。況軍士倒戈而反鬥,篚筐載幣以迎師,
平平 仄平 平平仄仄仄平 仄仄仄平仄仄 平平仄仄 仄
天心亦可知矣。夷齊素屬布衣,去就不妨自決。即周旋二姓,豈
仄平平仄仄平平 仄仄平平平仄 平平 仄仄仄仄 平平
有隳名失節之嫌。此亦何須於逸者,而夷齊乃不忍不逸也。殷民
仄平 平仄平平 平平仄平 平仄平平 仄仄仄仄平平 仄仄
也歟哉,如獨夫何;周民也歟哉,如舊君何。以暴易暴之言,直欲

平平仄仄平平 仄平 仄仄 仄平平仄 平仄仄平仄仄
澮麾旄仗鉞之心，勉嗣王於養晦。故義人扶去，深恐阻撓大計，
平仄平平仄仄平平 平仄仄平仄仄 平平仄仄仄平平仄 仄平
而又羞蒙殺士之名。斯豈普天率土之恒規所得强而拘也。逸焉
仄仄
已矣。

（以上第五股。反覆説明這次政變原與夷齊無關，夷齊本可不逸，而又不忍不逸。因爲如果堅持做殷民，那個獨夫紂王實在不配擁護；如果便作周民，又對不起舊君紂王。在陣前駡了武王是“以暴易暴”，竟没被殺，且被稱爲義士而扶去，在這種兩難而微妙的處境中，只好逸吧！）

平平仄仄平平 平平 平仄 平平 仄平仄仄平平 平平仄
謂夷齊所事非君，而君則何棄於夷齊也。我周鼎革之初，憐才甚
仄 平平仄仄 仄平仄仄平平 平平 仄仄平平 平仄 仄平
篤。商容復位，下車首拔名賢。矧朝鮮拜訪範之師，東夏留象賢
平仄 平仄 平平 平平仄仄平平 仄仄平平平仄 平平平
之客，王度亦恢宏矣。夷齊分異周親，出處無難從便。即黄冠旋
仄 仄仄平平仄仄平平 仄仄平平平仄 平平 仄仄仄仄
里，亦備新朝顧問之資。此又何容於逸者，而夷齊乃不敢不逸也。
平平仄平 平平仄仄 平平仄平 仄平仄仄 仄仄平平平仄
遺民也歟哉，呼之亦可；游民也歟哉，應之亦可。我適安歸之嘆，
平仄仄平平仄 仄仄 平平 仄仄平平 平平仄仄仄
直欲破銜璧負圖之案，警百爾以偷生。故槁餓奇蹤，其文不載尚
平 仄平仄仄平平平仄 平仄仄平 仄仄仄仄平平仄仄 仄
書，恐彰勝國耆英之醜。此豈崇德報功之盛典所得羅而致也。逸
平仄仄
焉已矣。

（以上第六股。站在周朝立場來説，滅殷立國以來，做了許多禮賢之事，夷齊當然會被重視。本不必逸，而夷齊乃不敢不逸。他們兄弟曾發出無處可去之嘆，足以反映周朝並不高明，這便能使那些投降派自愧偷生。《書經》中没記夷齊的事，大概是照顧殷朝歸順之臣。可見武王的酬勞，對夷齊並無作用。夷齊只好逸吧！這一股拿歸順周朝的殷人對

比,襯出夷齊只有逸的一條路了。《論語》原文這一章開頭便説“逸民伯夷叔齊……”,並没記載這話出自孔子,所以通篇不“入口氣”。既出《論語》,必是周人所記,用“我周”二字,也就符合記録《論語》者的立場和他的口氣了。這一比,正面發揮夷齊必逸的理由。)

平仄平平仄仄　平平平仄　仄平　平仄平平　仄仄仄平　仄仄
蓋天下惟民最賤,壺漿簞食,反顔結新主之歡。逸以耻之,而德與
仄仄平仄仄　平平仄仄　平仄　平平　平平仄仄　平平平
怨兩無所任。西山片石,猶恨在寰中也。腥聞易染,紂不能興淵
仄平平　仄仄平平　仄仄仄平平仄
藪之波;大賚難辭,武不敢賜鉅橋之粟。

(以上第七股。一般的民,對任何統治者都不敢不表順從。而夷齊的逸,從君民兩方説,都無德無怨。即首陽山也屬多餘的,因爲夷齊的超脱,竟使紂王的虐政不能加到他們;武王的恩賜,也不敢給到他們。)

平仄平平仄平　仄仄平平　仄仄　平平平仄　仄仄仄平　仄仄仄
周室惟民最頑,紀叙圖功,乘釁煽多方之變。逸以謝之,而畔與服
仄平仄平　平平　仄仄　平仄　平仄　仄仄仄平　仄仄仄
兩無所狥。黄農之宇宙,何異在今日也。墓木受封,死不願效比
平平仄　仄平仄仄　平平仄仄平平
干之烈;寶龜見兆,生不輕爲小腆之愚。

(以上第八股。殷民歸周之後,仍不太順,被稱爲頑民。他們私自記録小邦的政事。而夷齊的逸,超出了叛與服的兩端。他像是處在黄帝神農的天地裏。他死了也不會像比干墓木的受封,活着也不做頑民寫自己政事的笨事。這一比從夷齊已逸之後發揮,説明他們逸的偉大。)

嗚呼!自有夷齊而民心可以不朽矣,此其所以爲逸民之冠歟。

(以上收結。《論語》這一章記許多逸民,首先提出的是伯夷叔齊。此文最後用冠字結束,點明這一章中諸人的次序,也表明夷齊在逸民中的地位。)(本篇引自《犢山文稿》)

按漢語的文學作品,包括詩賦詞曲,乃至四字匾額,作爲聲調的細胞,或説最小的單位,常是兩個字爲一個盒子。兩個盒子疊放時,上個的底如是仄,下個的底宜是平。三盒疊放時,三個底宜是"仄平仄"或"平仄平"。例如"閏餘成歲,律召調陽","餘歲"是平仄,"召陽"是仄平。"落霞與孤鶩齊飛,秋水共長天一色","霞鶩飛"是平仄平,"水天色"是仄平仄("與共"是襯字不算)。相連的盒底如果有接連相同的,就破壞了律調,就不好聽。普通駢句,有時也會夾有不全諧律的句子。詳見拙著《詩文聲律論稿》。

後邊再舉一篇著名的游戲文章,即清初尤侗以《西廂記》句"怎當他臨去秋波那一轉"爲題的一篇八股。尤侗文風以華麗見長,和當時的王廣心一類,號稱"尤王體"。當然也都很講求聲調的和諧。其實一般的八股既須用排偶也就必然不能不和諧,只是没有他們的突出。到了前舉周鎬那一篇不但突出,而且更加集中了。

以下舉尤侗文章的故事通俗,不作解釋,非專爲介紹聲調,也不再標平仄。

八 最著名的遊戲八股文

怎當他臨去秋波那一轉 清 尤侗

想雙文之目成,情以轉而通焉。

(以上破題)

蓋秋波非能轉,情轉之也。然則雙文雖去,其猶有未去者存哉。

(以上承題)

張生若曰：世之好色者，吾知之矣。來相憐，去相捐也。此無他，情動而來，情静而去耳。鍾情者正於將盡之時，露其微動之色，故足致人思焉。

（以上起講）

有如雙文者乎？

（以上領題，亦稱出題）

最可念者，囀鶯聲於花外，半晌方言，而今餘音歇矣。乃口不能傳者，目若傳之。

（以上第一股）

更可戀者，襯玉趾於殘紅，一步漸遠，而今香塵滅矣。乃足不能停者，目若停之。

（以上第二股）

惟見盈盈者波也，脈脈者秋波也，乍離乍合者，秋波之一轉也。吾向未之見也，不意於臨去時遇之。

（以上領題，亦稱出題）

吾不知未去之前，秋波何屬。或者垂眺於庭軒，縱觀於花柳，不過良辰美景，偶爾相遭耳。猶是庭軒已隔，花柳方移，而婉兮清揚，忽徘徊其如送者奚爲乎？所云含睇宜笑，轉正有轉於笑之中者。雖使覯修矑於覿面，不若此際之銷魂矣。

（以上第三股）

吾不知既去之後，秋波何往。意者凝眸於深院，掩淚於珠簾，不過怨粉愁香，淒其獨對耳。惟是深院將歸，珠簾半閉，而嫣然美盼，似恍惚其欲接者奚爲乎？所云渺渺愁余，轉正有轉於愁之中者。雖使關羞目於燈前，不若此時之心盪矣。

（以上第四股）

此一轉也,以爲無情耶?轉之不能忘情可知也。以爲有情耶?轉之不爲情滯又可知也。人見爲秋波轉,而不見彼之心思有與爲之轉者。吾即欲流睞相迎,其如一轉之不易受何!

(以上第五股)

此一轉也,以爲情多耶?吾惜其止此一轉也。以爲情少耶?吾又恨其餘此一轉也。彼知爲秋波一轉,而不知吾之魂夢有與爲千萬轉者。吾即欲閉目不窺,其如一轉之不可却何!

(以上第六股)

噫嘻!

(以上過接)

招楚客於三年,似曾相識;

(以上第七股)

傾漢宫於一顧,無可奈何。

(以上第八股)

有雙文之秋波一轉,宜小生之眼花撩亂也哉!抑老僧四壁畫西廂,而悟禪恰在個中。蓋一轉者,情禪也,參學人試於此下一轉語!

(以上收結)(本篇引自《西堂雜俎》。《制藝叢話》刻本,漏掉了一股。我藏有一册抄本,全是《西厢記》句子爲題的,作者都題爲唐寅,可疑是僞托的。)

九 餘論

前邊已經談過,八股文是陸續積累古代各種文體中的局部技法拼湊而成的一種文體。不但那些局部技法無功罪可言,即開始拼湊的人,以及拼湊成的規格,也無功罪可言。如議罪,那就是有意特定用這種規格去考試士子的統治者,他們不但用此套子,而更設許多苛刻條件去“難”人,致使八股這種文學形式蒙了惡名。統治者不但害了士子,也害了一種文體。明末有人作詩有“斷送江山八股文”之句,明亡後還有人寫一柬帖貼於朝堂:“謹具大明江山一座,崇禎夫婦兩口,奉申□敬。晚生文八股頓首拜。”可見世人對八股的譴責。

清初有個醫學家(當然是中醫)徐靈胎,號洄溪,著有許多首“勸世”的“道情”(一種民間小調),總名《洄溪道情》,其中有刺時文一首云:

> 讀書人,最不齊。爛時文,爛如泥。國家本爲求材計,誰知道變作了欺人技。三句承題,兩句破題,便道是聖門高第。可知道三通四史是何等文章,漢祖唐宗是哪一朝皇帝。案頭放高頭講章,店裏買新科利器。讀得來肩臂高低,口角嘘唏。甘蔗渣嚼了又嚼,有何滋味。辜負光陰,白白昏迷一世。就教他騙得高官,也是百姓朝廷的晦氣。

要知道這位徐靈胎也是讀過、做過八股的人,他没做官,還可以説他比較能客觀地看八股。稍後的文豪袁枚,是翰林官,既做知縣,又是八股大家,刻有《袁太史稿》,總算得過八股好處的。他也記録這首道情,刻入《隨園詩話》。是迫於輿論,不得不跟着嘲笑一番呢?還是反襯自己高明,不同於那些末流呢?還有梁章鉅也是個翰林出身,做了大官,也做過考官,還著了一大部《制藝叢話》,

“一本正經”地評論明清各家八股文的優缺點,而在他的《叢話》中也引了這首道情。袁枚没做大官,没操文柄,抄了道情,尚可理解;而梁章鉅則不但在作考官時用這繩套套了多少士子,還要著書立説,頌揚這根繩套,最後抄了這道情,不但否定了八股,否定了他的著作,也否定了他自己,却是一件奇怪的事情!

大家都知道八股文害了多少士子,而受害更大的,實是皇帝。“崇禎夫婦兩口”,固然是受害最明顯的證據,從本質上看,用《四書》中零章斷句來强迫人東拉西扯,還要算“代聖賢立言”,分明是“公開造謡”,“假傳聖旨”,皇帝還鄭重其事地封官任職。既然自己令人造謡,自己還以爲選拔人才。所選的那些人和他們做的官,自宰相一級直到地方縣令,都是久經鍛煉説假話的人,這樣從朝政到吏治,能够好得了嗎?明眼人看來,不必等到崇禎死後才算“斷送江山”,從開始用那文體、用那題目、用那做法、用那條件去套人的人,早已種下了“斷送”的根源!

八股文被利用來束縛士子並從根本上成爲説謊造謡的大訓練,流弊自然不可勝言,但世上事情並不全都這麽簡單,還有它的另一面在:也不知從何時何人起,許多士子稱科舉八股文爲“敲門磚”,這個詞也包括其他科舉考試所用的文體。拾起一塊磚頭去敲門,門裏的人聽見出來開了門,客人手裏的磚頭也就扔掉了。可見應科舉的人對科舉本身的態度,更無論對八股文體的態度了。所以明清歷朝科舉出身的人,也就都是作過八股的人,並不都是專會欺詐撒謊的人,也有許許多多具有各方面的才能,爲國爲民作過若干好事的。但又可斷言,那些人的各項才能和所作的好事,絶對不是從八股文中學來的。

有人反問:“你不是説過八股文體並不負罪責嗎?”回答是:

“並不矛盾。”試看周鎬文章的聲調流利鏗鏘、分析深透周密，這些文章技巧，豈不都是從古代文學傳統中學來的！尤侗的文章，代《西廂記》的張生立言，豈不是劇本外的一齣小品戲嗎！我還要問：駢文中幾個單句之下用幾雙排句，然後再接單句，俗稱“宮燈型”，上下繩穗單，燈架四框偶。或説“烏龜型”，上下、頭尾單，前後四腿偶。還有五七言的律詩，也是首尾可單，中間必偶。這些模槽，傳了一千幾百年了，今天作舊體詩的人還用五律七律之體，這問題豈不值得研究民族文學史、民族文化史的學者好好深思嗎？

傳統也好，模槽也好，前邊談過的《字眼便用》那本“换字法”的書，可以上溯到《爾雅》，“初、哉、首、基”等字都同於“始”，“林、烝、天、帝”等字都同於“君”……下沿到《駢字類編》，兩字兩字的詞，可以分别换着用。從唐朝的《白孔六帖》、宋朝的《太平御覽》、明朝的《永樂大典》、清朝的《圖書集成》，下到後世的蒙書《龍文鞭影》、《史鑒節要》等等，哪個不是作文用典的資料！高頭講章式的《詩韻合璧》，上端横欄中所列的《類腋》之類的書，又哪個不是修飾辭藻的大型“小抄”呢？再大到《四庫全書》，前邊的上諭是破題，目録是承題，提要是起講性質，經史子集正目、存目是八條腿，館臣的進書表是尾巴。

戲劇例如皮黄的《空城計》，諸葛亮出場自述是破題，派將是承題，馬謖違背指揮、王平預報地形是起講，諸葛亮在城上與司馬懿對唱是兩大扇，斬馬謖是收結。即到大鼓書、牌子曲等，開頭幾句，也必要籠罩全篇，等於破題。

建築方面如四合院，大門、二門、過廳，是冒子。遊廊四面，盝頂兩座（東南、西南）、廂房兩面，是提比、小比。正房一套，包括暗間、耳房，是主要的龜背部分，也即是中比大段。照房或群房是收結。諸如此類的現實所反映出的思想方法，似乎都有“基因”。聽說有人用老鼠作試驗，把“基因”打破攙亂，於是有尾生背上、腿生五條的，但其爲尾爲腿，依然故鼠，而無鳥爪魚尾的。基因之偉大，其頑固之可恨，有如此者哉！總之，八股文體各部分，各器官和它們的功能，都是從遺傳基因而來的。定型的、程式化的八股文，則是人爲的，由攙亂而産生的畸型老鼠。用八股去考試天下士子，猶如勒令天下人以畸型老鼠爲主要的食品肉類而已。

再回到文章技巧問題方面來，即以换字法爲例，非但無善惡之可言，還是一個不可避免的條件。某個民族語言的詞彙多，足以説明這個民族文化的豐富，而絶不證明他們野蠻。況且無論講話或作文章，只有幾個詞來回用，聽者讀者一定厭煩。古今若干好的文學作品，没有不是善於變换運用詞彙的。有趣的是，像王國維先生《人間詞話》曾舉沈伯時《樂府指迷》所説的加以貶斥。沈氏説，説桃不可直説破桃，須用“紅雨”、“劉郎”等字；説柳不可直説破柳，須用“章臺”、“灞岸”等字。當然這些“不可直説破”和“須用”的提法，實在太死，但是换字法却是作詩文詞曲乃至説話講演的人，不但都絶對不可避免，而且是修辭手段中的一個重要環節。不必遠舉古代《江賦》、《海賦》之類爲例，即以《人間詞話》所推崇的蘇軾《水龍吟》咏楊花詞，整首全是擬人化、比喻法。最後才落到“細看來，不是楊花，點點是離人泪”。通篇是一個大换字，只是活而不死而已。至於説純文體形式（不算思想内容）對國計民生有多大的關係，恐怕很難直接連得上。“舉一隅，不以三隅反，則不復也”，故曰：“並不矛盾！”

十　試帖詩

在科場考試中,與八股文並行的一種文體,就是“試帖詩”。考試所用的文體,本有多種,如賦、論等等,但最主要的,一直與科舉考試制度相終始的,八股文外,要數試帖詩了。

詩帖詩又稱爲“五言八韻詩”。它的形式,即是“五言排律詩”,只是增加了一些特定的條件:

一、必須五言句。

二、必須律調句(在一些名家試帖詩集中,也偶有一二拗句的,但在正式考卷中許不許有拗句,尚未見明文)。

三、必須十六句。

四、首尾各二句可以不用對偶外,其餘各聯必須對偶。

五、限定以某字爲韻。例如以“東”字爲韻(題下注:“得東字”),通首必須嚴守東韻。如某句韻脚用了“冬”韻中的字,叫做“出韻”,便不及格。

六、一般律詩,首句用韻的,那個韻脚字,可以用鄰近韻字,叫做“撞聲”,但試帖詩是不許可的。即使不用鄰近韻字而仍用本韻中字的,也只在名家試帖詩集中偶一見之,考卷中許可與否,也未見規定。但所見絶大多數作品(包括所見的中試硃卷和試帖詩集)都是首句不入韻,而且“仄起”(即句中第二字爲仄聲的)爲多。揣度其原因,大約是因爲既稱“八韻”,如果首句用了韻豈不成了九韻了。那麽不用首句入韻的格式,自然是保險的。首句仄起,舊時稱爲“正格”,首句平起的,舊時稱爲“偏格”。正格、偏格的説法,本無道理,也無根據(見拙著《詩文聲律論稿》),而從前流行甚廣,自必被試帖詩所採用。

七、詩的前四句中要把題目大意包括進去,類似八股文的破題。後來逐漸演變成爲要包括“題字”,例如下面舉的《敦俗勸農桑》那首作品,前四句裏即嵌進這五個字。但死板過甚的條件,總有行不通的時候,所以有些作品中,也就不全包盡題字了。

八、詩的末尾要“頌聖”,即是末二句處一定要扯到讚揚皇帝,歌頌時政上,即使强詞奪理、牽强附會,也都在所不惜。這在窗課詩集中並不全有,但在考試上則必不可少。這末二條在苛刻條件中,實屬出奇的。

試帖詩形式舉例:

賦得敦俗勸農桑　得敦字　　　清　楊庚

(此題式首稱“賦得”,題下注“得某字”,即是以那個字爲韻。所用韻字,有在本題中取字的,有不在本題中取字的。“敦俗勸農桑”是唐玄宗的一句詩。本詩作者是清代嘉慶時人。)

耕織

鴻圖肇,農桑

鳳詔温。

巡春民用勸,函夏俗同敦。考禮欽

祈穀,歌豳重采蘩。公田皆雨及,

法駕屢星言。

推四風清畊,繅三月滿盆。笠看黄壤聚,稊到緑雲屯。

安土齊趨業,蠲租叠沛

恩。萬年衣食裕,

壽寓邁羲軒。

(書寫的格式是:題目低兩格寫。詩的正文也全低兩格寫。有涉及皇帝的字句，即把指皇帝的字提高到低兩格的那個高度，叫做平抬，那也是全詩的最高横綫。如遇提到比當時皇帝更高一層的字句，便寫在比這個横度高一字處。遇再高一層的，便再往上提。本首詩中：鳳詔、巡春、法駕、恩、壽寓各處都是指嘉慶皇帝的，所以都提到平行度處。鴻圖、祈穀都是指嘉慶以前就有的政令，所以比鳳詔再提高一字。四推指皇帝親耕籍田時，親自扶犁向前三推，回來再推三次，叫做三推三返。雍正增了一推一返，所以這裏提到四推時，也要比指嘉慶的話再提高一字。寓即宇字。這首詩中，隨處都是需要抬寫的字，末尾的頌聖，就不顯得突然了。）

考試做完八股文還要加上試帖詩，從形式上看，好像是詩文並重。仔細看來，實在另有緣故。八股文中自從明末清初删去“大結”之後，全篇中即没有應考者自己立場的語言，因此在文中也就没有地方可以安插對皇帝表頌揚的話了。皇帝下令考了一番，竟連一句頌揚的話都没聽到，自是缺典，也不甘心。那麽試帖詩的“頌聖”尾巴，正可起畫龍點睛的妙用，也就彌補了前邊八股文之不足了。

至於試帖詩的做法，當然仍是翻來覆去地嚼那題目中的字。在詞章修養高的人，可以用各樣换字法去變化字面。從文體類别看，試帖詩基本上屬於咏物詩，但所咏的不限定某一物，而是咏“題”，題目中所有的幾項内容，都要從它們的上下、左右、前後、正反、内外各個方面挖空心思去拉拉扯扯。看起來也不失巧妙有趣，實際上它正和八股文一樣，没有作者自己的任何思想、感情，更不用説發爲議論了。限於篇幅，這裏不再舉例。

由於這種詩都要扣緊咏“題”，於是形成了一種特别的腔調。有一首遊戲性的“剃頭詩”，雖然只做了四韻（八句），却能寫出試帖詩體的神髓。詩曰：

聞道頭堪剃，何人不剃頭。有頭皆可剃，無剃不成頭。剃自由他剃，頭還是我頭。請看剃頭者，人亦剃其頭。

中間兩聯，最具試帖詩句法的特點。結尾二句，尤其可見神完意足，滴水不漏之妙。有人説這是清代初年諷刺剃髮令的作品。按清初時試帖詩還没達到一律濫調的程度，前人筆記所記，也没有明確指出時間，年代遠近，已不可考了。

附記：先師勵耘老人陳援庵先生誕生一百一十週年之日，謹以習作一篇爲獻。先生生於清季科舉未廢之時，舉業既屬士子唯一出路，八股文自爲必讀必習之藝。於是其文體形成之緣起與夫痼弊積累之所在，莫不一一瞭如指掌。間嘗請益，深蒙詳加剖析。時當神州淪陷之際，先生口誦周犢山《逸民伯夷叔齊》一篇，琅琅然聲出金石，蓋感時寄慨，如賦變雅焉。功亦或退而擬作，猶憶一題曰《君子不以其所以養人者害人》，一題曰《國人皆曰可殺》，每呈函丈，必蒙笑而閲之。迨數其股數，又復詫曰："何以俱只六股？"對曰："總扯不長。"先生掀髯笑曰："小考六股亦可矣。"追念當年提命，雖末藝之微，筆墨之戲，其拳拳之誼猶有如是者。今距登堂受教之初，已近六十年，而功衰遲廢惰，寸進不加，瓣香回向，不知涕泗之奚從也。啓功謹識。